Russell Miller
Die Gettys

Russell Miller

Die
Gettys

ECON Verlag
Düsseldorf · Wien

Titel der englischen Originalausgabe:
The House of Getty
Originalverlag: Michael Joseph, London
Übersetzt von Marianne Schulz-Rubach
Copyright © 1985 by Russell Miller
Lektorat Dr. Monika Siedentopf

CIP-Kurztitelaufnahme der Deutschen Bibliothek

Miller, Russell:
Die Gettys / Russell Miller. [Übers. von Marianne Schulz-Rubach]
1. Aufl. – Düsseldorf; Wien: ECON Verlag, 1986.
Einheitssacht.: The House of Getty ⟨dt.⟩
ISBN 3-430-16736-1

1. Auflage 1986
Copyright © 1986 der deutschen Ausgabe by ECON Verlag GmbH,
Düsseldorf und Wien
Alle Rechte der Verbreitung, auch durch Film, Funk und Fernsehen,
fotomechanische Wiedergabe, Tonträger jeder Art, auszugsweisen Nachdruck oder
Einspeicherung und Rückgewinnung in Datenverarbeitungsanlagen aller Art,
sind vorbehalten.
Gesetzt aus der Garamond der Fa. Berthold
Satz: Dörlemann-Satz, Lemförde
Papier: Papierfabrik Schleipen GmbH, Bad Dürkheim
Druck und Bindearbeiten: Franz Spiegel Buch GmbH, Ulm
Printed in Germany
ISBN 3 430 16736 1

Meiner Familie in tiefer Dankbarkeit gewidmet,
daß wir nicht den Namen Getty tragen

Inhalt

Prolog

Der Fluch des Midas

Auf dem Gelände eines weißgetünchten Landhauses oberhalb des Pazifiks bei Santa Monica steht ein schlichtes Mausoleum aus Marmor, verlassen und unbeachtet von den Besuchern. Drei Namen, im Tode vereint wie nie zuvor im Leben, sind auf der Stirnseite eingraviert: J. Paul Getty 1892–1972; George F. Getty II. 1924–1973; Timothy Getty 1946–1958.

Paul Getty I., einst der reichste Mann der Welt, sah diesen Ort zuletzt vor mehr als 35 Jahren, als er noch eine friedliche Oase mit Rasenflächen, Eukalyptus- und Zitronenbaumhainen war, umgeben von den Ausläufern der Santa-Monica-Berge. Heute dröhnt Tag und Nacht der Verkehr über eine nahegelegene sechsspurige Autobahn, die von geschmacklos aufgemachten Motels und Imbißbuden gesäumt ist. Wo die Berge einst von immergrünen Büschen bedeckt waren, dehnen sich heute Wohnanlagen aus. Wo einst der frische Meeresgeruch herrschte, riecht man heute vor allem den ekelhaften Gestank von Auspuffanlagen, Hamburger- und Pizza-Buden. Nicht einmal im Tode können die Gettys Ruhe finden.

Der alte Mann teilt sich das Mausoleum mit dem ältesten und dem jüngsten seiner fünf Söhne. Als erster starb der kleine Timmy, den schon als Kleinkind jenes engelhafte Wesen – fast überirdische Heiligkeit – kennzeichnete, das so oft bei einem chronisch kranken Kind anzutreffen ist. Sein Vater Paul Getty vergötterte ihn, sah ihn aber selten, da Timmy in New York und Getty in Hotelsuiten in Europa lebte. Einige Wochen vor Timmys zwölftem Geburtstag fragte Getty den Jungen am Telefon, was er sich wünsche. Er antwortete: »Ich will deine Liebe, Daddy, und ich möchte dich sehen.« Wenige Wochen später starb Timmy im Krankenhaus, ohne seinen Vater noch einmal gesehen zu haben. Getty war am Boden zerstört.

Aber da war immer noch George, der große, kräftige George – der einzige Getty seiner Generation, der überhaupt Interesse am Familienunternehmen zeigte. Zur Enttäuschung ihres Vaters waren nämlich die anderen Söhne, Ronnie, Paul und Gordon, allesamt hoffnungslos schlechte Geschäftsleute, die sich, einer nach dem anderen, von Getty Oil zurückzogen. George war es, der auf die Übernahme vorbereitet wurde. George sollte sicherstellen, daß ein Getty am Ruder des Unternehmens blieb, das von seinem Großvater gegründet und von seinem Vater zu einem Imperium ausgebaut worden war. Aber dann beging George Selbstmord.

Angesichts seiner lange gehegten und schließlich gescheiterten Hoffnungen auf eine Familien-Dynastie betrachtete der alte Mann sein Museum als überdauerndes Denkmal, als Monument seines Erfolgs, und machte es zur reichsten Stiftung der Welt. Aber das Geld befleckte seine philanthropische Stiftung ebenso, wie es die geheimnisvollen Bande zerstörte, von denen normalerweise Familien zusammengehalten werden. Das J.-Paul-Getty-Museum wurde wegen seines sagenhaften Reichtums und der Bedrohung, die es für die Stabilität des Kunstmarktes darstellte, gefürchtet. Seine Macht war allgemein als »Getty-Faktor« bekannt. Anstelle eines Monuments setzte der alte Mann nur ein Epitheton in die Welt.

Das Museum liegt ganz in der Nähe der letzten Ruhestätte seines Gründers; es ist schon nach einem kurzen Gang über einen Kiesweg zu erreichen, der sich durch ein Dickicht immergrüner Sträucher windet. Das Gebäude ist der närrische Einfall eines reichen Mannes – ebenso lächerlich und großartig wie San Simeon: hier in Malibu, Kalifornien, die originalgetreue Replik einer römischen Villa, die während des Ausbruchs des Vesuvs im Jahre 79 n. Chr. verschüttet wurde. Getty selbst sah diesen Bau niemals, war aber sehr verletzt, als Kritiker ihn als eine Schöpfung Cecil B. De Milles verspotteten.

Ronald, der älteste der noch lebenden drei Söhne des alten Mannes, lebt ganz in der Nähe des Museums: Gleich vor dem Eingangstor links auf den Pacific Coast Highway, wieder links in den Sunset Boulevard, dann links durch die schmiedeeisernen Portale des Nobelviertels Bel Air. Einige der berühmtesten Persönlichkeiten der Welt leben hier. Doch Ronald Getty gehört nicht zu ihnen. Er ist nur ein gescheiterter Filmproduzent und ehemaliger Grundstücksmakler, ein aufgeblasener, herrischer Mann mit dem Aussehen und dem Gehabe eines mürrischen Bankmanagers, der selten in der Öffentlichkeit auftritt, es sei denn, er wird aufgefordert, vor Gericht zu erscheinen.

Die Gettys sind wilde Streithähne. Im Archiv des Supreme Court von Los Angeles werden Unmengen vergilbter Dokumente aufbewahrt, in denen man ihre Familienstreitigkeiten verfolgen kann. Vor allem prozessieren die Gettys um Geld – entzweit durch ebendieses Zeug, das ihnen eigentlich zum Glück gereichen sollte –, einmal allerdings reichte Ronalds Mutter auch eine Klage ein, um ihren Sohn aus seinem Haus am South Beverly Glen Boulevard zu vertreiben, wo sie alleine leben wollte. Ronald zeigte sich sehr »betrübt« darüber, daß sie Familienprobleme an die Öffentlichkeit zerrte, scheute sich jedoch nicht, seine eigenen Rachegelüste ebenfalls auf dem Gerichtsweg zu befriedigen, als sich eine Gelegenheit bot.

Ein langwieriges Gerichtsdrama der jüngsten Zeit kreiste um Zahlungen der Familienstiftung an die Erben von J. Paul Getty. Ronald war nicht ganz zu Unrecht darüber gekränkt, daß er nur 3000 Dollar jährlich von dieser Stiftung erhielt, während seine Halbbrüder Paul und Gordon etwas besser abschnitten, *jeder* erhielt nämlich rund 120 Millionen Dollar pro Jahr. Ronalds Versuche, auf dem Rechtsweg einen gleichwertigen Anteil aus dem Familienvermögen zu erhalten, wurden natürlich erbittert von seinen liebenden Brüdern angefochten, denn sie waren der Ansicht, Ronalds knauserig gehaltener Anteil sei eben Ronalds Pech. Tatsächlich liegt die Erklärung für diese Erbteilung in der düsteren Vergangenheit. Fünfzig Jahre zuvor hatte sich Getty – aufgebracht über die Summe, die er bei der Scheidung an Ronalds Mutter zahlen mußte – dadurch gerächt, daß er ihren Sohn praktisch enterbte – ein reiner Willkürakt, der wirksam die Grundlage für die gegenwärtige Fehde zwischen Ronald und seinen Brüdern legte. Aber Ronalds Klage war nur eine vorübergehende Meinungsverschiedenheit unter Brüdern im Vergleich zu dem erbitterten Zorn, der sich jüngst gegen den Unschuldsengel Gordon Getty richtete, den alleinigen Treuhänder des vier Milliarden Dollar schweren Familienvermögens und reichsten Mann Amerikas des Jahres 1984. Gordon, ein begeisterter Amateurkomponist und Sänger, trägt das zerstreute Gebaren eines geistesabwesenden, aber durch und durch liebenswürdigen Professors zur Schau. Er neigt zum Beispiel dazu, unterschiedliche Socken zu tragen, oder vergißt, wo er seinen Wagen geparkt hat, oder schließt während einer Abendgesellschaft die Augen, um »Opernpartituren zu studieren«. Groß und mit Lockenkopf, lebt Gordon in San Francisco mit seiner Frau Ann und vier Söhnen in einem dreistöckigen Wohnhaus, das eine wunderbare Aussicht über die Bucht bis zur Golden Gate Bridge bietet. Für einen Multimillionär ist sein Lebensstil anspruchslos: Er liebt es, mit seinen Kindern zu zelten und im Fernsehen Fußballspiele zu verfolgen, insbesondere dann, wenn die Mannschaft seiner Heimatstadt spielt.

Seine künstlerische Neigung machte Gordon vielleicht doppelt unwillkommen, als er anfing, sich für Getty Oil zu interessieren, sehr zum Ärger der Direktoren, die in ihm so etwas wie einen Exzentriker sahen. Der Ärger kippte in ernsthafte Sorge um, als Gordon sich in die Idee verliebte, als Öl-Magnat in die Fußstapfen seines Vaters zu treten und die Kontrolle über das Unternehmen zu übernehmen. »Ich wollte nicht jeden Tag ins Büro gehen«, erklärte er, »aber ich hätte gerne die Entscheidungen getroffen.« Dazu sollte er allerdings niemals eine Chance bekommen. Die Direktoren des Unternehmens waren nur beunruhigt, aber die Verwandten gerieten angesichts der Aussicht, daß der verträumte Gordon das Unternehmen Getty Oil leiten könnte, völlig aus dem Häuschen und eilten zu ihren Anwälten. Über Gordon ergoß sich buchstäblich eine Prozeßlawine: Selbst sein fünfzehnjähriger Neffe mit dem exotischen Namen Tara Gabriel Galaxy Gramaphone Getty erwirkte eine Verfügung. Die Mehrzahl der Klagen zielte darauf ab, Gordon durch die Ernennung eines Mittreuhänders die Flügel zu stutzen, aber George Gettys drei Töchter (in der Familie als »die Georgettes« bezeichnet) stellten vor Gericht den Antrag, Gordon als Treuhänder für unfähig zu erklären und ihn einfach hinauszuwerfen.

Als es Gordon dämmerte, daß es ihm nicht gelingen werde, die Zügel von Getty Oil in die Hand zu bekommen, gab er bekannt, daß seine zweite Trumpfkarte im Verkauf der Gesellschaft bestehe. Diese Erklärung bewirkte natürlich weitere Klagen, aber Gordon war nicht aufzuhalten: Aus dem Durcheinander entwickelte sich schließlich die größte Transaktion der US-Geschichte – für 10,1 Milliarden Dollar ging das Familienunternehmen an Texaco. Danach schrieb eine der Georgettes Gordon einen bitterbösen Brief: »Ich hoffe, daß Du endlich zufrieden bist, nun, da Getty Oil verloren ist.«

Gordons älterer Bruder Paul, J. Paul Getty II., beteiligte sich an diesen Vorgängen nicht, aber nicht aus Respekt vor seinem Bruder oder aus Abscheu vor dem Familien-Spektakel, sondern weil er vermeiden wollte, als Zeuge vor einem amerikanischen Gericht zu erscheinen. Denn Paul ist heroinsüchtig, was ihm das Reisen erschwert. Er lebt als Einsiedler in einem großen, düsteren Haus am Cheyne Walk, im Londoner Stadtteil Chelsea, nur in Gesellschaft eines Dieners, und beschäftigt sich mit dem Sammeln antiquarischer Bücher als einziger Zerstreuung. Die Größe seines Reichtums – allein seine Sammlung ist gut über eine Million Pfund wert – könnte ihm mühelos Zutritt zu den höchsten gesellschaftlichen Kreisen verschaffen, aber Paul erscheint nie auf Partys oder sonstigen gesellschaftlichen Anlässen. Seit nahezu fünfzehn Jahren trauert er um seine zweite Frau, die schöne Talitha, die in Rom an einer Überdosis Heroin starb. Paul gibt sich selbst die Schuld an der Tragödie und glaubt, er hätte ihr Leben retten können, wenn er damals nicht selbst durch Drogen betäubt gewesen wäre. Um zu vergessen, trinkt er seitdem eine Flasche Rum pro Tag.

Pauls ältester Sohn, J. Paul Getty III., ist das eindrucksvollste Opfer der Getty-Millionen. 1973 in Rom gekidnappt, wurde ihm ein Ohr abgeschnitten, bis sein Großvater dazu überredet werden konnte, das Lösegeld für seine Freilassung zu bezahlen. Der junge Paul erholte sich niemals wirklich von den erlittenen Qualen. Ruhelos, verstört und augenscheinlich zur Selbstzerstörung neigend, lebte er weitgehend von Alkohol und Drogen, bis er – im Alter von vierundzwanzig Jahren – einen Schlaganfall erlitt. Sein Vater, Gefangener seines eigenen Elends im Cheyne Walk, weigerte sich, die Arztrechnungen des Jungen zu begleichen, bis er gerichtlich dazu gezwungen wurde.

Heute ist J. Paul Getty III. blind, vollkommen gelähmt und unfähig zu sprechen. Er lebt in einem Haus in San Francisco, dessen Miete von seinem Onkel Gordon bezahlt wird. Rund um die Uhr wird er von Schwestern betreut, geliebt von seiner jungen Frau Martine, die rührend an dem Glauben festhält, daß Paul sich eines Tages erholen wird. Doch kein Arzt bestärkt sie in diesem Glauben.

Als J. Paul Getty im Jahre 1976 starb, wurde seine Autobiographie postum veröffentlicht. »Allem und jedem zum Trotz«, schrieb er, »sei es Reichtum, Scheidung, Tragödie oder irgendeine der anderen Myriaden von Umständen und Widrigkeiten des Lebens, sind die Gettys eine Familie und werden weiterhin eine Familie sein. Das ist keine Prahlerei. Das ist eine Tatsache, auf die ich mit großem Stolz hinweise.«

Teil I
Die Entwicklung eines Ölmannes
1903–1923

1. »Leg ein weiteres Gedeck zum Frühstück auf!«

Vor zweihundert Jahren war der Oil Creek ein seichter, übelriechender Fluß, der sich durch die von Kiefern und Hemlockfichten bewaldeten Hügel des nordwestlichen Pennsylvaniens schlängelte. Die Seneca- und Cornplanter-Indianer, die am Ufer des Creeks lebten, legten Decken in das Wasser des Flusses, um den irisierenden Schaum zu sammeln, der die Oberfläche verschmutzte, wrangen anschließend die Decken aus und sammelten die schmierigen Schaumreste in Steinguttöpfen, um sie als Allheilmittel gegen Schmerzen jeder Art zu benutzen.

Kurz nach dem Unabhängigkeitskrieg leitete General Benjamin Lincoln im Auftrag der Regierung in dieser Region eine Landvermessung und würdigte die heilenden Eigenschaften des Oil Creek in einer Tagebucheintragung aus dem Jahre 1785:

»Im nördlichen Teil Pennsylvaniens gibt es einen kleinen Fluß mit dem Namen Oil Creek, der in den Alleghenny fließt und auf dessen Oberfläche ein Öl schwimmt, das dem vergleichbar ist, das man Barbadoes-Teer nennt, und von welchem ein Mann am Tage mehrere Gallonen sammeln könnte. Die Soldaten, die diesen Weg nahmen, machten an der Quelle halt, sammelten das Öl und badeten ihre Gelenke darin. Das verschaffte ihnen große Erleichterung und befreite sie sofort von den rheumatischen Beschwerden, unter denen viele von ihnen litten.«

Obwohl das Land, das den Creek säumte, reich und fruchtbar war, schreckten die weißen Siedler anfangs vor dem durchdringenden Gestank zurück, der aus dem Wasser aufstieg. Aber die Neuigkeiten von den wunderbaren Eigenschaften des »Seneca-Öls« verbreiteten sich bald, und noch vor der Jahrhundertwende war ein unternehmender junger Mann namens Nathaniel Carey im Geschäft und verkaufte das Öl für zwanzig

Dollar pro Barrel an einen Drogisten in Pittsburgh. Carey, einer der ersten Siedler, der bereit war, die stinkenden Dämpfe des Oil Creek zu ertragen, bestach die Seneca-Indianer, ihn stromaufwärts in ihren Kanus mitzunehmen und ihm zu zeigen, wo das Öl aus einer Quelle sickerte. Dort steckte er sich sofort einen Landstrich des umliegenden Flußufers ab und begann, das Öl in Fäßchen zu sammeln, indem er es mit einem flachen Holzpaddel von der Wasseroberfläche abschöpfte. Sobald Carey einige Fäßchen gefüllt hatte, ritt er die achtzig Meilen nach Pittsburgh, wo der Drogist das Öl reinigte und in Flaschen an die Siedler verkaufte, die regelmäßig in der Stadt haltmachten, um ihre Vorräte aufzustocken, ehe sie ins Unbekannte weiterzogen.

Abgesehen von seinem zweifelhaften Wert als Allheilmittel, wurde damals das Öl, das aus dem Boden so vieler amerikanischer Staaten sickerte, im allgemeinen als Schmutz und verdammte Plage betrachtet, insbesondere von den Männern, die ihren Lebensunterhalt mit dem Bohren nach Salz verdienten. Immer wieder, wenn der Bohrer öltriefend hochkam, mußten Salzbohrlöcher aufgegeben werden. Die Männer, die nach Salz bohrten, bezeichneten das Öl voller Abscheu als »Teufelsteer«. 1892 stießen zwei Männer, die in der Nähe von Burkesville, Kentucky, nach Sole bohrten, statt dessen auf eine Ölfalle und setzten damit Amerikas erste sprudelnde Ölquelle frei. Nur von einem leichten warnenden Rumpeln begleitet, schoß plötzlich eine mächtige Fontäne aus Öl und Gas gen Himmel und zerstörte die Sole-Bohranlage. Die Bohrarbeiter rannten um ihr Leben, und innerhalb von wenigen Minuten schuf die sprudelnde Quelle ein Inferno, das an einen Vulkanausbruch erinnerte, und setzte das umliegende Waldgebiet auf Hunderten von Hektar in Brand. Nach diesem Erlebnis waren die Männer, die nach Sole bohrten, noch mehr von der bösartigen Natur des Öls überzeugt.

1850 erschien ein neues Wunderheilmittel, »Kier's Rock Oil«, auf dem Markt und wurde mit einem kleinen Gedicht angepriesen:
»Der heilsame Balsam aus der verborgenen Quelle der Natur wird der Menschheit Jugendfrische und Gesundheit bringen; weil aus ihren Tiefen die wunderbare Flüssigkeit entspringt, um unsere Leiden zu lindern und unseren Kummer zu stillen.«

Samuel Kier war eine vielschichtige Persönlichkeit mit einem erfolgreichen Unternehmen, das zwischen Pittsburgh und Philadelphia Transporte mit Kanalbooten betrieb. Er war darüber hinaus an der Salzsolequelle seines Vaters in Tarentum, im Norden Pittsburghs, beteiligt. Als er erfuhr, daß man das Öl aus dem Bohrloch in einiger Entfernung wieder in die

Erde zurückleitete, um eine Verunreinigung der Sole zu verhindern, beschloß er, dieses Öl besser zu verwenden. Nicht lange danach wurde die übelriechende schwarze Flüssigkeit in Viertelliterflaschen als »Naturheilmittel aus vierhundert Fuß Tiefe« überall im Lande von Tür zu Tür verkauft. Als geborener Agitator zögerte Mr. Kier nicht, erstaunliche Behauptungen über »Kier's Rock Oil« aufzustellen, darunter unter anderem, daß es die Lahmen wieder laufen machen könne und daß »einige, die blind waren, wieder sehend wurden«, und das alles mit nicht mehr als der empfohlenen Dosis von drei Teelöffeln dreimal pro Tag. »Menschen, die als hoffnungslose Fälle galten und von berühmten Ärzten aufgegeben worden waren«, versprach ein Werbeblättchen, »wurden zu dem Ausruf bewegt: ›Dies ist die wundervollste Medizin, die jemals entdeckt wurde!‹«

Unter absatzpolitischen Gesichtspunkten litt jedoch »Kier's Rock Oil« an einem schweren Makel: Es stank abscheulich, selbst in den Nasen der weißen Siedler, bei denen Körperhygiene einen niedrigen Stellenwert besaß, und es schmeckte sogar noch ekelhafter. Um das Zeug von seinem mächtigen Gestank zu befreien, bat Kier einen benachbarten Chemiker, das Öl in einem Destillierapparat zu reinigen: ein Verfahren, das einen noch übleren Gestank verursachte und die Bewohner der Seventh Avenue in Pittsburgh dermaßen in Rage brachte, daß sie bei einem Friedensrichter eine förmliche Klage einreichten: Wenn sie auch nicht unmittelbar damit rechneten, von dem Gestank erstickt zu werden, seien sie jedoch ganz sicher, daß Kiers Experiment zu einer Explosion führen werde, die die gesamte Nachbarschaft ins Jenseits befördern könnte. Der Friedensrichter hatte Verständnis für diese Klage und zwang Kier, seine Raffinerie an einen Ort außerhalb der Stadtgrenze zu verlegen.

Als schließlich die Ölproduktion in Tarentum bei weitem Mr. Kiers leidenschaftliche Bemühungen übertraf, das Öl zu fünfzig Cents pro Flasche zu verkaufen, sah er sich nach anderen Verwendungszwecken für das Zeug um. Zwar war es in seinem raffinierten Zustand immer noch genauso übelriechend wie zuvor, aber Kier entdeckte zu seiner Freude, daß das raffinierte Öl mit einem hellen Lichtschein und ohne Rauchentwicklung in einer umgebauten Camphen-Lampe brannte. Kier war schon bald im Geschäft und verkaufte für einen Dollar und fünfzig Cents sein »Kohlenöl-Beleuchtungsmittel«.

Seit Jahrzehnten war Waltran die hauptsächliche Energiequelle für die schwache Beleuchtung der Holzhütten quer durch Amerika und diente gleichzeitig auch zum Schmieren der Spindeln und Lager der ersten Maschinen. Aber die Walgründe erschöpften sich allmählich, und den großen Walfangflotten, die von New Bedford und Nantucket aus operierten, fiel es immer schwerer, der steigenden Nachfrage zu entsprechen. Als immer mehr Eisenbahnen und Straßen den Westen erschlossen, als die ersten Dampfschiffe auf den Küstengewässern tuckerten und Fabrikgebäude für die neuen Industrien errichtet wurden, steigerte sich sowohl in Europa als auch in Amerika die Suche nach alternativen Ölquellen.

Öl wurde aus weiteren tierischen Fetten, aus Pflanzen, Kohle, Schiefer und Bitumen gewonnen, mit unterschiedlichem Erfolg, aber das Öl in der Erde wurde lange Zeit weitgehend ignoriert (man nahm an, daß man es nur in kleinen Mengen gewinnen könne), bis dann schließlich im Herbst 1853 ein Konsortium von Geschäftsleuten – vielleicht angezogen vom Erfolg des unermüdlichen Samuel Kier – die Pennsylvania Rock Oil Company gründete. Sie pachteten eine zirka 40 Hektar große Farm am Ufer des Oil Creek, wo angeblich das Öl jeden Graben füllte, den man in dem feuchten Boden aushob. Aber tatsächlich erwies sich die Menge, die aus den Bodensickerstellen gewonnen werden konnte, als enttäuschend gering, und die Gesellschaft florierte nicht. Von daher kann es wohl eher als Mut der Verzweiflung denn als ein kühnes Unternehmen angesehen werden, daß sich die Direktoren 1859 entschlossen, ein erstes Bohrloch anzulegen.

Niemand hatte bisher versucht, nach Öl zu bohren, und in der nahegelegenen Stadt Titusville machte man sich über die Idee wie über den Mann weidlich lustig, der für die Bohrung verantwortlich war: Edwin L. Drake. Auf einer kleinen Farm in den Catskills aufgewachsen und kaum zur Schule gegangen, war Drake damals 39 Jahre alt, ein zielloser Mensch, dessen Karriere nur wegen ihrer Mittelmäßigkeit bemerkenswert war. Er war Angestellter auf einem Passagierschiff auf dem Eriesee, Farmarbeiter, Hotelangestellter in Michigan, Verkäufer in einem Textilgeschäft in New York und schließlich Zugschaffner gewesen, bevor er nach Titusville kam und bei der kränkelnden Rock Oil Company für zwanzig Dollar pro Woche einen Job als Vertreter erhielt. Um sein Ansehen in der Stadt aufzupolieren, sandte die Gesellschaft ihm Briefe in das American Hotel mit der Aufschrift »Colonel Drake«, ein Titel, der ihm überhaupt nicht unangenehm war und der ihm bis an sein Lebensende anhängen sollte.

Als der »Colonel«, geschmückt mit Zylinder und Gehrock, damit begann, die Errichtung eines wackligen Bohrturmes aus Holz am Ufer des Oil Creek zu überwachen, und wissen ließ, er werde nach Öl suchen, titulierten die Einheimischen die Konstruktion als »Drakes Wahnsinn«. Ganz unbeeindruckt von diesem Spott, beauftragte Drake William Smith, einen Schmied aus Tarentum, der Erfahrungen mit der Niederbringung von Salzbohrungen besaß, eine »Garnitur« von Werkzeugen herzustellen und die Aufsicht auf der Baustelle zu übernehmen. Smith, jedermann als »Onkel Willy« bekannt, versicherte sich zusätzlich der Hilfe seiner beiden Söhne. Sie begannen im Juni 1859 mit der Bohrung, gerieten aber schon bald in Schwierigkeiten, als das Erdreich immer wieder einstürzte. Um dieses Problem zu lösen, schlug Drake vor, den oberen Rand des Bohrlochs mit einem gußeisernen Rohr auszufüttern und darin den Bohrer über ein Seil hinunterzulassen – ein Verfahren, das man schließlich überall in der Ölindustrie übernehmen sollte. Mit Hilfe einer Dampfmaschine, die langsam das Bohrseil hob und senkte, arbeitete sich der Bohrer mit einer Geschwindigkeit von rund einem Meter pro Tag durch das Grundgestein. Doch nach zwei Monaten offensichtlich fruchtloser Arbeit verloren die Direktoren ihren Elan und schickten einen Brief nach Titusville. Drake wurde angewiesen, die Arbeiten einzustellen und das Bohrloch aufzugeben. Glücklicherweise war aber die Postkutsche mit dem Brief einige Zeit unterwegs.

Am 27. August hatten Onkel Willy und seine Jungen eine Tiefe von zirka 21 Metern erreicht. Als sie gerade ihr Tagewerk beenden wollten, rutschte der Bohrmeißel plötzlich mindestens 15 Zentimeter in eine Art unterirdische Spalte. Am nächsten Morgen, einem Sonntag, schlenderte Willy zur Bohranlage und beobachtete etwas Seltsames auf dem Wasser im Bohrloch. Er nahm ein Blechrohr und schöpfte ein bißchen von der Flüssigkeit ab. Es war Öl – Amerikas erste Ölquelle!

Die fast unglaubliche Nachricht, daß der Colonel auf Öl gestoßen war, verbreitete sich wie ein Lauffeuer und brachte Scharen von Farmern und Holzfällern in Feststimmung auf die einzige staubige Straße von Titusville. Am folgenden Morgen waren schon die ersten Prospektoren und Spekulanten in der Stadt angekommen und begannen, alle Pachtverträge für das Land rings um »Drakes Wahnsinn« aufzukaufen. Der Preis für einen Pachtvertrag auf ein vielversprechendes Gelände verdoppelte und vervierfachte sich über Nacht, und die Farmer, die bisher kaum in der Lage gewesen waren, sich ihren Lebensunterhalt auf dem armseligen Boden zu verdienen, stellten plötzlich fest, daß sie reich waren. William Barnsdall, ein Gerber aus England, der die nächste Bohrung durchführte, verdiente 16 000 Dollar in nur fünf Monaten; ein Ladenbesitzer aus Titusville sollte schließlich 1,5 Millionen Dollar aus einem Fund am Oil Creek erzielen. Edwin Drake war leider nicht so erfolgreich. Der Mann, der die erste Ölquelle Amerikas erschlossen hatte, kehrte schon bald zur früheren

Bedeutungslosigkeit zurück; er verlor all sein Geld bei Öl- und Bodenspekulationen und starb 1881 mittellos in Bethlehem, Pennsylvania. Drakes Ölfund kennzeichnet die Geburtsstunde der amerikanischen Ölindustrie. Innerhalb weniger Jahre schien das Öl für das tägliche Leben schon unentbehrlich geworden zu sein, wie es der Autor von »Petroleum and Petroleum Wells« 1866 ausdrückte:

»Von Maine bis Kalifornien erhellt es unsere Wohnungen, schmiert unsere Maschinen und ist in zahlreichen Bereichen der Wissenschaft, der Industrie und des häuslichen Lebens unersetzlich. Es würfe uns um ein ganzes Zeitalter der Zivilisation zurück, wenn wir es wieder verlieren sollten. An seiner wachsenden Nützlichkeit zu zweifeln bedeutete mangelndes Vertrauen in den Fortschritt der Welt.«

Noch vor dem Ende des Jahrhunderts wurden in vierzehn Staaten, von Kalifornien bis New York, von Wyoming bis Texas, Ölfelder entdeckt. »Wildcatter«, spekulative Ölsucher, die in jedem Staat voller Hoffnung auf der Suche waren, erzählten sagenhafte Geschichten vom Öl, das buchstäblich aus dem Erdreich sprudelte. Im Oktober 1884 beschrieb ein Reporter des »Oil Creek Derrick« anschaulich einen Fund in der Nähe von Thorn Creek, Pennsylvania:

»Als das harte Gestein, wie vom Stab Moses' berührt, mit dem Ölstrom nach oben geschleudert wurde, war dies ein so prächtiger und ehrfurchtgebietender Anblick, daß ... Männer, die an die wunderbaren Erscheinungen des Öllandes gewohnt sind, sprachlos vor Erstaunen waren, als sie auf dieses mächtige Schauspiel der Naturgewalten starrten. Mit einem wütenden Gebrüll strömte das Gas aus. Der Lärm war ohrenbetäubend. Es war wie das Entfesseln eines Donnerkeils. Einen Moment lang verdeckte die Gaswolke den Bohrturm, und dann, als sie sich verzog, schoß eine kompakte goldfarbene Säule von 15 Zentimeter Durchmesser 24 Meter hoch in die Luft. Über eine Stunde lang verband diese riesige Ölfontäne, die schneller sprudelte als jeder andere Strom und so kerzengerade wie eine Hemlockfichte stand, die Arbeitsbühne des Bohrturms mit seiner Spitze.«

Die Nachfrage nach Öl lockte unweigerlich Wildcatter auch in das Indianerreservat, in jenen beschämenden Müllabladeplatz westlich des Mississippi, wo mehr als sechzig Indianerstämme zur Ansiedlung gezwungen worden waren, nachdem man sie aus ihren angestammten Jagdgründen vertrieben hatte, um die Landgier des weißen Mannes zu befriedigen. Die Cherokesen, Krik, Choctaw, Irokesen und Seminolen hatten sich dem Treck aus dem Land ihrer Väter über den »Pfad der

Tränen« angeschlossen und bittere Klage darüber geführt, daß man sie zum Verhungern in ein unfruchtbares Gebiet schicke, ohne zu bemerken, daß unter Oklahomas roter Erde ungeahnte Reichtümer lagen. Einige Stämme pflegten ihre Lager zu beleuchten, indem sie ein Rohr oder einen Gewehrlauf in den Erdboden rammten und das Gas anzündeten, das aus der Öffnung strömte. Der erste weiße Mann, der im Indianergebiet auf Öl stieß, war Michael Cudahy aus Omaha, der einen dubiosen Blanko-Pachtvertrag mit dem Krik-Stamm abgeschlossen hatte und 1894 in Muskogee zu bohren anfing. Cudahy hatte zunächst allerdings kein Glück, das änderte sich erst, nachdem er George Keeler kennengelernt hatte. Keeler, der Geschäftsführer einer Gemischtwarenhandlung am Ufer des Caney River war, gegenüber von Jacob Bartles' Handelsposten, hatte von einem nicht weit entfernten Ölfund in Kansas gehört. Auf einmal erinnerte er sich, daß sich sein Pferd immer geweigert hatte, Wasser aus dem nahegelegenen Sand Creek zu saufen, weil Schaum auf der Oberfläche schwamm. Er kaufte sich bei den Cherokesen einen Pachtvertrag für ein zirka 1300 Hektar großes Stück Land rund um den Laden und bat Cudahy, ein Bohrloch anzulegen.

Beide Männer ließen sich nicht im geringsten von den Protesten des Innenministers in Washington beeindrucken, daß die Cherokesen nicht bevollmächtigt waren, Pachtverträge zu gewähren, und auch nicht von der Tatsache, daß der Vertrag noch nicht einmal von Little Star, dem Häuptling der Cherokesen, unterzeichnet worden war. Vierzehn Pferdegespanne wurden benötigt, um ein Bohrgestänge von Tulsa über eine Entfernung von fünfzig Meilen zu Bartles' Handelsposten zu ziehen, ehe Cudahy mit den Arbeiten anfangen konnte. Dann mußte er ein Bohrloch von 396 Meter Tiefe anlegen, bis er endlich auf Öl stieß. Doch dann lieferte die Quelle die profitable Menge von 150 Barrel pro Tag und machte Cudahy und Keeler zu reichen Männern. Innerhalb weniger Jahre entstand rund um den Handelsposten eine blühende Ansiedlung mit einem Hotel, einer Getreidemühle, einer Schmiede und einer Pferde- und Fuhrwerksvermietung, und überall schossen Bohrtürme aus dem Boden, so weit das Auge blicken konnte. Als um 1899 die Eisenbahnlinie von Santa Fe das Gebiet erreichte, war »Bartlesville« eine blühende Ölstadt. Im August 1903 mietete sich ein wohlhabender Rechtsanwalt mittleren Alters aus Minneapolis ein Zimmer im Rightway Hotel von Bartlesville, weil er am nächsten Tag einen Klienten treffen wollte. Sein Name war George Franklin Getty.

Wenn die Gettys auch nicht gerade »Pilgrim Fathers« waren, so gehörten sie doch zur zweitbesten Garnitur. Von untadeliger westeuropäischer

Abstammung, waren sie gerade noch rechtzeitig über das Meer gekommen, um sich zu den Pionieren Amerikas zählen zu können. Als erstes war 1780 James Getty aus der Grafschaft Londonderry in Irland emigriert, und er war derjenige, der den Familiennamen entschlossen auf die amerikanische Landkarte setzte, als er von den Erben William Penns das Land kaufte, auf dem heute Gettysburg steht. Zehn Jahre später folgten ihm seine Vettern John und William nach Amerika, 1790 kamen sie in New York an. William zog gen Süden, schrieb seinem Bruder einen einzigen Brief aus Kentucky und ließ nie wieder von sich hören. John, der vor seinem Auszug in die Neue Welt als Söldner in Europa gedient hatte, wurde einer der ersten Siedler in Allegheny County, Maryland. Er heiratete in Cresaptown ein Mädchen namens Nelly und machte schließlich sein Glück als Farmer.

Nelly gebar John drei Kinder – James, Polly und Joseph – und starb kurz nach Josephs Geburt. Unter dem Druck der Verantwortung, drei kleine Kinder alleine großziehen zu müssen, wandte sich John Getty dem Alkohol zu. In einem halbherzigen Versuch, die Familie intakt zu halten, heiratete er wieder, nahm sich jedoch ein junges Mädchen zur Frau, das in der Gegend den Ruf genoß,»leichtlebig« zu sein. Sie war wohl kaum eine gute Stiefmutter, und keines der Kinder erhielt irgendeine Ausbildung. Fast den gesamten Tag über hilflos betrunken, vernachlässigte Getty die Farm, verhökerte sie 1817 und machte eine baufällige zweistöckige Kneipe in Grantsville auf, wo er seine restlichen Ersparnisse bequemer König Alkohol opfern konnte. Im Winter 1830 – er war siebzig – fiel er, wahrscheinlich wieder einmal betrunken, vom Pferd und erfror.

John Gettys Nachkommen bewerkstelligten es dennoch irgendwie, sich über die ungünstigen Bedingungen ihrer Herkunft hinwegzusetzen. Alle drei gingen erfolgreiche Ehen ein, obwohl ihr Vater sie mittellos hinterlassen hatte. Polly ging nach Ohio und heiratete einen Farmer. Als Joseph seine Schwester dort besuchte, lernte er seine zukünftige Frau kennen. James, der älteste, heiratete 1823 in Grantsville eine gewisse Jennie McKenzie und zog fünf Meilen weiter nach Piney Grove, Maryland, auf eine kleine Farm, wo Jennie drei Söhne gebar, die das Ansehen der Familie beträchtlich steigern sollten.

Ihr erster Sohn Joseph, 1828 geboren, wurde im Osten Ohios ein erfolgreicher Geschäftsmann, ein Prediger der United Brethren Church und ein fanatischer Anhänger der Abstinenz. 1890 schrieb er in einem Brief:»Es war ein schrecklicher Kampf, sich über die Unwissenheit und den niedrigen Stand zu erheben. Manchmal schien es, als ob das Schicksal ganz und gar gegen mich sei; aber ich faßte neuen Mut und danke Gott, daß ich, obwohl ich es nicht weit brachte, getan habe, was ich konnte, um meine Kinder aus diesem Sumpf von Unwissenheit und Schande herauszuziehen, in welchem mich mein Großvater um des teuflischen Alkohols willen zurückließ. Alkohol, oh, daran zu denken, wie nahe er mir kam, um mich zu packen, läßt mich erzittern; aber Gott sei Dank bin ich frei, ja wirklich frei, es gibt keinen starken Alkohol oder Tabak in irgendeiner Form für mich.«

Josephs jüngerer Bruder William, 1832 geboren, erlitt im Alter von elf Jahren auf der Farm einen Unfall, der ihn drei Jahre ans Bett fesselte und ihn für immer zum Invaliden machte. Aber er ließ sich von diesem Unglück nicht unterkriegen und ging im Alter von 15 Jahren nach Pennsylvania, wo er es laut lokaler Aufzeichnungen »schaffte, sich durch Arbeit und große Sparsamkeit ausreichende Mittel zu sichern, die es ihm ermöglichten, eine private Schule zu besuchen«. Doch seine schwache Gesundheit zwang ihn, die Schule nach drei Jahren zu verlassen, aber es gelang ihm, mit beträchtlichem Erfolg eine Laufbahn im Holzhandel einzuschlagen. 1859, mit 27 Jahren bereits eine Stütze der Gesellschaft, wurde er zum Friedensrichter ernannt und übte nachfolgend viele öffentliche Ämter aus. 1872 wurde er sogar der erste Senator von Garett County. Die »Biographical Cyclopaedia of Representative Men of Maryland and District of Columbia« stellte ihm 1878 ein glänzendes Zeugnis aus:

»Von strenger Sparsamkeit, unbezwingbarer Standhaftigkeit und untadeliger Integrität in jedem Bereich seines Lebens hat er sich nicht nur zu finanzieller Unabhängigkeit hochgearbeitet, sondern erfreut sich, was weit wichtiger ist, des unbegrenzten Vertrauens und der Wertschätzung all jener, die ihn kennen. Er hat einen freundlichen und großzügigen Charakter, und ein achtbarer Armer findet in ihm stets einen Freund. Seinen Mitbürgern ist es ein Vergnügen, ihn zu ehren, weil sie stolz auf ihn und sein Leben sind und wissen, daß er das Vertrauen nicht enttäuschen wird, das man in ihn setzt.«

John, der jüngste von James Gettys drei Söhnen, wurde 1835 geboren und fühlte sie vielleicht etwas von seinen ehrgeizigen und entschlossenen älteren Brüdern an die Wand gedrückt: John wollte nichts anderes als ein Farmer werden. Im Alter von 19 Jahren heiratete er Martha Ann Wily, die Tochter des Lehrers und Predigers, und innerhalb eines Jahres kam ihr erstes Kind, George Franklin Getty, zur Welt. Noch im selben Jahr, 1855, zogen sie über die Grenze Marylands und ließen sich auf einer kleinen Farm in der Nähe von New Philadelphia in Tuscarawas County nieder.

Drei weitere Kinder folgten in kurzen Abständen, aber 1861 wurde die Familie vom Unglück geschlagen: John starb mit nur 26 Jahren an einer bösartigen Diphterie. Martha stand allein und beinahe mittellos mit vier kleinen Kindern unter sechs Jahren da.

George Franklin litt nicht nur unter dem Verlust des Vaters, sondern auch unter den arg bedrängten Verhältnissen der Familie. Obwohl er erst sechs Jahre alt war, mußte er schon bei der Feldarbeit helfen, um die Farm zu erhalten. Mehrere Jahre lang arbeitete er im Frühjahr und Sommer auf dem Feld und war nur während der Wintermonate in der Lage, seinen Platz in der Dorfschule einzunehmen, wenn der Boden wegen des Frosts nicht bearbeitet werden konnte. Als George zwölf war, nahte die Rettung in Gestalt seines Onkels Joseph, der anbot, den Jungen in Ohio auf seine Kosten auf die Schule zu schicken. George schrieb sich an der Mittelschule von Canal Dover, Ohio, ein und war ein vielversprechender Schüler. Von dort ging er auf die Ohio Normal University, um Naturwissenschaften zu studieren.

1,78 Meter groß, breitschultrig, blauäugig und mit Lockenkopf, war George ein ungewöhnlich ernsthafter junger Mann mit hohen Idealen und zutiefst von der Idee der selbständigen Weiterbildung erfüllt. Er verabscheute Alkohol, begeisterte sich für Erziehung und Bildung und war nach seiner von Armut geprägten Kindheit dazu entschlossen, niemals wieder arm zu sein. Um sein Studium an der Universität zu finanzieren, gab er während des Wintersemesters Unterricht, fand aber auch noch Zeit, sich mit Sarah Catherine McPherson Risher zu verabreden, einem hübschen Mädchen, das drei Jahre älter war und dieselbe Universität besuchte. Im Juli 1879 machte er sein Examen mit Auszeichnung, und drei Monate später, am 30. Oktober 1879, heirateten er und Sarah trotz einiger Proteste ihrer beider Eltern. Im November 1880 gebar Sarah ihr erstes Kind, eine Tochter, Gertrude Lois.

George Getty wollte eigentlich Lehrer werden, aber Sarah hatte andere Pläne. Sarah war eine junge Frau mit zarter Gesundheit und einem eisernen Willen: Sie wollte mit einem Anwalt verheiratet sein und nicht mit einem Lehrer. Anwälte genossen ein weit höheres gesellschaftliches Ansehen als Lehrer und verdienten außerdem auch noch mehr Geld.

Schon während ihrer Brautzeit hatte Sarah George immer wieder sanft zu verstehen gegeben, daß er doch Jura studieren sollte, und er hatte immer wieder versprochen, es sich zu überlegen. Als ihm dann jedoch die Stelle als Lehrer an seiner alten Schule in Canal Dover angeboten wurde, zögerte er nicht, sie anzutreten. Aber Sarah gab sich absolut noch nicht geschlagen, und als George anfing, seine ersten kleinen Enttäuschungen über das Lehrerdasein zu äußern – die Kinder betrachteten seiner Meinung nach Bildung und Erziehung als zu selbstverständlich –, griff Sarah ihr altes Thema wieder auf und bot ihm sogar eine »Mitgift« von hundert Dollar zur Begleichung seiner Schulden an, damit er ohne finanzielle Belastungen sein Studium an der Juristischen Fakultät aufnehmen könne. George gab schließlich ihrem fein eingefädelten Druck nach und immatrikulierte sich an der Juristischen Fakultät der Universität von Michigan. Im März 1882 wurde er als einer von nur vier Studenten, die aus einer 17köpfigen Klasse die Prüfung bestanden hatten, als Anwalt zugelassen. Er wurde Sozius eines bekannten Rechtsanwalts in Caro, Tuscola County, und zu Sarahs größter Genugtuung erwies sich ihr Ehemann als brillanter junger Anwalt.

1884 schnürten die Gettys wieder ihr Bündel und setzten ihre unterbrochene Reise in Richtung Westen fort, weil sich Sarah beschwert hatte, daß die feuchte Luft in Michigan ihre Gesundheit noch mehr angreifen würde. Sie ließen sich in der schnell wachsenden Stadt Minneapolis nieder, und George machte sich nun als Anwalt selbständig und spezialisierte sich auf dem lukrativen Gebiet des Versicherungs- und Körperschaftsrechts. Sein persönliches Bankguthaben überstieg schon bald 100 000 Dollar, und er wurde schnell ein prominenter Bürger. Er wurde zum Syndikus mehrerer großer Unternehmen ernannt, unter anderem der National Benevolent Association und der Railway Building and Loan Association. Er war ein redegewandter Verteidiger vor dem Obersten Bundesgericht, ein Mitglied des Commercial Club of Minneapolis und der Handelskammer sowie ein regelmäßiger Besucher der Methodistenkirche.

Beeinflußt von seinem Onkel Joseph und familieninternen Horrorgeschichten, wie sein Urgroßvater beinahe Verderben über sie alle gebracht hatte, rief George Getty 1886 im ganzen Staate Minnesota eine engagierte Anti-Alkohol-Kampagne ins Leben und gab dabei zeitweilig sogar seine Verbindung zur Republikanischen Partei auf, weil er glaubte, daß die Frage der Enthaltsamkeit besser von den Demokraten vertreten wurde. Zwei Jahre lang war er auch Chefredakteur von »The Review«, dem offiziellen staatlichen Organ der Prohibition, ließ sich dann aber von der mangelnden Unterstützung entmutigen, wandte sich von der aktiven Politik ab und kehrte in aller Stille zu den Republikanern zurück. Erfolgreich, allseits respektiert und beliebt, hatten Sarah und George allen Grund, mit ihrem Los zufrieden zu sein. Aber als alles gut für sie zu laufen schien, wurden sie von der denkbar schlimmsten Tragödie getroffen. 1890 fegte eine Typhusepidemie durch Minneapolis, das innerhalb von zehn Jahren von 47 000

Einwohnern auf 165 000 angewachsen war. Sarah wurde als erste von der Krankheit befallen, und wochenlang hing ihr Leben am seidenen Faden. Als sie sich gerade zu erholen schien, begann ihre Tochter Gertrude über Kopfschmerzen zu klagen und fing rasch an zu fiebern. Sie starb am 9. Oktober, ein paar Wochen vor ihrem zehnten Geburtstag. Es war, als wäre der Sonnenschein aus ihrem Leben verschwunden. Der Verlust ihres einzigen, geliebten Kindes war ein Schlag, von dem beide glaubten, sich niemals wieder davon erholen zu können. Sarah trug über ein Jahr lang Trauerkleidung, und George wandte sich, auf der Suche nach Trost, der Kirche und dem Spiritualismus zu, um einen Sinn in dem Verlust zu finden.

1892 wurde George durch eine umfangreiche Eintragung im »Biographical Dictionary of Representative Men of Chicago and Minnesota Cities« gewürdigt. Man war ausreichend auf dem laufenden, denn es wurde berichtet, daß Gertrude, »ein reizendes Kind von neun Jahren und der Sonnenschein des Hauses«, verstorben war. Nach der im überschwenglichen Stil gehaltenen Beschreibung seiner Laufbahn und Leistungen schloß die Eintragung folgendermaßen:

»Erneut finden wir in der Hauptperson dieser kurzen Darstellung ein weiteres Beispiel dafür, was aus einem Jungen dieses großen und glorreichen Commonwealth werden kann. Seine Vorfahren mögen arm gewesen oder in Vergessenheit geraten sein, sein Geburtsort mag unbekannt sein, seine Kinderjahre mögen voller Mühsal und Rückschläge gewesen sein, er mag keine einflußreichen Freunde an seiner Seite gehabt haben und von Fremden umgeben gewesen sein, aber die Leiter zum Erfolg, die in die geheimnisvollen Wolken der Zukunft ragt, steht fest vor seinen Füßen, und wenn er sie erst einmal bestiegen hat, geduldig, fleißig und mit Ausdauer, wird und muß er Erfolg haben.«

Im Frühjahr desselben Jahres ereignete sich etwas völlig Unerwartetes: Sarah war im Alter von 39 Jahren noch einmal schwanger. Zehn Tage vor dem Weihnachtsfest 1892 brachte sie einen kräftigen kleinen Jungen zur Welt. Es war neun Uhr morgens, als die Hebamme aus Sarahs Schlafzimmer kam und George, der draußen auf dem Flur unruhig hin und her ging, mitteilte, daß er einen Sohn habe. Er reagierte mit gewohnter Heiterkeit, marschierte in die Küche und schmetterte dem Dienstmädchen fröhlich entgegen: »Leg ein weiteres Gedeck zum Frühstück auf!« Das Baby erhielt den Namen Jean Paul Getty.

Als George Franklin Getty im August 1903 über die Eisenbahnlinien von Atcheson, Topeka und Santa Fe Bartlesville im Indianerreservat erreicht hatte, mußte er überrascht feststellen, daß sich der Ort mitten in den Geburtswehen eines bombastischen Ölbooms befand. Er hatte ein kleines, verschlafenes Grenznest mit Holzbaracken erwartet; statt dessen fand er eine betriebsame, moderne Stadt mit etlichen Ziegelgebäuden. Auf dem Weg zu seinem Hotel kam er an nicht weniger als drei Banken vorbei, ein sicheres Zeichen für Wohlstand. Schwerbeladene, von Pferden oder Maultieren gezogene Frachtwagen rollten über die tiefen Furchen der von der Sonne ausgetrockneten Hauptstraße, die Kutscher fluchten und ließen ihre Peitschen knallen. Noch mehr Wagen wurden vor der American Well and Prospecting Company auf der einen Seite und der Oil Well Supply Company auf der anderen Seite der Straße entladen. Auf den staubigen Bürgersteigen aus durchgebogenen Holzplanken mischten sich Ölmänner aller Art – Handlanger, Rauhbeine, Werkzeugmacher, Prospektoren, Fuhrmänner und Vermittler von Pachtgrundstücken – unter modisch gekleidete Frauen, Farmer und einige verwirrte Indianer in den zerlumpten Überbleibseln ihrer Stammestracht. Mit Abscheu stellte Getty fest, daß die Stadt bereits eine größere Anzahl von Spielern und aufgedonnerten leichten Mädchen angezogen hatte, die sich um den Honigtopf sammelten, um die Neureichen um ihre Reichtümer zu bringen. Die Bevölkerung von Bartlesville hatte sich in den vorangegangenen zwölf Monaten auf zweitausend Einwohner verdoppelt; ein Zustrom, der vom Herausgeber des »Bartlesville Weekly Examiner« anschaulich beschrieben wurde:

»Hier können die Vertreter nahezu jeder zivilisierten Nation der Welt angetroffen werden – der wortkarge Norweger aus dem ›Land der Mitternachtssonne‹, der fleißige Deutsche; der Engländer, der den Kinderschuhen entwachsen ist; der leicht reizbare Franzose; der ›wilde Ire‹; der leichtlebige Sohn Italiens, der Grieche. Hier werden alle von einem gemeinsamen Wunsch getrieben – den großen amerikanischen Dollar zu jagen und zu fangen. Der Kapitalist aus dem Osten denkt sich nichts dabei, seine 15-Cent-Zigarre am Glimmstengel eines Cowboys anzuzünden. Alle Arten und Charaktere der Menschheit sind hier zu finden, aber trotz dieser Verschiedenartigkeit kommen die Leute gut miteinander aus und sind im großen und ganzen friedlich und gesetzestreu.«

Im Jahre 1903 hielt sich Getty – völlig zu Recht – für einen vermögenden Mann. Mittels harter Arbeit, Redlichkeit und Umsicht hatte er ein beträchtliches Privatvermögen von 250 000 Dollar angesammelt. In seiner Gemeinde war er allgemein bekannt und geachtet. Er lebte im vornehmsten Teil von Minneapolis in einer großen und komfortablen Wohnung auf der Hennepin Avenue; hielt sich Personal, besaß zwei Pferde und ließ seine 65-Dollar-Anzüge bei Pease anfertigen, dem vornehmsten Schneider der Stadt. Eine schwere Typhus-Erkrankung hatte ihn zwar 1896 zeitweilig beinahe aufs Altenteil gezwungen, aber er genas vollständig und ging im Alter von 47 Jahren zufrieden und mit Muße seiner Arbeit nach, die darin bestand, im Namen der Northwestern National Life Insurance Company, deren Direktor und Schatzmeister er war, Forderungen und Prozesse abzuwickeln. Kurzum, seinem Lebensstil nach war er ein Mann, der wenig anfällig zu sein schien, von dem rasches Geld versprechenden Köder des brutalen Ölgeschäfts angezogen zu werden.

Im Auftrag der Northwestern Life Insurance war Getty wegen einer belanglosen Klage über 2500 Dollar nach Bartlesville gekommen, diese Klage konnte er einen Tag nach seiner Ankunft mit einem Vergleich über 1500 Dollar beilegen. Da er nun Zeit hatte und seine Neugier durch die Gerüchte von neuen Ölfunden angestachelt wurde, begann er mit den verschiedensten ölverschmierten Abenteurern zu plaudern, die in der Empfangshalle des Rightway Hotels zu allen Tages- und Nachtstunden herumlungerten oder sich im benachbarten »Smoke House« trafen – einem Lagerhaus, in dem auch Tabak und alkoholfreie Getränke verkauft wurden. Obwohl die Ölproduktion im gesamten Indianergebiet erst ungefähr 500 Barrel pro Tag betrug, war gerade eine Quelle im Stammesgebiet der Osage mit 50 Barrel pro Tag erschlossen worden, und in der Stadt lag die Erwartung in der Luft, daß der Sand von Bartlesville in jedem Moment seinen schwarzen, zähflüssigen Schatz von sich geben werde.

Getty hatte keine Ahnung vom Ölgeschäft, war aber – im Gegensatz zu vielen seiner Freunde – davon überzeugt, daß das benzingetriebene Automobil das Transportmittel der Zukunft sein werde. Die meisten Menschen glaubten nämlich damals noch, daß elektrisch getriebene Autos bald die schmutzigen benzingetriebenen Automobile überflüssig machen würden, wenn erst einmal der gefeierte Erfinder Thomas Edison die Batterie vervollkommnet hätte. Obwohl schon mehr als 3000 der ersten Oldsmobile-Modelle mit ihrem charakteristisch geschwungenen Schmutzbrett verkauft worden waren, hielt man allgemein den Benzinmotor im Vergleich zum Elektromotor für zu unzuverlässig und laut. Diese Ansicht wurde allerdings weder von Getty noch von einem Mann namens Henry Ford geteilt, der nur wenige Wochen vor Gettys Ankunft in Bartlesville die Ford Motor Company in Detroit als Aktiengesellschaft registrieren ließ. Verglichen mit der Eleganz von Minneapolis stellte Bartlesville eine völlig andere Welt dar, aber Getty fand diese Welt recht angenehm und zugänglich. Es machte ihm Spaß, mit den Ölmännern zu reden, und er war gern in ihrer Gesellschaft, aber dachte noch nicht daran, ins Ölgeschäft einzusteigen – bis er die Gebrüder Carter kennenlernte. Will und Bud Carter waren erfahrene Spekulanten, die seit den Tagen von Oil Creek im Geschäft waren und Geschichten über jeden seitdem gemachten Ölfund erzählen konnten. Will, der ältere, war der Bohrmeister, und Bud war der stets makellos gekleidete, redegewandte Pläneschmied, der die Finanzierung arrangierte und die Pachtverträge kaufte. Die schwankenden Glücks- oder Pechsträhnen ihrer Laufbahn hatten sie weise bezüglich der Unberechenbarkeit des Ölgeschäfts werden lassen. Als sie Getty kennenlernten, sahen sie sich gerade nach einer Möglichkeit um, Lot 50, ein Pachtgrundstück von zirka 450 Hektar Größe im Stammesgebiet der Osage, loszuwerden. Es lag Meilen von der nächsten Ölquelle entfernt, und die Brüder wollten sich nach neuen Weidegründen umsehen. Für 500 Dollar boten sie Getty die Parzelle an, die in ihren Augen sicherlich ein oder zwei Dollar schwer war, und zu ihrer großen Überraschung nahm er das Angebot an.

500 Dollar stellten für einen Mann in seiner Position kaum ein gefährliches Unternehmen dar, aber Getty wollte das Geld keinesfalls verlieren und war entschlossen, das Risiko zu teilen. Da er Dr. John Bell, seinem Hausarzt, der ihn während seiner Typhus-Erkrankung behandelt hatte, »sehr zugetan war«, bot er ihm an, als Partner ins Geschäft einzusteigen. Die Bedingungen waren allerdings nicht sehr großzügig: Getty bot Dr. Bell zwei Siebtel von Lot 50 für 1000 Dollar an. Der gutmütige Doktor übernahm schließlich ein Siebtel für 500 Dollar – so konnte Getty zwar keinen sofortigen Gewinn realisieren, aber er hatte seine ursprüngliche Investition auf schlaue Weise wieder heraus. Die Bohrarbeiten auf Lot 50 wurden im Oktober begonnen.

Zu dieser Zeit war Jean Paul Getty elf Jahre alt und Schüler an der Emerson Grammar School in Minneapolis. Er war ein kräftiger Bursche mit rundem Gesicht, den herunterhängenden Mundwinkeln seiner Mutter und der großen Nase seines Vaters. Sehr dankbar, daß seine Mutter ihm endlich erlaubt hatte, seine Locken abzuschneiden, bürstete er sein Drahthaar zu einem ordentlichen Seitenscheitel, aber es guckte immer noch unter dem Schlapphut hervor, den er bei Familienausflügen aufsetzen mußte. Lebhaft an Schwimmen, Boxen und allen Aktivitäten im Freien interessiert, beschäftigte er sich im Hause hauptsächlich mit seiner Briefmarkensammlung und mit Gedanken an Ruth Hill, sein »Traummädchen«, das mit ihm dieselbe Klasse an der Emerson-Schule besuchte und auf der anderen Seite des Gangs saß.

Jean Paul zeigte nicht das geringste Interesse für die Geschäfte seines Vaters, außer für die Tatsache, daß sein Vater im Indianerreservat gewesen war, das in der Vorstellung des Jungen von Rothäuten bevölkert war, die entweder ständig im Krieg mit Cowboys lagen oder von der US-Kavallerie verfolgt wurden. Als sein Vater die Minnehoma Oil Company als Aktiengesellschaft registrieren ließ und vorschlug, daß Jean Paul fünf Dollar von seinen Ersparnissen investieren und hundert Aktien zu jeweils fünf Cent zeichnen sollte, fügte er sich zwar willig, aber ohne wirklich zu wissen oder sich darum zu kümmern, was das alles zu bedeuten hatte. Sein Vater unterzeichnete die Aktienzertifikate, zeigte sie dem Jungen und sagte mit stolzgeschwellter Brust: »Hier! Jetzt bist du Teil der Gesellschaft, für die ich arbeite. Du bist einer meiner Chefs.« Jean Paul Getty lächelte und sagte nichts; manchmal sagte sein Vater wirklich merkwürdige Sachen.

Im Dezember 1903 stieß die Minnehoma Oil Company (»Minne« für Minnesota und »homa« für Oklahoma) auf Lot 50 in 427 Meter Tiefe auf Öl. Die Quelle sprudelte zunächst heftig und lieferte bald einen stetigen Ertrag von 100 Barrel pro Tag – George Getty war plötzlich zum Ölmagnaten geworden. Er war natürlich hoch erfreut und beschloß, im neuen Jahr mit Frau und Sohn nach Bartlesville zu reisen, damit sie die zweite Bohrung beobachten konnten.

Jung Paul konnte kaum seine Aufregung beherrschen, als ihm sein Vater von der geplanten Reise ins Indianerreservat erzählte. Jeden Tag fragte er seinen Vater, wann sie nun endlich abreisten, und im Klassenzimmer der Emerson-Schule gab er sich stundenlangen Tagträumen über den Wilden Westen hin und vergaß darüber den Unterricht. Selbst die Cowboy-und-Indianer-Spiele mit seinen Freunden schienen leicht an Bedeutung zu verlieren, als er ihnen erzählte, daß er bald mit *wirklichen* Cowboys und *wirklichen* Indianern in Berührung kommen würde. Am Neujahrstag 1904 begann Paul, ein Tagebuch zu führen, und kritzelte mit kindlicher Schrift die erste Eintragung, der noch viele folgen sollten: »Schöner Neujahrstag. Las morgens und ging zum Festessen aus. Aß zwei große Portionen Truthahn mit Oliven und eine Menge mehr. Ging nachmittags zum Spielen raus.«

Am 2. Januar, einem Samstag, notierte er, daß es 25 Grad unter Null war. »Ich ging raus und band meinen Rodel an einen Pferdeschlitten. Der Kerl wollte mir das nicht erlauben, und ich rutschte so weit wie möglich nach hinten. Er versuchte, mich mit seiner Peitsche zu schlagen, schaffte es aber nicht.«

»Sonntag, 3. Januar: Stand spät auf. Ging um 12 Uhr zur Sonntagsschule und blieb dort bis ein Uhr. Ich und William gingen zum Rodeln nach draußen und blieben, bis es dunkel war. Aß was zu Abend und las bis zum Schlafengehen.«

»Montag, 4. Januar: Erster Schultag nach den Ferien. Nach der Schule gingen ich und ein paar Freunde zum Rodeln, bis es dunkel war. Spielte am Abend.«

»Dienstag, 5. Januar: Schönes Wetter, ging nach der Schule reiten. Danach rodelten wir. Zerbrach die Kufe an meinem Schlitten, werde sie reparieren lassen. Ich bin zu faul dazu.«

Paul führte das gesamte Jahr 1904 und beinahe das gesamte Jahr 1905 hindurch ein Tagebuch. Es war eine lakonische Schilderung einer sicheren, glücklichen und vollkommen normalen Kindheit mit Spielen, Pech, Sonntagsschule, Klavierstunden, Boxunterricht, Klassenarbeiten, Ausfahrten im Wagen mit Dexter, dem Pferd der Familie, und dem Versuch, Exemplare der »Saturday Evening Post« von Tür zu Tür zu verkaufen, um sich ein Taschengeld zu verdienen. Papas beruflich bedingtes Kommen und Gehen wurde gewissenhaft notiert (»Papa reiste gestern abend nach Bartlesville ab«), aber Mama war ständig anwesend und manchmal großzügig. (»Nach der Schule schenkte mir Mama 20 Cents, weil ich eine Besorgung gemacht hatte.«)

Er war eine unersättliche Leseratte und verschlang am liebsten die Romane von G. A. Henty (»Am Nachmittag las ich ›The Dash for Khartoum‹ von G. A. Henty. Es war toll«) und rannte ständig nach unten in die Bibliothek, um sich ein neues Buch zu holen.

Im Tagebuch taucht allerdings Pauls steigende Aufregung angesichts der bevorstehenden Reise ins Indianerreservat überhaupt nicht auf. Am Sonntag, dem 17. Januar, schrieb er nur: »Heute schneit es. Am Morgen gingen wir zur Sonntagsschule. Am Nachmittag gab mir Papa zehn Cents für einen Brief, den ich zur Post brachte. Danach las ich. Dienstag abend reisen wir ins Indianerreservat.« Die erste Etappe der lang erwarteten Reise wurde mit dem Nachtzug nach Kansas City zurückgelegt, der am 19. Januar um 20.30 Uhr mit durchdringendem Geläut Minneapolis verließ. Paul ging kurz nach der Abfahrt ins Bett und stellte beim Aufwachen fest, daß es heftig schneite, während der Zug südwärts durch Iowa und Missouri stampfte. Die Nacht von Mittwoch auf Donnerstag verbrachten sie im Midland Hotel in Kansas City. (»Dies ist eines der größten Hotels«, schrieb Paul, »die Kellner sind alle Neger. Ich aß viel zu Abend.«) Am nächsten Tag nahmen sie um 12.25 Uhr den Zug nach Bartlesville. Je mehr sie sich dem Indianergebiet näherten, desto mehr erzählte sein Vater eigentlich nur noch von der Ölindustrie, wie Paul sich später erinnerte. Seine Mutter hörte geduldig zu, er aber saß an das Fenster ihres Pullman-Wagens gepreßt und wartete auf das Auftauchen der ersten Indianer in Kriegsbemalung, die auf ihren sattellosen Pferden über die Prärie ritten. »Ich habe noch keinen einzigen Indianer gesehen«, beklagte er sich, nachdem er ungefähr eine Stunde lang erfolglos den vorüberziehenden Horizont abgesucht hatte. »Mach dir keine Sorgen, mein Sohn«, antwortete sein Vater, »du wirst schon noch einige in Bartlesville sehen.« »Sind sie gefährlich?« fragte Paul erwartungsvoll. »Müssen wir gegen sie kämpfen?« George Getty lachte. »Nein, sie sind nicht gefährlich«, sagte er. »Sie sind ziemlich friedfertig. Die einzigen Indianer, gegen die wir vielleicht kämpfen müssen, sind diejenigen, die uns vor dem Bahnhof Töpferwaren und Decken verkaufen wollen.«

Paul ließ sich mit einem finsteren Blick in den Sitz zurückfallen, nahm seinen Wachposten am Fenster jedoch bald wieder ein, weil er noch nicht völlig die Hoffnung aufgegeben hatte, daß doch noch ein Comic vor seinen Augen zum Leben erwachen könnte. Es war schon dunkel, als der Zug in Bartlesville einrollte, und die Gettys gingen sofort zum Rightway Hotel. Schläfrig nahm Paul ein paar vorüberhuschende Gestalten auf der Straße wahr und vermutete mit einem Schauer der Erregung, daß es sich ganz bestimmt um Verbrecher handeln müßte, wenn es schon keine Sheriffs oder Revolver schleudernde Cowboys waren.

Seine Enttäuschung jedoch war riesengroß, als er am nächsten Morgen aufwachte. Im harten, grauen Licht der Dämmerung eines kalten Januarmorgens mußte Paul feststellen, daß Bartlesville nichts anderes als eine trostlose Ölstadt war. Einige Männer, die er auf der Straße sah, trugen zwar Colts an ihren Gürteln, aber sie waren ganz eindeutig Arbeiter auf den Ölfeldern und keine Cowboys. Und die paar Indianer hier und da boten einen traurigen Anblick. Es waren hauptsächlich Halbblut-Indianer, die keineswegs den edlen Wilden seiner Vorstellung entsprachen und die dazu noch, wie er mit Abscheu feststellte, »Kleider von der Stange« trugen. Mit Schirmmütze, Kniehosen und Knopfstiefeln ausstaffiert, spazierte er bis zum Ende der Hauptstraße, ließ die schäbigen, schindelgedeckten Gebäude, die zwischen den ersten Ziegel- und Steinhäusern der Stadt standen, hinter sich und hoffte, doch noch auf Palisaden oder vielleicht sogar ein Fort zu stoßen. Statt dessen entdeckte er nur eine Ansammlung elender Behausungen, eine Bruchbudenstadt als Resultat des Ölbooms, und dahinter erstreckte sich eine von Bohrtürmen übersäte karge, flache Landschaft, so weit sein Auge blicken konnte. Er konnte seine Enttäuschung kaum verbergen, als er in sein Tagebuch schrieb: »Zum erstenmal seit drei Tagen schien die Sonne. Am Morgen ging ich in den Wald, insgesamt vier Meilen hin und zurück. Am Nachmittag ging ich zu einem Hügel, der ungefähr drei Meilen entfernt ist. Um 19.30 Uhr ging ich ins Bett.« Am nächsten Tag besserte sich seine Laune etwas, als er auf einige Jungen in seinem Alter traf, mit denen er spielen konnte. »Es war schön, zu reiten und mit dem Lasso zu werfen«, notierte er. Am Sonntag besserte sich seine Stimmung noch mehr, als zehn Indianerhäuptlinge im Rightway Hotel ankamen, die Federschmuck trugen und in Decken gehüllt waren. Sein Vater erzählte ihm, daß sie auf dem Wege zu Präsident Theodore Roosevelt seien, und er bemerkte begeistert, daß einer von ihnen, der »Two Keys« hieß, zwei kleine goldene Schlüssel in jedem Ohrläppchen trug.

In Paul regte sich der erste Funken Interesse am Ölgeschäft, als ihn sein Vater zum erstenmal zum Pachtgrundstück mitnahm und er einen Hauch vom erregenden Zauber der Ölsuche spürte. Lot 50 war ungefähr 15 Kilometer von Bartlesville entfernt. Die zweistündige Fahrt mit dem Pferdewagen ging über einen sehr kurvenreichen Pfad sowie eine gefährliche Furt am Sand Creek. Bereits auf der Hinfahrt überließ Getty seinem Sohn die Zügel, was für den Elfjährigen ein unvergeßliches Erlebnis war, insbesondere da der Wagen auf der Rückfahrt zweimal beinahe umgekippt wäre. Aber die Bohrstelle selbst machte den größten Eindruck auf den Jungen. Ihn faszinierten das kreischende Gerassel des Bohrgestänges und die Männer auf dem Bohrturm. Das Heldentum der Cowboys verblaßte plötzlich angesichts dieser muskelstrotzenden Desperados, die darum kämpften, dem widerspenstigen Gestein Öl abzuringen. Die Männer lebten in Zelten rund um den Bohrturm, kochten auf offenen Feuern und krakeelten unweigerlich an jedem Zahltag: Das erschien dem kleinen Jungen als ein äußerst romantisches Leben.

Der Aufseher, der Paul herumführte, machte ihn auf einen der Arbeiter aufmerksam. Es war Henry Starr, einstmals ein berüchtigter Bandit, dessen Konterfei im gesamten Indianerreservat auf zahllosen Plakaten mit der Aufschrift »Gesucht – tot oder lebendig« erschienen war. Von Starr erzählte man sich, daß er dreimal Jake Bartles, den Gründer von Bartlesville, ausraubte, aber dabei niemals mehr als ein paar Dollar erbeutete. Nach dem dritten Überfall soll der wütende Starr gebrüllt haben: »Jake, ich habe es satt, als Blödmann dazustehen. Morgen gehst du zur Bank, holst fünftausend Dollar und trägst die in Zukunft gefälligst mit dir rum. Wenn ich dich das nächstemal überfalle und du die fünftausend Dollar nicht hast, bring' ich dich um.« Bartles trug die Summe danach immer bei sich und soll erklärt haben: »Starr mag ein niederträchtiges, wertloses, gemeines Stinktier sein, aber er hält sein Wort.«

Jung Paul lauschte dieser unwahrscheinlichen Geschichte mit weit aufgerissenen Augen und vergaß sie nie. Er war ebenfalls tief beeindruckt, als er während eines zweiten Besuchs auf der Bohrstelle einen der Handlanger nach seinem Alter fragte und der Mann sich am Kopf kratzte und antwortete: »Tja, weiß nich'. Ich glaub', so um die fünfunddreißig oder vierzig.« Paul hielt seine Gleichgültigkeit für ganz außergewöhnlich.

Nach diesem ersten Besuch ließ der Junge keine Gelegenheit aus, mit seinem Vater zum Ölfeld zu reiten, und war schon bald mit dem Jargon der Ölmänner vertraut. Ständig altkluge Fragen stellend, lernte er viel über Öl und Ölquellen; nichts machte ihm mehr Spaß, als mit der Bedienungsmannschaft um ein Feuer zu sitzen und ihren Geschichten über Ölfunde, Ölbrände und trockene Bohrlöcher zuzuhören. In Bartlesville verbrachte er viel Zeit mit einem gelben Köter, der sich ihm angeschlossen hatte und den er Jip nannte. Er ging gerne mit Jip auf den Eisenbahnschienen und sprang auf der Brücke über den Caney River von Schwelle zu Schwelle. Der Hund nahm einen besonderen Platz in seinen Tagebucheintragungen ein.

»Montag, 1. Februar: Schöner Tag. Am Morgen sah ich eine wirklich komische Sache. Eine Menge Esel, getrieben von vier Cowboys, kamen vorbei. Ich hetzte Jip auf sie, und bald schnappte ein Dutzend Hunde bellend nach ihren Hufen. Dann begannen die Cowboys zu fluchen und die Esel mit dem Lasso einzufangen.«

»Montag, 8. Februar: Schöner Tag. Am Morgen ging ich zum Fluß hinunter. Jip schwamm hinüber. Am Nachmittag lief ich vier Meilen aufs Land hinaus. Jip folgte mir und fing fast ein Kaninchen. Am Abend las ich ein paar Zeitschriften, die mir der Koch gegeben hatte.«

Jip durfte im Korridor vor Pauls Zimmer im Rightway Hotel schlafen. Die Folgen eines Versuchs, den Hund in sein Zimmer zu schmuggeln, wurden in der Tagebucheintragung vom 17. Februar geschildert: »Papa verpaßte mir eine Tracht Prügel, weil ich gesagt habe, daß er ein verdammter Idiot ist und daß der Kopf des Zimmermädchens besser in Jips Maul verschwinden sollte.«

Doch noch immer fand sich in Pauls Tagebuch kein Hinweis auf seine jugendliche Begeisterung für das Ölgeschäft. »Mittwoch, 24. Februar 1904: Heute wolkig. Am Morgen gingen Edward und ich zum Fluß, um zu beobachten, wie eine Ölquelle gesprengt wird. Die Explosion war wie ein

Donnerschlag. Am Nachmittag spielte ich mit Murmeln.« Selbst als er mit seinen Eltern Anfang März zur Parzelle fuhr, um die Erschließung der zweiten Ölquelle zu beobachten – ein Erlebnis, das er später als »einzigartig erregend« bezeichnete –, schrieb er nur: »Schöner Tag. Wir fuhren alle hinaus, um zu erleben, wie die Quelle hochkommt. Sie setzte bei einer Tiefe von 428 Metern ein. Ich fand einen Stein, der einst an der Küste lag. Er ist vollkommen oval.«

Die zweite Quelle produzierte ebensoviel wie die erste. Zusammen erreichten beide Quellen eine monatliche Förderleistung von etwa 2500 Barrel, und das zu einer Zeit, als der Preis bei 88 Cents pro Barrel lag. George Getty war mit sich selbst sehr zufrieden, gab seinen Leuten Anweisungen, wo das nächste Bohrloch auf Lot 50 angelegt werden sollte, und beschloß, daß es an der Zeit war, die Familie nach Minneapolis zurückzubringen.

Paul ging nach einer sechswöchigen Unterbrechung wieder in die Emerson-Schule, erfüllt von seinen Abenteuern im Indianerreservat. Der Sommer verlief ereignislos; er luchste seinem Freund Henry Murmeln ab, zählte seine Briefmarken, balgte sich und spielte Streiche.

»1. April: Ich veräppelte Leute und klingelte an Türen.«

»26. April: Um Mitternacht brüllte ich ›Feuer, Feuer‹, und alle schrien.«

Im Mai wurde er Mitglied der Baseballmannschaft seiner Schule, den »Imperial Sluggers«.

»Dienstag, 17. Mai: Wir werden morgen um 16 Uhr gegen die ›Tigers‹ antreten. Sie haben eine gute Mannschaft.«

»Mittwoch, 18. Mai: Am Nachmittag spielten wir gegen die ›Tigers‹ auf ihrem Platz. Wir mußten aufhören, weil ein Junge krank wurde.«

Um sein Taschengeld aufzubessern, errichtete er vor seinem Haus einen Limonadenstand, langweilte sich bei der Warterei auf Kunden jedoch dermaßen, daß er ständig den Krug selbst austrank. Auch der Versuch, von Tür zu Tür Abonnenten für die »Saturday Evening Post« zu werben, war ein Fehlschlag. Nur wenn er mit seinen Freunden um Murmeln oder Autokataloge feilschte, ließen sich überhaupt Anzeichen jenes starken Wettbewerbsdenkens erkennen, das den späteren Geschäftsmann auszeichnen sollte.

Im Oktober unternahm die Familie eine zweite Reise nach Bartlesville und besuchte unterwegs die Weltausstellung in Saint Louis. Paul, ganz Unternehmersohn, erwähnte in seinem Tagebuch, daß er im »Palast der Schönen Künste« einen Katalog fand und ihn an einen anderen Besucher für 15 Cents verkaufen konnte. Auch Jin Key, ein Pferd, das »Minneapolis« buchstabieren, Geld wechseln und bis dreißig zählen konnte, beeindruckte ihn zutiefst. Nach einer einwöchigen Besichtigung von Saint Louis setzten sie ihre Reise fort und stiegen am 16. Oktober im neuen Ziegelanbau des Rightway Hotels ab. Paul verlor keine Zeit, seine Freundschaft mit Jip zu erneuern, den er bei einem Freund gelassen hatte, und wurde von einem begeisterten Begrüßungswedeln belohnt. Am nächsten Tag fuhren sie zum Ölfeld hinaus.

»17. Oktober 1904: Schöner Tag. Wir standen um sechs Uhr auf, frühstückten und fuhren zum Ölfeld, Jip kam mit. Wir waren um zehn Uhr da und sahen, daß alle vier Ölquellen in Ordnung waren. Nummer drei, die unergiebigste Quelle der Parzelle, war am Vorabend um 22.15 Uhr mit etwa 110 Litern Nitroglyzerin gesprengt worden. Die Ölfontäne schoß fünf Minuten lang vom Bohrturm aus 30 Meter in die Höhe. Im Zelt gab es ein Mittagessen. Es war nicht besonders gut. Am Nachmittag setzte Papa die Stelle für ein neues Bohrloch fest.«

Eine Woche später, wieder auf dem Heimweg nach Minneapolis, unterbrachen sie ihre Reise noch einmal in Saint Louis, wo Paul und seine Mutter im Kaufhaus der »May Company« auf einer Rolltreppe fuhren. Einen weiteren Halt machten sie in Chicago, wo sie ins »Marshall Field« gingen, eines der größten Kaufhäuser der Welt. In der Buchabteilung kaufte sich Paul zwei Bücher von Horatio Alger: »Risen from the Ranks« und »Born to Rise«.

2. »Du mußt ganz unten anfangen«

Bis zum Mai 1905 waren sechs Ölquellen auf Lot 50 angezapft worden, alle von George Getty persönlich lokalisiert. Sein Erfolg veranlaßte ihn zu glauben, er habe vielleicht einen »sechsten Sinn« dafür, wo sich unter der Erdoberfläche Öl befand, obwohl er niemals so weit ging, wie einige seiner Zeitgenossen zu behaupten, daß er über eine Parzelle gehen, schnuppern und dann »Rohöl riechen« könnte. Die Produktion auf Lot 50 belief sich inzwischen auf ungefähr hunderttausend Barrel pro Monat, aber Getty machte sich Sorgen, weil der Preis pro Barrel auf 52 Cents gefallen war und noch weiter zu fallen drohte.

Zwei riesige Ölfunde – einer in der Nähe von Tulsa und ein anderer auf dem Ölfeld von Glenn, weiter südlich im Indianergebiet – hatten trotz der ständig steigenden Nachfrage zu einem Überangebot geführt. Mehr Autos denn je rollten auf den Straßen, überall in den Fabriken wurde Öl zur Befeuerung der Anlagen eingesetzt, und Schiffahrts- und Eisenbahngesellschaften schwenkten rasch auf das Öl um: Die Southern Pacific Railroad, die in Texas und Louisiana operierte, verbrauchte allein 1905 schon 2,64 Millionen Barrel Öl. Dennoch wurde immer noch mehr Öl hochgepumpt, als gebraucht wurde. Die Kinderjahre des Ölbooms mit ihrem ersten unbekümmerten Begeisterungstaumel waren vorüber. Die Ölindustrie war mündig geworden, und es war Zeit für ein bißchen kaufmännischen Scharfsinn – was George Getty gut gefiel. Als die Minnehoma feststellen mußte, daß sie noch nicht einmal mehr 50 Cents pro Barrel bekam, ließ er die Bohrarbeiten unterbrechen und fünf jeweils 1600 Barrel fassende Holztanks bauen, um die Produktion bis zu einem Preisanstieg lagern zu können. George Franklin Getty gehörte nicht zu den Männern, die unter Preis verkaufen.

Um diese Zeit beschloß Getty, mit seiner Familie nach Südkalifornien zu ziehen. Im »Goldstaat« war 1901 Öl entdeckt worden, diese Tatsache gab allerdings nicht unbedingt den Ausschlag für die Umsiedlung. Sarah hatte Verwandte in Los Angeles und San Diego, die sie schon im Februar 1905 einmal besucht hatten. Klima und Umgebung erschienen ihnen sehr viel angenehmer als in Minnesota, und nach ihrer Rückkehr waren sie sich darüber einig, daß sie nach Pauls Abschluß an der Emerson-Schule nichts mehr in Minneapolis halten werde. Der überwiegende Teil der Geschäftsinteressen Gettys war nun auf das Indianergebiet konzentriert, das von Kalifornien aus ebenso schnell zu erreichen war wie von Minnesota. Obwohl beide während der zwanzig Jahre in Minneapolis überaus glücklich gewesen waren, reizte sie die Vorstellung eines neuen Lebens unter der südlichen Sonne. Auch Paul war von dieser Aussicht begeistert.

Anfänglich faßten sie San Diego ins Auge, das damals die Metropole Südkaliforniens zu werden versprach, aber Sarah hielt San Diego für zu klein und verschlafen, und deshalb entschieden sie sich für Los Angeles. Paul war froh, daß sie einige Tage in San Diego verbracht hatten, denn sein Vater hatte ihm für 30 Dollar einen schwarzen Greyhoundwelpen von einem alten Iren gekauft, der auf North Island in der Bucht von San Diego lebte. Der Hund, der den Namen Prince erhielt, wurde sein Freund und treuer Begleiter, obwohl er niemals, wie Paul schrieb, »den Platz meines geliebten Jip einnahm«.

Im Sommer 1906 zogen die Gettys in eine komfortable Mietwohnung im »Frontenac« auf der South Grand Avenue in Los Angeles. Zu seinem Mißfallen wurde Paul als Tagesschüler an der Harvard Military Academy an der Ecke Crenshaw und Venice Boulevard angemeldet. George und Sarah waren der Meinung, daß die Disziplin einer Militärschule dem Jungen guttun werde. Paul, damals 13 Jahre alt, war jedoch absolut nicht dieser Meinung. Er haßte den Ort vom ersten Tag an; von einem seiner Ansicht nach lächerlichen System unterjocht, opponierte er offen gegen die auf »Quatsch« verschwendeten Stunden, das Polieren von Knöpfen und Schuhen. Er konnte darin nie einen Sinn erblicken und brachte beständig seine »Fuchsmajore« durch seine schlampige Erscheinung in Rage. An den meisten Abenden war er auf dem Platz zwischen den beiden mit gelbem Stuck verzierten Schulgebäuden zu finden, mißmutig mit einem Rucksack auf dem Rücken exerzierend, als Strafe für geringfügige Verstöße gegen die Kleiderordnung. Einmal trat er mit weißen Tennisschuhen statt der vorgeschriebenen schwarzen Stiefel für ein Schülerfoto an; aus unerklärlichen Gründen wurde sein Schuhwerk erst auf dem entwickelten Foto entdeckt. Alle Schüler mußten noch einmal für ein zweites Foto antreten, und Paul mußte feststellen, daß er eine Weile äußerst unbeliebt war.

Ein kleiner Trost war, daß der Lehrplan der Schule sich auf die Klassiker konzentrierte, was Paul sehr entgegenkam. Er beschäftigte sich bereitwillig mit Latein und Altgriechisch und las in seiner Freizeit weiterhin unersättlich abwechselnd Henty, Dickens, Plato und Plinius. Man sah ihn so oft in ein Buch vertieft, daß ihn seine Klassenkameraden »Lexikon-Getty« tauften.

Obwohl er es nach einigen Semestern gelernt hatte, sich der Militärdisziplin anzupassen, ließ er sich von ihr niemals prägen, und er hielt sie immer für eine komplette Zeitverschwendung. Für Paul waren die Regeln dazu da, umgangen zu werden. Einmal entfernte er sich mit einem Freund »unerlaubt von der Truppe«, um sich heimlich mit zwei Mädchen zu treffen, die sie in der vorangegangenen Woche während eines streng überwachten Tanzfestes kennengelernt hatten. Paul war erst vierzehn, aber seine Klassenkameraden hielten ihn für einen »Weiberhelden«. Nach diesem Abenteuer wurde aufgrund seiner plumpen Anspielungen allgemein vermutet, daß er es geschafft hatte, seine Jungfräulichkeit zu verlieren. Selbstverständlich nahm Paul niemandem den Glauben, daß er diesen beneidenswerten Zustand erreicht hatte.

Gegen Ende 1907 zogen die Gettys in Los Angeles in ihr erstes eigenes Haus am South Kingsley Drive Nr. 647. Es war ein stattliches, stuckverziertes Haus im englischen Stil, umgeben von Eukalyptusbäumen und Wiesen, und stand direkt an einer ungepflasterten Straße, die man Wilshire Boulevard nannte. Ein gutes Stück außerhalb des bebauten Stadtgeländes gelegen – die Straßenbahnen fuhren nur bis zur Sixth Avenue und Vermont, ungefähr eine Meile entfernt –, kostete das Eckgrundstück gerade nur 8000 Dollar. Seit seiner Ankunft in Kalifornien hatte George Getty nach einem passenden Baugrundstück gesucht; ein Grundstücksmakler hatte ihm sogar die Insel Santa Catalina für 250000 Dollar angeboten, er hatte sie aber glattweg abgelehnt. Später, als man die Insel zu einem ungeheuer teuren Ferienort ausgebaut hatte, scherzte George gerne, daß er »das Boot verpaßte, weil er sich eine Insel entgehen ließ«. Er bedauerte es jedoch nie, dieses Boot verpaßt zu haben, denn George und Sarah waren beide überzeugt, mit ihrem Haus die richtige Entscheidung getroffen zu haben. Es hatte hohe, luftige Räume, die mit den modischen samtbezogenen Sitzmöbeln und Wandteppichen ausgestattet waren. Als eines von nur zwei Häusern auf dem Wilshire Boulevard zwischen Vermont und Western Avenue repräsentierte es, ohne protzig zu wirken – und Protz haßten sie beide –, ihren Status und kostete, wie Getty mit Stolz festhielt, weniger als 30000 Dollar, einschließlich der Kosten einer Wasserleitung von der Hollywood Water Company bis zum Grundstück.

Paul, der sich immer noch an der Härte der Militärdisziplin stieß, überzeugte schließlich seine Eltern, daß er besser in die lockere akademische Atmosphäre der örtlichen Polytechnic High School paßte, zu der er dann schließlich im Herbst 1908 überwechseln durfte. Er hatte zunächst den vagen Wunsch gehabt, Tierarzt zu werden, aber nach Abschluß der High School im Juni 1909 fragte er seinen Vater, ob er bei der Minnehoma einen Ferienjob auf den Ölfeldern haben könnte. »Meinetwegen«, antwortete sein Vater mit vorgegebenem Desinteresse – konnte aber kaum seine Freude verbergen –, »wenn du bereit bist, ganz unten anzufangen.« Getty erklärte Paul genau, daß er keine besondere Behandlung erwarten durfte, daß es keinerlei Vorrechte geben werde. Er müßte als »Roustabout« anfangen, wie man die nicht spezialisierten Handlanger auf einer Bohranlage nannte. Roustabouts plagten sich mit der schwersten und dreckigsten Arbeit ab und erhielten drei Dollar täglich bei einer 12-Stunden-Schicht. Obwohl Paul erst 16 Jahre alt war, erwartete sein Vater Männerarbeit von ihm.

Paul war mit all diesen Bedingungen einverstanden und reiste glücklich nach Bartlesville ab, froh, die Schule loszusein und an den Ort seliger Kindheitserinnerungen zurückkehren zu können. Er zweifelte nicht an seinen Fähigkeiten, mit der Arbeit zurechtzukommen. Für sein Alter war er groß – fast 1,86 Meter – und sehr kräftig, nachdem er kurz zuvor sein Interesse für Gewichtheben entdeckt hatte. Dennoch wirkte das Leben auf einer Bohranlage wie ein Schock nach dem Komfort und den Privilegien, die er als einziger Sohn einer sehr reichen Familie genossen hatte. Gleich zu Anfang mußte er mit den anderen Roustabouts einen zirka 23 Meter hohen Bohrturm aus schweren, grob zugehauenen Baustämmen errichten, die per Hand zusammengenagelt werden mußten. Am Ende seiner ersten Schicht tat Paul jeder Knochen weh, so daß er sich nur noch mit Mühe auf sein Feldbett in der Arbeiterbaracke schleppen konnte. Nach Ablauf einer Woche waren seine Handflächen nur noch ein blutiger Brei von Blasen. Doch er beklagte sich mit keinem Wort, noch nicht einmal, als er vermutete, man hätte ihm eine besonders harte Arbeit zugeteilt, weil er der Sohn vom Boß war, und er gewöhnte sich vollkommen daran, von jedermann einfach mit »He, du da!« angeredet zu werden. Es war, als hätte er innerhalb der Mannschaft weder einen Namen noch eine Identität.

Doch allmählich wurden aus den Blasen Schwielen, und als ihm langsam widerwillig Respekt als hartem Arbeiter gezollt wurde, erhielt er von seinem Vater eine Nachricht, die wie von einem anderen Stern zu kommen schien. Er sollte, so wurde ihm mitgeteilt, seine Eltern auf einer Europareise begleiten und sofort seine Arbeit auf der Bohranlage einstellen, dann mit dem Zug nach Philadelphia fahren und dort eine neue 6-Zylinder-Chadwick-Limousine abholen, die sein Vater in der Fabrik in Pottstown bestellt hatte. Mit einem Chauffeur sollte er den Wagen nach New York bringen und dort seine Eltern treffen, um mit ihnen auf dem White-Star-Linienschiff, der »Baltic«, am 14. Juli abzufahren. Paul verließ Bartlesville mit gemischten Gefühlen. Natürlich freute er sich über die

Reise, die geradewegs vom Himmel gefallen war, aber gleichzeitig bedauerte er, die Bohranlage gerade in dem Moment verlassen zu müssen, als er sich langsam das Vertrauen der anderen Männer erworben hatte.

Es ist denkbar, wenn auch nicht gerade wahrscheinlich, daß George Getty die Autoreise durch Europa im Sommer 1909 organisierte, um seinem Sohn die harte Arbeit auf Lot 50 während der gesamten Sommerferien zu ersparen. In Anbetracht seiner viktorianischen Wertvorstellungen erscheint es plausibler, daß er die Zeit für gekommen hielt, mit Sarah Ferien zu machen, und daß er glaubte, ihr Europavergnügen werde durch Pauls Anwesenheit noch vergrößert. Ohne Zweifel konnten sie sich die Reise leisten: George und Sarah Getty besaßen mehr als 70 Prozent der Minnehoma Oil Company, die es trotz ständig sinkender Rohölpreise schaffte, jedes Jahr einen ansehnlichen Gewinn auszuweisen – allein 1915 hatte Lot 50 einen Reingewinn von 326 000 Dollar abgeworfen.

Was auch immer die Gründe gewesen sein mögen, die Reise war ein voller Erfolg. Der Chadwick, eine prächtige 90-PS-Limousine mit vier bequemen Sitzen, wurde nach einer ungewöhnlich ruhigen Atlantiküberquerung in Liverpool an Land gehievt. Getty stellte einen Chauffeur ein, einen Mann aus Liverpool mit einem so starken Akzent, daß sie zu Anfang kein einziges Wort verstanden. In den folgenden drei Monaten reiste die Familie durch England, Frankreich, die Schweiz, Holland und das Rheintal in Deutschland. An Bord der »Rotterdam«, ein Schiff der Holland-Amerika-Linie, kehrten sie im Herbst in die Vereinigten Staaten zurück. Diesmal war der Atlantik unfreundlicher, aber die drei erwiesen sich als seefeste Reisende, die sich von der rauhen See nicht abhalten ließen, den schwelgerischen Luxus einer Erster-Klasse-Reise auf einem großen Ozeandampfer zu genießen.

Wieder in Los Angeles, immatrikulierte sich Paul an der University of Southern California, um Staats- und Wirtschaftswissenschaft zu studieren. Er wohnte weiterhin zu Hause, schuf sich jedoch heimlich ein Privatleben, um die drängende Unruhe seiner 17jährigen Lenden abbauen zu können. Im Zentrum dessen, was er gerne als die Organisierung seines »Liebeslebens« beschrieb, stand der Chadwick, der mit aus Europa zurückgebracht worden war.

George Getty gestattete seinem Sohn zwar, den Chadwick tagsüber zu fahren, wenn er ihn selbst nicht benötigte, aber nachts wurde er immer in einer Garage hinter dem Haus eingeschlossen. Paul, der nicht der allerhübscheste Junge in der Stadt war, entdeckte rasch, daß ein Automobil einen nahezu unwiderstehlichen Reiz auf potentielle Rendezvouz-Partnerinnen ausübte, und nahm nonchalant die Gewohnheit an, den Chadwick zu stehlen, wenn seine Eltern ins Bett gegangen waren, was gewöhnlich erfreulicherweise früh geschah.

Er pflegte aus dem Haus zu schleichen, wenn ihm die Luft rein erschien, öffnete leise das Garagentor, schob den Chadwick hinaus und ließ ihn eine leicht abschüssige Straße hinunterrollen, bis er weit genug entfernt war, den Wagen zu starten, ohne seine Eltern zu wecken. Dann war er auf und davon, König der Straße, und konnte sich mit einem Freund und ihren beiden Freundinnen zum abendlichen Stelldichein treffen – »Vierertreffen« war die allgemein gebilligte Sitte jener Zeit, da die Eltern annahmen, ihre Töchter seien in einer solchen Runde sicherer. Sie rechneten allerdings nicht mit dem Einfallsreichtum und der Sinnlichkeit junger Männer wie Paul Getty. Der Chadwick stand stundenlang an einem gebührend abgeschiedenen Ort, sanft schaukelnd und knarrend, während Paul und sein Freund schwitzend die Freuden des »Pettings« entdeckten. Nach einem solchen Abend brachte Paul den Chadwick in die Garage zurück, rollte die letzten Meter mit abgestelltem Motor und stellte den Kilometerzähler sorgfältig auf seinen ursprünglichen Stand zurück.

Er achtete auch immer darauf, das von ihm verbrauchte Benzin zu ersetzen, aber er konnte nicht verhindern, daß seine nächtlichen Spritztouren eine merkliche Abnutzung der Reifen zur Folge hatten. Sein Vater, ein Pedant in Geldfragen, beklagte sich gereizt beim Reifenhändler, der die Auswuchtung der Räder überprüfte, keinen Fehler an den Reifen fand und beteuerte, er sei selbst verblüfft, daß sie nach nur tausend Meilen schon solche Abnutzungserscheinungen aufwiesen. Da Paul lange Zeit nicht entdeckt wurde, sah er keinen Grund, den Wagen nicht mehr zu nehmen. Eines Abends lieh er sich den Wagen wieder einmal für ein wichtiges »doppelt heißes Doppeltreffen« aus. Er fuhr mit seinem Freund und den Freundinnen zu einem Nachtclub in der Innenstadt von Los Angeles und hielt sich selbst für den flottesten Draufgänger. Anschließend fuhren sie mit einer halbgeleerten Rotweinflasche weg, um sie während ihrer rituellen Petting-Stunde auszutrinken.

Das war ein Fehler. Während die Flasche kreiste, verschüttete eins der Mädchen den Inhalt auf den Sitzbezug. Paul war entsetzt. Sie versuchten alles mögliche, den Sitz zu reinigen, aber ein verräterischer dunkelroter Fleck blieb als vernichtender Beweis der Verfehlung zurück. Paul brachte den Chadwick schließlich schweren Herzens in die Garage und wartete den ganzen nächsten Tag über auf die gefürchtete »Vorladung« seines Vaters. Doch als sein Vater nichts sagte, glaubte er, noch einmal davongekommen zu sein. Vielleicht war der Fleck ja gar nicht mehr so sichtbar wie in der Nacht zuvor, vielleicht war er getrocknet. Am Abend war Paul überzeugt, aus dem Schneider zu sein, und nachdem seine Eltern zu Bett gegangen waren, schlich er wie gewöhnlich zur Garage, öffnete das Tor und machte die Entdeckung, daß die Räder des Chadwick fest auf dem Betonboden angekettet waren. Zu Pauls Erleichterung wurde niemals ein Wort über dieses neue Arrangement verloren, aber er brauchte einige Monate, ehe er all seinen Mut zusammennahm, seinem Vater eine Idee vorzutragen, die ihm schon bald nach dem Auftauchen der Chadwick-Ketten gekommen war. Paul zweifelte zwar kaum, daß ihm sein Vater die Bitte um ein Auto abschlagen werde. Für den Bau und die Entwicklung eines eigenen Autos hoffte er aber auf die Unterstützung seines Vaters. Er hatte recht: Das war genau die Art von Initiative, die George Getty schätzte, und zwar besonders an seinem Sohn: Er willigte ein, das Projekt zu finanzieren.

So mietete Paul sich nicht weit von seinem Elternhaus entfernt einen Platz in einer Reparaturwerkstatt und bestellte alle mechanischen Teile für den heißen Renner, den er im Sinn hatte. Er entwarf eine tiefliegende Zweisitzerkarosserie, schweißte sie eigenhändig zusammen und montierte die gesamte Konstruktion mit nur geringfügiger Unterstützung eines Mechanikers zusammen. Er nannte sein Modell »Plaza Milano«, weil das ausreichend exotisch klang, und lud stolz seinen Vater zur ersten kleinen Rundfahrt ein. Das stellte sich als eine im gewissen Sinne buchstäbliche Einladung heraus, denn Paul mußte feststellen, daß der Plaza Milano eine alarmierende Tendenz besaß, tückische Pirouetten auf regenfeuchter Straße zu drehen. Dennoch waren Vater und Sohn mit dem Resultat zufrieden.

Damals traf sich Paul regelmäßig mit einem Mädchen namens Edith McNair, Tochter einer Familie, die in der Nähe wohnte. Edith war zehn Jahre älter als Paul, hatte ausgedehnte Reisen ins Ausland unternommen, sprach fließend Französisch und galt als »intellektuell«. Nichts von alledem aber beeindruckte Paul so sehr wie die Entdeckung, daß Edith – zu seinem Erstaunen und seinem Entzücken – ihm nicht nur gestattete, mit ihr zu schlafen, sondern ihn sogar noch dazu ermunterte und offensichtlich Spaß daran hatte. Ihn begeisterte es, eine ältere Frau zu begleiten, aber eine ältere Frau, die . . . na ja, das widersprach jeder Vorstellungskraft.

Paul verlor keine Zeit, Edith in seinen Plaza Milano einzuladen, doch schon auf ihrer ersten Fahrt wirbelte er den Wagen so rasch herum, daß Edith mit voller Wucht auf den Bürgersteig geschleudert wurde, sich dort mehrere Male überschlug und dabei ihren Lammfellmantel ruinierte. Die solide gearbeiteten Stangen ihres Korsetts, das damals alle modebewußten Damen trugen, fügten ihr üble blaue Flecken zu, und nach diesem Unfall verboten ihr die Eltern, noch einmal in Pauls Auto zu steigen. Der Bann wurde vorübergehend am Silvesterabend 1910 aufgehoben, als Paul mit Edith zu einer Party fuhr, die im »Café Ship« in Venice stattfand, einem Ferienort an der Küste südöstlich von Los Angeles. Auf der Rückfahrt in den frühen Morgenstunden fuhr Paul zu schnell, verfehlte eine Kurve, geriet von der Straße ab und schoß über einen Graben in einen umgepflügten Acker. Die vom Pech verfolgte Edith wurde ein weiteres Mal herausgeschleudert, trug aber wieder einmal nur blaue Flecken davon, woran wieder ihre Korsettstangen schuld hatten. Als sie schlammbedeckt und mit zerrissenem Kleid zu Hause ankam, wurde ihr erneut untersagt, mit Paul Auto zu fahren, diesmal für immer. Glücklicherweise blieben Ediths Eltern in seliger Unkenntnis darüber, daß sich ihre Tochter einem weitaus größeren Risiko – »einem Verhängnis, schlimmer als der Tod« – ausgesetzt hatte, als in seinem Auto verletzt zu werden.

An der Universität war Paul unzufrieden. Er war ein recht ernsthafter Student, erpicht darauf, zu lernen und die bestmögliche Ausbildung zu erhalten, weil er wohl den übermäßigen Respekt seines Vaters für die Gelehrsamkeit geerbt hatte. Er verabscheute die hurraschreierische Spielplatzatmosphäre des Campus. Er haßte es, wie ein Kind behandelt zu werden, innerhalb und außerhalb der Klassenräume genau überwacht und überprüft zu werden, und er verachtete seine Kommilitonen, weil sie sich mit ihrem College-Humor und ihren jugendlich unreifen politischen Anschauungen wie Kinder aufführten. Am meisten aber haßte er den Snobismus der studentischen Vereinigungen, in denen er einen schädlichen Widerspruch zu Amerikas demokratischen Prinzipien sah. Paul nahm deshalb kaum oder gar nicht am Universitätsleben teil, konzentrierte sich statt dessen auf seine Studien und erwarb gute Noten, obwohl er klagte, daß der Staatswissenschafts- und der Volkswirtschaftslehrgang engstirnig und chauvinistisch seien. »Ich war enttäuscht und gelangweilt«, erinnerte er sich später, »und ich fürchtete, auf diese Weise nicht weiterzukommen.«

Während der Semesterferien in den Sommern 1910 und 1911 arbeitete Paul wieder frohgemut für seinen Vater auf den Ölfeldern von Oklahoma, wo er mit Hilfe eines erfahrenen »Toolies« namens Grizzle zum »Tooldresser« aufstieg. Der Tooldresser mußte die Bohrer schärfen und instand halten und galt auf einer Bohranlage als der zweitwichtigste Mann nach dem Bohrmeister. Grizzle, der – soviel Paul wußte – keinen anderen Namen hatte, fand Gefallen an dem Burschen und bot an, ihn in das Metier des Toolies einzuarbeiten, das darin bestand, die Bohrmeißel in einer tragbaren Esse nachzuhärten, zerbrochenes Material zu reparieren und Ersatzteile anzufertigen. Man konnte es diesem Mann kaum recht machen: Paul plagte sich schwitzend mit seiner Aufgabe ab, bevor er das Resultat Grizzle zur Überprüfung zeigte, der dann in einem weiten Bogen einen Schwall ranzigen Kautabaksaft in die zischende Esse zu spucken pflegte und knurrte: »Verflucht noch mal, ich könnte einen Stein schneller zerkauen als ihn mit dieser Kante da durchbohren.« Danach schickte er Paul weg, um es noch einmal zu versuchen.

Die »Lohntütenbälle« wurden stets in Bartlesville verbracht, wo sich die Arbeiter mit höllisch brennendem, illegalen Whisky betranken und mit den Männern konkurrierender Bohrgesellschaften stritten. Während des Arbeitseinsatzes im Sommer 1911 gab Grizzle widerwillig brummend zu, daß Paul seine Lehrzeit hinter sich hatte, und er erhielt auf Empfehlung des älteren Mannes einen Job als »Toolie«. Zu dieser Zeit bemerkte er auch, daß er nicht mehr ständig mit »He, du da« angesprochen wurde, sondern bei den anderen Männern allmählich »Red« – wegen seiner Haarfarbe – oder manchmal sogar »Paul« hieß. Endlich hatte man ihn akzeptiert.

Nach seiner Rückkehr an die Westküste beschloß Paul, an die University of California in Berkeley, San Francisco, überzuwechseln, in der Hoffnung, hier eine konstruktivere und kongenialere Atmosphäre vorzufinden. Zu seiner Enttäuschung fand er es dort aber auch nicht besser als an der Universität in Los Angeles. Im April 1911 gab er schließlich das Studium in San Francisco ohne Abschluß auf, nachdem er seine Eltern davon überzeugt hatte, daß er einzig im Ausland die von ihm erwünschte Bildung und Erziehung erhalten könnte, wahrscheinlich in Oxford, das sie bei ihrer Europareise zwei Jahre zuvor besichtigt hatten. Zu jener Zeit dachte er ernsthaft an eine Laufbahn im diplomatischen Dienst, doch über diese Ambition verlor er in weiser Voraussicht kein Wort.

Bevor er nach Oxford ging, überredete Paul seinen Vater, ihm noch eine Reise nach Fernost zu finanzieren, weil er seinen »Horizont erweitern« wollte. Im Mai begab er sich auf eine zweimonatige Reise durch Japan und China, wo er, tief beeindruckt von der orientalischen Kunst, zwei chinesische Bronzefiguren und einige kleine Elfenbeinschnitzereien kaufte, alles für weniger als 50 Dollar – die ersten bescheidenen Stücke seiner Kunstsammlung. Im Juli kehrte er nach Amerika zurück, wo er ein weiteres Mal drei zermürbende Monate auf den Ölfeldern schuftete. Im November fuhr er nach England und ließ den Plaza Milano in der Obhut seines Vaters, der angeboten hatte, ihn »dann und wann« zu fahren.

In den zwei Jahren, in denen sich sein Sohn in Europa aufhielt, fuhr der fast sechzigjährige George Franklin Getty jeden Morgen zum Erstaunen seiner Kollegen, fesch am Steuer des Plaza Milano sitzend, zu seinem Büro. Paul liebte Oxford, ihm gefiel es, sich als Teil der glanzvollen Elite in Mütze und Talar zu fühlen, die unter den verträumten Giebeldächern wohnte. Er kam mit einem Empfehlungsschreiben an, das an Herbert Warren, den Präsidenten des Magdalen College, gerichtet war und das der Präsident der Vereinigten Staaten, William Howard Taft, ein einflußreicher Freund seines Vaters, unterschrieben hatte. Warren lud den jungen Mann auf einen »Plausch« zum Tee ein und nutzte die Gelegenheit, seinen Wissensstand zu überprüfen. Einige Tage später erfuhr Paul zu seiner Freude, daß er als »Noncollegiate Student« – an der Universität studierend, aber keinem College angehörend – angenommen worden war. Er fand ein möbliertes Zimmer über einem Antiquitätenladen in der High Street und etablierte sich zufrieden im geruhsamen Lebenstempo des edwardischen England. Ein Monatswechsel über 200 Dollar garantierte einen angemessenen Nachschub für sein bequemes Leben.

Als Amerikaner war Paul in Oxford eine kleine Kuriosität, aber durch sein gewinnendes Wesen und sein außergewöhnliches Taktgefühl gewann er schnell viele Freunde, zu denen auch der Prince of Wales gehörte, ein Kommilitone am Magdalen College. Paul war auch ein häufiger Partygast in den englischen Landhäusern – zu einer Zeit, als die Familien, die Landhäuser besaßen, es sich noch leisten konnten, jedem Gast einen persönlichen Diener zur Verfügung zu stellen und den feinsten Champagner zu servieren. In der Woche nahmen Paul und seine Freunde, angetan mit Frack und weißer Fliege, häufig den Abendzug nach London, um einen Ball oder eine Theateraufführung zu besuchen. England war, wie er seinen Eltern schrieb, ganz außergewöhnlich *zivilisiert*, was sie vielleicht zu der Frage veranlaßte, was denn so unzivilisiert an Los Angeles sei.

Darüber hinaus war Oxford in Pauls Augen allen amerikanischen Universitäten in jeder Hinsicht vorzuziehen. Ihn beeindruckte nachhaltig, daß man die Studenten als reife Erwachsene mit eigener Meinung behandelte und sie nicht gängelte; nach den Erfahrungen mit der strengen Disziplin an der University of Southern California wollte er kaum seinen Ohren trauen, als er erfuhr, daß die Teilnahme an den Vorlesungen vollkommen freiwillig war. »Wenn Sie brillant genug sind«, erklärte ihm sein Tutor während ihrer ersten Zusammenkunft, »Ihr Examen ohne Teilnahme an einer einzigen Vorlesung zu bestehen, dann ist das meiner Meinung nach hervorragend. Es wäre sogar noch mehr als hervorragend, weil es bis jetzt noch niemand geschafft hat.« Paul mußte lachen. Er schätzte es auch, daß er Zeit für seine bevorzugten Sportarten hatte – immer noch Schwimmen, Boxen und Gewichtheben –, aber ohne den Druck, der Collegemannschaft angehören zu müssen und sich zum Ruhme der Universität zu beteiligen.

Im Juni 1913 bestand Paul die Diplomprüfung für Volkswirtschaft und Staatswissenschaft. Mehr denn je entschlossen, eine Laufbahn im diplomatischen Dienst einzuschlagen, teilte er seinem Vater den Plan mit, eine lange Reise quer durch Europa bis hinein nach Rußland zu machen. Dabei wollte er die großen politischen und industriellen Zentren Europas besuchen, um vor Ort Erfahrungen zu sammeln, wie die Wirtschaftstheorien in der Praxis funktionierten, die er sich an der Universität angeeignet hatte. George Getty war einverstanden und wollte seinem Sohn jeden Monat einen Scheck über 200 Dollar mit Hilfe der American-Express-Bank zukommen lassen.

Die Expedition verlief allerdings keineswegs so ehrenwert oder gar so bildend, wie Paul seinem Vater weisgemacht hatte. Sein erster Aufenthaltsort war Berlin, wo das Nachtleben ihn ebenso fesselte wie Deutschlands Kriegsvorbereitungen unter dem Kaiser. Von Berlin aus reiste er nach Dänemark und Schweden, von da aus über Finnland nach Rußland. In St. Petersburg hielt er sich eine Weile auf, um die Anfangsgründe der russischen Sprache zu erlernen, und schrieb lange Briefe nach Hause über den »unheilschwangeren Fatalismus« der Russen unter dem zaristischen Regime. Einer der Freunde, die er in St. Petersburg kennenlernte, war ein junger Aristokrat, der ihm vorschlug, ihn auf einer Dampferfahrt auf der Wolga nach Baku zu begleiten. Während dieser Reise lernte Paul die außerordentliche Gastfreundschaft der einfachen russischen Menschen kennen: Jedesmal, wenn sie in einem Hafen des großen Flusses anlegten, wurden sie unweigerlich in irgendein Haus zum Essen und unzähligen Wodkas eingeladen. Auf dem Dampfer verbrachte er seine Zeit aufs angenehmste damit, russische Volkslieder zu lernen.

In Budapest wurde Paul zu einer Abendgesellschaft mit einer Abteilung von Husarenoffizieren und »einigen reizenden jungen Damen« eingeladen, deren Gesellschaft er besonders genoß. Er erinnerte sich noch lange an ein kurzes Gespräch, das die unbekümmerte Atmosphäre des Abends charakterisierte: Eine der Damen fragte plötzlich ihren Begleiter: »Was würdest du im Krieg tun, László?« László tat völlig überrascht und antwortete mit einem Grinsen: »Krieg? Wozu? Das würde aber auch alles und jeden ruinieren.«

Seinen 21. Geburtstag – den 15. Dezember 1913 – verbrachte Paul auf dem Mittelmeer unterwegs nach Alexandria an Bord eines arg ramponierten rumänischen Seelenverkäufers, der während eines Sturms dermaßen schlingerte, daß alle Rettungsboote über Bord gingen. Er fürchtete mehrfach, daß das Schiff zu sinken drohte, und war sehr erleichtert, als die Küste Ägyptens endlich in Sicht kam. Dort war er zwei Monate voll damit beschäftigt, die Pyramiden und alten Tempel entlang dem Nil zu besichtigen, und dann buchte er eine Überfahrt nach Gibraltar, auf einem neuen Cunard-Linienschiff, weil er sich geschworen hatte, niemals wieder einen alten Dampfer zu besteigen. Von Gibraltar aus reiste er dann nach Spanien, das für ihn eine große Überraschung war. Schulgeschichten über die Greueltaten der Inquisition und die Ausrottung der Azteken sowie die feindselige Haltung gegenüber den Spaniern nach dem Spanisch-Amerikanischen Krieg von 1898 hatten dem jungen Mann eine Aversion gegen Spanien eingeimpft. Statt dessen verliebte er sich auf der Stelle in das Land und seine Menschen. In Briefen nach Hause beschrieb er seine Überzeugung, daß die Würde, der Stolz und die Ehre der Spanier sie wahrscheinlich eher als direkte Nachkommen der alten Römer auswiesen als jedes andere mediterrane Volk.

Im April kam Paul in Paris an, sah sich an einem Frühlingstag kurz in der Stadt um und beschloß auf der Stelle, daß seine ernsthaften soziologischen Studien einen längeren Aufenthalt erforderlich machten. Das gesellschaftliche Leben der Stadt sowie die Pariser Mädchen haben wohl auch einen gewissen Einfluß auf diese Entscheidung gehabt. Damals stand die ganze Stadt und eigentlich auch fast ganz Frankreich im Bann eines delikaten Skandals, der »Affäre Caillaux«. Die Ehefrau des führenden Politikers Joseph Caillaux hatte den Herausgeber von »Le Figaro« erschossen, nachdem dieser damit gedroht hatte, Liebesbriefe von Caillaux an seine Frau aus der Zeit vor ihrer Ehe zu veröffentlichen. Es hätte kein schöneres Drama geben können, um die Phantasie der französischen Öffentlichkeit in Spannung zu halten, und Paul genoß den Klatsch und die endlosen Spekulationen über das weitere Schicksal von Madame Caillaux, die damals auf ihren Prozeß wartete. »Selbst das Wetter war nach Auffassung jedes Franzosen das beste, das es je gab«, erinnerte er sich. »Ich ergab mich bereitwillig der Euphorie und kostete alles aus, was das Pariser Leben bot.«

Während er so vollauf beschäftigt war, erfuhr Paul von seinen Eltern, daß sie eine neue Europareise planten. Sie hatten eine Kabine auf der »Vaterland« der Hamburg-Amerika-Linie gebucht, die in New York am 16. Juni auslaufen sollte. Paul sollte sie bei ihrer Ankunft in Hamburg treffen, sie auf ihrer Reise nach Berlin, Paris und London begleiten und dann mit ihnen in die Vereinigten Staaten zurückkehren. Was Paul angesichts dieses Arrangements empfand, verriet er nie, aber da seine tiefe Zuneigung zu seinen Eltern niemals zur Debatte stand, wird er wahrscheinlich froh gewesen sein, sie zu treffen, wenn auch etwas traurig, daß seinem angenehmen Aufenthalt in Europa nun ein Ende gemacht wurde.

George Getty führte während seiner zweiten Europareise ein Tagebuch, und der unmittelbar bevorstehende Krieg nahm auf allen Seiten einen breiten Raum ein. Das aufregendste Ereignis in Berlin war für ihn offenbar die tägliche Ankunft des Zeppelins. Er bewunderte darüber hinaus den Kaiser, der der »beliebteste Mann in ganz Deutschland« war. Am 28. Juni 1914 schrieb er: »Es ist etwas Schreckliches passiert. Der Kronprinz, Erzherzog Franz Ferdinand, und die Erzherzogin wurden in ihrem fahrenden Automobil in Sarajevo erschossen...« Die volle Bedeutung dieses Ereignisses sollte sich erst noch zeigen. Fünf Tage später notierte Getty voll Freude: »Übrigens wird der Name ›Goethe‹ hier so ausgesprochen, wie ich meinen Namen ausspreche, was darauf hinweist, daß der Ursprung meines Namens vielleicht auf den Namen des ruhmreichsten Dichters Deutschlands zurückreicht.«

In Paris genossen es die Gettys, von ihrem Sohn herumgeführt zu werden, sie besuchten Kunstausstellungen, Museen und die Oper, nahmen eine Loge beim Pferderennen im Bois de Boulogne und taten ihr Bestes, das Gerede vom Krieg zu überhören. Die »Affäre Caillaux« machte immer noch Schlagzeilen, und als sie während des Pferderennens Gendarmen zur nahegelegenen Loge von Raymond Poincaré, dem französischen Präsidenten, hasten sahen, vermuteten sie sofort, daß es sich um Neuigkeiten über sensationelle Entwicklungen im Fall Caillaux handelte, und dachten nicht an Nachrichten über den Krieg. »Es gab«, schrieb Getty in sein Tagebuch, »nicht die leiseste Andeutung für das Heraufziehen eines europäischen Krieges.«

Doch seine Meinung änderte sich schnell, als sie Ende Juli nach London abreisten und »inmitten der wildesten Kriegsstimmung« ankamen. Innerhalb weniger Tage hatte der Erste Weltkrieg sein unerbittliches und schreckliches Debüt gegeben. Die Gettys hatten ihre Rückreise nach Amerika bei der Hamburg-Amerika-Linie gebucht, was sich nun angesichts des Krieges zwischen Deutschland und England als undurchführbar herausstellte. Getty mußte bald feststellen, daß es nicht einfach war, eine andere Schiffspassage zu bekommen, da viele Schiffe als Truppentransporter requiriert worden waren und Hunderte von Amerikanern in ähnlicher Weise festsaßen. Schließlich gelang es ihm, auf der »Lusitania« unterzukommen, die am 12. September Liverpool verließ. Doch abgesehen von dem vergleichsweise geringfügigen Problem, ein Schiff zu finden, war sich Getty – wie die meisten Menschen damals – der schrecklichen Realität dessen, was sich in der Welt abspielte, nicht bewußt. Am 23. August 1914 schrieb er: »Paul und ich besuchten gestern die National Gallery und verbrachten anregende Stunden dort.« In Liverpool bemerkte er immerhin, »daß der martialische Geist hier ebenso stark wie im ganzen Königreich ist. Am Freitagabend marschierte ein langer Zug von Rekruten, die zum Kriegsdienst gerufen wurden, an unserem Hotel vorbei.«

Die Rückreise auf der »Lusitania« war beengt, verlief aber ereignislos: Es sollten noch einige Monate vergehen, bis das Schiff von einem deutschen U-Boot versenkt wurde, ein Ereignis, das 1189 Menschenleben kostete und schließlich den Eintritt der Amerikaner in den Krieg zur Folge hatte. In New York und während der Zugreise quer durch Amerika nach Los Angeles machten die Gettys die überraschende Beobachtung, daß der Krieg in Europa keine erkennbaren Auswirkungen auf das Leben in Amerika hatte. Sie selbst waren vor seiner Haustüre gewesen, aber für die meisten Amerikaner war der Krieg zu weit weg, um sich übermäßige Sorgen zu machen.

Endlich zu Hause, stellte George Getty seinem Sohn die Frage, die ihm in den vergangenen vier Monaten am meisten auf dem Herzen gelegen hatte, aber unausgesprochen geblieben war: »Was«, so fragte er, »hast du nun vor?«

3. »Glückwunsch, Paul, sie bringt dreißig Barrel«

George Getty wünschte sich sehnlichst, daß sein Sohn, sein einziges Kind, sein Nachfolger im Ölgeschäft werden würde. Die Minnehoma Oil Company hatte sich seit ihrer Gründung im Jahre 1903 beträchtlich vergrößert. Fast 40 Quellen waren auf Lot 50 erschlossen worden, und nur eine von ihnen war ein trockenes Loch. Im Jahre 1911 hatte die Minnehoma weitere sieben Parzellen in der Nähe von Cleveland, Oklahoma, gepachtet; bei einigen gab es bereits Anzeichen dafür, daß sie sogar noch gewinnbringender als Lot 50 werden könnten. Doch ungeachtet ihrer Größe und ihres Erfolgs betrachtete Getty die Minnehoma Oil noch immer als Familienunternehmen, und es gab nur einen einzigen Mann, den er an der Spitze der Gesellschaft sehen wollte, wenn er einmal bereit sein sollte, das Steuer zu übergeben – und das war sein Sohn, J. Paul Getty.

Paul aber hatte ganz andere Vorstellungen, sehr viele sogar. Er wollte noch mehr reisen, teilweise aus purem Vergnügen und teilweise, um sich auf seine zukünftige Karriere als Diplomat vorzubereiten. Er hatte auch die vage Idee, Schriftsteller zu werden, und stellte sich vor, vielleicht sogar die Schriftstellerei mit einem Posten im diplomatischen Dienst zu verbinden und damit sowohl intellektuelle als auch künstlerische Neigungen zu befriedigen. Er hatte absolut nicht den Wunsch, Geschäftsmann wie sein Vater zu werden. Das Öl interessierte ihn kaum, abgesehen vom erhebenden Macho-Gefühl, das ihm die Arbeit auf den Bohranlagen verschaffte. Obwohl es ihm Spaß gemacht hatte, in den Semesterferien auf dem Ölfeld zu arbeiten, hatte er nicht die Absicht, sich von Berufs wegen in eine solch zermürbende Tretmühle zu begeben.

Aber George Getty war ein Mann, der seinen Willen durchzusetzen pflegte. Als er all seine Argumente aufzählte, warum Paul ins Ölgeschäft einsteigen sollte, stellte er seine Ansichten in ganz ruhiger und logischer Form dar, als sei er vollkommen bereit, jedes vernünftige Gegenargument in Erwägung zu ziehen. Er habe stets die Hoffnung gehegt, so sagte Getty, daß die Minnehoma ein Familienunternehmen bliebe. Sie sei eine schwerreiche Gesellschaft, er selbst sei nun beinahe sechzig und müßte bald an seinen Ruhestand denken. Paul sei immerhin sein einziger Sohn und genau der richtige Mann, um das Geschäft weiterzuführen, das er, Getty, aufgebaut habe. Obwohl er Pauls Wunsch, die diplomatische Laufbahn einzuschlagen, respektiere, sei er der Überzeugung, daß die Bürokratie nichts für Paul sei. Ob er sich einmal klargemacht habe, wie lange er warten müsse, um jede Sprosse der Leiter zu erklimmen? Schließlich sei Paul im

Grunde genommen doch im Ölgeschäft groß geworden und wisse so viel darüber, mehr als manche Männer, die sich bereits erfolgreich ein Vermögen mit Öl verdienten.

Alles, worum er Paul bitte, fuhr Getty mit ruhigem Nachdruck fort, sei, daß er ein Jahr im Unternehmen arbeitete. Wenn er am Ende dieser Zeit immer noch Diplomat werden wolle, dann könne er dies mit dem Segen seines Vaters werden. Im schlimmsten Falle verlöre er ein Jahr, was aber bei einem Alter von erst 22 Jahren kein großer Verlust sei. Getty bot seinem Sohn einen Handel an: Er wollte ihm monatlich hundert Dollar zum Lebensunterhalt zahlen, während Paul in Oklahoma billige Pachtgrundstücke auftreiben sollte, und wollte ihm dazu das Kapital für Probebohrungen zur Verfügung stellen. Falls sie auf Öl stießen, sollten alle Gewinne geteilt werden – 70 Prozent für Getty senior und 30 Prozent für Paul.

Paul hatte das Gefühl, daß er dieses Angebot wahrhaftig nicht ablehnen konnte, überhaupt konnte Paul seinem »Daddy« gar nichts abschlagen. Er verehrte seinen Vater, bewunderte ihn mehr als alle anderen Männer und zitierte häufig seine beliebtesten Aphorismen – »Die genaue Auskunft über einen Mann ist wichtiger als seine Meinung« oder »Moralische Verantwortung darf unter keinen Umständen auf ein Nebengleis geschoben werden«.

Im September 1914, weniger als zwei Wochen nach seiner Rückkehr aus Europa, stieg Paul im Cordova Hotel in Tulsa, Oklahoma, ab und bereitete sich auf seine Aufgabe als Wildcatter vor. Tulsa war im Frühjahr 1912 in den Brennpunkt der Ölgeschäfte Oklahomas gerückt, als man ein riesiges Ölfeld einige Meilen westlich von Cushing, Creek County, entdeckt hatte. Thomas Slick und Charles Shaffer, die beiden Wildcatter, die das Feld erschlossen hatten, waren gerissene Unternehmer: Als sie auf einer Farm in der Nähe von Cushing in 707 Meter Tiefe auf Öl stießen, kauften sie alle Mietbohrtürme der Stadt auf und schlossen sie in ihre Scheunen ein. Sie hofften, ein Durchsickern der Neuigkeit verhindern und die Vermittler von Pachtgrundstücken vorläufig fernhalten zu können, während sie die umliegenden Ländereien in ihren Besitz brachten. Diese Mühe aber hätten sie sich sparen können, denn die Nachricht verbreitete sich wie ein Lauffeuer und löste einen weiteren tumultähnlichen Ansturm auf Öl aus.

Einige wenige und unrühmliche Monate lang war das Ölfeld von Cushing das größte Leichtölfeld der Welt. Aus dem umliegenden Ackerland schoß ein Wald von Bohrtürmen, und riesige schwarze Ölfontänen schossen mit erstaunlicher Häufigkeit in den Himmel über Oklahoma. Sicherheitsmaßnahmen gab es für die habgierigen Wildcatter nicht, regelmäßig flogen deshalb Bohrtürme in die Luft, und es entstanden schreckliche Brände. Das ehemals friedliche Cushing verwandelte sich in ein verrücktes Tollhaus. Die Hauptstraße, die von den Eisenrädern der Lastwagen in einen Morast verwandelt worden war, wurde von aus Holz errichteten, schäbigen Bordellen und Spielsalons gesäumt, deren auf- und zufliegende Schwingtüren den Blick auf geldübersäte Tische freigaben – und auf bewaffnete Aufpasser, die von Galerien aus die Tische überwachten. Scharen von Prostituierten, Spielern, Gangstern und Trickbetrügern strömten in die Stadt, um die Unvorsichtigen zu rupfen; Schießereien, Mord und Diebstahl waren an der Tagesordnung.

Unterkünfte waren so rar, daß der Besitzer von Cushings Billardsalon einen anständigen Profit machte, als er die Tische als Betten vermietete und drei Männer auf jeden Tisch pferchte. Das gesamte Gebiet wurde zum gesetzlosen Dschungel: Der 14 Meilen lange Feldweg, der die Eisenbahnlinie von Cushing mit dem Ölfeld verband, war nur mit einem Pferd, einem Muli oder einem widerstandsfähigen Ford-T zu passieren; die Reisenden wurden von bewaffneten Banden so häufig überfallen, daß der Feldweg allgemein »Straße nach Jericho« hieß.

Viele der Pachtgrundstücke waren im Besitz der Osage, Cherokesen und Comanchen. Plötzlich reicher, als sie es sich je erträumt hatten, wurden sie gnadenlos von Gaunern und Schwindlern aller Art ausgebeutet. Einige Osage-Familien mit Einkommen von mehr als 65 000 Dollar im Jahr zeichneten sich dadurch aus, daß sie ständig neue Cadillacs oder Pierce Arrows kauften, die sie schnell zu Wracks fuhren und dann am Straßenrand stehenließen. Reichverzierte Leichenwagen waren ebenfalls sehr beliebt, und es war keine Seltenheit, daß ein Leichenwagen über die Prärie raste, mit einem Indianer am Steuer und einer fröhlich im hinteren Sargabteil hüpfenden Familie.

Vier Städte schossen rund um das Ölfeld von Cushing wie Pilze aus dem Erdboden – Drumright, Dropright, Allright und Damright –, aber das eigentliche Geschäft fand in Tulsa statt, 50 Meilen weiter. Die Bevölkerung Tulsas verdreifachte sich nach der Entdeckung des Cushing-Feldes innerhalb von nur drei Jahren. Einst nur eine Furt am Arkansas, konnte Tulsa 1914 elf Hotels, acht Juweliere, 84 Anwaltskanzleien und 126 Mineralölgesellschaften aufweisen, darunter auch die Minnehoma Oil Company, die in den Räumen 1016 und 1017 im R.-T.-Daniel-Haus, einem von mehreren neuen Büroblocks in der Stadt, ein kleines Außendienstbüro einrichtete.

In der Empfangshalle des zehnstöckigen Hotels Tulsa versammelten sich die Ölmänner, und dort schlossen sie ihre Geschäfte ab. Bohrmeister in schmutzigen Stiefeln und ölverschmierten Hosen räkelten sich in den ledernen Armsesseln, Grundstücksmakler drängten sich mit Ölspekulanten um Karten und Dokumente, lärmende Gruppen tauschten bei geschmuggeltem Whisky ihre abenteuerlichen Geschichten aus, Zigarrenrauch hing schwer in der Luft, und Tabaksaft befleckte den Boden rund um die Spucknäpfe. Martin Moran, der pummelige Präsident einer Pipeline-Gesellschaft, saß nachts meistens mit geschlossenen Augen am Pokertisch, und wenn jemand sagte: »Mart schläft«, öffnete er ein Auge und grunzte: »Ne, tut er nicht!« Will Rogers, bereits berühmt als lassoschwingender Cowboy bei Varietéveranstaltungen, kam oft vorbei; ein anderer Stammkunde war Bill Roeser, der noch vor seinem dreißigsten Lebensjahr mehrmals ein Vermögen erworben und wieder verloren hatte und der einmal durch Tulsa stolziert war, geschmückt mit einer 10 000-Dollar-Note als Ansteckblume. Die Brüder Will und Bud Carter, die George Getty den Pachtvertrag für Lot 50 verkauft hatten, hingen ebenso häufig in der Empfangshalle herum wie Colonel Wood, der für die »Tulsa World« alles über die Ölbranche berichtete, denn hier war nicht nur die beste Quelle für Geschichten, sondern auch der Ort, wo man zuerst von neuen Ölfunden hörte.

Der unerfahren aussehende junge Mann, der im September 1914 schüchtern die Empfangshalle des Tulsa betrat, war ohne Frage die am wenigsten interessant erscheinende Figur unter all den Anwesenden. Er war groß, gut gebaut und korrekt gekleidet in seinem hochgeschlossenen Tweedanzug und dem gestärkten Hemdkragen, sein kastanienbraunes Haar war säuberlich in der Mitte gescheitelt und mit Haaröl angeklebt, um die Locken in Schach zu halten. Paul Getty blickte sich um und wußte ganz instinktiv, daß dies der richtige Ort war, um als Wildcatter anzufangen.

Für sechs Dollar wöchentlich hatte sich Paul ein kleines Zimmer im Hotel Cordova genommen und es so eingerichtet, daß er für weitere sechs Dollar seine Mahlzeiten in einem nahegelegenen Gasthaus einnehmen konnte, so daß ihm im Monat etwas mehr als fünfzig Dollar Taschengeld zu Verfügung standen, was er für ausreichend hielt. Er hatte sich aus dritter Hand ein Ford-T-Modell gekauft und konnte das Büro der Minnehoma im Daniel-Gebäude nutzen, obwohl er weitgehend unabhängig von der Minnehoma arbeiten sollte.

Er glaubte, einen recht guten Start zu haben, bis er aus zufälligen Unterhaltungen mit einer Gruppe von Ölmännern im Tulsa erfuhr, daß die Preise für Pachtgrundstücke im Kielwasser des Cushing-Booms in die

Höhe geschossen waren. Grundstückseigentümer, die zunehmend begriffen, welchen Wert das Öl besaß, forderten – und erhielten – absurde Summen für Bohrrechte, die außerhalb der Möglichkeiten eines kleineren Unternehmers lagen. Der Krieg in Europa heizte zudem die Nachfrage nach Öl noch an, was die größeren und reicheren Ölgesellschaften nötigte, inflationäre Preise für Pachtgrundstücke zu bezahlen.

Paul kannte seinen Vater gut genug, um genau zu wissen, daß er niemals einem Preis zustimmen werde, der über den Gewinnchancen eines Pachtgrundstückes lag. Aber dennoch gab er die Hoffnung nicht auf, irgendwo ein vielversprechendes Stückchen Land mit der Aussicht auf Ölvorkommen zu einem halbwegs vernünftigen Preis zu finden. Wenn er nicht gerade die Gegend mit seinem ramponierten Ford abklapperte, machte es sich Paul in den folgenden Monaten zur Aufgabe, soviel Zeit wie möglich im Tulsa zu verbringen, um die Stammkunden kennenzulernen und ihrem Klatsch zu lauschen. Einige alte Hasen kannten seinen Vater und sahen in ihm »Gettys Jungen«, doch schon bald wurde er um seiner selbst willen anerkannt, nachdem er erst einmal bewiesen hatte, daß er wußte, wovon er redete, wenn sich das Gespräch um das Niederbringen von Bohrlöchern auf der Suche nach Öl drehte – was es eigentlich immer tat.

Einige Männer, mit denen Paul seine Mahlzeiten im Gasthaus einnahm, waren ebenfalls aufstrebende Ölspekulanten, und einige wurden lebenslang seine Freunde. Da war der gute alte Harold Breene, ein großer, strammer Bursche, dessen Onkel ein Partner seines Vaters auf einem Pachtgrundstück in Cleveland war; dann O. O. Owens, ein junger Grundstücksmakler, der jeden Tag von sechs Uhr morgens bis Mitternacht arbeitete; Josh Cosden, der seine eigene Gesellschaft mit 500 Dollar gründete, als er 26 Jahre alt war, und Multimillionär vor seinem dreißigsten Geburtstag wurde; der kleine Joe Ardizonne, der – kurz bevor er reich geworden wäre – auf einem Bohrturm von einem platzenden Rohr getötet wurde; John Markham, der sehr billig ein Pachtgrundstück am nördlichen Ende des Cushing-Feldes erwarb und es in das einträglichste Pachtgrundstück Oklahomas verwandelte, und Bill Skelly, der bald darauf die Skelly Oil Company gründete. Beim Essen spekulierten sie gerne darüber, wer von ihnen als erster Erfolg haben oder wer von ihnen als erster eine Million machen werde.

Selten zweifelte einer von ihnen an den eigenen Fähigkeiten, Millionär zu werden, aber dennoch muß Paul sich gefragt haben, ob es ihm wohl jemals gelänge, ein Grundstück zu einem Preis zu finden, den sein Vater akzeptierte. Weihnachten 1914 ging vorüber, die Ford Motor Company

kündigte die Herstellung ihres millionsten Autos an; der Geschwindig-
keitsrekord für Autos wurde mit erstaunlichen 165 km/h aufgestellt; die
ersten motorisierten Taxis tauchten auf den Straßen von New York auf,
und immer noch schlitterte und rutschte Paul am Steuer seines alten Fords
kreuz und quer über die morastigen Feldwege der Ölfelder von Oklahoma. Jedesmal, wenn er mit seinem Ford steckenblieb, ging er über die
Felder zum nächsten Farmhaus, um ein Gespann zu mieten, das ihn
herausziehen sollte, und jedesmal pflegte ein Farmer hämisch denselben
Ratschlag zu geben: »Warum schaffst du dir kein Pferd an, mein Sohn?« In
der Empfangshalle des Tulsa Hotels hielt sich Paul weiterhin auf dem
laufenden und genoß unter den Stammgästen den Ruf, nützliche Informationen zu besitzen. Aber er schien von der Entdeckung eines guten und
preiswerten Pachtgrundstücks immer noch weit entfernt zu sein und war
häufig drauf und dran, das ganze Projekt aufzugeben. Einzig die Ermutigung und Hilfe seiner Freunde bewegten ihn zum Durchhalten. Seine
Frustration wurde durch den ständigen, offensichtlich mühelosen Erfolg
der Minnehoma Oil Company seines Vaters noch verstärkt. Der wie
immer vorausschauende Getty gehörte zu den ersten Ölmännern, die
davon überzeugt waren, daß die Wissenschaft der Geologie einen wichtigen Beitrag zur Aufspürung vorhandener Ölvorkommen leisten könnte,
und seit Anfang 1915 beschäftigte die Minnehoma deshalb einen festange-
stellten Geologen, der bei der Prospektierung half. Das erste Grundstück,
das die Minnehoma auf Anraten des Geologen erwarb, war eine etwa 16
Hektar große Parzelle in Creek County, nördlich des Cushing-Feldes und
einige Meilen von der nächsten Ölquelle entfernt. Die meisten Ölmänner
hielten das Land für »trocken«, aber der Geologe erklärte Getty, daß der
Boden eine außergewöhnlich günstige Struktur für Öl aufwiese. Getty
kaufte für 21875 Dollar einen Fünf-Achtel-Anteil am Grundstück und
verkaufte dann, erfolgreich wie immer, für 17 500 Dollar ein Achtel an John
Milliken, den Präsidenten der Milliken Oil Company. Minnehoma begann
im April fünf Bohrlöcher auf dem Grundstück niederzubringen und stieß
auf fünf sprudelnde Ölquellen. Vor Ablauf des Jahres wurden Getty
250 000 Dollar für seinen Anteil geboten.

Während sein Vater mühelos in der Lage zu sein schien, ein lukratives
Geschäft nach dem anderen abzuwickeln, sah Paul seine Chancen davon-
schwimmen. An einem Sommertag im Jahre 1915 machten sensationelle
Neuigkeiten in der Empfangshalle des Tulsa die Runde: Die Partner
Gunsburg und Forman, die in der Ölbranche überall »G & F« hießen,
hatten für 120 000 Dollar in bar in der Nähe von Drumright ein kleines

Stück Land erworben, auf dem noch keine Bohrungen durchgeführt worden waren. Vielen alten Hasen galt dieser Preis als absurd, als komplett verrückt. Paul kannte einen der Partner, Forman, und fragte ihn beiläufig, ob »G & F« nicht vielleicht zu viel bezahlt hätten. »Ich würde gerne jeden Tag ein ähnliches Grundstück zum selben Preis kaufen«, antwortete Forman selbstsicher. Für einen jungen Mann, der hoffte, ein Grundstück für wesentlich weniger als ein Zehntel dieses Preises zu finden, war das eine niederschmetternde Antwort.

Der September 1915 ging vorüber, und Paul war bereits ein Jahr in Tulsa, einem Start im Ölgeschäft aber war er noch nicht nähergerückt. Er hätte nun seinem Vater mit Recht gegenübertreten und darauf hinweisen können, daß er seinen Teil der Abmachung eingehalten hatte: Er hatte ein Jahr darauf verschwendet, ein Ölmann zu werden, nun wollte er seinen eigenen Neigungen nachgeben und Schriftsteller und Diplomat werden. Aber das hätte bedeutet, eine Niederlage einzugestehen, und dazu war er nicht bereit.

Im November hörte Paul in der Empfangshalle des Tulsa das Gerücht, daß ein aussichtsreiches Grundstück in Muskogee County demnächst zur Versteigerung kommen werde. Es handelte sich um einen halben Anteil von etwa 640 Hektar Land, bekannt als das Nancy Taylor Allotment bei Stone Bluff. Paul kannte das Gebiet recht gut, fuhr aber am nächsten Morgen in aller Frühe hinaus, um das Grundstück noch einmal näher zu inspizieren, und hatte »sofort ein gutes Gefühl«. In Tulsa fand Paul allerdings schon nach kurzer Zeit heraus, daß sich viele für das Grundstück interessierten und daß der Preis hoch ausfallen werde. Anders, Cory and Associates, erfolgreiche und angesehene Grundstücksmakler, besaßen bereits eine Hälfte des Grundstücks und hatten ihre Absicht bekundet, die andere Hälfte ebenfalls zu ersteigern. Es schien Paul, als ob er schon vor Aufsuchen der Startlöcher geschlagen sei.

In dieser Nacht lag er lange wach in seinem Zimmer im Hotel Cordova und wälzte in seinem Kopf verschiedene Pläne, wie er den Wettkampf für sich entscheiden könnte. Gegen Morgen hatte er eine Idee. Zwei Tage später warf er den Ford an – er ließ sich nur durch wildes Kurbeln anwerfen und war nur zu stoppen, wenn man gleichzeitig auf das Bremspedal trat und den Rückwärtsgang einlegte – und fuhr nach Muskogee, wo er mit dem Vizepräsidenten der Stadtbank, einem guten Bekannten, verabredet war. Paul legte die Karten auf den Tisch. Er wollte ein Angebot für das Grundstück auf dem Nancy Taylor Allotment abgeben, glaubte aber, keine Chance zu haben, weil jeder Anwesende wußte, daß die ihm vom

Vater zur Verfügung gestellten Geldmittel sehr knapp bemessen waren. »Ich möchte, daß Sie für mich zur Versteigerung gehen«, sagte er, »und für mich bieten, aber lassen Sie niemanden wissen, daß Sie in meinem Auftrag handeln.«

Dieser Plan war Pauls einzige Chance. Seine Rechnung bestand darin, daß die anderen Bieter vermuten sollten, die lokale Bank stiege im Auftrag einer größeren Ölgesellschaft mit unbegrenzten Geldmitteln hoch ein, und zögen sich selbst dann früh zurück. Das war keine besonders originelle Idee und funktionierte auch häufig nicht, aber sie war die beste, die ihm eingefallen war.

Paul brachte es nicht über sich, eine Woche später an der Versteigerung in Muskogee teilzunehmen, aber er wartete ungeduldig draußen vor dem Gebäude. Nach einer Zeit, die ihm wie eine Ewigkeit erschien, tauchte der Bankier schließlich auf und sagte breit grinsend: »Sie haben es!« Die List hatte noch besser funktioniert, als Paul zu hoffen gewagt hatte. Sie hatte in dem Moment Erfolg gehabt, als der Bankier sein erstes Gebot abgab und die anderen ihren Mut verloren. J. Paul Getty hatte sein erstes Pachtgrundstück erworben – für die unglaublich niedrige Summe von 500 Dollar! Es war – seltsamer Zufall – exakt dieselbe Summe, die George Franklin Getty für *sein* erstes Grundstück nahezu dreißig Jahre zuvor bezahlt hatte.

Paul teilte seinem Vater in Los Angeles telegrafisch die gute Nachricht mit und beauftragte einen Anwalt, eine Gesellschaft zu gründen, die das Grundstück übernehmen und eine Probebohrung finanzieren sollte; er nannte die Gesellschaft in einer momentanen Eingebung »Lorena Oil Company«, nach Lorena Carbutt, einer seiner Freundinnen. In den Wochen vor Weihnachten 1915 war Paul damit beschäftigt, in Tulsa die beste Bohrmannschaft anzuwerben, die er finden konnte. Am Neujahrstag 1916 wurde mit dem Bau des Bohrturms und der Montage des Bohrtisches begonnen. Paul war jeden Tag auf dem Gelände, fuhr frühmorgens in einem alten Dodge, den er als Ersatz für den Ford T gekauft hatte, nach Stone Bluff und kehrte erst spätabends zurück. Er saß dort herum und beobachtete sichtlich nervös, wie der Bohrer immer weiter in der Tiefe verschwand – »mit Kurs auf China«, wie die Ölmänner es nannten. Manchmal konnte er sich kaum von dem Anblick lösen.

Am Morgen des 2. Februar stieß der Bohrer auf Ölsand. Paul kannte seine Bedeutung – wenn es dort unten Öl gab, würde der Bohrmeißel nahezu sicher innerhalb von 24 Stunden darauf stoßen. Er fand die Spannung fast unerträglich, und seine offensichtliche Zappeligkeit begann an den Nerven der Arbeiter zu zerren, bis einer von ihnen gereizt fauchte:

»Sei ein braver Junge, Boß! Hau hier ab, verdammt noch mal, bevor du einen Anfall kriegst oder wir!« Es ärgerte Paul zwar, als »Junge« angesprochen zu werden; er beherzigte aber den weisen Ratschlag, kletterte widerstrebend in den Dodge und überließ sein Schicksal ihren Händen. In Tulsa ging Paul zuerst ins Hotel Cordova, konnte aber nicht länger als eine Minute still sitzen. Deshalb ging er ins Büro der Minnehoma im Daniel-Gebäude, um seinem Onkel J. Carl Smith auf die Nerven zu gehen, der dort das Büro leitete. Smith, ein ehemaliger Bauunternehmer aus Denver, war ein großer Mann mit leicht gerötetem Gesicht und einem ruhigen Temperament. George Getty hatte ihn 1903 zur Überwachung der Arbeiten auf Lot 50 eingestellt. Seitdem hatte er viel über das Ölgeschäft gelernt und wußte, wie es Paul zumute sein mußte – selbst für einen altgedienten Ölmann war es eine große Anspannung, auf die Entscheidung warten zu müssen, ob man eine Ölquelle besaß oder nur ein trockenes Loch. Da Paul wie ein gefangener Tiger im Büro auf und ab lief, sah Smith ein, daß er nicht mehr viel Arbeit erledigen konnte, und bot Paul an, hinauszufahren und die letzten Stunden der Bohrung zu überwachen. Paul nahm dieses Angebot dankbar an, und Smith fuhr mit dem nächsten Zug nach Stone Bluff. Er hatte versprochen, am folgenden Tag mit dem letzten Zug zurückzukommen – denn es gab nur eine Telefonverbindung zwischen Stone Bluff und Tulsa, und sie funktionierte so selten, daß beide nicht daran dachten, sich telefonisch zu verständigen.

In dieser Nacht wälzte sich Paul schlaflos in seinem Hotelbett hin und her. Der 3. Februar 1916, ein Donnerstag, brach grau, trübe und kalt an. Im ersten Morgenlicht stand Paul auf, fühlte sich entsetzlich elend, duschte sich und schleppte sich zum Gasthof, wo er gewöhnlich sein Frühstück einnahm.

Er hatte keinen Appetit auf Eier und Schinken, trank aber mehrere Tassen schwarzen Kaffee in dem fruchtlosen Bemühen, fit zu werden und den Tag zu überstehen. Kein Brief kam für ihn im Hotel Cordova an, und er ging zum Daniel-Gebäude, um sich die Zeit mit Martha Cornelius zu vertreiben, in deren Obhut man das Büro gelassen hatte.

Jahre später erinnerte er sich noch an jede Einzelheit dieses Tages:
»Stundenlang tat ich, außer herumzuzappeln und ständig auf meine Uhr zu sehen, fast gar nichts. Hundertmal entschloß ich mich, zum Bohrgelände zu fahren, und hundertmal verwarf ich diese Idee wieder. Irgendwie schaffte ich es, den Tag mit Warten hinter mich zu bringen, aber am Abend war ich mehr als eine Stunde vor Ankunft des Spätzuges aus Stone Bluff auf dem Bahnhof von Tulsa und ging aufgeregt auf dem

Bahnsteig hin und her. Es war bereits dunkel. Ein kalter, staubiger Prärie-wind, der in meinem Gesicht brannte und durch meinen Mantel drang, fegte in rauhen Böen über den Bahnsteig. Aber ich achtete auf dem leeren Bahnsteig weder auf Kälte noch auf Wind. Immer wieder blieb ich stehen, um die Zeit auf der großen Uhr zu prüfen, die an der rußgeschwärzten Bahnhoffassade hing, oder um den Schienenstrang entlang zu spähen, in der vergeblichen Hoffnung, daß der Zug früher als angegeben kommen würde.«

Als er endlich die dumpf klingende Glocke des Zuges hören konnte und der Schein einer Lampe aus der Finsternis auftauchte, schlug Gettys Herz heftig. Dann rollte der Zug in den Bahnhof ein, einige Ölmänner sprangen aus den Waggons, und einer, der Paul kannte, rief:»Hab' gehört, daß deine Quelle sprudelt. Es ist 'ne gute!« Er verschwand, ehe Paul ihn ausfragen konnte, aber dann erblickte Paul J. Carl Smith, der gerade aus dem letzten Wagen stieg. Paul eilte rasch auf ihn zu und sah, daß er lächelte.

»Glückwunsch, Paul«, sagte Smith. »Wir haben deine Quelle heute nachmittag erschlossen. Sie bringt dreißig Barrel.«

Paul blieb, überwältigt von seiner Enttäuschung, wie angewurzelt ste-hen. Dreißig Barrel pro Tag! Das war eigentlich *nichts,* das konnte man kaum eine Ölquelle nennen. Smith lachte herzlich und schüttelte Pauls Hand. »Ja, Sir! Sie schaffte dreißig Barrel in der Stunde, als ich wegging.«

Dreißig Barrel in einer *Stunde* – das war schon besser. »Als ich das hörte«, sagte Paul, »wußte ich, daß Oklahoma einen neuen Ölproduzen-ten hatte.«

Es war ein überwältigender, unvergeßlicher Augenblick. Von diesem Tage an sollte J. Paul Getty niemals wieder den Gedanken an eine Schriftsteller- oder Diplomatenkarriere in Erwägung ziehen. Er war ein Ölmann geworden.

Paul feierte seinen Erfolg und sein über Nacht gewonnenes Ansehen da-mit, daß er seinen Dodge gegen einen Cadillac-V-8-Roadster in Zahlung gab, den er für 2800 Dollar von D. D. Wertzberger kaufte, einem Unter-nehmer für Bohranlagen und gleichzeitig Vertreter von Cadillac in Tulsa. Dieses neue schnittige Auto, in dem sich der junge Ölquellenbesitzer sehr erfolgreich fühlte, stellte den Beginn seiner lebenslangen Vorliebe für Cadil-lacs dar. Aber der Cadillac blieb seine einzige Extravaganz – er wohnte wei-ter in seinem 6-Dollar-Zimmer im Cordova und aß weiterhin im Gasthaus.

Der Produktionsausstoß der Quelle in Stone Bluff fiel in den ersten Tagen nach der Erschließung rapide von rund 700 Barrel pro Tag auf 200 Barrel. Das war keineswegs ungewöhnlich, aber Pauls Bestreben ging dahin, gegen einen schnellen Profit weiterzuverkaufen und den Erlös in neuen Grundstücken anzulegen; sein Vater war damit einverstanden. Am 12. Februar verkaufte er den Getty-Anteil am Grundstück in Stone Bluff für 40000 Dollar an die Cosden Oil and Gas Company. Nach der Vereinbarung mit seinem Vater erhielt er 30 Prozent – 11850 Dollar.

Während der nächsten drei Monate betrieb Paul ein hektisches und äußerst erfolgreiches Geschäft als Grundstücksmakler, indem er geschickt kaufte und verkaufte und fast immer Gewinne erzielte, weil er sich auf eine Kombination von Instinkt und Glück verließ. Er schaffte es sogar, aus einer Probebohrung auf einem Pachtgrundstück in Creek County, die ein trockenes Loch ergab, einen kleinen Gewinn zu erzielen, weil er vernünftigerweise zuvor Anteile an der Probebohrung verkauft hatte. Es schien, als habe er plötzlich eine glückliche Hand, die alles in Gold verwandelte, was sie anfaßte: Er war in so viele Geschäfte verwickelt, daß er nicht einmal die Zeit fand, sein Geld zu zählen. Er fand sogar dort Öl, wo es nach Auffassung aller gar kein Öl geben durfte – in den roten Erdschichten Oklahomas.

Es gab keinen triftigen Grund für die weitverbreitete Auffassung, daß dieser unfruchtbare Landstrich aus rötlichem Sandstein und Schieferton »trocken« sein sollte. Dieser Glaube war nur einfach verbreitet – ein kollektiver Irrglaube. Paul beschloß, den Boden von einem Geologen überprüfen zu lassen. Die meisten altgedienten Ölmänner mißtrauten den Geologen, bezeichneten sie spöttisch als »Wünschelrutengänger« und machten sich unverhohlen lustig über die Idee, daß »ein paar verdammte Bücherwürmer« Öl entdecken könnten; die Prospektierung war weitgehend eine Frage von Mutmaßungen, Aberglauben und Glück. Paul hielt im allgemeinen viel davon, auf Vermutungen zu setzen, war aber wie sein Vater davon überzeugt, daß die noch in den Kinderschuhen steckende Mineralölgeologie mehr zu bieten hatte als das angebliche Talent der altgedienten Ölmänner, in tausend Meter Tiefe lagerndes Rohöl »riechen« zu können. Im April 1916 wurde Pauls Vertrauen belohnt, als er sich auf Empfehlung eines äußerst positiven Untersuchungsberichts des führenden Geologen Dr. Edward Bloesch mehrere Pachtgrundstücke in den roten Schichten sicherte – den abschreckenden Warnungen und vielen Spötteleien der anderen Wildcatter zum Trotz – und schnell hintereinander drei Ölquellen erschloß.

Paul verzichtete weitgehend auf die Mitnutzung des Büros der Minnehoma in Tulsa und zog es vor, vor Ort zu arbeiten, ihm diente der Vordersitz seines Cadillacs als Büro und der Rücksitz als Schlafzimmer, wenn die Erschließung einer neuen Quelle ein entscheidendes Stadium erreichte. Dutzende von Pachtverträgen und Kontrakten wurden auf der Motorhaube des Cadillacs unterzeichnet und durch die krakelige Unterschrift des nächstbesten Roustabouts bestätigt. Für Paul war es eine Frage des Stolzes, ein Boß zu sein, der mit anpackte, jemand, der jede Arbeit auf der Bohranlage selbst ausführen konnte, vom »Ritt auf dem Bohrhaken« beim Montieren des Turms bis zum Schärfen eines stumpfen Bohrmeißels. Weil er jedoch noch so jung war, mußte er ständig *beweisen*, daß er der Boß war. Einmal hatte ein mürrischer Roustabout die Stirn zu verkünden, er werde es an diesem Tage langsam angehen lassen, weil er noch einen fürchterlichen Kater vom Trinkgelage des Zahltags habe. Paul wußte ganz genau, daß der Rest der Mannschaft genau beobachtete, wie er reagierte, und sagte: »Okay, ich mach' dir einen Vorschlag. Ich war letzte Nacht auch aus, kann aber immer noch arbeiten. Um das zu beweisen, gebe ich dir zehn Sekunden Vorsprung, und wenn du schneller oben auf dem Bohrturm bist, kannst du den freien Tag haben.« »Abgemacht«, sagte der Roustabout. Paul zog seine Jacke aus und gab dem Bohrmeister die Uhr. Der Roustabout sprang auf den Turm und begann zu klettern; zehn Sekunden später folgte Paul auf der gegenüberliegenden Seite. Von unten angefeuert, zogen sich beide Männer keuchend von Sparren zu Sparren nach oben, langsam holte Paul den Roustabout ein und legte knapp vor ihm seine Hand auf die Turmkronenbühne an der Spitze des Turms. »In Ordnung«, sagte er, als er wieder unten war. »Laßt uns weiterarbeiten!«

Am 25. Mai wurde die Partnerschaft zwischen Paul und seinem Vater amtlich, sie ließen die Getty Oil Company in Oklahoma als Aktiengesellschaft eintragen. Getty wurde Präsident und Schatzmeister und sein Sohn »Secretary«; zu den Aktiva der Gesellschaft gehörten auch die 55 von Paul erworbenen Pachtgrundstücke, die er zum Preis von 25 000 Dollar erworben hatte und die einen Marktwert von 100 000 Dollar hatten. Tausend Aktien wurden ausgegeben, 700 an Getty, 300 an Paul. Es wurde abgemacht, die Gewinne aus gemeinsamen Unternehmungen der Getty Oil Company vorerst weiterhin im Verhältnis 70 zu 30 zu teilen, beide Partner sollten jedoch mit unabhängigen Geschäften fortfahren. Wenn Paul eine Probebohrung aus eigenen Mitteln finanzieren könnte, erhielte sein Vater keinen Anteil vom Profit; im umgekehrten Fall sollte Paul nur dann von den Aktivitäten des Vaters profitieren, wenn er sich mit eigenem Geld beteiligte. Es war ein vernünftiges, geschäftsmäßiges Abkommen, das beide für gerecht hielten, wenn auch vielleicht für ein wenig unüblich zwischen einem Vater und seinem Sohn.

Kurz nach der Gründung der Getty Oil Company stellte Paul leicht überrascht und vollkommen entzückt fest, daß er im Alter von 23 Jahren bereits ein Dollar-Millionär war. Es wurde ihm bewußt, daß er es gar nicht mehr nötig hatte, weiter Geld zu scheffeln, und er ebensogut seine Zeit damit verbringen könnte, seinen Reichtum zu genießen. Er hatte sich als Ölmann bewiesen, sowohl zu seiner als auch zur Genugtuung seines Vaters. Konnte man mehr verlangen? Deshalb begann er, Vorkehrungen für seine Rückkehr nach Kalifornien zu treffen, murmelte gegenüber seinen Freunden im Gasthaus etwas von der bevorstehenden Verwicklung Amerikas in den europäischen Krieg und der Notwendigkeit, »seine Pflicht zu erfüllen« – was zwar ein edler Vorsatz war, aber auf keinen Fall der ganzen Wahrheit entsprach. In Wirklichkeit wollte Paul nun endlich Spaß für sein Geld haben und sich an die hübschen kalifornischen Mädchen ranmachen, die so häufig durch seine unruhigen Träume geisterten. »Offenbar stieg mir die Tatsache, ein Millionär zu sein, zu Kopfe«, gab er zu.

Im Juni 1916 packte er einen Schrankkoffer und zwei kleine Koffer und bereitete sich auf die Abreise aus Tulsa vor. Angesichts der schlechten Straßen quer durch das Land an die Westküste entschloß er sich dazu, den Cadillac auf einen Zug verladen zu lassen. Während einer seiner Abschiedsrunden bei den Freunden erfuhr er, daß Bill Roeser, die 10000-Dollar-Berühmtheit, ebenfalls vorhatte, seinen Wagen auf denselben Zug zu verladen. Als sie hörten, daß man Frachtgebühren einsparen könnte, wenn man die Wagen zusammen verladen ließ, schlug Bill Roeser vor, die Würfel entscheiden zu lassen, wer die Fracht bezahlen sollte. Obwohl Paul jederzeit bereit war, auf eine Ölquelle zu wetten, wettete er nicht gerne um andere Dinge, hielt es aber für ungehobelt, seinem Freund etwas abzuschlagen. Er würfelte und gewann natürlich.

Sarah und George Getty waren keineswegs begeistert, als ihr Sohn nach Hause kam und gelassen seine Absicht bekanntgab, sich schon aus dem Ölgeschäft zurückziehen zu wollen. Sein Vater war entsetzt über eine solche verantwortungslose Haltung und überhaupt nicht besänftigt von Pauls Argumenten, daß Amerika bald in den Krieg eintreten werde – er hatte sich bereits bei der Luftwaffe und bei der Küstenartillerie gemeldet – und er deshalb bis zur Einberufung noch ein bißchen Spaß haben wollte.

George Getty, der niemals die bedrückende Armut seiner Kinderjahre auf einer winzigen Farm vergessen konnte, war überzeugt, daß Reichtum Verantwortung voraussetzte, daß es die moralische Pflicht des Geschäftsmannes sei, sein Geld arbeiten zu lassen, zu investieren und zu reinvestieren, um Unternehmen aufzubauen und Arbeit und Wohlstand für andere zu schaffen. Und er selbst praktizierte auch, was er predigte: Obwohl er gut und gerne ein Vermögen von einer Million Dollar besaß, hatte sein Privatkonto damals einen Stand von nur 28 518 Dollar. Getty drängte seinen Sohn, es sich noch einmal zu überlegen. »Dein Reichtum«, sagte er, »kann nicht nur dir, sondern auch noch vielen anderen Menschen ein besseres Leben bieten.« Aber Paul war nicht in der Stimmung, sich Vorhaltungen über Pflichterfüllung anzuhören. Er hatte gerade fast zwei Jahre auf den Ölfeldern Oklahomas hinter sich, im Winter bis auf die Knochen durchgefroren und im Sommer Staub spuckend; er war der festen Überzeugung, daß sein Rückzug wohlverdient war, und er wollte sich nicht davon abbringen lassen. George Getty war entgeistert, ja beinahe entrüstet, daß er es nicht schaffte, seinem Sohn seinen Willen aufzuzwingen.

Schon wenige Monate nach seiner Ankunft in Kalifornien war der Name J. Paul Getty häufig in den Klatschspalten der Zeitungen zu finden, zusammen mit den Namen jener, die die größten Wohlfahrtsbälle, die feinsten Partys, die elegantesten Nachtclubs und die neuesten Hollywood-Filmpremieren besuchten. Paul schätzte die Leute vom Film sehr und sah zwischen dem Öl- und Filmgeschäft eine Gemeinsamkeit, da beides hochriskante Unternehmen waren, die über Nacht Millionäre hervorbringen konnten.

»Es handelte sich um eine Gemeinschaft von Menschen«, beharrte er, »die bereit waren, alles auf die nächsten tausend Bohrmeter oder die nächsten tausend Filmmeter zu setzen.« Zu seinen Freunden zählte er Leute wie Douglas Fairbanks, Cary Grant, Sam Goldwyn, Cecil B. De Mille, Rudy Vallee, Jean Harlow, Gloria Swanson und Clara Bow. Häufig stritt er sich mit Charlie Chaplin um Mädchen, besonders als Charlie vermutete, daß seine Hauptdarstellerin Edna Purviance mehr Interesse an Paul als an ihm zeigte. Zu Pauls regelmäßigen Begleitern gehörte auch ein schüchterner junger Mann, der als Tänzer in einem Nachtclub 50 Dollar die Woche verdiente. Auf Partys mußte Paul ihm immer Mut machen, mit Mädchen ins Gespräch zu kommen, und er verwand niemals die Tatsache, daß Rudolph Valentino bald darauf auf der Filmleinwand als der größte Liebhaber der Welt galt.

Zu Hause verheimlichte Paul kaum, daß ihn nichts anderes als sein Vergnügen interessierte. Während sein Vater jeden Tag in aller Frühe das Haus verließ und sich in sein Büro im Union-Oil-Haus in der Innenstadt begab, faulenzte Paul im Bett, und zwar in jenem Teil des Hauses, den er sich zu einer abgeschlossenen Junggesellenwohnung umgebaut hatte. Diese Wohnung besaß einen großen Raum mit eigenem Eingang im Erdgeschoß, eine Schlafnische und ein Badezimmer. Die Wände waren zwar noch immer mit dem Goldbrokat tapeziert, den Sarah Getty vor Jahren ausgesucht hatte, jetzt aber verschwand er fast hinter Pauls vielen Gemälden. Er hatte den Raum nach eigenen Vorstellungen möbliert: ein einfaches eisernes Bettgestell, ein Sofa und ein Schreibtisch aus Eichenholz. Seine Bücher stapelten sich überall, und alle ebenen Flächen waren mit Schnickschnack, Souvenirs und Nippsachen aller Art vollgestellt. Paul besaß eigene Schlüssel und hielt die Tür fest verschlossen, wenn er weg war, auch erlaubte er keinem der Hausangestellten, die Wohnung zu reinigen, damit nicht das Chaos gestört wurde, an das er sich so gewöhnt hatte. Von seinem Zimmer aus gab es einen direkten Zugang zum Keller, den er als Fitneßraum mit Gewichten, Barren, Punchingbällen und einer Sauna ausgestattet hatte.

Morgens trainierte Paul meistens eine Stunde in diesem Fitneßraum, ehe er duschte und sich sorgfältig ankleidete: gewöhnlich ein eleganter, modisch geschnittener Anzug mit einem seidenen Taschentuch in der Brusttasche. Gegen Mittag fuhr er dann am Steuer seines Cadillacs, oft mit einem hübschen Mädchen auf dem Beifahrersitz, zum Beach Club in Santa Monica, wo er den Tag aufs vergnüglichste mit Sonnenbädern, Schwimmen, Tennis und kraftstrotzendem Auftreten in Gesellschaft anderer reicher junger Männer vertrödelte, die sich selbst gerne als »Strandlümmel« bezeichneten. Paul war körperlich in äußerst guter Form und glänzend gebaut: Er konnte eine 23 Kilogramm schwere Hantelscheibe mit den Fingern einer Hand hochheben und wurde niemals im »Besenstielringen« geschlagen – dabei mußte man dem Gegner einen Besenstiel entringen und selbst in den Griff bekommen. In seinem einteiligen Trikotbadeanzug, der in Brusthöhe mit dem Emblem des Beach Club bestickt war, wölbte er gerne zur Demonstration seines hervorragenden Körperbaus den Brustkasten besonders hervor, wenn er fotografiert wurde.

Seine Abende verbrachte Paul ohne Ausnahme mit dem Abklappern der Nachtclubs oder auf Partys, wo Champagnerkorken knallten und man sich mit Elan dem Foxtrott und Charleston widmete sowie einer in die Füße gehenden, lebenssprühenden neuen Musik zuhörte, die durch die Vereinigten Staaten fegte – dem Jazz. Die Mädchen rauchten Zigaretten, trugen Bubikopffrisuren, rotgeschminkte Lippen und Kleider mit tiefem V-Ausschnitt, von dem behauptet wurde, daß er sowohl der Gesundheit als auch der Moral abträglich sein sollte. Für einen sinnlichen jungen

Mann mit locker sitzendem Geld war dies eine herrliche Zeit: Paul kam selten vor Morgengrauen nach Hause, nachdem er gewöhnlich vorher noch angehalten hatte und mit seiner neuesten Flamme an einem geziemend abgelegenen Ort rumgeknutscht hatte.

Manchmal gab Paul auch Einladungen zu Hause und handelte sich regelmäßig die naserümpfende Mißbilligung seiner Mutter ein, die kein Geheimnis aus der Tatsache machte, daß sie die Freunde ihres Sohnes für »Gesocks« hielt. Zu seinen regelmäßigen Besuchern gehörte auch ein junger Profiboxer, der unter dem Namen »Kid Blackie« kämpfte, aber seinen Freunden als Jack Dempsey wohlbekannt war. Dempsey war jede Woche mehrmals Pauls Sparringspartner in dem Kellerfitneßraum, bis er drei Jahre später Weltmeister im Schwergewicht wurde. Dempsey behauptete immer, Paul habe das Zeug dazu gehabt, auch Profiboxer zu werden, wenn er das gewollt hätte. Es gab sogar das Gerücht, daß Paul der einzige Mann gewesen sein soll, der Dempsey jemals k. o. schlug. Das war aber nur ein Gerücht. Man erzählte sich, daß sie Streit wegen eines Mädchens hatten, und Paul Dempsey mit einem linken Haken zu Boden streckte. In Wahrheit aber hatte Paul Dempsey in seinem Trainingslager an den Saratoga Lakes besucht, um herauszufinden, ob er wirklich boxen könnte. »Ich glaube, daß ich ziemlich gut bin, Jack«, hatte er gesagt. »Ich möchte, daß du dein Bestes gibst, und ich werde es auch tun. Wenn es vorbei ist, werden wir immer noch Freunde sein, aber ich will versuchen, dich k. o. zu schlagen.« Doch er mußte sehr schnell einsehen, daß er nicht so gut war, wie er gedacht hatte. »Wir reichten uns die Hände«, erzählte Dempsey später, »und ich schlug ihn mehrere Male zu Boden und verpaßte ihm eine blutige Nase. Ich versuchte nicht, ihn zu töten oder sonst was, ich zeigte ihm nur, daß er nicht kämpfen konnte.«

Paul vernachlässigte das Ölgeschäft in dieser Zeit allerdings nicht völlig – irgendwie fand er zum Beispiel die Zeit, an der Jahreshauptversammlung der Minnehoma im Dezember 1916 teilzunehmen, aber er weigerte sich, für die Minnehoma oder die Getty Oil wieder aktiv ins Geschäft einzusteigen. Er wurde deshalb auch nicht nach seiner Meinung gefragt und äußerte sie auch nicht, als sein Vater in jenem Monat beschloß, Minnehomas erstes Pachtgrundstück – Lot 50 – für 125 000 Dollar zu verkaufen. Getty hatte rund 200 000 Dollar Profit aus den Quellen von Lot 50 erzielt, aber inzwischen fiel die Produktion, und deshalb hielt er die Zeit für gekommen auszusteigen; eine Entscheidung, die er später noch einmal bereuen sollte, als die Rohölpreise in Oklahoma von 58 Cents pro Barrel im Jahre 1915 auf 1,73 Dollar im Jahre 1917 anstiegen. Fast wäre der Verkauf auch gar nicht zustande gekommen, denn Getty bestand darauf, ein gutes Gespann Zugpferde, die Pat und Madge hießen, aus dem Kaufvertrag herauszunehmen. Obwohl er normalerweise kein weichherziger Mann war, hatte er Pat und Madge liebgewonnen, weil sie bei seinen Besuchen auf dem Pachtgrundstück immer auf Zuruf zu ihm kamen und an ihm schnupperten, während er ihnen die Ohren kraulte. Zunächst hatte der Käufer von Lot 50 darauf bestanden, daß das Gespann Bestandteil des Vertrages war, der alles Zubehör mit einschloß. Aber Getty stellte ganz untypischerweise seine Gefühle über das Geschäft und wollte sich von dem Grundstück nur trennen, wenn die Pferde aus dem Vertrag herausgenommen wurden. Mit Gettys Segen durften sich Pat und Madge im Gegensatz zu seinem Sohn Paul zur Ruhe setzen.

Im April 1917 traten die Vereinigten Staaten in »den Krieg, der alle Kriege beenden werde«, ein, wie es Präsident Woodrow Wilson so optimistisch verkündete. Paul teilte nicht die Meinung vieler Amerikaner, daß der Krieg in Europa »nicht unsere Angelegenheit« sei. Viele, die in Oxford seine Freunde gewesen waren, hatten bereits in den Schützengräben ihr Leben geopfert. Seiner Meinung nach war es höchste Zeit, daß Amerika Stellung bezog. Auf der anderen Seite war er aber auch nicht allzu enttäuscht, als er erfuhr, daß er nicht zur sich gerade formierenden Luftwaffe der US-Armee einberufen werden konnte, weil es nicht genügend Trainingsmöglichkeiten und Flugzeuge gab. Während ihn die ruhmreiche Vorstellung gereizt hatte, Armeeflieger zu werden, bedeutete die Zurückstellung, daß es ihm freistand, mit einen völlig reinen Gewissen weiter seinen Vergnügungen nachzugehen. Tatsächlich wurde er niemals einberufen, und nach dem Krieg amüsierte er sich über einen Brief des Kriegsministers, der ihm für seinen »in außergewöhnlicher Weise bewiesenen Patriotismus« dankte und bedauerte, daß »Engpässe im Militärwesen« dazu geführt hätten, daß er nicht zum aktiven Dienst eingezogen werden konnte.

Irgendwann im Frühsommer 1918 wurde Paul schließlich seiner Rolle als Playboy-Millionär überdrüssig. Die Gründe dafür legte er im einzelnen niemals dar. Vielleicht war er einfach gelangweilt, oder es lag auch am Ölboom, der sich vor seiner Haustüre in Kalifornien abspielte, und er konnte es nicht ertragen, nicht mit von der Partie zu sein. Vielleicht hatte er auch schon Öl in den Adern, wie er manchmal gerne sagte, und das Ölfieber, das ihn damals auf den Ölfeldern Oklahomas befallen hatte, hatte nur für eine Weile geruht.

Was auch immer die Gründe gewesen sein mögen, das Protokoll einer

Sondersitzung des Verwaltungsrats der Getty Oil Company, die am 22. August 1918 in Union-Oil-Haus in Los Angeles stattfand, ist ein klarer Beweis, daß Paul ins Geschäft zurückgekehrt war.

»J. Paul Getty berichtete vom jüngsten Erwerb zweier Pachtgrundstücke, eines von Webber im Township 12, Range 8 East, Oklahoma, für 2400 Dollar, und das andere in der Nähe von Garber, Oklahoma, für 2000 Dollar. Anschließend stand die Ausschüttung einer Dividende auf der Tagesordnung. J. Paul Getty, Direktor, beantragte, daß 5000 Dollar aus den Barmitteln der Gesellschaft als Dividende an die Aktionäre ausgeschüttet werden sollten, und es wurde daher festgelegt, daß eine Dividende von fünf Prozent auf die sich in den Händen der Aktionäre befindlichen Aktien der Getty Oil Company mit heutigem Datum zu Protokoll gegeben, verkündet und sofort bezahlt werden soll.«

George Getty begrüßte die Rückkehr seines Sohnes ins Geschäft, indem er trocken seine Freude über den Entschluß seines Sohnes ausdrückte, seinen »postpubertären Winterschlaf« zu beenden, und verlor später niemals wieder ein Wort darüber.

4. »Dies *ist* Ölland!«

Nach seinem kurzen, aber durchaus vergnüglichen Ausstieg ging Paul erneut mit Schwung an die Arbeit und nahm seine Verpflichtungen als wiedergeborener Direktor der Minnehoma und der Getty Oil Company wieder wahr. Gleichzeitig war er auch wieder als unabhängiger Wildcatter tätig und suchte nach aussichtsreichen Grundstücken, wo er auf eigene Rechnung nach Öl bohren konnte. Es folgten einige ereignisreiche Jahre, sowohl für die Getty-Gesellschaften als auch für Paul persönlich – eine Periode, die das Ende seiner dilettantischen Phase markierte und ihn fest in das Ölgeschäft einband.

Seine Spielpause als Playboy stieß nur noch einmal mit seiner Berufstätigkeit zusammen: Eines Tages, als er das Niederbringen eines Bohrlochs bei Long Beach überwachte, rollte ein Konvoi von Limousinen auf den Bohrturm zu. Clara Bow, »die Superfrau«, damals auf der Höhe ihres Ruhmes, stieg aus dem ersten Wagen, gefolgt von Pauline Frederick, John Gilbert, Dorothy Gish, David Mdivani und anderen Hollywood-Größen, alles Pauls Freunde. Miss Bow verkündete, daß sie es sich spaßig vorgestellt hätten, Paul überraschend zu besuchen, und daß sie deshalb zu einem »Picknick« gekommen wären. Während die Arbeiter gaffend herumstanden, stellten livrierte Chauffeure einen Tisch auf, bedeckten ihn mit einem makellos weißen Tischtuch und fingen an, Körbe auszupacken. Als der Tisch gedeckt war, luden die Besucher Paul und alle Arbeiter zu einem Champagnerfrühstück ein. Danach zogen die eingeschüchterten Ölmänner schmierige Papierfetzen hervor und sammelten Autogramme. Einer fragte Clara Bow schüchtern, ob sie ihren Namen auf sein Auto schreiben könne. »Gern«, sagte sie, »aber wird er nicht vom Regen abgewaschen?« »Nein, Madame, wird er nicht«, antwortete er. »Ich möchte, daß Sie es mit dem hier machen.« Und er zog hinter seinem Rücken einen Stechbeitel hervor und bat sie, ihren Namen in den Lack der Motorhaube zu ritzen, nahe an der Windschutzscheibe, damit er ihn während der Fahrt sehen könnte. Miss Bow war es eine Ehre, und Paul hörte später, daß der Mann die Signatur sogar galvanisieren ließ, um sie vor Rost zu schützen.

Von diesem Vorfall abgesehen, trennte Paul Geschäft und Vergnügen meist säuberlich, nun, da er wieder ernsthaft arbeitete und sein Ruf als kluger und erfolgreicher Ölmann sich zunehmend verbreitete. Im Oktober 1919 trat ein Konsortium von Bankiers und Finanziers in Los Angeles an ihn heran. Sie waren angesichts der Erdölpreise, die sich auf drei Dollar pro Barrel einpendelten, darauf erpicht, ins Ölgeschäft einzusteigen. Paul reizte zwar einerseits die Vorstellung von einer starken finanziellen Rükkendeckung, aber andererseits fürchtete er, daß das Konsortium nur schnelle Gewinne erwartete. Doch seine Warnung, daß es im Ölgeschäft äußerst risikoreich zuginge, wurde vom Tisch gefegt, und er ließ sich – trotz seiner Vorbehalte – dazu überreden, eine neue Gesellschaft mit fünf Millionen Dollar Kapital zu leiten, die in Oklahoma und Kalifornien nach Öl bohren sollte.

Paul bedauerte seine Zusammenarbeit mit dem Konsortium sehr schnell, denn schon vor dem Erwerb des ersten Pachtgrundstücks gab es Streitigkeiten über Aktienbezugsrechte, die nur gerichtlich beigelegt werden konnten. Ehe noch die neue Gesellschaft richtig dazu kam, Probebohrungen durchzuführen, verlangten seine Mitdirektoren unaufhörlich von ihm, endlich Profite zu zeigen. Dann gerieten sie in Harnisch, als er einige trockene Löcher bohren ließ. »Ich dachte, es wäre mein Job, Öl zu fördern«, notierte er mit Abscheu, »und nicht, einen Kindergarten aufgeblasener Finanziers zu leiten, die ihre Hoffnungen vom schnellen Geld hätscheln.«

Die Gesellschaft wurde schließlich aufgelöst. Paul war froh, daß er sie los war und wieder neben seinen Pflichten als Direktor der Minnehoma und der Getty Oil auf eigene Rechnung spekulieren konnte. Diese Erfahrung war ihm eine Lektion, die er nie vergessen sollte: Von da an war er immer nur sein eigener Herr.

Das Jahr 1920 wurde durch das bis dahin größte dramatische Spektakel auf den Ölfeldern Oklahomas eingeleitet. An Silvester führte die Minnehoma Oil Company auf einem Grundstück bei Lookout Hill im Osage-Gebiet eine Routinebohrung durch. Als die Wintersonne schon fast am Horizont verschwand, kritzelte der Bohrmeister Harley Robinson in das Bohrberichtsbuch, daß der Bohrer 15 Meter in den Mississippi-Kalkstein eingedrungen war, auf den man in 700 Meter Tiefe gestoßen war. Öl sickerte bereits bei jeder Drehung des Bohrers aus dem Bohrloch, und Robinson schätzte, daß die Quelle ihre 200 Barrel oder mehr pro Tag bringen werde. Doch plötzlich veränderte sich die Drehzahl des Getriebes auffällig, und das Drahtseil, das in das Bohrloch führte, wurde locker. »Wirf die Winde an, Roy«, schrie Harley. »Irgend etwas ist in diesem Loch da unten abgebrochen.«

Roy McCunn, der Toolie, warf das große Hebewerk an, um das Drahtseil herauszuziehen, aber das Seil kam jetzt schon geknickt aus dem Bohrloch heraus. Robinson wußte, was passiert war – Druck von irgendwo in der Erde schob den Bohrer nach oben. Er rannte über die

Arbeitsbühne, öffnete das Drosselventil der Maschine und ließ sie auf Hochtouren laufen, um das lose Seil wieder zu spannen. Immer noch kam das Drahtseil spiralenförmig aus dem Bohrloch und legte sich in Schlingen auf die Arbeitsbühne. Ein unheilvolles Rumpeln übertönte das Dröhnen der Maschine und das Kreischen der Winde. Robinson begriff, daß die Ölquelle kurz davor war, zu explodieren, und er nichts mehr dagegen unternehmen konnte. »Laß uns hier abhauen«, schrie er McCunn zu. Beide Männer ließen ihr Werkzeug fallen und rannten um ihr Leben. Sie rannten noch, als der schwere Eisenbohrer wie eine Rakete aus dem Bohrloch schoß, die Krone an der Spitze des Bohrturmes demolierte, im hohen Bogen durch die Luft sauste und mit solcher Wucht zu Boden fiel, daß er sich fast fünf Meter in die Erde bohrte. Darauf folgte ein ohrenbetäubendes Tosen, als eine mächtige Ölfontäne in den Nachthimmel schoß. Nach Atem ringend, starrten Robinson und McCunn erschrocken von einem sicheren Ort aus auf ihr Werk, während das Öl auf ihre Köpfe niederprasselte. Robinson, der auf vielen großen Ölfeldern gearbeitet hatte, war überzeugt, die größte Quelle Oklahomas zu sehen, und schätzte, daß sie rund 15 000 Barrel pro Tag ausstoßen werde.

Im Morgengrauen spie der große Geysir immer noch mit unverminderter Heftigkeit, und ein außergewöhnlich schrecklicher Anblick war im ersten Tageslicht zu sehen. Eine riesige schwarze Wolke wirbelte über den Überresten des Bohrturms und über der tosenden Ölfontäne. Die Prärie hatte, so weit das Auge blicken konnte, eine schmutzigbraune Farbe angenommen; ein kleines Holzhaus, das in der Nähe der Quelle in einem kleinen Wäldchen stand, war nicht mehr hinter dem Öl zu erkennen, das von den Bäumen tropfte. Schwarze Bäche spülten Rinnen in die Abhänge von Lookout Hill, kleine Tümpel bildeten sich und flossen über, und das Öl drang unaufhaltsam in die Prärie vor. Hier und da bemühten sich schwarze Gestalten verzweifelt, mit Schaufeln Erdwälle zu errichten, um die überquellenden Ölmengen einzudämmen.

Gegen Mittag erschienen die ersten Schaulustigen, die von den nahegelegenen Städtchen Pawhuska und Personia über die Prärie gefahren waren, um diese in der Erdkruste geplatzte Ader zu bestaunen. Ein Reporter schrieb im »Oil and Gas Journal«: »Zu sagen, daß die sprudelnde Ölquelle in der Region um Pawhuska Aufregung verursachte, ist noch gelinde ausgedrückt. Alle Pfade, die zur Quelle führen, wurden schnell zu ausgetretenen Wegen. Die Midland-Valley-Eisenbahnlinie durchquert eine Meile von der Quelle entfernt die Prärie, und der große Ölstrahl wurde von Hunderten von Passagieren bestaunt, die sich in den Zügen an den Fenstern drängten. Ich müßte mich gründlich irren, wenn nicht jede Stadt, jedes Dorf, jeder Weiler im Umkreis von 50 Meilen rund um die Quelle von einer Abordnung von Schaulustigen vertreten gewesen ist. Um ein Minimum an Sicherheit zu gewährleisten, wurden die Schaulustigen in die Sicherheitszone zurückgedrängt, weil man befürchtete, daß irgendein gedankenloser Mensch ein Streichholz anzünden und damit ein katastrophales Feuer auslösen könnte, das wahrscheinlich Menschenleben aufs Spiel setzte.«

Am Nachmittag dieses Neujahrstages kam J. Carl Smith aus Tulsa an, um die Leitung der Notmaßnahmen zu übernehmen. Jeder verfügbare Mann in Pawhuska wurde zum Bau von Gruben und Dämmen herangezogen, die das ausströmende Öl auffangen sollten. Smith beauftragte zwei Pipeline-Gesellschaften, Prairie und Gulf, unverzüglich 8-cm-Rohre zur Quelle zu legen. Doch schon am Abend hatte das ausströmende Öl den drei Meilen von der Ölfontäne entfernten Middle Bird Creek erreicht, wo es auf der Eisfläche dickflüssig wurde und allmählich einen riesigen Teich bildete. Eine Baumsperre wurde über den Creek gelegt, um den Teich einzudämmen. Arbeiterkolonnen schufteten die ganze Nacht hindurch mit Pferdegespannen, um eine riesige Grube am rechten Ufer des Creeks auszuheben.

Auf dem Bohrgelände selbst mühten sich die erfahrensten Männer der Minnehoma in Öljacken ab, das herausschießende Öl unter Kontrolle zu bekommen, und mußten sich gegenseitig anbrüllen, um sich im tosenden Lärm der Fontäne verständlich zu machen. Am Freitag, dem 2. Januar, war es J. Carl Smith klar, daß sie auf verlorenem Posten kämpften. Erst zwei jeweils 250 Barrel fassende Tanks waren fertig, die Pipeline war noch Meilen entfernt, die primitiven Erdgruben liefen alle über, und die Quelle sprudelte immer noch kräftig weiter. Es überraschte Smith deshalb nicht, daß Abgesandte der Osage Indian Agency auf dem Gelände erschienen und verlangten, die Quelle zu kappen, bevor die anliegenden Flüsse verseucht wären und die Wasserversorgung der umliegenden Städte in Gefahr geriete. So baute Harley Robinson mit seiner Mannschaft unter entsetzlich harten Bedingungen neben der Fontäne einen behelfsmäßigen Flaschenzug auf, mit dessen Hilfe ein zwei Tonnen schwerer Hochdruckschieber auf das Bohrloch gehievt werden sollte. Um 15.30 Uhr wurde der Schieber auf seinen Platz gesenkt und die Quelle gekappt. Es war, wie Robinson sagte, als er den Turm verließ, ein »echtes Mordsding«. Das »Oil and Gas Journal« konnte nicht umhin, dem Gründer der Minnehoma anläßlich der erfolgreichen Operation überschwengliches Lob zu zollen:

»George F. Getty aus Los Angeles ist der Mann, der die wilde Ölspekulation in den natürlichen Lagerstätten in Oklahoma zähmte. Er stellte mit vierzig aufeinanderfolgenden erfolgreichen Bohrungen einen Rekord auf. Seine Energie und sein Glück bringen das, was das ›Get‹ in Getty schon ausdrückt; und im Verlaufe der Ereignisse zapfte er drüben im Osage-Land eine Quelle an, die am Neujahrstag mit der unglaublichen Rate von ungefähr 20000 Barrel pro Tag hochschoß. Der Druck von Öl und Gas in der Tiefe trieb die Bohrgeräte aus dem Bohrloch und setzte eine Sintflut von Erdöl frei . . . Freund Getty wurden telegrafisch und auf andere Weise Glückwünsche übermittelt, die ihm viele erfolgreiche Wiederholungen dieses Tages wünschten. Jeder, der weiß, daß ein Barrel Öl 2,75 Dollar einbringt, kann schnell ausrechnen, welchen Erlös die besagten Mengen annähernd bringen werden.«

Doch dieser Bericht war ein wenig voreilig. Nachdem die Quelle einmal gekappt worden war, kam sie nicht mehr so recht in Gang. Das war im Ölgeschäft kein seltenes Phänomen, aber in diesem Fall erwies es sich als ungewohnt schwierig, die Förderleistung der Quelle wieder anzukurbeln. Zuerst wurde nur Wasser gefördert, dann eine Mixtur aus Wasser und Öl, und schließlich erschien ein miserables Rinnsal, das nicht mehr als 60 Barrel Öl pro Tag brachte.

Untersuchungen wurden darüber angestellt, was falsch gelaufen war, und am 12. Januar berichtete der »Kansas City Star«:

»Ölmänner sind eine verschworene Gemeinschaft, sie halten zusammen durch dick und dünn, aber es gibt hier auch welche, die sagen, daß die Minnehoma-Quelle immer noch sprudelte, wenn die Vertreter der Minnehoma Company etwas mehr Kopfarbeit und etwas mehr Finesse bewiesen hätten. Es heißt, daß in der Nacht vom 31. Dezember, als die Quelle die ganze Gegend überflutete, ein Öl-›Experte‹ Stunden kostbarer Zeit damit verschwendete, daß er die frohe Botschaft an den Präsidenten der Gesellschaft telefonisch zu übermitteln versuchte, anstatt Gespanne und Arbeiter zu organisieren und alles dafür einzusetzen, den Bird Creek abzudämmen und das Öl zu retten.«

In der Hoffnung auf einen weiteren großen Fund wurden Nebenbohrungen rund um diese Quelle angelegt, aber man stieß auf nur wenig Öl. »Es ist ein Rätsel, wohin das Öl entschwand«, gab Paul Getty zu.

Im September desselben Jahres führte George Getty, nun 65 Jahre alt, den lang gehegten ehrgeizigen Plan durch, die 2400 Kilometer von Los Angeles nach Tulsa im Auto zurückzulegen. Er machte sich mit einem Cadillac-Roadster auf den Weg, auf dem Vordersitz Arch Hyden, Minne-

homas Büroleiter, und auf dem Rücksitz Mabel McCreery, seine Sekretärin. Sarah hatte die Einladung ihres Mannes, an dem Abenteuer teilzunehmen, höflich abgelehnt. Viele Straßen zwischen Arizona und Neumexiko
waren noch immer unbefestigt, aber sie schafften die Reise in genau
fünfeinhalb Tagen, wie durch ein Wunder ohne eine einzige Reifenpanne.

In Tulsa war die Minnehoma inzwischen in größere Büroräume umge-
zogen – in die Räume 810 bis 812 im Gallais-Gebäude –, und auf der
Gehaltsliste standen nun auch ein »Scout« und ein Geologe. Getty konnte
es sich leisten, gute Gehälter zu zahlen – und tat es auch. J. Carl Smith
verdiente 300 Dollar pro Monat, und Martha Cornelius, die das Telefon
bediente und Schreibarbeiten erledigte, verdiente 100 Dollar monatlich,
was damals eine fabelhafte Summe für ein junges Mädchen war. Um diese
Zeit betrieb die Minnehoma allein in Oklahoma rund 75 Ölquellen; der
hohe Preis für Rohöl brachte über eine Million Dollar Gewinn pro Jahr.

Aber weder Getty noch sein Sohn Paul erwarteten, daß die Situation so
bliebe. Denn seit ihren bescheidenen Anfängen war die Ölindustrie gegenüber den wilden Preisschwankungen für Rohöl verwundbar, einem Über-
schuß folgte immer eine Verknappung. Schon im Herbst 1920, als erstklas-
siges Rohöl den inflatorischen Preis von 5,25 Dollar pro Barrel erzielte,
waren Vater und Sohn der Meinung, daß alle Zeichen auf einen neuen,
unmittelbar bevorstehenden Preissturz hindeuteten.

Während des Ersten Weltkriegs war die Nachfrage nach Rohöl jäh
gestiegen und hatte die Preise hochgetrieben. Auch als der Waffenstillstand
vom 11. November 1918 dem Blutbad in Europa ein Ende machte, fielen
die Ölpreise wider Erwarten noch nicht, denn Rußland befand sich in den
lähmenden Klauen einer Revolution und eines erbittert geführten Bürger-
kriegs, und dadurch konnte der Westen nicht mehr an die Fördermengen
der riesigen Ölfelder Bakus kommen, die einst mehr als die Hälfte der
Weltproduktion geliefert hatten. Zusätzlich zog die Nachfrage auf dem
Binnenmarkt weiter beträchtlich an – die Automobilproduktion verdoppelte sich in den Vereinigten Staaten zwischen 1915 und 1919, und sieben
Millionen neue Autos rollten zum Stolz aller auf den Highways.

Es hatte den Anschein – oberflächlich betrachtet –, als ob die Ölindustrie
immer weiter eine Goldgrube sein werde, aber Getty machte sich Sorgen,
daß die hohen Preise unweigerlich zu einer Überproduktion führen könnten, hervorgerufen durch die ständig steigende Zahl von Mineralölgesellschaften, die sich danach drängten, aus dem Boom Kapital zu schlagen. In
Texas waren bereits riesige neue Ölfelder entdeckt worden, und fast jeden
Tag wurde von neuen Funden berichtet. Prospektierungen in Wyoming

und Arkansas hatten weitere neue Felder erschlossen, die Produktion in Oklahoma wuchs lawinenartig an, und auch Kalifornien versprach enorme Reserven. Diese scheinbar unbegrenzte Ölflut weckte die Angst vor einem Überangebot und mußte unausweichlich zu dem Preissturz führen, den beide Gettys erwarteten. Es passierte am 24. Januar 1921. In Oklahoma fielen die Rohölpreise ohne Vorwarnung über Nacht von 3,50 Dollar auf 1,75 Dollar pro Barrel. Am 10. Februar berief Getty eine Sondersitzung der Direktoren der Minnehoma Company ein – Paul, seine Mutter Sarah und Mabel McCreery, die 1916 zur Direktorin ernannt worden war. In einer gedrückten Atmosphäre bat Getty sie um die Zustimmung, die übliche Dividende an die Aktionäre nicht auszuschütten, um der Gesellschaft die Möglichkeit zu geben, mit der Preissturzkrise fertig zu werden. Er erhielt die Zustimmung aller, doch schon bald erwies sich die Einbehaltung der Dividende als unzureichend, obwohl die Minnehoma eine Gesellschaft war, die über Aktiva von mehr als zwei Millionen Dollar verfügte.

Am 21. März teilte Getty seinem Sohn und seiner Frau auf einer weiteren, förmlich protokollierten Direktorensitzung mit, daß sich in den Schatullen der Minnehoma nur noch sehr wenig Bargeld befände, kaum ausreichend, die Betriebskosten der Minnehoma noch für mehr als ein paar Tage zu decken. Obwohl es den Gettys beinahe wie eine Gotteslästerung erschien, Kredite aufzunehmen, gab es keine Alternative – 50 000 Dollar wurden bei der Security Trust and Savings Bank zu 6,5 Prozent Zinsen bei einer Laufzeit von 90 Tagen aufgenommen. Gleichzeitig kamen sie überein, rigorose Betriebskostensenkungen, wo immer möglich, einzuführen.

Anfang Juni stand der Gesellschaft das Wasser noch höher am Hals, wie aus dem Protokoll der Verwaltungsratssitzung vom 9. Juni hervorgeht.

»Auf der Sitzung wurde festgestellt, daß der Ölpreis in den Mittelstaaten des Kontinents erneut um 25 Cents gefallen ist... Dieser Preis ist in Anbetracht der Material- und Lohnkosten so niedrig, daß wir Probleme haben, genügend Geld auf der Bank bereitzuhalten, um unsere Kosten zu decken, und bereits Geld bei der Bank aufnehmen mußten, um unseren Verpflichtungen nachzukommen; zum gegenwärtigen Zeitpunkt übersteigen unsere Förderkosten auf neun unserer Anlagen schon 1,25 Dollar pro Barrel, und auf 14 unserer Grundstücke belaufen sich die Förderkosten bereits auf 1,00 Dollar pro Barrel. Um im Geschäft zu bleiben, ist es daher erforderlich, daß die Geschäftsleitung und alle Beschäftigten der Gesellschaft einen Teil der Last mittragen müssen. Als zweiter Tagesordnungspunkt wurde einmütig beschlossen, daß die Gehälter aller leitenden Angestellten und Beschäftigten in den Büros der Gesellschaft in Los Angeles, Kalifornien, und Tulsa, Oklahoma, mit Wirkung vom 1. Juni 1921 um 20 Prozent gekürzt werden.«

Damals war die Minnehoma zur Absicherung eines wertvollen Grundstücks – des Lete Kolvin im Norden des Cushing-Feldes – in einen teuren Rechtsstreit verwickelt. Bereits sieben Klagen, die das Eigentumsrecht anfochten, waren eingereicht worden, und der Fall artete zu einer wüsten Schlammschlacht im Gerichtssaal aus, worüber die Lokalpresse ausführlich berichtete. Schon kurz nach dem ersten Verhandlungstermin im Bezirksgericht von Creek County, Oklahoma, wurde sogar der Richter beschuldigt, Bestechungsgelder angenommen zu haben. Richter Lucien B. Wright widersprach energisch dieser Anschuldigung, was aber nur dazu führte, daß er nun auch noch zum Alkoholiker abgestempelt wurde. Ein Bericht in der »Tulsa Tribune« vom 23. August 1921 schilderte die Atmosphäre der Verhandlung anschaulich unter der Überschrift »Saufen spielt große Rolle im Fall Wright«:

»Ein hiesiger Alkoholschmuggler namens Andy Higgins bezeugte, daß der Richter Whiskey vom ihm kaufte und häufig betrunken war. ›Ich traf Richter Wright in seinem Hotelzimmer in der Nacht vor Prozeßbeginn und gab ihm eine Flasche Whiskey, die er verlangt hatte‹, sagte Higgins. ›Ungefähr eine Woche nach Prozeßbeginn brachte ich ihm eine neue Flasche Whiskey ins Hotel France. Ich mußte ihn in dieser Nacht mit einer Droschke nach Hause fahren.‹

›Warum?‹ fragte Harve Maxey, der die Minnehoma Oil Company vertrat.

›Weil er betrunken war‹, erwiderte Higgins.

›Higgins, was sind Sie von Beruf?‹ fragte Rechtsanwalt Lytle für die Verteidigung.

›Ich beschäftige mich ein bißchen mit Ackerbau und ein bißchen mit Viehzucht‹, antwortete Higgins.

›Sie beschäftigen sich auch ein bißchen mit Whiskey, nicht wahr?‹ beharrte Lytle.

›Ja, ich beschäftige mich mit Whiskey, wenn ich ihn trinke, so wie ich und Sie gestern morgen‹, gab Higgins blitzschnell zurück.

Lytle nahm den Zeugen schleunigst aus dem Stand.«

Die Minnehoma gewann den Fall schließlich und erhielt ihr Eigentumsrecht an dem Pachtgrundstück gerichtlich bestätigt, mußte aber 135 000 Dollar Gerichts- und Anwaltskosten zahlen, und das zu einer Zeit, als sie sich solche zusätzlichen Ausgaben kaum leisten konnte.

Dennoch gelang es der Gesellschaft, mit Hilfe der von Getty eingeführten Sparmaßnahmen die Krise von 1921 zu überstehen. Alle Beschäftigten nahmen die ab Juni verordnete Gehaltskürzung von 20 Prozent hin, einige boten der Gesellschaft sogar ihre Ersparnisse an, um ihr über die schwierige Zeit hinwegzuhelfen. Diese Loyalität rührte Getty, und gegen Ende des Jahres, als die Preise sich erholt hatten, zögerte er nicht, die Gehälter wieder auf ihren alten Stand zu bringen. Danach lief die Minnehoma Oil Company mit ihren vorhandenen Grundstücken, die Jahr auf Jahr einen passablen Gewinn abwarfen, ohne Reibungsverluste weiter. Sie erwarb jedoch nur noch wenige zusätzliche Grundstücke, da die Gettys ihr Interesse an Oklahoma allmählich verloren, nachdem Paul seinen Vater schließlich im November 1921 davon überzeugt hatte, sein Augenmerk bevorzugt auf Kalifornien zu lenken.

Bereits kurz nach dem Goldrausch war in Kalifornien auch Öl entdeckt worden, aber es war jahrzehntelang ein Ladenhütergeschäft geblieben. Die ersten Ölspekulanten, ehemalige Goldgräber wie Ed Doheny und Charlie Canfield, gruben ihre Schächte noch mit Pickel und Schaufel. Gegen 1890 gab es in und um Los Angeles 300 Ölförderer, die im Durchschnitt jeweils weniger als sieben Barrel pro Tag förderten. Die Bohrlöcher waren so dicht nebeneinander auf Stadtgrundstücken angelegt, daß man sich Geschichten über Bohrseile erzählte, die in einem Bohrloch verschwanden und aus einem anderen wieder herausgezogen wurden. Die meisten Spekulanten waren miteinander befreundet und verbrachten ihre Wochenenden im alten Hotel Saint Elmo in der nördlichen Main Street, wo sie bei dem Besitzer, einem deutschen Juden namens »Daddy Ikey« Eichenhoffer, in harten Zeiten stets anschreiben lassen konnten.

Doch 1910 zapfte Charlie »Dry Hole« Woods eine Quelle an, die das Wesen des kalifornischen Ölgeschäfts vollkommen verändern sollte. Charlie, ein erfahrener Driller, hieß »Dry Hole«, weil ihm der Ruf vorauseilte, mit einem Bohrloch alles machen zu können, nur eben kein Öl zu finden. Er verlor seinen Spitznamen, als ihn die Lake View Oil Company damit beauftragte, ein schief angelegtes Bohrloch im Vorgebirge nördlich von Maricopa in Ordnung zu bringen, und er dabei auf eine sprudelnde Ölquelle stieß, die eine Zeitlang die größte Quelle der Vereinigten Staaten war. Mit einem Donnergetöse, das noch Meilen weiter gehört werden konnte, begann die Quelle mit 18 000 Barrel pro Tag zu sprudeln und steigerte sich zu einer Spitzenproduktion von eindrucksvollen 80 000 Barrel. Sieben Meter hohe und fünfzehn Meter lange Wälle wurden errichtet, um in der Nähe gelegene Canyons in Sammelbehälter zu verwandeln. Voller Ehrfurcht sagte ein Schaulustiger nach der Besichtigung der Quelle: »Es ist die Hölle, buchstäblich die Hölle. Es brüllt wie die Hölle. Es brodelt, wogt und braust wie die Hölle. Es ist so unkontrollierbar wie die Hölle. Es ist schwarz und heiß wie die Hölle.«

Aus der Lake-View-Quelle wurde so viel Öl gefördert, daß die Rohölpreise von 50 Cents pro Barrel auf weniger als 30 Cents pro Barrel absackten und sie daher eher als zweifelhafter Segen anzusehen war, wie die »Mining and Scientific Press« von San Francisco am 23. Juli 1910 berichtete:

»Die phänomenale und vom Teufel ersonnene Förderleistung der Lake-View-Quelle hält an. Es ist schon keine Neuigkeit mehr, aber ihr Ausstoß ist so enorm, und ihre Auswirkungen auf die Ölindustrie sind so demoralisierend, daß sie nicht vergessen werden kann. Als die Ölquelle zu sprudeln anfing, wurde sie von den meisten Ölmännern noch mit Wohlwollen betrachtet. Man glaubte, sie werde die Aufmerksamkeit der Welt auf Kalifornien lenken und zeigen, wie verschwenderisch uns Mutter Natur mit ihren Mineralschätzen beschenkt hat. Man nahm an, daß die Quelle einige Stunden oder Tage sprudeln würde, bis sie das Interesse aller auf sich gezogen hätte, um dann entgegenkommenderweise zu versanden, bis man ihre Fördermenge wieder gebrauchen könnte. Aber die Lake View hatte nicht diese Absicht. Ihr Programm hat sich niemals geändert, nur von Tag zu Tag im Umfang. Sie fließt ständig in einem sturzbachähnlichen Strom. Ihr täglicher Ausstoß ist immer noch höher als die gesamte Tagesproduktion jedes anderen Ölfeldes, abgesehen von Coalinga. Sie hat die Zukunft der Ölindustrie vollkommen verändert.«

Nach Lake View wurde die kalifornische Ölindustrie nicht mehr von den Burschen beherrscht, die sich am Wochenende bei Daddy Ikey trafen, sondern von den Führungskräften der Aktiengesellschaften mit ihren grauen Anzügen und ihren schicken Büros in den Stadtzentren. 1919 wurde Santa Fe Springs, das erste der drei großen Felder im Becken von Los Angeles, von William W. Orcott, Kaliforniens Spitzengeologen, für die Union Oil Company erschlossen. Das Feld Huntington Beach wurde im folgenden Jahr von Standard Oil entdeckt, und die Shell Oil Company erschloß im übernächsten Jahr Long Beach, das größte der drei Felder. Einige Jahre zuvor hatte Orcott noch ein trockenes Loch am Signal Hill bei Long Beach gebohrt, und als er hörte, daß Shell in diesem Gebiet prospektierte, schnarrte er: »Ich werde alles Öl trinken, das es bei Long Beach gibt.« Es sollten rund sieben Millionen Barrel werden.

Der 26jährige J. Paul Getty machte seine ersten Versuche, in der Ölindustrie Kaliforniens Fuß zu fassen, noch ehe auf dem Feld von Santa Fe Springs die Förderung begann. Es war ganz typisch für ihn, daß er sich weder von der Tatsache, daß die großen Ölgesellschaften den Ton angaben, noch von dem Mißerfolg seines ersten spekulativen Unternehmens im geringsten abhalten ließ. Auf eigene Rechnung erwarb er einen Pachtvertrag für ein Grundstück, das Didier-Ranch hieß und in der Nähe von Puente, Kalifornien, lag. Weil er noch in Oklahoma gebunden war, entschloß er sich, ein Bohrunternehmen zu beauftragen, statt die Arbeiten selbst zu überwachen. Im Oktober 1919 wurde mit einer Probebohrung auf der Ranch begonnen.

Paul verfolgte die Fortschritte zunächst nicht besonders gründlich. Er pendelte regelmäßig zwischen Tulsa und Los Angeles hin und her und war damals so stark in das unerfreuliche Unternehmen mit dem Bankiers-Konsortium verwickelt, daß er kaum Zeit fand, seine Investitionen auf der Didier-Ranch zu überwachen. Als er zum erstenmal sieben Monate nach Aufnahme der Bohrarbeiten zu einem Kontrollbesuch kam, mußte er zu seiner Bestürzung feststellen, daß das Bohrloch erst eine Tiefe von 610 Metern erreicht hatte, obwohl bereits mehr als 90 000 Dollar an das Bohrunternehmen gezahlt worden waren. Dieses Zeit-Kosten-Tiefe-Verhältnis war ein bisher noch nie erreichter Rekord, wie Getty bitter bemerkte. Er ließ die Bohrarbeiten sofort stoppen, feuerte den Bohrunternehmer und trat den Pachtvertrag an den Grundstückseigner ab.

Aber dieser nicht sehr vielversprechende Anfang rüttelte nicht an Pauls Überzeugung, daß in Kalifornien Geld zu machen war, es dauerte allerdings noch einige Zeit, bis er seinen Vater davon überzeugen konnte, auch die Möglichkeiten vor der eigenen Haustüre in Betracht zu ziehen. Obwohl er in Los Angeles im Grunde genommen von Ölfeldern umgeben war, hatte George Getty es bis dahin vermieden, in Kalifornien nach Öl zu suchen, weil die Bohrkosten viel höher lagen als in Oklahoma und die großen Ölgesellschaften, die »Majors«, alles diktierten. Aber als die Union Oil Company am 3. November 1921 in Santa Fe Springs eine Quelle mit einem anfänglichen Ausstoß von 2500 Barrel pro Tag angezapft hatte, konnte Paul seinen Vater wenigstens dazu bewegen, einmal hinzufahren und das Gelände zu inspizieren, das nur rund 15 Meilen von ihrem Wohnhaus am Wilshire Boulevard entfernt war.

Zwei Tage nach dem Fund der Union Oil chauffierte Paul seinen Vater nach Santa Fe Springs. George Getty saß ziemlich desinteressiert auf dem Beifahrersitz, Emil Kluth, der Geologe der Minnehoma, saß auf dem Rücksitz. Sie fanden die Quelle der Union Oil ohne Schwierigkeiten gleich hinter der Telegraph Road, fuhren langsam durch das Gelände und sahen sich durch die Fenster des Cadillacs genau die Landschaft an. Kluth, der vielleicht die Zweifel von Getty senior spürte, zeigte sich unbeeindruckt. »Ich würde meinen, daß es im südlichen Kalifornien sehr viel bessere Möglichkeiten gibt«, sagte er. »Das erscheint mir hier kein vielversprechendes Ölland zu sein.« Wenn es überhaupt ein aussichtsreiches großes Feld in Santa Fe Springs gäbe, dann müßte das seiner Meinung nach östlich von der Quelle der Union Oil liegen; aber eigentlich war er der generellen Überzeugung, daß das Feld wohl nur sehr begrenzt wäre.

Während der Geologe sprach, beobachtete Getty einen langen Güterzug, der über das karg bewachsene Land zu einem Bahnübergang an der Telegraph Road südlich von der Union-Oil-Quelle schnaufte. Obwohl das Land vollkommen flach zu sein schien, mühte sich die Lokomotive sichtbar ab, bis sie die Straße überquert hatte, der Lokführer die Geschwindigkeit drosseln konnte und der Zug begann, wieder Fahrt aufzunehmen.

»Hast du diesen Zug gesehen?« fragte Getty mit ungewohnter Erregung in der Stimme. Paul nickte und war sich sofort der Bedeutung bewußt. »Dies *ist* Ölland!« sagte Getty. »Nun bin ich mir sicher. Die Spitze der Struktur – der Dom – liegt genau hier auf der Telegraph Road.«

Am nächsten Tag fand Getty heraus, daß die meisten Experten mit Kluth übereinstimmten, daß mehr Öl wahrscheinlich östlich der Union-Oil-Quelle zu finden sei. Niemand interessierte sich für das flache Buschland im Süden, und Getty konnte einen Pachtvertrag für vier Parzellen gegenüber der Telegraph Road erwerben; jede maß etwa 15 Meter mal 44 Meter, sie hießen Nordstrom Lease und kosteten nur 693 Dollar. Sehr zufrieden, einen solch vorteilhaften Kauf getätigt zu haben, erwarb er wenige Wochen später weitere Pachtgrundstücke bei Huntington Beach und Long Beach. »Von da an«, schrieb Paul, »sollte der Name Getty in Kalifornien mit einem ständig steigenden Wachstum verbunden werden.«

Die erste rentable Quelle in Kalifornien – Synoground Nr. 1 bei Long Beach – wurde am 16. April 1922 mit 2375 Barrel pro Tag angezapft. Zehn Tage später folgte Nordstrom Nr. 1 in Santa Fe Springs mit 2300 Barrel pro Tag. Im Verlaufe des Jahres 1922 investierten Vater und Sohn mehr als 600 000 Dollar in die Erschließung von 16 Quellen in Kalifornien, die alle rentabel arbeiteten. Nordstrom Lease sollte sich schließlich als beste Investition in George Gettys Karriere herausstellen – in den folgenden 17 Jahren brachte sie einen Gewinn von 6 387 946,65 Dollar. Paul, der diese Summe gerne nannte, bemerkte dazu, daß dies das »mehr als 9200fache der ursprünglichen Kosten von 693 Dollar für das Pachtgrundstück war«.

Zu Beginn des Jahres 1923 hatte George Getty ein Vermögen von rund 15 Millionen Dollar angehäuft, und sein Sohn war rund drei Millionen Dollar wert, das meiste Geld davon steckte allerdings als Betriebskapital im Unternehmen – weitere 30 Quellen in Kalifornien wurden entweder gerade erschlossen oder waren geplant, und in Santa Fe Springs wurde eine Gasolinanlage errichtet, um den überaus reichen Ausstoß zu verarbeiten.

Trotz seiner 67 Jahre führte Getty noch all seine Geschäfte selbst, und das explosionsartige Wachstum seiner Geschäfte in Kalifornien forderte unweigerlich viel Zeit, Energie und schließlich seine Gesundheit. Am Samstagnachmittag des 10. März 1923 spielte er gerade mit Freunden im Brentwood Country Club von Los Angeles eine Runde Golf, als er einen schweren Schlaganfall erlitt. Paul wurde telefonisch zu Hause unterrichtet und fuhr sofort mit seiner Mutter ins Krankenhaus. »Seine Ärzte wiesen mich unmißverständlich darauf hin, daß er hoffnungslos krank sei«, sagte Paul. »Ich tat alles, um meine Mutter zu trösten, die vor lauter Schreck und Kummer beinahe selbst vor einem Zusammenbruch stand.«

Mehrere Tage lang hing Gettys Leben an einem seidenen Faden. Als die akute Krise überstanden war, sagten die Ärzte Paul, daß die Genesung seines Vaters sehr langsam vorangehen und er wahrscheinlich den Rest seines Lebens gelähmt bleiben werde. In der Zwischenzeit sollte aller Ärger von ihm ferngehalten werden – weder Paul noch seine Mutter sollten während ihrer Besuche von Geschäftsdingen sprechen.

Paul war der Ansicht, daß es nicht nur sein Recht, sondern auch seine Pflicht sei, die Geschäfte seines Vaters zu führen. Er ging daran, seine Autorität zu stärken, befand sich aber bald im Konflikt mit einigen altgedienten Mitarbeitern, die nur für George F. Getty arbeiten wollten und keineswegs für seinen eingebildeten Sohn. Schon längere Zeit hatte sich Paul über die seiner Meinung nach schlampige und ineffiziente Arbeitsweise auf den Getty-Bohranlagen geärgert, jedoch aus Respekt vor seinem Vater diskret über diese Angelegenheit geschwiegen. Aber jetzt, da sein Vater im Krankenhaus lag und nicht im Wege stand, wies er alle Bohrmannschaften darauf hin, daß die Arbeit auf den Feldern gestrafft und neue Leistungsstandards gesetzt werden müßten. Er machte klar, daß ihn nur die Rücksicht auf die Autorität seines Vaters davon abhielte, einige Mannschaften an die Luft zu setzen.

Zu seiner ziemlichen Überraschung mußte Paul feststellen, daß er auf großen Unmut stieß. Seine Anordnungen wurden mit erkennbarem Widerwillen durchgeführt, was ihn entsetzlich reizte, und hinter seinem Rücken wurde viel getuschelt, daß man nur auf die Rückkehr des »wahren

Bosses« wartete. Seine ohnehin schwache Position wurde nicht gerade gestärkt, als es auf dem Nordstrom Lease zu einem Zwischenfall kam. Eine Ölquelle explodierte und fing sogleich Feuer, so daß der stählerne Bohrturm wie Butter schmolz. Paul war selbst auf dem Gelände, als das Unglück passierte, und als die ersten Löscharbeiten erfolglos blieben, befürchtete er, das Feuer könne auf nahe gelegene Quellen und Vorratstanks übergreifen und damit die Santa-Fe-Eisenbahnlinie in Gefahr bringen, die nur etwa 900 Meter von der Quelle entfernt vorbeilief. Er rief den Transportdirektor in Los Angeles an, teilte ihm mit, er sei Paul Getty, und äußerte den Wunsch, alle Züge auf dieser Linie anzuhalten, bis das Feuer unter Kontrolle gebracht sei. Doch zu seiner enormen Verärgerung wurde seine Warnung ignoriert, und der Transportdirektor bestand darauf, zunächst einen seiner Männer zu schicken, der das Feuer begutachten sollte, ehe überhaupt etwas unternommen werde. Dieses Ereignis hob nicht gerade Pauls Ansehen im Unternehmen.

Ende Mai hatte sich der alte Getty schließlich so weit erholt, daß er sich für sein Unternehmen wieder interessierte. Er war keineswegs erfreut, als er von der anmaßenden Machtübernahme seines Sohnes erfuhr. Es gab auch keinen Mangel an »loyalen« Mitarbeitern, die ihn nur allzu gern gegen Paul beeinflußten und ihm bis ins kleinste Detail alte Aussagen und Handlungen seines Sohnes hinterbrachten. Deshalb führte der alte Mann erbost eine Neuorganisation seines Unternehmens durch, um seinem Sohn in Zukunft den Zugriff auf das Unternehmen erheblich zu erschweren. Eine neue Gesellschaft, die George F. Getty Incorporated, wurde zur Überwachung seiner verschiedenen Interessen gegründet. »Von jetzt an werden meine Geschäfte von *meiner* Organisation gelenkt«, teilte er seinem Sohn brüsk mit.

Paul war von der Reaktion seines Vaters sehr verletzt, beherrschte sich jedoch und vermied es, sich zu beklagen oder zu verteidigen, um seinen Vater nicht noch mehr aufzuregen und seine Genesung zu gefährden. Getty war durch den Schlaganfall äußerst geschwächt – sein rechter Arm und sein rechtes Bein blieben teilweise gelähmt, und er konnte nur mit Hilfe eines Stocks kurze Entfernungen zurücklegen. Obwohl sein Geist wach wie immer war, fiel ihm das Sprechen schwer, er formte seine Worte nur mühsam und sabberte dabei. Sein körperlicher Zustand schockierte Paul sehr. »Vor dem Schlaganfall war er ein aktiver, energiegeladener Mann gewesen, der wie ein zehn Jahre jüngerer Mann arbeitete und aussah. Als er im August in sein Büro zurückkehrte, war er wirklich ein alter Mann.«

Sarah, wie immer mit grimmigem Gesicht, unterstützte die Haltung ihres Mannes gegenüber dem Sohn, und eine Weile war die Atmosphäre im South Kingsley Drive äußerst gespannt, obwohl Paul sein Bestes gab, sich als liebender und pflichtbewußter Sohn zu erweisen.

Die Spannung zwischen Paul und seinen unversöhnlichen viktorianischen Eltern sollte sich bald noch dramatisch zuspitzen. Denn zwei Monate vor seinem 31. Geburtstag kehrte Paul von einer Kurzreise aus Ventura zurück und verkündete seinen erstaunten Eltern, er habe geheiratet.

Teil II
Der schwierige Ehemann
1924–1948

5. »Wer war das Mädchen neben Paul?«

Paul hatte schon seit einiger Zeit an eine Heirat gedacht. Immerhin war er in dem richtigen Alter, um seßhaft zu werden, und ein Mann mit vollkommen »gesundem Appetit«, wie man zu jener Zeit allgemein den Spaß am heterosexuellen Geschlechtsverkehr umschrieb. Paul liebte das Ölgeschäft und die Anhäufung von Geld, aber gleich danach liebte er die Frauen. Er konnte ihnen einfach nicht widerstehen. In einem Zeitalter, da weibliche Keuschheit zu den höchsten Tugenden gehörte und von jungen Frauen erwartet wurde, daß sie unberührt im Ehebett landeten, widmete Paul einen Großteil seiner Zeit und Energie dem Sex, indem er unermüdlich die wenigen Mädchen ausfindig machte, die bereits ihre Unschuld verloren hatten oder mit ein wenig Überredungskunst dazu bereit waren.

Obwohl er nicht gerade besonders gut aussah, war er recht erfolgreich bei Frauen. Er war natürlich reich (was ohne Zweifel wirkte), aber er war auch charmant, höflich und immer makellos gekleidet, besaß einen feinsinnigen Humor sowie schauspielerische Begabung. Gewöhnlich konnte er das Eis brechen, indem er ein Mädchen zum Lachen brachte, und danach zahlte sich seine unverblümte Hartnäckigkeit auf den Ledersitzen des Cadillacs meist aus.

In seinen Zwanzigern lebte Paul immer noch zu Hause, offensichtlich ohne viel Gedanken darauf zu verschwenden, sich eine eigene Wohnung zu suchen, was seine Verführungserfolge zweifellos noch erleichtert hätte. Aber er hatte sich dran gewöhnt, Mädchen in seine Wohnung im Elternhaus zu schmuggeln, und die Versorgung mit den elementarsten häuslichen Bequemlichkeiten ließ ihn nicht an einen Auszug denken.

Paul beschrieb seine Beziehung zu den Eltern stets als eng und liebevoll, obwohl es tatsächlich kaum Beweise dafür gab, daß George oder Sarah ihre Zuneigung zu Paul offen zeigten. George neigte dazu, die Geschäftserfolge seines Sohnes herunterzuspielen, vielleicht um seinen Stolz zu verbergen, Sarah war streng und zurückhaltend, eine Frau, die keine Gefühle zeigen konnte. Zweifellos mißfiel beiden der Umgang ihres Sohnes, insbesondere die Mädchen, wohl auch deshalb, weil er sich kaum die Mühe machte, sie seinen Eltern vorzustellen. Er brachte sie in der Vorfreude auf Sex mit nach Hause und nicht, damit sie seine alten Herrschaften kennenlernten.

Als Paul 29 Jahre alt war, dachte er zum erstenmal an Heirat. Schon einige Zeit hatte er sich mit einem drei Jahre jüngeren hübschen Mädchen getroffen und stand gerade kurz davor, um ihre Hand anzuhalten, als ein scheinbar belangloses Ereignis ihn wieder von der Idee abbrachte. Sie fuhren eines Abends in Pauls Cadillac zu einem Nachtclub, als der Wagen plötzlich über ein Schlagloch fuhr und das Mädchen nach vorne geschleudert wurde und sich leicht den Kopf an der Windschutzscheibe stieß. »Kannst du nicht aufpassen, wohin du fährst?« fauchte sie. »Du hättest mich töten können!« Paul war über ihren Ausbruch erstaunt, plötzlich kam sie ihm überhaupt nicht mehr nett vor, und er ließ sie bald danach fallen.

Im August 1923 konnten George und Sarah zum erstenmal einen kurzen Blick auf das Mädchen werfen, das ihre Schwiegertochter werden sollte. Die Gettys hatten sich bereit erklärt, ein Schwimmbecken für die Bohrarbeiter in Santa Fe Springs zu bauen, wenn die Männer selbst genug Geld für ein Sprungbrett sammelten. Die Einweihungsfeier fand im August statt. Paul erschien etwas verspätet mit einer hübschen jungen Brünetten und blieb nur fünf Minuten, die Zungen standen nach seinem Verschwinden nicht still. »Wer war das Mädchen neben Paul?« fragte Sarah jeden, der es vielleicht wissen konnte, aber niemand hatte sie jemals zuvor gesehen.

Das nächstemal kam sie ihnen im Oktober unter die Augen, als Paul sie linkisch als seine Frau vorstellte. Jeanette Dumont war 18 Jahre alt und erst seit ein paar Monaten mit der Schule fertig. Als Kind polnischer Eltern in Kalifornien geboren, besaß sie schwarzglänzende Augen, einen zarten Teint, ein lebenslustiges Wesen und Intelligenz. In demselben Maße, wie Paul von ihr eingenommen war, schmeichelte ihr die Tatsache, daß ein annehmbarer älterer Mann um sie warb, und als er um ihre Hand anhielt, entschlossen sie sich übermütig in einer romantischen Eingebung durchzubrennen. Am 1. Oktober 1923 heirateten sie, ohne es einer einzigen Menschenseele mitzuteilen, in Ventura, Kalifornien.

Sarah und George nahmen die Neuigkeit schlecht auf. Sie waren verärgert und enttäuscht über Pauls heimlichtuerisches Verhalten; er hätte sie zumindest vorwarnen und ihnen gestatten können, das Mädchen kennenzulernen, ehe er solch einen Schritt unternahm. Paul versuchte, seine Entscheidung zu erklären, konnte es aber nicht. Er und Jeanette zogen in ein komfortables gemietetes Haus auf dem Wilshire Boulevard, nicht weit von seinen Eltern entfernt, und sieben Wochen später war Jeanette schwanger. Angesichts dieser Entwicklung schmolz Sarahs anfängliche Reserviertheit gegenüber der Schwiegertochter, und es dauerte nicht lange, bis Jeanettes Schönheit, ihr Charme und ihre offensichtliche Liebe zu Paul beide Elternteile erobert hatten.

Zielstrebig wie immer lag es nicht in Pauls Absicht, das Geschäft durch die Ehe stören zu lassen. Faktisch aus der George F. Getty Inc. ausgeschlossen, war er entschlossen, seinem Vater zu beweisen, daß er als selbständiger Spekulant Erfolg haben konnte, und kaufte daher im Mai 1924 für rund 12 000 Dollar pro Stück zwei Parzellen auf dem Athens-Feld in den südlichen Vororten von Los Angeles. Nach dem Debakel mit der Didier-Ranch hatte sich Paul geschworen, möglichst immer als eigener Bohraufseher zu fungieren; wenn er also nicht gerade neue Pachtgrundstücke aufspürte, verbrachte er die meiste Zeit auf dem Feld, wo er Seite an Seite mit seinen Leuten arbeitete.

Zunächst hatte Jeanette Verständnis für Pauls Verpflichtungen, so viel Zeit außerhalb des Hauses verbringen zu müssen; häufig kam er zu spät zum Abendessen, und manchmal, wenn an einer neuen Quelle der Bohrer angesetzt wurde, war er die ganze Nacht weg. Einmal verbrachte er 72 Stunden ohne Unterbrechung und Schlaf auf einer Bohranlage und kam im Zustand totaler Erschöpfung nach Hause. An den wenigen Abenden, an denen er zu Hause war, kam es zudem nicht selten vor, daß er sich mit seinen Geschäftspapieren zurückzog, während Jeanette allein mit ihrer Näharbeit in einem anderen Raum saß.

Achtzehn Jahre alt und schwanger – Jeanettes Geduld war begrenzt. »Ich sehe dich überhaupt nicht mehr«, klagte sie eines Nachts, als Paul wieder einmal spät nach Hause kam. »Wir könnten ebensogut unverheiratet sein, wenn wir so weitermachen. Ich möchte mich mit dir amüsieren, nicht alleine hier herumsitzen oder alleine ausgehen. Ich hasse dein elendes Geschäft. Ich habe dich geheiratet, nicht deine Ölquellen.« Paul verabscheute Szenen jeglicher Art und versprach halbherzig, sich zu bessern.

Er versuchte es, indem er Jeanette ins »Brown Derby« oder ins »Coconut Grove« mitnahm, jene Nachtclubs, die er als Junggeselle besucht hatte, vergrößerte damit aber nur das Problem. Denn sehr oft traf er an diesen Orten Mädchen, die er kannte, und Jeanette, die sich häßlich, verletzlich und ungeliebt mit ihrem zunehmenden Bauchumfang fühlte, war eifersüchtig. »Wie kannst du dieses kleine Luder grüßen?« zischte sie, wenn Paul eine seiner ehemaligen Freundinnen anlächelte. Sie fühlte sich, manchmal durchaus zutreffend, von den ehemaligen Geliebten ihres Mannes umzingelt und verlangte Sündenbekenntnisse: »Du hattest ein Verhältnis mit dieser blonden Nutte, der du zugewinkt hast, stimmt's?«

Schon bald hatte Paul ihr Verhalten satt und verlegte sich darauf, die Runde durch die Nachtclubs alleine zu machen, wann immer er einen freien Abend hatte. Am 9. Juli 1924 brachte Jeanette einen Sohn zur Welt, der zu Ehren seines Großvaters auf den Namen George Franklin Getty II. getauft wurde. Paul gab sich »hocherfreut«, aber das Baby konnte die Risse in ihrer Ehe nicht mehr kitten. Zwei Monate später teilte Jeanette Paul mit, daß ihr Leben mit ihm unzumutbar geworden sei und sie ihn verlassen wollte. Sie kehrte mit dem Baby zu ihren Eltern zurück, und Paul kehrte zurück in sein Elternhaus. George und Sarah waren zornig und fassungslos. Sie beschuldigten ihren Sohn, er habe es nicht geschafft, die Ehe »aufrechtzuerhalten«, und waren über die Aussicht einer Scheidung entrüstet. »Dieser Bursche verdient eine Tracht Prügel«, entrüstete sich Getty über seinen 31jährigen Sohn.

Am 15. Februar 1925 erlangte Jeanette vor einem kalifornischen Gericht die Scheidung wegen äußerster seelischer Grausamkeit, Beleidigungen und Untreue. Sie beschuldigte ihren Mann, mit anderen Frauen »ein Verhältnis zu haben«, sie als faul bezeichnet zu haben, ihr Kind einen »Balg« genannt und gesagt zu haben, er sei ihrer Ehe »zum Erbrechen überdrüssig«.

Paul überwachte zur Zeit der Scheidung gerade das Endstadium der Bohrvorgänge für eine neue Quelle bei Athens, und falls er irgendwelche Trauer empfunden haben sollte, war sie am folgenden Tag sicherlich vergessen, als seine Quelle in 1362 Meter Tiefe mit einem anfänglichen Ausstoß von 1500 Barrel pro Tag erschlossen wurde. Er war vor allem deshalb so erfreut, weil die Quelle seine Theorie bestätigte, daß es eine höhergelegene Schicht mit Schweröl im Athens-Feld gab, weit oberhalb der tiefen Schicht, zu der die meisten Unternehmen vorstießen.

Den Rest des Jahres verbrachte Paul zufrieden als Vollzeit-Spekulant und Bohraufseher auf den Ölfeldern, die meiste Zeit in einem ölverschmierten Overall und mit einem ramponierten Schutzhelm. Er mietete Büroräume von der George F. Getty Inc. im A.-G.-Bartlett-Haus in der

Innenstadt von Los Angeles an und stellte ein Mädchen als Halbtagskraft für Buchführung und Stenographie ein, arbeitete aber weitgehend als unabhängiger Unternehmer. Wie bei den meisten Ölspekulanten galt sein Hauptinteresse dem Aufspüren von Öl – hatte er erst einmal eine rentable Quelle erschlossen, verkaufte er einen »Anteil« an eine Gesellschaft, die das Öl vermarkten sollte und ihm die Freiheit gab, sich der nächsten Quelle zuzuwenden.

Es machte sich seiner Meinung nach bezahlt, ein mitarbeitender Boß zu sein. »Wenn ein Boß einmal bewiesen hat, daß er sich rund um den Bohrtum auskennt«, sagte er, »dann war es egal, ob er eine Million oder hundert Millionen Dollar schwer war – er wurde als ein ›echter Kumpel‹ anerkannt. Die Männer merkten, daß sie und ihr Boß Partner bei einem gemeinsamen Werk waren, und nicht nur einfach Arbeiter irgendeines Unternehmens, das von Angestellten geleitet wurde, die sie nie sahen und die wahrscheinlich noch nie in ihrem Leben einen Fuß auf eine Arbeitsbühne gesetzt hatten. Arbeitsmoral und Produktion stiegen als Ergebnis dieser gemeinsamen Arbeit steil in die Höhe.«

Paul brüstete sich damit, daß er die besten Öldriller der Branche einstellen konnte, Männer wie Wally Phillips und »Spot« McMurdo, und er war enorm zufrieden, als ihn eines Tages ein Rauhbein von einem nahegelegenen Bohrgelände eines großen Ölunternehmens um eine Stelle bat. Die Bohranlage dort sah wie ein vorbildliches Industriemodell aus. Ein säuberlich geharkter Kiesweg führte zu ihr, sie war mit der neuesten Ausrüstung versehen und verfügte über Duschen mit fließend warmem Wasser und einer Wäscherei für die Mannschaften. Paul stand vor einem Rätsel. Seine eigene Ausstattung konnte damit nicht konkurrieren. Warum sollte ein Mann solche Annehmlichkeiten aufgeben?

»Ich bin seit vier Wochen auf der Bohranlage«, antwortete ihm der Mann auf seine Frage, »und wir haben erst eine Tiefe von 1220 Metern erreicht!« Der Klang seiner Stimme unterstrich seine Verachtung ziemlich deutlich.

»Wie lange würde ich deiner Meinung nach brauchen, um diese Tiefe zu erreichen?« fragte Paul.

»So wie du aussiehst, ungefähr zehn Tage«, lautete die Antwort. »Deshalb möchte ich lieber für dich arbeiten als für diesen geleckten Kram da drüben.«

Paul gab ihm auf der Stelle einen Job.

Im März 1926 waren alle Bohrarbeiten auf den beiden Parzellen des Athens-Feld beendet – eine war überaus rentabel, die andere war trocken.

Deshalb entschloß sich Paul, die Lagerstätten in Mexiko in Augenschein zu nehmen, indem er die Reise mit einem Urlaub in diesem Land kombinierte, das er schon immer besuchen wollte, nachdem er als Student von seiner Reise durch Spanien so angenehm überrascht worden war. Er packte seine Koffer in den Kofferraum eines rassigen neuen Duesenberg, den er kurz zuvor als Ersatz für seinen Cadillac erworben hatte, und fuhr allein über die Grenze von Südkalifornien nach Mexico City – eine Reise von rund 2400 Kilometern.

Obwohl er die Bürokratie, die Verzögerungstaktik und das tiefverwurzelte Mißtrauen gegen die Gringos für nahezu unerträglich hielt, verliebte er sich – wie damals in Spanien – auch in dieses Land. Unter schier übermenschlichen Anstrengungen schaffte er es, von der mexikanischen Regierung eine Ölkonzession für Laguna de Champayan in der Nähe von Tampico zu erwerben, die er dann der Mexican Gulf Oil Company gegen einen Gewinnanteil von fünf Prozent abtrat. Aber diese Transaktion zog sich so in die Länge und war so frustrierend, daß er beschloß, seine Zeit besser zu nutzen und mexikanische Geschichte und Spanisch in einem Sommerkurs an der Nationaluniversität in Mexico City zu studieren.

Niemals sollte es ihm später ganz gelingen, die verrückte Stimmung der nächsten Monate genau zu beschreiben. Unter seinen Kommilitonen befanden sich auch zwei Schwestern, Allene und Belene Ashby, die Töchter eines reichen texanischen Ranchers. Sie waren jung, hübsch und lebenslustig, und Paul fühlte sich unwiderstehlich zu ihnen hingezogen. Zu dritt fuhren sie in seinem Duesenberg, besuchten die Sehenswürdigkeiten, fotografierten sich gegenseitig vor verfallenen Monumenten, lachten viel und saugten die Sonne und das berauschende Ambiente Mexikos in sich auf. Beide Schwestern waren erfahrene Reiterinnen, und Belene fotografierte ihre lächelnde Schwester in einem makellos weißen Reitdreß, wie sie Paul auf ihr Pferd zu ziehen versucht, während er, ernst wie immer, in die Kamera starrt und in der einen Hand einen Schlapphut hält. Er behauptete, sie wären oft zusammen ausgeritten, aber an diesem Tag war er mit seinem einreihigen Anzug und einer Fliege kaum für Reitzwecke gekleidet.

Ihre Bekannten aus dieser Zeit waren der Meinung, Paul habe sich in die ältere Belle (Belene) verliebt, die noch etwas berückender wirkte. Aber an einem heißen Sommermorgen im Juni fuhren Paul und Allene heimlich nach Cuernavaca und heirateten. Er war 33 Jahre alt, sie siebzehn.

»Vielleicht«, sagte er später, »wollte ich, wie man so sagt, meine Enttäuschung über die gescheiterte Ehe mit Jeanette wettmachen. Vielleicht waren wir von der romantischen Atmosphäre in Mexiko beeinflußt. So jung und unerfahren, wie sie war, und ich nur allzu begeistert von ihr, erkannten wir beide nicht, daß es sich im wesentlichen nur um eine Sommerromanze handelte.«

Innerhalb weniger Wochen mußten sie erkennen, daß sie nichts voneinander wußten und fast keine Gemeinsamkeiten besaßen. Sie sahen ein, einen Riesenfehler begangen zu haben, und als das Ende der Ferien bedrohlich näher rückte, überlegten sie angestrengt, was sie tun könnten. Paul hatte nicht den geringsten Wunsch, seine Braut nach Los Angeles mitzunehmen, und seine neue Braut wollte nur nach Texas zurück. Beide beschlossen, ihre Eheschließung einfach zu vergessen. Allene verpflichtete ihre Schwester Belene zur Verschwiegenheit und versprach, so schnell wie möglich die Scheidung zu beantragen. Paul wollte die Angelegenheit so problemlos wie möglich abwickeln und die Anwaltskosten übernehmen. Vielleicht, so hofften sie, werde niemand etwas erfahren, wenn alle Schweigen bewahrten.

Paul fuhr im September nach Los Angeles zurück und war erleichtert, als ihn seine Eltern ganz normal begrüßten: Sie wußten offensichtlich nichts von Allene. Während seiner Abwesenheit war sein Vater in Boston gewesen, um an einem Studienkurs der »Christian Science« teilzunehmen. Aber George Getty war weder einfältig noch weltfremd, obwohl er infolge des Schlaganfalls von 1923 ein Halbinvalide war. Er ging immer noch jeden Tag ins Büro, wenn auch nur für ungefähr eine Stunde, und er machte es sich zur Aufgabe herauszufinden, was sein Sohn trieb; es dauerte also nicht lange, bis George Getty Wind von der Sache bekam. Es kam ihm beinahe unvorstellbar vor, daß sein Sohn so dumm gewesen sein sollte. Krank vor Kummer änderte der alte Mann mit zitternder Hand sein Testament und vermachte den Hauptteil seines Vermögens und die Leitung seines Unternehmens seiner Frau. Dieser Einsatz seines Testaments als ein Mittel, seine angestammte Autorität als »Paterfamilias« geltend zu machen, setzte ein Beispiel für das, was zukünftigen Generationen der Gettys nur allzu vertraut werden sollte.

Paul, der davon ausging, daß er das Unternehmen nach dem Tode seines Vaters übernehmen werde, hatte keine Ahnung, daß er wegen seiner gescheiterten Ehen enterbt worden war. Getty erzählte niemandem, daß er sein Testament geändert hatte, aber nicht, um die Gefühle seines Sohnes zu schützen, sondern um Sarah abzuschirmen.

Um im South Kingsley Drive vielleicht nicht zu ausführlich erzählen zu müssen, was er in Mexiko gemacht hatte, verlor Paul keine Zeit, sich wieder an die Arbeit zu machen. In Huntington Beach hatte ein Bohrboom begonnen, und er war gerade erst einige Tage zu Hause, als er mit dem Grundstücksmakler Bill Bohen über 6000 Dollar für die Unterverpachtung von fünf Parzellen endgültig handelseinig wurde. An die erste von fünf Quellen wurde am 10. Oktober der Bohrer angesetzt, und sie fing am 28. November mit einer täglichen Ausbeute von 2200 Barrel zu sprudeln an.

Diesmal brach Paul sein eigenes Gesetz und beschäftigte einen Oberaufseher, um mehr Zeit für die Suche nach weiteren Pachtgrundstücken zu haben. Er mietete darüber hinaus ein eigenes Büro an – Raum 903 im Bartlett-Haus – und stellte für 130 Dollar monatlich Lillian Marvin als Ganztagskraft für die Sekretariatsarbeiten ein. Am 15. Oktober lernte er einen Grundstücksmakler kennen, der einen schnellen Profit aus einem kaum 4000 Quadratmeter großen Stück Land bei Alamitos Heights erzielen wollte, auf dem noch kein Öl nachgewiesen worden war. Das unter dem Namen Cleaver laufende Stück Land hatte der Makler einige Tage zuvor für 4000 Dollar gekauft. Paul kannte das Grundstück und wußte, daß die Petroleum Securities Company nur 120 Meter davon entfernt bohrte – wenn diese Quelle zu sprudeln anfinge, wäre die Chance groß, auch auf der Cleaver-Parzelle auf Öl zu stoßen. Wenn er das Grundstück bekommen könnte, würde die Petroleum Securities Company faktisch für ihn eine Probebohrung durchführen, kostenlos natürlich. »Wieviel wollen Sie dafür haben?« fragte er den Makler. »Ich glaube immer felsenfest an die Verdopplung meines Geldes«, antwortete dieser. »Ich bezahlte 4000 Dollar. Ich nehme 8000 Dollar.«

»Sie haben gerade ein Geschäft gemacht«, antwortete Paul. Er schrieb auf der Stelle einen Scheck über 8000 Dollar aus. An diesen Augenblick sollte er sich später häufig mit nostalgischer Freude erinnern, da das Grundstück schließlich einen Reingewinn von 800 000 Dollar brachte. Die Petroleum Securities Company stieß am 20. Februar 1927 in 1450 Meter Tiefe auf Öl – Paul begann mit dem Bohren auf der Cleaver-Parzelle am folgenden Tag und zapfte Ende März die erste von vier Quellen mit beeindruckenden 5100 Barrel pro Tag an.

Im April besaß Paul fünf rentable Quellen in Huntington Beach und vier in Alamitos Heights, aber er hatte auch Probleme. Fast über Nacht verschwanden seine Abnehmer. Er mußte feststellen, daß keine der »Majors« sein Öl kaufen wollte. Gleichzeitig erhielt er Telefonanrufe von Maklern, die ihm seine Grundstücke für lächerlich niedrige Summen abkaufen wollten. »Für wen arbeiten Sie?« fragte er gereizt. »Wer steckt dahinter?« Keiner wollte es sagen.

Paul war lange genug im Ölgeschäft, um zu wissen, daß er in den Klauen einer gutorganisierten Erpressung hing. Es war schon oft genug geschehen. Wenn ein unabhängiger Unternehmer ein wenig zu erfolgreich wurde, schlossen sich die Großen zusammen und quetschten ihn aus. Nichts konnte einfacher sein – kein Ölspekulant konnte lange im Geschäft bleiben, wenn er seine Produktion nicht verkaufen konnte. Paul steckte in einem doppelten Dilemma, da die in rascher Reihenfolge durchgeführten Bohrarbeiten für neun Quellen seine Finanzen bis an den Rand angespannt hatten und er dringend eine Geldspritze aus dem Verkauf seines Öls benötigte.

Aber wer auch immer angenommen hatte, daß Paul Getty sich einer Erpressung beugen würde, war ein Narr. Ganz und gar entschlossen, nicht eine einzige seiner Quellen zu drosseln, sah er sich nach Lagermöglichkeiten um. Zunächst gelang es ihm nicht, irgendwo im Becken von Los Angeles genügend große Tanks aufzutreiben, aber nach einigen bangen Tagen stieß er ungefähr zehn Meilen vom Cleaver-Grundstück entfernt auf eine bankrotte Raffinerie mit zwei riesigen leeren Tanks, die 80000 beziehungsweise 55000 Barrel faßten. Er schrieb einen Scheck über 675 Dollar für die erste Monatsmiete aus und stellte ein Fuhrunternehmen ein, das seine Produktion für zehn Cents pro Barrel beförderte.

Dieses Arrangement brachte ihm kostbare Zeit, löste aber absolut nicht das ursprüngliche Problem – es dauerte nicht lange, und der erste der beiden Tanks war voll. Während sich auch der zweite rasch füllte, erkannte Paul, daß er in wenigen Tagen gezwungen sein würde, mit der Schließung seiner Quellen anzufangen, und er war nun bereit, alles auszuprobieren. Als er erfuhr, daß Sir George Legh-Jones, der englische Präsident der Shell Oil, nach Los Angeles kam, bat er um eine Unterredung. Zu seiner Überraschung erfuhr er, daß Sir George sich glücklich schätzte, ihn zu empfangen.

Paul kam um 15 Uhr im Shell-Gebäude an und wurde sofort in das Büro von Sir George geführt. Anfangs unsicher, ob Shell nicht auch zu den Erpressern gehören könnte, beruhigte ihn die wütende Reaktion Sir Georges auf seine Geschichte. Um 16 Uhr wurde zu Pauls kaum verhüllter Belustigung ein kompletter englischer Tee serviert, und am Ende des Nachmittags war ihm die Hilfe von Shell sicher. Sir George war aufrichtig schokkiert über solch unehrenhafte Geschäftspraktiken und bot an, die nächsten 1,75 Millionen Barrel, die in Alamitos Heights gefördert wurden, zu kaufen und Pipelines auf das Gelände legen zu lassen, um die Menge verladen zu können. Das Engagement der Shell hatte bemerkenswerte Folgen – der heimliche Boykott wurde sofort aufgehoben, und Paul konnte kurze Zeit später den Inhalt beider Tanks zum Marktpreis von 92 Cents pro Barrel verkaufen. Er wurde nie wieder erpreßt.

Im Mai wurde Paul von George und Sarah zu einer weiteren Europareise eingeladen. Paul rührte diese Einladung sehr, er hielt sie für ein Zeichen, daß ihm die Scheidung verziehen worden war – er war sich ziemlich sicher, daß sie nichts von der hübschen Allene wußten, und erkannte, daß dies mit größter Wahrscheinlichkeit ihre letzte gemeinsame Auslandsreise sein werde. Die Eltern waren inzwischen über 70 Jahre alt, und sein Vater würde eindeutig nie wieder ganz genesen. Obwohl seine Eltern keinen Zweifel daran ließen, daß sie seinen Lebenswandel und die meisten seiner Freunde stark mißbilligten, wankte Pauls Liebe zu seinen Eltern und seine Achtung vor ihnen nie. Sarah bezeichnete er immer als seine »allerliebste Mutter«, und George war der »geliebte Vater«. Selbst im Alter von 34 Jahren besaß Paul nicht die geringsten Hemmungen, seine Verehrung für sie zum Ausdruck zu bringen.

Ende Juni fuhren sie mit dem Zug nach Chicago und New York. In ihrer Begleitung war nur Frank Komai, Gettys japanischer Diener, der ihm seit mehr als zwanzig Jahren diente. Während sie aus dem Fenster des Pullman-Wagens schauten, der nordwärts durch die weite Landschaft Amerikas rollte, gerieten sie in ein Gespräch über die umfassenden Veränderungen, die seit ihrer ersten gemeinsamen Reise von Minneapolis nach Oklahoma 23 Jahre zuvor stattgefunden hatten, als das einzige Öl, das die Familie gebraucht hatte, noch ein oder zwei Tropfen waren, um die Achsen ihrer Pferdekutsche zu schmieren. »Erinnerst du dich noch«, fragte Sarah plötzlich, »wie sehr du gehofft hast, auf dieser ersten Reise nach Bartlesville wilde Indianer zu sehen?« »Ja, Momma«, antwortete Paul. Und zu seinem Erstaunen und seiner Verlegenheit standen ihm Tränen in den Augen.

Sie verließen New York am 7. Juni an Bord der »SS Resolute« und waren nach einer angenehmen und ruhigen Überfahrt nach acht Tagen in Southampton. Zwei Wochen verbrachten sie im Savoy Hotel, darauf eine Woche im Grandhotel in Paris. Dann fuhren sie mit dem Zug nach Straßburg und Baden-Baden, anschließend mieteten sie einen siebensitzigen Horch-Landaulett für die lange Fahrt über München und die Dolomiten nach Venedig. Schon fast auf dem Gipfel des Brennerpasses blieb der Motor des Horch stehen und ließ sich erst wieder nach einer Stunde starten, aber sie kamen sicher in Venedig an, obwohl sie während des letzten Reiseabschnitts ohne Rückwärtsgang fahren mußten. Paul notierte wenig Einzelheiten über die Ferienzeit, er schrieb höchstens die Namen der Hotels auf, in denen sie abstiegen. Es mag nicht gerade die größte Unterhaltung gewesen sein, zwei ältliche Leutchen mit sich herumzuschleppen, da Paul als Höhepunkt sich an Frank Komais Reaktion auf die Gondel erinnerte, die sie zum Hotel Danieli bringen sollte. »Ich denke, dies sehr komischer Platz, nicht wie Japan«, sagte er.

George und Sarah kehrten im August auf der »SS Olympic« nach Amerika zurück, Paul blieb in London. Es war ihre Idee, daß er ein bißchen länger in Europa bleiben sollte, und er begrüßte die Möglichkeit, noch eine Weile allein zu sein. Aber die Mädchen nahmen nicht all seine Zeit in Anspruch, da er während der vier Wochen den Camberwell Weightlifting Club aufsuchen wollte, wo er William A. Pullum treffen wollte, den Autor von »Weightlifting Made Easy and Interesting«, das zu seinen Lieblingsbüchern gehörte. In einem Brief an das Magazin »Health and Strength« schrieb er:

»Ich muß zugeben, daß mich die wenigen Wochen, die ich hier verbrachte, zu einem Engländer machten. Wenn man in England einem Gewichtheber oder einem Anhänger der Körperkultur begegnet, vergißt man, daß man sich in einem fremden Land aufhält, und tritt geradewegs in einen Freundeskreis . . . Mit größtem Interesse lenkte ich zum erstenmal meine Schritte zum Camberwell Weightlifting Club in der Church Street Nr. 5 . . . Als ich mich als Amerikaner vorstellte, der herübergekommen war, um einen Blick auf das britische Gewichtheben zu werfen, wurde ich von W. A. P. herzlich begrüßt. Ich wurde Herman Gorner (dem ›Gorilla aus Afrika‹) vorgestellt, und mit diesen beiden zu plaudern war für mich genauso, wie es für einen Filmfan sein muß, wenn er mit Chaplin und Fairbanks Tee trinkt.«

Von London aus nahm er den Zug nach Paris, wo er ein »petit meublé« in der Rue Saint-Didier Nr. 12 mietete. »Es diente einem zweimal geschiedenen Junggesellen als Räuberhöhle«, sagte er, »ein Ausdruck, der umschreibt, wozu ich das Appartement nutzte.« Ende Oktober bereitete sich Paul auf seine Rückkehr in die Vereinigten Staaten vor und buchte eine Passage auf der »SS Majestic«, die von Cherbourg ablegte.

»Die ›Majestic‹ war zu groß, um in Cherbourg am Kai anzulegen, weil die neuen Hafenbecken für die größeren Dampfschiffe noch nicht fertiggestellt waren. Der Zug kam am frühen Nachmittag an, aber die ›Majestic‹ hatte Verspätung und kam erst um 22 Uhr an. Mit einem Schlepper wurden die Passagiere zu ihr gebracht, und als wir längsseits an dem mächtigen Schiff anlegten, schien es mir, als ob die große Höhe des Schiffs über der Wasserlinie es in einem Sturm topplastig machen müßte. Die ›Majestic‹ besaß einen wunderschönen Rauchsalon auf dem vorderen Promenadendeck. Es gab dort große Panoramafenster und bequeme Sessel, die zum Bug hin ausgerichtet standen. Am späten Nachmittag schien das Schiff in die sinkende Sonne zu fahren. Das Wetter war schön, und ich ruhte mich oft in einem dieser Sessel aus und genoß jeden prächtigen Sonnenuntergang.«

In Los Angeles erfuhr Paul zu seiner Beunruhigung, daß die George F. Getty Inc. sich nicht an einer vielversprechenden neuen Entwicklung in Long Beach beteiligte, wo eine Anzahl von Unternehmen Bohrungen durchführten, um die ungenutzten Ölsände zu finden, von denen man annahm, daß sie unter der bereits von Bohrungen erreichten ertragreichen Schicht lagen. Gettys Manager vor Ort erklärten Paul, daß an die Pachtverträge in Long Beach nur schwer heranzukommen sei und sie auf jeden Fall wenig Vertrauen in die tieferen Bohrungen hätten. Paul hatten zu beiden Punkten eine andere Meinung.

Nach Pauls Ansicht litt die George F. Getty Inc. unter der Gebrechlichkeit und Unfähigkeit seines gealterten Vaters, die Gesellschaft so energisch wie früher zu führen. Getty kam gewöhnlich gegen 11 Uhr ins Büro, besprach sich ungefähr eine Stunde mit seinen Managern und ging gegen 12.30 Uhr oder 13 Uhr wieder nach Hause. Vor seinem Schlaganfall war er vor Energie und Ideen beinahe geplatzt, war risikofreudig gewesen und hatte den ganzen Laden geschmissen, es hatte keine wichtigen Entscheidungen ohne seine Kenntnis und Zustimmung gegeben. Nun überließ er das tägliche Geschäft der Obhut von Gehaltsempfängern, und Paul hatte für die meisten von ihnen wenig übrig. Die Gesellschaft verschwendete alarmierend hohe Summen für unrentable Pachtgrundstücke und trokkene Bohrlöcher und vernachlässigte die wirklichen Gelegenheiten, die lohnende Profitchancen versprachen.

Paul fuhr in seinem Duesenberg nach Long Beach, um die Situation zu begutachten. Aus Unterlagen im Büro des Bezirksschreibers und über seine Kontakte zu Grundstücksmaklern konnte er sich eine kleine Liste von zum Verkauf stehenden Grundstücken auf oder neben erschlossenen Feldern zusammenstellen. Jedes Grundstück erkundete er dann persönlich. Nachdem er die zu teuren und auch einige mit zweifelhaften Besitztiteln ausgeschieden hatte, machte er erfolgreiche Angebote auf fünf Grundstücke und übertrug mit Zustimmung seines Vaters der George F. Getty Inc. einen halben Anteil. Das war nicht vollkommen altruistisch, da er sowohl das Risiko als auch die Kosten für die Probebohrungen teilen mußte, aber er hätte auch mit einer Anzahl anderer Gesellschaften ins Geschäft kommen können. Andererseits kam es offensichtlich seinen eigenen langfristigen Interessen entgegen, die Rentabilität der Gesellschaft zu vergrößern, von der er annahm, daß er sie eines Tages erben werde.

Tiefbohrungen auf allen fünf Pachtgrundstücken führten sowohl für Paul als auch für die George F. Getty Inc. zu rentablen Quellen und guten Gewinnen. Doch schon kurz nach Beginn der Bohrarbeiten an der ersten Getty-Quelle in Long Beach erhielt Paul einen Anruf aus Santa Fe Springs, wo er noch auf eigene Rechnung bohrte, daß es einen »Twist-off« gegeben hatte: Der Rotary-Gesteinsbohrer war vom Bohrgestänge abgebrochen und klemmte am Ende des Bohrloches fest. Das war eine ärgerliche Geschichte, denn vor Entfernen des Bohrmeißels gab es kein Vorankommen, was bedeutete, daß auf gut Glück mit groben Haken und Klammern nach ihm »gefischt« werden mußte. Das konnte Wochen dauern, und es gab keine Erfolgsgarantie.

Paul eilte nach Santa Fe Springs und stellte fest, daß der Bohrmeißel in fast 1220 Meter Tiefe festsaß. Die Arbeiter hatten zwar bereits »Angelgeräte« in das Bohrloch gelassen, aber der Vorarbeiter warnte Paul, daß es nach einem langwierigen Job aussähe. Da Paul blitzschnell klar wurde, daß er Löhne für die gesamte Mannschaft zahlen mußte, während die meisten Männer bis zur Bergung des Bohrmeißels tatenlos herumsäßen, wollte Paul eine schnellere Methode zur Räumung des Bohrlochs und entschloß sich, eine drastische Maßnahme zu riskieren. Er fuhr zu einem Steinmetz neben einem Friedhof in Los Angeles und suchte unter den Grabsteinen, bis er fand, wonach er suchte – eine etwa zwei Meter hohe Säule aus solidem Marmor. Er teilte dem Steinmetz mit, daß er sie kaufen wollte, aber mit einem zugespitzten Ende. »Welche Inschrift wünschen Sie?« fragte der Steinmetz. »Kümmern Sie sich nicht um die Inschrift«, antwortete Paul. »Meißeln Sie mir nur die Spitze, und helfen Sie mir, das Ding ins Auto zu tragen.«

Als Paul mit seinem Duesenberg auf der Bohrstelle ankam und der Wagen jämmerlich unter dem Gewicht der Marmorsäule ächzte, die aus dem Kofferraum ragte, tauschten die Männer irritierte Blicke aus und fragten sich, was als nächstes kommen würde. »Zieht eure Angelgeräte raus«, sagte Paul und lud dabei die Säule aus seinem Wagen, »und werft dann dieses Ding ins Loch.« Sie zuckten mit den Schultern und taten, was er ihnen befohlen hatte. Das zugespitzte Geschoß sauste wie ein Torpedo hinunter und zerschmetterte den Bohrmeißel vollständig, so daß die Bohrarbeiten mit einem neuen Bohrer wiederaufgenommen werden konnten. Diese Technik wurde bald darauf fast überall auf den Ölfeldern eingesetzt, um mit »Twist-offs« fertig zu werden. Statt Grabsteinmarmor wurden aus Granit gemeißelte, Peitschenstielen ähnliche Gebilde benutzt, die die Bezeichnung »Paul Getty Specials« erhielten.

Vergleichbarer Einfallsreichtum war erforderlich, als Paul ein Pachtvertrag für eine winzige Parzelle bei Seal Beach, südlich von Los Angeles, angeboten wurde, die von Ölquellen umgeben war. Sie war nicht viel größer als die Grundfläche eines kleinen Hauses und daher zu klein, um einen Bohrturm darauf stellen zu können. Außerdem befand sie sich in einiger Entfernung von der nächsten Straße und war faktisch unzugänglich – der einzige Zugang war über einen nur etwa 1,20 Meter breiten Durchfahrtsweg möglich, für den ein Wegerecht bestand. Die meisten Ölspekulanten bezeichneten das Grundstück als unbrauchbar, nicht aber Paul. Er rief seine erfahrensten Leute zusammen und nahm sie zur Besichtigung des Grundstücks mit. Paul parkte den Wagen so nah wie möglich am Grundstück, und sie gingen die letzten Meter über den Durchfahrtsweg zu Fuß. Nachdem sie das Grundstück abgeschritten hatten, hockte sich einer der Driller hin, kratzte mit einem Stöckchen in der Erde und sagte: »Ich denke, daß wir mit einem Mini-Bohrturm arbeiten könnten. Wenn Sie jemanden finden, der ihn entwirft und baut, können wir ihn bestimmt aufstellen und in Betrieb nehmen. Aber ich kann mir nicht vorstellen, wie wir alles, was wir brauchen, hierherschaffen können.« Paul dachte eine Weile über das Problem nach und ließ sich den Plan mit dem Miniatur-Bohrturm durch den Kopf gehen. Das Wort »Miniatur« brachte ihn auf die Lösung des Problems. Wenn er einen Mini-Bohrturm baute, warum ihn nicht mit Hilfe einer Miniatur-Eisenbahn errichten? Und so geschah es. Auch auf das Risiko hin, sich zur Zielscheibe des Spotts zu machen, legten sie von der Straße aus Schmalspurgeleise über die Durchfahrtsstraße und benutzten zwei kleine Waggons, die von Hand geschoben wurden, um den Mini-Bohrturm in Einzelteilen zum Bohrgelände zu schaffen. Mehrere Monate später stießen sie auf Öl. Die Quelle war niemals sehr ertragreich, aber Paul war hoch erfreut, weil sie einen Triumph über alle darstellte, die das Gelände für unbrauchbar gehalten hatten. Nach dem späteren Verkauf des Pachtvertrages an die Shell, die ein benachbartes Grundstück besaß, ließ Paul die Schienen abbauen und bewahrte zur Erinnerung ein Stück als Briefbeschwerer auf. Im Sommer 1928 fuhr Paul allein nach Europa zu den Olympischen Spielen in Amsterdam, während seine Eltern Urlaub in Honolulu machten. Nachdem er gesehen hatte, wie der sensationelle Paavo Nurmi aus Finnland seine sechste Goldmedaille im

10 000-m-Lauf gewann, wollte er einige Tage in Wien verbringen. Er stieg im Grandhotel ab und steckte schon bald wieder in einer stürmischen Romanze mit einer schönen jungen Frau.

Adolphine Helmle, von ihren Freunden Fini genannt, war 18 Jahre alt – eine große, hinreißend schöne, flachsblonde Frau aus Karlsruhe. Sie wohnte mit ihrer Freundin und ihren Eltern im Grandhotel, ihr Vater, Dr. Otto Helmle, ein deutscher Industrieller, nahm an einer Fachkonferenz teil. Paul sah Fini das erstemal, als sie in das Hotelrestaurant kam, wo er allein sein Abendessen einnahm und sie an einem benachbarten Tisch mit ihrer Freundin und ihren Eltern Platz nahm. Paul konnte seine Augen nicht von ihr abwenden. Hinter einer Zeitung versteckt, starrte er sie an, bis die vier vom Tisch aufstanden und zu den Fahrstühlen gingen. »Sie war nicht nur hübsch«, sagte er, »auch ihr lebhafter Gesichtsausdruck und jede Bewegung strahlten Vitalität und Lebenslust aus.« Gegen ein Trinkgeld erhielt Paul von einem Kellner ihren Namen und ihre Zimmernummer.

Zwei Abende später saßen Fini und ihre Freundin in ihrem gemeinsamen Schlafzimmer und schwatzten nach einem frühen Abendessen zusammen, als es sanft an der Tür klopfte. Ein Kellner stand mit einer Visitenkarte davor. Ein Mr. J. Paul Getty, sagte er, würde die jungen Damen gerne zu sich in den Leseraum einladen. Die beiden Mädchen waren hellauf begeistert. Für die beiden 18jährigen auf ihrer ersten Auslandsreise war das genau die Sorte von Abenteuer, nach der sie sich gesehnt hatten. Fini ging in das Zimmer ihrer Eltern und erzählte ihrer Mutter, daß sie beide Kopfschmerzen hätten und zu Bett gingen. Dann schlichen sie sich davon und gingen nach unten.

Paul sprang auf, sobald die Mädchen in den Leseraum kamen, und stellte sich in gebrochenem Deutsch vor. Er würde sie gerne zum Abendessen einladen, erklärte er. Fini nahm dankend an, noch ehe ihre Freundin den Mund öffnen und sagen konnte, daß sie bereits gegessen hätten. »Er bestellte das teuerste Menü und den teuersten Wein«, erzählte Fini, »und als ich mich endlich hindurchgearbeitet hatte, bekam ich wirklich Kopfschmerzen. Er war der zuvorkommendste Gastgeber und erzählte interessant von seinem Ölgeschäft. Aber ich wollte nur noch in mein Bett.«

Nach dem Essen bedankten sich beide Mädchen höflich bei Paul und zogen sich zurück, beide fühlten sich genudelt, und es war ihnen eindeutig schlecht. Sie waren gerade wieder in ihrem Zimmer – glücklich und unbeobachtet von Finis Eltern –, als es erneut an der Tür klopfte. Zuerst vermuteten sie, Paul sei ihnen gefolgt, hielten ihn jedoch dann für einen Gentleman, der so etwas nicht tue. Fini fragte durch die Tür, wer da sei.

»Der Ober«, sagte eine Stimme. Sie öffnete die Tür, und der Ober hielt ihr ein Stück Papier entgegen. »Verzeihung, Fräulein, hier ist ihre Rechnung.« Ihr Mund stand vor Überraschung und Wut weit offen. »Mein Gott«, sagte sie, »was für eine Unverschämtheit.« Es war eine hohe Rechnung, aber sie hatte gerade genug Geld, um sie zu bezahlen, denn ihre Eltern hatten ihr am Morgen Geld zum Kauf neuer Schuhe gegeben. »Wie erkläre ich ihnen, wo es geblieben ist?« jammerte sie ihrer Freundin vor, nachdem der Ober gegangen war. Sie fühlten sich betrogen und kamen überein, kein einziges Wort mehr mit Paul zu wechseln, sollte er die Frechheit besitzen, sie wieder anzusprechen. »Als Paul mich am nächsten Morgen in der Empfangshalle ansprechen wollte«, sagte Fini, »weigerte ich mich, ihm zuzuhören. Ich hielt ihn für einen Gauner. Dann entdeckte ich, daß der Ober einen kolossalen Bock geschossen hatte, als er die Rechnung zu mir brachte, denn der Rechnungsbetrag tauchte auch in Pauls Hotelrechnung auf, genau wie er den Oberkellner angewiesen hatte. Das Geld wurde mir vom Hotel mit den überschwenglichsten Entschuldigungen der Direktion zurückerstattet. Nachdem das Durcheinander in Ordnung gebracht worden war, fand ich die ganze Geschichte irrsinnig komisch.« Danach verbrachte Paul seine Zeit mit Fini, wann immer sie sich, ohne den Verdacht ihrer Eltern zu erwecken, wegstehlen konnte. Sie hielt es für verfrüht, Paul ihren Eltern vorzustellen, weil sie richtig vermutete, daß ihr Vater nicht allzu erfreut über das Interesse seiner Tochter für einen fast doppelt so alten Amerikaner sein würde. Nach Beendigung von Helmles Konferenz kehrte die Familie nach Karlsruhe zurück. Fini konnte noch einen heimlichen und tränenreichen Abschied bewerkstelligen, gab Paul ihre Postfachnummer und bat, ihr zu schreiben. Es folgten wilde Wochen, in denen Paul, besessen von Fini, der Familie kreuz und quer durch Europa folgte. Fini war erst ein paar Tage wieder zu Hause, als sie schon auf dem Postamt in Karlsruhe hoffnungsvoll nach einem Brief fragte. Der Beamte erzählte ihr, daß ein Mann an diesem Tage schon mehrere Male nach ihr gefragt hatte – im selben Moment wurde ihre Hand sanft gedrückt, und sich herumdrehend erkannte sie Paul, der hinter ihr stand. Sie trafen sich heimlich jeden Tag, manchmal fuhren sie in den Schwarzwald, gingen am Ufer des Rheins spazieren oder saßen in einem stillen Café bei dampfendem Kaffee und sahneüberladenen Torten zusammen. Einige Wochen später bestiegen die Helmles den Zug nach Venedig, wo sie ihren jährlichen Urlaub verbringen wollten. Paul folgte ihnen im Auto und setzte seine heimlichen Stelldicheins mit Fini zwischen den Palästen und Kanälen dieser romantischen Stadt fort. Während einer gemeinsamen Gondelfahrt durch Venedig bat Paul Fini, ihn zu heiraten, sie sagte ja, und Paul küßte sie zum erstenmal. Sie machten sich sofort auf, ihre Eltern zu suchen und ihnen die gute Nachricht mitzuteilen.

Pauls Antrittsbesuch bei Finis Eltern war keine gelungene Angelegenheit. Dr. Otto Helmle war überhaupt nicht von J. Paul Getty als potentiellem Schwiegersohn beeindruckt, insbesondere nicht, als er erfuhr, daß Paul 35 Jahre alt und bereits schon einmal verheiratet gewesen war. Paul hatte es vorsichtshalber vermieden, Allene auch noch zu erwähnen. Seine Tochter sei viel zu jung und unerfahren, sagte Helmle, um an eine Heirat mit einem doppelt so alten Mann denken zu können. Darüber hinaus wollte er nicht, daß sie einen Amerikaner heiratete und Deutschland verließe. Fini weinte und flehte ihre Eltern an, es noch einmal zu überdenken. Doch während ihre Mutter Paul recht sympathisch fand, blieb der Herr Doktor unbeirrbar feindlich gegen die Hochzeit eingestellt.

Die Angelegenheit war noch immer in der Schwebe, als die Helmles nach Karlsruhe zurückfuhren. Diesmal entschloß sich Paul vernünftigerweise dazu, ihnen nicht zu folgen, und machte sich nach Paris auf, von wo aus er Fini jedoch täglich schrieb. Sie übte währenddessen einen ständigen Druck auf ihren Vater aus, blickte ihn jedesmal, wenn das Thema Paul anstand, vorwurfsvoll aus tränennassen Augen an und schaffte es schließlich, seine widerstrebende Einwilligung zu erhalten, mit der einzigen Bedingung, daß Pauls Eltern ihren Segen dazu erteilen sollten. Es war Dr. Helmles inbrünstiger Wunsch, daß die Gettys einer deutschen Schwiegertochter ebenso abgeneigt gegenüberstehen würden wie er einem amerikanischen Schwiegersohn.

Fini überredete ihre Mutter, sie als Anstandsdame auf einer Kurzreise nach Paris zu begleiten, wo sie sich von Paul verabschieden wollte, ehe er in die Vereinigten Staaten zurückkehrte. Sie verbrachten einige sehr glückliche Tage, aber natürlich war die Mutter immer dabei. Einen Tag bevor Paul in den Zug nach Cherbourg steigen mußte, fuhren Fini und ihre Mutter nach Hause. Zwei Tage später kreuzte Paul schon wieder in Karlsruhe auf. Er habe es nicht ertragen können, so schnell Lebewohl zu sagen, erklärte er, und deshalb sei er statt in den Zug in sein Auto gestiegen und nach Karlsruhe gefahren. Das war genau die Art von gefühlvoller, spontaner und romantischer Geste, für die Fini schwärmte; sie trieb sogar der Mutter Tränen der Rührung in die Augen.

Paul wäre vielleicht noch länger in Europa geblieben, wenn er nicht ein Telegramm von seinem Vater erhalten hätte, der ihm einen Drittel-Anteil an der George F. Getty Inc. anbot. Getty war inzwischen 73 Jahre alt und müde. Er konnte sehen, daß sein Unternehmen Probleme hatte, hatte aber selbst nicht mehr die Kraft, für Abhilfe zu sorgen. Trotz all seiner Fehler hatte sich Paul als hervorragender Ölmann bewiesen, und Getty wollte eine Aussöhnung mit seinem Sohn, obwohl er immer noch nicht die Absicht hatte, Paul das Unternehmen zu hinterlassen. Im Falle seines Todes sollte die kluge Sarah die Herrschaft ausüben und, falls erforderlich, Pauls Exzessen Zügel anlegen.

Paul kam Ende Oktober nach Hause und bat seine Eltern förmlich um die Erlaubnis, das wundervolle Mädchen heiraten zu dürfen, das er in Wien kennengelernt hatte. George und Sarah zeigten sich über Pauls konventionelleres Herangehen an eine Ehe erfreut und nahmen an, er habe gegenüber dem vorherigen Mal eine erwachsenere Haltung angenommen. Sarah schrieb einen freundlichen Brief an Fini und ihre Eltern und hieß Fini als Schwiegertochter willkommen.

In ihren häufigen und liebevollen Briefen begann Fini allmählich sanft darauf hinzuweisen, daß es an der Zeit sei, den Hochzeitstermin festzusetzen, und wurde gereizt und wütend, als Paul Ausflüchte machte. Das Problem war, daß Paul noch nicht von Allene geschieden war, von der Fini keine Ahnung hatte. Während er Fini beruhigende Briefe nach Karlsruhe schrieb, korrespondierte und telefonierte er wie besessen ebenfalls mit Allene in Texas, damit sie sich mit der Scheidung beeilte. Gleichzeitig verhandelte er mit seinem Vater über den Kauf von zehntausend Aktien. Typischerweise wurde ihm kein großzügiges Geschenk gemacht, sondern nur die Möglichkeit angeboten, sich seinen Platz in der Gesellschaft durch den *Kauf* von Aktien zu sichern. Der Vertrag wurde am 3. Dezember abgeschlossen, der Preis für die Aktien belief sich auf eine Million Dollar, Paul bezahlte 250 000 Dollar in bar und 750 000 Dollar in Wechseln.

Kurz darauf erfuhr er, daß seine Scheidung endlich erfolgt war, und er telegrafierte Fini, daß sie nach Havanna kommen sollte, wo sie heiraten wollten. Es gab eine kleine Unstimmigkeit, als die Hochzeitspapiere zur Überraschung und zum Kummer der Braut Allenes Existenz enthüllten. »Warum hast du mir das nicht gesagt?« fragte Fini, während ihr die Tränen herunterkullerten. »Wenn ich dir erzählt hätte, daß ich *zweimal* verheiratet gewesen bin, hättest du mich niemals geheiratet«, antwortete Paul pragmatisch. Selbst seine Eltern hätten keine Ahnung, sagte er. »Zumindest meine Mutter nicht«, fügte er nachdenklich hinzu.

Sie versöhnten sich schnell wieder – Paul, sagte Fini, hatte »die süßeste Art zu flehen« – und heirateten drei Tage vor Weihnachten 1928. Während der ruhigen Flitterwochen in Palm Beach, Florida, nahm Paul die Gelegenheit wahr, seine Deutschkenntnisse aufzufrischen, und wiederholte mit Finis Hilfe immer wieder die Vokabeln, bis seine Aussprache perfekt war. Aber sie hatten auch viel Spaß, und wenn sie ausgingen, brachte Paul Fini zum Lachen, indem er in den unmöglichsten Momenten plötzlich den lächerlichen Watschelgang Charlie Chaplins nachahmte. Für beide war es eine wundervoll erholsame und glückliche Zeit. Anschließend fuhren sie quer durch das Land nach Kalifornien zurück, kamen Anfang März 1929 in Los Angeles an und blickten voller Zuversicht in die Zukunft.

Da Fini eine Fremde in Amerika war und nur wenig Englisch sprach, war beschlossen worden, daß sie und Paul bei den Eltern wohnen sollten, statt sich eine eigene Wohnung zu suchen. Dahinter stand der Gedanke, daß Pauls Mutter ihr Gesellschaft leisten, sie herumführen und in die Gesellschaft einführen könnte. Aber Sarah Getty war 77 Jahre alt und litt an Rheuma und zunehmender Schwerhörigkeit. Die Gettys, sowohl George als auch Sarah, gaben sich zwar große Mühe, ihre neue Schwiegertochter herzlich aufzunehmen, die sie reizend fanden, aber es war fast unvermeidlich, daß Fini sich schon bald in diesem riesigen fremden Haus in einem fremden Land einsam und krank vor Heimweh fühlte. Nur einer konnte ihr wirklich helfen zurechtzukommen, aber der war anderweitig beschäftigt. Nun endlich ein Aktionär der väterlichen Gesellschaft, war Paul fest entschlossen, den Niedergang der George F. Getty Inc. aufzuhalten. Die Gesellschaft hatte 1928 schlecht abgeschnitten, der Profit betrug bei Einnahmen von über 3,6 Millionen Dollar nur 397 848 Dollar. Nahezu eine Million Dollar war in den vergangenen vier Jahren für unwirtschaftliche Pachtgrundstücke ausgegeben worden, 276 000 Dollar gingen allein für 179 wertlose Grundstücke in Kern County drauf, und noch mehr war für das Bohren trockener Löcher verschwendet worden. Die Gesellschaft war auch von einem fürchterlichen »Blowout« auf dem Nordstrom Lease bei Santa Fe Springs getroffen worden, das Feuer brannte sechs Wochen lang, ehe es endlich unter Kontrolle gebracht werden konnte – das hatte rund 300 000 Dollar verschlungen, ohne Berücksichtigung des verlorengegangenen Öls.

Am 11. März 1929, nur wenige Tage nach seiner Ankunft mit Fini in Los Angeles, wurde Paul zum Direktor der George F. Getty Inc. gewählt und spielte von diesem Augenblick an eine aktive Rolle in der Leitung ihrer Geschäfte. »Je genauer ich ihre Arbeitsweisen überprüfte«, sagte er, »desto mehr Beispiele fand ich für übertrieben hohe oder unnötige Gemeinkosten, die durch ein strafferes Management und eine gewissenhaftere Überprüfung vermieden werden konnten. Es war ganz klar, daß Energie und

Geld am falschen Platz, zur falschen Zeit und auf die falschen Spekulationsobjekte vergeudet wurden.«

Wie schon einmal, befand er sich schnell in einem Konflikt mit einigen langjährigen Mitarbeitern, die seit Jahren für seinen Vater arbeiteten. »Meine Ansichten und meine Einstellung stoßen«, wie er verärgert notierte, »auf großen Widerstand seitens des trägen Managements auf den Ölfeldern.« Aber dieses Mal unterstützte George Getty seinen Sohn, und Paul konnte sich behaupten, als er neue Methoden auf den Ölfeldern verlangte, wo die Verschwendung am offenkundigsten war. Am 1. Juli kündigten der Bohrleiter und sein Assistent mit der Begründung, sie könnten nicht mit Paul zusammenarbeiten. Getty war zwar besorgt, zwei so wichtige Leute zu verlieren – zu einer Zeit, da die Gesellschaft mitten in einem großen Bohrprogramm steckte –, aber Paul ersetzte sie durch zwei seiner eigenen Leute, und die Förderleistung verbesserte sich deutlich.

Endlich von der Fähigkeit seines Sohnes überzeugt, trat George Getty am 1. August als Generalmanager der Gesellschaft zurück und ernannte Paul zu seinem Nachfolger. Paul wurde darüber hinaus zum Direktor der Minnehoma wiedergewählt, nachdem er 1926 als Folge seiner Scheidung von Jeanette Dumont abgesetzt worden war.

Ganz vom Geschäft in Anspruch genommen, vernachlässigte Paul vollkommen seine junge Frau. Jeden Tag verließ er früh das Haus und kehrte spät heim. »Ich arbeitete«, gab er zu, »beinahe buchstäblich rund um die Uhr, um die Ziele zu erreichen, die ich mir gesteckt hatte.« Fini fühlte sich vernachlässigt und schrecklich einsam. Im Mai teilte sie Paul mit, daß sie schwanger sei, und hoffte dabei, daß er ihr endlich ein wenig mehr Beachtung schenkte. Doch sie sollte enttäuscht werden, und ihr Kummer wurde durch eine Briefflut aus der Heimat noch schlimmer. Ihre Eltern schrieben ihr ständig, wie sehr sie sie vermißten, wie sehr sie sich danach sehnten, sie wiederzusehen. Als sie ihnen von dem Baby erzählte, begannen sie Fini anzuflehen, nach Hause zu kommen, damit ihr erstes Enkelkind in Deutschland zur Welt kommen könnte.

Im September fragte Fini Paul, ob sie beide eine Weile, zumindest bis zur Geburt des Kindes, nach Karlsruhe fahren könnten. Paul verwies auf den kritischen Zustand des Unternehmens, er könne auf keinen Fall wegfahren. Sie stritten sich schließlich, doch zum Schluß erlaubte er ihr widerstrebend, allein nach Hause zu fahren, und versprach, ihr so bald wie möglich zu folgen. Fini packte die Koffer und stieg in den nächsten Zug Richtung Osten. Ihre Freude, zurück nach Deutschland fahren zu können, überwog ihren Abschiedsschmerz.

Mitte Oktober 1929 liefen die Geschäfte der George F. Getty Inc. zu Pauls Befriedigung so reibungslos und effizient, daß er glaubte, sich Urlaub leisten zu können, um bei Fini in Deutschland zu sein, wenn das Baby geboren wurde. Er hatte eine Transatlantikpassage gebucht und bereitete sich auf ein Wiedersehen vor, als die Wertpapierbörse zusammenbrach.

Ein erstes panisches Zucken hatte bereits am Morgen des 24. Oktober die Wallstreet erschüttert. In der New Yorker Börse nährte ein Gerücht das nächste. Seit fast zwei Jahren hatte es viele unbesonnene Wertpapierspekulationen gegeben, und nun wollten die Anleger, von einer plötzlichen Angst ergriffen, ihr Geld zurückhaben. Millionen von Aktien wechselten den Besitzer, und nach fünf frenetischen Verkaufstagen brach die Börse am 28. Oktober, dem »Schwarzen Freitag«, zusammen, und die große Depression begann. Die New Yorker wurden bald Augenzeugen der Verzweiflung ruinierter Bankiers, die sich aus den höchsten Stockwerken der berühmten Wolkenkratzer Manhattans stürzten. »Es war sowieso geborgte Zeit«, schrieb F. Scott Fitzgerald, »insgesamt lebte das obere Zehntel einer Nation mit der Sorglosigkeit eines ›grand duc‹ und der Flatterhaftigkeit einer Revuetänzerin.«

Obwohl keine der Getty-Aktiengesellschaften an der Börse gehandelt wurde, fühlte Paul den unwiderstehlichen Drang, selbst zu sehen, was sich in New York abspielte. Deshalb stornierte er seine Atlantikpassage, telegrafierte Fini, daß er festgehalten werde, und bestieg den Zug nach New York. »Es mag wohl als dumme, zumindest unnötige, Änderung eines Vorhabens erscheinen«, schrieb er später. »Aber ich war überzeugt, daß das, was auf der Wallstreet passierte, extrem weitreichende Auswirkungen haben würde. Ich begriff, daß der Börsenkrach und seine Auswirkungen den Kurs der Volkswirtschaft mehrere Jahre lang bestimmen würden. Ich hielt es für wichtig, an Ort und Stelle zu erleben, zu hören und vor allem zu lernen. Während dieser hektischen und chaotischen Tage besuchte ich regelmäßig die New Yorker Wertpapierbörse und erlebte das Debakel aus nächster Nähe. Ich sprach mit Maklern, Bankiers, Unternehmern, Finanziers, Investoren und Spekulanten, und was ich während dieser vierzehn Tage in New York erlebte, erwies sich für mich in den folgenden Jahren als unbezahlbar. Ich lernte viel über die Gefahren und Fallstricke der Spekulation, und mir wurde bewußt, daß ich Augenzeuge des gewaltsamen Todes einer Epoche war.«

Paul fuhr endlich am 13. November an Bord der »SS Berengaria« nach Europa. Von Cherbourg aus nahm er einen Zug nach Karlsruhe, doch bei seiner Ankunft im Hause der Helmles stieß er auf eine ausgesprochen frostige Atmosphäre. Die hochschwangere Fini hatte ihre Eltern mit Geschichten überhäuft, wie sehr Paul sie in Amerika vernachlässigte, wie einsam und krank vor Heimweh sie gewesen war, und die Helmles waren nicht gerade in versöhnlicher Stimmung. Dr. Helmle nahm Paul in sein Arbeitszimmer und teilte ihm mit, daß Finis Interessen am besten mit einer Scheidung nach der Geburt des Babys gewahrt wären; sie sei schließlich erst 19 Jahre alt und habe noch Zeit für einen Neubeginn. Paul protestierte lebhaft und versuchte, das Auf und Ab im Ölgeschäft zu erklären. Er habe mit einer Krise fertig werden müssen und deshalb dem Geschäft übermäßig viel Zeit geopfert, aber das bedeutete nicht, daß er Fini nicht liebte. Eine verweinte Fini wurde schließlich herbeizitiert und erklärte Paul auf Drängen ihres Vaters, daß sie nicht bereit sei, wieder in Amerika vernachlässigt zu werden, und daß ihr Kind in Deutschland aufwachsen sollte. Sie wollte mit Paul zwar verheiratet bleiben, aber nur in Deutschland leben.

Es war Paul klar, daß er den Helmles nicht willkommen war. Fini sollte ihr Baby in einem Berliner Krankenhaus bekommen, und deshalb fuhr er dorthin, um eine Wohnung zu suchen, in der sie beide, weit weg von ihren Eltern, zusammenleben könnten. Er fand ein großzügiges Appartement – »eines der schönsten von Berlin«, wie man ihm sagte – in der Nähe der Herkulesbrücke und zog schon einige Tage vor Finis Krankenhausaufenthalt dort ein. Das Baby, ein Junge, kam am 19. Dezember auf die Welt und wurde auf den Namen Jean Ronald getauft. »Paul war einfach süß, als Ronnie geboren war«, erinnerte sich Fini. »Er betrachtete das Baby stundenlang, und ich mußte ihn drängen, wenigstens zum Essen nach Hause zu gehen. Ich hielt das Baby für ein häßliches kleines Ding, aber Paul vergötterte es.«

Pauls Hoffnungen, daß sie in Berlin eine Weile ihren gemeinsamen Haushalt führen könnten, waren kurzlebig. Als Fini einen Tag vor Weihnachten das Krankenhaus verlassen durfte, wurde sie von ihren Eltern erwartet und nach Karlsruhe gefahren, anstatt zur Wohnung an der Herkulesbrücke zu kommen, wo Paul auf sie wartete. Paul mußte Weihnachten allein in Berlin verbringen. Insgesamt blieb er vier Monate in Europa, widersetzte sich Dr. Helmles ständigen Forderungen nach einer Scheidung, blieb telegrafisch und brieflich in Kontakt mit seinen Geschäften in Amerika und tröstete sich mit Hildegard Kuhn, einer 23jährigen, munteren kleinen Büroangestellten, die er in einem Tanzlokal in Berlin kennengelernt hatte. Hildegard Kuhn hatte sich zwar zunächst Pauls Bitten um ein Stelldichein widersetzt, aber seine übliche Beharrlichkeit zahlte sich aus.

Hildegard nahm sich ein paar Tage Urlaub, um Paul auf einer kleinen Reise durch Europa zu begleiten. Sie waren gerade in Montreux in der Schweiz, als Paul am 22. April 1930 einen Anruf von Rush Blodget erhielt, einem Direktor der George F. Getty Inc. und engem Freund seines Vaters. Über eine schwache und knisternde Leitung erfuhr Paul von Blodget, daß sein Vater einen zweiten Schlaganfall erlitten hatte und ihn voraussichtlich nicht überleben werde. Noch am selben Tag fuhr Paul nach Cherbourg und bestieg das nächste Schiff, das in die Vereinigten Staaten fuhr. In New York wartete ein Telegramm auf ihn: »Höchste Eile, damit Deines Vaters Kampf, seinen Sohn zu sehen, nicht umsonst ist.« Paul hatte gehofft, ein Flugzeug für die Reise zur Westküste chartern zu können, aber das schlechte Wetter verhinderte alle Starts. Nachdem er im Zug quer durch den Kontinent gereist war, kam er neun Tage nach dem Telefonanruf in Montreux zu Hause an.

Paul konnte sehen, daß sein Vater im Sterben lag. »Worte können meinen seelischen Schmerz und mein Gefühl der Hilflosigkeit nicht wiedergeben«, schrieb er in sein Tagebuch. Er tat alles, um seine verzweifelte Mutter zu trösten, und zusammen wachten sie dreißig Tage lang am Sterbebett, während der alte Mann langsam seine Lebenskraft verlor. Er starb 75jährig am 31. Mai, seine Asche wurde in einer Bronzeurne auf dem Forest Lawn Memorial Park beigesetzt.

Auf der nächsten Sitzung der Direktoren der George F. Getty Inc. wurde die folgende Resolution verabschiedet:

»In Anbetracht der Tatsache, daß George Franklin Getty, Gründer und Präsident dieser Korporation, in seinem Heim in Los Angeles am 31. Mai im Jahre unseres Herrn neunzehnhundertdreißig verschied, und

in Anbetracht der Tatsache, daß der versammelte Verwaltungsrat der George F. Getty Incorporated wünscht, daß in den Protokollen der Gesellschaft sein Andenken gewürdigt wird, damit alle, die später von dem Unternehmen Vorteile haben, das er mit so viel Geschick gegründet und aufgebaut hat, in späteren Jahren nachdenken und aus seinem Leben lernen, und

in Anbetracht der Tatsache, daß George Franklin Getty in Grantsville, Maryland, 1855 geboren wurde und den Lebenskampf in großer Armut aufnahm, nur mit seinem ehrlichen Herzen, seinem klugen Verstand und seinen fleißigen Händen bewaffnet, stellen wir fest:

Er hatte sich selbst gebildet, kam im College für seinen Lebensunterhalt selbst auf, belohnte später dieses College großzügig mit den Gaben seines eigenen Erfolgs.

Er war gottesfürchtig, sah sich stets seinem Heiland verpflichtet und wandelte stets auf dem Pfad der Rechtschaffenheit.

Er war fleißig, mühte sich unablässig um den Erfolg seiner Unternehmungen, um all jenen Wohlstand zu bringen, die mit ihm und für ihn arbeiteten.

Er war aufrichtig, kam immer seinen gesetzlichen Verpflichtungen nach, nicht nur mit Geld, wenn Geld geschuldet wurde, sondern auch mit freundlicher Würdigung, wenn andere ihm einen guten Dienst erwiesen hatten.

Er war loyal, hielt im Auf und Ab des Lebens stets getreu zu seinen Freunden und Angestellten.

Daher haben wir die Resolution angenommen: Die Mitglieder des Verwaltungsrats geben hiermit, auch im Namen der Aktionäre und Beschäftigten dieser Gesellschaft, ihre Hochachtung vor dem Charakter und den Leistungen von George Franklin Getty sowie ihre Trauer über sein Ableben zu Protokoll und erweisen seiner trauernden Familie ihr tief empfundenes Mitgefühl.«

6.»Er sollte dich in Zobel kleiden!«

»Es ist nie leicht«, klagte Paul, »als Sohn eines erfolgreichen Geschäftsmannes in die Fußstapfen des Vaters zu treten. In meinem Fall war es dank der Testamentsverfügungen meines Vaters doppelt schwer.«

Paul war wie gelähmt, als das Testament verlesen wurde. Er erfuhr, daß er lediglich 500 000 Dollar erben sollte, Geld, das er weder nötig hatte noch wollte. Was er wollte, was er erwartet hatte, war die Übernahme des Unternehmens. Er hatte beträchtlich viel Zeit, Geld und Energie in die Leitung der Firmen seines Vaters investiert, oft auf Kosten seiner eigenen Unternehmen, einfach aufgrund der stillschweigenden Voraussetzung, daß er nach dem Tode seines Vaters das Ruder übernehmen würde. Jetzt hatte ihm sein verehrter Papa das verweigert, was er für sein rechtmäßiges Erbe hielt. Er konnte es kaum fassen.

Selbst Sarah gab in mitfühlender Weise bekümmert ihre Überraschung zu. Sie wußte, daß ihr Mann sehr ärgerlich und zutiefst betrübt über Pauls Scheidung von Jeanette Dumont gewesen war, als er das Testament aufsetzte, aber sie war immer davon ausgegangen, daß er Paul verziehen und ihn später wieder ins Testament aufgenommen hatte. Ihr Mann habe ihr so oft gesagt, er habe inzwischen eingesehen, daß Paul nicht allein die Schuld an der Scheidung trug; und er sei damals bestimmt sehr dankbar gewesen, als Generalmanager abtreten zu können und das Unternehmen seinem Sohn zu übergeben. Nach Trost suchend, gab Sarah ihrem bestürzten Sohn zu verstehen, daß die einzige Erklärung einfach die sein mußte, daß sein Vater vergessen habe, das Testament zu ändern. Unter Tränen führte sie als Beweis für diese Annahme an, daß er ja für seinen ältesten Enkel George gesorgt hatte, während Baby Ronnie nicht einmal erwähnt wurde.

Für Paul war es nicht sehr tröstlich, daß ihm die Kontrolle über die George F. Getty Inc. wegen einer momentanen Geistesabwesenheit seines Vaters durch die Lappen gegangen sein sollte, obwohl er Jahre später gerne scherzte: »Als Daddy seine Meinung änderte, vergaß er, das Testament zu ändern.« Aber als einzig andere mögliche Erklärung blieb nur noch, daß sein Vater ihm die Scheidung nie verziehen hatte und der Meinung war, sein Sohn habe sich selbst als geeigneter Erbe disqualifiziert. Paul wollte sich mit keiner der beiden Versionen abfinden. Er verehrte und bewunderte seinen Vater immer noch und mußte das Andenken an ihn unbedingt hochhalten können. »Seine Herzensgüte und seine Großzügigkeit«, schrieb er, »gekoppelt mit einer bestechenden Bescheidenheit im Auftreten, machten ihn zum Idol aller, die ihn kannten. Seine geistige Beweglichkeit war bis zuletzt herausragend. Ich, sein Sohn und Nachfolger, kann mich nur bemühen, mit meiner ganzen Kraft das Lebenswerk eines Menschen fortzuführen, der weitaus begabter als ich war.«

George Getty hinterließ ein Vermögen im Werte von 15 478 137 Dollar. Außer den 500 000 Dollar für seinen Sohn hinterließ er seinem Enkel George F. Getty II. 300 000 Dollar zu treuhänderischer Verwaltung, vermachte verschiedenen Freunden und Verwandten insgesamt 47 000 Dollar als Geschenke sowie 1000 Dollar der Christian Science Publishing Society. Der Rest, mehr als 90 Prozent des Vermögens, ging an seine Frau und machte die 77jährige Sarah Getty zur Großaktionärin und Inhaberin der Position, die Paul sich erhofft hatte. Der Umfang des Vermögens wurde in verschiedenen Zeitungen erwähnt, und zum Ärger und Entsetzen Pauls bekam seine Mutter bald Dutzende von schriftlichen Heiratsanträgen von wildfremden Männern, die ihr schrieben. Getty hatte seinen Sohn noch nicht einmal zum Testamentsvollstrecker ernannt, sondern statt dessen die Security First National Bank von Los Angeles sowie seinen Geschäftsführer H. Paul Grimm bestimmt, die auch als Berater der kränkelnden Sarah tätig sein sollten.

Niedergeschmettert vom Verlust des Mannes, mit dem sie mehr als fünfzig Jahre glücklich verheiratet gewesen war – sie hatten erst sechs Monate zuvor ihre goldene Hochzeit mit einem großen Fest gefeiert –, war Sarah Getty keinesfalls in der Verfassung, die Leitung der George F. Getty Inc. zu übernehmen. Sie besaß keine einschlägigen Erfahrungen mit dem Ölgeschäft – eigentlich überhaupt keine Erfahrungen in geschäftlichen Dingen. Sie war alt, schwach, rheumatisch und fast taub. Sie wollte wirklich nur noch Frieden und Ruhe haben, aber sie gehörte nicht zu den Frauen, die ihren Mann im Stich lassen. Wenn er gewollt hatte, daß sie das Geschäft leiten sollte, dann wollte sie das auch tun.

Es wäre natürlich viel einfacher gewesen, alles Paul zu übergeben, besonders da solch ein Schritt wahrscheinlich die Billigung ihres verstorbenen Mannes gefunden hätte. Aber Pauls Vorschlag, daß sie diese Entscheidung in Betracht ziehen sollte, wurde von ihr verworfen. Sie zeigte nicht die geringste Neigung, die Macht wieder abzutreten, die sie so überraschend geerbt hatte.

Obwohl sie es niemals zugegeben hätte, traute Sarah ihrem einzigen Sohn nicht völlig. Da sie zutiefst konservativ war, fürchtete sie, daß Paul nur allzu bereit war, Risiken einzugehen und sich auf sein Glück zu verlassen. Ihre größte Befürchtung war, daß er es eines Tages zu weit treiben und alles verlieren und sie damit alle ins Armenhaus bringen würde. Sie hatte all die Jahre George Getty zur Seite gestanden, als er verbissen das Unternehmen aufbaute. »Am besten, man lebt nicht über seine Verhältnisse«, sagte er immer, »man kann nie wissen, was plötzlich auf einen zukommt.« Er haßte es, Kredite aufzunehmen, und war außerordentlich stolz darauf, daß die jährlichen Ausgaben der Familie nie 30000 Dollar überstiegen, selbst in Zeiten, in denen sie schon wirklich reich waren. Sarah übernahm die konservative Einstellung ihres Mannes in allen finanziellen Angelegenheiten und war fest entschlossen, ihrem eigensinnigen Sohn nicht zu gestatten, mit dem Familienunternehmen zu spielen. Sie wollte das Familienvermögen den zukünftigen Gettys erhalten.

Paul wollte keinesfalls gefährden, was sein Vater aufgebaut hatte, aber er wollte sich auch nicht das entgehen lassen, was er als einzigartige Gelegenheit betrachtete, das Unternehmen zu vergrößern. »Meine Mutter und die Testamentsvollstrecker meines Vaters waren ernstlich in Sorge über die wirtschaftliche Situation und rieten zu drastischen Sparmaßnahmen und begrenzten Aktivitäten. Meine eigenen Überlegungen gingen genau in die entgegengesetzte Richtung. Weil ich überzeugt war, daß sich die Wirtschaft wieder erholen würde, und ich viel von der Geschäftsdevise hielt, zu kaufen, wenn die Preise niedrig sind, drängte ich auf ein Expansionsprogramm. Aktien von Unternehmen der öffentlichen Hand mit riesigen Vermögenswerten wurden zu Spottpreisen gehandelt. Manche Aktien wurden nur für ein Zwanzigstel des Gesellschaftsvermögens verkauft. Mein Argument war, daß der Käufer dieser Aktien in Wirklichkeit für jeden ausgegebenen Dollar Geschäftsanteile im Werte von zwanzig Dollar kaufte.«

Sarah zögerte keinen Moment, Pauls Rat abzulehnen und sich auf die Seite der Direktoren zu schlagen, die alle langjährige Freunde ihres Mannes waren. So wurde die Grundlage für einen anhaltenden Konflikt zwischen Mutter und Sohn geschaffen. Dem Kampf lag Pauls Zwangsvorstellung zugrunde, dem Geist seines Vaters zu trotzen und seinen eigenen Wert unter Beweis stellen zu müssen, indem er sogar noch mehr Geld anhäufte.

Am 3. Juli 1930 wurde Paul zum Präsidenten, Schatzmeister und Generalmanager der George F. Getty Inc. gewählt, obwohl die letzte Entscheidungsgewalt bei seiner Mutter als Großaktionärin lag. Das vorangegangene Jahr war unter Pauls Leitung gut für die Firma gelaufen, mit reichen Ölfunden im tiefliegenden Sand von Santa Fe Springs und in Long Beach, die vorübergehend die Produktion auf mehr als 30000 Barrel täglich hochtrieben und einen Profit von 1,6 Millionen Dollar einbrachten. Pauls

Vertrauen in die Zukunft wurde jedoch nicht von seinen Mitdirektoren geteilt, die seine Mißachtung der sich verschärfenden Depression bedenklich fanden.

In den Wochen nach dem Wallstreet-Krach verloren die Aktien bis zu 40 Prozent ihres Wertes, und der Abwärtstrend setzte sich ununterbrochen fort. Mehr als 5000 Banken hatten dichtgemacht, Tausende von Fabriken ihren Betrieb eingestellt, und Millionen hatten ihre Arbeit verloren – die Ford Motor Company hatte ihre Belegschaft von 128 000 auf 37 000 verringert, und Ende 1930 war fast die Hälfte der 280 000 Textilarbeiter in Neuengland arbeitslos. Die Zeitungen berichteten ausführlich von schwelenden Unruhen und zeigten Fotos von zerlumpten Menschen mit tiefliegenden Augen, die in New York nach Brot anstanden, oder von Kindern, die in Mülltonnen nach Eßbarem suchten. Kein Wunder, daß die Direktoren der George F. Getty Inc. angesichts der beharrlichen Hinweise Pauls nervös wurden, daß die günstigste Zeit zum Aktienerwerb die sei, wenn alle anderen verkauften.

Das erste große Problem, vor dem das Unternehmen nach dem Tod von George Getty stand, war die Bedrohung eines wertvollen Pachtgrundstücks, das es in dem sagenhaft reichen Ölfeld von Kettleman Hills erworben hatte, ein prächtiger Dom, der etwas mehr als 75 Meilen nördlich von Los Angeles lag. Die großen Unternehmer in Kettleman Hills planten, das Feld mittels eines »Einheitensystems« zu zerstückeln, um die Produktion zu regulieren und eine Ölschwemme auf dem lokalen Markt zu verhindern – je mehr Einheiten ein Unternehmen besaß, desto mehr durfte es produzieren, um so größer wäre sein Profit. Ein solches System konnte für ein kleines Unternehmen wie die George F. Getty Inc. verhängnisvoll werden. Daher schlug Paul auf einer Verwaltungsratssitzung Anfang September vor, Aktien der Pacific Western und der Mexican Seaboard zu kaufen – beide große Grundstückseigner in Kettleman Hills –, um die Zahl ihrer Pachteinheiten zu vergrößern und somit ihren Anteil abzusichern.

Für die George F. Getty Inc. war es vollkommenes Neuland, Aktien anderer Ölgesellschaften zu erwerben, und die Direktoren, vor allem Sarah Getty, waren alles andere als begeistert. Sarah hielt es für besser, das Grundstück zu opfern, als auch nur einen Cent von der Bank zu borgen. Paul erwiderte, daß sie dann ihren Anteil an einem der reichsten Ölfelder Kaliforniens einfach wegwerfen würden. Nach heftigen Debatten setzte sich Paul schließlich durch, und die Direktoren gaben, sichtlich widerwillig, ihre Einwilligung, einen Kredit von 2,5 Millionen Dollar bei der

Security First National Bank von Los Angeles aufzunehmen, um die notwendigen Aktienkäufe zu finanzieren. Die Gesellschaft kaufte 129 719 Aktien der Pacific Western für 2 102 481 Dollar und 75 000 Aktien der Mexican Seaboard für 1 176 285 Dollar. Nur Paul war glücklich darüber.

Die düsteren Prognosen der Mitdirektoren Pauls schienen sich zu bewahrheiten, als die Notierungen für Ölaktien fielen und der Wertpapier- verlust der Aktienbestände des Unternehmens bei der Pacific Western und der Mexican Seaboard Woche für Woche stieg, bis er annähernd eine Million Dollar betrug. Paul reagierte daraufhin fröhlich mit dem Vor- schlag, mehr Geld bei der Bank zu leihen, um *mehr* Aktien zu kaufen. Es wäre eine prima Gelegenheit, beide Unternehmen zu Niedrigstpreisen zu übernehmen. Aber diesmal lehnte der Verwaltungsrat strikt ab. Mrs. Getty unterstützte ihn standhaft gegenüber ihrem Sohn und zitierte die Maxime ihres verstorbenen Mannes: »Geld zu leihen ist das letzte, was man tun sollte. Seine Schulden zurückzuzahlen ist das erste, was man immer tun muß.«

Pauls privates Schlachtfeld trug nicht gerade dazu bei, seine Autorität gegenüber den Mitdirektoren zu festigen. Während seine Frau und sein kleiner Sohn ihren ständigen Wohnsitz in Deutschland hatten, war es in Los Angeles in aller Munde, daß Paul sich mit der jungen Schauspielerin Ann Rork »eingelassen« hatte. Anns Vater, Sam Rork, war ein bekannter Hollywood-Produzent und der Manager von Clara Bow; über seine Freundschaft mit dieser »Superfrau« hatte Paul Sam Rork und seine frühreife Tochter kennengelernt, die damals erst vierzehn Jahre alt war und noch zur Schule ging. Sie war gerade erst siebzehn und hatte kleine Rollen in den ersten Tonfilmen, als Paul anfing, mit ihr auszugehen. Die Rorks waren eine bekannte Familie, und Ann wurde regelmäßig in Nachtclubs und auf Partys in Begleitung von Paul fotografiert.

Am 28. November 1930 fuhr Paul mit der »SS Homeric« nach Europa, um sein Privatleben in Ordnung zu bringen. Er wollte Fini und das Baby sehen, seine Affäre mit Ann beichten und um die Scheidung bitten. Doch während er den Atlantik überquerte, stürzten die Notierungen für Ölak- tien in neue Tiefen, und Sarah Getty beriet sich sorgenvoll mit den Testamentsvollstreckern. Alle stimmten darin überein, daß die von ihrem Sohn angestrebte Expansion leichtsinnig und unbesonnen sei, wo die Welt sich doch in einer tödlichen Depression befand.

Weihnachten 1930 erhielt Paul in Berlin ein Kurztelegramm: »Ihre Mutter rief uns als Testamentsvollstrecker zu Hilfe und verlangte, weitere Aktienkäufe mit Geldern irgendwelcher Unternehmen zu verhindern, und beauftragt uns, Sie über die Geschäftspolitik in Kenntnis zu setzen. Bitte beauftragen Sie die Direktoren, alle Kauforders und diesbezügliche Beschlüsse aufzuheben. Bitte auch telegrafisch Pläne für nächstes Jahr umreißen. Erhalt schriftlich bestätigen.« Paul telegrafierte drei Tage später gehorsam eine Antwort und erklärte sich damit einverstanden, alle Kauforders zu stornieren und das Einkommen der Firma dafür zu verwenden, die Bankschulden zu begleichen.

Das war zwar auf gar keinen Fall seine Absicht, aber er war Tausende von Meilen von der Chefetage der George F. Getty Inc. entfernt und hatte genug Probleme in Europa. Zu seinem Erstaunen stellte er nämlich fest, daß Fini, die vorher einer Scheidung nicht ablehnend gegenübergestanden hatte, ihre Meinung offenbar geändert hatte, als sie von Pauls Affäre mit Ann Rork erfuhr. Dr. Otto Helmle war jedoch immer noch darauf erpicht, daß sich seine Tochter so schnell wie möglich von Paul scheiden lassen sollte, doch zuerst wollte er mit diesem Ölmillionär, der so absichtlich mit den Gefühlen seiner Tochter gespielt hatte, eine stattliche Abfindung aushandeln. Er forderte Unsummen von Paul, nicht nur für Fini, sondern auch für das Baby. »Ich mußte gezwungenermaßen erkennen«, notierte Paul kleinlaut, »daß ich in Dr. Helmle auf einen Geschäftsmann gestoßen war, der mir völlig ebenbürtig war.«

In Los Angeles regte sich Sarah weiterhin auf. Sie war inzwischen überzeugt, daß das Unternehmen am Rande des Zusammenbruchs stand, und ging dazu über, Direktoren zum South Kingsley Drive zu zitieren und sie einem Verhör über die Lage des Ölgeschäfts zu unterziehen. Das Protokoll der Verwaltungsratssitzung vom 7. März vermerkt, daß »Mrs. George F. Getty Mr. Rush Blodget kommen ließ, große Sorge über die Zeitungsberichte bezüglich des Ölgeschäfts zum Ausdruck brachte und fragte, ob die Stellung des Unternehmens sicher genug sei, die Baisse zu überleben. Er versicherte ihr, daß das Unternehmen unbeschadet durchkommen würde. Er erklärte, daß Mrs. Getty darauf bestand, daß das Unternehmen keine Aktien kaufen und auch nicht an der Börse gehandelt werden sollte, es sei denn, es müßten Wertpapiere verkauft werden, um den Fortbestand des Unternehmens zu sichern.« Emil Kluth, ein weiterer Direktor, berichtete von einer ähnlichen Konferenz, ebenso ein Direktor mit dem treffenden Namen Grimm. Im April erfuhr der Verwaltungsrat, daß die Bank zusätzliche Sicherheiten forderte, um die Anleihen des Unternehmens finanzieren zu können. »Man war sich darüber einig«, vermerkt das Protokoll, »daß es klug sei, Aktien der Mexican Seaboard zu verkaufen, nachdem diese inzwischen für zwanzig Dollar und mehr gehandelt werden, um ein oder zwei ihrer Verbindlichkeiten (der George F. Getty Inc.) bei der Bank abzulösen, und daß die Verkäufe so lange erfolgen sollten, bis Präsident J. Paul Getty gute Gründe dagegen vorbringt.« Der Präsident, immer noch in Europa, war kaum in der Lage, solche guten Gründe vorzubringen.

Die George F. Getty Inc. wies 1930 nur einen Gewinn von 693000 Dollar aus. Der Kursverlust ihrer Aktienanteile bei der Pacific Western und der Mexican Seaboard überstieg jetzt schon eine Million Dollar; außerdem waren fast 900000 Dollar beim Bohren trockener Löcher verlorengegangen. Viel Geld war auch für den Aufbau einer Explorationsabteilung ausgegeben worden, die eine neue Prospektionstechnik mit Hilfe von Torsionsfadenwaagen auswerten sollte, aber nur trockene Löcher gebracht hatte. Für die meisten Direktoren war die einfachste Lösung des Problems, die schlechte Leistung des Unternehmens ihrem eigensinnigen und abwesenden Präsidenten in die Schuhe zu schieben. »In den Augen der Direktoren und Testamentsvollstrecker«, bekannte Paul, »schien meine Leitung kein überwältigender Erfolg gewesen zu sein.«

Paul kehrte im August aus Europa zurück und »heiratete« Ann Rork in New York. Da es ihm allerdings noch nicht gelungen war, von Fini geschieden zu werden, handelte es sich um eine einfachere Feier als üblich. In einem Appartement in der 59. Straße West sagte er Ann, daß er sie lieben würde und heiraten wollte. »Willst du mich heiraten?« fragte er. Sie sagte ja. »Also sind wir verheiratet«, bekräftigte Paul. »Wir brauchen keine dritte Person, die uns ihren Segen erteilt.«

Als Paul Anfang September nach Kalifornien zurückkehrte, fand er die Atmosphäre im Verwaltungsrat äußerst frostig. Zu Hause war es auch nicht besser, nachdem Sarah hinter sein Verhältnis mit Ann Rork gekommen war. Was eigentlich los sei, fragte sie aufgebracht. Paul brachte ihr die Nachricht so schonend wie möglich bei. Seine Ehe mit Fini sei vorbei, sagte er, das Scheidungsverfahren sei bereits in Mexiko eingeleitet worden, und er habe mit ihrem Vater, Dr. Helmle, eine Abfindung ausgehandelt. Sobald er frei sei, werde er Ann Rork heiraten. Er erzählte seiner Mutter jedoch weder von ihrer ungewöhnlichen »Hochzeit« in New York noch davon, daß er Ann in einem Appartement in Los Angeles untergebracht hatte. Sarah weinte bitterlich; sie hatte Fini gemocht und von ganzem Herzen gehofft, daß ihr Sohn endlich zur Ruhe käme. Als Paul fragte, ob er Ann mit nach Hause bringen und ihr vorstellen könne, schüttelte Sarah den Kopf, sie habe kein Bedürfnis, erklärte sie kühl, Ann zu sehen oder mit ihr zu sprechen.

Am 14. September, sieben Tage nach seiner Rückkehr nach Kalifornien, führte Paul den Vorsitz bei einer Direktorenkonferenz, auf der Rush Blodget von seinem Posten als Vizepräsident zurücktrat, weil er Paul nicht weiter unterstützen wollte. Blodget war einer der engsten Freunde und Berater George Gettys gewesen, und sein Rücktritt trug nicht gerade dazu bei, Pauls Ansehen bei seiner Mutter zu steigern. Kurz danach trat auch der Geschäftsführer des Unternehmens auf ähnliche Weise zurück. Auf der Jahreshauptversammlung am 7. Dezember stellten sich die Testamentsvollstrecker mit den 20000 Aktien der Erbmasse entschlossen hinter Sarah und bestätigten ihre rechtmäßige Kontrolle über das Unternehmen. Obwohl Paul als Präsident und Generalmanager wiedergewählt wurde, war er immer noch frustriert, weil er keine wirkliche Macht besaß. »Ich war vollkommen von der Kontrolle über das Unternehmen ausgeschlossen«, stellte er fest, »in das ich eine Million Dollar von meinem eigenen Geld gesteckt hatte. Ich hielt meine Geschäftspolitik für vernünftig, weil sie das Unternehmen abgesichert und seine Vermögenswerte vergrößert hatte. Die Großaktionäre dachten jedoch anders darüber.«

Paul widerstand der Versuchung, seinen Mitdirektoren deutlich zu machen, daß ein Großteil des Firmenerfolgs in den letzten sechs oder sieben Jahren direkt auf die fünf Millionen Dollar zurückzuführen war, die die von ihm erworbenen Pachtgrundstücke eingebracht hatten, die er als unabhängiger Unternehmer gekauft und der George F. Getty Inc. auf der Basis einer Teilhaberschaft übertragen hatte. Er hielt es nicht für an der Zeit, weitere Feindseligkeiten zu provozieren. Statt dessen schlug er vor, die Schulden des Unternehmens über den Verkauf des Pachtgrundstücks in Kettleman Hills zu tilgen. Dies würde einen beträchtlichen Gewinn einbringen und die Kursverluste der Pacific-Western-Aktien und der Mexican-Seaboard-Aktien, um die sich der Vorstand so viele Sorgen machte, mehr als ausgleichen. Er nahm aus diplomatischen Erwägungen auch davon Abstand, darauf hinzuweisen, daß das Unternehmen seinen Anteil in Kettleman Hills nur deshalb behielt, weil er den Kauf von Aktien der Pacific Western und Mexican Seaboard durchgesetzt hatte. Der stets zur Vorsicht neigende Verwaltungsrat fand die Idee, Vermögenswerte loszuwerden, viel besser, als welche zu kaufen, und nahm den Vorschlag begeistert auf. Im Januar kaufte die Shell Oil Company das Pachtgrundstück für 4,5 Millionen Dollar und machte die George F. Getty Inc. wieder solvent.

Während diese Verkaufsverhandlungen noch im Gange waren, bot einer von Pauls Freunden ihm weitere 160000 Aktien der Pacific Western an, genug, um der George F. Getty Inc. die totale Kontrolle über ein

Unternehmen zu verschaffen, das zu den zehn größten Ölproduzenten Kaliforniens gehörte. Nachdem er ein wenig gefeilscht hatte, konnte Paul das Angebot sogar auf nur sieben Dollar pro Aktie drücken. Auf einer Sonderkonferenz der Direktoren setzte er sich im Verwaltungsrat dafür ein, diese »einmalige« Gelegenheit zu nutzen. Sobald die Wirtschaft sich erholt habe – und er war noch immer davon überzeugt, daß dies bald eintreten werde –, würden die Notierungen für die Western-Pacific-Aktien anziehen, und die George F. Getty Inc. habe dann eine ausgezeichnete Ausgangsposition für weitere Expansion und Entwicklung. Das Risiko sei auf jeden Fall gering, sagte er, denn die realisierbaren Aktiva der Pacific Western seien weitaus mehr wert als der Kurswert ihrer Aktien.

Der Verwaltungsrat ließ Paul ausreden, richtete sich dann jedoch nach Sarah Getty. Sie seien Ölmänner, keine Aktienspekulanten, erklärten sie. Der Erwerb der Aktien der Western Pacific sei nur gebilligt worden, um das Pachtgrundstück in Kettleman Hills abzusichern. Sobald der Kurswert anstiege, wollte der Verwaltungsrat sie loswerden. Sie hätten kein Interesse daran, andere Gesellschaften zu übernehmen. Sie machten sich auch Sorgen um die Passiva der Firma, und zwar hinsichtlich der Erbschaftssteuer, die auf George Gettys Vermögen erhoben werden könnte, denn eine Taxierung der Erbschaftsmasse wurde gerade von der Steuerbehörde erörtert. Sarah nickte während der gesamten Diskussion zustimmend mit dem Kopf.

Paul war wütend über ihre sture Selbstgefälligkeit und ihre Bereitwilligkeit, sich eine derartige Chance entgehen zu lassen. Im Februar und März 1932 führte er unzählige Diskussionen mit seiner Mutter und den anderen Direktoren, weil er hoffte, ihre Meinung ändern zu können, aber er erhielt nur wenig Unterstützung. Schließlich erlaubten sie ihm halbherzig, als Vertreter des Unternehmens die Aktien zwar zu kaufen, aber nur unter der Voraussetzung, daß er sie aus eigener Tasche bezahlte. Sie deuteten vorsichtig an, daß die George F. Getty Inc. später vielleicht einmal bereit sei, ihn zu entschädigen, wenn die Frage der Erbschaftssteuer gelöst wäre. Das war ein schlechtes Geschäft für Paul, denn er mußte das ganze Risiko allein tragen, aber es war das Äußerste, was er erreichen konnte. So nahm er 1,2 Millionen Dollar von seinem Geld und kaufte die angebotenen Aktien, und vom 1. Mai 1932 an waren die Arbeiten auf den gemeinsamen Ölfeldern der Pacific Western und der George F. Getty Inc. koordiniert.

Einige Tage später trat Paul wieder seine Reise nach Europa an, die von nun an jährlich stattfinden sollte, aber diesmal fuhr er nicht allein. Als er in

New York an Bord eines Transatlantikdampfers ging, war er in Begleitung eines jungen hübschen Mädchens – Ann Rork, die als »Mrs. Getty« reiste. Aufmerksame Beobachter bemerkten vielleicht eine gewisse gesunde Gesichtsfarbe und eine leicht matronenhafte Rundlichkeit an ihr. Sie blieben zuerst eine Zeitlang in Paris und fuhren dann nach Italien weiter. Im August erreichte sie die gute Nachricht, daß Pauls Scheidung von Fini abgeschlossen war. Am 7. September, als sie mit dem Schiff von Genua nach Neapel unterwegs waren, brachte Ann einen Monat zu früh einen Sohn zur Welt. Sie wollten das Baby Jean Paul Getty II. nennen, aber aufgrund eines Mißverständnisses der italienischen Behörden wurde die Geburtsurkunde auf den Namen Eugene Paul Getty ausgestellt.

Im November ließ Paul Ann und das Baby in Paris und fuhr kurzerhand nach Kalifornien, um zu sehen, welche Fortschritte das Haus machte, das er am Strand von Santa Monica in der Ocean Front Nr. 270 für sie bauen ließ, denn es kam nicht mehr in Frage, bei seiner Mutter im South Kingsley Drive zu wohnen. Dann fuhr er mit dem Zug nach Washington, um die Kontroverse um die Besteuerung des väterlichen Vermögens zu regeln.

Nach zahlreichen Unterredungen mit Steuerbeamten gelang es ihm, die ursprünglich der Steuer zugrunde gelegte Summe von 20 Millionen Dollar auf etwa die Hälfte zu drücken, so daß die George F. Getty Inc. nur 1,3 Millionen Dollar Steuern zahlen mußte. Er war mit dem Ergebnis zufrieden, obgleich er es irgendwie ungerecht fand, daß sein Vater nach seinem Tode für seinen bescheidenen Lebensstil noch so hoch besteuert werden sollte. Getty hatte nie wertvolle Kunstgegenstände, Ländereien oder Yachten besessen und hatte für einen Mann seines Vermögens recht anspruchslos gelebt. »Die Steuergesetze von heute«, bemerkte sein Sohn, »lassen Zweifel daran aufkommen, ob eine derartige Ausgabenbeschränkung und Bescheidenheit ratsam ist.«

Wieder in Kalifornien, schickte Paul Ann ein Telegramm, in dem er sie bat, nach Mexiko zu kommen, wo sie am 2. Dezember in Cuernavaca nun wirklich heirateten; Paul war vierzig, Ann war genau halb so alt. Sarah Getty war zu der Feier nicht eingeladen worden und hatte auch keine Lust gehabt dabeizusein; sie wollte überhaupt nichts mehr von Pauls Privatleben wissen, und selbst die Geburt eines weiteren Enkelsohnes besänftigte sie nicht, insbesondere weil er das Pech hatte, vor der Hochzeit geboren zu werden.

Falls Paul irgend etwas aus seinen früheren Eheversuchen gelernt hatte, dann zeigte er es nicht. Sie waren gerade in das Haus am Strand von Santa

Monica eingezogen, als auch schon das Geschäft in ihre Beziehung einbrach. Diesmal bestand das Problem darin, daß sich Paul für etwas wirklich Großes engagierte, etwas, das vor Frauen und Kindern Vorrang haben *mußte*.

Ungeachtet des heftigen Widerstands seiner Mutter und der anderen Direktoren hatte Paul den Plan gefaßt, die George F. Getty Inc. zu einem integrierten Ölunternehmen auszubauen, das nicht nur exploriert und produziert, sondern auch transportiert, raffiniert und vermarktet; das ganze Geschäft, von der Ölquelle bis zur Benzinpumpe. Paul wußte genau, wenn er seine Chance jetzt verpaßte, solange noch die Aktienpreise niedrig waren und die Getty-Gesellschaften über Bargeld und Kredite verfügten, daß sie vielleicht nie wieder kommen würde.

Am 27. Februar 1933 trat Rush Blodget aus Protest gegen Pauls Aktivitäten aus dem Verwaltungsrat aus. Er erklärte seine Motive in einem langen Brief an Sarah:

»Liebe Mrs. Getty,

als ich im August 1931 von meinem Posten als Vizepräsident zurücktrat ... baten Sie mich in einem Gespräch, als Direktor und Syndikus im Unternehmen zu bleiben ...

Ich stand Ihnen gerne zur Verfügung, einerseits Ihretwegen, andererseits im Gedenken an meinen früheren Arbeitgeber, Mr. George F. Getty. Meine Arbeit für Sie hat bei sehr vielen Gelegenheiten meinen Widerspruch gegenüber den Wünschen Ihres Sohnes, Mr. J. Paul Getty, Präsident und Generalmanager, hervorgerufen. Dieser Widerspruch war glücklicherweise immer frei von scharfen Kontroversen, hat aber meine Lebenskraft sehr beansprucht, da ich seiner Geschäftspolitik und seinen Entscheidungen meist ablehnend gegenüberstand ...

Die Meinungsverschiedenheiten zwischen Mr. Getty und mir sind tiefgehender Natur; und die Unterschiede zwischen Ihren Ansichten (wie ich sie verstehe) und denen Ihres Sohnes sind ebenfalls tiefgehend. Offensichtlich kann es keinen Mittelweg geben. Ich begrüße Ihren Wunsch, das gesamte Management Ihrem Sohn zu überlassen, der jung, energisch und ehrgeizig ist. Ihre Sorge um die Zukunft hat meine volle Sympathie, da die Gesellschaften, die so umsichtig von Mr. George F. Getty geleitet wurden, jetzt in Bereichen operieren, die so ganz anders sind.

Ich kann Ihnen keine befriedigende Lösung anbieten, außer der, daß Sie sofort eine beträchtliche Summe aus Ihrem Aktienbestand flüssig machen, die ausreicht, Ihnen Ihre gewohnte gesellschaftliche Stellung zu sichern. Wenn Sie Ihre gegenwärtige Lage mit ihren Sorgen und Aufregungen gegen eine Million Dollar in guten verzinslichen Wertpapieren eintauschen, tun Sie etwas, was Mr. George F. Getty sicherlich gebilligt hätte. Ich kann Ihnen versichern, daß ich aufgrund von Äußerungen, die mir zu Ohren kamen, allen Grund zu der Annahme habe, daß Sie darauf bestehen sollten, diesen Plan durchzusetzen, und sich nicht dabei beirren lassen sollten.

In der Zwischenzeit kann ich Ihnen im Verwaltungsrat keine Hilfe sein, und ich glaube, ich sollte zurücktreten, um allen Betroffenen gerecht zu werden. Wenn ich jedoch irgend etwas für Sie tun kann, hoffe ich, daß Sie es ohne Zögern von mir verlangen.

Sehr herzlich Ihr Rush M. Blodget«

Sarah war über den Rücktritt von Blodget bestürzt, war aber jetzt erst recht nicht bereit, den Weg für Paul frei zu machen, wie er es empfohlen hatte. Sie betrachtete ihre Verantwortung als eine Art heiliges Pfand, das ihr der geliebte Mann übertragen hatte, und solange noch Blut in ihren Adern floß, würde sie es ihrem Sohn nicht gestatten, ihre Wünsche – oder die ihres Mannes – mit Füßen zu treten. Dennoch behauptete Paul, daß ihre Auseinandersetzungen hinsichtlich der geschäftlichen Dinge ihr persönliches Verhältnis nicht beeinträchtigten:

»Meine Mutter und ich verstanden uns immer gut. Es bestand ein Band der Liebe und Zuneigung zwischen uns, und was unser persönliches Verhältnis betrifft, so hat uns der Tod meines Vaters noch näher zusammengebracht. Nur wenn das Thema Geschäft anstand, gingen unsere Meinungen manchmal erheblich auseinander. Dennoch konnten diese Differenzen unser persönliches Verhältnis nicht im geringsten stören. Auf der anderen Seite hinderte uns die Tatsache, daß wir Mutter und Sohn waren, nicht daran, unsere verschiedenen, unabhängigen – und gelegentlich absolut gegensätzlichen – Ansichten in geschäftlichen Belangen zu haben und zum Ausdruck zu bringen. Überflüssig zu sagen, daß dieses für Außenstehende ambivalente Verhältnis Anlaß für viele paradoxe und oft köstlich amüsante Zwischenfälle war. Mama – so nannte ich sie seit meiner Kindheit – und ich kicherten oft über das Erstaunen einiger Leute, die uns eben noch heftig über das Geschäft streiten sahen und erlebten, wie wir im nächsten Moment zu einer liebevollen Mutter-Sohn-Unterhaltung übergehen konnten.«

Das war eine für die Öffentlichkeit bestimmte, leicht rosarot gefärbte Sicht der Tatsachen. Paul sah seine Mutter etwa zweimal in der Woche, meistens zum Mittag- oder Abendessen. Er nahm sie auch fast jede Woche einmal auf eine Spazierfahrt in seinem Wagen mit, oft an den Strand von

Santa Monica, wo sie gerne die Seelöwen fütterte. Wenn sie sich nicht unweigerlich immer über das Geschäft gestritten hätten, wäre es ein herzerweichender Anblick gewesen, wie die alte Dame, schwer auf den Arm ihres liebevollen Sohnes gestützt, mit ihm den Strand entlangging. Sie waren grundsätzlich unterschiedlicher Meinung darüber, was George Getty getan hätte, wäre er noch am Leben.

Sarah war überzeugt, daß ihr Mann niemals hohe Kredite aufgenommen hätte, insbesondere nicht während einer Wirtschaftskrise. Sie meinte außerdem, daß er nie mit den Aktien anderer Ölfirmen spekuliert hätte, selbst nicht bei einem wirtschaftlichen Aufschwung. Sie war fest davon überzeugt, daß ihr Sohn die Zukunft des Unternehmens gefährde, wenn sie ihm freie Hand ließe. Paul argumentierte dagegen, daß er genau das tue, was sein Vater gewünscht hätte. »Vater hat nie eine Chance verschenkt, sein Geschäft zu vergrößern«, sagte er, »und es wird nie wieder solche Gelegenheiten geben, wie wir sie heute haben.« Es war Pauls Überzeugung, daß Untätigkeit ein sehr viel größeres Risiko für das Unternehmen darstellte: Stagnation und am Ende Liquidation wären die Folge. Seine Politik dagegen bot Wachstum und die Chance, ein blühendes und mächtiges Unternehmen aufzubauen. »Ich war sicher«, erklärte er, »daß mein Vater dasselbe getan hätte wie ich, wenn er zu seinen Lebzeiten die besonders günstigen Aktiengeschäfte erlebt hätte, die es 1932 gab.«

So hielt der Streit an, ohne daß einer einen Millimeter wich. Paul kaufte weiterhin Aktien, fast täglich, und bestürmte seine Mitdirektoren, ihr vages Versprechen einzuhalten, einen Teil der Aktien zu übernehmen. Bis zum März 1933 hatte er über zwei Millionen Dollar investiert. Einmal waren seine Mittel so beschränkt, daß er sich gezwungen sah, ein Paket von 58 000 Aktien der Mexican Seaboard zu einem Kurs von 10,25 Dollar pro Aktie zu verschleudern, um an zusätzliches Geld zu kommen. Er tat das nicht gerne, weil er erwartete, daß die Aktienkurse ein paar Monate später kräftig anziehen würden. Und als das tatsächlich geschah, rechnete Paul sich verbittert aus, daß er einen potentiellen Profit von über einer halben Million Dollar verloren hatte – ein Profit, den er hätte einstecken können, wenn nicht der Verwaltungsrat der George F. Getty Inc. ihm die Unterstützung versagt hätte.

Am 31. März hatte Paul endgültig genug von seinen feigen Mitdirektoren und bot seinen Rücktritt aus dem Verwaltungsrat an, der auch angenommen wurde. Er behielt seinen Drittel-Anteil am Aktienbesitz, wollte aber seine langfristigen Ziele unabhängig verfolgen. Als im Mai 1933 die Aktienkurse plötzlich stiegen, machte ihm die George F. Getty Inc. das verspätete Angebot, einige seiner Aktien zu übernehmen. »Sie kommen recht spät zur Party«, erklärte Paul brüsk. »Alle Eintrittskarten sind vergeben, und das kalte Buffet ist fast aufgegessen.«

Anfang August war die Stimmung an der Börse immer noch lebhaft, und der Verwaltungsrat beschloß vorsichtig, das Risiko einzugehen, selbst Aktien zu kaufen, und eröffnete ein Konto bei den Brokern E. F. Hutton and Company. Paul wurde aufgefordert, als Börsenvertreter zu fungieren, mit der Vollmacht, für die George F. Getty Inc. Aktien zu kaufen. Er war einverstanden, widersetzte sich aber energisch einem Kauflimit von nur 300 000 Dollar, das der Verwaltungsrat vorschlug. Dieses Limit war auf Drängen von Sarah Getty entstanden, und in den folgenden Wochen stritten sich Mutter und Sohn mal wieder heftigst. »Erhebliche Schwierig-keiten«, vermerkte diskret eine privat gedruckte Chronik des Unterneh-mens, »entwickelten sich zwischen den beiden Aktionären der George F. Getty Incorporated.« Paul erreichte es schließlich, daß das Limit auf 400 000 Dollar erhöht wurde, forderte aber danach, es bis auf eine Million Dollar anzuheben. Schließlich einigte man sich am Ende des Monats auf 650 000 Dollar.

Unterdessen ging Pauls vierte Ehe in die Brüche. Ann war wieder schwanger, aber auch verärgert, voller Groll und unausgefüllt. Sie hatte geglaubt, einen Geschäftsmann geheiratet zu haben, und sah nun, daß sie ein Geschäft geheiratet hatte. Ann verstand nichts vom Ölgeschäft und interessierte sich wenig dafür. Weil sie über lange Zeitabstände allein in ihrem schindelverkleideten 12-Zimmer-Haus in Santa Monica gelassen wurde, lud sie viele Freunde aus dem Showbusineß ein; sie saßen stunden-lang auf der deckartigen Veranda mit Blick über den Strand, tranken, redeten, lachten und spielten mit dem Baby Eugene. Ann schilderte ihren Freunden ihre Eheprobleme – wie vernachlässigt sie sich fühlte und daß Paul sich mehr für das Geschäft als für sie und das Baby zu interessieren schien. Ihre Freunde hatten Verständnis und schürten die Probleme noch, wenn sie sie mit ihrem reichen Ehemann aufzogen. »Warum hat er dir nur einen Mercedes geschenkt, Schätzchen?« fragten sie. »Bei dem Mann solltest du einen Rolls haben.« »Du hast nur einen Nerz? Er sollte dich in Zobel kleiden!«

Paul machte kein Geheimnis aus der Tatsache, daß er Anns Freunde aus dem Showbusineß nichtswürdig fand – eine ironische Umdrehung des Spießes, denn Pauls Mutter hatte damals seine Freunde als »Hollywood-Gesocks« bezeichnet. Falls die Freunde immer noch da waren, wenn Paul nach Hause kam, verhielt er sich höflich, aber kühl, und verschwand bei der erstbesten Gelegenheit mit seinen Geschäftspapieren im Arbeitszimmer. Ann und er stritten sich häufig. »Ich wollte, daß er für mich schwärmte«, sagte sie. »Ich wollte Romantik und Zauber; aber er wollte nur ein Geschäft aufbauen. Vielleicht war es nicht einmal sein Fehler.« Eines Abends versuchte Paul zu erklären, warum es seiner Meinung nach notwendig wäre, so viel Zeit für das Geschäft aufzubringen, doch sie warf mit einem Nadelkissen nach ihm und schnauzte: »Ich wäre lieber ein Armer, der von seinem letzten Pfennig wie ein Prinz lebt.«

Am 20. Dezember 1933 gebar Ann einen weiteren Sohn, Gordon Peter Getty. Diesem Ereignis schenkte Paul wenig Beachtung, denn er stand nach wochenlangen Verhandlungen endlich kurz davor, seine Mutter soweit zu haben, auf ihre Kontrolle über die George F. Getty Inc. zu verzichten.

Sarah Getty war der Kämpfe mit ihrem Sohn inzwischen überdrüssig. Sie war 81 Jahre alt, und ihr Rheumatismus wurde ständig schlimmer – sie mußte sich am South Kingsley Drive sogar einen Fahrstuhl einbauen lassen, um in ihr Bett in der oberen Etage zu kommen. Das gesamte Jahr 1933 über hatte sie sich ständig mit Paul gestritten und dabei allmählich die Hoffnung aufgegeben, ihn jemals davon überzeugen zu können, daß sie diejenige war, die die Wünsche seines toten Vaters erfüllte und nicht er. Paul besuchte seine Mutter ein paar Tage vor Weihnachten im South Kingsley Drive. Er wollte ihr die gute Neuigkeit von der Geburt eines vierten Enkelsohnes bringen, aber noch mehr wollte er seiner Unzufriedenheit über den Geschäftsverlauf Luft machen. Er hatte viel zu sagen und rasselte seine Beschwerden Punkt für Punkt herunter, wobei er Daten und Zahlen genau aus dem Gedächtnis wiedergeben konnte.

Erstens sei er finanziell durch Kredite geschädigt worden, welche die George F. Getty Inc. an die George F. Getty Oil Company vergeben hatte, ein kränkelndes Tochterunternehmen, das zur Ölprospektierung in Neumexiko gegründet worden war. Der George F. Getty Oil Company waren ein Kredit über 1,684 Millionen Dollar für den Kauf von 25 000 Aktien der Pacific Western und weitere 700 000 Dollar für den Kauf von Pachtgrundstücken und die Durchführung von Probebohrungen gewährt worden. Paul hatte sich damals gegen beide Kredite ausgesprochen, war aber überstimmt worden. Sein Haupteinwand bezog sich auf die Tatsache, daß er ein Drittel der George F. Getty Inc. hielt, aber keinen Anteil an der George F. Getty Oil Company hatte, deren alleinige Besitzerin seine Mutter war. So mußte er indirekt ein Drittel des Kredits finanzieren, ohne selbst davon profitieren zu können. Jede Wertsteigerung der Aktien, die

die George F. Getty Oil Company gekauft hatte, kam allein seiner Mutter zugute. Paul bezweifelte auch stark, daß die Aktiva dem geliehenen Geldbetrag entsprachen, er betrachtete das Ganze als unsolide Anleihe.

»Ich hob hervor«, erklärte Paul, »daß die George F. Getty Inc. kein Recht hatte, einem Unternehmen, das ihr allein gehörte, Geld zu leihen, um es in die Lage zu versetzen, mit Ölgrundstücken und Aktien zu spekulieren. Wenn ihr Unternehmen ein Vermögen verdiente, könnte es seine Schulden zurückzahlen; im Falle eines Verlustes aber gäbe es keine Haftung seitens der Aktionäre, und die George F. Getty Inc. könnte ihr Geld in den Wind schreiben. Es war ein klarer Fall von: Bei Zahl gewinne ich, bei Wappen verlierst du.«

An diesem Punkt der Auseinandersetzung bot Sarah listig an, durch Übertragung eines Drittel-Anteils der George F. Getty Oil Company auf Paul den Zustand zu »regulieren«. Er aber war nicht daran interessiert. Die Kredite seien bereits »unter Wasser«, und die Aktien hätten sowieso keinen Wert mehr.

Pauls nächster Beschwerdepunkt war, daß er »den Kopf hingehalten hatte«, als die George F. Getty Inc. sich gesträubt hatte, die Aktien zu erwerben, die er in ihrem Namen gekauft hatte. »Ich trug Mutter noch einmal alle finanziellen Verluste und Schwierigkeiten vor, die ich als Ergebnis meines persönlichen Einsatzes erlitten hatte, als ich mich für die Kampagne der Getty-Gesellschaften zur Verfügung stellte, Aktien zu kaufen. Ich hatte sie von 1931 bis 1933 bis an die Grenzen meiner Möglichkeiten und zu meinem persönlichen Nachteil unterstützt. Die gesamte Belastung der Kampagne hatte ich auf mich genommen und für meine Dienste keinen Gewinn erhalten.«

Als Beispiel für die erlittenen Verluste nannte Paul die Tatsache, daß er seine persönliche Investition in Mexican-Seaboard-Aktien aufgeben mußte und sogar gezwungen war, ein beträchtliches Aktienpaket zu verkaufen, um die Aktienkäufe der George F. Getty Inc. zu unterstützen. »Wenn ich in der Lage gewesen wäre, die Mexican-Seaboard-Aktien ein paar Monate länger zu halten, hätte ich einen Gewinn von mehr als einer halben Million Dollar machen können, und wenn ich weiter gekauft hätte – was ich getan hätte, wenn ich mein Geld und meinen Kredit nicht zur Unterstützung der George F. Getty Inc. eingesetzt hätte –, wäre mir im Frühjahr 1933 ein persönlicher Profit von mindestens einer Million Dollar sicher gewesen.«

Wenn er mit einem Außenstehenden diese Geschäfte gemacht hätte, fügte er hinzu, wäre es eine kluge Geschäftsentscheidung gewesen, weitere Bitten um Unterstützung abzulehnen, als deutlich wurde, daß die Aktien, die er als Börsenvertreter im Namen des Unternehmens gekauft hatte, nicht übernommen wurden. Gerade hierfür machte er seine Mutter verantwortlich und beschuldigte sie, dem Verwaltungsrat die Anordnung erteilt zu haben, ihm nichts zu erstatten. Infolgedessen habe er bei seinem Broker 640 000 Dollar Schulden und werde wegen der Rückzahlung unter Druck gesetzt. Außerdem schuldete er der George F. Getty Inc. zusätzlich 216 000 Dollar für Aktien, die das Unternehmen nicht akzeptieren wollte, für die es aber »nach vielem Bitten bereit gewesen war, Geld zu leihen«.

Seine letzte Beschwerde war, daß die testamentarischen Verfügungen über die Vermögensmasse seines Vaters derart abgewickelt wurden, daß seine Mutter auf seine Kosten profitierte. Im Februar 1933 zahlte die George F. Getty Inc. für 643 664 Minnehoma-Aktien an Sarah Getty 1 609 160 Dollar, um es den Testamentsvollstreckern zu ermöglichen, aus der Vermögensmasse Schulden zu bezahlen und ihr die Vermögenswerte zuzuteilen. Paul bemängelte, daß der für die Aktien bezahlte Preis – 2,50 Dollar pro Aktie – auf dem Wert von 1930 basierte und der Zusammenbruch der Aktienkurse seitdem nicht berücksichtigt worden war. Und nicht nur das, der Preis war auch noch willkürlich um 50 Cents pro Aktie angehoben worden. Sarah hatte zunächst ein Angebot von zwei Dollar pro Aktie akzeptiert, aber dann hob der Verwaltungsrat das Angebot auf 2,50 Dollar an. »Als ein mit einem Drittel beteiligter Aktionär«, betonte Paul, »kostete mich das 107 000 Dollar.« Abgesehen vom Preis, kritisierte er den Handel insgesamt, weil er dem Unternehmen keinen, aber seiner Mutter beträchtlichen Vorteil gebracht hatte. »Auch mir brachte er keinen Vorteil«, fügte er hinzu.

Sarah ließ ihren Sohn ausreden und hörte seiner langen Aufzählung von Beschwerden und Ungerechtigkeiten aufmerksam zu. Am Ende sagte sie zu Pauls größter Überraschung und Freude, daß es ihrer Meinung nach an der Zeit sei, sich zur Ruhe zu setzen. Sie wollte die Last der Verantwortung nicht mehr länger tragen, sagte sie, und sie wäre glücklich, wenn sie nichts weiter zu überwachen hätte als die Führung ihres eigenen Haushaltes. Es sei schließlich Weihnachten, die Zeit des guten Willens, und wenn sie auch die Differenzen mit ihrem Sohn nicht aufheben könne, so sei sie doch bereit, ihn für seine erlittenen Verluste zu entschädigen.

Mutter und Sohn befaßten sich mit dem Geschäft, und Ann und ihr neues Baby waren völlig vergessen, denn Paul war voll davon in Anspruch genommen, eine Einigung zu erzielen, die ihm endlich die volle Kontrolle über das Unternehmen verschaffen sollte. »Wir waren beide darauf bedacht, weitere Spannungen zu vermeiden«, sagte Paul. »Falls ich einverstanden sei, so Mutters Vorschlag, daß die George F. Getty Inc. ihr Aktienpaket zu seinem vollen Wert kaufte, sei sie bereit, mir einen beträchtlichen Betrag als Weihnachtsgeschenk zu zahlen, der mir dazu verhelfen würde, meine drückenden Schulden zu begleichen.«

Der von ihnen beiden schließlich ausgearbeitete Vertrag sah vor, daß die George F. Getty Inc. ihr 18 000 Aktien für 4,5 Millionen Dollar abkaufte. Über eine Million Dollar sollten in bar bezahlt werden, der Rest in verzinslichen Wechseln, zahlbar zu bestimmten Zeitpunkten in den folgenden Jahren. Diese Abmachung sollte alle Bedürfnisse Sarah Gettys bis zu ihrem Lebensende großzügig abdecken und Paul gleichzeitig zum einzigen Aktionär der George F. Getty Inc. machen. Zusätzlich gab es noch Sarah Gettys »Weihnachtsgeschenk« für ihren Sohn, zu dem ihre restlichen 2000 George-F.-Getty-Inc.-Aktien, Aktien anderer Getty-Tochtergesellschaften und verschiedene Wechsel mit einem Gesamtwert von 1 018 156 Dollar gehörten. Das war, wie Paul zugab, »ein sehr großzügiges Geschenk«.

Sarah bestand darauf, daß ihrem Sohn die präzisen Einzelheiten der Zahlungsmodalitäten für ihre Aktien in einem formal abgefaßten Brief bestätigt wurden, der wenig Weihnachtliches an sich hatte. »Dieses Angebot«, stand darin, »gilt bis zum 30. Dezember 1933, 12 Uhr mittags. Falls es von dir nicht schriftlich vorher oder zu diesem Termin und zu dieser Stunde akzeptiert wird, zieht die Unterzeichnete das Angebot zurück und kündigt es insgesamt. Hochachtungsvoll, Sarah C. Getty.«

Sarah und Paul unterzeichneten am 29. Dezember in den Büroräumen der George F. Getty Inc. im Subway Terminal Building Nr. 1060, Los Angeles, alle nötigen Papiere. Am 2. Januar 1934 erklärte Sarah ihren Rücktritt aus dem Verwaltungsrat, und am 1. Februar nahm dieser ihren Rücktritt an. »Ich bin sicher«, sagte sie bedächtig, als Paul sie nach Hause fuhr, »daß Vater einverstanden ist.«

Die vierte Mrs. Getty wurde in keine dieser Verhandlungen eingeweiht, aber es machte ihr auch nicht viel aus. Allein im Haus in Santa Monica, während Paul sich dem Geschäft widmete, gab Ann allmählich die Hoffnung auf, daß ihre Ehe jemals gutgehen könnte. Sie haßte es, hinter der Getty Inc. die zweite Geige zu spielen, und haßte überhaupt alles, was mit der Ölindustrie zu tun hatte. Sie verglich sich oft mit der leidenden Heldin in J. M. Barries Theaterstück »The Twelve Pound Look«, das von der vernachlässigten Ehefrau eines überarbeiteten Geschäftsmannes handelt, die entschlossen ist, alle Register zu ziehen, um ihre Ehe zu retten. Eines Abends, als Paul wie üblich spät nach Hause kam, bestand Ann darauf, daß er sich hinsetzte und zusah, wie sie ihm den eigentlichen Höhepunkt des Stücks vorspielte. Sie hatte die vage Hoffnung, daß es ihn beeindrucken könnte. Er aber war absolut nicht beeindruckt; als Ann fertig war, stand er auf und verließ wortlos das Zimmer. Einige Tage später verkündete ihm Ann, sie käme in ihrem »goldenen Käfig« um und wollte die Scheidung. Paul hatte nichts dagegen, packte seine Koffer und zog wieder in den South Kingsley Drive, zurück zu Mutter.

Es kam Paul keineswegs ungelegen, wieder bei seiner Mutter zu leben, zumal er es immer noch schwierig fand, seinen Willen im Unternehmen durchzusetzen, obwohl er der Hauptaktionär war. Denn zu seiner Bestürzung mußte er feststellen, daß Sarah lediglich eine Herrschaftsform gegen die andere ausgetauscht hatte – jetzt war sie die Hauptgläubigerin. Die George F. Getty Inc. schuldete ihr über drei Millionen Dollar, eine Schuld, die ihren Wünschen beachtliches Gewicht verlieh, und ihr größter Wunsch war der, den Kauf weiterer Ölaktien zu verhindern.

»Ich war gezwungen, auf der Stelle zu treten«, bemerkte ihr frustrierter Sohn, »obwohl ich ihr zu verstehen gab, daß ein Gläubiger nicht die Politik eines Unternehmens diktieren sollte. Mutter warnte mich immer wieder vor der Verquickung zweier sehr spekulativer Geschäfte, dem Bohren nach Öl und dem Kauf von Ölaktien mit geborgtem Geld. Ich hätte beides in Zeiten allgemeiner wirtschaftlicher Unsicherheit in großem Umfang getan, beklagte sie sich, und ich hätte damit unser Kapital doppeltem Risiko ausgesetzt.«

Es war Sarahs große Angst, daß die Börse wieder zusammenbrechen könnte und ihre Wechsel dann wertlos werden könnten. Deshalb bestand sie als Hauptgläubigerin auf dem Recht, die Geschäftspolitik ihres Sohnes kritisieren zu können, wenn sie darin eine Gefahr für die Sicherheit ihres Geldes sah. Paul hatte bis zu einem gewissen Grade Verständnis für sie, wollte jedoch seine Strategie keineswegs aufgeben und suchte nach Möglichkeiten, die Macht seiner Mutter zu neutralisieren.

Es dauerte nicht lange, bis er beschloß, sie dazu zu überreden, ihm einfach die Schuldscheine zu überlassen. Das schien der einzige Weg, aber wie er Mama kannte, bestand kaum Grund zur Hoffnung.

»Als ich das Thema auf ein Geschenk brachte, schien sie mir nicht besonders empfänglich für diesen Vorschlag zu sein«, notierte er mißmutig. Aber an den langen Abenden, die sie gemeinsam im South Kingsley Drive verbrachten, oder jedesmal, wenn sie ausfuhren, um die Seelöwen zu füttern, versäumte er keine Gelegenheit, seinen Vorschlag immer wieder vorzubringen. Paul erinnerte seine Mutter ständig daran, daß sie selbst oft genug zugegeben habe, daß sein Vater einen Fehler beging, als er ihm das Unternehmen nicht überließ. Die Wechsel seien angesichts ihrer Bedürfnisse völlig überflüssig, argumentierte er. Schon ohne die Wechsel habe sie ein jährliches Einkommen von über 75 000 Dollar und brauche doch nie mehr als 25 000 Dollar. Er hielt ihr auch warnend vor Augen, daß sie sich bei Fälligwerden der Wechsel mit der zusätzlichen Sorge um die Investition des Geldes befassen müßte.

»Ich wünschte«, murmelte Sarah irgendwann einmal matt, »daß ich mit der ganzen Angelegenheit nichts mehr zu tun hätte.« Gegen Ende 1934 gab sie schließlich dem Druck ihres Sohnes nach, aber sie warnte ihn: »Wenn ich mich jetzt dazu entschließe, irgend etwas wegzugeben, geschieht dies nur in treuhänderischer Verwaltung für dich und deine Kinder, damit ihr vor Spekulation geschützt seid.« Paul wäre ein Geschenk ohne Bedingungen lieber gewesen, aber er stand der Gründung einer Familienstiftung nicht abgeneigt gegenüber, weil auch diese Konstruktion die Autorität seiner Mutter im Unternehmen wirksam beschneiden würde.

Sarah und ihr Sohn kamen am Weihnachtstag des Jahres 1934 zu einer Einigung – in jedem anderen Haushalt wäre das ein ungewöhnlicher Tag für geschäftliche Auseinandersetzungen gewesen, jedoch nicht bei den Gettys. Sie war bereit, Wechsel im Werte von zweieinhalb Millionen Dollar abzutreten, vorausgesetzt, daß sie einer »unwiderruflichen Stiftung zugunsten eines Unerfahrenen« übertragen wurden, und vorausgesetzt, daß er eine Million Dollar in George-F.-Getty-Aktien in die Stiftung einbrachte. Dafür sollte er der erste Nutznießer der Stiftung sein. Nach seinem Tode sollte das Stiftungsvermögen auf drei seiner vier Kinder aufgeteilt werden – die alte Dame war mit Pauls Vorschlag einverstanden, Ronnie auszuschließen, weil zu erwarten war, daß er das Vermögen seines Großvaters mütterlicherseits erben werde. Paul wollte Ronnie auch deshalb ausschließen, weil er die Familie Helmle bestrafen wollte – er litt noch immer unter der Abfindungssumme, die Finis Vater bei der Scheidung herausgeschlagen hatte. Der Ausschluß sollte aber nur für eine Generation gelten. Wenn einmal alle Kinder von Paul gestorben sein sollten, sollte das Stiftungsvermögen auf alle Urenkel Sarahs gleichmäßig aufgeteilt werden.

Der Sarah C. Getty Trust wurde am 31. Dezember 1934 gegründet. In den nächsten Jahren sollte er zu einer Quelle erbitterter Feindseligkeiten werden und unweigerlich einen Getty gegen den anderen aufbringen. Aber zunächst einmal befreite er Paul von den Fesseln, die seine Mutter ihm angelegt hatte. Er war endlich in der Lage, sich mit einem Ölriesen zu schlagen.

7. »Mein erster Gedanke war –
das ist *das* Mädchen«

Für Silvester 1934 hatte Paul eine Einladung nach San Simeon erhalten, dem Zuckerschlößchen zwischen Los Angeles und San Francisco, für das der Zeitungsverleger William Randolph Hearst Unmengen seines Vermögens verschwendet hatte. Hearst hatte 1919 den Bau von San Simeon in Auftrag gegeben, und obwohl das Anwesen 1935 noch immer nicht fertiggestellt war, verschlug es Paul dennoch die Sprache, als er es zum erstenmal von der Straße aus sah. An den Abhängen der Santa Lucia Mountains gelegen, mit Blick über den Pazifik, kam es ihm vor wie ein Märchenschloß, eine von Zwillingstürmen gekrönte Rokoko-Spielerei, die in der Wintersonne schimmerte. Es wurde damals darüber geklatscht, daß Hearsts Besessenheit von San Simeon und seine Entschlossenheit, es mit Kunstschätzen aus aller Welt vollzustopfen, die finanzielle Lage seines Verlagsimperiums ernstlich geschwächt hatte. Paul hatte noch kurz vor seinem Besuch gelesen, daß es einen 8000 Quadratmeter großen Lagerraum unter dem Hauptgebäude gab, der mit europäischen Antiquitäten vollgestopft sein sollte, die noch nicht einmal aus ihren Kisten ausgepackt worden waren. Paul war entsetzt, aber gleichzeitig faszinierte ihn die Morbidität solcher Extravaganz, und er freute sich über diese Einladung.

Er hatte Hearst mehrmals auf Partys im Hause des bezaubernden Filmstars Marion Davies getroffen, die neben Paul in Santa Monica wohnte. Es war eines der schlechtgehüteten Geheimnisse Hollywoods, daß Miss Davies Hearsts Geliebte war und daß er mehr als drei Millionen Dollar in ihre Villa in Santa Monica gesteckt hatte, die mehr als hundert Räume besaß und antik eingerichtet war. Paul pflegte sich oft ironisch darüber zu beklagen, daß sein Haus dagegen wie eine Hütte wirkte.

Ungefähr zwanzig Logiergäste waren für die Feiertage um die Jahreswende nach San Simeon eingeladen worden. Sie versammelten sich am Silvesterabend zum Diner in der auffälligen Pracht des großen Speisesaals, der mit mittelalterlichen Wandteppichen und seidenen Bannern aus Siena ausgestattet war. Hoch über ihnen befand sich eine aus einem italienischen Kloster stammende geschnitzte Holzdecke, ringsum an den Wänden stand ein Kirchengestühl aus einer spanischen Kathedrale, und riesige Holzkloben brannten in einem aus dem 16. Jahrhundert stammenden französischen Kamin. Die Party war nicht ausgesprochen lustig, was zum Teil an der einschüchternden Wirkung der Umgebung lag, zum Teil aber auch daran, daß der damals 71jährige Gastgeber »exzessives« Trinken mißbilligte und seinen Gästen lediglich einen Aperitif zugestand, der am Tisch serviert wurde. Paul wurde neben Marion Davies gesetzt, die rechts von Hearst saß. Miss Davies, die dem Trinken nicht abgeneigt war, kippte ihren Cocktail runter, und als sie sah, daß Paul seinen noch nicht angerührt hatte, lehnte sie sich zu ihm hinüber und flüsterte: »Wenn Sie Ihren Drink nicht mögen, Paul, kann ich ihn haben?« Unglücklicherweise hörte Hearst ihre Frage und dröhnte so laut ein Nein, daß es am ganzen Tisch zu hören war. Die Unterhaltung, bis dahin eher höflich als angeregt, stockte und erstarb ganz. Marion Davies starrte den alten Mann an, der am Kopf des Tisches saß, wandte sich wieder Paul zu und stammelte: »B-Bitte, geben Sie mir Ihren Drink, Paul.«

Getty wußte nicht so recht, wie er sich verhalten sollte. Es wäre ungehobelt und eines Gentleman unwürdig, der Dame seinen Drink nicht zu überlassen, gleichzeitig hätte dies aber seinen Gastgeber brüskiert. Unsicher griff er nach seinem Glas, wohlwissend, daß alle Augen auf ihn gerichtet waren, stieß es versehentlich um, und der Inhalt ergoß sich über den Tisch. Zwei Diener sprangen herbei, um den Schaden zu beseitigen. Nach überstandener Krise kam die Unterhaltung wieder zögernd in Gang. Als später am Abend im Vorführraum ein Film gezeigt wurde, nahm Hearst Paul zur Seite, gratulierte ihm zu seinem diplomatischen Verhalten und überging Pauls Einwand, daß es sich nur um ein Versehen gehandelt habe, mit einer lässigen Handbewegung.

Am nächsten Tag ergriff Paul die Gelegenheit, das Anwesen zu erkunden und seine Schätze zu bestaunen. Er bewunderte gerade das bunte Fensterglas aus dem 15. Jahrhundert im Hauptteil des Hauses, der Casa Grande, als ein Butler erschien und ihm mitteilte, er werde am Telefon verlangt, ein Ferngespräch aus New York. Paul nahm den Hörer und sagte: »Hier ist Paul Getty.«

»Bin ich froh, daß ich Sie ausfindig machen konnte«, sagte eine vertraute Stimme am anderen Ende. »Frohes neues Jahr!« Es war Jay Hopkins, ein Wallstreet-Anwalt, der das Getty-Unternehmen oft vertrat. »Jersey Standard hat ihre Tide-Water-Aktien einer Holdinggesellschaft namens Mission Corporation übertragen, und sie wollen die Aktien von Mission Corporation anteilmäßig an ihre eigenen Aktionäre ausschütten.«

Hinter Gettys gelassener Haltung kamen selten seine wahren Gefühle zum Vorschein, aber diese Neuigkeit ließ ihn merklich zusammenzucken. Wenn das geschah, würde ein beträchtliches Aktienpaket weit verstreut werden, das er in seinen Besitz bringen wollte.

»John D. Rockefeller junior«, fuhr Hopkins fort, »und gewisse andere Standard-Aktionäre haben mich beauftragt, Ihnen Ihre Rechte auf Erhalt von Aktien der Mission Corporation für 10,125 Dollar pro Aktie anzubieten. Ich glaube, es handelt sich um ungefähr 200 000 Aktien.«

Diesmal lächelte Getty fast unmerklich. »Ich kaufe«, sagte er, ohne zu zögern. »Aber Jay, nehmen Sie mal an, das Management von Jersey Standard erfährt, daß Rockefeller die Absicht hat zu verkaufen. Sie werden versuchen, ihm das auszureden.« »Geht nicht. Er sitzt in einem Zug nach Arizona. Sie können ihn nicht erreichen, und ich bin von ihm zum Verkauf bevollmächtigt.«

Als Getty den Hörer in San Simeon auflegte, hatte er ein Geschäft in Auftrag gegeben, »Rechte« im Wert von rund 1,8 Millionen Dollar zu kaufen. Er war ein glücklicher Mann und überzeugt, daß die Kontrolle über die Tide Water Associated Oil Company für ihn in Reichweite lag. Noch am selben Tage fuhr er nach Los Angeles zurück, um den nächsten Schritt zur Verwirklichung seines langfristigen Traumes in die Wege zu leiten, das Getty-Unternehmen von einem kleinen, unabhängigen Unternehmen an der Westküste zu einer bedeutenden, integrierten Ölgesellschaft auszubauen.

Paul Gettys Schachzüge, die Tide Water zu übernehmen, hatten bereits Anfang 1932 begonnen. Es sollte ein langer, schmutziger Kampf werden, viel länger und schmutziger, als er es sich anfangs vorgestellt hatte, und es sollten beängstigende Risiken mit ihm verbunden sein. »Es war ohne Frage ein Spiel mit dem Feuer«, sagte er später, »und für meine Verhältnisse ein ganz riesengroßes. Ich war damals noch ein relativ kleiner Wildcatter und richtete mein Augenmerk auf eine der größten Ölgesellschaften des Landes. In meine Aktienkäufe hatte ich jeden Dollar gesteckt, den ich besaß, und jeden Cent Kredit, den ich erhalten konnte. Wenn ich die Kampagne verloren hätte – und ich bin bei einigen Vorhutgefechten besiegt worden und kam bei einigen Gelegenheiten nur um Haaresbreite am völligen Bankrott vorbei –, wäre ich am Ende bettelarm und tief verschuldet gewesen.«

Was Paul dazu trieb, ein solch gefährliches Unternehmen zu wagen, war seine feste Überzeugung, daß er sich bei den immer noch anhaltend tiefen Aktienkursen infolge des Wallstreet-Krachs nach einer Gesellschaft mit guten Raffinierungs- und Vermarktungsmöglichkeiten umsehen sollte, die mit den Getty-Unternehmen, die sich hauptsächlich mit der Exploration und Förderung befaßten, fusionieren könnte. Blieb nur noch die Frage, um welche Gesellschaft er sich bemühen sollte.

Der überwiegende Teil des Rohöls, das die Getty Inc. und die ihr angegliederten Gesellschaften produzierten, stammte aus den Quellen in Kalifornien; Paul erschien es daher vernünftig, eine der sieben großen Ölgesellschaften in Kalifornien zu wählen. Ganz oben standen zwei Riesen – Standard Oil und Shell Oil –, die beide allein durch ihre schiere Größe gegen ein Übernahmeangebot durch einen Unabhängigen völlig gefeit waren. Darunter auf der Liste stand die Union Oil, die, genau wie auch General Petroleum, reichlich mit eigenem Rohöl versorgt war. Drei Gesellschaften blieben noch übrig. Richfield Oil hatte einen Vertrag, Gettys Rohölproduktion abzunehmen, stand jedoch seit kurzem unter Zwangsverwaltung, und Texas Oil hatte ebenfalls ausreichend eigene Rohölvorräte. Blieb also nur noch die Tide Water Associated Oil Company übrig.

Tide Water war eine alteingesessene Firma, die 1878 als Tide Water Pipe Company gegründet worden war, um eine 104 Meilen lange Pipeline zu bauen und zu betreiben – damals die längste der Welt –, die Öl von Titusville, wo »Colonel« Drake die erste Ölquelle angezapft hatte, nach Williamsport in Pennsylvanien leitete. Die Zeitungen beschrieben diese Pipeline damals als »Jahrhundertwerk«, als das erste Öl in die Tanks in Williamsport floß. In den darauffolgenden Jahren expandierte die Tide Water stark, bis sie 1932 zu den 15 größten Ölgesellschaften der Vereinigten Staaten gehörte. Sie war nicht nur groß genug, um Pauls Interesse zu wecken, sondern erfüllte auch seine beiden wichtigsten Kriterien – ihre Aktien waren billig, und sie benötigte dringend zusätzliche Rohölmengen. Eine Betriebsanalyse der Gesellschaft ergab keine versteckten Haken; Tide Water schien reif genug zu sein, um gepflückt zu werden.

Den ersten Kauf von Tide-Water-Aktien tätigte Paul am 15. März 1932, als er 1200 Aktien für 2,50 Dollar pro Stück erwarb. Am nächsten Tag kaufte er weitere 2500 Stück zum selben Preis und weitere 600 Stück für 2,625 Dollar. Am dritten Tag kaufte er noch einmal 2500 Aktien. Das Wochenende unterbrach seine Kauforgie, aber am Montag, dem 21. März, erwarb er weitere 2500 Aktien, am Dienstag 1700 und am Mittwoch 3900. Am Ende des Monats besaß er 15100 Aktien der Tide Water, Ende April waren es 41000 Aktien.

Am 1. Mai 1932 tauchte Paul Getty auf der Jahreshauptversammlung der Aktionäre der Tide Water Associated in New York auf, entschlossen, eine Stimme in der Unternehmensleitung zu erhalten – als erster Schritt in Richtung seines Endziels, Tide Water mit den Getty-Gesellschaften zu fusionieren. Zuversichtlich erwartete er einen freundlichen Empfang, da es keine Interessenkonflikte gab: Getty Oil brauchte Vermarktungs- und

Raffinierungsmöglichkeiten, Tide Water brauchte Rohöl. Eine Fusion war nach Pauls Ansicht für beide Seiten vorteilhaft.

Zur Unterstützung seiner Forderung nach einem Sitz im Verwaltungsrat konnte er seine 41 000 Aktien und zusätzlich eine Stimmrechtsvollmacht für 126 000 Aktien der Petroleum Securities vorweisen, die er durch persönliche Beziehungen in der Ölbranche erhalten hatte. Zu seiner Überraschung widerrief aber die Petroleum Securities ihre Stimmrechtsvollmacht kurz vor der Versammlung, ohne Paul eine Erklärung zu geben. Ohne diese Unterstützung scheiterte seine Bewerbung um einen Sitz im Verwaltungsrat. Später fand er heraus, daß die Petroleum Securities ein Gaswerk in den Kettleman Hills besaß, das sein Gas von der Tide Water bezog. Doch erst als der Kampf so richtig losging und es sich herausstellte, daß das Management der Tide Water bereit war, bis zum äußersten zu gehen, um Pauls Pläne zu durchkreuzen, wurde Paul die Bedeutung dieser Verbindung klar. Für den Verwaltungsrat war der junge Getty ein Emporkömmling und Außenseiter. Einer der Direktoren drückte es stellvertretend für alle so aus: »Paul Getty sollte bleiben, wo er hingehört – auf eine Bohranlage!«

Doch von diesem ersten Rückschlag ganz unbeeindruckt, kaufte Paul weiterhin fast täglich Tide-Water-Aktien. Seinem Broker in New York – seinem alten Schulfreund Gordon Crary – teilte er mit, daß er bei dem gegenwärtigen Kurs »eine unbeschränkte Anzahl« kaufen würde. Crary, der für E. F. Hutton and Company tätig war, gelang es, Kollegen dazu zu bringen, an der New Yorker Börse Tide-Water-Aktien zu kaufen und auf diese Weise Gettys Engagement und seine Absichten zu verschleiern. Woche für Woche und Monat für Monat erhöhte Paul geduldig seinen Anteil an der Gesellschaft, wobei er manchmal 5,125 Dollar, manchmal 2,125 Dollar pro Aktie zahlte.

Obwohl es ihm nicht gelungen war, einen Sitz im Verwaltungsrat zu erhalten, fühlte er sich als Kleinaktionär dennoch dazu berechtigt, seine Meinung zu äußern, und so bombardierte er das Management mit Kritik, Ideen und Vorschlägen, wie man die Effizienz erhöhen und die Kosten verringern könnte. Er glaubte, daß ein großer Teil der Tide-Water-Raffinerie veraltet war, und gab der Gesellschaft den nachdrücklich vorgetragenen Rat, ihre flüssigen Mittel in ein umfassendes Modernisierungsprogramm zu stecken. Er setzte sich energisch gegen die Ausschüttung hoher Dividenden auf Vorzugsaktien zuungunsten der Besitzer von Stammaktien ein. Denn als er die Geschäftsbilanzen durchsah, hatte er entdeckt, daß in manchen Jahren eine Dividende von über vier Millionen Dollar an die

Inhaber von Vorzugsaktien ausgeschüttet worden war, während die Besitzer von Stammaktien leer ausgegangen waren. Seiner Ansicht nach sollte die Tide Water möglichst viele ihrer Vorzugsaktien aufkaufen, damit höhere Dividenden auf Stammaktien ausgeschüttet werden könnten.

Das Management der Tide Water nahm Gettys Einmischungen in seine Angelegenheiten sehr übel und wies alle Vorschläge zurück. Doch Ende 1932 hatte Paul mehr als eine Million Dollar aus seinem Privatvermögen in die Tide Water investiert und eine weitere halbe Million in die Petroleum Corporation of America, die einen beträchtlichen Teil der Tide-Water-Aktien besaß. Mit rund 156 000 Tide-Water-Aktien in der Tasche war er mit seinen Bemühungen einen wesentlichen Schritt vorangekommen, aber er fühlte sich stark behindert durch den anhaltenden Widerstand der anderen Getty-Direktoren, die alle gegen das gewagte Spiel waren. Aber trotz ihrer Befürchtungen wurde Paul in seiner Zuversicht nie wankend. »Hätte ich 1932 die versprochene Unterstützung von Mutter und den anderen Direktoren erhalten«, sagte er, »hätte ich dreimal so viele Tide-Water-Aktien kaufen können. Das Versäumnis, die Ausverkaufstage von 1932 völlig auszuschöpfen, hat die Chance der Getty-Gesellschaften zunichte gemacht, ein Drittel oder mehr der Stammaktien der Tide Water Associated zu erwerben, auch wenn das damals nicht ganz begriffen wurde.«

Ende April 1933 stieg Paul wieder in den Zug nach New York, um an der Jahreshauptversammlung der Tide Water teilzunehmen, die am Dienstag, dem 4. Mai, stattfinden sollte. Diesmal hatte er keine Stimmrechtsvollmachten nötig, um einen Sitz im Verwaltungsrat beanspruchen zu können: Gettys Anteil bestand aus 258 004 Aktien – mehr als genug, um einen Sitz im Management zu erhalten. Diesmal konnte er nicht übergangen werden, und die Tide Water Associated Oil Company erhielt einen dynamischen neuen Direktor – den 41jährigen J. Paul Getty. »Es war ein vergleichsweise kleiner Sieg innerhalb der Kampagne«, sollte er später sagen, »aber er hatte zur Folge, daß ein Getty-Brückenkopf an einer Küste errichtet wurde, die, wenn auch nicht gerade feindlich, ein oder zwei Schritte davon entfernt war, ausgesprochen gastfreundlich zu sein.«

Paul hatte keinerlei Erfahrung mit Verwaltungsratsangelegenheiten großer Ölgesellschaften, aber er hatte überhaupt keine Hemmungen, den »neuen Mann« zu spielen. Er schlug sofort vor, daß die Gesellschaft ihre überschüssigen Barmittel von rund fünf Millionen Dollar darauf verwenden sollte, ihre Vorzugsaktien zurückzukaufen, um damit den Zwang loszuwerden, die obligatorischen sechs Prozent Dividende ausschütten zu müssen. Dies, so sein Argument, könnte mehr Barmittel zur Dividenden-ausschüttung an die 17 000 Besitzer von Stammaktien zur Verfügung stellen. Der Vorschlag wurde von den anderen Direktoren als tollkühn abgelehnt, die es alle für sicherer hielten, ein großes Barguthaben zu behalten, statt Aktien zu kaufen, zumal das Wirtschaftsklima nach dem Zusammenbruch der Börse im Jahre 1929 immer noch überwiegend unsicher war.

In den nächsten Monaten erfuhr Paul viel über die anderen Direktoren – und war alles andere als beeindruckt. Der Verwaltungsrat bestand aus fünf leitenden Angestellten der Tide Water und sieben Männern, die von außen kamen und von denen nur wenige ein großes Interesse am Unternehmen hatten, wie es Paul erschien. Im Oktober 1933 wurden alle Direktoren zu einer Besichtigung der Tide-Water-Anlagen in Texas und Oklahoma ein-geladen, aber nur ein von außen kommender Direktor nahm die Einla-dung an – das jüngste Mitglied des Verwaltungsrats, J. Paul Getty. Nach-träglich stellte er empört fest, daß auch noch keiner der von außen kommenden Direktoren sich bisher jemals die Mühe gemacht hatte, die riesige Raffinerie der Gesellschaft in Bayonne, New Jersey, zu besuchen, obwohl sie nur zwanzig Autominuten von New York entfernt war und eine bedeutende Investition darstellte. Als Antwort auf Pauls diesbezügli-che Frage sagte ihm der Rechnungsprüfer des Unternehmens, daß ihn bisher nur einmal ein von außen kommender Direktor konsultiert habe.

Es entsprach nicht Pauls Natur, zu solchen Dingen zu schweigen, und seine vernichtenden Redebeiträge auf Verwaltungsratssitzungen machten ihn nicht gerade zum beliebtesten Mitglied, was nicht heißen soll, daß er an Freundschaften nicht interessiert war. Was ihn jedoch mehr interessierte und auch Sorge bereitete, war das beinahe routinemäßige Abschmettern seiner Ideen durch Männer, die zu faul waren, sich über die Besonderhei-ten des Geschäfts zu informieren, das sie leiten sollten. »Ich hatte einen großen Teil meines Vermögens in die Aktien der Firma gesteckt«, be-schwerte er sich, »und hatte Erfahrung und Erfolg im Ölgeschäft vorzu-weisen. Aber ich mußte feststellen, daß keiner der von außen kommenden Direktoren jemals irgendwelche Fragen stellte oder meinen Ansichten eine besondere Aufmerksamkeit schenkte, obwohl ich ein Ölmann war und sie nicht.«

Pauls Aktienkaufkampagne lief unauffällig das ganze Jahr hindurch weiter und wurde durch die spät einsetzende Unterstützung der Direkto-ren der George F. Getty Inc. noch angekurbelt, deren Befürchtungen durch ein plötzliches Anziehen der Aktienkurse besänftigt worden waren.

Da sowohl die George F. Getty Inc. als auch die Pacific Western Aktien der Tide Water kauften, verstärkte die »Getty-Interessengemeinschaft« langsam ihren Zugriff auf die Tide Water. Im September bot der Ölveteran Harry Sinclair an, seine 300 000 Tide-Water-Aktien gegen 200 000 Aktien der Petroleum Corporation, die sich im Besitz der Getty-Gruppe befanden, einzutauschen. Paul hätte einen Profit von rund 1,5 Millionen Dollar erzielen können, wenn er den Getty-Anteil an der Petroleum Corporation anderweitig verkauft hätte, aber er griff mit beiden Händen nach Sinclairs Tauschangebot und verdoppelte damit faktisch seinen Anteil an der Tide Water.

Auf einer Verwaltungsratssitzung der Tide Water im Dezember, an der Paul nicht teilnehmen konnte, wurde schließlich entschieden, daß es doch eine gute Idee sei, die Vorzugsaktien zurückzukaufen. Als Paul diesen Vorschlag zum erstenmal im Frühjahr jenes Jahres gemacht hatte, hatte der Preis noch 35 Dollar pro Aktie betragen, im Dezember kostete sie 65 Dollar. Den vom Pech verfolgten Verwaltungsrat der Tide Water erwarteten weitere Schwierigkeiten, als man entdeckte, daß der einzige verkaufswillige Inhaber von Vorzugsaktien die George F. Getty Inc. war. Paul billigte den Verkauf von 18 400 Vorzugsaktien der Tide Water und erzielte zugunsten des Familienunternehmens einen Profit von 428 316 Dollar. Dieses Geld wurde sofort wieder in den Kauf von Stammaktien der Tide Water gesteckt, und Ende 1933 konnte die Getty-Interessengemeinschaft 743 154 Aktien der Tide Water aufbieten, das entsprach ungefähr 7,5 Prozent der in den Händen der Aktionäre befindlichen Aktien.

Im Mai 1934 wurde eine Getty-Führungskraft, Harold P. Grimm, in den Verwaltungsrat der Tide Water gewählt, damit besaß die Getty-Interessengemeinschaft zwei von zwölf Sitzen. Damals kostete die Stammaktie der Tide Water 11,25 Dollar pro Stück, was Paul enorm freute, da er für seine ersten 300 000 Aktien durchschnittlich nur 3,59 Dollar hatte aufbringen müssen. Paul freute sich auch, daß William F. Humphrey, ein Mann, den er mochte und sehr respektierte, zum Nachfolger des in den Ruhestand tretenden Präsidenten des Unternehmens ernannt wurde. Humphrey, der wegen seiner eindrucksvollen Statur »Big Bill« genannt wurde, war Syndikus mit einem exzellenten Ruf als Geschäftsmann; er war seit fast zwanzig Jahren für die Tide Water tätig und auch als Gründer des Olympic Club in San Francisco bestens bekannt.

In jenem Frühsommer 1934, als Paul schon etwas über zwei Jahre seine Kampagne betrieb, konnte er mit Genugtuung auf seine Leistungen zurückblicken und sich vertrauensvoll auf weitere Fortschritte freuen. Doch seine Zufriedenheit sollte nur äußerst kurzlebig sein, weil er bald eine böse Überraschung erleben mußte. Im Juni 1934 stellte Paul zu seiner Bestürzung fest, daß die Tide Water Associated Oil Company nicht – wie man ihm weisgemacht hatte – unabhängig war, sondern in Wirklichkeit von dem Mammutunternehmen Standard Oil Company of New Jersey kontrolliert wurde!

Paul hätte niemals an eine Übernahme der Tide Water gedacht, wenn er gewußt hätte, daß er damit eine Schlacht mit einer der größten Gesellschaften beginnen würde, die die amerikanische Erdölindustrie beherrschte. Aus den öffentlich zugänglichen Geschäftsunterlagen war zu entnehmen, daß die Jersey Standard ihren Einfluß auf das Betriebsgeschehen der Tide Water aufgegeben hatte, als sie 1078 123 Aktien – damals ungefähr 23 Prozent der Aktien des Unternehmens – an die Mission Securities verkauft hatte, eine Dachgesellschaft, die von einem Konsortium aus Tide-Water-Führungskräften gebildet worden war. Jersey Standard hatte daraufhin 50 000 Tide-Water-Aktien im außerbörslichen Verkehr erstanden, aber das schien auch ihren gesamten Anteil auszumachen.

Was aber Paul nicht gewußt hatte, war, daß die Mission Securities die Aktien der Jersey Standard auf Ratenzahlungsbasis gekauft hatte und ständig in Verzug war. Im Juni 1934 erklärte die Jersey Standard daher den Kauf für null und nichtig, übertrug die 1078 123 Aktien wieder auf ihren Namen und gewann so den Einfluß auf das Betriebsgeschehen des Unternehmens zurück. Für die Getty-Interessengemeinschaft wirkte sich das katastrophal aus – statt einflußreiche Aktionäre in einem unabhängigen Unternehmen zu sein, waren sie über Nacht lediglich zu einer Marionette in einem Spiel geworden, das jetzt die Jersey Standard beherrschte.

Sobald Paul sich von dem Schock erholt hatte, prüfte er seine Möglichkeiten. Er hatte wirklich keine große Auswahl – er konnte seine Niederlage entweder zugeben und abspringen oder die Kampagne ungeachtet der ungeheuren Verstärkung des Feindes fortsetzen. Er hatte sein Unterfangen immer als »Kampf« bezeichnet und sah sich mit seinem Dilemma in der Rolle eines Generals, der seine Streitkräfte nach einer besonders blutigen Niederlage inspiziert. »Ich konnte einerseits zugeben, daß ich in der Minderheit und geschlagen war«, bemerkte er, »oder andererseits dabeibleiben und kämpfen. An den Zahltagen auf den Ölfeldern Oklahomas habe ich häufig vor ähnlichen Entscheidungen gestanden. Ich lernte damals, daß die Rauferei um so besser zu werden versprach, je stärker sich der Maulheld gab; und daß man immer eine Chance hatte, auch einen starken Gegner, der einen in die Ecke drängte, im Nahkampf k. o. zu schlagen, auszupunkten oder zu zermürben. Ich entschloß mich also zum Kampf.«

Aber zunächst versuchte er es mit Verhandlungen. Im Oktober 1934 bat er um ein Treffen mit den führenden Leuten von der Jersey Standard, um »die Angelegenheit zu besprechen« und in der Hoffnung, sie davon überzeugen zu können, daß sie nicht einen so großen Anteil an einem Konkurrenzunternehmen wie Tide Water halten sollten. Doch niemand war zu einem Gespräch bereit.

Daraufhin schlug Getty eine andere Richtung ein. Am 19. Dezember schickten Anwälte, die die Getty-Interessengemeinschaft vertraten, einen knappen Brief an die Jersey Standard:

»Meine Klienten, Getty Inc., eine Gesellschaft aus Delaware, und George F. Getty Inc., eine Gesellschaft aus Kalifornien, besitzen viele Aktien der Tide Water Associated Oil Company. Sie sind davon unterrichtet, daß die Standard Oil Company der im Aktienbuch der Gesellschaft eingetragene Aktionär von über 1,1 Millionen ihrer stimmberechtigten Aktien ist. Wegen ihres Anteils am Unternehmen haben sie ein vitales Interesse daran, wie sich der Besitz eines so großen Pakets stimmberechtigter Aktien und die Ausübung des Stimmrechts durch die Standard Oil Company auswirken. Sie geben zu bedenken, daß es nicht dem Wohle der Tide Water Associated Oil Company oder der Öffentlichkeit dient, wenn ein Konkurrenzunternehmen wie die Standard Oil Company durch eine derartige Stimmenansammlung die Kontrolle über die Tide Water Associated Oil Company ausüben kann. Sie betrachten es ferner als gesetzlich vorgeschriebene Pflicht der Standard Oil Company, auf dieses Eigentumsrecht unverzüglich und auf Treu und Glauben zu verzichten oder sich ausdrücklich zu verpflichten, davon abzusehen, entweder direkt oder indirekt über diese in ihrem Besitz befindlichen Aktien das Stimmrecht auszuüben ... Aus Rücksicht auf die Tide Water Associated Oil Company und ihre Aktienanteile an ihr haben meine Klienten nicht den Wunsch, sich auf Auseinandersetzungen mit der Standard Oil Company einzulassen, weder vor Gericht noch an einem anderen Ort, aber die Angelegenheit ist für die unabhängigen Aktienbesitzer dieses Unternehmens von so großer Wichtigkeit, daß sie auf die Gerichte zurückgreifen werden, falls die Standard Oil Company sich weigert, das Stimmrecht, das ihr aufgrund ihres Aktienbesitzes zusteht, abzutreten oder diese Aktien an ihre eigenen Aktienbesitzer zu verteilen oder einen ehrlichen Verkauf zu tätigen oder andere diesbezüglich wirksame Übertragungen vorzunehmen. Es bleibt zu hoffen, daß die Standard Oil Company diese Fragen sorgfältig prüft.«

Jersey Standard zog es vor, auf diesen Brief nicht zu antworten, handelte aber rasch, um jeglichen gerichtlichen Angriff Gettys abzuwehren. Am 31. Dezember 1934 übertrug Jersey Standard seine 1128 123 Tide-Water-Aktien und 557 557 Aktien der Skelly Oil Company an die Mission Corporation – eine in Reno, Nevada, neugegründete Dachgesellschaft. Dahinter stand die Absicht der Jersey Standard, Aktien der Mission Corporation als Dividende an ihre eigenen Aktionäre auszugeben.

Die Gründung der Mission Corporation war ein Manöver, das ausdrücklich dazu dienen sollte, alle Versuche Gettys abzuwehren, Kontrolle über die Tide Water zu gewinnen, die jetzt auf das Aktienpaket übergegangen war, das die Mission Corporation hielt. Damit keine Zweifel entstehen konnten, wo Jersey Standard im Streit zwischen der Getty-Interessengemeinschaft und dem amtierenden Management der Tide Water stand, wurde »Big Bill« Humphrey, der Präsident der Tide Water, auch zum Präsidenten der Mission Corporation ernannt, und zwei leitende Führungskräfte von Tide Water besetzten zwei der vier übrigen Sitze im Verwaltungsrat. Nicht berücksichtigt wurden alle, die J. Paul Getty repräsentierten oder unterstützten.

»Das bedeutete«, sagte Paul, »eigentlich die offene Kriegserklärung zwischen Tide Water und Jersey Standard auf der einen Seite und der Getty-Gruppe auf der anderen Seite.«

Aber die Strategie der Jersey Standard war von Anfang an ein Rohrkrepierer. Denn die Mission Corporation, die ursprünglich gegründet worden war, um Paul Getty daran zu hindern, Tide Water zu kaufen, stellte ihm eigentlich die Mittel zur Verfügung, sein Ziel zu erreichen. Bei den damaligen Aktienkursen hätte er noch einmal elf oder zwölf Millionen Dollar einsetzen müssen, um sich die Kontrolle über die Tide Water zu erkaufen, was weit über die Kreditfähigkeit der Getty-Interessengemeinschaft hinausgegangen wäre, die durch die dreijährige aggressive Aktienkaufpolitik schon beinahe ausgeschöpft war. Aber die viel kleinere Mission Corporation war ein völlig anderes Kaufobjekt.

Und wer Mission kontrollierte, der kontrollierte im Endeffekt auch die Tide Water.

Daß John D. Rockefeller junior, der 60jährige Sohn des Gründers der Standard Oil, sein Portefeuille überprüfte, als das Mission-Geschäft verkündet wurde, war Pech für Jersey Standard. Denn Rockefeller war nicht besonders darauf erpicht, Mission-Aktien als Dividende für seine Jersey-Standard-Aktien zu erhalten, und deshalb beauftragte er seinen Anwalt, die Rechte über sein Kontingent zu verkaufen. Es war ebenfalls Pech für die Jersey Standard, daß Rockefellers Anwalt auch Paul Getty vertrat, daß er erkannte, daß Getty ein potentieller Käufer war, und er sich die Mühe machte, ihn in San Simeon ausfindig zu machen. Paul kaufte für 1 802 135 Dollar Mission-Aktien von Rockefeller. Einige Tage später kehrte Rockefeller nach New York zurück und erfuhr, daß der Vorsitzende und der Präsident der Jersey Standard dringend mit ihm sprechen wollten. Sie setzten ihm auseinander, daß der Tide Water voraussichtlich ein Kampf um Stimmrechtsvollmachten bevorstände, und baten ihn, seine Mission-Aktien unter keinen Umständen zu verkaufen.

»Zu spät«, antwortete Rockefeller. »Sie sind schon verkauft.«

»Verkauft? An wen, Mr. Rockefeller?«

»An jemand in Kalifornien.«

»Sein Name ist nicht zufällig Getty?«

»Ja, ich glaube, schon.«

Das Rockefeller-Geschäft war nicht der einzige Glückstreffer Pauls. Dank einer weiteren wunderbaren Fügung wurde am selben Tag, als Jersey Standard die Mission Corporation gründete, der Sarah C. Getty Trust in Los Angeles abgesegnet: Seine Mutter trat gerade rechtzeitig ihre Macht ab, so daß Paul alle Geldmittel der Getty-Unternehmen in seine Kampagne einbeziehen konnte. Ohne die Unterstützung der alten Dame konnte sich keiner der anderen Getty-Direktoren gegen ihren dynamischen Sohn zur Wehr setzen, so daß Paul jetzt freie Hand hatte, jederzeit und überall Aktien zu kaufen – solange er noch Kredit bekam.

Pauls nächster Schritt war es, mit einigen der kleineren Aktionäre bei Standard aufzuräumen, indem er einfach über Jay Hopkins das Gerücht verbreiten ließ, »Mr. Rockefeller würde es klug finden zu verkaufen«. Das Ergebnis war vorherzusehen. Wenn Mr. Rockefeller es klug fand zu verkaufen, dann dachten Dutzende von kleinen Anlegern dasselbe. Die Nachricht, daß Getty Mission-Aktien kaufte, sickerte bald durch. Man mußte kein großes Finanzgenie sein, um sich auszurechnen, was Paul vorhatte, und in den New Yorker Büros der Tide Water Associated Oil Company ertönten die Alarmsirenen. Humphrey und die anderen Direktoren waren entschlossen, unterstützt von der Hilfe und der Ermutigung der Standard Oil, die Kontrolle nicht an den jungen Getty abzutreten, und so schmiedeten sie heimlich neue Pläne, um seine offenkundigen Absichten zu durchkreuzen.

Auf einer Verwaltungsratssitzung im März 1935 entdeckte Paul zu seiner Überraschung eine Resolution auf der Tagesordnung, in der vorgeschlagen wurde, daß vier der Direktoren des Unternehmens für die Dauer von drei Jahren gewählt werden sollten statt wie üblich nur für ein Jahr. Damit sollte angeblich die Kontinuität des Managements gewährleistet werden. Paul widersetzte sich dem Vorschlag entschieden und wies darauf hin, daß er im Gegensatz zur bewährten Praxis in der gesamten Ölbranche stand und zum Nachteil der Aktionäre war. Während Getty sich nach außen in erster Linie als Menschenfreund darstellte, galt seine Hauptsorge jedoch sich selbst als künftigem Besitzer, der mit einem drei Jahre amtierenden Verwaltungsrat belastet wäre, wenn er endlich die Kontrolle errungen hätte.

Nach langen hitzigen Debatten erklärte sich der Verwaltungsrat schließlich widerwillig damit einverstanden, die Aktionäre entscheiden zu lassen. Sie sollten aufgefordert werden, ihr Stimmrecht aufgrund einer Stimmrechtsermächtigung auszuüben. Dieses Manöver sollte Paul eine Lektion erteilen, wie große Unternehmen einen Kampf um Stimmrechtsvollmachten führen. Naiv hatte er sich vorgestellt, daß beide Positionen den Aktionären ehrlich vorgetragen würden, damit sie eine eigene Entscheidung treffen könnten. Statt dessen entdeckte er die häßliche Wirklichkeit der Verwaltungsratspolitik.

Die vorrangige Taktik des Managements bestand darin, schnell zu handeln, wirklich so schnell, daß Paul kaum mitbekam, was sich abspielte. Während er ohne viel Nachdruck damit begann, um die Unterstützung einiger größerer Aktionäre zu bitten, bastelten seine Mitdirektoren schon an Plänen, wie sie ihn in die Tasche stecken könnten. Am 3. April 1935 erhielten alle Tide-Water-Aktionäre einen Brief vom Management, in dem sie gebeten wurden, die im Umschlag beigefügte Stimmrechtsvollmacht zu unterschreiben, womit sie der Wahl der Direktoren auf drei Jahre zustimmten. Zu Pauls Erstaunen wurden seine kritischen Gegenargumente in diesem Schreiben mit keinem Wort erwähnt. In den folgenden Wochen riefen die bei der Tide Water angestellten Sekretärinnen und Bürokräfte einzelne Aktionäre an und drängten sie, die Stimmrechtsvollmachten zu unterschreiben und an die Zentrale von Tide Water zurückzuschicken.

Gegen solche Methoden war Paul machtlos. Aber als die Stimmen schließlich gezählt wurden, hatte der Verwaltungsrat noch immer nicht die für seinen Antrag erforderliche Stimmenmehrheit erhalten. Paul frohlockte, bis Bill Humphrey verkündete, daß er als Präsident der Mission Corporation die 1128 123 Stimmen der Mission zugunsten des Vorschlags abgeben und damit eine Mehrheit herbeiführen werde. Die Getty-Interessengemeinschaft war geschlagen, und Paul wußte das. Vier Direktoren, zu denen auch Humphrey gehörte, wurden für die Dauer von drei Jahren gewählt. Paul wurde nur auf ein Jahr wiedergewählt. Man sagte ihm, er habe 1936 die Gelegenheit, sich für drei Jahre aufstellen zu lassen – bis dahin sollte der Verwaltungsrat der Tide Water aber andere Pläne für ihn haben.

Während des gesamten Jahres 1935 kaufte Paul weiterhin Aktien, wobei er sich auf die Mission Corporation konzentrierte und erfinderisch mit seinen Finanzen jonglierte, um weitere Kredite lockerzumachen. Er besaß eine erstaunliche Fähigkeit, Fakten und Zahlen im Kopf zu behalten, was nur gut war, weil seine Verantwortung inzwischen ungeheuer zugenommen hatte. Er leitete praktisch drei bedeutende Ölunternehmen – die George F. Getty Inc., die Getty Oil Inc. und die Pacific Western –, außerdem neun oder zehn kleinere Gesellschaften in Oklahoma, Kalifornien und Neumexiko. Er war der alleinige Treuhänder des Sarah C. Getty Trust und steckte tief in dem riskanten Spiel um die Tide Water – sowohl in finanzieller als auch in emotionaler Hinsicht. Im Jahre 1935 war er zudem noch in ein schmutziges und erbittert geführtes Scheidungsverfahren verwickelt.

Ann Rork hatte 1934 wegen »extremer Grausamkeit« die Scheidung eingereicht. Das Verfahren wurde im Mai 1935 in Los Angeles eröffnet und zog sehr schnell die Aufmerksamkeit der Presse auf sich. »Filmsternchen im Teenageralter berichtet von ungewöhnlicher Ehe mit Öl-Millionär« – es gab alle Zutaten für eine gute Fortsetzungsgeschichte. Mrs. Rork nahm kein Blatt vor den Mund. Mr. Getty, tat sie kund, hätte sich bereits für sie »interessiert«, als sie fünfzehn war, und sie hätten schon vor seiner Scheidung von seiner dritten Frau in einer Mietwohnung in New York eine »Art Ehe« geführt.

Vor Gericht zeichnete Ann ein außergewöhnliches Bild vom Leben mit Getty. Sie beklagte sich, daß sie »gezwungen« wurde, in einer »trostlosen« Wohnung in Paris zu leben; ihr Mann wollte nicht mit ihr ausgehen, weil sie schwanger war, ihr einziger Begleiter wäre ein kleiner Scotchterrier mit dem Namen Sophie gewesen. Als sie ihn einmal auf einer Europareise begleiten durfte, zwang er sie, trotz ihres schwangeren Zustands zum inneren Krater des Vesuvs hinaufzusteigen, und als sie es wagte, sich zu beschweren, schnauzte er sie an: »Mein Gott, du denkst wohl, du bist die erste Frau, die ein Baby erwartet.«

Zu Hause in Los Angeles, sagte sie, »zwang« er sie, 200 Dollar von ihren 600 Dollar Taschengeld für die Miete einer weiteren »trostlosen« Wohnung abzuzweigen. Sie durfte nach der Geburt ihres ersten Kindes kein Kindermädchen einstellen, und er verweigerte ihr neue Kleider mit der

Bemerkung, sie sei eine »Männerausbeuterin«. Als sie trotzdem einmal einkaufen ging und 750 Dollar für Kleidung ausgab, sperrte er ihr Kundenkreditkonto. Zu Weihnachten schenkte er ihr einmal nur eine Nelke, die er aus seinem Knopfloch zog, behauptete Ann. Er war oft nicht zu Hause, sagte sie, und schäkerte mit anderen Frauen. Es gäbe auch Hinweise auf andere, noch nicht bekannte Eheschließungen, das heißt Vorwürfe der Bigamie – die Schlagzeilenjäger hatten ihren großen Tag.

Zu Beginn der Verhandlung forderten Anns Anwälte die Gütertrennung und schätzten den Streitwert auf weit über zwanzig Millionen Dollar, aber im September wurde schließlich ein Vergleich erzielt. Ann akzeptierte 2500 Dollar monatlich für sich und je 1000 Dollar für ihre beiden Söhne. Es sei »einfach zu schön«, sagte sie den Reportern. Im Zuge der Einigung mit Ann erhöhte Paul freiwillig die monatlichen Zahlungen an Jeanette und Fini.

Paul nahm seine vierte Scheidung wie ein Philosoph und machte eher die Anwälte als Ann für die Sensationshascherei verantwortlich. »Bei den Scheidungsverfahren in den Vereinigten Staaten wird nicht viel Wert auf die Wahrheit gelegt«, erklärte er. »Vom Mann wird erwartet, daß er die Schuld auf sich nimmt. Er hat entweder zu viel Geld oder zu wenig. Er kommt entweder zum Abendessen nach Hause oder nicht. In beiden Fällen wird er der Grausamkeit beschuldigt.«

Während des Scheidungsverfahrens lebte Paul mit seiner Mutter im Haus der Familie am South Kingsley Drive, ein Arrangement, das er praktisch und bequem fand. Ann war zwar aus dem Haus in Santa Monica ausgezogen, aber Paul hatte keine Lust, dort alleine zu wohnen, sondern zog die Gesellschaft seiner angebeteten »Mama« vor. Von Zeit zu Zeit besuchte er mit Freundinnen das Strandhaus, ließ es ansonsten jedoch unbewohnt.

Trotz seines Reichtums zeigte er wenig Interesse daran, privaten Grundbesitz zu erwerben oder sich in Vierteln niederzulassen, die seinem Status als Millionär entsprachen. Er lebte gerne bei seiner Mutter zu Hause, und wenn er reiste, war er mit bescheidenen Hotels völlig zufrieden. Aber 1935 machten die Vorgänge um die Tide Water es erforderlich, immer mehr Zeit an der Ostküste zu verbringen, und deshalb beschloß er, eine eigene Bleibe in New York zu finden. Er entschied sich in ganz untypischer Weise für Extravaganz – ein kostspieliges Penthouse am Sutton Place Nr. 1 auf der Ostseite Manhattans, das mit den erlesensten französischen und englischen Antiquitäten aus dem 18. Jahrhundert möbliert war und von einer Mrs. Frederick Guest, einer bekannten Dame der Gesellschaft und Antiquitätensammlerin, vermietet wurde. Paul war an solchen Luxus nicht gewöhnt, genoß aber seine Freude daran ohne Schamgefühle. »Das Wohnzimmer ist so groß«, erzählte er seiner Mutter am Telefon, »daß ein Freund, dem ich die Wohnung für einen Tanzabend lieh, ein 12-Mann-Orchester, das er am einen Ende des Raumes aufgestellt hatte, am anderen Ende nicht mehr hören konnte.« Die alte Mrs. Getty hatte nur ein müdes Lächeln für diese Scherze übrig. Später pflegte Paul den Beginn seiner Vorliebe für Möbel aus dem 18. Jahrhundert auf diese Zeit zurückzudatieren, da er in der angenehmen Umgebung von Mrs. Guests Penthouse lebte.

Kurz nachdem er im November am Sutton Place eingezogen war, lud er Betsy Beaton ein, eine alte Freundin aus Los Angeles, und sie erschien eines Nachmittags mit einer Freundin im Schlepptau im Penthouse. Die Freundin war eine Sängerin mit dem Namen Louise Dudley Lynch. »Als ich Louise sah«, erinnerte sich Paul – ungeachtet seiner früheren mißglückten Versuche, *das* Mädchen zu finden – »war mein erster Gedanke, das ist *das* Mädchen.«

Louise war groß, mit kastanienbraunem Haar, 22 Jahre alt und gehörte zu den besten »Society Chanteuses« – jenen jungen Damen aus bestem Hause, die in den dreißiger Jahren in den schicken Clubs von Manhattan als Sängerinnen auftraten. In Connecticut aufgewachsen, von Nonnen in Paris erzogen und 1932 in »die Gesellschaft eingeführt«, war sie zudem noch die Nichte von Bernard Baruch, dem millionenschweren Finanzmann. Aus guter Familie stammend, schön und talentiert, wirkte sie auf einen notorischen, frisch geschiedenen Frauenliebhaber unwiderstehlich. Paul fand schnell Gefallen daran, seine Abende im Stark Club zu verbringen, wo Louise jeden Abend unter dem Namen »Teddy Lynch« sang. Er schickte ihr Blumen und Champagner in die Garderobe und saß dann alleine an einem Ecktisch, von wo aus er sie unverwandt anblickte, während sie ihr beliebtes Repertoire von »Begin the Beguine« bis »Just One of Those Things« abspulte.

Natürlich versuchte er, seine Verliebtheit in Teddy aus seinen Geschäftsangelegenheiten herauszuhalten, insbesondere aus der Tide-Water-Kampagne. Ende 1935 hatte die Getty-Interessengemeinschaft 474 154 von den 1 399 000 Aktien der Mission Corporation erworben und ihren Anteil an der Tide Water auf insgesamt 836 254 Aktien gesteigert. Die Feindseligkeiten zwischen Paul und den anderen Direktoren von Tide Water hatten sich auch zugespitzt, da die kontrollierende Gruppe mit »Big Bill« Humphrey an der Spitze zunehmend besorgt war, daß die Mission Corporation unweigerlich ihrem Zugriff entglitt.

Die Presse hatte bereits das heraufziehende Drama im Verwaltungsrat spitzgekriegt, und die Direktoren der Tide Water gaben – mit Blick auf die Aktionäre – ihr Bestes, Paul anzuschwärzen, sie stellten ihn als »Bedrohung« für die Stabilität des Unternehmens und als Außenseiter hin, der das Management spaltete und versuchte, sich des »loyalen« Verwaltungsrates zu bemächtigen, um seine eigenen zügellosen Ambitionen zu befriedigen. Paul, der mit Public Relations und der Manipulation der Medien wenig Erfahrung besaß, fühlte sich machtlos, die Geschichten zu dementieren, die ihn als skrupellosen Opportunisten hinstellten.

Humphrey erwartete, daß Getty versuchen würde, den Verwaltungsrat während der ersten Jahreshauptversammlung der Mission Corporation am zweiten Montag im Januar 1936 in Reno abzusetzen. In den Wochen davor unternahm die Tide Water beträchtliche Anstrengungen, auf Stimmenfang zu gehen. Getty war recht betroffen, als sich bei der Stimmenauszählung ergab, daß das amtierende Management mit einem beträchtlichen Vorsprung die Oberhand behalten hatte.

Paul erkannte zu spät, daß er einen großen Fehler begangen hatte, als er nicht zu seinem Vorteil um Stimmrechtsvollmachten geworben hatte. Leicht durch Teddys Existenz abgelenkt, hatte er nicht richtig eingeschätzt, daß seine eigenen Aktien mit Unterstützung von Stimmrechtsvollmachten das Kräfteverhältnis zu seinen Gunsten hätten verändern können und er damit die Kontrolle über die Mission Corporation erreicht hätte. Ihn hatte ebenfalls die Tatsache entmutigt, daß viele Aktionäre, von denen er Mission-Aktien gekauft hatte, sich weigerten, ihre Stimmrechtsvollmachten zu widerrufen, und darauf bestanden, sich das Recht vorzubehalten, ihre Aktien zugunsten von Humphrey einzusetzen. Paul fand das sowohl unfair als auch beispiellos, aber er brauchte die Aktien.

Paul wußte nicht, daß Humphrey und seine Mannen insgeheim für alle auftretenden Möglichkeiten Pläne geschmiedet hatten, um ihre Kontrolle über die Tide Water noch ein paar Jahre zu sichern, selbst wenn Getty die Mission 1937 gewinnen würde. Noch vor der Versammlung änderten sie ohne offizielle Bekanntmachung die Statuten der Aktiengesellschaft und verlegten die Jahreshauptversammlung vom zweiten Montag im Januar auf den zweiten Dienstag im Mai – eine Woche nach der Jahreshauptversammlung der Tide Water, die am ersten Donnerstag im Mai stattfinden sollte. Auf diese Weise sicherte sich Humphrey die Unterstützung der Mission auf der nächsten Jahreshauptversammlung der Tide Water, und mit den drei Jahre fest im Sattel sitzenden Direktoren konnte der Verwaltungsrat einige Jahre im Amt bleiben.

Paul entdeckte diese raffinierte Änderung der Mission-Statuten erst im April, als er gerade von einem Frontalzusammenstoß mit dem Verwaltungsrat der Tide Water voll in Anspruch genommen wurde. Mitte April, drei Wochen vor der Jahreshauptversammlung der Tide Water, verschickte die Getty-Interessengemeinschaft einen Brief, in dem der Vorschlag unterbreitet wurde, die Macht der herrschenden Direktorengruppe zu schwächen und dies durch Stimmrechtsvollmachten zu unterstützen. Eine Woche später aber erhielten die Aktionäre einen weiteren Brief mit der Überschrift: »Wichtiges Schreiben von zehn der zwölf Direktoren Ihres Unternehmens. Nicht beiseite legen. Bitte umgehend danach handeln.« Er begann mit eindeutigen Worten:

»Sie erhielten Anfang der Woche einen undatierten, von J. Paul Getty und H. Paul Grimm unterzeichneten Brief, in dem Sie dringend um Ihre Stimmrechtsvollmacht für die Jahreshauptversammlung am 7. Mai 1936 gebeten werden. Auf dem Briefkopf stand der Name Ihres Unternehmens, und unterschrieben war der Brief von den Direktoren Getty und Grimm. Möglicherweise haben Sie ihn für eine offizielle Nachricht Ihres Unternehmens gehalten. Das war er aber nicht. Doch wenn Sie aufgrund eines Irrtums oder Mißverständnisses die Stimmrechtsvollmacht bereits unterschrieben haben, die Ihnen von den Herren Getty und Grimm zugeschickt wurde, können Sie nun – falls Sie aufgrund unseres Briefes wünschen, vom Stimmrechtskomitee des Verwaltungsrates vertreten zu werden – die beigefügte Vollmacht, mit Datum und Unterschrift versehen, an uns schicken, womit jede frühere Vollmacht automatisch erlischt...«

Der Brief bezeichnete darüber hinaus alle Vorschläge Pauls als unnötig und wies nachdrücklich darauf hin, daß Paul beabsichtigte, seine »Eigeninteressen« zu fördern und die Gesellschaft zu übernehmen: »Es ist von höchster Wichtigkeit, daß die Aktionäre die Bedeutung der Vorschläge Gettys begreifen und unverzüglich und entschlossen vorgehen, damit diese gegen die Effizienz und Stabilität Ihrer Gesellschaft gerichteten Bedrohungen vollständig ausgeschaltet werden können.«

Vier Tage später verschickte Paul daraufhin einen zweiten Brief an die Aktionäre, der eine weitere Stimmrechtsvollmacht enthielt und an sie appellierte, für ihre Rechte einzutreten. »Das ist Ihre Gesellschaft«, begann er. »Die Direktoren und die Geschäftsleitung sind Ihre Diener. Sie haben das Recht, ihnen Vorschriften zu machen und nicht umgekehrt...«

Paul wußte jedoch die ganze Zeit über, daß er wahrscheinlich seine Zeit verschwendete. Tide Water hatte ungeheure Summen in die Stimmrechtskampagne gesteckt, die ganzen Vereinigten Staaten in Bezirke aufgeteilt und für jeden Bezirk einen »Captain« zur Überwachung des Stimmenfangs ernannt. Alle Captains hatten heimlich genaue schriftliche Anweisungen erhalten sowie den Befehl, das belastende Schriftstück mit diesen Anweisungen nach Einprägen der Informationen zu vernichten. Wie Paul erfuhr, ging die Tüchtigkeit der Captains sogar so weit, daß sie auch Aktionäre mit nur einer einzigen Aktie zu Hause aufsuchten, um noch eine Vollmacht zu ergattern. »Wenn das Management von Tide Water im Ölgeschäft genauso tüchtig gewesen wäre wie bei der Stimmrechtskampagne«, beschwerte sich Paul, »hätte es die Konkurrenz bald weit hinter sich gelassen.«

Am 7. Mai mußte die Jahreshauptversammlung der Tide Water Associated Oil Company in New York für einige Stunden vertagt werden, weil die Stimmen noch im City-Büro der Gesellschaft am Battery Place 17 gezählt wurden. Das Resultat war, wie vermutet, ein überwältigendes Vertrauensvotum für das Humphrey-Management – 4,1 Millionen Stimmen gegenüber nur 952 000 Stimmen für die Getty-Interessengemeinschaft. Pauls Niederlage wurde noch dadurch vergrößert, daß er aus dem Verwaltungsrat der Tide Water hinausgeworfen wurde. Anstatt auf drei Jahre wiedergewählt zu werden, wurde er von einer Mehrheit von fünf Stimmen gegen eine Stimme ausgeschlossen. Bevor sich die Versammlung auflöste, konnte er es sich aber nicht verkneifen, die Anwesenden darauf hinzuweisen, daß die herrschende Gruppe im Verwaltungsrat, die so erfolgreich danach trachtete, ihre Macht zu verewigen, nur 8,5 Prozent der Aktien besaß. Am nächsten Tag berichtete die New York Times von der Versammlung mit der Überschrift: »Kampf um Tide Water von Getty verloren«.

Aber Paul hatte nicht die Absicht, den Kampf um Tide Water zu verlieren, und leitete bald darauf eine komplizierte Transaktion zwischen den Getty-Gesellschaften ein, um weitere Mission- und Tide-Water-Aktien kaufen zu können. Er war besonders verbittert darüber, daß Humphrey auf der Jahreshauptversammlung der Tide Water Mission-Stimmen gegen ihn abgeben konnte, ungeachtet der Tatsache, daß er selbst ungefähr 44,5 Prozent der Mission-Aktien besaß, und er war entschlossen, das nicht noch einmal geschehen zu lassen.

Humphrey seinerseits erkannte, daß der Rauswurf Gettys aus dem Verwaltungsrat der Tide Water ihn keineswegs zu einem weniger gefährlichen Gegner machte. Da es nun so aussah, als ob Paul nichts davon abhalten könnte, irgendwann doch noch die Kontrolle der Mission zu erringen, begann das Management von Tide Water eine finanzielle Umstrukturierung des Unternehmens mit dem Ziel, die Anzahl der Aktien wesentlich zu erhöhen, um so das Stimmengewicht der Mission-Aktien und der Tide-Water-Aktien Gettys zu schwächen. Bis zum Januar 1937 waren mehr als 1,1 Millionen stimmberechtigte Aktien zum Kapital der Tide Water hinzugekommen, wodurch der Mission-Anteil in der Gesellschaft von ungefähr 20 Prozent auf nur 16,5 Prozent absank. Durch eine von Jersey Standard angeregte Option, 250000 Tide-Water-Aktien von Mission zu kaufen, sank der Anteil noch einmal bis auf 13 Prozent.

Aber trotz dieser Manöver blieb Mission der größte Aktionär der Tide Water und war daher das einzige und wichtigste Element im Kampf um die Kontrolle des Unternehmens. Die Direktoren der Tide Water spielten, mit dem Rücken zur Wand, schließlich ihre letzte Karte aus. Am Donnerstag, dem 15. März, wurde verkündet, daß am Montag, dem 19. März, eine Sondersitzung der Direktoren von Mission in Reno, Nevada, stattfinden sollte. Man wollte den Buchwert der Aktiva der Gesellschaft aufwerten, bevor der Bestand an Tide-Water-Aktien an die Mission-Aktionäre ausgeschüttet werden sollte. Eine derartige Ausschüttung hätte die Verbindung zwischen den beiden Gesellschaften gelöst und Gettys Hoffnungen zunichte gemacht, die Mission als Sprungbrett für die Tide Water zu benutzen.

Paul war in New York und erfuhr erst am Donnerstagabend von der Sondersitzung. Er konnte es kaum fassen, daß seine Gegner sich an einen solchen Trick wagten: Ihre Motive lagen so offenkundig auf dem Tisch und waren auf so eklatante Weise aus ihrem Eigennutz gewachsen. Es gab schließlich nur einen einzigen denkbaren Grund, den Mission-Besitz an Tide-Water-Aktien aufzulösen – die nunmehr drohende Gefahr, daß den Direktoren der Tide Water die Kontrolle über die Mission aus den Händen gleiten könnte. Paul griff in seinem Penthouse am Sutton Place zum Telefon und wählte die Nummer von Dave Hecht, einem intelligenten jungen Anwalt, der vor einem knappen Jahr zum New Yorker Syndikus der Getty-Interessengemeinschaft ernannt worden war. Paul informierte ihn schnell über die letzte Entwicklung und beauftragte ihn, alle zur Verfügung stehenden rechtlichen Mittel auszuschöpfen, um eine Verschiebung der »Überraschungsversammlung« in Reno zu erreichen, sowie den Verwaltungsrat der Mission bis zur Konsultierung der Aktionäre daran zu hindern, seine unerhörten Pläne weiterzuverfolgen. Es blieb kaum Zeit: Die Versammlung sollte in vier Tagen stattfinden, und das Wochenende lag noch dazwischen.

Hecht beschäftigte sich die ganze Nacht über mit Geschäftsunterlagen und Gesetzestexten. Am Freitagmorgen kam Harold Rowland, eine erfahrene Führungskraft des Getty-Unternehmens, dazu, und zusammen verbrachten sie den ganzen Tag damit, alle benötigten Sachverhalte und Zahlen zusammenzustellen, wobei sie sich ständig mit Paul am Sutton Place und anderen Führungskräften Gettys an der Westküste berieten. Am späten Nachmittag hatten sie die notwendigen Unterlagen für eine einstweilige Verfügung gegen die Mission-Direktoren vorbereitet. Bei Einbruch der Dunkelheit und zunehmendem schlechten Wetter wurden sie zum Flughafen gefahren, wo sie das letzte Flugzeug von New York nach Reno erreichten. Es war Hechts erster Flug und ein außerordentlich unangenehmer dazu – Gewitter zwangen das Flugzeug immer wieder zu außerplanmäßigen Zwischenlandungen.

Anhand von Telegrammen, die Hecht bei jedem Zwischenaufenthalt abschickte, verfolgte Paul gespannt ihre Reise. »In Chicago gestrandet. Hoffe, in ein paar Stunden wieder zu starten.« »Wetter zwang uns, in Saint Louis zu landen.«

Paul fürchtete allmählich, daß sie nicht einmal rechtzeitig zu der Versammlung kommen könnten, ganz zu schweigen von der Erwirkung einer gerichtlichen Verfügung.

Unausgeschlafen, unrasiert und erschöpft kamen Hecht und Rowland schließlich doch noch am Samstagabend in Reno an, genau 24 Stunden nach ihrem Start in New York. Ein Rechtsanwaltsbüro am Ort, Hawkins, Mayotte & Hawkins, war damit beauftragt worden, bei der Zusammenstellung des noch notwendigen Materials zu helfen, und stand in Alarmbereitschaft. Während Hecht und Rowland abwechselnd ein Nickerchen hielten, arbeitete das gesamte Team die ganze Nacht hindurch bis in den Sonntag hinein.

Am Sonntagnachmittag versuchte Hecht schließlich, einen Richter zu finden, der bereit war, außerhalb der Gerichtszeit einen Antrag auf eine einstweilige Verfügung zu verhandeln, denn die Mission-Versammlung sollte so früh am nächsten Morgen beginnen, daß die Gerichte dann noch keine Sitzungen abhielten. Aber die Direktoren waren darauf vorbereitet, daß Getty versuchen könnte, ihre Pläne mit gerichtlichen Schritten zu unterbinden, und hatten sich bereits an jeden Richter in der Gegend mit der Bitte gewandt, keine einstweilige Verfügung ohne vorherige Benachrichtigung des Syndikus der Mission zu erlassen. Doch mit Hilfe ortsansässiger Anwälte gelang es Hecht schließlich dennoch, einen Staatsrichter aufzuspüren, der den Ruf der Unparteilichkeit genoß. Als Hecht zum Haus des Richters kam, sagte ihm ein Dienstmädchen, daß der Richter zu einer Party gegangen sei. Hecht erwiderte, daß er warten werde. Kurz vor Mitternacht kam der Richter nach Hause und stieß auf einen sehr müden New Yorker Anwalt, der auf seiner Türschwelle saß. Nachdem er erfahren hatte, um was es ging, erklärte sich der Richter bereit, Hecht am nächsten Morgen um 8.30 Uhr in seinen Amtsräumen zu empfangen. Hecht kehrte in sein Hotel zurück, ließ sich ein Ferngespräch nach New York vermitteln, um Getty vom Tagesgeschehen zu unterrichten, und kroch dankbar ins Bett, nachdem er dem Hotelportier die Anweisung erteilt hatte, ihm *zwei* Hotelpagen aufs Zimmer zu schicken, die ihn um 6.30 Uhr wecken sollten.

Um 9.23 Uhr am Morgen des 19. März, sieben Minuten vor der Zusammenkunft der Direktoren der Mission Corporation, unterzeichnete der Richter eine einstweilige Verfügung, die das Abhalten der Versammlung vor einer Gerichtsverhandlung gegen Ende der Woche untersagte.

Nachdem er sich diese wertvolle Atempause verschafft hatte, machte sich Hecht sofort daran, eine detaillierte Vorlage auszuarbeiten, mit der bewiesen werden sollte, daß die Direktoren der Mission einen Weg eingeschlagen hätten, der nicht im Interesse der Aktionäre lag und sich nachteilig auf das zukünftige Gedeihen der Gesellschaft auswirken könnte. Zahlreiche Fachleute – Wirtschaftsexperten und ortsansässige Universitätsprofessoren – wurden aufgefordert, vor Gericht zugunsten der Getty-Interessengemeinschaft auszusagen; der Mission wurden unter Strafandrohung Vorladungen mit der Forderung zugestellt, Geschäftsbücher bei Gericht vorzulegen. Harold Rowland pendelte währenddessen zwischen Reno, Los Angeles und New York hin und her und sammelte Beweise. In der Zwischenzeit waren auch die Anwälte der Mission Corporation auf ähnliche Weise damit beschäftigt, Tatsachen und Beweise zusammenzustellen, die das Vorgehen des Verwaltungsrats rechtfertigen sollten.

Hecht arbeitete am Vorabend der Verhandlung bis nach Mitternacht und entschloß sich, vor dem Schlafengehen noch auf einen Drink in eine Bar zu gehen. Zu seiner Überraschung traf er den New Yorker Anwalt, der die Mission vertrat, an der Bar. Sie kannten sich flüchtig, und obwohl sie am nächsten Tag vor Gericht unerbittliche Gegner sein sollten, tranken sie in aller Freundschaft ihren Drink und plauderten vorsichtig über den Fall. Hechts Optimismus und seine Versicherung, daß die Direktoren der Mission »nie damit durchkommen würden«, schienen den Anwalt der Mission irgendwie zu beunruhigen. Getty wäre bereit, sagte Hecht, alle Direktoren unter Strafandrohung vorzuladen, damit sie in Reno blieben, bis die Jahreshauptversammlung vorüber wäre. Die einzige Möglichkeit der Mission, »ihr Gesicht zu wahren«, fügte er hinzu, bestände darin, den Aktionären das Problem offen vorzulegen und sie entscheiden zu lassen.

Am nächsten Morgen boten die Anwälte der Mission vor Eröffnung des Verfahrens einen Kompromiß an. Die Direktoren der Mission erklärten sich bereit, den Aktionären das Problem vorzulegen, vorausgesetzt, beide Seiten hielten an einem »Gentlemen's Agreement« fest und verhinderten einen heftigen Kampf um Stimmrechtsvollmachten. Man einigte sich darauf, daß jede Seite ihre Position in einem einfachen »würdevollen« Brief, dem ein Vollmachtsformular beigelegt werden sollte, darstellen dürfte. Beide Briefe sollten zusammen in einem Umschlag an alle Aktionäre der Mission geschickt werden, und diese sollten die für sie in Frage kommende Vollmacht unterschreiben und zurückschicken.

Hecht packte seine Koffer und fuhr nach New York zurück, zufrieden darüber, daß Gettys Interessen gewahrt worden waren, denn Paul Getty hatte von Anfang an erklärt, daß er damit einverstanden sei, die Aktionäre entscheiden zu lassen. Die Briefe wurden gemäß des »Gentlemen's Agreement« geschrieben und verschickt. Paul wartete das Ergebnis in Ruhe ab. Bald schon sickerte jedoch durch, daß nicht beide Partner des »Gentlemen's Agreement« Gentlemen waren.

Denn eine Woche bevor die Vollmachten eingereicht werden konnten, schickte Edward L. Shea, der kurz zuvor Bill Humphrey als Präsident der Mission Corporation abgelöst hatte, heimlich einen zweiten Brief an die Aktionäre der Mission und griff darin die Motive der Getty-Interessengemeinschaft an. Er beklagte sich über die »vielen irreführenden Behauptungen und Störversuche« in dem Brief jener Gruppe, der der Verwaltungsrat »gestattet« hatte, ihr Schreiben mit dem Schreiben des Verwaltungsrats und seinem letzten Vollmachtsformular gemeinsam zu verschicken.

Paul erfuhr zum erstenmal von diesem Schreiben, als ein Mitarbeiter, rot vor Wut, in sein Arbeitszimmer stürzte und ihm ein Blatt Papier in die Hand drückte. »Lesen Sie das!« rief er. Paul las den Brief mit wachsender Wut. »Das klingt wie eine Geschichte aus den Tagen von Drew und Gould«, murmelte er – Daniel Drew und Jay Gould waren im 19. Jahrhundert berüchtigte »Raubritter«. Man ließ Hecht in aller Eile kommen, und es wurde eine Sitzung für den nächsten Tag einberufen, an der alle Parteien des »Gentlemen's Agreement« teilnehmen sollten. Diese Sitzung fand in einer Atmosphäre unverhohlenen Hasses statt. Beschuldigungen und Gegenbeschuldigungen wurden über den Tisch geschleudert, und am Ende verkündete die Getty-Gruppe, daß sie das »Gentlemen's Agreement« für aufgehoben halte und jetzt »scharf durchgreifen« werde.

In dieser Nacht entwarfen Paul, Hecht und einige andere Führungs-kräfte von Getty einen weiteren Brief, der auf Sheas Beschuldigungen einging. Er begann:

»Sie haben kürzlich einen Brief von Mr. Shea erhalten, in dem er seinen ursprünglichen Bericht an Sie ergänzt und uns irreführende Behauptungen und Störversuche unterstellt. Wir bitten Sie insbesondere zu beachten, daß Mr. Shea diesen schlimmen Vorwurf nicht mit einem Beweis dafür stützt, wann wir irreführende Behauptungen aufgestellt oder Störversuche unter-nommen hätten. Wir halten ohne Einschränkung an jeder Aussage unseres ersten Briefes fest. Es ist vielmehr Sheas Form der Auseinandersetzung, die zu Verwirrung und Mißverständnissen führt . . .«

Anschließend befaßte sich der Brief mit den Hintergründen, »da Mr. Shea das Thema angesprochen hat«. Warum beabsichtigten die Di-rektoren plötzlich die Ausschüttung von Aktien der Tide Water, die von der Mission gehalten wurden? Der springende Punkt an der Sache war klar und wurde klar erklärt:

»Zu der Zeit, als sie die Kontrolle über die Mission Corporation ausüb-ten, haben Mr. Shea und seine Mitarbeiter die Mission-Anteile an der Tide Water Associated zugunsten ihres Verbleibs in den Ämtern dieser Gesell-schaft durch Abstimmungen unterstützt. Mr. Shea und seine Mitarbeiter stehen nun vor dem Verlust der Kontrolle über die Mission Corporation und damit auch vor dem Verlust ihrer Möglichkeit, das Aktienpaket der Tide Water Associated durch Abstimmungen zu ihren Gunsten zu unter-stützen.«

Die gesamte verfügbare Getty-Belegschaft – Sekretärinnen, Buchhalter, Stenotypistinnen, leitende Angestellte – mußte die Nacht durcharbeiten, um diesen Brief zu kopieren und die Umschläge zu adressieren, damit der Brief die Aktionäre noch vor Ablauf der Abgabefrist für die Stimmrechts-vollmachten erreichte. Sie schafften es gerade noch rechtzeitig.

Die Jahreshauptversammlung der Mission Corporation fand am 13. Mai 1937 in Reno statt. Nach der Auszählung der Stimmen verkündete Mr. Shea finster blickend, daß der Vorschlag des Verwaltungsrats, die Tide-Water-Aktien auszuschütten, 310 314 Ja-Stimmen und 802 478 Nein-Stim-men erhalten hätte.

Getty hatte einen überwältigenden Sieg errungen und damit die Kon-trolle über die Mission Corporation. Am Ende des Tages nahmen Getty-Kandidaten sechs der sieben Sitze des Verwaltungsrats der Mission ein, zu ihnen gehörten Jay Hopkins, Dave Hecht und Harold Rowland.

Von diesem Augenblick an war es nur noch eine Frage der Zeit, wann

Getty sein Ziel erreichen würde, Tide Water zu übernehmen und damit den Grundstein zum Aufbau eines wirklichen Imperiums zu legen. Die »New York Times« berichtete aus Reno: »Der zwei Jahre dauernde Kampf J. Paul Gettys um eine entscheidende Position in der Tide Water Associated Oil Company schien heute zum Erfolg geführt zu haben . . .«

Jahre später beschrieb Paul die Tide-Water-Kampagne als »den größten Triumph« seiner Geschäftskarriere:

»Auf den ersten Blick sieht es vielleicht so aus, als ob die Kampagne nur darin bestand, an die Börse zu gehen und die Aktien der Gesellschaft zu kaufen. Doch es war zu keiner Zeit auch nur annähernd so einfach.

Millionen von Stammaktien der Tide Water befanden sich in den Händen der Aktionäre, und nur ein relativ kleiner Prozentsatz wurde irgendwann einmal an der Börse gehandelt. Große Aktienpakete waren im Besitz von Einzelpersonen und Gruppen, die hofften, die Kontrolle über die Gesellschaft behalten zu können. Viele andere Aktien waren in den Händen von Leuten, die aus den verschiedensten Gründen überhaupt nicht verkaufen wollten. Andere, die unter Umständen bereit waren, zu verkaufen, hofften, daß der Kampf um die Kontrolle den Kurs der Aktien in die Höhe triebe, und entschlossen sich daher, ihre Aktien vorerst noch zu behalten und abzuwarten, was passierte.

Unsere Kampagne mußte infolgedessen an verschiedenen Fronten gleichzeitig geführt werden. Erstens mußten wir alle am Markt verfügbaren Aktien kaufen, was natürlich von den nötigen Geldmitteln abhing. Danach war es notwendig, Stimmrechtsvollmachten von jenen Aktionären zu bekommen, die ihre Aktien nicht verkaufen wollten. Natürlich mußte man diesen Aktionären nachweisen, daß es zu ihrem Vorteil war, wenn sie der Getty-Interessengemeinschaft ihre Vollmachten gaben. Man mußte sie davon überzeugen, daß die Kontrolle der aus unabhängigen Aktionären bestehenden Getty-Gruppe dem Unternehmen zugute kam, den Kurs ihrer Aktien steigerte und in Zukunft höhere Dividenden bedeutete.

Es gab bei jedem Schritt auf diesem Weg unzählige Verzweigungen und Komplikationen. Ständig schienen im Verlauf der Kampagne neue Probleme und Hindernisse aufzutauchen. Meine Mitarbeiter und ich arbeiteten während der vielen kritischen Etappen dieses Kampfes unermüdlich und rund um die Uhr. Es war nichts Ungewöhnliches, daß einer Konferenz, die den ganzen Tag dauerte, eine weitere folgte, die die ganze Nacht dauerte, und der schloß sich dann wiederum eine Tageskonferenz an. Ich werde meinen Mitarbeitern immer dankbar sein, daß sie es trotz ihrer häufigen Erschöpfung bis auf die Knochen immer dennoch irgendwie schafften, die Stärke und Energie aufzubringen, immer noch ein bißchen mehr zu geben.

Meine Haupteigenschaften, die es mir ermöglichten, mein Ziel zu erreichen, waren wohl Entschlossenheit, Durchhaltevermögen – und die Sturheit eines Maultiers.«

8. »Teddy rief an. Vermisse sie sehr«

Am 16. August 1936, auf dem Höhepunkt der Manipulationen um die Übernahme der Tide Water, brachte die »New York Times« kurz folgende Neuigkeit aus der Welt der Prominenten:

»Mrs. L. Ware Lynch aus Lyncroft, Belle Haven, Greenwich, Connecticut, gibt die Verlobung ihrer Tochter Louise Dudley Lynch mit Mr. J. Paul Getty bekannt. Miss Lynch besuchte die Greenwich Academy und den Marymont Convent in Paris. 1932 wurde sie in Greenwich in die Gesellschaft eingeführt und trat unter dem Namen Teddy Lynch als Sängerin auf.«

Nach vier gescheiterten Ehen, wobei sich der Staub der letzten haßerfüllten Scheidung kaum gelegt hatte, hätte man annehmen können, daß Paul Getty im Alter von 43 Jahren allmählich mit mehr Verstand an die Wonnen der Ehe herangehen würde. Aber er war in seinem Privatleben genauso unkonventionell und abenteuerlustig wie im Geschäftsleben, und da er sich in die schöne Teddy verliebt hatte, zögerte er keinen Moment, um ihre Hand anzuhalten. Teddy war eine eigensinnige, temperamentvolle Frau. Pauls unrühmliche Vergangenheit als Ehemann oder sein Ruf als Schürzenjäger machten ihr nichts aus, und sie konnte nicht schnell genug einwilligen. So wurde die längste und vielleicht auch ungewöhnlichste von Pauls fünf Ehen geschlossen.

Als »Society Chanteuse« war Teddy eine beliebte Attraktion in den Gesellschaftsclubs, aber eigentlich wollte sie Opernsängerin werden – sie hatte sogar schon den Künstlernamen Theodora angenommen, nachdem ihr ein Freund gesagt hatte, daß der Name »Louise« für die Oper nicht distinguiert genug sei. Abend für Abend, während sie »Pennies from Heaven« und »It's De-lovely« zum Vergnügen der eleganten Schickeria im Waldorf-Astoria oder im Stork Club schmetterte, sehnte sie sich nach dem Ruhm und der Dramatik der großen Oper. Aber obwohl sie eine Stimme von bemerkenswertem Umfang besaß, von Alt bis Koloratursopran, und obwohl sie behauptete, die große Diva Amelita Galli-Curci habe sie selbst ermutigt, war Teddy in Wahrheit kein außergewöhnliches Talent. Sie hatte sich zwar schon aufgeputzt wie ein Opernstar fotografieren lassen, und dabei trug sie ein extravagantes, tief ausgeschnittenes Ballkleid und blickte stolz über einen Fächer in die Kamera – aber näher kam sie der Welt der Oper nie.

Paul jedoch hielt Teddy für eine phantastische Sängerin und bot ihr die Finanzierung ihrer Opernausbildung an. Diese liebestrunkene Geste wurde als Geschäftsvereinbarung ausgegeben – sie mußte einwilligen, ihm zehn Prozent ihrer zukünftigen Gagen zu zahlen –, aber er glaubte nicht wirklich daran, überhaupt Geld zurückzubekommen. Im anfänglichen Begeisterungstaumel war er glücklich, allen Launen Teddys nachzugeben: Als sie den Wunsch äußerte, die Auftritte der großen Stars zu sehen, um von ihnen zu lernen, bestellte er für jeden Freitag in der Spielzeit zwei Plätze in der »Met« – der Metropolitan Oper in New York. Danach konnte man sie regelmäßig beim Tête-à-tête im feudalen Diamond Horseshoe antreffen, wo die Loge 4 jeden Freitagabend auf den Namen Getty reserviert war.

Daß Paul imstande war, auch noch eine leidenschaftliche Affäre parallel zu seinen enorm umfangreichen Geschäftsaktivitäten zu haben, bewies seine bemerkenswerten Talente und seinen individuellen, um nicht zu sagen exzentrischen Geschäftsstil. Paul hatte einen Horror vor Papier- und Verwaltungskram und leitete sein wachsendes Imperium praktisch allein, fast nur vom Telefon aus. Ob er im Penthouse in New York oder bei seiner Mutter im South Kingsley Drive wohnte oder aber in Europa herumreiste, sein Tagesablauf war fast überall gleich. Er stand immer spät auf, überflog die Zeitungen, las seine Post und setzte sich dann ans Telefon, von wo aus er manchmal stundenlang ununterbrochen mit den wichtigsten Führungskräften redete, von denen er wußte, daß er sich darauf verlassen konnte, daß sie seine Anweisungen ausführten. Er glaubte an das Prinzip der Aufgabenverteilung und außerdem bedingungslos an die Worte seines Vaters: »Wenn du einem Menschen vertrauen kannst, ist ein schriftlicher Vertrag Papierverschwendung. Wenn du ihm nicht vertrauen kannst, ist ein schriftlicher Vertrag immer noch eine Papierverschwendung.«

Obwohl er in Santa Monica ein kleines Privatbüro behielt, tauchte er dort kaum auf. Aber an jedem Tag seines Lebens, egal, wo er sich auf dieser Welt aufhielt oder was er tat, zog er einen dunklen Geschäftsanzug an, als ob er sich ins Büro begab. Er hatte keine Zeit für Büros, Konferenzen, Geschäftsessen oder Papierkram: Er konnte in Null Komma nichts Entscheidungen über Dinge fällen, mit denen sich ein Verwaltungsrat wahrscheinlich wochenlang herumgeschlagen hätte. Er brauchte auch kein Gefolge persönlicher Assistenten, hochkarätiger Sekretärinnen oder Registratoren – er hatte den Inhalt seiner Akten im Kopf. Wenn er einen Brief beantworten mußte, kritzelte er eine Bemerkung an den Rand, steckte ihn in einen Umschlag – und warf ihn selbst in den Briefkasten. Er besaß ein tiefsitzendes Vorurteil gegen Büroarbeit: »Zu den gefährlichsten Fehlern des amerikanischen Geschäftslebens gehört die Vorliebe, sich mit einem

Chaos von Papierkram und Verwaltungsdetails zu umgeben. Einige Unternehmen haben buchstäblich Hunderte von Leuten, die nur Akten übereinander anlegen und bürointerne Aktenvermerke hin und her schieben. Sehr oft scheinen sie nur Notizenschreiber und -leser zu sein anstatt produktive Arbeiter. Die Kosten für diese Über-Verwaltung sind schwindelerregend, nicht nur bezogen auf die Gehälter, sondern auch bezüglich der allgemeinen Schwerfälligkeit und Verzögerung, die sie in allen Bereichen bewirkt.«

In den Jahren 1937 und 1938, nach seinem Sieg über die Mission, führte Paul eine komplizierte Konsolidierung der Getty-Interessengemeinschaft herbei. »Schon seit langem schien es mir«, sagte er, »daß es zu viele Getty-Gesellschaften gab, von denen einige mein Vater, andere ich gegründet habe.« Deshalb strebte er eine Vereinfachung der Struktur der Getty-Gruppe an und wollte den Grundstein für eine integrierte Ölgesellschaft legen, die schon lange im Vordergrund seiner Überlegungen stand. Acht Unternehmen wurden ganz aufgelöst, und die übrigen Holdings wurden unter dem Dach der George F. Getty Inc. zusammengefaßt, die damals Aktiva im Werte von über 35 Millionen Dollar aufwies. Einzig Paul kontrollierte die George F. Getty Inc., die ihrerseits die Pacific Western Oil Corporation kontrollierte, die wiederum die Mission Corporation kontrollierte, welche die Skelly Oil Company kontrollierte. Skelly war eine unerwartete Beigabe, die mit der Mission gekommen war. Paul hatte erst in einem späten Stadium des Kampfes um Stimmrechtsvollmachten erfahren, daß die Mission 75 Prozent der Skelly-Aktien besaß. Die Tide Water Associated Oil Company befand sich zwar noch nicht ganz unter Gettys Dach, aber es war nur eine Frage der Zeit, bis auch sie geschluckt werden würde.

Während dieser Reorganisierungsmaßnahmen entschloß sich Paul – wenn auch mit Bedauern –, die Minnehoma Oil Company aufzulösen, die sein Vater 30 Jahre zuvor gegründet hatte. Minnehoma war schon seit einiger Zeit inaktiv und hatte keine wirkliche Zukunft mehr. Trotzdem fiel es Paul schwer, sie aufzugeben. »Sie war das Getty-Pionierunternehmen«, schrieb er in einem nostalgischen Nachruf, »auf dem alle Getty-Unternehmen und das Vermögen der Gettys beruhten. Als Angestellter der Minnehoma Oil Company absolvierte ich meine Lehre auf den Ölfeldern Oklahomas. Allein der Name ›Minnehoma‹ genügte, um unzählige Assoziationen und Erinnerungen an meine Kindheit und Jugend hervorzurufen – und vor allem Erinnerungen an meinen Vater. Die Auflösung der Minnehoma ging mir sehr zu Herzen.«

Inmitten dieser »Renovierungsarbeiten« an seinen Gesellschaften entschloß sich Paul, das Hotel Pierre in New York zu kaufen, und zwar aus einem ganz einfachen und verlockendem Grund – es handelte sich um ein günstiges Angebot. Das Pierre – an der Ecke von Fifth Avenue und 61. Straße mit Blick auf den Central Park – war nicht nur das modernste Hotel New Yorks, es war überhaupt *das* Hotel im New York der dreißiger Jahre. »Das Pierre beherbergt nur die kultiviertesten Ästheten, die sich das Beste an Luxushotels leisten können«, schrieb ein Stadtführer. Spencer Tracy, Gary Cooper und Constance Bennet stiegen immer im Pierre ab, und Auguste Escoffier, wahrscheinlich der berühmteste französische Küchenchef, den es je gab, arbeitete eine Zeitlang in der Küche des Pierre.

1929 war das 40 Stockwerke hohe Hotel Pierre auf dem Grundstück einer Villa errichtet worden, die einst Elbridge Gerry, einem Mitunterzeichner der Unabhängigkeitserklärung, gehört hatte. Sein Bau hatte über 15 Millionen Dollar gekostet. Es war ein majestätisches Gebäude im neogeorgianischen Stil mit italienischen Marmorböden und vierhundert Zimmern, die mit englischen Antiquitäten möbliert waren. Es hätte ein enormer Erfolg werden können, aber die Zeitumstände verschworen sich dagegen. Noch in den verschwenderischen, sorglosen zwanziger Jahren geplant, wurde es im Oktober 1930 eingeweiht, als das Land bereits an der Schwelle der großen Depression stand. Zwar erwies sich das Pierre sofort als sehr beliebt bei den Scharen vornehmer Kurzbesucher, aber die erwartete Zahl permanenter Bewohner – wesentlich für den Gewinn des Hotels – wollte sich einfach nicht einstellen, und schon nach zwei Jahren mußten die Besitzer Bankrott anmelden.

Im Jahre 1938 wurde das Pierre für den erstaunlich niedrigen Preis von 2,5 Millionen zum Kauf angeboten, was weniger als einem Fünftel seines Schätzwertes entsprach. Paul, der vergnügt zugab, nichts vom Hotelfach zu verstehen, kam dennoch zu dem Schluß, daß dies ein günstiger Augenblick für Diversifizierungen sei, und fügte das Pierre der Getty-Interessengemeinschaft hinzu, nachdem er den Preis auf lächerliche 2,35 Millionen Dollar gedrückt hatte. »Das Geschäft war so günstig«, stellte er fest, »daß ich überhaupt nicht verstand, warum es nicht schon jemand weggeschnappt hatte, noch bevor ich davon hörte, daß es zum Verkauf stand.« Bald darauf zirkulierte in New York die Geschichte, daß Getty einmal zum Lunch ins Pierre gegangen war und der Ober sich ungehobelt verhalten hatte, als er sich über sein Steak beschwerte. Daraufhin habe Getty, so lautete das Gerücht, sofort das Hotel gekauft, um den Ober zu feuern! Doch niemand, der jemals Paul Getty kennengelernt hatte, konnte eine so abenteuerliche Geschichte glauben: Ein Blick nur auf sein trauriges Gesicht, seinen argwöhnisch gesenkten Blick und seine dünnen, nach unten gezogenen Lippen genügte, um zu wissen, daß er kein Mann von impulsiven Handlungen war – zumindest nicht bei geschäftlichen Angelegenheiten.

Im Frühjahr 1938 fuhr Teddy mit Pauls Segen mit dem Schiff nach England, um dort ihre Opernkarriere voranzutreiben. Sie wollte bei einer von aller Welt geachteten Lehrerin in London, Madame Blanche Marchesi, Gesangsstunden nehmen und schwor, erst zurückzukehren, wenn sie das hohe C perfekt beherrschte. Paul küßte sie am Pier in New York zum Abschied und versprach, sie in London zu besuchen, wenn er, wie gewöhnlich, ein paar Monate später seine Europareise antreten werde.

Paul hatte nun schon seit vielen Jahren die Gewohnheit, einmal jährlich eine Europareise zu unternehmen. Er fuhr als Erster-Klasse-Passagier auf einem der großen Überseeschiffe und verbrachte einige Monate damit, den Kontinent in einem Mietwagen, meist einem amerikanischen Modell, wenn er eines finden konnte, zu bereisen. Bei seinen Reisen stand er telefonisch und telegrafisch täglich in Kontakt mit New York und Los Angeles, die Post wurde von Hotel zu Hotel nachgeschickt, und Geld wurde ihm auf American-Express-Filialen überwiesen. Auf diese Weise zog er durch Europa, besuchte Museen und Galerien und sah sich die Sehenswürdigkeiten an – im allgemeinen allein, aber vollkommen zufrieden. Er schloß unterwegs viele Freundschaften, besonders mit Damen, und trug immer ein dickes Adreßbuch bei sich, das ihm in allen Hauptstädten Europas zu einer angenehmen weiblichen Begleitung verhalf.

Im Juni 1938 fuhr er zu Teddy nach London, und sie verbrachten einige glückliche Wochen zusammen. Paul entschloß sich, ebenfalls Gesangsstunden bei Madame Marchesi zu nehmen, um Teddy Gesellschaft zu leisten, und an den Abenden machten sie ihre Runde durch die Theater und Nachtlokale. Konventionellere Verlobtenpaare hätten vielleicht so viel Zeit wie möglich zusammen verbracht, aber Paul wollte seinen Urlaub nicht an einem einzigen Ort verbringen, und Teddy wollte ihre Gesangsstunden nicht unterbrechen. Da beide gleichermaßen willensstark waren, gingen sie im Juli in aller Freundschaft wieder getrennte Wege. Paul fuhr nach Paris und schrieb, wie immer, ein peinlich genaues Reisetagebuch, das einige Einblicke in seinen komplizierten Charakter erlaubt und gleichzeitig seine unberechenbaren Wege quer durch Europa erkennen läßt.

»Samstag, 27. August 1938: Verließ Paris um 19.30 Uhr. Aß im Grand-Veneur auf der Pariser Seite von Fontainebleau – 40 Francs, Table d'hôte.

Keine Zimmer in Fontainebleau. Fuhr weiter nach Sens, wo ich ungefähr um 23 Uhr ankam. Zimmer im sehr guten Ecu d'Or – 35 Francs. Bal de Fleurs im benachbarten Hôtel de Ville – rund um die Uhr Krach.«

»Sonntag, 28. August: Sah die Kathedrale von Sens. Bis zur Spitze raufgegangen und den schönen Blick genossen. Die Landschaft ist hier wunderschön – gewundene Flüsse, grüne Wiesen und verstreut liegende Wäldchen. Gutes Mittagessen im Ecu für 35 Francs. 55 Liter Benzin getankt. Alle Reifen aufgepumpt. Um 15.40 Uhr aus Sens abgefahren. Fuhr gemächlich die paar Meilen zum reizenden Städtchen Villeneuve-sur-Yonne. Ein lustiger und farbenfroher Karneval auf dem Wasser lockte die meisten Einwohner von ihren üblichen Tätigkeiten weg. Mein Lincoln Zephyr, Baujahr 1937, fährt toll. Weiter an Auxerre und seiner prächtigen Kathedrale vorbei nach Avallon. Ging ins Hôtel de la Poste, bekam zwei Zimmer für 45 Francs. Fest rund um die Uhr, sehr laut!«

»Montag, 29. August: Das Hôtel de la Poste ist sehr gut und auch sehr alt. Napoleon machte 1815 hier halt. Verließ Avallon nach einem exzellenten Mittagessen und fuhr nach Vezelay, ein Abstecher von 10 Meilen. Die Lage der Stadt mit ihrer historischen Abtei ist herrlich – auf einem Hügel, alles beherrschend. Die Kirche, von Viollet-le-Duc von 1840–1860 restauriert, ist vorgotisch, sehr ansprechend und eindrucksvoll. Fuhr bei Unwetter durch malerische Landschaft zurück nach Avallon. Fuhr von Avallon nach Dijon. Verbrachte 15 Minuten im berühmten Hôtel de la Cloche. Leider kam ich zu früh, um zum Abendessen und über Nacht zu bleiben, denn ich erinnere mich, daß die Küche 1932 wundervoll war. Mag Dijon sehr. Fuhr von Dijon nach Auxonne und Dôle. Schöne Landschaft mit einem Hauch der nahen Alpen. Ungefähr um 19 Uhr im Grandhotel. Hatte ein sehr gutes Abendessen und machte danach einen Spaziergang durch die malerischen Straßen von Dôle aus dem 18. Jahrhundert. Insgesamt 116 Meilen gefahren.«

»Dienstag, 30. August: Fuhr von Dôle nach Pontarlier. Wetter regnerisch, in den Bergen ausgewachsener Wolkenbruch. 55 Liter Benzin getankt, Wagen verbrauchte 55 Liter auf 250 Meilen. Kam gegen 12.30 Uhr zum Mittagessen in Pontarlier an. Mäßiges Essen. Dann in strömendem Regen zur Schweizer Grenze. Keine Gepäckkontrolle. Alle sehr höflich. Talwärts wurde das Wetter etwas besser. Erreichte Lausanne um zirka 16 Uhr. Fuhr direkt zum Lausanne Palace – mein erster Besuch seit 1932. Lausanne ist schön, aber das Wetter miserabel. Mache mir Sorgen, daß es Krieg geben könnte. Ließ meine Uhr für vier Francs reinigen. Bis 2.30 Uhr gelesen.«

»Mittwoch, 31. August: Um 10 Uhr aufgestanden, mußte feststellen, daß es immer noch regnete. Las die Post bis zum Mittagessen. Zahlte die Hotelrechnung – 16 Franken fürs Zimmer und über 80 Franken für Telefon und gestriges Abendessen. Verließ Lausanne in Richtung Genf um 16 Uhr, scheußliches, trübes Wetter. Eine 38 Meilen lange großartige Kulisse an einem der schönsten Seen entlang. Hielt am Hôtel des Bergues – 25 Franken für Schlafzimmer, Wohnzimmer und Bad. Kaufte für 60 Franken Baedeker-Reiseführer. Beschloß, jeden Tag Obst zu essen, aber nicht zusammen mit anderen Nahrungsmitteln. Auch gerade zu sitzen.«

»Donnerstag, 1. September: Ging gestern abend ins Casino. Kostenloser Eintritt. Sehr anständig wirkendes städtisches Völkchen. Ein paar Tänzerinnen, auch eine Schwarze. Gute Musik! Donnerstag morgen nahm ich ein Sonnenbad und bekam nach dem Mittagessen Post vom Hôtel Lotti aus Paris. Erste Post seit Paris. Bekam meinen Wagen aus der Werkstatt zurück. Jetzt hat er automatische Richtungsanzeiger – 62 Franken. Kam um zirka 20.45 Uhr im Majestic-Hotel in Chamonix an, nachdem ich 52 Meilen gefahren war. Das ist seit 1931 mein erster Besuch. Alles genau wie früher. Nach dem Abendessen bin ich durchs Dorf gegangen. Kaufte eine Bergsteiger-Zeitschrift und ein paar Ansichtskarten. Dann ein Bier im ›Out-A‹ – 12 Franken. Gute Musik! Nur ein paar Leute dort, aber viel Leben draußen auf den Straßen. Viele Menschen trugen Wander- oder Bergsteigerkleidung. Die Mädchen sahen toll aus.«

»Freitag, 2. September: Spät aufgewacht. Ein himmlischer Tag. Sonne scheint am wolkenlosen Himmel. Nahm ein Sonnenbad auf meinem Balkon und bewunderte bis zum Mittagessen die Aussicht. Die Aussicht im Tal von Chamonix ist fast unvergleichlich. Die großen Gletscher und die einzigartigen Bergspitzen Dru, Grands-Charmoz, Blaitière und Midi sind nur zwei bis vier Meilen entfernt. Die Spitzen sind phantastisch und unglaublich steil. Ich habe so etwas noch nie gesehen. Alles ist beängstigend groß. Der Mont Blanc selbst ist so majestätisch, wie ein König sein sollte. Ging am Nachmittag spazieren und bewunderte die Natur in ihrer großartigsten Stimmung. Abends kalt. Habe im Hotel zu Abend gegessen. Trank zuviel Asti Spumante und aß, als Krönung, eine Menge Schokolade. Las noch spät über Bergsteigen – dann konnte ich wegen Verdauungsstörung nicht schlafen. Endlich um zirka 4 Uhr eingeschlafen.«

Pauls Tagebucheintragungen spiegeln zwei markante Charakterzüge wider: Ein leidenschaftliches Interesse an der Kaufkraft des Geldes – er hielt immer den Preis für Hotelzimmer und Mahlzeiten fest – und Zwangsvorstellungen bezüglich seiner Gesundheit – er beschrieb übergenau häufig auftretende Anfälle von Verdauungsstörungen, ihre Ursachen und Auswirkungen. Paul war ein hoffnungsloser Hypochonder. Gerade weil er nie wirklich krank war, hatte er wahrscheinlich so viel Spaß an eingebildeten Krankheiten und bauschte geringfügige Unpäßlichkeiten zu Fragen von Leben und Tod auf. Wenn er Kopfschmerzen hatte, dachte er sofort an einen Hirntumor; jedes Bauchgrimmen war immer eine Blinddarmentzündung. Kein Zwicken blieb unbehandelt; er holte stets ein zweites ärztliches Gutachten ein, besuchte regelmäßig alle möglichen Quacksalber und Gesundbeter und schleppte immer eine Schachtel mit zweifelhaften Präparaten mit sich herum – egal, wohin er ging.

Überzeugt davon, daß Diät zu den Geheimnissen guter Gesundheit gehört, gab er immer wieder die normale Ernährungsweise auf und ging zu ausgefallenen Diäten über, die er sich selbst ausdachte – manchmal fastete er 24 Stunden, und danach aß er in den nächsten 24 Stunden nur Obst und reichlich Vitaminpillen. Wie bei so vielen seiner Landsleute war seine Darmfunktion eine Angelegenheit, die sein ganzes Interesse in Anspruch nahm. Schon als er erst elf Jahre alt war, schrieb er in sein Tagebuch: »Fürchterliche Schmerzen im Darm. Bett. Keine feste Nahrung.« Das war der Beginn eines lebenslangen Interesses für seine Gedärme und ihr Wohlergehen.

Die Sparsamkeit, die sich wie ein roter Faden durch sein Tagebuch zog, basierte auf einer ganz einfachen Überzeugung: Er konnte nicht verstehen, warum er, nur weil er reich war, für alltägliche Dinge mehr bezahlen sollte als jemand, der arm war. Er haßte es, für irgend etwas mehr als nötig zu bezahlen, ob es sich nun um eine Mahlzeit oder eine Ölquelle handelte; er verabscheute Protz und warf nie mit Geld um sich. Wenn er einem Ober oder einem Portier ein Trinkgeld geben mußte, gab er nie mehr als den allgemein üblichen Prozentsatz, und er war aufrichtig verblüfft, als man ihn Jahre später als Geizkragen bezeichnete.

Wenn Paul nicht gerade Preise oder Einzelheiten seiner Verdauungsstörungen in seinem Tagebuch festhielt, während er das gute Leben in Europa genoß, listete er ausführlich auf, was er gesehen und in Museen bewundert hatte, und erwähnte gelegentlich, was er für seine Kunstsammlung gekauft hatte. Daraus ergab sich ein merkwürdiges Nebeneinander: An einem Tag erwähnte er ein Mittagessen für fünf Francs, am nächsten Tag schrieb er, daß er sich ein Gemälde für 20 000 Dollar gekauft hatte. Fast schien es, als ob er noch unentschieden war, was wichtiger war. Paul hatte sich schon als junger Mann für Kunst interessiert. Er las unersättlich viel zu diesem Thema und ging gerne in Museen und Galerien. Obwohl er schon mit 23

Jahren Millionär war, dachte er jedoch anfänglich noch nicht ernsthaft daran, selbst ein Sammler zu werden, denn er hielt die Preise der zwanziger Jahre für absurd hoch. »In den späten zwanziger Jahren schien mir die Zeit zum Sammeln fast vorbei zu sein«, sagte er. »Die Leute, die ihre Millionen gemacht hatten, bevor ich ins Geschäft eingestiegen bin – oder sogar vor meiner Geburt –, räumten fast alles Wertvolle ab, das auf den Markt kam. Die alten europäischen Adelsfamilien, die immer noch Kunstschätze besaßen, waren meistens auch finanziell bestens situiert. Und selbst wenn das nicht der Fall war und sie sich zum Verkauf des einen oder anderen Stückes entschlossen, hatten sie sich an die Vorstellung gewöhnt, sich nur auf die schwindelerregendsten Angebote für ihre Besitztümer einzulassen.«

Aber dann kam der Wallstreet-Krach. Die Ereignisse von 1929 erschütterten die Kunstwelt ebenso wie die Finanzwelt, und die Preise auf dem Kunstmarkt erreichten einen nie gekannten Tiefstand. Vom selben Grundprinzip angetrieben, das ihn dazu bewog, zur richtigen Zeit Aktien zu kaufen, fing Paul auf einmal an, auch Bilder und Antiquitäten zu kaufen. »Plötzlich konnte man Qualitätsware bekommen«, sagte er, »da viele, die vorher einige der schönsten Kunstgegenstände fest in ihren Händen hielten, jetzt gezwungen waren, ihren Griff zu lockern. Die Preise sanken auf ein Niveau, das noch ein paar Jahre zuvor unvorstellbar gewesen wäre.«

Seine ersten bedeutenden Käufe tätigte er 1931 bei einer Versteigerung der Goldschmidt-Rothschild-Sammlung in Berlin. Er zahlte weniger als 1500 Dollar für einige alte englische Stiche und eine antike Brücke. Zwei Jahre später besuchte er in New York die Versteigerung der Sammlung von Thomas Fortune Ryan in der Anderson Gallery und kaufte zwölf Gemälde des spanischen Impressionisten Joaquin Sorolla y Bastida. Die Experten erwarteten damals, daß die Bilder über 40 000 Dollar erzielten – Getty bekam sie für knapp 10 000 Dollar.

Der Einzug in das Penthouse am Sutton Place in New York beflügelte seine Begeisterung für Möbel und Wandteppiche aus dem 18. Jahrhundert, dann folgte georgianisches Silber, danach griechische und römische Altertümer. Paul Getty hatte einen eklektischen Geschmack und kaufte alles, was ihm in die Augen stach, ohne besonderen Plan für eine zusammenhängende Sammlung. Obwohl er einen »angeborenen« Blick für echte Ware besaß und bei jedem Kauf kenntnisreicher wurde, befürchtete er stets, »übers Ohr gehauen zu werden«, und kaufte nie ein Kunstwerk ohne vorherige Überprüfung durch einen Experten. Dabei protokollierte meistens eine Stenographin die Bemerkungen des Experten – Getty hatte entdeckt, daß er durch späteres Nachlesen dieser Notizen viel lernte. Doch trotz seines wachsenden Ansehens als Sammler blieb er lange in dieser esoterischen Welt unsicher. Als Sir Alec Martin von Christie's ihm erklärte, daß ein Bild, das er kurz zuvor für 1000 Guinees gekauft hatte, keinen Platz in seiner Sammlung verdiene, gab er es sofort weg – an den Mann, der ihm geraten hatte, es zu kaufen. Während einer anderen Gelegenheit, einer Versteigerung bei Christie's, nickte er zustimmend auf eine Bemerkung eines Freundes, der neben ihm saß, und mußte feststellen, daß er mit dieser Kopfbewegung ein gräßliches Gemälde für 100 Guinees gekauft hatte.

1938 genoß Paul den Ruf eines »bedeutenden Sammlers«, einer aus der kleiner werdenden Schar der Millionäre, der die dreißiger Jahre mit ausreichenden Mitteln überlebt hatte, um herausragende Kunstwerke zu kaufen, obwohl dies – seinem Tagebuch nach – für ihn kein Grund zu großer Aufregung war. Am 7. September schrieb er in Bern: »Telefonierte mit Lowengard in Paris und kaufte Duveens Teppich für 14 000 Pfund, nachdem er mein Angebot von 13 000 abgelehnt hatte. Fuhr am Ufer des Luzerner Sees entlang . . .«

»Duveens Teppich« – im Tagebuch so nebenbei erwähnt – war ein erlesener Ardabil-Perserteppich aus dem 16. Jahrhundert, der auf den königlichen Webstühlen in Täbriz für die Moschee von Safi-ad-Din geknüpft worden war und der nach Ansicht der Perser viel zu schön war, »um von Christen betrachtet zu werden«.

Da er zu den schönsten Orient-Teppichen der Welt gehörte, wollte Paul ihn von dem Moment an haben, als er ihn zum erstenmal auf der Perserkunst-Ausstellung in Paris gesehen hatte. »Mit seinem herrlichen Muster, seinen Farben und seinem Glanz«, sagte er, »zählte er zu den schönsten Dingen, die ich jemals gesehen habe.« Lord Joseph Duveen, ein Kunsthändler, in dessen Besitz sich der Teppich befand und der ihn der Ausstellung zur Verfügung gestellt hatte, wollte ihn zunächst nicht verkaufen und erklärte ganz unverblümt, daß »niemand so viel Geld besäße«, ihn dazu zu bewegen, sich von ihm zu trennen. Aber der bedrohliche Verlauf der Ereignisse in Europa in jenem Sommer von 1938 und die Angst vor dem Krieg veranlaßten Duveen zu einem Sinneswandel, und er gab den Teppich her. Später bot König Faruk von Ägypten Paul 250 000 Dollar für den Ardabil an, als er ein geeignetes Geschenk für seine Schwester zur Hochzeit mit dem Schah von Persien suchte. Aber Paul lehnte ab.

Der Europabesuch von 1938 entpuppte sich als wahre Kauforgie. Neben dem Ardabil-Teppich kaufte er bei Christie's einen edlen Savonnerie-Teppich aus der Zeit Louis' XIII. und eine Sammlung französischer Möbel aus dem 18. Jahrhundert. Danach erwarb er für 7500 Pfund ein von Gainsborough gemaltes Porträt, das Thomas Christie, den Gründer der Firma, darstellte. Auf einer Auktion bei Sotheby's kaufte er eine Woche später für knapp 250 Pfund einige als unbedeutend eingeschätzte Bilder – darunter die »Madonna von Loreto«, die im Katalog mit dem Zusatz »im Stil Raffaels« aufgeführt war, sich später jedoch als Raffael-Original herausstellte. Paul zahlte 40 Pfund dafür.

Weitere Käufe wurden lakonisch neben der unvermeidlichen Preisangabe für jedes Hotelzimmer erwähnt, als er von der Schweiz nach Deutschland, dann in südlicher Richtung durch Holland und Belgien nach Paris, anschließend nach Wien und wieder zurück nach Berlin fuhr. Er legte Tausende von Kilometern zurück, ohne jemals Ermüdungserscheinungen zu zeigen und ohne jemals in seinem Tagebuch zu erklären, warum er von einem Ort zum anderen fuhr. Seine Energie war zweifellos bemerkenswert: An einem einzigen Tag fuhr er zunächst morgens von Antwerpen nach Brüssel. Auf dem Weg dorthin bemerkte er ein Schild, das auf ein Schloß aus dem 17. Jahrhundert hinwies, und machte einen Umweg, um es zu besichtigen. Er traf rechtzeitig zum Mittagessen im Palace-Hotel in Brüssel ein, nahm sich danach einen Führer, der ihm die Stadt zeigte, und um 16 Uhr war er wieder Richtung Paris unterwegs. Er machte eine Stunde Pause, um zu Abend zu essen, und stieg um 22.30 Uhr im Hotel Lotti in Paris ab, wo er sich ein Zimmer ohne Bad für 75 Francs mietete. Unwillig, den Tag schon zu beenden, machte er sich fein und ging in die Stadt, zunächst zum Bal Tabarin, der »besten Show in Europa«, und dann in die Melody Bar, »immer lustig«! Nachdem er um drei Uhr früh ins Hotel zurückgekommen war, las er noch bis vier Uhr.

Er war gerade in Berlin und wohnte im Hotel Adlon, als die Welt in jenen zwei Wochen im September den Atem anhielt, während der britische Premierminister Neville Chamberlain in Berchtesgaden mit Hitler über den Frieden verhandelte. Paul blieb allerdings von der »Kriegspanik« völlig unberührt und schenkte auch den Ratschlägen seiner Freunde keine Beachtung, die ihn jeden Tag anriefen und ihm nahelegten, Deutschland zu verlassen.

»Freitag, 23. September: Um zehn Uhr dreißig aufgestanden. Mittagessen im Adlon. Model sagte: ›Hau ab aus Berlin.‹ Sah ›Melodie der Nacht‹ – hervorragende Show – zehn Mark für die besten Plätze. Die Zuschauer waren nervös und kauften in den Pausen Zeitungen. Ansager rief: ›Achtung‹, alle sprangen auf, aber er sagte nur eine Pause an. Es sieht nach Krieg aus.«

»Samstag, 24. September: Mittagessen im Adlon. Draht rief an, sagte: ›Hau ab aus Deutschland – es gibt Krieg!‹ Das schöne Sommerwetter hält weiter an. Richtiges Badewetter . . .«

»Sonntag, 25. September: Um zehn Uhr aufgestanden. Draht rief an, sagte: ›Hau schleunigst ab!‹ Seine Frau und sein Kind reisen morgen ab. War in der Nationalgalerie, oberes Stockwerk. Es gibt einige sehr gute Werke von Menzel, Thoma und Böcklin. Zehn Pfennig Eintritt. Alle scheinen Angst vor dem Krieg zu haben. Der Führer hält morgen abend eine Rede. Abendessen auf der Dachterrasse vom Eden. Lustig!«

Paul wollte nicht abreisen, denn Berlin mit seinem üppigen Nachtleben zählte zu seinen Lieblingsstädten, und es fehlte ihm nie an weiblicher Gesellschaft.

»Traf Hansi und Phyllis. Ins Femina zu einer Tasse Schokolade und Kuchen – 1,80 Mark. Amüsante Leute, gute Musik und Show. Um acht in die Staatsoper zu ›Margarete‹, großartige, ungekürzte Fassung. Nach der Oper Abendessen im Atelier, dann Abstecher in die Roxy Bar, wo es überfüllt war, dann ins Ciro. Es war sehr voll und lustig wie immer.«

»Bei Kroll mit Dora Schokolade getrunken. Mit Hildegard um acht an der Oper verabredet. Sahen ›Othello‹. Eine gute Inszenierung.«

»Sah ›Frau Warrens Gewerbe‹ im Großen Schauspielhaus. Hansi kam am Ende des zweiten Aktes. Brachte Hansi nach Hause.«

»Sah ›Der Opernball‹ im Theater am Nollendorfplatz. Gute Vorstellung; und Dr. Goebbels war die Zierde des Theaters. Gretchen hat es genossen.«

»Mittagessen mit Gretchen im Adlon. Traf Gretchen zum Abendessen wieder.«

»Traf Gertrude zum Tanzen.«

»Traf Charlotte. Sie sieht gut aus. Sah ihre neue Wohnung. Später war ich mit Hildegard in der Scala.«

»Teddy rief an. Vermisse sie sehr.«

»Verließ Berlin um 18.15 Uhr, nachdem ich mich von Elisabeth verabschiedet hatte.«

Am 30. September trafen sich Teddy und Paul in Amsterdam wieder. Sie fuhren gemeinsam nach Paris, wo sie in den Louvre gingen, Versailles besichtigten und die führenden Kunsthändler abklapperten. Paul kaufte für 1500 Pfund einen prächtigen Sekretär aus dem 18. Jahrhundert und schrieb dann in sein Tagebuch, daß er seine Schuhe für 110 Francs mit neuen Gummiabsätzen versehen ließ. Teddy reiste nach zehn Tagen wieder ab, und ein paar Tage später konnte man Paul mit einer Dame namens Lonny beim Abendessen sehen. »Wir aßen im Tout Paris zu Abend, gingen danach ins Ambassadeurs. Traf Georges Carpentier sowie einen Freund Lonnys, Lou La Riviere, der mit einer munteren Blondine da war. Er zog sie von der Tanzfläche, als der Lambeth Walk gespielt wurde.«

Mitte Oktober war Paul in die Suite 355 im Hotel Adlon in Berlin zurückgekehrt. »Sah Dr. Salomonski«, schrieb er. »Seit dem 1. Oktober darf der arme Mann außer Juden niemanden mehr in seiner Praxis behandeln.« Von Berlin aus unternahm er einen kurzen Ausflug mit dem Zug nach Wien, wo er eine Dame namens Josephine traf und den Rothschild-Palast »hell erleuchtet und voller Polizisten« sah. Wieder in Berlin, erzählte ihm seine Freundin Charlotte, daß ein neues Judengesetz zur Folge haben könnte, daß die Rothschilds ihre Möbel verkaufen müßten. Sie versprach, ihn auf dem laufenden zu halten.

Im November fand Paul, daß es an der Zeit sei, in die Vereinigten Staaten zurückzukehren. Vor seiner Abreise traf er kurz Teddy in London und versuchte, sie zu überreden, mit ihm abzureisen. Ohne Erfolg.

»Samstag, 5. November: Um neun Uhr aufgestanden. Traf Teddy bei Madame Marchesi um 12.15 Uhr. Madame ganz die alte. Wundervolle Persönlichkeit, aber sie ist voller Selbstgefälligkeit. Teddy sang gut. Stolz auf sie. Mittagessen bei Teddy. Tolles Essen! Alles sehr geschmackvoll. Sie führt einen Haushalt wie in Neuengland. Nahm den Zug um 17.09 Uhr. Teddy bei mir. Ankunft in Southampton um 19.10 Uhr. Teddy verließ mich. Trostloser Augenblick! Zubringerschiff fuhr um 19.35 Uhr. Erreichte die ›Normandie‹ um 21.30 Uhr. ›Normandie‹ fuhr um 22.30 Uhr ab. Fuhr zehn Minuten und lief auf Grund auf. Auf Grund bis 2.15 Uhr. Danach kam sie frei. Dichter Nebel.«

»Sonntag, 6. November: Kabine 364. Gut geschlafen. Erschöpft. Wachte um zehn Uhr auf, neun Uhr Schiffszeit. Schwere Dünung, Windstärke vier bis fünf. Gutes Mittagessen. Trübes, finsteres Wetter. Las, ging spazieren, sah Film – ›Three Sisters‹ mit Bette Davis, Errol Flynn –, gut. Nach dem Abendessen versuchte ich erfolglos, mit New York zu telefonieren.«

»Montag, 7. November: Um 11.45 Uhr Schiffszeit aufgestanden. Wetter recht gut. Zweimal mit Teddy telefoniert. 733 Meilen in 25 Stunden. Sah gegen 21.30 Uhr ungefähr eine Stunde lang unglaublich schöne Mondsichel. Walter Footer und Leslie Howard beobachteten sie mit mir. Schöne, klare Nacht. Aß zu viele Rosinen. Magenverstimmung. Jämmerliche Nacht.«

»Dienstag, 8. November: Um 9 Uhr aufgestanden. Frühstück mit Tee, Toast und Steak. Trostloser, windiger Tag. 741 Meilen. Leichtes Mittagessen. Ich vermisse Teddy sehr und meine geliebte Mutter. Den ganzen Nachmittag gelesen und Filme gesehen. Abendessen um acht. Weitergelesen. Nebelhorn tutet. Wir sind über die Untiefen hinweg.«

»Mittwoch, 9. November: Zurückgelegte Strecke bis Mittag 736 Meilen. See ruhig. Windgeschwindigkeit 20 Meilen. Nicht viel Sonne. Ging am Nachmittag eine Stunde spazieren. Sah Filme ›Mad Miss Manton‹ mit Barbara Stanwyck und Henry Fonda und ›Normandie's Cruise to Rio‹. Nach dem Abendessen gab es ein Tischtennisspiel zwischen dem Schiffsmeister und dem Weltmeister. Letzterer gewann mit 21:12, 21:10, 21:10. Lese gerade Irvings ›Mountaineering‹ und Pendexters ›Bird of Freedom‹.«

»Donnerstag, 10. November: Um 9.30 Uhr aufgestanden. Schönes, ruhiges, sonniges Wetter. Lotse kam um 9.45 Uhr an Bord, als das gute alte Amerika in Sicht kam. Legten mittags am Kai an.«

Gettys Tagebucheintragungen sind zum Teil für den Leser recht ärgerlich, weil es seine Angewohnheit war, peinlich genau über Bagatellen aller Art zu berichten und gleichzeitig bedeutende Ereignisse nur zu streifen. Am Dienstag, dem 15. November, fünf Tage nach seiner Rückkehr nach Amerika, bestand seine Eintragung aus nur zehn Worten: »In New York. Erhielt Ergebnisse der Mensing-Auktion in Amsterdam.«

Das »Ergebnis der Mensing-Auktion«: Paul hatte einen Rembrandt erworben, das Porträt des Marten Looten. Das 1632 von dem jungen Rembrandt gemalte Bild hatte zuvor Anton W. Mensing gehört, einem wohlhabenden holländischen Sammler, dessen anerkennenswertes, lebenslanges Streben darin bestanden hatte, die bekanntesten holländischen Meisterwerke in ihr Ursprungsland zurückzuholen. Als Paul in Europa war, erfuhr er, daß die Mensing-Sammlung gerade aufgelöst wurde, und er beauftragte einen holländischen Händler, in seinem Namen bis zu 100 000 Dollar für den Marten Looten zu bieten. Mensing hatte im Jahre 1928 mehr als 200 000 Dollar dafür bezahlt, um das Bild nach Holland zu holen, doch weil die Kriegspanik von 1938 die Preise drückte, bekam Paul das Bild für 65 000 Dollar.

Ein allgemeiner Aufschrei ging durch Holland, als man erfuhr, daß der Marten Looten, eins von nur vierzig absolut für echt befundenen Rembrandts, an einen »ungenannten Amerikaner« verkauft worden war. Paul stand den verletzten Gefühlen der Holländer gleichgültig gegenüber – er hatte das Bild gekauft, er konnte damit machen, was er wollte. Er hängte es im Wohnzimmer seines New Yorker Penthouse auf.

Weihnachten 1938 verbrachte Paul bei seiner damals 85jährigen Mutter in Los Angeles. Die ersten fünf Monate des Jahres 1939 blieb er in Los

Angeles und schlug sich mit den Alltagsproblemen des Geschäfts herum – dem Kauf von neuen Pachtgrundstücken, einer Quelle, die Wasser zutage förderte, ausdauernden Reibereien mit den Direktoren der Tide Water, rechtlichen Schwierigkeiten bei der Übernahme des Hotel Pierre . . . jeden Tag, fast jede Stunde, gab es etwas anderes.

An den Abenden arbeitete er an dem Manuskript »The History of the Oil Business of George F. and J. Paul Getty from 1903 to 1939«, ein Buch, das er als Würdigung des Lebenswerkes seines Vaters privat drucken lassen wollte. Es war ein gewissenhaftes und umständliches Schriftstück, das jedes Pachtgrundstück aufzählte, das sie in ihren ersten 36 Jahren im Ölgeschäft erworben hatten.

Wenn er an den Abenden auswärts aß, tat er das meist allein, entweder bei Lindy's oder im Biltmore Coffee Shop. Er schrieb regelmäßig an Teddy in London und war ihr, außer den gelegentlichen kleinen Fehltritten, im großen und ganzen treu. Barbara Denny, eine 22jährige Literaturstudentin, gefiel ihm kurze Zeit, und er genoß es, ein paar Nächte mit ihr im Trocadero zu verbringen, dem Lieblingsnachtclub Errol Flynns. An einem anderen Abend ging er mit einer gewissen Virginia in den Grove-Nachtclub, wo sie Veloz und Yolanda sahen, aber es kann sich kaum um eine zügellose Lustbarkeit gehandelt haben, da er Virginia nur einen Cocktail (35 Cents) und sich selbst ein Eis (ebenfalls 35 Cents) spendierte. Die Rechnung, vermerkte er befriedigt, belief sich inklusive der Gedeckkosten auf 2,70 Dollar. Er ging gerne ins Kino – »Ging zur Westseite, um einen Film zu sehen, habe ›Gunga Din‹ schon gesehen, ging daher zurück« – und sah sich im April den Kampf von Louis gegen Roper im Wrigley-Stadion an, führte aber ansonsten ein für ihn untypisch zurückgezogenes Leben.

Ende Mai nahm er sich ein paar freie Tage, um die Weltausstellung in San Francisco zu besuchen, und mietete im Hotel San Francis für 12 Dollar pro Nacht die billigste Suite, die er bekommen konnte. Außerdem mietete er sich bei Hertz einen Chevrolet, Baujahr 1939, frischte die Bekanntschaft mit einer alten Freundin namens Ellen wieder auf, besichtigte fleißig alles Sehenswerte auf der Ausstellung und aß jeden Abend »Crab Louis« bei DiMaggio's auf der Fisherman's Wharf.

Am Montag, dem 29. Mai, verabschiedete er sich abends von Ellen und stieg in den Zug, der die großen Ebenen der USA durchquerte und 57 Stunden für die Fahrt nach Chicago brauchte. Als er am nächsten Tag durch Nevada fuhr, knüpfte er ein Gespräch mit einer Dame aus Mexico City an, einer Miss Concepcion Eddy, und verabredete sich mit ihr in New York.

Nach einem siebenstündigen Aufenthalt in Chicago bestiegen Paul und Miss Eddy den »Twentieth Century« für die Nachtfahrt nach New York und kamen am Morgen des 2. Juni um neun Uhr an.

Paul blieb drei Wochen in New York und opferte den Problemen des Pierre viel Zeit. Er war sehr von Hildegard begeistert, der Kabarett-Sängerin im Dachrestaurant des Pierre, aber entschieden weniger von den ungeheuren Betriebskosten des Hotels. Er forderte harte Sparmaßnahmen zur Verringerung der Verluste, die sich damals auf 150000 Dollar pro Jahr beliefen. Wenn er nicht im Pierre war, wehrte er während vieler »Happy Hours« die Annäherungsversuche vornehmer New Yorker Kunsthändler ab, die auf einträgliche Verkäufe hofften. Die Galerie Duveen wollte ihm eine edle Sammlung französischer Möbel aus dem 18. Jahrhundert für 1,5 Millionen Dollar verkaufen – Paul bot 400000 Dollar an.

Eines Nachmittags reagierte er auf die Dollarpreise, die ihm ein langsam verzweifelnder Händler nannte, lakonisch mit seinen eigenen Schätzungen in Pfund Sterling. Der Händler forderte 95000 Dollar für ein Porträt der Madame Dubarry von Vigée-Lebrun. Getty betrachtete das Bild teilnahmslos und erklärte, daß es bei Christie's in London nur 6000 Pfund bringen würde. Das nächste war ein van Dyck für 150000 Dolllar, Getty sagte: »12000 Pfund.« Schließlich holte der Händler einen Rubens hervor, ein lebensgroßes Porträt einer schönen Frau für 250000 Dollar. »20000 Pfund«, sagte Getty und ging davon.

Am Samstag, dem 10. Juni, mischte er sich unter die Leute, die die 96. Straße säumten, um das englische Königspaar vorbeifahren zu sehen, das sich zu einem Staatsbesuch in Amerika aufhielt. Er nahm sich auch die Zeit, die Weltausstellung in New York zu besichtigen, wo er mit Freude zur Kenntnis nahm, daß sein Rembrandt und sein Gainsborough, die er der Ausstellung zur Verfügung gestellt hatte, gut plaziert waren und im Vergleich mit den anderen ausgestellten Bildern gut abschnitten. Ihm gefiel auch die Erdöl-Ausstellung mit ihrem Modell einer Bohranlage, aber am meisten beeindruckte ihn die Ausstellung »Welt von morgen«, die er atemberaubend fand.

Meistens aß Paul abends allein im Shchraft's (wo er seiner Naschsucht eines Abends mit *drei* Ahornsirup-Nuß-Eisbechern frönte), aber es mangelte ihm natürlich nie an weiblicher Gesellschaft. Ellen tauchte aus San Francisco auf »und sah sehr hübsch aus«, und Miss Eddy aus Mexico City nahm eine Einladung zum Mittagessen in seinem Penthouse am Sutton Place an. Dann war da noch Gloria (»traf Gloria im Ambassador«), Nancy (»lud Nancy zum Abendessen und zu einer Show ein«), Geri (»traf Geri um 21.30 Uhr. Sahen ›Mr. Chips‹«), May (»traf May im Langdon und lud sie ins ›21‹ zum Abendessen ein«) und Joy (»Joy kam vorbei und fuhr uns zur Ausstellung«).

Aber keine dieser Damen bedrohte ernsthaft seine bevorstehende Hochzeit mit Teddy, die sie inzwischen in der romantischen Stadt Rom feiern wollten. Am Freitag, dem 23. Juni, fuhr Paul noch einmal mit dem Schiff nach Europa und ignorierte die unheilvollen Anzeichen eines bevorstehenden Krieges. In jenem Jahr hatte die Pan American Airways den regulären Flugverkehr mit ihrem »Dixie Clipper« über den Atlantik aufgenommen, aber Paul hatte Angst vor dem Fliegen und dachte nicht einen Moment lang daran, es als Alternative zu seiner gewohnten Seereise in Betracht zu ziehen. Statt dessen buchte er eine Erster-Klasse-Kabine auf der »Saturnia« nach Lissabon. Nach vier Tagen auf dem Nordatlantik säumten aufgeregte Passagiere nach dem Abendessen die Steuerbordreling und glaubten, daß ein Licht am Himmel der über ihnen fliegende »Clipper« sei. Paul blieb ungerührt und freute sich, als der Kapitän verkündete, daß es sich nicht um die Pan Am, sondern um Jupiter gehandelt hätte.

Nachdem Paul am 2. Juli Lissabon erreicht hatte, fuhr er mit dem Zug über Salamanca und Biarritz nach Paris. Er nahm sein gewohntes Zimmer Nummer 324 im Hotel Lotti und verbrachte zwei Tage damit, Museen und den Louvre zu besuchen, bevor er in den Nachtzug nach Genf stieg, wo er sich wie vereinbart mit seiner Exfrau Fini und seinem neunjährigen Sohn Ronnie treffen wollte, der in einer kleinen Stadt außerhalb Genfs zur Schule ging.

Obwohl er immer gerne vorgab, ein liebender Vater zu sein, spielten Pauls vier Söhne keine wichtige Rolle in seinem Leben. George, der damals schon 16 Jahre alt war und bei Los Angeles zur Schule ging, hatte seinen Vater so selten gesehen und fürchtete sich so sehr vor ihm, daß er ihn mit »Mr. Getty« anredete. Der kleine Paul, acht Jahre alt, und sein Bruder Gordon, sechs Jahre alt, waren Internatsschüler der California Military Academy und konnten die wenigen Male, die sie ihren Vater in den vergangenen Jahren gesehen hatten, an den Fingern einer Hand abzählen. Ebensowenig war Ronnie, der in der Schweiz zur Schule ging, daran gewöhnt, seinen Vater mehr als einmal im Jahr zu sehen.

Paul traf Fini im Büro des American Express in Genf, und sie fuhren zusammen in einem Mietwagen zu Ronnies Schule, wo die Lehrer dem Jungen ein gutes Zeugnis ausstellten, seine Intelligenz und seinen Charakter lobten, den nur ein zeitweiser Hang zum »Babyverhalten« trübe. Zu

Ehren des jährlichen Besuchs seines Vaters bekam Ronnie Sonderurlaub für eine kurze Reise mit seinen Eltern, und so fuhren die drei über die Grenze nach Frankreich in den von der Nachsaison geprägten Skiort Chamonix. Paul verstand sich bestens mit Fini; er war zwar noch immer über die Bedingungen ihres Scheidungsabkommens empört, aber er hatte sich nur über ihren Vater geärgert und nicht über sie. Sie bummelten drei Tage vergnügt durch Chamonix, genossen die Landschaft, sonnten sich und beobachteten die Bergsteiger auf dem Mont Blanc. Paul ging mit Ronnie schwimmen und freute sich, daß der Junge »recht gut« schwimmen konnte. Am 14. Juli fuhren sie nach Aix-les-Bains weiter, wo Paul den Nachtzug nach Genua nehmen wollte, um sich mit Teddy zu treffen. Er fand für Fini und den Jungen ein Zimmer im Hotel Europa, ging mit ihnen abends ins Casino, um ein Feuerwerk zu erleben, verabschiedete sich danach von ihnen und eilte zum Bahnhof.

Teddy wartete in Genua auf dem Bahnsteig, als der Expreß am nächsten Morgen um 9.30 Uhr einfuhr. Sie hatten sich das letztemal im November gesehen. Sie warf sich Paul in die Arme und fuhr dann mit ihm im Zug nach Rom, wo sie ihre Opernausbildung jetzt bei einer anderen Lehrerin, Madame Cahier, fortsetzen wollte. Nach ihrer Ankunft in Rom, um 3.30 Uhr nachmittags, stiegen sie – aus Anstandsgründen – in verschiedenen Hotels ab. Teddy wohnte im Hotel de Russie, Paul eine Meile weiter im Excelsior.

In den folgenden sieben Wochen vertiefte sich Paul in die Ewige Stadt und ihre glorreichen Monumente, die an die schöpferische Phantasie der Vergangenheit erinnern. Er war fasziniert von den Palästen und Säulengängen und arbeitete sich täglich stundenlang durch jedes Museum, Raum für Raum, versessen darauf, nichts zu verpassen. Gelegentlich willigte er ein, mit Teddy zum Schwimmen an den Strand von Ostia zu fahren, aber er ertrug es kaum, von der Stadt mit ihrem unermeßlichen Reichtum an Altertümern getrennt zu werden. Eines Nachmittags bummelte er im Pantheon herum, als ein Gewitter ausbrach. Er stand da und beobachtete, wie das Regenwasser durch die Öffnung im Scheitel der 43 Meter hohen Kuppel auf den Marmorboden prasselte, und war fasziniert von der Schönheit dieses Anblicks.

Paul war schnell entschlossen, in seine Kunstsammlung auch einige griechisch-römische Trophäen aufzunehmen. Er fand einen hübschen Kopf von Agrippa, den er durch einen Assistenten des Direktors der Vatikanischen Museen begutachten ließ, ehe er ihn für 2500 Dollar kaufte und nach New York schicken ließ. Derselbe Händler rückte auch noch die

Büste einer römischen Dame heraus – wahrscheinlich Augustus' Tochter –, die Getty für 7000 Dollar erwarb und nach Los Angeles schickte. Getty wollte sich auch von dem ortsansässigen Bildhauer Pier Vangelli eine Büste von sich selbst anfertigen lassen und erklärte Teddy allzu durchsichtig, daß das doch ein »nettes Geschenk« für einen seiner Söhne sein könnte. Zwischendurch kaufte er telefonisch in London bei Sotheby's einen Beauvais-Boucher-Wandteppich für 2700 Pfund sowie bei Christie's den berühmten Krönungsteppich für 6000 Guinees. Er freute sich besonders über diesen letzten Coup – einen Perserteppich aus dem 16. Jahrhundert, der bei der Krönung König Edwards VII. im Jahre 1902 vor dem Thron in der Westminster Abbey gelegen hatte.

In den ersten Wochen in Rom begleitete Teddy ihren Paul oft bei seinen Museumsrundgängen, und er begleitete sie dafür gewöhnlich jeden Abend zu ihren Gesangsstunden bei Madame Cahier. Aber es gab bald Unstimmigkeiten zwischen ihnen. Paul wollte, daß Teddy nach ihrer Hochzeit mit ihm in die Vereinigten Staaten zurückkehrte, während Teddy entschlossen war, in Rom zu bleiben, um ihre Ausbildung fortzusetzen, Krieg hin oder her. Außerdem gab es die heikle Frage einer Besitzstandsregelung, die Pauls Anwälte konzipiert hatten und die noch vor der Hochzeit von ihr unterschrieben werden sollte. Paul hielt eine solche Regelung für eine kluge Vorsichtsmaßnahme – denn falls ihre Ehe in die Brüche gehen sollte, wollte er sich auf keinen Fall noch einmal auf eine so mörderische Abfindung einlassen, wie sie Finis Vater ausgehandelt hatte.

Eines Tages weigerte sich Teddy, das Mittagessen anzurühren, als Paul ihr Verschwendungssucht vorwarf, weil sie für einen einzigen Brief 95 Lire Postgebühren ausgegeben hatte. Vier Tage später, als sie beim Abendessen »die richtige Lebensart« diskutierten, hatte Teddy genug und rannte unter Tränen aus dem Restaurant. Zweifellos war sie immer an den Abenden am glücklichsten, wenn sie zusammen in die Oper gingen. Bei einer Aufführung des »Rigoletto« in den Carracalla-Thermen saßen sie nur 15 Meter von Mussolini, dem Duce, entfernt. Paul war sehr beeindruckt von seiner Erscheinung und dem spontanen Beifall, den er von den Zuschauern erhielt. »Er ist der größte Sohn Italiens seit Augustus«, schrieb er in dieser Nacht in sein Tagebuch.

Ende August machte sich Paul zum erstenmal Sorgen, von einem inzwischen unvermeidlich scheinenden Krieg in Europa festgehalten zu werden. Die Zeitungen waren voll von alarmierenden Berichten, daß eine deutsche Invasion in Polen bevorstehe, und Paul wußte, was das bedeutete. Deshalb beschloß er spontan, sofort in die Schweiz zu fahren. Sie reisten getrennt, Teddy mit einem Freund im Auto und Paul mit dem Zug nach Mailand, wo er es sich nicht verkneifen konnte, die Scala, das Poldi-Pezzoli-Museum und die Galerie Brera zu besuchen. Auf den Straßen deutete nur die Art und Weise, wie die Menschen sich die neuesten Zeitungen aus den Händen rissen, auf den heraufziehenden Sturm hin.

Weder Paul noch Teddy hatten irgendwelche Schwierigkeiten, die Grenze zwischen Italien und der Schweiz zu überqueren, und sie trafen sich wie verabredet am Abend des 28. August im Hotel zum Bären in Grindelwald. Die nächsten sieben Tage hörten sie fast nur Radio. Am Freitag, dem 1. September, hörten sie morgens eine Übertragung von Hitlers Rede im Reichstag, in der er die Eingliederung Danzigs verkündete. Die 22-Uhr-Nachrichten aus Stuttgart brachten an diesem Abend Einzelheiten über das Vorrücken der Deutschen in Polen. Zwei Tage später wurde in den Schweizer Radionachrichten mittags berichtet, daß England und Frankreich Deutschland den Krieg erklärt hatten.

Paul besaß in allen drei Ländern Freunde, und seine spontane Reaktion war die Hoffnung, daß die Vereinigten Staaten neutral blieben und sich aus allem heraushielten. Tatsächlich war ein Telegramm aus Los Angeles der beruhigende Beweis dafür, daß die Geschäfte in Amerika wie gewohnt weiterliefen. Das Telegramm wurde dem Portier des Hotel Bellevue in Bern telefonisch übermittelt und enthielt die Nachricht, daß eine neue Quelle mit 4500 Barrel pro Tag erschlossen worden war.

Weder Paul noch Teddy wollten gerne in der Schweiz bleiben, und am 4. September, einen Tag nach der Kriegserklärung, rief Paul den amerikanischen Konsul in Bern an und fragte, ob es ungefährlich sei, nach Italien zurückzukehren, das offiziell noch neutral war. Da man ihnen versicherte, es bestände keine Gefahr, fuhren sie am nächsten Tag mit dem Zug nach Rom. Paul durchstöberte wieder die Museen, als sei nichts geschehen. Aber er legte Wert darauf, jeden Abend die Radionachrichten zu hören, obwohl der Krieg weit weg von der ruhigen Umgebung des Vatikans, der Villa Borghese und der Sixtinischen Kapelle zu sein schien.

Neugierig darauf, wie sich der Krieg auf Deutschland auswirkte, entschloß sich Paul Ende September, nach Berlin zu fahren, um seine Freunde zu besuchen. Während sein Zug durch das nächtliche Deutschland fuhr, saß er im Dunkeln und blickte auf eine unwirkliche Schattenlandschaft, in der kein einziges Licht zu sehen war. In Berlin fand er die Straßen ähnlich dunkel und fast verlassen vor. Die Silhouette der Stadt wurde von Scheinwerfern erleuchtet, die den nächtlichen Himmel absuchten. Sein Taxi fuhr mit abgedunkelten Lampen zum Hotel Adlon, das in der Finsternis sonderbar kalt und bedrohlich wirkte. Paul war richtig erleichtert, daß drinnen die Lichter brannten und ein Orchester »lustige Musik« spielte.

Er blieb fast zwei Wochen, ging mittags und abends mit verschiedenen Freundinnen zum Essen, besuchte abends die Oper und genoß das Berliner Nachtleben, das trotz des Tanzverbots munter weiterging. Es gab zwar weniger Taxis auf den Straßen, und die Rationierung vieler Waren machte das Leben nüchterner, aber andererseits fand er die Stadt kaum vom Krieg beeinträchtigt. Eines Tages schlenderte er die Wilhelmstraße entlang und sah Ribbentrop vorbeifahren. Er schrieb in sein Tagebuch, daß die Menge ihm eine »herzliche Ovation« darbrachte. Einige Tage später notierte er: »Sah den Vorbeimarsch von Truppen, die gerade aus Polen zurückkamen. Die Kolonne war mehrere Meilen lang. Alles war motorisiert – keine marschierenden Soldaten! Die Ausrüstung machte einen hervorragenden Eindruck, und die Männer sahen adrett aus, alles ehrliche Burschen. Die Berliner Bevölkerung, besonders die Frauen, begrüßten sie herzlich.« Am nächsten Tag sah er Hitler, Göring, Heß, Ribbentrop und Goebbels auf dem Weg zum Reichstag; er hörte Hitlers Rede und fand sie »überlegenswert«.

Am 7. Oktober, seinem letzten Tag in Berlin, aß er mit Charlotte zu Mittag, verabschiedete sich am Nachmittag in seinem Hotel von Gretchen, traf Hilda zum Abendessen und ging mit ihr um 21 Uhr zum Bahnhof. Er kam am Montag, dem 9. Oktober, in Rom an, nahm ein Taxi ins Hotel und rief Teddy an, um sich mit ihr zum Mittagessen zu verabreden.

Die folgenden vier Wochen verliefen ereignislos, vielleicht mit Ausnahme der Tatsache, daß er erlebte, wie der Duce eine bombastische Rede vor einer wildbegeisterten Menge auf der Piazza di Venezia hielt. Am Sonntag, dem 12. November, fuhren Paul und Teddy in einer offenen Kutsche und besprachen ihre bevorstehende Hochzeit. Keiner gab einen Millimeter nach. Paul beharrte unerbittlich darauf, daß er bald in die Vereinigten Staaten zurückkehren müßte, Teddy beharrte unerbittlich darauf, in Rom zu bleiben, um dieses schwierige hohe C zu lernen. Sie hatte eine neue Lehrerin gefunden, und wo auf der Welt gab es einen besseren Ort, das Opernfach zu studieren? Doch am nächsten Tag gingen sie zum amerikanischen Konsulat, um die Hochzeit vorzubereiten, und am Nachmittag unterschrieben sie die Papiere für die Besitzstandsregelung.

Am Mittag des 14. November 1939 heirateten Paul und Teddy in der romantischen Atmosphäre eines palastartigen Saales auf dem Kapitol – dieses Ereignis war Getty nicht mehr als eine einzige Zeile in seinem

Tagebuch wert. Sie feierten zusammen mit einem Freund bei einem Mittagessen im Ambassador. Paul verbrachte den Nachmittag mit Packen, aß mit Teddy zu Abend und setzte sich dann um 20.30 Uhr in den Zug nach Neapel. Teddy begleitete ihn zum Bahnhof. »Bin sehr enttäuscht«, schrieb er in sein Tagebuch, »daß T. nicht mitkommen wollte.«

Die neue Mrs. Getty verbrachte ihre Hochzeitsnacht allein in ihrem Zimmer im Hotel Ambassador in Rom. Ihr Mann verbrachte die Nacht allein in einem Zimmer im Hotel Excelsior in Neapel. Am nächsten Tag fuhr er mittags an Bord des italienischen Überseedampfers »Conte di Savoia« in die Vereinigten Staaten. »Stand eine Stunde an Deck«, schrieb er, »und beobachtete, wie die unvergleichlich schöne Bucht von Neapel langsam am Horizont verschwand.«

9. »Mein liebster Schatz folgte Papa«

Die »Conte di Savoia« legte am Donnerstag, dem 23. November 1939 – Erntedankfest –, um neun Uhr morgens am Kai von New York an. Ein Aufgebot von Reportern und Fotografen, die hinter Geschichten über den Krieg in Europa her waren, eilte an Bord, sobald die Gangways heruntergelassen waren. Sie brauchten nicht lange, um herauszufinden, daß sich ein Ölmann namens J. Paul Getty an Bord befand, der noch vor kurzem in Berlin gewesen war. Paul, der nicht unerfreut war, plötzlich im Mittelpunkt der Aufmerksamkeit zu stehen, behandelte ihre Fragen mit seiner gewohnten Höflichkeit und Geduld, bevor er an Land ging und ein Taxi zum Sutton Place nahm, wo er von seiner Haushälterin Elsa freudig begrüßt wurde.

Ganz pflichtbewußter Sohn, rief er sofort seine Mutter in Los Angeles an, um ihr seine glückliche Ankunft mitzuteilen. Nachdem er sich flüchtig durch die Post und einen Stapel von Berichten gearbeitet und in einer kleinen Pause aufs neue den Ardabil-Teppich bewundert hatte, der nun auf dem Boden seines Wohnzimmers lag, rief er den Pförtner an und bat, seinen Cadillac zu bringen. Er war eingeladen worden, das Erntedankfest bei Teddys Familie in Greenwich, Connecticut, zu verbringen, und gegen Mittag fuhr er am Steuer seines Cadillacs Richtung Norden aus Manhattan hinaus.

Mrs. Lynch begrüßte ihren neuen Schwiegersohn begeistert; sie mochte Paul und störte sich offensichtlich nicht an seinen vier anderen Ehen oder an der Tatsache, daß er mehr als 20 Jahre älter als ihre Tochter war. Die gesamte Familie Lynch, außer Teddy, hatte sich am Erntedankfest versammelt, und Paul freute sich, sie zu sehen. Wenn es hinter seinem Rücken irgendwelches Gemunkel darüber gegeben haben sollte, daß er alt genug wäre, um Teddys Vater zu sein, so bemerkte er es nicht. An diesem Abend vermerkte Paul in seinem Tagebuch »ein wundervolles Abendessen« und fügte hinzu: »Jeder vermißte Teddy.«

Paul blieb zwei Wochen in New York und beschäftigte sich hauptsächlich mit den Problemen des Hotel Pierre. Der Ruf des Hotels litt allmählich unter den Managern der George F. Getty Inc., denen Paul die Führung des Hotels anvertraut hatte. Pauls Meinung war, daß eine gute Führungskraft in der Ölbranche auch eine gute Führungskraft in jedem anderen Geschäftszweig sein könnte, und er hatte deshalb keine Skrupel gehabt, viele der hochqualifizierten Hotelangestellten durch seine Ölmänner und andere Mitarbeiter zu ersetzen. Er hatte sogar einem ehemaligen Preisboxer die Verantwortung für die Küche übertragen. Das Essen im Pierre und der allgemeine Standard der Dienstleistungen verschlechterten sich auf diese Weise natürlich rapide, und Paul merkte, daß er einen großen Fehler begangen hatte. Er löste das Problem, indem er Frank Paget, einen erfahrenen Schweizer Hotelier, als Generaldirektor einstellte und ihm freie Hand ließ, das Pierre »zum besten Hotel New Yorks« zu machen, wobei er ihm im selben Atemzug die Maßregel, »Verschwendung zu vermeiden«, mit auf den Weg gab.

Am 5. Dezember, einem Dienstagabend, fuhr Paul im Zug von New York nach Tulsa, Oklahoma, wo er die Skelly Oil sorgfältig überprüfen wollte, jene Gesellschaft, die er unbeabsichtigt mit dem Paket erworben hatte, das mit der Kontrolle der Mission Corporation verbunden war. Paul kannte Bill Skelly noch aus alten Tagen, als sie beide Wildcatter gewesen waren, in der Lobby vom Hotel Tulsa herumzulungern pflegten und auf Gerüchte über ein vielversprechendes Pachtgrundstück hofften.

William Grove Skelly war 14 Jahre älter als Paul; ein dickköpfiger Despot mit einem mächtigen Körper und einem stark ausgeprägten Selbsterhaltungstrieb. Im Ölgeschäft hatte er als Roustabout angefangen und 400 Dollar zusammengekratzt, um auf eigene Kappe nach Öl zu bohren. Gegen Mitte der zwanziger Jahre war Skelly Oil eine der expandierendsten Gesellschaften des mittleren Westens, und Skelly selbst war als »Mr. Tulsa« bekannt, weil er den ersten vollklimatisierten Büroblock in der Stadt bauen ließ und die Errichtung eines großen Sportstadions finanziert hatte, das nach ihm benannt wurde. 1928 kaufte er die Spartan Aircraft Factory und die damit verbundene Flugschule. Begeistert von den Möglichkeiten der Luftfahrt, war er Mitgründer der Safeway Airlines, welche die ersten regulären Flüge zwischen Oklahoma City und Saint Louis, Missouri, durchführte.

Wie so viele andere »Selfmademen« mit der Neigung zu spekulieren, wurde Skelly hart vom Wallstreet-Krach und der folgenden Depression getroffen. Er verkaufte seinen Anteil an der Safeway Airlines, um seine Schulden zu bezahlen, aber 1934 konnte er nicht länger seinen Verpflichtungen nachkommen und war gezwungen, die Kontrolle über Skelly Oil an die Standard Oil of New Jersey zu übergeben. Er blieb zwar noch Präsident der Gesellschaft, mußte aber tatenlos mit ansehen, wie sie in Gettys Kampf um die Kontrolle der Tide Water hineingezogen wurde. Als Jersey Standard ihren Anteil an der Tide Water und den 57prozentigen Anteil an Skelly Oil der Mission Corporation übertrug, blieb Bill Skelly nichts anders übrig, als zuzusehen, wie der junge Getty langsam sein

Unternehmen verschlang. Als im Mai 1937 bekannt wurde, daß Getty die Kontrolle über die Mission Corporation gewonnen hatte – und damit über Skelly Oil –, geriet Bill Skelly in Rage. Er platzte in Tide Waters Büro in Tulsa, fuchtelte mit einem Gewehr herum und drohte, all jene zu erschießen, die ihn um sein Unternehmen »betrogen« hatten. Von da an hegte Skelly eine tiefe Feindseligkeit gegen Getty. Folglich war es für Paul nicht überraschend zu erfahren, als er am 7. Dezember in Tulsa ankam, um Skelly Oil zu inspizieren, daß Skelly wegen »dringender Geschäftsangelegenheiten« in Kansas City festgehalten wurde.

Paul ließ sich jedoch von Skellys Abwesenheit nicht abschrecken und verbrachte den Morgen damit, die Pachtverträge und Bilanzen durchzusehen. Mit Befriedigung stellte er fest, daß die Reserven der Gesellschaft zwischen 200 und 250 Millionen Barrel betrugen.

Während des Mittagessens im Hotel Mayo lief Paul Josh Cosden über den Weg, ein weiterer Ölspekulant, mit dem er 1914 in einem Gasthaus in der Nähe des Hotels Tulsa die Mahlzeiten eingenommen hatte. Cosden, der mit 30 Jahren schon Multimillionär gewesen war, hatte inzwischen harte Zeiten erlebt. Als Paul erzählte, er wäre gerade aus New York angekommen, lächelte Cosden wehmütig und meinte, er selbst habe noch nicht einmal mehr genug Geld übrig, um eine Fahrkarte nach New York zu bezahlen. Aus Angst, um ein Darlehen gebeten zu werden, behauptete Paul, wenig Zeit zu haben, und eilte hastig weiter.

Am Nachmittag fuhr er zur Spartan Aircraft Factory hinaus und stellte fest, daß sie eine kleine, heruntergewirtschaftete Fabrik war, die nicht mehr als 60 Montagearbeiter beschäftigte. Es stellte sich heraus, daß die Fabrik Produktionsprobleme hatte, ihre Flugzeuge überaltert und ihre Auftragsbücher dünn waren. Im Gegensatz dazu war die Spartan School of Aeronautics ein florierendes Unternehmen mit 51 Schulflugzeugen und mehr als 150 Kadetten der amerikanischen Luftstreitkräfte, die dort Flugunterricht erhielten. Paul erfuhr, daß die Schüler jeden Tag rund 180 Flugstunden erhielten und daß Spartan die größte Flugschule des Landes war.

Er war zutiefst beeindruckt von »Captain« Max Balfour, dem Veteranen, der die Schule leitete. Balfour hatte während des Ersten Weltkrieges in Frankreich fliegen gelernt und als hochdekorierter und ruhmreicher Kampfflieger in der 213. Jagdstaffel gedient. Nach dem Krieg überlebte er zwei schreckliche Unfälle – einmal kippte sein Flugzeug über die Flügel im freischwebenden Flug ab, ein anderes Mal ging sein Flugzeug bei einer Bruchlandung in Flammen auf, wobei er schlimme Verbrennungen erlitt.

Als Invalide aus den Luftstreitkräften entlassen, wurde er zunächst Pilot eines internationalen Playboys in Europa, bevor er 1938 zur Spartan ging. Balfour erzählte Paul, daß er über die guten Beziehungen eines Generals in Washington, mit dem er zusammen 1918 in Frankreich gedient hatte, einen Vertrag mit der Regierung über die Schulung von Kadetten abgeschlossen hatte. Das war genau die Art von Initiative, die Paul bewunderte.

Spät am Abend fuhr Paul nach Wichita und bestieg den »Chief« nach Los Angeles. Am nächsten Tag, als der »Chief« über die Hochebene von Kansas Richtung Rocky Mountains schnaufte, befand sich Paul in einem angeregten Gespräch mit einer jungen Dame namens Ruth Donaldson aus Minneapolis, die er im Zug kennengelernt hatte. Obwohl er sich bereits dem 50. Lebensjahr näherte, fand Paul ein hübsches Gesicht noch immer so unwiderstehlich wie einst als junger Mann. Ob er nun in einer Hotellobby in Europa saß, über das Deck eines Ozeanschiffes schlenderte oder den amerikanischen Kontinent im Zug durchquerte, niemals versäumte er es, eine attraktive junge Frau zu bemerken und zu versuchen, ihre Bekanntschaft zu machen. Einfallsreich und emsig in der Verfolgung des anderen Geschlechts, bestach er in Hotels häufig Portiers, um die Namen und Adressen von Damen zu erfahren, die sein Interesse geweckt hatten. Er pflegte dann beträchtlich viel Zeit dafür aufzuwenden, die Liste seiner Freunde durchzugehen und in komplizierte Vorbereitungen für eine Dinnerparty einzusteigen, indem er Freunde von Freunden einlud und sicherstellte, daß eine gewisse junge Dame auch anwesend sein werde.

Obwohl nicht gerade ein Rudolph Valentino, war er intelligent, welterfahren, amüsant, reich und liebte weibliche Gesellschaft. In der Gegenwart von attraktiven Frauen verlor er sein übliches griesgrämiges und schweigsames Verhalten und verwandelte sich recht erfolgreich in eine geistsprühende Persönlichkeit. Auch gab er sich als perfekter Gentleman und setzte seine Wünsche niemals außerhalb der Schranken der Schicklichkeit durch. Wenn auch sein Motiv immer Sex war, so waren seine Annäherungsversuche doch immer diskret und erregten selten Anstoß.

Ruth Donaldson war bestimmt erfreut, sich während der langen Fahrt mit der Santa-Fe-Eisenbahn von Wichita nach Los Angeles in so charmanter Reisegesellschaft zu befinden. Paul war sehr enttäuscht, als er erfuhr, daß sie vorhatte, nach Lamy in Neumexiko zu ziehen, fand jedoch heraus, daß sie später wieder in Los Angeles leben wollte, und fragte sie, ob sie ihn vielleicht an einem Abend in den Beachcombers Club begleiten könnte. Sie nahm die Einladung an, und Paul ließ den Gedanken gar nicht erst aufkommen, ob es einem so frisch verheirateten Mann an der Schwelle zum mittleren Lebensalter noch anstand, sich mit jungen Mädchen zu verabreden.

Auf dem imposanten neuen Bahnhof von Los Angeles, der Anfang des Jahres eingeweiht worden war, wurde Paul vom Chauffeur der Familie im alten Duesenberg abgeholt und sofort zum South Kingsley Drive gefahren, um seine Mutter wiederzusehen. »Sie sieht sehr gut aus«, schrieb er in sein Tagebuch. »Essen zu Hause, fuhr dann weg, um Ronnie und Fini zu treffen.« Nach all den Schwierigkeiten, die Fini während ihrer Ehe gemacht hatte, um in der Nähe ihrer Familie in Deutschland zu leben, hatten der Sieg der Nazis und die Aussicht auf einen Krieg schnell zu einer Meinungsänderung beigetragen, und sie war mit ihrem Sohn einige Monate zuvor nach Kalifornien gezogen. Paul freute sich über ihren Entschluß – und war erfreut darüber, daß er Dr. Helmle zweifellos beträchtlichen Kummer bereitete.

In den folgenden Wochen entdeckte Paul seine Söhne wieder und sah auch seine Exfrauen recht häufig. Er dinierte mit Ann Rork im Brown Derby und ging mit Fini ins Kino, um sich »Elizabeth and Essex« anzusehen. Am Samstag vor Weihnachten traf er Ann mit Paul und Gordon in der Spielwarenabteilung von Robinsons in der Innenstadt und kaufte Geschenke für die Jungen. Am Weihnachtstag besuchten ihn alle vier Söhne im South Kingsley Drive – zum erstenmal waren sie alle in demselben Raum versammelt. Doch es war ein verkrampftes, unerfreuliches Treffen. George war ein pummeliger 17jähriger Bengel, der kurz vor seinem Abschluß an der Webb School of California in Claremont stand. Er kannte seinen Halbbruder Ronnie kaum, der mürrisch und zurückhaltend war, vielleicht auch, weil seine Muttersprache Deutsch war und er schlecht Englisch sprach. Die Kleinen, die Paul »Pabby« und »Gordo« nannte, waren erst sieben beziehungsweise sechs Jahre alt und konnten mit den beiden Älteren wenig anfangen.

Aber Paul war glücklich in der ungewohnten Rolle des liebevollen Vaters und gleichgültig gegenüber jeglicher Verlegenheit zwischen den Kindern. »Wir hatten in Mutters Wohnzimmer einen wunderschönen Baum und Unmengen von Geschenken«, schrieb er in sein Tagebuch. »Mutter freute sich wie ein Kind.«

Paul verbrachte das Jahr 1940 weitgehend in Los Angeles und lebte zu Hause bei seiner außergewöhnlichen Mutter, die im Januar ihren 87. Geburtstag feierte. Er widmete sich fleißig seinen Geschäften, schrieb häufig Briefe an Teddy in Rom und führte ein aktives gesellschaftliches Leben – wie immer in zahlreicher weiblicher Gesellschaft. Er nahm mehrere verschiedene Freundinnen zum Beverly Wilshire Hotel mit, als Ray Nobles Orchester, das er wunderbar fand, dort spielte.

Im Frühjahr machte sein Kampf um Tide Water wieder Schlagzeilen. Am 3. Mai 1940 berichtete die »New York Times«, daß ein Waffenstillstand geschlossen worden sei, und unter der Überschrift »Getty beendet Kampf um Tide Water Oil« begann der Artikel mit folgenden Worten: »Der lange Kampf der George-F.-Getty-Interessengemeinschaft, die Kontrolle über das Management der Tide Water Associated Oil Company zu erlangen, ist offensichtlich beendet . . .« Der Artikel enthüllte zudem, daß Tide Water eine Vereinbarung mit Pacific Western und George F. Getty Inc. über gemeinsame Operationen in Kalifornien getroffen hatte.

Dieser Bericht war sowohl ungenau als auch voreilig. Obwohl eine solche Vereinbarung existierte, kam es Paul niemals in den Sinn, daß sie das Ende seiner Bestrebungen darstellte. Obwohl er seine Aktivitäten nach Übernahme der Kontrolle über die Mission Corporation heruntergeschraubt hatte, kaufte er weiter Tide-Water-Aktien und wollte noch immer die Gesellschaft übernehmen. Wenn es irgendeine Verhaltensänderung gab, dann die, daß er nicht mehr so viel Eile hatte. Nach nahezu achtjährigem, erbittert geführten Nahkampf besaß er mehr als 25 Prozent der stimmberechtigten Aktien der Tide Water, und es schien ihm unausweichlich, daß er schließlich die Gesamtkontrolle gewinnen werde. Er konnte warten.

In der Zwischenzeit verfolgte Paul über Zeitungen und Radiosendungen mit zunehmender Sorge um Teddys Sicherheit den Verlauf des Krieges in Europa. Am 10. Juni, als Italien England und Frankreich den Krieg erklärte, kabelte Paul an Teddy: »Komm nach Hause.« Sie antwortete keß: »Vice versa.« Teddy verbrachte trotz des Krieges eine herrliche Zeit in Italien. Sie nahm nach wie vor Gesangsunterricht, schrieb aber auch wöchentlich eine Kolumne aus Rom für die New Yorker »Herald Tribune« und genoß in vollen Zügen ihren glänzenden neuen Status als Pressefrau.

Im November stimmte Paul für die Wiederwahl von »F. D. R.«, dessen Politik er vorbehaltlos befürwortete, und machte sich dann mit seinem Vetter Howard »Hal« Seymour zu einer Urlaubsfahrt nach Mexiko auf. Vier Jahre älter als Paul, war Vetter Hal das vollkommene Gegenteil von Paul. Er war ein unbekümmerter Junggeselle, völlig desinteressiert an Geld oder Besitz und ohne jeglichen Ehrgeiz. In einer buntgescheckten Karriere hatte er Eisenerzschiffe auf den Großen Seen gesteuert, in einer Band Trompete gespielt, in Alaska nach Gold gesucht und auf der Suche nach einer versunkenen Goldmine auf Yucatan eine Expedition mit Maultieren angeführt. Er haßte Verpflichtungen und liebte das Leben mit überschäumender Leidenschaft. Hal und Paul waren seit ihrer Kindheit eng befreundet, vereint durch ein Band aus Vertrauen und Respekt, das durch ihre Unterschiedlichkeit noch gestärkt wurde: Jeder bewunderte den anderen intensiv.

Ende November brachen sie in einem neuen Edsel Ford Mercury auf, den Paul für die Reise gekauft hatte, und kamen im Hotel Reforma in Mexico City am 2. Dezember 1940 an. Auf dem Weg in Richtung Süden geriet ein Stückchen Schlacke in Pauls Auge; er war natürlich davon überzeugt, daß dies eine dauerhafte Beeinträchtigung verursachen würde, und zitierte, kaum hatten sie das Hotel betreten, Ärzte zur »Rettung seines Augenlichts« zu sich. Nachdem das Körnchen entfernt worden war, wurde Paul geraten, eine Woche lang zu »ruhen«. Hal ertrug diesen lächerlichen Unfall mit seiner gewöhnlich guten Laune, und als die Ärzte endlich Paul überzeugt hatten, daß er wieder völlig gesund sei, setzten sie ihre Reise mit dem Ziel Acapulco fort.

Der Highway von Mexico City in Richtung Süden war erst einige Monate zuvor befestigt worden, und sie entdeckten, daß Acapulco ein reizendes kleines mexikanisches Städtchen war, noch völlig unberührt, zusammengedrängt auf einem schmalen Stück Land zwischen dem Hafen und den steilen Bergen, die die Bucht umgaben. Die Landschaft, die Umgebung und das Klima waren insgesamt perfekt, und sie waren übereinstimmend der Meinung, daß eine Weiterreise sinnlos wäre. Sie mieteten ein einfaches Appartement mit Blick auf den Strand und vertrieben sich die Tage mit Schwimmen, Sonnenbädern und Spaziergängen am Strand.

Ursprünglich hatte Paul geplant, nur drei Wochen zu verreisen, aber Weihnachten kam und ging, ohne daß einer der beiden auch nur die geringste Neigung verspürte zurückzufahren. Sie versprachen sich immer wieder, »nur noch eine Woche« zu bleiben, und die Tage zogen sich träge dahin, ihr gleichmäßiger Verlauf wurde von der Außenwelt nicht gestört.

Ende Januar lernte Paul in einer Bar einen jungen Engländer kennen, mit dem er sich in der schwachen Hoffnung unterhielt, Eindruck auf seine außergewöhnlich schöne Freundin zu machen. Der Engländer redete beständig davon, wie er »den schönsten Strand der Welt« entdeckt hatte, und der Abend endete damit, daß sich alle am folgenden Tag zu einem Ausflug treffen wollten, um diesen Strand zu begutachten. Paul bereute am nächsten Morgen sofort diesen Entschluß, als der Engländer mit einem uralten Lastwagen aufkreuzte und mitteilte, daß sie 15 Meilen über eine Schotterstraße durch den dichten Tropenwald fahren müßten, um an den

Strand zu kommen. Sie hielten sich an den ramponierten Seitenwänden des Lastwagens fest und waren bald vom Staub bedeckt. Im Wald hoppelte und ratterte der Wagen abscheulich, und sie wurden von Moskitoschwärmen geplagt. Aber als sie endlich aus dem Wald auf den Strand zurollten, mußte Paul zugeben, daß der Engländer recht hatte – es war der schönste Strand der Welt! Er hatte niemals zuvor so etwas Schönes gesehen, selbst nicht am Mittelmeer. Der »Revolcadero« genannte Strand war ein überwältigender Halbmond aus weißem Sand, umsäumt von einem Tropenwald und landeinwärts geschützt von einer Gebirgskette.

In den folgenden Wochen besuchte Paul den Revolcadero-Strand mehrere Male. Immer schnell dabei, eine Gelegenheit beim Schopfe zu packen, diskutierte er mit Hal die Möglichkeit, in diesem Gebiet Land zu kaufen und ein Hotel für Erholungsuchende bauen zu lassen. Die Schwierigkeiten waren allerdings gewaltig: Eine gute Straße mußte durch den Tropenwald angelegt werden, und allein die Rodungskosten würden enorm hoch ausfallen. Und als Krönung des Ganzen bedeutete es, mit der berüchtigten Pedanterie der mexikanischen Bürokratie fertig werden zu müssen und einen Weg zu finden, das Gesetz zu umgehen, das Ausländern den Landkauf an der Küste verbot. Aber Paul ließ sich niemals von Problemen abschrecken: Er rief Dave Hecht in New York an und forderte ihn auf, sofort nach Acapulco zu kommen.

Ende Februar 1941 hatte Hecht einen Gesellschaftsvertrag mit einem reichen mexikanischen Bauingenieur abgeschlossen, um das Verbot des Landverkaufs an Ausländer zu umgehen, und Paul hatte ein 3,6 Quadratkilometer großes Gelände am Revolcadero-Strand gekauft. Mitte März kehrten Paul und Hecht in die Vereinigten Staaten zurück; der liebenswürdige Hal blieb, »um die Einzelheiten zu regeln«.

Wieder in Los Angeles, machte sich Paul an ein Testament und verbrachte seine Freizeit damit, einem weiteren Buch den letzten Schliff zu geben, an dem er mit Unterbrechungen seit der Beendigung des Buches über das Getty-Unternehmen geschrieben hatte. »Europa im 18. Jahrhundert« war ein gelehrtes Buch, das aus seinen Studien entstanden war, die er ursprünglich unternommen hatte, um sich als Kunstsammler weiterzubilden. Wie die Familiengeschichte ließ er auch dieses Werk als Privatdruck erscheinen – vielleicht, um die Schmach zu vermeiden, von einem Verleger einen Korb zu bekommen.

Es war ein dünner Band von 113 Seiten, aber dennoch recht beeindruckend, wenn man bedenkt, daß sein Autor weder Schriftsteller noch Historiker war. In der Einleitung vom Juli 1941 erhob Paul keinen Anspruch auf literarischen Ruhm. Er schrieb: »Wir Kinder des 20. Jahrhunderts sind zutiefst von den Sitten, Gebräuchen, philosophischen Anschauungen, der Staatskunst und den Geisteswissenschaften des 18. Jahrhunderts beeinflußt. Ich hoffe, daß dieses kleine Handbuch dazu beiträgt, den Leser mit dem Leben und den Errungenschaften dieses großartigen Zeitabschnitts der Weltgeschichte vertraut zu machen.«

Ein weitaus weniger großartiger Zeitabschnitt der Weltgeschichte spielte sich währenddessen in Europa ab, als Paul sein Manuskript fertigstellte. Der offensichtlich unbesiegbare Hitler hatte im Juni den Einmarsch in Rußland befohlen, und der Knobelbecher marschierte weit ausholend über die Steppe und zermalmte unter seinen Absätzen Kiew, Odessa und Charkow. Im August trafen sich Churchill und Roosevelt vor der Küste Neufundlands und unterzeichneten die Atlantikcharta: Paul stimmte ihr aus ganzem Herzen zu. Seine Ansichten über den Krieg hatten sich im Laufe des Jahres 1940 radikal geändert. Wie viele Amerikaner hatte er zuerst die Hoffnung gehegt, daß Amerika sich »heraushalten könnte«, aber Ed Murrows bewegende Radioreportagen aus London in den Monaten des Blitzkriegs ließen den Isolationismus Amerikas unhaltbar erscheinen. Zu Beginn des Jahres 1941 war Paul zu der Überzeugung gelangt, daß die Freiheit an sich auf dem Spiel stand, und er glaubte nicht mehr, daß es den Vereinigten Staaten moralisch möglich sei, dem Kampf gegen Hitler fernzubleiben, insbesondere, als auch noch Japan sich den Achsenmächten anschloß.

Als Roosevelt im September eine eindeutige Ansprache im Rundfunk hielt und angriffslustig seine Entschlossenheit erklärte, die US-Schiffe auf hoher See zu schützen, sandte Paul ein Glückwunschtelegramm an das Weiße Haus: »Ihre Rede von heute abend ist ein großes Dokument der amerikanischen Geschichte. Wenn man den Achsenmächten und ihren U-Booten erlaubt, ihre gegenwärtigen Aktivitäten fortzusetzen, wird der Krieg unvermeidbar sein. Wenn die Aggressionen andauern, werden Sie eine vereinte Nation hinter sich haben, falls Sie um eine Kriegserklärung nachsuchen. Möge Gott Sie schützen und Ihnen Kraft zu Ihrer großen Verantwortung verleihen.«

Im November nahmen die Spannungen zwischen den Vereinigten Staaten und Japan weiter zu, und der US-Außenminister sandte eine scharfe Note an die Japaner und forderte ihren Rückzug aus China und Indochina. Am 29. November war das erste Thema der 10-Uhr-Nachrichten, daß Präsident Roosevelt in großer Eile nach Washington zurückgekehrt sei. »Wenn das Krieg mit den Achsenmächten bedeutet«, schrieb

Paul in jener Nacht in sein Tagebuch, »bin ich dafür. Es ist an der Zeit, daß die Vereinigten Staaten geschlossen die Außenpolitik des Präsidenten unterstützen. Er sagte von Anfang an voraus, daß eine Appeasement-Politik mit der Achse nicht funktionieren könnte, und wir müssen kleinlaut zugeben, daß er recht hatte.«

Am 7. Dezember, an einem Sonntagnachmittag, wollten Paul und seine Mutter der Übertragung eines Konzerts im Radio zuhören. Einige Minuten nach drei Uhr, als die New Yorker Philharmoniker noch ihre Instrumente für Schostakowitschs Erste Symphonie stimmten, unterbrach ein Sprecher die Sendung: »Wir unterbrechen dieses Programm für eine Sondermeldung. Die Japaner haben Pearl Harbor angegriffen.«

Nachdem sich der anfängliche Schock gelegt hatte, reagierte Paul wie viele Millionen andere: Er versuchte, sich freiwillig zum Kriegsdienst zu melden. James Forrestal, der Unterstaatssekretär der Marine in Washington, war ein alter Freund, und am Sonntagabend schickte Paul an ihn ein Telegramm und bot ihm seine Dienste an.

»Heimtückischer japanischer Überfall ruft alle Zivilisten auf, alles zu geben, um die Angreifer abzuwehren. Ich bin 49 Jahre alt, aber bei bester Gesundheit, besaß drei Yachten und bin erfahren in ihrer Bedienung und Wartung. Wenn Marine mich in irgendeiner Eigenschaft brauchen kann, bitte benachrichtigen. Grüße. Paul Getty.«

Der Millionär erhielt am nächsten Tag eine höfliche Antwort: »Ihrer Mitteilung gegenüber aufgeschlossen. Weitergeleitet an Bureau of Navigation. Forrestal.« Als ehemaliger Yachtbesitzer erschien Paul der Gedanke überhaupt nicht abwegig, daß man ihn als potentielles Offiziersmaterial für die US-Marine in Betracht ziehen könnte. Natürlich erwartete er, dem Dienst auf See zugeteilt zu werden, und hoffte, daß ihm ohne große Verzögerung ein Kommando übertragen werde. In törichter Zuversicht sah er sich schon auf der Brücke seines eigenen Schiffes, vielleicht eines Zerstörers, der durch den Pazifik stampfte, um den Japanern die Hölle heiß zu machen. Captain J. Paul Getty, US-Marine, Yes, Sir! – Das klang wirklich gut!

Unglücklicherweise beeindruckten Pauls Qualifikationen nicht. Die Kriegserklärung an Japan hatte einen großen Ansturm auf die Rekrutierungsbüros bewirkt, und es gab keinen Mangel an jüngeren Männern, die in den Dienst der Marine drängten. Und was seine »Erfahrung« betraf... es ist wahr, daß er Anfang der dreißiger Jahre drei Motoryachten besessen hatte, aber das machte noch keinen Seemann aus ihm. Von Millionären erwartet man, daß sie eigene Yachten besitzen, und jedesmal, wenn Paul eine gekauft hatte, war das in der Erwartung geschehen, gemächliche Kreuzfahrten genießen zu können; tatsächlich aber hatte er nur selten die Zeit für solche Vergnügungen gefunden, und seine Yachten hatten nur selten den Hafen verlassen. Die letzte verkaufte er 1936.

Ob Paul nun wirklich ernsthaft davon überzeugt war, für den aktiven Dienst in der US-Marine in Betracht zu kommen – auf jeden Fall verfolgte er seine Bewerbung mit einiger Beharrlichkeit. Am 11. Dezember schrieb er noch einmal an Forrestal und meldete sich sogar zwei Tage später bei einem Marine-Rekrutierungsbüro in Los Angeles als Freiwilliger.

Als er nach der Tauglichkeitsuntersuchung nach Hause kam, wartete eine Nachricht aus Washington auf ihn. Statt Neuigkeiten über seine Verwendbarkeit für die Marine zu erhalten, erfuhr er, daß Teddy in Rom verhaftet worden war.

Teddy war schon im Oktober warnend geraten worden, Italien zu verlassen, war aber auf endlose Schwierigkeiten gestoßen, ein Ausreisevisum zu erhalten. Sie hatte irgendwann schließlich alle Papiere zusammen, aber einen Tag vor dem Überfall auf Pearl Harbor wurden alle amerikanischen Ausreisevisa für ungültig erklärt. Teddy war zunächst nicht übermäßig besorgt – der Krieg schien fern der sonnigen Terrasse ihres Appartements abzulaufen, und sie nahm weiterhin ihre Gesangsstunden. Am 11. Dezember stand sie auf der Piazza di Venezia und »lauschte der feisten Marionette auf dem Balkon, die meinem Land den Krieg erklärte«. Als sie zu ihrem Appartement zurückging, stieß sie auf zwei wartende Polizisten, die sie zum Polizeihauptquartier mitnahmen.

»Ich wurde in einen kleinen Raum gebracht, der nur mit einem Tisch und einem Bild von Mussolini ausgestattet war. Es herrschte ein fürchterliches Chaos, vor meinem Zimmer rannten die Leute auf und ab, schrien sich gegenseitig an und brüllten in den Telefonhörer. Ich saß stundenlang auf dem Tisch und wurde dann zum Polizeidirektor gebracht, der mir eröffnete, daß man mich über Nacht in ein Kloster bringen werde.«

Das »Kloster« entpuppte sich als schmutziges Frauengefängnis am Tiber, wo Teddy mit 15 anderen Frauen in einen Flur gesteckt wurde – alle anderen Zellen waren voll – und ein Strohbündel zum Schlafen erhielt.

»Ich verbrachte die Nacht zusammengekauert auf meinem Stroh und versuchte vergeblich, mich warm zu halten, und verfluchte mich, nicht noch einen Extrapullover mitgenommen zu haben. Aber der Polizeidirektor hatte mir ja mitgeteilt, ich würde schon nach einem Tag entlassen werden, deshalb blieb ich leidlich gefaßt. Um fünf Uhr wurden wir zur Messe geschickt. Ich war steif vor Kälte, erschöpft und hungrig, und der

Anblick und der Geruch der zerlumpten schmutzigen Körper, die langsam auf die Beine kamen, war unerträglich. Wir wuschen uns ohne Seife an einem Kaltwasserhahn, und die Toilette war ein stinkendes Loch im Fußboden – der Geruch machte mich schwindlig.

Zum Frühstück mußten wir uns in einer Reihe aufstellen und erhielten Schwarzbrot und bitteren schwarzen Kaffee. Ich verbrachte den Morgen mit vier anderen Frauen in einer verriegelten Zelle. Der Morgen wurde nur von einem 15minütigen Rundgang in einem kleinen Hof unterbrochen. Dann kam das Mittagessen – eine Gemüsesuppe –, und darauf folgte ein tödlich langer Nachmittag, an dem ich mich ständig fragte, wann ich entlassen würde. Es kam keine Nachricht. Um 17.30 Uhr wurden wir wieder zur Andacht geführt, wobei alle Sünderinnen rund um mich schluchzten und stöhnten. Ich lag die ganze Nacht wach, weil ich wegen der Kälte und des Schnarchens der anderen Frauen nicht schlafen konnte. Am Morgen des fünften Tages wurde mir mitgeteilt, daß ich zu einer Gruppe amerikanischer Korrespondenten, die in einem Hotel interniert worden waren, gebracht werden sollte.«

Paul konnte in Los Angeles nichts für Teddy tun, hatte aber auch zu Hause zu viele Probleme. Am Morgen des 20. Dezember, einem Samstag, hatte er einen der seltenen Ausflüge mit seinem ältesten Sohn George arrangiert, um das Ölfeld von Athens bei Los Angeles zu besichtigen, wo er als junger Mann auf so viele Quellen gestoßen war. George war damals 18 Jahre alt, wollte nach Princeton gehen und Jura studieren. Paul billigte zwar diesen Plan, hatte jedoch nicht die Absicht, seinen Sohn Anwalt werden zu lassen – er wollte, daß George ihm ins Familienunternehmen folgte, und der Ausflug zum Athens-Feld sollte dazu dienen, das Interesse des jungen Mannes am Ölgeschäft zu wecken.

Als sie am Mittag zum South Kingsley Drive zurückkehrten, stieß Paul auf den Hausarzt, der ihm mitteilte, daß seine Mutter einen Schlaganfall erlitten habe. Paul eilte die Treppen zu ihrem Zimmer hinauf und fand die alte Dame sitzend in ihrem Lieblingssessel vor. Gereizt bestand sie darauf, daß ihr nichts fehlte. Vor dem Zimmer erklärte jedoch der Arzt mit ernster Miene, daß sie zwar nur einen leichten Gehirnschlag erlitten hätte, der ihre rechte Körperhälfte beeinträchtigte, aber daß die große Wahrscheinlichkeit bestehe, daß sie einen weiteren, weitaus schwereren Anfall mit fatalen Folgen innerhalb der nächsten Tage erleiden könnte.

Paul war voller Kummer angesichts der Aussicht, seinen »liebsten Schatz« zu verlieren; es war, soweit er sich erinnern konnte, das erstemal, daß seine Mutter krank war. Er ging in ihr Zimmer zurück, um bei ihr zu wachen, und als sie nach ihrer nachmittäglichen Spazierfahrt verlangte, brachte er es nicht übers Herz, ihr zu widersprechen – trotz der Tatsache, daß der Arzt ein Verlassen des Hauses strengstens untersagt hatte. Er blieb während des ganzen Wochenendes in ihrer Nähe. Am Montagmorgen hätte er ins Büro gehen müssen, um einige Schecks zu unterzeichnen, aber der Arzt warnte ihn davor, zu gehen. Seine Worte erschreckten Paul zutiefst.

An den folgenden drei Tagen kämpfte die alte Dame um ihr Leben, und Paul tat alles, um sie zu zerstreuen, aber am ersten Weihnachtstag wurde sie sichtlich schwächer, und er begann den Mut zu verlieren. »Weihnachten war wegen Mama traurig«, schrieb er in sein Tagebuch. »Sie ist sehr krank und hat, wie ich befürchte, wenig Chancen, sich zu erholen. Ich war bis zu diesem Nachmittag hoffnungsvoll, war dann jedoch voller Unruhe. Mama ließ sich von mir drei Tassen heißes Wasser einflößen. Sie erkannte mich und küßte mich. Danach ging ich aus dem Zimmer und weinte.«

Am zweiten Weihnachtsfeiertag wurde ihr Zustand noch schlechter. Paul saß den ganzen Tag neben ihrem Bett und hielt ihre Hand. Am frühen Morgen drückte sie schwach seine Hand und bat ihn flüsternd, sie eine Weile allein zu lassen. Paul nahm an, daß sie vielleicht ein bißchen schlafen wollte. Auf Zehenspitzen verließ er ihr Zimmer und ging in den Garten, um frische Luft zu schöpfen. Auf dem Rasen unter ihrem Schlafzimmerfenster stehend, sah er einige Minuten später gerade noch rechtzeitig hinauf, um zu sehen, wie einer der Diener die Vorhänge zuzog. Tränen stiegen ihm in die Augen und liefen über seine Wangen.

Für einen hartgesottenen Geschäftsmann, der sich dem 50. Lebensjahr näherte, äußerte sich Paul in seinem Tagebuch außergewöhnlich betroffen über den Verlust seiner Mutter. Sie war immerhin fast 89 Jahre alt geworden, aber Paul trauerte, als ob sie in der Blüte ihres Lebens dahingerafft worden sei und er als einsame Waise – ohne sie vollkommen verloren – zurückgeblieben wäre.

»26. Dezember: Ich kann nur an Mama denken. Mein liebster Schatz folgte Papa sanft und still am Abend.«

»27. Dezember: Was soll ich sagen? Ich weiß nur, daß ich verzweifelt bin. Anrufe, Telegramme, Briefe. Was hatte Mutter für liebevolle Freunde! Was für eine Aufgabe, zweier wundervoller Eltern würdig zu sein! Ich habe versucht, ihrer wert zu sein, aber ich muß mich noch mehr anstrengen.«

»28. Dezember: Wie ich sie vermisse! Niemand hatte jemals eine bessere Mutter!«

»29. Dezember: Mama, Mama.«
»30. Dezember: Mama ist fort; jedermann ist freundlich zu mir.«
»31. Dezember: Trauriger Silvesterabend mit Hal zu Hause. Bin entschlossen, mein Bestes zu geben, um Mama würdig zu sein und meinem Land bis zum letzten Fünkchen meiner Kraft zu helfen, seine Feinde zu zerschmettern.«

Auf diese Rückkehr zur patriotischen Inbrunst folgte ein Anruf des Marine-Rekrutierungsbüros: Paul war im ersten Sehtest durchgefallen und sollte sich einer weiteren Untersuchung unterziehen. Am 3. Januar wurde er zwar als tauglich für den Dienst in der US-Marine erklärt, aber ihm wurde gleichzeitig mitgeteilt, daß es in Anbetracht seines Alters höchst unwahrscheinlich sei, für den Dienst zur See empfohlen zu werden. Davon unbeeindruckt schrieb sich Paul an der University of Southern California für einen Kurs in Navigation und Schiffahrtskunde ein. »Wenn ich zur Marine gehe, möchte ich kein Trottel sein«, erklärte er.

Einige Tage später wurde ihm ein Posten vom »Office of Petroleum Coordinator« angeboten, einer Regierungsbehörde, die eingerichtet worden war, um die Ölversorgung im Zuge der Kriegsanstrengungen zu überwachen. Es wurde ihm freundlich nahegelegt, daß er von größerem Nutzen für das Land sein könnte, wenn er in der Ölindustrie arbeitete, statt in der Marine zu dienen. Er wies diesen Vorschlag indigniert zurück. »Ich wies darauf hin, daß meine Unternehmen gut organisiert und effizient von den Männern geführt wurden, die an leitenden Positionen saßen. Sie waren vollkommen in der Lage, die Unternehmen auch ohne mich mit höchster Effizienz zu führen. Ich wollte in der Marine dienen – und ich wollte meinen Dienst auf See verrichten.«

Doch die Wochen vergingen ohne eine Einberufung zur Marine, und die Nachrichten von der Front verschlechterten sich von Tag zu Tag: Die Alliierten wurden von den Japanern im Pazifik in die Flucht geschlagen. Weil seine Geduld erlahmte, stieg Paul Mitte Februar in den Zug nach Washington, um zu erfahren, was mit seiner Bewerbung geschehen war. Er wurde von einem Büro ins nächste geschickt und erhielt überall dieselbe entmutigende Auskunft – er wäre zu alt. Falls er in die Marine eintreten würde, so erfuhr er, konnte er nichts Ruhmreicheres als einen Verwaltungsposten an der Küste erwarten, wahrscheinlich auf einer Versorgungsbasis. »Es schien«, schrieb er traurig, »als ob der Dienst zur See nicht in Frage kam. Ich war zu alt, um als Unteroffizier an Bord eines Kriegsschiffes zu dienen, und hatte nicht genügend Erfahrungen, um mich für die höheren Ränge der US-Marine zu qualifizieren.«

Am 17. Februar stieß Paul zufällig in der Empfangshalle des Hotels Mayflower in Washington auf einen Bekannten – Jack Swerbul. Er war der Chef der Grumman Aircraft und hatte einen besonderen Grund, sich über Gettys Auftauchen zu freuen, denn er wußte, daß die Getty-Interessengemeinschaft die Spartan Aircraft kontrollierte. Bei einem Drink erzählte Swerbul Paul ein paar üble Wahrheiten über Spartan. Grumman gab der Firma Aufträge für die Lieferung von Teilen für Kampfflugzeuge. Doch die Qualität ihrer Produkte sei äußerst dürftig, sagte er, und sie lägen Monate hinter dem Liefertermin zurück. »Spartan stinkt. Wir mußten praktisch jedes verdammte Teil von ihnen zurückgehen lassen.«

Um seine Behauptungen zu unterstreichen, entnahm Swerbul seiner Brieftasche einen vertraulichen Bericht über das Schulflugzeug NP-1 Primary, das von der Spartan in Tulsa gebaut wurde. Darin wurde festgestellt, daß das Flugzeug kopflastig, nachlässig geschweißt und neun Monate zu spät ausgeliefert worden sei.

Paul war schockiert über Swerbuls Worte. Er wußte kaum, was sich bei Spartan abspielte, und hatte nicht die leiseste Ahnung, daß das Management so desorganisiert und ineffizient arbeitete. Die Verantwortung für Spartan lag bei der Skelly Oil, die um einiges vom Dreh-und-Angel-Punkt der Getty-Unternehmen entfernt war, in dem er regierte. Er hatte also wenig Grund gehabt, sich in ihre Angelegenheiten einzumischen. Dennoch empfand Paul als Kopf des Konglomerats ein ausgeprägtes Gefühl der persönlichen Verantwortung für den schlechten Ruf der Gesellschaft, vor allem weil sie in die Kriegsproduktion verwickelt war.

Drei Tage später hatte Paul mit Frank Knox, dem Marineminister, eine Unterredung. Knox bestätigte, daß es für Paul keine Chance gab, zur See zu fahren. »Sie sind für das Amt eines Verwaltungs- oder Versorgungsoffiziers qualifiziert«, sagte er. »Aber ein Dienst zur See kommt nicht in Frage.« Er machte eine kleine Pause und fuhr dann fort: »Ich erfuhr, daß Sie einen großen Anteil an der Spartan Aircraft Company halten.« Paul bejahte und fragte sich, was wohl als nächstes käme.

»Wir brauchen dringendst Flugzeuge, Flugzeugteile und ausgebildete Flieger«, fuhr Knox fort. »Um sie zu bekommen, brauchen wir erfahrene Geschäftsleute, die unsere Fabriken und Flugschulen führen, Männer, die schnellstmöglich die Fabrikations- und Ausbildungsanlagen ausweiten und die Produktion auf ein bisher unbekanntes Ausmaß ankurbeln. Das Wichtigste, was Sie für die Marine und Ihr Land tun können, besteht darin, die Uniform zu vergessen, alle Ihre anderen Geschäftsaktivitäten aufzugeben und persönlich das Management der Spartan zu übernehmen.«

Noch in jener Nacht bestieg Paul den Zug nach Tulsa. Bevor er in das Bett seines Schlafwagenabteils stieg, schrieb er in sein Tagebuch: »Ich habe eine wichtige Aufgabe – die Spartan-Fabrik auf Massenproduktion für Marine und Armee umzustellen.«

Keiner in der Fabrik der Spartan Aircraft in Tulsa wußte etwas mit diesem großen, leicht gebeugt gehenden Mann mit länglichem Gesicht, großer Nase und traurigem Gesichtsausdruck anzufangen, als er im Februar 1942 auftauchte und sein Vorhaben verkündete, die Leitung der Firma zu übernehmen. Er kam mit einem Taxi an, trug einen dunkelgrauen doppelreihigen Anzug mit einem weißen Taschentuch in der Brusttasche und verbrachte den Morgen damit, langsam durch die Fabrik zu gehen. Mit verdrießlicher Miene starrte er auf die Anlagen und die Fließbandarbeiter und blickte mit Eidechsenaugen, die nichts verrieten und nichts übersahen, blitzschnell in diese oder jene Richtung. Er schien niemals zu lächeln, selbst wenn er jemandem vorgestellt wurde und Hände schüttelte, und hatte eine merkwürdige Art, seine Worte zu verschlucken, weil er die Silben kaute und dabei so mit dem Kiefer arbeitete, als ob er ein besonders unverdauliches Stückchen Knorpel zerkleinern wollte.

Zur Mittagszeit stellte er sich in der Belegschaftskantine in der Reihe der Arbeiter an, setzte sich an einen Tisch mit drei sichtlich nervösen Angestellten der Spartan und vertilgte ernst und ohne ein Anzeichen des Behagens einen Salat. Am Nachmittag zitierte er alle Manager in ein Büro zu einer Sitzung hinter verschlossenen Türen, die stundenlang dauerte. Getty teilte ihnen mit, daß er persönlich vom Marineministerium in Washington den Auftrag bekommen habe, die Gesellschaft in seine Obhut zu nehmen. Spartan habe einen lebenswichtigen Beitrag zu den Kriegsanstrengungen zu leisten, aber sie habe bisher bei der Arbeit versagt – sie habe einen lausigen Ruf in bezug auf Qualität und Zuverlässigkeit. Er wolle das alles ändern. Von nun an seien alle Manager ihm direkt verantwortlich für die Einhaltung der Lieferfristen und der Qualitätskontrollen. Es dürfe keine Fehler mehr geben: Jedem, der sich als faul oder inkompetent erweise, werde die »Kündigung nahegelegt«. Getty schickte sich an, die Spartan zur besten Flugzeugfabrik der Vereinigten Staaten zu machen.

An den Montagebändern tratschten die Arbeiter flüsternd und tauschten die wenigen informativen Leckerbissen über J. Paul Getty aus, die sie besaßen. Außer der Tatsache, daß er aus der Ölbranche kam und keine Erfahrung mit der Flugzeugherstellung besaß, wußten sie im Grunde genommen nichts. Es hieß, er sei ein rücksichtsloser Geschäftsmann – gewiß, so sah er aus – und enorm reich. Niemand konnte verstehen, warum er so eine heruntergekommene Klitsche wie Spartan übernehmen wollte, wenn er so reich und erfolgreich war. Und als die Tagesschicht zu Ende ging, ging das Gerücht um, daß er vielleicht verrückt sei.

Am nächsten Morgen hing an allen Schwarzen Brettern der Fabrik die Notiz, daß Mr. J. Paul Getty anstelle von Mr. W. Skelly zum neuen Präsidenten der Spartan Aircraft Company und der Spartan Aeronautical School »gewählt« worden sei. Am Nachmittag wurde *über* die Fotografie von Mr. Skelly, die bereits die Kantine zierte, ein gerahmtes Foto von Mr. Getty gehängt. Es war nicht zu übersehen, daß Mr. Gettys Konterfei beträchtlich größer als das seines Vorgängers war. Später wandte Paul sich in seinem üblichen gewichtigen Ton an die Vertrauensmänner des Betriebes:

»Eine Schlacht findet jeden Tag in jedem Land der Alliierten und in jedem Land der Achsenmächte statt. Das ist die Produktionsschlacht. In der größten Produktionsschlacht aller Zeiten sind wir die Männer hinter den Männern an den Kanonen. Was wir in der Schule und in der Fabrik machen, ist genauso wichtig, wenn nicht genauso heroisch, wie der Kampf auf den Schlachtfeldern. Große Fabriken und moderne Maschinen allein werden diese Schlacht nicht gewinnen, aber sie können uns helfen zu gewinnen. Der Krieg geht jeden von uns an. Ich werde mein Bestes geben, und ich weiß, Sie werden es auch tun.«

Pauls dick aufgetragene Selbstsicherheit verbarg die beträchtliche Unsicherheit, die er in Wirklichkeit angesichts des ganzen Unternehmens verspürte. Seit der Übernahme dieser Aufgabe hatte er sich Sorgen gemacht, Sorgen, ob er diese Aufgabe überhaupt erfolgreich lösen könnte. Am Ende überzeugte er sich selbst damit, daß er zwar nichts über die Flugzeugherstellung wußte (er mochte noch nicht einmal fliegen!), daß ein Unternehmer jedoch immer ein Unternehmer sei, egal, ob er Flugzeuge herstellt oder riskante Probebohrungen nach Öl durchführt. »Mir wurde klar«, sagte er, »daß ich dieselben Prinzipien, Regeln und Maßstäbe anwenden mußte, die ich während meiner Geschäftskarriere immer angewandt hatte.«

Die ersten Wochen verbrachte Paul überwiegend damit, sich Wissen über das neue Arbeitsgebiet zu verschaffen. Er stellte endlose Fragen, sprach stundenlang mit den Arbeitern in der Fabrik und brütete bis spät in die Nacht in seiner Suite im Hotel Mayo über Papieren und Büchern. Sein ganzes Leben lang hatte er eine bemerkenswerte Gabe bewiesen, Informationen speichern zu können, selbst Informationen höchst technischer Natur, und es dauerte nicht lange, bis er über Maschinenaufstellung,

Maschinentoleranzen und komplizierte Schweißvorgänge in der Fachsprache der Branche mitreden konnte und sich damit beträchtlichen Respekt, wenn nicht sogar Sympathie, verschaffte.

Als er sich zu Veränderungen entschlossen hatte, geschah alles sehr schnell. Er engagierte einen Betriebsorganisator, um den Arbeitsablauf zu reorganisieren und Engpässe auszuschalten, führte tägliche Leistungstabellen ein und teilte das Werk in konkurrierende Produktionseinheiten auf, wodurch jeder unglückliche Vorarbeiter eines hinterherhinkenden Teams so lange »am Pranger stand«, bis er durch seinen Einsatz den Ausstoß wieder vergrößert hatte. Jeder, der den Einwand wagte, daß Gettys Produktionsziele technisch nicht machbar seien, wurde knurrend mit einem Spruch bedacht: »Ich muß keine Kuh sein, um zu wissen, wieviel Milch eine Kuh geben kann.«

Paul ging mit sich selbst genauso schonungslos um wie mit seinen Angestellten. Er schob einen langen Dienst, arbeitete stets bis tief in die Nacht und vergaß oft zu essen. Er telefonierte stundenlang, um Lieferanten auf Vordermann zu bringen und knappe Rohmaterialien zu ergattern. Als er bemerkte, daß einige seiner Manager die Angewohnheit hatten, erst dreißig Minuten nach Beginn der Tagesschicht einzutreffen, redete er nicht lange über die Notwendigkeit von Pünktlichkeit oder Vorbildfunktion – er setzte einfach eine tägliche Produktionsbesprechung um 7.15 Uhr an, 45 Minuten vor Beginn der Tagesschicht. Vom gesamten Management wurde verlangt, daran teilzunehmen.

Die Produktion stieg beständig, und die Qualitätskontrollen reduzierten die Rate der Reklamationen drastisch. Am 21. März lieferte Spartan sieben NP-1-Schulflugzeuge an die US-Marine aus – eine bis dahin noch nie erreichte Leistung –, die alle getestet und ohne eine Beanstandung akzeptiert wurden. »War stolz auf die Flugzeuge«, kritzelte er in sein Tagebuch, »als sie von sieben prächtigen Burschen weggeflogen wurden.«

Auch die Arbeitsmoral nahm mit der Verbesserung der Produktionsleistung spürbar zu. Als Getty im Februar bei Spartan angekommen war, hatte er noch laut überlegt, ob überhaupt irgend jemand auf der Gehaltsliste von Spartan wisse, daß Krieg sei. Doch schon im April hatte er die Belegschaft dazu gebracht, auf einen Tageslohn zu verzichten, um der US-Marine ein Flugzeug zu schenken. Die Idee war begeistert aufgenommen worden, und die gesamte Belegschaft versammelte sich zur feierlichen Übergabe eines NP-1-Schulflugzeuges an den Marineminister. Das Flugzeug erhielt den Namen »Spirit of Spartan«.

Da Paul klar war, daß er wahrscheinlich einige Zeit in Tulsa verbringen müßte, kaufte er ein großes Appartement an der Sophian Plaza, dem schicksten und teuersten Wohnviertel der Stadt. Weil er große Angst vor einem Luftangriff auf die Vereinigten Staaten hatte, ordnete er auch den Bau eines sorgfältig durchdachten Luftschutzbunkers auf dem Gelände der Spartan-Fabrik an. Er hatte dicke, mit Eisenträgern verstärkte Wände und kostete 100 000 Dollar. Paul, der einen hochentwickelten Sinn für seine eigene Sicherheit besaß, hielt dieses Geld für gut angelegt.

Im Mai erzielten die Verhandlungen neutraler Unterhändler Teddys Befreiung aus dem Hotel in Siena, wo sie fünf Monate lang zusammen mit einer Gruppe amerikanischer Korrespondenten interniert gewesen war. »Im großen und ganzen hätte es nicht vergnüglicher sein können«, erzählte sie. »Unser Hotel war sehr komfortabel. Wir konnten uns frei in der Stadt bewegen, gingen fast jeden Tag spazieren oder fuhren Fahrrad, spielten Tennis oder saßen faul in der Sonne auf der Hotelterrasse. Ich hatte einen Flügel in meinem Zimmer und konnte jeden Tag üben. Vor dem Abendessen nahmen wir gemeinsam unseren Cocktail ein und verbrachten fast jeden Abend mit reichlich von Alkohol gewürzten Debatten oder sogar noch längeren Bridgespielen.«

Sie war dennoch verständlicherweise froh, nach Hause zurückkehren zu können, und traf am 1. Juni 1942 mit einem schwedischen Rotkreuzschiff, der »Drottningholm«, in den Vereinigten Staaten ein. Auf der Fahrt über den Atlantik unterhielt sie ihre ehemaligen Mitinternierten mit einem neuen Text zu »Home On The Range«:

»Bitte, nimm mich mit nach Hause auf der alten ›Drottningholm‹,
Wo die arbeitslosen Diplomaten spielen,
Wo man selten ein intelligentes Wort hört,
Und die Bar rund um die Uhr geöffnet hat.«

Paul war erleichtert, daß Teddy ihre Erlebnisse, die sie ihm »wie aus einem Film der Warner Brothers« beschrieb, ziemlich unbeschadet überstanden hatte. Sie begleitete ihn nach Tulsa, obwohl sie alles andere als begeistert war, als sie erfuhr, daß Paul von ihr erwartete, hier während des Krieges ihr Zuhause zu sehen. Dennoch spielte sie einige Wochen lang die pflichtgetreue Gattin. Sie nahm an einem Tanzabend zur Unterstützung des Marine-Erholungswerks in der Spartan-Fabrik teil und sang für die Arbeiter. Sie kochte Rindfleisch für ihren aus der Fabrik heimkehrenden Ehemann und spielte nach dem Abendessen mit ihm Billard. Vetter Hal, dem Paul bei der Spartan eine Stelle als Manager verschafft hatte, war ein häufiger Gast zum Abendessen, obwohl er eines Abends Teddy unverblümt sagte, daß ihre Stimme seiner Meinung nach »nicht groß« genug für die Oper sei. Nachdem sie die begrenzten gesellschaftlichen Freuden in Tulsa ausgekostet hatte, konnte Teddy die Langeweile nicht eine Minute länger ertragen und floh nach New York, weil sie – wie sie Paul erzählte – ihre Karriere als Sängerin wiederaufnehmen wollte.

Paul war unglücklich, daß sie so schnell wieder ging, aber er war von einer besonderen Herausforderung bei Spartan in Anspruch genommen, die sehr viel Zeit kostete. Im April war der Spartan nämlich per Untervertrag die Herstellung von Tragflächen für die Grumman-Kampfflugzeuge der Marine erteilt worden. Die technischen Experten in Washington schätzten, daß die Spartan 15 Monate zur Maschinenaufstellung, Schulung der Arbeitskräfte und maximalen Produktionsentfaltung benötigen würde. Paul mißtraute instinktiv »sogenannten Experten«, und nach einer Sitzung mit den entscheidenden Betriebsangehörigen der Spartan informierte er Washington hochnäsig, daß Spartan die Grumman-Tragflächen innerhalb von sechs Monaten in vollem Umfang produzieren könne. Die Regierungsstellen in Washington waren sehr skeptisch, was jedoch Pauls Entschlossenheit, das Versprechen zu halten, nur noch verstärkte.

Fünfzig der besten Fließbandarbeiter der Spartan wurden nach Kalifornien zu einem Training bei Grumman geschickt, während in der Fabrik in Tulsa eiligst mit der Aufstellung der Maschinen begonnen wurde. Angefeuert von Paul, war jeder in der Fabrik von dem Plan Pauls begeistert, den »Experten« in Washington eine Lektion zu erteilen. Zehn Einspannvorrichtungen waren fertig, als die erste Gruppe der Arbeiter aus Kalifornien zurückkam. Um das Tempo zu beschleunigen, ließ Paul große Holzuhren über jeder Einspannvorrichtung anbringen, die anzeigten, wieviel Zeit man zur Herstellung einer Tragfläche benötigte – die Herstellungszeit nahm rapide ab. Ein paar Tage vor Ablauf der 6-Monats-Frist konnte Paul Washington mitteilen, daß die Spartan Aircraft Company die Produktion in vollem Umfang aufgenommen habe.

In einem entscheidenden Moment dieser »Zeigt's-den-Experten«-Operation mußte Paul in Sachen Spartan nach Chicago fliegen. Auf der Rückreise nach Tulsa verpaßte er die Zugverbindung in Saint Louis. Doch er war so erpicht darauf, zur Fabrik zu kommen, daß er sich dazu durchrang, im Flugzeug weiterzureisen. Er war bis dahin nur einmal »oben« gewesen – 1917 bei einem Vergnügungsflug in einer Jenny – und hatte es ziemlich genossen, jedoch in der Folgezeit eine so überwältigende Angst vor dem Fliegen entwickelt, daß er stets mit dem Zug fuhr, egal, wie lange die Fahrt dauerte. Diesmal jedoch entschloß er sich, das Risiko einzugehen und den planmäßigen Flug von Saint Louis zu nehmen.

Vielleicht war ihm auch bewußt geworden, daß es leicht lächerlich wirken könnte, wenn der Boß eines Flugzeugwerkes Angst vor dem Fliegen hat.

Aber der Flug wurde ein Alptraum. Schon einige Minuten nach dem Start geriet das Flugzeug in eine Serie von Gewittern. Als es durch die Wolken bockte und Blitze rundum knisterten, klammerte sich Paul mit weißen Handknöcheln an seinem Sitz fest. Er flehte den Piloten an, zu landen, aber sie kämpften sich durch ein Gewitter nach dem anderen. Als sie schließlich in Tulsa landeten, mußte Getty, aschfahl im Gesicht, von einer Stewardeß aus dem Flugzeug geleitet werden. Er sollte nie wieder fliegen!

10. »Ein einfaches irisches Mädchen von tiefer Geistigkeit«

Als die Produktion der Grumman-Tragflächen in vollem Schwunge lief, verspürte Paul nicht mehr das Bedürfnis, so viele Stunden in der Fabrik zu verbringen. Teddy war noch immer in New York, und Paul, sich selbst treu, nahm wieder liebenswürdige junge Damen aufs Korn, mit denen er seine Abende verbringen konnte. Eine von ihnen war eine sinnliche Rothaarige namens Joan Barry.

Miss Barry war Schauspielerin, 23 Jahre alt und recht lästig. Paul hatte eine kurze heftige Affäre mit ihr in Los Angeles gehabt, nachdem er im März 1941 aus Mexiko zurückgekommen war. Zwei Monate später lernte Joan Barry Charlie Chaplin während einer Dinnerparty kennen und wurde ihm als »Paul Gettys Freundin« vorgestellt. Joan erzählte Chaplin, daß sie Krach mit Getty gehabt habe, und machte damit klar, daß sie »verfügbar« war. Chaplin war damals 53 Jahre alt, hatte sich gerade von seiner dritten Frau Paulette Godard getrennt und war mehr denn je anfällig für den Charme einer sinnlichen jungen Frau. Innerhalb weniger Wochen waren sie ein Liebespaar. Paul war nicht sonderlich berührt: Er und Charlie waren gute Freunde und in einem Alter, in dem sie so ein Schätzchen austauschen konnten, ohne sich dabei zanken zu müssen.

Chaplin gewann die Überzeugung, daß Joan Talent zum Filmstar hatte. Er nahm sie für 250 Dollar wöchentlich in seinem Studio unter Vertrag, meldete sie in einer Schauspielschule an und bot ihr in seinem nächsten Film die Rolle eines »einfachen irischen Mädchens von tiefer Geistigkeit« an. Doch damit konnte Joan Barry nicht fertig werden, es war zuviel. Sie begann zu trinken und verhielt sich unberechenbar, kreuzte zu jeder Nachtstunde in Chaplins Haus auf. Eines Abends fuhr sie, völlig betrunken, ihren Cadillac gegen einen Baum in seiner Auffahrt, und Chaplin, der Angst vor einem Skandal hatte, beendete die Affäre.

Aber das war absolut nicht das Ende aller Probleme mit der lästigen Miss Barry. Sie verlegte sich auf mitternächtliche Anrufe, und wenn er nicht antwortete, fuhr sie zu seinem Haus in Beverly Hills und trommelte an die Haustür. Wenn er nicht öffnete, begann sie, die Fensterscheiben einzuwerfen. Im Sommer 1942 wollte sie nicht mehr Schauspielerin bleiben und bot an, ihren Vertrag zu lösen, wenn Chaplin ihr 5000 Dollar gäbe und ihr das Fahrgeld nach New York bezahlte. Bereitwillig zahlte Chaplin sie aus, froh, sie loszusein.

Doch Joan Barry ging nicht nach New York, sondern nach Tulsa, wo ihr ein einsamer Ölmann ein freudiges Willkommen bereitete. Sie wohnte im Hotel Mayo, und sie sahen sich »häufig«. Anfang Dezember jedoch war Paul gezwungen, sie loszuwerden, da er die Wochen vor Weihnachten mit Teddy im Strandhaus in Santa Monica verbringen wollte. Er bezahlte Joans Rechnung im Hotel Mayo, gab ihr einen Scheck über 249 Dollar für die Begleichung einer Rechnung des Beverly Hills Hotels sowie einen weiteren Scheck über 93 Dollar, ausgestellt auf die Santa-Fe-Eisenbahn, für ihre Reise nach New York. Dann sagte er ihr Lebewohl. Wie sein Freund Charlie Chaplin hoffte er, nichts mehr von ihr zu hören oder zu sehen. Wie falsch doch beide lagen!

Die Weihnachtstage im Strandhaus waren idyllisch. Teddy kam rechtzeitig zu Paul, um ihm einen Kuchen zum 50. Geburtstag backen zu können, und mehrere Wochen genossen sie ein normales Leben als Eheleute, die unter einem Dach wohnen. Sie schliefen lange, unternahmen ausgedehnte Spaziergänge am Strand und sprachen viel miteinander. Teddy kochte jeden Abend das Essen und pflegte danach für Paul zu singen, oder sie saßen auf einem Sofa und lauschten gemeinsam einer Oper aus dem Grammophon. Am Weihnachtstag schenkte Teddy ihrem Paul zwei vier Wochen alte Scotchterrier, die er Hilda und Jocko nannte.

Nach einer »ruhigen« Silvesterfeier kehrte Teddy nach New York zurück, wo sie ein Engagement als Sängerin angenommen hatte, und Paul nahm den Zug nach Tulsa, um wieder seinen Pflichten als Boß der Spartan Aircraft Company nachzukommen. Ende Januar kam George nach Tulsa, um seinen Vater noch einmal zu sehen, bevor er in die US-Armee eintrat. »Er hat sich all meinen Erwartungen gemäß entwickelt«, schrieb Getty in sein Tagebuch, »aber mir fällt der Gedanke schwer, daß er 20 Jahre alt ist (stimmt nicht – er war erst 19). George ist wild darauf, gegen die Achsenmächte zu kämpfen. Er ist bereits im Reservekorps und wird nach dem 8. Februar einberufen. Er wird wahrscheinlich eine 13wöchige Grundausbildung durchlaufen und dann 13 Wochen auf einer Offiziersschule sein. Ich liebe ihn und bete, daß er heil durchkommt.«

Die Spartan Aircraft wurde unter Gettys unermüdlicher Leitung immer erfolgreicher. Er führte einen sehr sorgfältigen Monatsbericht über Produktionsgrößen und Arbeitsstunden, die zur Herstellung von Einzelteilen erforderlich waren, und machte es zu einer Frage seines persönlichen Stolzes, daß sich diese Zahlen jeden Monat verbesserten. Die Belegschaft verdoppelte, verdreifachte sich. Im Juni 1943 hatte Spartan so viele Aufträge, daß weitere 28 000 Quadratmeter Fabrikationsfläche hinzugenommen werden mußten. Als sich auch diese Fläche noch als ungenügend herausstellte, ordnete Getty den Bau eines zusätzlichen Zwischengeschosses an.

Getty war fanatisch stolz auf die Fabrik und ihre Leute. Als eine Delegation von Verwaltungsleuten aus Washington zu einer Besichtigung kam und die unerhörte Frage gestellt wurde, ob die Querruder, die für die B-24-Bomber hergestellt wurden, einen genügend hohen Qualitätsstandard besäßen, parierte Getty mit seiner tiefen Stimme: »Spartan-Teile sind wie Diamanten um den Hals einer Sau.« Als er seinen Leuten genügend trauen konnte, unterstützte er sie durch dick und dünn. Als die Schweißer der Spartan einmal klagten, daß US-Marineinspektoren Ersatzteile zurückwiesen, die vollkommen den Normen entsprachen, teilte Getty den Marineinspektoren mit, daß jedes strittige Teil an das »National Bureau of Standards« in Washington zur unabhängigen Kontrolle geschickt würde. Die Rate der Beanstandungen sank daraufhin merklich.

Wenn Paul sich auch gegenüber seiner Belegschaft äußerst loyal verhielt, ließ er sie dennoch niemals vergessen, daß er umgekehrt den höchsten Standard an Fleiß und Ehrlichkeit erwartete. Jeder, der »das Geld des Steuerzahlers verschwendete«, indem er bei der Arbeit Zeitung las oder beim Essen trödelte, mußte am Ende der Woche feststellen, daß man ihm den Lohn gekürzt hatte. Einem leitenden Angestellten, der seine Privatbriefe durch die Frankiermaschine der Firma laufen ließ, wurde sofort die Kündigung »nahegelegt«. Paul teilte ihm mit, daß er die Gesellschaft zwar nur um ein paar Dollar betrogen habe, es sich aber dennoch um mehr als einen »Bagatelldiebstahl« handelte, weil er nicht nur dem Unternehmen, sondern auch dem Steuerzahler Schaden zugefügt habe, da die Firma auch Regierungsaufträge erfülle.

Selbst der fröhliche Vetter Hal stand wegen Mißbrauchs von Firmeneigentum am Pranger, denn er hatte einige Holzstücke rund um die Fabrik aufgesammelt, um für einen herrenlosen Hund, mit dem er sich angefreundet hatte, eine Hütte zu bauen. Als Paul das herausfand, bestand er darauf, daß Hal ein Verzeichnis anfertigte, das bis zum letzten Nagel alles auflistete. Ihm wurde dann eine Rechnung präsentiert, inklusive eines 20prozentigen Aufschlags für allgemeine Unkosten. Paul wollte mit Hal ein Exempel statuieren, eben *weil* er sein Vetter war. »Ich sorgte dafür, daß jeder von diesem Ereignis erfuhr«, sagte Paul, »damit alle Bescheid wußten, daß alle Grundregeln und Anordnungen mit gleichem Nachdruck auf jeden angewendet werden.«

Obwohl Getty der Fabrik die meiste Aufmerksamkeit schenkte, betrachtete er auch wohlwollend die Flugschule, die unter der Leitung des strengen Captain Balfour florierte. Mehr als 1500 Piloten wurden in der Spartan Aeronautical School ausgebildet, viele waren Freiwillige der britischen Royal Air Force, die in die Vereinigten Staaten geschickt wurden, als die Flugschulen in England nicht mehr genügend Piloten ausbilden konnten, um die während der Schlacht um England und der Bombenangriffe auf Deutschland entstandenen schrecklichen Verluste auszugleichen. Paul nahm an allen Abschlußfeiern der Spartan teil, bestand darauf, alle Diplome eigenhändig zu unterschreiben, und verfolgte die Heldentaten der bei Spartan ausgebildeten Piloten, von denen schon viele vor Pearl Harbor im Einsatz gewesen waren, als sie als Freiwillige in der Eagle Squadron flogen. Auch Geschwaderkommodore Lance Wade, das Fliegeras, der wahrscheinlich mehr als hundert Feindflugzeuge abschoß, aber niemals einen Toten zu beklagen hatte, war ein Spartan-Schüler.

Im Juni las Paul mit einiger Bestürzung in einer Zeitung, daß Joan Barry Schlagzeilen machte. Barry war im Büro der Klatschkolumnistin Hedda Hopper aufgekreuzt und hatte eine schrecklich traurige Geschichte herausgeschluchzt, die alle Zutaten für einen handfesten Skandal erster Klasse bot. Sie gab an, von Charlie Chaplin ein Kind zu bekommen. Er habe das herausgefunden, sie aus dem Haus werfen und wegen Landstreicherei festnehmen lassen. Aus den Zeitungen der folgenden Tage ergab sich, daß Chaplin als sittenloser, gemeiner Lump verächtlich gemacht wurde, während Miss Barry als süße, unschuldige Heimatlose dargestellt wurde, die in ruchloser Weise und mittellos von dem millionenschweren Filmstar verstoßen worden war.

Tatsächlich hatte sich folgendes ereignet: Barry war nach Beverly Hills zurückgekehrt, versessen darauf, es Chaplin heimzuzahlen. Eines Nachts brach sie durch ein Fenster ein und bedrohte ihn mit einem Gewehr. Nach anderthalb Stunden schaffte er es, sie zu überreden, ihm die Waffe auszuhändigen, und er gab ihr etwas Geld. Als sie eine Woche später wieder einbrach, rief er die Polizei. Sie wurde zu einer 90tägigen Haftstrafe auf Bewährung verurteilt, verschwand einige Wochen und brach dann zum drittenmal in Chaplins Haus ein. Sie wurde erneut festgenommen und verbrachte wegen Landstreicherei 30 Tage im Gefängnis. Nach ihrer Entlassung belästigte sie Chaplin weiter – sie stand zum Beispiel eines Nachmittags vollständig bekleidet unter seinem Rasensprenger, dann fuhr sie einen Wagen mit halsbrecherischer Geschwindigkeit über die kreisförmige Auffahrt seines Hauses, wie bei einem Autorennen. Im Oktober 1943 brachte Barry eine Tochter zur Welt und verkündete, daß sie eine Vaterschaftsklage gegen den Vater des Kindes, Charlie Chaplin, anstrengen werde.

Schon vor Beginn der Barry-Story hatte Charlie Chaplin Ärger mit der Presse gehabt. Von vielen wurde er wegen seines Aufrufs zur Bildung einer zweiten Front im Krieg gegen Deutschland kritisiert und beschuldigt, ein Sympathisant der »Roten« zu sein. Seine »mangelnden Versuche«, US-Bürger zu werden, wurden als weiterer Beweis seiner antiamerikanischen Haltung gewertet. Als nun Joan Barry ins Rampenlicht trat, waren die Zeitungen erfreut, Charlie Chaplin wieder einmal in denkbar schlechtestem Licht zeigen zu können.

Die Bundesbehörden interessierten sich ebenfalls für Chaplins angebliche »unamerikanische Aktivitäten« und griffen den Fall Barry als günstige Gelegenheit auf, Charlie »kleinzukriegen«. Im Februar 1944 wurde Chaplin von einem bundesstaatlichen Großen Geschworenengericht wegen der »vorsätzlichen Verbringung der Joan Barry von Los Angeles nach New York zum Zwecke einer unmoralischen Handlung« unter Verletzung des »Mann-Gesetzes« angeklagt. Dieses obskure Gesetz war 1910 vom Kongreß verabschiedet worden, um die organisierte Prostitution zu bekämpfen.

Paul war sehr betrübt, als er in Tulsa von all dem Unglück erfuhr, das seinem Freund widerfuhr, hoffte jedoch inständig, nicht selbst in den Fall verwickelt zu werden. Anfang Februar nahm er sich bei der Spartan einen freien Tag, um eine nostalgische Pilgerfahrt nach Bartlesville zu unternehmen, wo sein Vater vor mehr als 40 Jahren ins Ölgeschäft eingestiegen war. Den Besuch schilderte er in seinem Tagebuch mit dem üblichen rührseligen und gefühlsbetonten Stil, den er bei jeder Erwähnung seiner geliebten Eltern anwendete: »Das Hotel Rightway gibt es nicht mehr, auch nicht meinen liebsten Süßwarenladen, der einem freundlichen Griechen gehörte. Als ich zur Brücke ging, traten mir aus irgendeinem Grunde plötzlich Tränen in die Augen. Es ist 40 Jahre her, daß ich mit Jip über diese Brücke ging. Ich bin heute ein Mann von 51 Jahren, älter, als mein Vater damals war. Meine liebsten Eltern warteten nicht auf meine Rückkehr ins Hotel.«

Wieder in Tulsa, traf er in der Spartan-Fabrik einen Bundesbeauftragten an, der auf ihn wartete und ihm eine Vorladung aushändigte, als Zeuge im Verfahren gegen Chaplin auszusagen. Gettys Auftritt im Zeugenstand eine Woche später war eher komisch als sensationell. Sein langes Gesicht zeigte keinerlei Regung, als er zugab, Miss Barry zu kennen und sie 1941 und im November 1942 häufig in Tulsa, Oklahoma, getroffen zu haben.

Als die Sprache auf die peinlichen Einzelheiten bezüglich des Geldes kam, das er ihr gegeben hatte, wies er hastig darauf hin, daß es sich nur um ein Darlehen zur Unterstützung ihrer Karriere gehandelt habe. Getty sagte aus, daß er sogar auf Sicherheiten bestanden habe – Miss Barrys Mantel. In diesem Moment ging ein Auflachen durch den Gerichtssaal, was Getty nicht zu hören schien. Als er gebeten wurde, den Zeugenstand zu verlassen, wunderte er sich angesichts dieser trivialen Fragen, weshalb man ihn als Zeugen geladen hatte.

Chaplins Verteidigung beruhte hauptsächlich auf der Argumentationslinie seines Anwalts, daß es lächerlich sei, die Barry 4000 Meilen weit fortzubringen, nur um in New York mit ihr zu schlafen, obwohl das Mädchen ihm doch »ihren Körper zu jeder Zeit und an jedem Ort angeboten habe«. Das Gericht teilte diese Auffassung und sprach Chaplin frei; aber alle Pein war noch nicht überstanden, da die Vaterschaftsklage immer noch anstand. Blutuntersuchungen hatten überzeugend ergeben, daß Chaplin nicht der Vater von Miss Barrys Kind sein konnte, aber ein Richter in Los Angeles weigerte sich, den Fall niederzuschlagen, denn der »Wahrheitsfindung sei am besten mit einer umfassenden und gerechten Behandlung der Streitfragen« gedient.

Das Vaterschaftsverfahren wurde im April eröffnet und bestimmte einige Tage lang die Schlagzeilen der Zeitungen, die Herausgeber nahmen nicht zu Unrecht an, daß die Öffentlichkeit für eine angenehm prickelnde Unterbrechung der schlimmen Kriegsnachrichten dankbar sein werde. Abgesehen von den Blutuntersuchungen, die als Beweis dienten, ließ Chaplins Anwalt auch noch einen Rechtsanwalt aus Tulsa aufrufen, der bezeugte, daß Miss Barry ihm erzählt habe, zur Zeit der Empfängnis ihres Kindes eine Affäre mit einem »Ölmann aus Oklahoma« gehabt zu haben. Getty wurde erneut als Zeuge geladen und schwor, daß er zu Miss Barry keine »intimen Beziehungen« unterhalten habe.

Es erstaunte praktisch alle, daß die Geschworenen die medizinischen Beweise ignorierten und mit einer Mehrheit von elf gegen eine Stimme gegen Chaplin stimmten. Es war klar, daß es gar nicht mehr um die strittige Frage ging, ob er der widerspenstige Vater eines unehelichen Kindes war, sondern nur noch darum, ob er ein »roter« Mitläufer und Antiamerikaner war – und da hatten die Geschworenen wenig Zweifel. Verständlicherweise war Chaplin verbittert und wütend auf Getty, den er für den weitaus wahrscheinlicheren Vater von Miss Barrys Kind hielt. Charlie sprach außerhalb des Gerichtssaales nicht mit Getty und zeigte seinem ehemaligen Freund noch jahrelang die kalte Schulter.

Abgesehen von seinen erzwungenen Auftritten vor Gericht in Verbindung mit dem Barry-Skandal verbrachte Paul das gesamte Jahr 1944 in Tulsa. Im Frühjahr 1945 beschäftigte die Spartan Aircraft Company 5500 Arbeiter und Angestellte und galt als eine der leistungsfähigsten Teilehersteller der Vereinigten Staaten. Getty stellte stolz fest, daß die Fabrik in den Jahren unter seiner Leitung 90 NP-1-Schulflugzeuge, die Seiten-, Quer- und Höhenruder für 5800 B-24-Bomber, Hunderte von Tragflächen für die Grumman-Wildcat-Kampfflugzeuge, Tausende von Steuerrudern für Douglas-Sturzkampfbomber, 2500 Maschinengehäuse für P-47-Kampfflugzeuge und noch vieles andere hergestellt hatte. »Ich liebe den Gedanken«, schrieb er in sein Tagebuch, »daß ich einen würdigen Beitrag zu Amerikas Kriegsanstrengungen geleistet habe, ohne einen materiellen Gewinn zu erwirtschaften oder auch nur daran zu denken.«

In jenem Sommer 1945, als die Ereignisse sich unerbittlich auf das verheerende Ende des Zweiten Weltkriegs in Hiroshima und Nagasaki zuspitzten, wäre niemand auf die Idee gekommen, J. Paul Gettys Überzeugung, daß er »sein Scherflein beigetragen hätte«, zu widersprechen. Sicher, er hatte es nicht geschafft, Kapitän auf einem Zerstörer zu werden, aber er hatte die Spartan Aircraft zu einem leistungsfähigen und zuverlässigen Lieferanten wichtiger Zubehörteile für Kampfflugzeuge und Bomber ausgebaut. Und Fabriken wie die Spartan hatten ebenso wie die Piloten, die in den Flugzeugen saßen, geholfen, den Krieg zu gewinnen.

Jeder, der Paul kannte, erwartete nun, daß er sich nach Kriegsende sofort wieder dem Getty-Ölunternehmen zuwenden werde; er war schließlich trotz allem zuerst und vor allem ein Ölmann. Statt dessen aber verblüffte er seine Freunde, als er sich mit großer Begeisterung in ein völlig neues und recht langweiliges Geschäft stürzte – auf die Herstellung und den Verkauf von Wohnwagen oder »Wohnmobilen«, wie er sie zu nennen pflegte.

Weshalb ein so überaus erfolgreicher Ölmillionär mit einem verzweigten Netz von Gesellschaften in das Geschäft mit Wohnwagen einsteigen wollte, war nicht sofort klar, aber eine einzige Tagebucheintragung aus jenem Sommer erklärte alles: »Verdammt soll ich sein, wenn ich einfach abhaue und zulasse, daß die Spartan-Fabrik in eine Eisbahn verwandelt wird.«

Getty hatte sich um die unsichere Zukunft der Spartan eine Weile Sorgen gemacht. Trotz seines Rufs als nüchterner und herzloser Geschäftsmann empfand er eine seltsame emotionale Beziehung zu der kleinen Fabrik und fühlte sich für die Belegschaftsmitglieder persönlich verantwortlich. Das Getty-Ölunternehmen lief auch ohne ihn vollkommen zufriedenstellend, und nach drei Jahren in Tulsa brachte er es einfach nicht übers Herz, die Spartan dahinsiechen zu lassen, nachdem die Kriegsaufträge ausgelaufen waren.

»Ich hatte die Gesellschaft 1942 übernommen«, erklärte er, »und ihr über viele und unterschiedliche Entwicklungsschwierigkeiten in Kriegszeiten hinweggeholfen. Ich konnte es nicht über mich bringen, sie sozusagen in Notzeiten im Stich zu lassen. Mein persönliches Interesse an Spartan war bei weitem zu stark und mein Stolz auf ihre Errungenschaften zu groß, um das zuzulassen.«

Am 25. Juni, als bei Spartan das letzte Querruder für eine B-32 hergestellt wurde, erörterte Getty bereits mit den leitenden Angestellten der Firma die Möglichkeiten für die Zukunft. Seine erste Hoffnung war es, daß Spartan eine Nische auf dem kommerziellen Flugzeugmarkt finden könnte; vor dem Krieg hatte das Unternehmen bereits einen im bescheidenen Umfang erfolgreichen, vollständig aus Metall bestehenden Eindecker hergestellt, den »Spartan Executive«, der eine Höchstgeschwindigkeit von 190 Meilen pro Stunde erreichte. Man diskutierte Mittel und Wege, wie der »Spartan Executive« auf den neuesten Stand gebracht werden könnte, und arbeitete vorläufige Pläne für ein neues achtsitziges Passagierflugzeug aus, den »Spartan Skyway Traveller«.

In einer Werbebroschüre gab man sich voller Zuversicht: »Die Spartan Aircraft Company hat weitreichende Pläne für die Zukunft«, wurde angekündigt. »Heute noch fleißig für den Sieg arbeitend, aber auch für das große ›Zeitalter der Luftfahrt‹ von morgen planend, wird sie die Produktion ein- und zweimotoriger Metallflugzeuge für den Personentransport aufnehmen, sobald die Bedürfnisse des Kriegsprogramms erfüllt sind.«

Nach dem Sieg der Alliierten über Japan änderte Getty plötzlich seine Meinung über Spartans »weitreichende Pläne«. »Ich mußte einsehen«, gab er zu, »daß sich viele ernsthafte Hindernisse und Fallstricke hinter dieser Verheißung verbargen.« Zu den Hindernissen, die er unter anderem voraussehen konnte, gehörten die unzähligen Flugzeuge, die für den Krieg produziert worden waren und nun leicht zu Passagierflugzeugen umgebaut werden konnten und bald den Markt als Kriegsüberschuß überschwemmen würden. Selbst wenn es eine Nachfrage nach neuen, kommerziell nutzbaren Flugzeugtypen geben sollte, würde das bedeuten, daß die Spartan mit gut eingeführten und sehr erfolgreichen Herstellern wie Boeing, Douglas, Cessna und Northrop konkurrieren müßte.

Sosehr Getty es auch haßte, eine Niederlage zuzugeben, so war er doch Realist genug, um zu dem Schluß zu kommen, daß die Aktien für Spartan schlecht standen, daß sich das Unternehmen besser nach einer Zukunft außerhalb der Flugzeugtechnik umsehen sollte. Es wurde deshalb auch diskutiert, Kühlschränke herzustellen, kleine Haushaltsgeräte, Heizgeräte und sogar Automobile, aber alles wurde wieder aus dem einen oder anderen Grund verworfen. Captain Balfour hatte schließlich eine Idee, die die beste zu sein schien: Wohnmobile und Wohnwagen. Während des Krieges waren wenig Wohnungen gebaut worden, Tausende von Kriegsteilnehmern kehrten bald zu ihren Familien zurück und suchten nach einer Wohnung, und nicht nur das, Amerika hatte sich auch zu einer hochmobilen Gesellschaft entwickelt. Die Familien waren daran gewöhnt, auf der Suche nach einem Arbeitsplatz große Entfernungen zurückzulegen.

Getty dachte nicht einen Augenblick daran, daß auch jemand anderes als er selbst die Umwandlung der Spartan Aircraft Company in die Spartan Mobile Homes beaufsichtigen könnte. »Eigentlich hätte ich mich der Vergrößerung meines Ölunternehmens widmen müssen«, sagte er. »Aber ich betrachtete Spartan als meine persönliche Aufgabe.«

In den folgenden zwei Jahren war der Ölmillionär voller Stolz verantwortlich für die Herstellung und den Verkauf einer Serie hervorragender Wohnwagen für jeden Geldbeutel, vom Basismodell »Spartanette« bis zum Luxusmodell »Royal Mansion«.

Die während all der Jahre in Los Angeles allein lebende Teddy hatte es gerade noch verstehen können, daß Paul das Bedürfnis verspürt hatte, während des Krieges in Tulsa zu bleiben. Aber sie konnte es so gut wie überhaupt nicht mehr verstehen, weshalb er *nach* dem Krieg bleiben wollte, um *Wohnwagen* herzustellen. Teddy hatte wenig Ahnung von Wohnwagen und den Leuten, die in ihnen wohnten, und glaubte offen gestanden auch nicht, daß sie viel dabei verpaßte. Seit ihrer Hochzeit im Jahre 1939 hatten Paul und Teddy nur wenige Wochen zusammen verbracht, da beide gleichermaßen entschlossen waren, die eigene Karriere aufzubauen. Teddy hatte ihr Ziel, ein Opernstar zu werden, zwar nicht erreicht, wohl aber einige Erfolge als Sängerin während einer Konzertreise durch den Südwesten und eines einmaligen Auftritts im »Hollywood Bowl« eingeheimst. Ihre häufigste Tätigkeit bestand darin, Lieder für Filme nachzusynchronisieren, obwohl sie auch schon eine kleine Rolle in »The Lost Weekend« mit Ray Milland gespielt hatte – ironischerweise spielte sie einen Opernstar.

In der Hoffnung, noch mehr Arbeit beim Film zu finden, war sie in das Strandhaus in Santa Monica gezogen und umgab sich mit den Attributen eines Stars – Manager, Agent, Werbefachmann und Masseur. Sie kaufte sich im Vertrauen auf einen in Aussicht gestellten Schallplattenvertrag auch einen Lincoln Continental. Als Paul dieses Auto während einer seiner seltenen Besuche in Los Angeles zum erstenmal sah, war seine Reaktion typisch. Er beäugte seine großzügigen Ausmaße und brummte: »So einen Wagen kann ich mir nicht leisten.«

Im Frühjahr 1945 sah es einen Moment lang so aus, als ob ihre Ehe doch noch eine Chance hätte. Paul beschloß, daß es an der Zeit sei, ein ständiges eigenes Heim zu haben, und kaufte ein Ranchhaus auf einem 30 Hektar großen Grundstück, mit Blick auf den Pacific Coast Highway in Malibu. Das Grundstück war Teil einer alten spanischen Hazienda gewesen und hatte einem Richter aus Los Angeles gehört, der das Haus in den zwanziger Jahren bauen ließ. Paul bezahlte 184 000 Dollar für das Haus und 600 000 Dollar für das Grundstück und tröstete sich über die große Summe mit dem Gedanken, ein günstiges Geschäft abgeschlossen zu haben. Er erzählte Teddy, daß er das Haus nach Aufhebung der kriegsbedingten Baubeschränkungen renovieren und durch einen Museumsflügel für seine Kunstsammlung und einen kleinen Konzertsaal für sie erweitern wollte. In der Zwischenzeit lebten sie, nur ein Stückchen weiter die Küste hinunter, in ihrem Strandhaus in Santa Monica. Paul hatte nicht den Wunsch, in den South Kingsley Drive mit seinen Erinnerungen an den »allerliebsten Schatz« zurückzuziehen; er liebte das Strandhaus und fand es wundervoll beruhigend, nachts dem sanften Plätschern der Wellen zuzuhören. Teddy hatte alle Räume umdekorieren und einen Rasen im Vorgarten anlegen lassen, und eine Weile taten sie so, als ob es eine enge Bindung zwischen ihnen gäbe. Aber beide fanden es zunehmend schwerer, vor dem anderen eine einzige schreckliche Wahrheit zu verbergen – daß Teddy sich sehr viel mehr für ihre Karriere als für Paul interessierte und daß Paul sich unendlich mehr für sein Geschäft als für Teddy interessierte. Er war schon bald wieder in seiner Fabrik in Tulsa, und Teddy witzelte gegenüber ihren Freunden sarkastisch, daß er ihr wegen eines Wohnwagens den Laufpaß gegeben habe.

Im Februar 1946 verschlechterte sich ihre Beziehung durch eine weitere Komplikation noch mehr. Als Ergebnis von Pauls kurzem Weihnachtsaufenthalt war Teddy schwanger. Als sie in Tulsa anrief, um Paul dies mitzuteilen, schien er zwar erfreut zu sein, aber noch erfreuter war er über die Vorgänge in seiner Fabrik. Er erzählte ihr stolz, daß sich die Produktion im März höchstwahrscheinlich auf 70 Einheiten steigern werde und daß die Spartan-Wohnmobile bereits als »Cadillacs der Wohnwagen« bezeichnet wurden. Teddy erwiderte trocken, daß sie sich auch für ihn freue.

In dem Moment, in dem Getty sich entschlossen hatte, daß die Spartan sich auf das Wohnwagengeschäft verlegen sollte, war er auch entschlossen, die Vorstellung zu zerstören, daß Wohnmobile nur für »Unterschicht-Vagabunden« da waren. Folglich war die Qualität der Spartan-Wohnwagen, selbst des billigen »Spartanette«, beispielhaft. Alle hatten große Panoramafenster, eine einwandfreie Isolierung, Heizung und eine höchsten Ansprüchen genügende Innenausstattung. »In der Vergangenheit«, erklärte Getty, »waren Wohnwagen eine ziemlich windige Angelegenheit, kaum mehr als Bruchbuden auf Rädern. Unsere waren richtige Behausungen, entworfen und gebaut für ein angenehmes und komfortables Leben, und sie stellten einen radikalen Abschied von den meisten Wagen dar, die zuvor gebaut worden waren.«

Am 14. Juni erhielt Getty aus einem Krankenhaus in Los Angeles einen Anruf. Bei Teddy waren unerwartet die Wehen eingetreten, und sie hatte um neun Uhr morgens an diesem Tag einen Sohn geboren. Das Baby war zwei Monate zu früh gekommen und wog nur 2,2 Kilogramm. Teddy war gesund, aber die Ärzte sorgten sich um das Baby. »Ich kann gar nicht beschreiben, wie enttäuscht ich war, daß ich nicht bei ihr gewesen bin«, schrieb Getty am nächsten Tag in sein Tagebuch, »aber sie erwartete das Baby nicht vor August. Aufregend, mit ihr zu sprechen. Schickte Unmengen von Rosen.«

Getty war bei Spartan so eingespannt – es war »eine äußerst kritische Phase« erklärte er, eine Kleinigkeit zu fadenscheinig –, daß er sich nicht imstande sah, in den Zug nach Los Angeles zu steigen und seinen jüngsten Sohn zu begutachten, der Anfang Juli auf den Namen Timothy Ware Getty getauft werden sollte. In der Zwischenzeit entschloß er sich, ein paar Tage zu fasten. Einer der vielen Quacksalber, die er häufig konsultierte, hatte ihm erklärt, daß Fasten »das System reinige« und nicht nur wohltuend für seine Gedärme sei, sondern auch seine Willenskraft auf die Probe stelle und daher auch gut fürs Gehirn sei. Nach dem Abendessen am 20. Juni aß er eine Woche lang nichts und trank nur Wasser. »Meine erste Mahlzeit nach sieben Tagen und neun Stunden war ein kleines, gegrilltes, köstliches Steak«, schrieb er in sein Tagebuch.

Timothy war noch immer im Krankenhaus, als Getty endlich in Los Angeles ankam. Die Ärzte wiesen ihn darauf hin, daß das Baby eine sehr zarte Gesundheit habe. Die Sorgen der folgenden Tage spiegeln sich in seinen Tagebucheintragungen wider:

»8. Juli: Im Krankenhaus, um meinen Sohn zu sehen. Timothy wiegt jetzt 2,7 Kilogramm, ist aber anämisch, Blutkörperchenzählung ergab nur einen Wert von 65. Armer kleiner Kerl, er hat eine schlimme Zeit hinter sich.«

»10. Juli: Timothy kam heute nach Hause. Er hat zwei Pflegerinnen.«

»13. Juli: Mit Teddy und Timothy im Krankenhaus, wo er eine Bluttransfusion bekam. Sein Blutkörperchenwert war auf 47 gefallen. Viel Aufregung und Angst, bis die Gefahr nach der Transfusion gebannt war.«

Irgend etwas muß sich in Getty abgespielt haben, als er den Lebenskampf seines kranken kleinen Sohnes beobachtete. Er wunderte sich, daß so eine kleine Handvoll Leben, die Frucht seiner Lenden, eine solche Entschlossenheit zeigte, alle Widrigkeiten zu überstehen. Als die akute Krise überstanden war und Timothy wieder nach Hause kam, hätte Paul nicht stolzer sein können, daß sein Sohn durchgekommen war; er fühlte sich, als ob er persönlich einen Triumph errungen habe. Dabei machte Getty kein Geheimnis aus der Tatsache, daß Timothy sein Lieblingssohn war.

George, Ronnie, Paul und Gordon litten nicht allzusehr unter der »Günstlingswirtschaft« ihres Vaters, da sie ihn so selten sahen und sowieso erwachsen wurden. George war immer noch in der Armee; nachdem er zwei Jahre als Infanterie-Offizier im pazifischen Raum gedient hatte, war er nach Kriegsende zu einer Abteilung abkommandiert worden, die auf den Philippinen Kriegsverbrecher verfolgte; Ronnie wollte sich an der University of Southern California einschreiben; Paul junior und sein Bruder Gordon befanden sich auf der Saint Ignatius High School in San Francisco, wo ihre Mutter wohnte.

Die Liebe zu Timothy hielt Paul natürlich nicht davon ab, bald wieder zur Wohnwagenfabrik nach Tulsa zurückzukehren, wo es immer noch viel zu tun gab. Bei rund 700 Wohnwagen, die jeden Monat von den Fließbändern rollten, sorgte er sich allmählich über die verkaufstechnische Seite. Er erfuhr sehr bald, daß Spartan viele Kunden verlorengingen, weil sie nicht in der Lage waren, Kredite aufzubringen oder Versicherungen abzuschließen. »Einige Banken und Versicherungsgesellschaften des Landes hielten Wohnwagenbesitzer offensichtlich für verantwortungslose Nomaden«, bemerkte er sarkastisch. »Wenn sich Kreditinstitute überhaupt dazu herabließen, Wohnwagenkäufe zu finanzieren, verlangten sie Bedingungen, die es dem durchschnittlichen Arbeiter, Monteur oder Rentner – Leute, die die Masse der Wohnwagenkäufer stellten – erschwerte, einen Kauf zu tätigen.«

Als reicher Ölmann hatte Paul gute Beziehungen zu Banken, und deshalb ging er mit seinem Problem zur Bank of America, wo er ein sehr viel geneigteres Ohr fand, als es ein durchschnittlicher Wohnwagenfabrikant hätte erwarten können. Mit Unterstützung der Bank gründete Getty die Minnehoma Financial Company und die Minnehoma Insurance Company – zur Erinnerung an die erste Ölgesellschaft seines Vaters –, um den Käufern von Spartan-Wohnwagen zu helfen. Während frühere Kunden noch gezwungen gewesen waren, 40 Prozent des Verkaufspreises als Anzahlung zu leisten und dann 10 Prozent Kreditzinsen zu zahlen, kürzte Minnehoma die Zinsen drastisch auf 5 Prozent und reduzierte den Mindestanzahlungsbetrag auf nur 25 Prozent. Die Kurve auf der Verkaufsstatistik in Pauls Büro in der Spartan-Fabrik stieg daraufhin dramatisch nach oben.

Spartan Mobile Homes verlor noch 1946 zwei Millionen Dollar, was hauptsächlich auf die hohen Kapitalkosten für die Maschinenumrüstung zurückzuführen war, aber 1947 war das Unternehmen solide in den schwarzen Zahlen, und Getty konnte mehr Zeit in Los Angeles verbringen, wo er sich nun auch wieder dafür interessierte, was sich im Getty-Ölunternehmen abspielte. Mit zumindest einer Hand wieder am Ruder, hielt er den Moment für gekommen, seine langwierige Tide-Water-Kampagne zu reaktivieren. Obwohl er einige Jahre lang mit den Angelegenheiten der Spartan voll beschäftigt gewesen war, hatte er nicht einen Moment das Ziel aus den Augen verloren, das er sich 1932 gesetzt hatte – Tide Water und die Getty-Gesellschaften zu fusionieren, um eine große integrierte Ölgesellschaft zu errichten.

1946 hatte er der Fusion von George F. Getty Inc. und Pacific Western zugestimmt, was zur Gründung der Pacific Western Oil Corporation führte. 1947 besaßen Pacific Western und die Mission Corporation zusammen 30 Prozent der Tide Water. In diesem Jahr bewies Getty, daß er noch keine seiner alten Fähigkeiten verloren hatte. Er führte eine verwirrende und schwierige Jongliernummer mit Aktiengesellschaften durch, um die Macht der Getty-Interessengemeinschaft über die Tide Water zu vergrößern. Dazu gehörte die Gründung einer weiteren Holding, der Mission Development, um die Tide-Water-Aktien zu schlucken, wenn die Mission Corporation sie an sich brachte, sowie fortwährende Übertragungen von Aktien und Dividenden zwischen verschiedenen Gesellschaften. Nach einem Jahr einfallsreicher Manipulationen hatte Getty seinen Besitz an Tide-Water-Aktien auf 35 Prozent gesteigert. Er war sehr zufrieden.

Während Getty auf diese Weise beschäftigt war, kehrte sein Sohn George nach seiner Entlassung aus der Armee aus Fernost zurück. Zu Gettys Freude, die er jedoch gut verbarg, verkündete George, daß er seinen Abschluß in Princeton nicht mehr machen wollte. »Ich weiß, daß ich ins Ölgeschäft möchte«, sagte er, »wozu also Zeit verschwenden?« Im Sommer 1947 arbeitete er unter dem Schutz der Pacific Western als »selbständiger« Erdölproduzent – mit recht beträchtlicher Unterstützung seines Vaters –, um Erfahrungen in der Branche zu sammeln.

Anfang 1948 zogen Getty, Teddy und Timmy endlich in das Ranchhaus. Die Umbauten und Renovierungsarbeiten hatten zwei Jahre in Anspruch genommen, aber die alte Hazienda mit ihren weißen Stuckwänden, kunstvollen schmiedeeisernen Arbeiten und dem roten Ziegeldach war in ein luxuriöses modernes Haus verwandelt worden, das vollkommen zu einem Millionär und Kunstsammler sowie seiner Familie paßte.

Das Anwesen erreichte man durch Eisentore, die in eine Steinmauer am Pacific Coast Highway eingesetzt worden waren. Eine steile, gewundene Auffahrt, gesäumt von alten Bäumen, führte an zwei lebensgroßen Löwen aus weißem Marmor vorbei zu einem ummauerten Hof, in dessen Mitte ein großer italienischer Marmorbrunnen leise plätscherte. Der Ausblick vom Hof war grandios – die riesige Fläche eines wie Samt wirkenden Rasens neigte sich sanft zu Gruppen von Zitronen- und Olivenbäumen, dazwischen schlängelte sich ein kristallklarer Bach, der von einer Quelle gespeist wurde, die aus einer nahegelegenen Canyonwand rieselte. Unterhalb des Parks lag das glitzernde, überwältigend blaue Meer, auf dem fast alle Tage die Tupfen kleiner weißer Segel zu sehen waren. Das Haus selbst war, erkennbar im spanischen Stil, langgestreckt und niedrig gebaut. Alle Räume öffneten sich zur Terrasse und boten einen Blick auf das Meer. Hinter dem Haus befanden sich riesige Eukalyptusbäume und die dunkelgrünen Ausläufer der Berge von Santa Monica.

Paul, der niemals zuvor seine Kunstsammlung unter einem Dach unterbringen konnte, verwandelte das Haus in einen Schaukasten für seine Kunstschätze. Es gab eine große Gemäldegalerie, in welcher der Rembrandt und der Gainsborough inmitten einer großen Gemäldesammlung der Holländischen Schule des 17. Jahrhunderts stolz ihre Plätze einnahmen. Ein Raum des Hauses war vollständig mit exquisiten Stücken aus der Zeit Louis' XVI. möbliert, ein weiterer Raum, an dessen Wänden französische Wandteppiche aus dem 18. Jahrhundert hingen, war Louis XV. gewidmet. Im »Klassiker-Zimmer« bestand der Boden aus einem italienischen Mosaik aus dem ersten Jahrhundert, das Getty 1939 in Rom gekauft hatte; das Eßzimmer war im Queen-Anne-Stil gehalten, und die Bibliothek besaß eine englische Eichentäfelung aus dem 15. Jahrhundert. Unter den Büchern in den Regalen der Bibliothek befanden sich alle Romane von

G. A. Henty, die Paul jemals gelesen hatte, sowie die juristischen Fachbücher seines Vaters aus Ohio.

Auf dem Gelände des Ranchhauses gab es auch einen Miniatur-Zoo, zu dem eine Löwin namens Teresa, zwei Braunbären, ein Bison-Paar und ein weißer Wolf gehörten. Getty liebte Tiere und glaubte, eine besondere Beziehung zu ihnen zu haben. Er brachte dem Zoo viel Interesse entgegen und besuchte ihn täglich, wenn er im Ranchhaus wohnte, um sich zu vergewissern, daß die Tiere richtig gefüttert und gepflegt wurden.

Obwohl Teddy drei Riesen-Mammutbäume am Anfang der Auffahrt pflanzen ließ, um zu zeigen, daß sie sich zu dritt dort niedergelassen hatten, zog sie in Wahrheit das Strandhaus vor. Sie betrachtete das Strandhaus als *ihr* Zuhause, während die Ranch kaum etwas anderes als ein Museum für die Kunstsammlung ihres Ehemannes war. Auch war das Ranchhaus kein geeigneter Ort für ein kleines Kind. Klein Timmy lernte laufen und liebte es, Tischflächen aufzuräumen, indem er fröhlich alles auf den Fußboden fegte. Da die Ranch mit wertvollen Antiquitäten vollgestopft war, hatte der kleine Junge Gelegenheit, Schäden in Höhe von zigtausend Dollar zu verursachen, wenn er auch nur einen Moment allein gelassen wurde.

Doch Paul teilte Teddys Vorbehalte nicht. Er war enorm stolz auf die Ranch und schätzte es, daß sie ihm endlich die Möglichkeit gab, seine Besitztümer zu zeigen. Er wurde niemals müde, Besucher herumzuführen, insbesondere auch andere Kunstsammler. Was ihn betraf, hatte die Ranch nur einen Fehler – der automatische Türöffner, den er an den Eisentoren am Pacific Coast Highway anbringen ließ, funktionierte manchmal nicht. Ein »elektrisches Auge« in seinem Cadillac sollte die Tore beim Annähern öffnen und sie wieder schließen, wenn er durchgefahren war. Zunächst funktionierte es perfekt, und Paul fand es amüsant, mit voller Geschwindigkeit auf das Tor zuzufahren. Aber eines Tages öffneten sich die Tore nicht wie vorgesehen, und er war gezwungen, in letzter Sekunde heftig zu bremsen, um nicht aufzufahren. Ein anderes Mal schlossen sich die Tore so schnell, daß sie zu seinem Verdruß das Heck seines Wagens zerquetschten.

Weil Teddy und Paul so unterschiedlicher Ansicht über das Ranchhaus waren, wohnte Teddy mit Timmy, wann immer sie konnte, im Strandhaus, und Paul war oft allein auf der Ranch. Das half ihrer Ehe nicht. Ein holländischer Kunsthändler, den Getty eingeladen hatte, sah während seines gesamten Aufenthalts weder Teddy noch das Baby. Als er sich schüchtern nach ihnen erkundigte, brummelte Getty, sie seien »nicht in der Stadt«, und wechselte das Thema.

Getty wäre vielleicht glücklich gewesen, den Rest seines Lebens auf der Ranch zu verbringen, mit oder ohne Teddy, aber Ende 1948 geschah etwas, das seinen gesamten Lebensweg änderte. Eines Morgens im November erhielt er ein Telegramm aus Kuwait, das nur ein paar Worte enthielt: »Struktur weist auf Öl hin – Walton.«

Teil III
Der reichste Tycoon
1949–1964

11. »Im Namen Gottes, des Gnädigen und Barmherzigen...«

Öl kannte man in Vorderasien schon seit Jahrhunderten. Noah soll Pech genommen haben, um die Arche abzudichten; Herodes sprach von einer Bitumensubstanz in den Mauern von Babylon; das 1. Buch Moses beschreibt einen öligen Schlamm, der als Mörtel beim Turmbau zu Babel eingesetzt wurde. Ölsickerstellen entlang der Bergkette Jabal Zait in Ägypten veranlaßten die Römer, sie Mons Petroleus zu nennen, und ausströmendes Gas an den Ufern des Euphrat, das 500 Jahre v. Chr. in Brand geriet, wurde als Ewiges Feuer des Nebukadnezar bewundert. Obwohl die alten Zivilisationen Vorderasiens überall vom Öl Gebrauch machten, wo es auftauchte, wurde erst zu Beginn des 20. Jahrhunderts der ernsthafte Versuch unternommen, das Öl in kommerziell nutzbaren Mengen aus der Erde zu holen. 1901 erhielten die ersten europäischen Prospektoren in Vorderasien eine Konzession des Schahs von Persien, nach Öl zu bohren. Sie plagten sich sechs entmutigende Jahre ohne einen einzigen Fund ab. Sie mußten in einem gefährlichen und gebirgigen Land arbeiten, wo die Temperaturen im Sommer schon vor sieben Uhr morgens auf über 40 Grad Celsius kletterten und sie von Wanderheuschrecken geplagt sowie ständig von feindlich gesinnten Stämmen der Region aus dem Hinterhalt beschossen wurden. Kurz vor Aufgabe der Operation und mit praktisch erschöpften Geldreserven beschlossen sie im März 1908, ein letztes Bohrloch auf dem Gelände eines alten Feuertempels bei Masjid-i-Sulaiman niederzubringen. Am 26. Mai, um vier Uhr morgens, stieß der Bohrer in einer Tiefe von 360 Metern auf Öl. Das war die Geburtsstunde der gewaltigen Ölindustrie des Nahen Ostens. 1914 verband eine Pipeline das Ölfeld Masjid-i-Sulaiman mit einer Raffinerie an der Küste, und Persien förderte eindrucksvolle 273 000 Tonnen Öl pro Jahr.

Nach dem Ersten Weltkrieg konkurrierten die größten Ölgesellschaften Europas und Amerikas in einer geradezu würdelosen Jagd um Bohrrechte in Nahost – rätselhaft für die herrschenden Scheichs und örtlichen Potentaten, weil sie es sich nicht vorstellen konnten, warum die Ungläubigen sich so über die dicke, schwarze Flüssigkeit aufregten. Der Konkurrenzkampf wurde nach einem sensationellen Fund in Baba Gurgur im Irak, nur anderthalb Meilen vom Ewigen Feuer des Nebukadnezar entfernt, noch beträchtlich hitziger. Am 15. Oktober 1927 zapfte eine Bohrmannschaft bei Baba Gurgur eines der größten Ölfelder der Welt mit schrecklichen Folgen an. Zwei Mitglieder der Mannschaft wurden sofort getötet, als die Quelle hochkam, den Bohrturm zerstörte und eine so große Ölfontäne in die Luft schoß, daß man sie aus 20 Kilometer Entfernung noch sehen konnte. Über eine Woche sprudelte die Quelle »wild« – das heißt außer Kontrolle – und spie jeden Tag ungefähr 12 500 Tonnen Erdöl in die Umgebung. Sie war das erste wirkliche Anzeichen der zukünftigen »Goldgrube«.

Drei Jahre später ließ Abdul Aziz Ibn Saud im benachbarten Saudi-Arabien – zunächst noch zögernd – Fremde in sein Land, damit sie nach Öl suchen konnten. Der absolute Herrscher dieses riesigen und unwirtlichen Wüstenreiches hoffte, die bedrohlich leeren Schatztruhen des Landes auffüllen zu können. Ibn Saud war ein Nachkomme der Familie, die den Großteil Arabiens beherrscht hatte, ehe sie in der späten Hälfte des 19. Jahrhunderts mittellos ins kuwaitische Exil vertrieben wurde. 1901 führte der damals 21jährige Ibn Saud einen Kommandotrupp von 40 getreuen Stammesgenossen auf Kamelen zurück nach Arabien, um in einem kühnen Handstreich die Macht über das Land seiner Familie zurückzuerobern. Bei Nacht schlichen sie sich in die Hauptstadt Riad, stürmten in der Morgendämmerung die Festung und töteten den Gouverneur.

Diese wagemutige Heldentat gewann Ibn Saud zahlreiche Anhänger, und in den folgenden 20 Jahren wütete er quer durch Zentralarabien und eroberte entschlossen saudisches Territorium zurück. Stolz, charismatisch, von großer Statur und furchtlos, war er der geborene Krieger, der seine beduinischen Anhänger zu fanatischer Hingabe inspirierte. Als frommer Moslem nutzte er den religiösen Fanatismus als Mittel, seine Feinde zu besiegen, und gründete einen extremistischen moslemischen Bruderbund, den »Ikhwan«, den er dazu aufrief, alle Feinde mit unbarmherzigem Glaubenseifer auszurauben und zu massakrieren. Die Mitglieder des »Ikhwan« glaubten, daß der Koran Buchstabe für Buchstabe das Wort Gottes sei, und waren glücklich, ihr Blut für Ibn Saud zu vergießen, denn der Tod auf dem Schlachtfeld galt als Eintrittskarte in das Paradies. Bis zum Ende der zwanziger Jahre hatten Ibn Saud und seine sittenstrenge Armee alle ihre Feinde getötet, gefangengenommen oder in die Flucht geschlagen. Ibn Saud war der unumstrittene Herrscher von vier Fünfteln der arabischen Halbinsel, die sich vom Persischen Golf bis zum Roten Meer erstreckt. Da niemand mehr übriggeblieben war, den er hätte bekämpfen können, vereinigte der große Wüstenkrieger seine Einflußgebiete zum Königreich von Saudi-Arabien und errichtete ein autokratisches Regime, das von mittelalterlicher Grausamkeit geprägt war. Trinken und Rauchen wurden mit Peitschenhieben bestraft, Dieben wurde die Hand am Handgelenk abgetrennt, und auch der Geschlechtsverkehr, selbst mit den Ehefrauen oder Konkubinen, war während der Tageslichtstunden ungesetzlich. Männer, die sich während des Ramadans des Ehebruchs schuldig machten, wurden geköpft, Frauen zu Tode gesteinigt. Auf den Straßen durfte man weder lachen, singen, Musik hören noch »Arroganz« zeigen, andernfalls wurde man öffentlich ausgepeitscht.

Für den König selbst war keine dieser Einschränkungen lästig, denn er hatte Spaß in Hülle und Fülle, besonders an dem, was ein Höfling taktvoll als »bemerkenswerte Tendenz zur Hingabe« umschrieb. Im Alter von 50 Jahren rühmte sich Ibn Saud stolz, mehr als 135 Jungfrauen geheiratet und sich an zahllosen Konkubinen erfreut zu haben. Während er niemals mehr als die vom Koran gestatteten vier Ehefrauen gleichzeitig hatte, wurde er ihrer häufig schon nach der Hochzeitsnacht überdrüssig; von einigen ließ er sich scheiden, ohne jemals ihren Schleier gelüftet zu haben. Jede seiner vier Ehefrauen besaß ein eigenes Haus mit einer großen Anzahl von Dienern, der König selbst bewohnte einen Palast, wo sich in wechselnder Reihenfolge vier Konkubinen und vier Lieblingssklavinnen seiner Gunst erfreuten. Zu den damit verbundenen unmäßig hohen Haushaltskosten kamen noch 44 Söhne, und sie wiederum produzierten eine alarmierend große Anzahl von Enkeln, die alle erwarteten, in prinzengemäßer Umgebung zu leben.

Auch eine andere Betätigung des Königs war von Exzessen gekennzeichnet – Jagen. Unglücklicherweise änderte das Aufkommen des Autos und des Maschinengewehrs in Saudi-Arabien das Wesen dieses besonderen Sports. Während er früher mit einem Falken und einem Gewehr hoch zu Roß in die Wüste geritten war, wurde er nun von einem Chauffeur gefahren und ballerte mit einem Maschinengewehr, das auf das Heck des Wagens montiert war, auf alles, was sich bewegte. Ibn Saud tötete aus purem Vergnügen – er metzelte einmal in knapp 15 Minuten eine ganze Herde von seltenen Gazellen nieder. Der König und seine Jagdkumpane schafften es schnell, die wildlebenden Tiere Saudi-Arabiens fast völlig auszurotten. Die Strauße, die bis 1930 weit verbreitet waren, waren bald völlig ausgestorben, und die wenigen überlebenden Steinböcke und Gazellen zogen es vor, sich in die hohen Berge zurückzuziehen, wohin selbst der geschickte italienische Chauffeur des Königs nicht mehr vordringen konnte.

Nur ein kleines Problem zügelte die Vergnügungssucht des Königs oder bereitete ihm Sorgen – er war immer knapp bei Kasse. Saudi-Arabiens einzige Einnahmequelle waren die Pilger, die jedes Jahr nach Mekka strömten, aber die weltweite Rezession und die beständige Unruhe auf der arabischen Halbinsel hatten die Zahl der Pilger und damit auch die Staatseinnahmen drastisch gesenkt. Angesichts so vieler zu versorgender Frauen und Söhne sorgte Ibn Sauds ausschweifender Lebensstil noch zusätzlich dafür, daß das Königreich ständig am Rande des Bankrotts stand.

Einer der engsten Berater des Königs war ein exzentrischer Engländer namens Harry St John Philby. Als Gelehrter und Forscher auf dem Gebiet der arabischen Sprache und Literatur hatte Philby zuvor im britischen Kolonialdienst in Bagdad gedient, kündigte jedoch aus Protest gegen die Behandlung der Araber durch die Engländer und schockierte seine Landsleute, indem er »Eingeborener« wurde: Er nahm den moslemischen Glauben an und ließ sich in Mekka nieder. Im Laufe der Zeit wurde er ein Vertrauter Ibn Sauds, und es wurde allgemein gesagt, daß er der einzige Mann am Hofe war, der es wagen konnte, dem König zu widersprechen oder ihm ungebeten einen Rat zu erteilen.

Eines Nachmittags im Jahre 1930, als der König mit Philby durch die Wüste fuhr, sprach er von seinen Sorgen um die Wirtschaft des Landes. Philby, der sich der Ölvorkommen in diesem Gebiet bewußt war, sagte dem König unverblümt, daß er »auf verborgenen Schätzen schlafe«, und zitierte eine berühmte Passage aus dem Koran: »Hilf dir selbst, dann hilft dir Gott.«

»Aufgefordert, meine Worte zu verdeutlichen«, erzählte Philby später, »erklärte ich, daß ich absolut keine Zweifel hätte, daß sein riesiges Land über reiche Mineralschätze verfüge, wenngleich sie weder ihm noch jemand anders im Inneren der Erde nützen könnten. Ihre Existenz könne nur von Experten bestätigt werden, und ihre Ausbeutung zum Wohle des Landes mache die Zusammenarbeit mit ausländischen Technikern und ausländischem Kapital erforderlich. Aber die Regierung wolle sich offenbar der Entwicklung des potentiellen Reichtums mit Hilfe des Auslands widersetzen.«

Ibn Saud dachte über Philbys Worte nach und sah ein, daß sie Sinn hatten. Einige Wochen später wurde der amerikanische Geologe Karl Twitchell nach Saudi-Arabien eingeladen, um in der Wüste nach Öllagerstätten zu suchen. Twitchells Gutachten waren sehr günstig. Er wurde gebeten, in die Vereinigten Staaten zu fahren und amerikanischen Ölgesellschaften die Bereitschaft des Königs mitzuteilen, über Konzessionen verhandeln zu wollen. Es gab nur ein Problem – der König wollte in Gold bezahlt werden. Diese Bedingung sorgte für einige Verwirrungen und Verzögerungen bei den Ölgesellschaften, die mit den Schwächen nahöstlicher Potentaten noch keine Erfahrung besaßen. Die Standard Oil of California, die kurz zuvor bereits in Bahrain erfolgreiche Bohrungen durchgeführt hatte, schaffte es schließlich, Goldbarren im Wert von 35 000 Pfund zusammenzukratzen, und erhielt die Konzession. Im September 1933 wateten die Geologen von Standard Oil an der Küste Saudi-Arabiens bei Damman an Land, mieteten Kamele und lokalisierten bald nur fünf Meilen landeinwärts bei Jabal Dhahran eine vielversprechende Struktur.

Sechs Jahre später wurde König Ibn Saud zur feierlichen Einweihung des Dharan-Ölfeldes eingeladen. Er kam mit einem Gefolge von 2000 Sklaven, Dienern, Ehefrauen und Konkubinen, nachdem er tausend Meilen durch die Wüste gereist war, und zeltete außerhalb der Ölstadt, die rund um das Ölfeld aus Fertigteilen errichtet worden war. Am folgenden Tag drehte er das Ventil einer Pipeline auf, und das Öl floß. Während der zweitägigen Feier wurden der König und seine Leute auf dem Deck eines amerikanischen Öltankers, der vor der Küste ankerte, bewirtet und unterhalten. Er zeigte sich durch ein riesiges Bankett erkenntlich, das im Sand stattfand, erhellt vom Abfackellicht auf den Bohranlagen. Angestellte der Standard Oil schenkten dem König zur Feier des Tages einen Cadillac, und der König überreichte als Gegengeschenk verzierte goldene Dolche.

Ibn Saud sollte sich in puncto Geld von da an nie wieder Sorgen machen. Innerhalb weniger Jahre stieg sein persönliches Einkommen von 200 000 Dollar im Jahr auf 2,5 Millionen Dollar pro *Woche*.

J. Paul Getty verfolgte die Entwicklung im Nahen Osten mit großem Interesse und einem ziemlichen Stich der Enttäuschung. 1932 war ihm die Gelegenheit geboten worden, im Irak eine Konzession zu erwerben, doch damals hatte er abgelehnt. Das war ein Fehler, den er niemals wiederholen und niemals vergessen sollte. Selbst noch als alter Mann erinnerte er sich mit einem seltsam grimmigen Lächeln an das, was er gerne als seinen »klassischen Schnitzer« beschrieb, wenn ihn Journalisten fragten, ob er jemals im Laufe seiner Karriere einen Fehler begangen habe.

Der fabelhafte Fund in Baba Gurgur im Jahre 1927 hatte ursprünglich Gettys Interesse am Irak erregt. Alle geologischen Gutachten über dieses Gebiet und Suchbohrungen, die von europäischen Prospektoren vorgenommen worden waren, wiesen auf das Vorhandensein riesiger Erdöllagerstätten unter dem Sand der mesopotamischen Wüste hin. »Ich hielt es damals für eine ausgezeichnete Idee, von Anfang an dabeizusein«, sagte Getty, »und wies einen Bevollmächtigten in Bagdad an, über eine Explorations- und Bohrkonzession mit den offiziellen irakischen Stellen zu verhandeln.«

Anfang 1932 erhielt er aus Bagdad die Mitteilung, daß eine potentiell lukrative Konzession in Kürze erworben werden könnte. »Die anfänglichen Kosten wären minimal gewesen«, gab Getty zu, »eine Frage von ein paar tausend Dollar.« Aber damals litt Paul an einer untypischen Krise seines Selbstvertrauens. Mehrere Faktoren hatten dazu geführt. Infolge der Erschließung der riesigen Erdölfelder im östlichen Texas waren die Rohölpreise plötzlich abgestürzt. Amerikanisches Rohöl erzielte nur zehn Cents und weniger pro Barrel, und die Branche befand sich in einer vorübergehenden Panikstimmung. Noch entscheidender war aber, daß die verlockende Aussicht am fernen Horizont aufgetaucht war, Tide Water erwerben zu können, und Paul bereits tief in Streitigkeiten mit seiner Mutter und den anderen Getty-Direktoren über die Frage des Aktienerwerbs verwickelt war.

»Ich hätte mich auf diese Chance stürzen und nach der Konzession greifen müssen – aber ich tat es nicht. Ein Großteil meines Kapitals war an die Pacific Western und andere Unternehmungen gebunden. Ich zögerte, große Kapitalauslagen bei Operationen im Nahen Osten zu riskieren; ich befürchtete, meine Mittel zu sehr zu schmälern. Nachdem ich mich mit dieser Frage mehrere Wochen herumgeschlagen hatte, entschied ich mich gegen das spekulative Unternehmen im Nahen Osten und erteilte meinem Agenten in Bagdad die Anweisung, die Verhandlungen abzubrechen. Meine Entscheidung war ein klassischer Schnitzer, einer, den ich in den folgenden Jahren noch oft verwünschen und bedauern sollte. Ich ließ es zu, daß mir eine phantastisch wertvolle Konzession aus den Händen glitt, obwohl sie zu einem vergleichsweise unerheblichen Betrag angeboten wurde.«

Doch Ende des Zweiten Weltkrieges hielt Paul es für ein absolutes Muß, daß die Getty-Gesellschaften im Nahen Osten Fuß faßten. »Es war offensichtlich«, sagte er, »daß Nahost den Schlüssel zur zukünftigen Ölversorgung der Welt darstellte und wir ohne Stützpunkt in Nahost in schwere

Bedrängnis geraten könnten, der harten Konkurrenz zu begegnen, die sich bald um Überseemärkte ergeben würde.«

Andere Ölgesellschaften dachten genauso, und nach dem Sieg der Alliierten gab es praktisch überall im Nahen Osten einen Ansturm auf Konzessionen. Getty wartete geduldig den rechten Augenblick ab und konnte damit zufrieden sein – einige seiner Konkurrenten kauften für Riesensummen Explorations- und Bohrrechte in Nordafrika, nur um festzustellen, daß das ganze Territorium von Landminen übersät war, die dort nach dem Krieg liegengeblieben waren. Die Minenräumung kostete Millionen, und als man das Gebiet endlich für sicher hielt, um Probebohrungen niederzubringen, fand man kein Öl.

Gettys Chance kam im Oktober 1948. Kurz nach seinem Einzug in das Ranchhaus in Malibu erfuhr er, daß in Kürze Angebote für eine 50:50-Beteiligung für die Bohrrechte in der sogenannten Neutralen Zone erwartet wurden. Zu jener Zeit wußte er noch nicht einmal genau, wo die Neutrale Zone lag, aber ein Blick auf die Landkarte weckte sein Interesse.

Die Neutrale Zone war ein Wüstengebiet von etwa 5440 Quadratkilometern, das an den Persischen Golf zwischen Kuwait und Saudi-Arabien grenzte. Die Zone, ein trockenes, wegeloses und bis auf ein paar anspruchslose Nomadenstämme praktisch unbewohntes Ödland, war 1922 aufgrund eines Abkommens zwischen dem Scheich von Kuwait und Ibn Saud als neutrale Pufferzone zwischen ihren Grenzen eingerichtet worden. Dort sollten die Stämme aus beiden Ländern Weide- und Wasserrechte behalten, aber es durften keine Befestigungen errichtet werden. Sir Percy Cox, der britische Hochkommissar in Bagdad, der am Zustandekommen des Vertrags beteiligt war, hatte erwartet, daß mit der Zeit feste Grenzen gezogen und die Zone schließlich verschwinden würde, was aber niemals geschah.

Weder die politischen Verhältnisse noch die trostlose topographische Beschaffenheit der Neutralen Zone kümmerten Getty besonders. Ihn interessierte allein die Tatsache, daß es sowohl im Norden als auch im Süden bereits rentable Quellen gab. Deshalb war kaum anzunehmen, daß es gerade unter diesem breiten Streifen heißen Wüstensandes kein Öl geben sollte.

Komplikationen bezüglich gemeinsamer Eigentumsrechte – sowohl Kuwait als auch Saudi-Arabien hatten das Recht, Ölkonzessionen in der Neutralen Zone zu vergeben – hatten frühere Probebohrungen verhindert. Ibn Saud schloß die Neutrale Zone in die Konzession mit ein, die er 1933 an die Standard Oil of California vergeben hatte, aber die Standard Oil konnte ohne eine ähnliche Konzession von Kuwait, die sie jedoch nicht erhielt, in diesem Gebiet nicht prospektieren. Scheich Ahmad-al-Subah von Kuwait hatte keine Eile, Bohrrechte in der Neutralen Zone zu vergeben, weil er völlig richtig annahm, daß längeres Abwarten auch die Preise in die Höhe treiben werde.

1946 war es nach Scheich Ahmads Ansicht an der Zeit zu prüfen, was er für seinen 50prozentigen Anteil an den Mineralschätzen der Neutralen Zone bekommen könne. Er verkündete, daß er bereit sei, Bohrrechte an den Meistbietenden zu veräußern, warnte aber die Interessenten, daß solche »lächerlichen« Angebote, wie sie vor dem Krieg für Konzessionen akzeptiert worden waren, nicht mehr in Betracht kämen. Gulf, Burmah, Shell und eine Anzahl anderer britischer und amerikanischer Ölgesellschaften erklärten sofort ihre Absicht zu bieten, aber sie wurden alle von dem erstaunlichen Angebot eines Außenseitersyndikats ausgebootet.

Der erfahrene Ölmann Ralph K. Davies – ein ehemaliger Direktor der Standard Oil of California – vereinigte zehn unabhängige Ölgesellschaften zu einem Syndikat mit dem Namen American Independent Oil Company (Aminoil) und machte ein aufsehenerregendes Angebot, in der Hoffnung, die »Majors« vom Markt drängen zu können. Als die Bedingungen bekannt wurden, riefen sie überall in der Ölbranche ein ungläubiges Aufstöhnen hervor. Aminoil bot eine sofortige Anzahlung von 7,25 Millionen Dollar, zuzüglich garantierte jährliche Zahlungen von mindestens 625 000 Dollar und Royalties von 35 Cents pro Barrel Öl – bei weitem die höchsten im Nahen Osten. Trotzdem akzeptierte der gewiefte Scheich Ahmad nicht sofort, sondern legte eine weitere Liste von Forderungen vor, die schriftlich in jedem Vertrag festgehalten werden sollten. Er wünschte unter anderem die Zusage, daß Aminoil eine Raffinerie und ein neues Krankenhaus bauen sowie Ausbildungsmöglichkeiten für kuwaitische Beschäftigte anbieten sollte. Aminoil fügte sich all seinen Forderungen.

Die »Majors« waren über dieses Geschäft empört und beschuldigten Aminoil, den »Markt zu ruinieren«. Nur wenige Jahre früher hatte die Konzession für ganz Kuwait nur 170 000 Dollar gekostet, und Standard Oil hatte für knapp 200 000 Dollar 1,2 Millionen Quadratkilometer Land – eine Fläche, so groß wie Texas, Louisiana, Oklahoma und Neumexiko zusammen – von Saudi-Arabien erworben. Ralph Davies entschuldigte sich nicht für Aminoils augenscheinliche Großzügigkeit. Er war der Ansicht, daß die »Majors« skrupellos viele Herrscher des Nahen Ostens ausgebeutet hatten, von denen einige den wahren Wert der Bodenschätze ihres Landes gar nicht kannten. In den Entwicklungsjahren der Ölindustrie Vorderasiens waren die Araber die letzten, die profitierten, und die »Majors« zahlten häufig mehr Steuern an ihre eigenen Regierungen als an die Länder, denen das Öl gehörte. Davies glaubte, daß es höchste Zeit für die Ölgesellschaften sei, einen gerechten Preis für die Mineralschätze des Nahen Ostens zu zahlen.

Zwei Monate nach Unterzeichnung des Aminoil-Vertrages durch den Scheich von Kuwait erklärte Ibn Saud – stets darauf bedacht, wie er sein Einkommen vergrößern könnte –, daß er ebenfalls bereit sei, Angebote für Saudi-Arabiens Anteil in der Neutralen Zone in Betracht zu ziehen. Standard Oil, nun umbenannt in Arabian-American Oil Company, war inzwischen davon überzeugt worden, seine Bohrrechte in der Neutralen Zone zugunsten einer Konzession entlang der Küste am Persischen Golf aufzugeben. Zu den Ölgesellschaften, die sofort ihre Absicht erklärten mitzubieten, gehörte auch die Pacific Western, die J. Paul Getty gehörte.

Obwohl Getty es haßte, einen Cent mehr als nötig zu bezahlen, egal, ob es sich um eine Schuhcreme oder eine Ölgesellschaft handelte, teilte er weitgehend Ralph Davies' Ansichten über die Bedingungen, welche die »Majors« für Ölkonzessionen im Nahen Osten anboten. »Wenn ich nach Nahost gehe«, sagte er, »möchte ich nicht das Gefühl haben, jedesmal die Straßenseite wechseln zu müssen, wenn mir ein Araber entgegenkommt.«

Dennoch verschaffte ihm das Aminoil-Geschäft eine Gedankenpause, denn er kannte die Araber gut genug, um zu wissen, daß Ibn Saud kaum geneigt sein werde, weniger als der Scheich von Kuwait für Saudi-Arabiens Anteil an der Neutralen Zone zu akzeptieren, und sehr wahrscheinlich noch viel mehr verlangen werde.

In der Bibliothek seines Ranchhauses in Malibu saß Getty stundenlang an einem Mahagoni-Schreibtisch, lutschte Ahornzuckerbonbons und arbeitete sich bedächtig durch geologische Gutachten hindurch. Er hatte seinen Assistenten, einen jungen mondgesichtigen Buchhalter namens Norris Bramlett, damit beauftragt, ihm jedes nur erhältliche Stückchen Papier über die Neutrale Zone und ihre Umgebung zu verschaffen, und arbeitete sich methodisch durch einen enormen Stapel von Forschungsergebnissen, speicherte detaillierte Informationen im Kopf und machte sich dabei wenig Notizen. Obwohl er inzwischen Mitte Fünfzig war – sein Haar wurde dünner und grau an den Schläfen –, konnte er sich noch immer in erstaunlicher Weise über lange Zeiträume ohne Ermüdungserscheinungen konzentrieren: In der Bibliothek brannten die Lichter gewöhnlich bis zwei oder drei Uhr nachts. Als er davon überzeugt war, alles gelesen zu haben, was es zu lesen gab, war er so begeistert, daß er Experten hinzuzog.

Anfang November 1948 hob morgens eine kleine Maschine von einer Sandpiste in Kuwait ab und flog Richtung Neutrale Zone.

Neben dem Piloten saß Dr. Paul Walton, den Getty für den besten Erdöl-Geologen der Welt hielt. Das Flugzeug flog zwei Stunden im Tiefflug über die öden Dünen, während Walton aufmerksam mit zusammengekniffenen Augen aus dem Fenster in das grelle Licht starrte und sich Notizen auf einem Block machte, der auf seinen Knien lag. Gelegentlich flogen sie über Beduinen hinweg, und die Männer schüttelten drohend ihre Fäuste, weil die laute Maschine ihre Kamele unruhig machte. Als das Benzin knapp wurde, stieß der Pilot Walton leicht an und deutete mit einem Finger in Richtung Kuwait. Der Geologe nickte, lehnte sich zurück und genoß den Rückflug, überzeugt, genug gesehen zu haben. Im Telegrafenamt von Kuwait schrieb er auf ein zerknülltes Formular die Worte: »Struktur weist auf Öl hin – Walton« und adressierte es an J. Paul Getty, 19875 Pacific Coast Highway, Los Angeles.

Nachdem Getty Waltons Telegramm gelesen hatte, rief er auf der Stelle Dave Hecht in New York an und teilte ihm mit, daß er sofort mit König Ibn Saud Verhandlungen für eine Ölkonzession in der Neutralen Zone aufnehmen wollte. Am 8. Dezember 1948 machte sich Barnabas Hadfield, Hechts Partner, nach Saudi-Arabien auf, mit der Anweisung, die Gegner zu überbieten und der Pacific Western auf jeden Fall die Konzession zu verschaffen.

In Riad mußte Hadfield feststellen, daß bereits ein aggressiver Konkurrenzkampf um die Konzession im Gange war. Aminoil beteiligte sich ebenso wie der riesige Konzern der Royal Dutch Shell an dem Gebot in der Hoffnung, die gesamte Neutrale Zone an sich ziehen zu können. Aber jedesmal, wenn Hadfield nach Los Angeles telegrafierte, um die Vollmacht für ein höheres Gebot der Pacific Western zu erhalten, gab Getty ohne Zögern sein Einverständnis. »Ich erhöhte optimistisch so lange meine Angebote, bis die anderen aufgaben und sich zurückzogen«, erklärte Getty schlicht und ergreifend.

Der Vertrag, der schließlich zwischen der Pacific Western und Saudi-Arabien über Öl- und Gasrechte in der Neutralen Zone mühsam zusammengezimmert wurde, füllte 46 Seiten und erregte noch mehr Aufmerksamkeit als der Vertrag der Aminoil mit Kuwait. Das Vertragswerk, das von Hadfield und König Ibn Saud am 20. Februar 1949 unterzeichnet wurde, begann mit den Worten: »Im Namen Gottes, des Gnädigen und Barmherzigen. Dieser Vertrag wurde am 22. Tag des 11. Mondmonats im Jahre 1368, was dem 20. Februar 1949 entspricht, abgeschlossen ...« Aber

Jean Paul Getty I., »der reichste Mann der Welt«. *(Popperfoto)*

»Colonel« Edwin L. Drake, »Onkel Willie« vor der ersten Ölquelle der Welt. *(Foto: Shell)*

Jeanette Dumont, die erste der fünf Ehefrauen des Milliardärs. *(Popperfoto)*

Jean Paul Getty mit seinem Sohn George aus der Ehe mit Jeanette Dumont.
George starb drei Wochen, nachdem dieses Bild entstanden war. *(Rex Features)*

»Fini« (Adolphine) Helmle, die deutsche zweite Ehefrau Gettys. *(Popperfoto)*

J. Paul Getty II. in seiner Eigenschaft als Chef der Getty Oil Italiana
im Jahr 1959 (oben). *(The Photo Source)*

Gail, die erste Ehefrau von J. Paul Getty II. mit drei ihrer vier Kinder (unten).
(The Photo Source)

J. Paul II. mit seiner zweiten Frau Talitha Pol bei einer Vietnam-Demonstration in Rom 1967. *(Foto: Richard Young, Rex Features)*

J. Paul Getty III., der Enkel des Milliardärs, kurz nach seiner Befreiung aus der Hand von Kidnappern, die ihm ein Ohr abgeschnitten hatten. *(The Photo Source)*

Louise Dudley »Teddy« Lynch, die fünfte und letzte der Getty-Ehefrauen (oben). *(Popperfoto)*

J. Paul Getty I. vor seinem englischen Landsitz Sutton Place (unten). *(Popperfoto)*

Rosabella Burch, eine der zahlreichen Freundinnen Gettys. *(The Photo Source)*

Die Innenarchitektin Mary Tessier (oben), Penelope Kitson (Mitte) und Robina Lund,
weitere Begleiterinnen des Ölmilliardärs.
(Fotos: The Photo Source, Michael Cranley, Camera Press)

Getty bei einem Empfang in London mit Stirling Moss und dem »Beatle« Ringo Starr.
(Foto: Peter Mitchell, Camera Press)

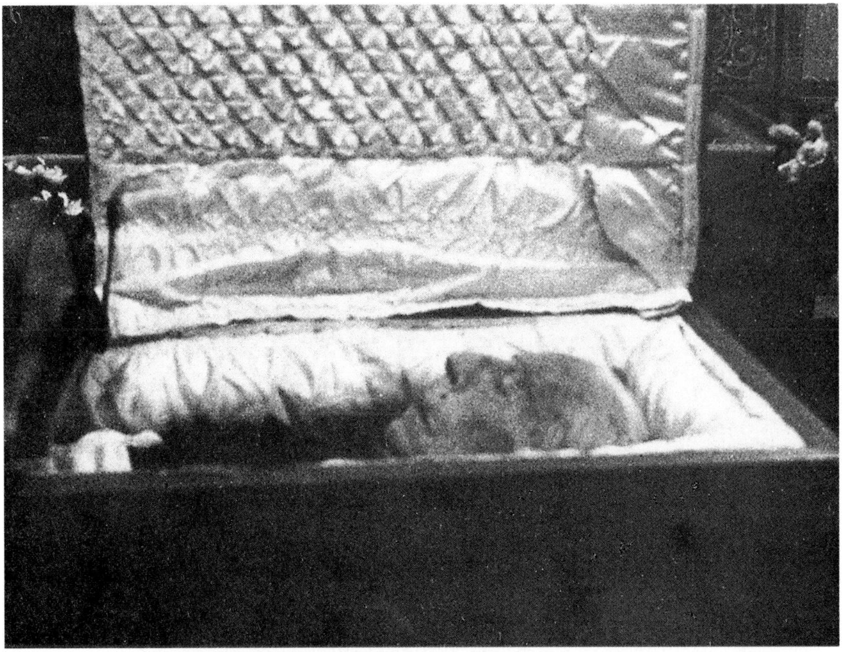

Nach seinem Tode wurde Getty in der Halle von Sutton Place aufgebahrt (oben). *(Rex Features)*

Anne und Gordon Getty mit zwei Söhnen nach dem Trauergottesdienst in Los Angeles (unten). *(Popperfoto)*

J. Paul Getty II. mit Bianca Jagger nach einem Gedenkgottesdienst
(Richard Young, Rex Features)

Das Modell des Getty-Museums in Malibu, Kalifornien (oben).
(Camera Press)

Das fertiggestellte Museum (unten).
(Popperfoto)

Ein einsamer alter Mann, der nach eigenen Worten Tiere mehr liebte als Menschen.
(Foto: Ian Bodenham, Camera Press)

nicht die blumige Präambel bewirkte die hochgezogenen Augenbrauen überall in der Ölbranche, sondern die unerfreulichen, manche sagten sogar empörenden, Bedingungen, die folgten. Pacific Western stimmte einer sofortigen Anzahlung an Ibn Saud in Höhe von 9,5 Millionen Dollar zu, der jährliche Zahlungen von einer Million Dollar folgen sollten, unabhängig davon, ob man in der Neutralen Zone Öl fände oder nicht. Diese jährlichen Zahlungen waren als Vorauszahlungen für eine festgelegte Royalty von 55 Cents pro Barrel Öl gedacht, falls man auf Öl stieß. Die Pacific Western erklärte sich darüber hinaus zu folgendem bereit:

- 25 Prozent des Reingewinns als Steuer an die Regierung Saudi-Arabiens abzuführen;
- eine Raffinerie für 12 000 Barrel und ein Vorratslager für 150 000 Barrel zu bauen;
- nach Inbetriebnahme der Raffinerie jährlich 100 000 Gallonen Benzin und 50 000 Gallonen Kerosin an die Regierung zu liefern;
- die Teilnahme saudischer Regierungsvertreter an Sitzungen des Verwaltungsrats der Pacific Western zuzulassen;
- Pensionen, Renten, Versicherungen und andere Sozialleistungen für das gesamte bei der Gesellschaft angestellte saudische Personal, inklusive einer kostenlosen medizinischen Versorgung, zu übernehmen;
- Schul- und Ausbildungsmöglichkeiten für die Kinder der saudischen Beschäftigten zur Verfügung zu stellen und für eine Weiterbildung guter Schüler sowie für Stipendien in den USA aufzukommen;
- eine Moschee, Wohnhäuser, Geschäftsgebäude, ein Postamt, Telefon- und Wasserversorgung zum Wohle aller Angestellten zur Verfügung zu stellen.

Getty bemerkte dazu trocken: »Die Bedingungen machten mir klar, daß ich einen langen Weg gegangen bin, seit ich für 500 Dollar mein erstes Pachtgrundstück kaufte.«

Der Vertrag der Aminoil hatte die Majors schon in Schrecken versetzt, aber der Getty-Vertrag provozierte weitverbreitete Wut, Verdammung und Entsetzen. Howard Page von Standard Oil drückte es so aus: »Das könnte alles in Nahost verändern.«

Getty wurde öffentlich gerügt, »den Einsatz dermaßen überzogen zu haben«, daß zukünftige Profite wahrscheinlich sehr gering ausfielen, falls sie überhaupt zu erzielen seien. Keine Ölgesellschaft im Nahen Osten hatte irgendwelche Zweifel, daß nicht jeder Kalif, Sultan oder Scheich sehr bald ebenfalls mehr Geld und Bedingungen verlangen werde, die dem Verhandlungsergebnis von Ibn Saud entsprachen. Da er nur sein eigenes Geld riskiert hatte, blieb Getty angesichts der Reaktionen der anderen Ölmänner oder der häufigen Voraussagen, daß das Abenteuer in der Neutralen Zone unausweichlich zu seinem Ruin führen werde, heiter und gelassen: »Es gab viele Leute in der Ölbranche«, räumte er gutgelaunt ein, »die mir zum x-ten Male während meiner Karriere unverblümt voraussagten, ich triebe meine Gesellschaften und mich selbst in den Bankrott.«

Tatsächlich passierte das auch beinahe. Sobald die Vertragsurkunde mit Ibn Saud in Riad unterzeichnet war, traf Getty Vertreter der Aminoil in Los Angeles, um mit ihnen die Durchführung gemeinsamer Unternehmen in der Neutralen Zone zu erörtern. Da die Produktion zu gleichen Teilen aufgeteilt werden sollte, mußte beiden Konzessionären eine Zusammenarbeit außerordentlich vernünftig erscheinen. Getty war erpicht darauf, ohne Verzögerung ein Arrangement mit Aminoil zu treffen.

Ralph Davies erschien eine Zusammenarbeit ebenfalls vorteilhaft, er vertrat aber den Standpunkt, daß Aminoil die Führung übernehmen müsse. Aminoil war, wie er behauptete, die ältere Gesellschaft, vor allem weil sie als erste die Konzession erhalten habe, und noch wichtiger: Zum Syndikat gehörten einige Ölgesellschaften, die größer als die Pacific Western waren und auf größere technische und organisatorische Ressourcen zurückgreifen konnten als Getty. Davies schlug deshalb vor, daß Aminoil alle anfänglichen Explorationen und Probebohrungen leiten sollte, um so eine unnötige Doppelarbeit zu vermeiden. Er machte der Pacific Western den Vorschlag, nur eine kleine Stammtruppe in die Neutrale Zone zu senden; Pacific Western sollte nur einen »beratenden« Beitrag leisten – und natürlich auch einen finanziellen, weil man von ihr erwartete, daß sie ihren vollen Anteil an den Erschließungskosten trug.

Zwar traf es zu, daß der Pacific Western nicht im selben Umfang wie der Aminoil Ressourcen zur Verfügung standen, aber Getty hielt absolut nichts von dem Vorschlag, die Kontrolle über das Vorhaben in der Neutralen Zone faktisch Außenstehenden zu überlassen. Dennoch akzeptierte er, gegen sein besseres Wissen, widerwillig Davies' Vorschlag. »Ich halte nicht sehr viel davon, anderen die Verantwortung zu überlassen oder meine Arbeit von anderen machen zu lassen«, sagte er. »Dennoch ließ ich mir dieses Arrangement aufschwatzen.« Es sollte ihn teuer zu stehen kommen.

Um seine Interessen zu wahren, schickte Getty seinen ältesten Sohn George im März 1949 in die Neutrale Zone. George Franklin Getty II. war damals 24 Jahre alt, groß, dunkelhaarig und kräftig gebaut, ein durchaus liebenswürdiger junger Mann mit einem gewinnenden Lächeln, das allerdings den Eindruck von mehr Selbstvertrauen vermittelte, als er tatsächlich besaß. Dem Rat seines Vaters folgend, hatte er fast zwei Jahre als »unabhängiger« Ölproduzent für die Pacific Western gearbeitet und das Ölfeld South Crane in Texas erschlossen. Getty glaubte optimistisch, daß George eine natürliche Gabe für das Geschäft besaß – trotz seiner wenig beeindruckenden akademischen Leistungen in der Schule und auf der Universität.

Als frisch ernannter Manager der »Saudi-Arabian Division« der Pacific Western Oil Corporation fühlte George sich sehr geschmeichelt, daß ihn sein Vater mit einer so wichtigen Aufgabe betraute, obwohl Pacific Western bei den Tätigkeiten in der Neutralen Zone eine untergeordnete Rolle spielen sollte. Ohne Zeit zu verlieren, eröffnete er in Jeddah, dem Verwaltungszentrum am Roten Meer, eine Hauptgeschäftsstelle und beobachtete während seiner ersten Monate in Saudi-Arabien die Operationen der anderen Ölgesellschaften.

George fand schnell heraus, daß die Gettys weit davon entfernt waren, allgemein beliebt zu sein: Wie vorausgesagt, hatte der Getty-Vertrag überall »den Einsatz überzogen«. König Ibn Saud fragte zum Beispiel die Arabian-American Oil Company listig, wie es möglich sei, daß ein einzelner Mann 9,5 Millionen Dollar für die Chance bezahlen könnte, in einem Teil Saudi-Arabiens prospektieren zu dürfen, während Aramco 1948 nur 28 Millionen Dollar für alles Öl aus Dharan bezahlt habe? Ibn Saud wollte mehr Geld, aber nicht nur Geld. Er wollte auch Schulen, Straßen und Krankenhäuser; er wollte sogar eine aus wirtschaftlicher Sicht lächerliche Straße von Riad nach Dharan für 160 Millionen bauen lassen. Aus Angst, ihre Konzession zu verlieren, beugte sich die Aramco den Wünschen des Königs, auch wenn sie kein Ende zu nehmen schienen.

George mußte zu seinem Unbehagen entdecken, daß ihm angelastet wurde, die Habsucht des Königs unterstützt zu haben – nur weil er den Namen Getty trug –, und war daher nicht traurig, als es Zeit wurde, sich in die Neutrale Zone zu begeben. Mit ihm gingen zwei altgediente Geologen von Getty, Dr. Paul Walton und Emil Kluth, die den Getty-Gesellschaften seit den Tagen der Minnehoma Oil Company in Oklahoma angehörten. Sie kamen im November 1949 an und sahen, daß Aminoil ein schwimmendes Basislager auf einem alten Landungsboot aufgeschlagen hatte.

Nichts, noch nicht einmal der harte Dienst während des Zweiten Weltkriegs im Pazifik, hatte Paul auf die Neutrale Zone vorbereitet. Es war, wie er bald feststellte, einer der unwirtlichsten Plätze der Welt. Im November, zu Beginn des »Winters«, kamen die Ölmänner am Tage vor Hitze schier um und froren nachts, wenn die Temperatur absank. Entlang der Küste betrug die Luftfeuchtigkeit häufig 100 Prozent, so daß der Körper bei der kleinsten Bewegung in Schweiß gebadet war. Selbst wenn es regnete, gab es keine Erleichterung. Plötzliche Wolkenbrüche, häufig mit Hagel, machten die Wüste wie durch ein Wunder über Nacht grün – aber das war eine Verwandlung, die unweigerlich Schwärme von Wanderheuschrecken anlockte, die den Himmel in ihrer ekelhaften Gefräßigkeit verdunkelten. Zwischen den launenhaften Regengüssen peitschte der Wind heftige Sandstürme auf, die gefürchteten »tauz«, die tagelang Augen, Mund, Nase, Haar und Ohren mit Sand verklebten. George ging rasch dazu über, am Strand dicke Lederstiefel zu tragen, um sich gegen die riesigen Skorpione und Vipern zu schützen, von denen es in den Sanddünen nur so wimmelte. Auch war er schnell gegen die Verlockung immun, im warmen blauen Wasser des Persischen Golfs zu schwimmen. Denn das Meer, das so einladend plätschernd an die Küste der Neutralen Zone schlug, war voll von Haien und Schwärmen rosafarbener Medusenquallen, die dem Menschen schmerzhaft brennende Stiche zufügten.

Als ob die vom Klima und der Landschaft verursachten Belastungen noch nicht ausreichten, gab es zudem noch den Kulturschock: Das Gefühl, in eine frühgeschichtliche Gesellschaft mit unbegreiflicher Grausamkeit, Aberglauben und Unwissenheit zurückversetzt zu sein. Im behelfsmäßigen Lager für die saudischen Arbeitskräfte, das auf dem Strand ganz in der Nähe des Ankerplatzes aufgebaut worden war, schien jedes Kind mit schwärenden Wunden bedeckt zu sein, auf denen es von Fliegen wimmelte. Heiße Brandeisen, die auf die Haut gelegt wurden, galten als hilfreiches Mittel gegen Magenkrämpfe, und der Urin weiblicher Kamele wurde zur »Sterilisierung« offener Wunden verwendet.

Nachdem die Ölmänner einen arabischen Jugendlichen beim örtlichen Emir angezeigt hatten, weil er ihren Proviant gestohlen hatte, mußten sie bei der nächsten Begegnung entsetzt entdecken, daß dort, wo einst seine Hand gewesen war, sich nur noch ein blutiger Stumpf befand. Später hörte George mit steigendem Entsetzen die Geschichte eines anderen Ölmannes, der von einer öffentlichen Hinrichtung in Al Hufuf berichtete.

»Sie hatten ihm Haare und Bart geschoren und brachten ihn mit auf den Rücken gebundenen Händen auf das Gerüst. Der arme Teufel sah überraschend ruhig und ergeben aus. Da waren zwei Scharfrichter, riesige Negersklaven mit enormen Brustkästen, jeder mit einem großen Krummschwert bewaffnet. Sie zwangen den Mann auf die Knie, und einer der Neger baute sich vor ihm auf und begann plötzlich zu tanzen! Er schwang sein Schwert über seinem Kopf, wirbelte auf seinen Sandalen herum, und die Menge feuerte ihn an. Der arme Kerl auf den Knien beobachtete ihn fasziniert. Während er abgelenkt war, hielt sich der wirkliche Scharfrichter hinter seinem Rücken bereit. Plötzlich bewegte er sein Schwert, schnell wie der Blitz. Ich sah, wie die Spitze kurz den Nacken des Mannes streifte. Sein Kopf zuckte zurück, und dann, so schnell, daß man nur etwas verschwommen Silbriges sehen konnte, sauste das Schwert nieder, und der Kopf war ab, rollte auf den Gerüstboden, und Blut spritzte aus dem Nacken.«

Der Mann war schuldig befunden worden, während des Ramadans Ehebruch begangen zu haben.

Im Dezember errichtete Aminoil in Wafra, im Herzen der Neutralen Zone, ein kleines Lager und bereitete sich auf das Niederbringen der ersten Probebohrung vor. Das sollte dem armen George noch mehr Probleme verschaffen, denn beide Geologen der Pacific Western gaben ihm zu verstehen, daß Aminoil am falschen Ort bohrte. Das Team von Aminoil verließ sich auf unzuverlässige seismologische Untersuchungen. Sie hätten weiter im Westen bohren sollen, wo Untersuchungen den klaren Nachweis von eozänen Kalksteinformationen erbracht hatten. Als Manager der »Saudi-Arabian Division« der Pacific Western wandte sich George an Jim MacPherson, Aminoils altgedienten Direktor auf den Ölfeldern, um die Zweifel seiner Geologen zur Sprache zu bringen, wurde aber von ihm abgekanzelt. MacPherson, der anfänglich mit Standard Oil in den Nahen Osten gekommen war, hatte gar keine Lust, sich von irgendeinem Jüngelchen, das noch grün hinter den Ohren und gerade aus dem College gekommen war, vorschreiben zu lassen, wo er nach Öl bohren sollte.

»Das Gebiet schwimmt praktisch in Öl«, schrieb George langsam verzweifelnd an seinen Vater, »aber die Leute, die hier das Sagen haben, bringen ihre Bohrungen weit neben der Zielscheibe nieder. Ich habe mich heiser geredet. Es hat keinen Zweck.«

Als das erste Bohrloch bei einer Tiefe von 1524 Metern als trockenes Loch aufgegeben worden war, schickte Getty drängende Briefe in die Neutrale Zone und bat darum, das nächste Bohrloch auf einem Gelände niederzubringen, das seine eigenen Geologen vorgeschlagen hatten. Doch Aminoil setzte sich über seine dringenden Bitten hinweg und begann in Wafra mit einem zweiten Bohrloch, mitten im Sommer bei glühend heißen Mittagstemperaturen von 70 Grad Celsius. Auch diesmal nur ein trockenes Loch! Getty schickte erneut einen Schwung Telegramme in die Zone und bestand darauf, dem Rat seiner Geologen zu folgen. Wieder setzte man sich über ihn hinweg. Um die Aminoil von ihrer Dummheit zu überzeugen, engagierte Getty dann den Spitzengeologen der Anglo-Iranian Oil Company, der ein unabhängiges Gutachten über die Zone abgeben sollte, aber das Team der Aminoil wollte außer auf seine eigene seismologische Forschung auf niemanden und nichts hören, obwohl die Seismologie als Mittel der Prospektierung noch in den Kinderschuhen steckte.

Getty war außer sich, daß die Aminoil fortwährend seinen Rat mißachtete; ihn beunruhigten auch die ständig steigenden Kosten der Operation in der Neutralen Zone. Jedes trockene Loch schlug mit weiteren 250 000 Dollar zu Buche, und in dieser Zeit stiegen auch die anderen Kosten steil in die Höhe. Denn da es in dem Gebiet kein Wasser gab, mußten Tankwagen von Kuwait aus in Konvois durch die Wüste fahren, um das Lager mit Wasser zu versorgen. Hütten aus Fertigteilen, zusammen mit Generatoren für die ebenfalls gelieferten Klimaanlagen, mußten aus den Vereinigten Staaten herbeigeschafft werden. Die Hitze nahm die Arbeiter schrecklich mit, und der Arzt der Aminoil hatte alle Hände voll zu tun, um genügend Arbeiter für die Bohrtürme arbeitsfähig zu halten.

Mit Rücksicht auf die religiösen Überzeugungen ihrer heiklen Gastgeber war offiziell in keinem der an der Küste errichteten Lager Alkohol erlaubt, wenn auch viele Männer das Risiko des Schmuggels auf sich nahmen und es deshalb einen schwunghaften illegalen Handel mit eingeschmuggeltem Schnaps gab. In Anbetracht der Arbeitsbedingungen war es kaum verwunderlich, daß sich die Männer nach der Arbeit auf einem Bohrturm gerne betranken, aber die Ölgesellschaften wußten, daß eine kontinuierliche Anwesenheit in Saudi-Arabien von einer strengen und unversöhnlichen Haltung gegenüber dem illegalen Alkoholkonsum abhing. König Ibn Saud und seine Emire machten kein Geheimnis aus der Tatsache, daß die amerikanischen Ungläubigen nur geduldet waren, und sie waren entschlossen, sie sofort rauszuwerfen, wenn sie die strikten Gesetze des Korans, die im Königreich galten, nicht beachteten. Sechzig Peitschenhiebe waren die Mindeststrafe für Alkoholgenuß, das galt sowohl für Moslems als auch für Ungläubige.

An einem Abend im August 1950 wurde George Getty betrunken im Lager von Wafra entdeckt. Am nächsten Tag wurde er eilends unter dem Vorwand dringender Geschäfte in den Vereinigten Staaten außer Landes gebracht, um einen Skandal zu vermeiden. Als den saudischen Behörden der Vorfall zu Ohren kam, war George längst in Kalifornien angekommen. Zur Erleichterung von Aminoil wurde von den Saudis über die Angelegenheit hinweggesehen, und sie geriet rasch in Vergessenheit. George mußte sich allerdings im Ranchhaus einer unangenehmen Unterredung mit seinem Vater aussetzen und wurde anschließend zur Strafe schmählich in das Büro der Pacific Western in Texas geschickt. Er war jedoch, um die Wahrheit zu sagen, nicht allzu traurig, daß er so überstürzt aus der Neutralen Zone abreisen mußte. Nach einer kurzen und unglücklichen Romanze mit der schönen Tochter von Ben Lyon und Bebe Daniels begegnete und heiratete er 1951 Gloria Gordon – ein nettes Mädchen aus Denver, Colorado. Sein Vater erschien nicht zur Hochzeit.

Aminoil setzte die Bohrarbeiten in der Neutralen Zone fort und bohrte in den Jahren 1950 bis 1952 ein Bohrloch nach dem anderen, ohne jedoch auf einen einzigen Tropfen Öl zu stoßen. Nach drei trockenen Löchern in Wafra versuchte sie ihr Glück in Fuwaris, dicht an der Westgrenze der Zone, und legte ein Bohrloch von etwa 2865 Meter Tiefe an, ehe sie auch dieses wieder aufgab. Ein fünftes Bohrloch bei Al-Hasani im Süden wurde bei einer Tiefe von 1440 Metern aufgegeben.

Ende 1952 hatte Getty insgesamt 18 Millionen Dollar in die Neutrale Zone gesteckt, ohne einen einzigen Cent zurückzubekommen. »Die Männer vor Ort«, sagte er, »hatten weiterhin hochfliegende Hoffnungen. Aber das war auch alles.«

Allmählich ging in der Ölbranche das Gerücht um, daß Getty sich endlich übernommen habe. Niemand, so hieß es, könne fortwährend in dieser Höhe Geld verpulvern, ohne Bankrott zu machen.

12. »Wo ist das Öl, wo ist das Geld?«

Falls Paul Getty sich Sorgen machte, daß ihm das Abenteuer in der Neutralen Zone das Genick brechen könnte, so zeigte er es nicht. Während die Aminoil ein trockenes Loch nach dem anderen in der arabischen Wüste bohrte, führte Getty äußerlich unbekümmert wie immer sein Leben in den Vereinigten Staaten weiter. Vieles beschäftigte ihn – seine Ölgesellschaften in Kalifornien, die Wohnwagenfabrik in Tulsa, das Hotel Pierre in New York und noch immer die andauernde Erwartung, Tide Water Associated mit dem zermürbenden Aktienkrieg zu übernehmen, den er nun seit fast zwanzig Jahren führte. Er hatte auch noch eine Frau und einen Sohn, obwohl Teddy und Timmy mittlerweile unverrückbar auf den zweiten Platz nach dem Geschäft verbannt worden waren – auf jenen niederen Rang, den schließlich alle seine Ehefrauen und Söhne zu seinem unterschiedlichen Bedauern eingenommen hatten.

Im späten Frühjahr 1949, als in der Neutralen Zone die Vorbereitungen für die Bohrarbeiten gerade begonnen hatten, entschloß sich Getty, wieder einmal nach Europa zu reisen – allein. Teddy wurde nicht eingeladen, ihn zu begleiten, aber ihr stand auch nicht der Sinn nach Reisen. Sie wußte, daß Paul von Hotel zu Hotel durch die Hauptstädte Europas ziehen, jeden Tag über das Geschäft reden oder Museen, Galerien und Auktionen abklappern würde. Die Aussicht, mit dem damals dreijährigen Timmy im Schlepptau hinter ihm herziehen zu müssen, war nicht verlockend.

Getty verstand es, diese Reise sowohl mit kommerziellen als auch altruistischen Motiven zu rechtfertigen. Er wollte, wie er sagte, ein europäisches Marketing-Unternehmen organisieren, das die riesigen Mengen Erdöl absetzen sollte, die – wie er voll Zuversicht erwartete – in der Neutralen Zone gefördert werden sollten. Auf diese Weise wollte er »sein Scherflein« zum Wiederaufbau Europas beitragen. »Ich war entschlossen, alles zu tun, um beim Wiederaufbau der zerrütteten Wirtschaft in den vom Krieg verwüsteten europäischen Ländern zu helfen«, sagte er.

Herrliche Ideale – aber das war nicht die ganze Geschichte. Getty war am Profit genauso interessiert wie am Aufbau Europas, und er erwartete, daß in den Nachkriegsjahren der Markt für Rohöl in der östlichen Hemisphäre enorm expandieren werde. Aber hauptsächlich fuhr er, weil es ihm seit 1927 zur festen Gewohnheit geworden war, einmal im Jahr einige Monate in Europa zu verbringen, ob nun »vom Krieg verwüstet« oder nicht. Als Kunstsammler und Mann mit großem Interesse für Geschichte fühlte er sich in Europa geborgen, hielt es für seine geistige Heimat; hier hatte er viele rührend gepflegte Freundschaften innerhalb der »piekfeinen« oberen Gesellschaftsschicht geschlossen.

Im Mai 1949 kam Getty im Hotel Ritz in London an und war schokkiert, als er mit eigenen Augen die von der Luftwaffe verursachten Schäden sah. »Ich werde niemals den ersten Anblick der Innenstadt und des East End vergessen«, sagte er. »Sie waren fast bis zur Unkenntlichkeit zerbombt. Alle Menschen sahen immer noch abgehärmt und ein wenig schäbig aus. Fast alle Kaufhäuser waren bombardiert worden, und es gab nur sehr wenig Waren, ganz zu schweigen von den Auslagen.«

Er verbrachte zwei Wochen in London, die meiste Zeit im eleganten Mayfair im Haus von Margaret Sweeny, einer gerade geschiedenen, schönen, reichen Erbin und Salondame. Die »allerfeinsten Leute« konnte man gewöhnlich auf den Partys in Mrs. Sweenys Haus auf der Upper Grosvenor Street antreffen. In der Tat war sie eine so gefeierte Gastgeberin auf beiden Seiten des Atlantiks, daß sie sogar in einem von Cole Porters Liedern, »You're the top«, ein wenig unglücklich eingequetscht zwischen Mussolini und Camembert, auftauchte:

»Du bist der flotte Schritt des Fred Astaire,
Du bist Mussolini,
Du bist Mrs. Sweeny,
Du bist Camembert.«

Getty liebte große gesellschaftliche Anlässe zwar nicht besonders, weil er schüchtern war und sich in Gesellschaft von Fremden unwohl fühlte – er ärgerte sich oft darüber, ein schlechter Gesprächspartner zu sein –, aber er fand die europäische »Gesellschaft« einfach unwiderstehlich. Mrs. Sweenys Soireen verschafften ihm, weitab vom Ölgeschäft, Zugang zu einer Glitzerwelt, und er zählte sie deshalb zu seinen engsten Freunden in London.

Die hinreißende Mrs. Sweeny, damals 32 Jahre alt, schätzte ihrerseits den amerikanischen Ölmann ebenfalls sehr und dachte manchmal über die Möglichkeit nach – Teddy beiseite schiebend –, die sechste Mrs. Getty zu werden, obwohl am Ende daraus nichts wurde. »Es gab in den späten vierziger Jahren eine Zeit, in der wir hätten heiraten können«, bekannte sie, »wenn es nicht die gezielte Intervention einer gewissen gemeinsamen ›Freundin‹ gegeben hätte, die Paul berechnend einredete, ich interessierte mich für einen amerikanischen Colonel. Das war vollkommen gelogen.« Sie konnte nicht allzu aufgebracht gewesen sein, denn schon nach 18 Monaten heiratete sie den Duke of Argyll, eine Verbindung, die in die sensationellste Scheidungsklage des Jahrhunderts mündete. Aber als Margaret,

Herzogin von Argyll, blieb sie Getty bis an sein Lebensende eine gute Freundin.

Von London aus reiste Paul nach Paris, wo er bei seinen Freunden Sir Charles und Lady Elsie Mendl wohnte, »führenden Persönlichkeiten der europäischen Gesellschaft«, wie er mit Befriedigung vermerkte. Die Mendls hatten oft Gäste in ihrer Villa in Versailles, und Getty war sehr erfreut, daß auch Greta Garbo unter den Hausgästen weilte, als er ankam. Keiner konnte ihm jemals vorwerfen, eine Klatschbase zu sein – er haßte »bedeutungsloses Getratsche« –, aber in späteren Jahren schätzte er es immer wieder, einen scharfen, kleinen Wortwechsel wiederzugeben, den er zwischen Miss Garbo und seiner Gastgeberin erlebt hatte.

»Eines Morgens lagen Greta und ich auf den Liegestühlen neben dem Schwimmbecken der Mendls. Ich fürchte, ich war unrasiert und ungekämmt, in ziemlich übler Aufmachung, aber Greta und ich plauderten unentwegt. Dann erschien Elsie am Schwimmbecken. ›Paul‹, fauchte sie, ›ich schäme mich für Sie! Wie können Sie in dieser Aufmachung neben Greta sitzen?‹ Greta hob nur eine Augenbraue: ›Elsie, was trägst du heute morgen bloß für eine entsetzliche Farbe‹, murmelte sie. Das war wahrscheinlich einer der wenigen Momente in Elsie Mendls Leben, daß sie übertrumpft wurde. Sie würdigte mich keines Blickes mehr und verduftete eiligst.«

In Paris stattete Getty auch dem »petit meublé« in der Rue Saint-Didier Nr. 12 einen sentimentalen Besuch ab. Es war 1927 die »Räuberhöhle eines zweimal geschiedenen Junggesellen« gewesen. »Unzählige Erinnerungen schwirrten mir durch den Kopf«, schrieb er in sein Tagebuch. »Das waren wundervolle Zeiten. Wie sehr hat sich Paris – und die ganze Welt – doch seitdem verändert!«

Im August stieg er im Hotel Amstel in Amsterdam ab. Er wollte ein Versprechen erfüllen, das er sich zehn Jahre zuvor selbst gegeben hatte. Denn während seines letzten Europaaufenthaltes im Jahre 1939 hatte er beschlossen, im folgenden Jahr wiederzukommen und sich einige Zeit der Geschichte seines Rembrandts zu widmen, dem Porträt des Marten Looten, über das wenig bekannt war, außer der Tatsache, daß es sich um das zweite Porträt handelte, das der Künstler im Auftrag gemalt hatte. Der Krieg hatte Gettys Pläne durchkreuzt, aber er hatte sie nicht vergessen.

Getty wurde von dieser »Forschungsarbeit«, die er sich selbst auferlegt hatte, in den folgenden vier Wochen in Beschlag genommen. Jeden Tag vertiefte er sich im städtischen Archiv in Amsterdam in Dokumente und Berichte und tippte seine Notizen jeden Abend in seinem Hotelzimmer auf einer Schreibmaschine ab. Er befragte Kunsthistoriker, verfolgte die Herkunft der Familie Looten, besuchte Rembrandts Geburtshaus in Leiden und untersuchte die rätselhaften Zeilen auf dem Brief, den Looten auf dem Gemälde in der Hand hält. Er kam jedoch zu dem Schluß, daß dieser Brief nichts weiter als ein Requisit mit vier Zeilen sinnlosen Gekritzels sein mußte, das die Komposition des Bildes verbessern sollte.

»Nach vielen Stunden des Forschens und Studierens«, erklärte Getty, »war ich der Meinung, daß ich Marten Looten begrüßen und mit ihm reden könnte, als wären wir alte Freunde, falls er jemals aus der Leinwand hervorträte und zu sprechen begänne.«

Vor seiner Abfahrt aus Amsterdam bat Getty um ein Gespräch mit Professor van Dillen, der höchsten Kapazität des Landes in Sachen Rembrandt. Er gab sich als amerikanischer Journalist aus, der für einen Artikel über diesen großen Künstler recherchierte. Van Dillen war einer der heftigsten Kritiker gewesen, als 1938 herauskam, daß der Marten Looten an einen »ungenannten Amerikaner« verkauft worden war; und Getty wollte Frieden schließen.

Der Professor lud Getty zum Tee in seine Mansardenwohnung in einem alten, schmalen Haus mit Blick über einen Kanal zur Ruysdaelkade. Nachdem die beiden Männer sich eine Weile unterhalten hatten, wobei Getty beständig das Thema Marten Looten ansprach, sagte der Professor plötzlich: »Darf ich Sie fragen, ob sie einen besonderen Grund haben, all diese Einzelheiten über den Marten Looten wissen zu wollen?«

Getty zögerte, stand auf, ging zum Fenster und drehte sich zum Professor herum. »Sir, ich bin der ›ungenannte Amerikaner‹, der es 1938 erwarb«, sagte er dramatisch.

Der aus der Fassung gebrachte Professor erwiderte offensichtlich nichts. Getty lieferte später verschiedene Versionen seiner Rede, die er damals hielt, und alle offenbarten eine unglaublich phrasenhafte Selbstsicherheit.

»›Ich kann verstehen, wie Sie darüber denken, Sir‹, fuhr ich fort. ›Jedoch ging der Marten Looten den Niederländern nicht verloren, denn er wird, wie jeder Rembrandt, ewig holländisch bleiben. Das Porträt ist in Amerika, das stimmt. Es fungiert jedoch als Kulturbotschafter Ihres Landes und seines Vermächtnisses.‹ Ich beschrieb ferner, wo und wie das Gemälde ausgestellt wurde, daß Millionen es betrachtet hätten und Millionen es noch tun werden, da ich kurz davorstand, es dem Landesmuseum von Los Angeles zu vermachen. Das Gesicht des Professors entspannte sich allmählich zu einem freundlichen Lächeln. Ich hatte nicht nur mein Ziel erreicht, sondern auch einen Freund gewonnen.«

Auf dem Rückweg nach Los Angeles verbrachte Getty einige Tage im Hotel Pierre in New York, weil er sein gemietetes Penthouse am Sutton Place als »unnötige Extravaganz« aufgegeben hatte. Die Millionen, die er in den Nahen Osten gepumpt hatte, beeinträchtigten seine Aktivitäten als Kunstsammler offenbar nicht, denn schon einen Tag nach seiner Ankunft in Manhattan sah man ihn in den Ausstellungsräumen von Rosenberg und Stiebel, Antiquitäten- und Gemäldehändlern, herumstöbern und nach etwas suchen, das, wie er später sagte, seinem Rembrandt oder seinem Ardabil-Teppich ebenbürtig sein sollte. Die Galerie hatte kurz zuvor einige französische Möbel von den Rothschilds erworben, aber kein Stück besaß genug Qualität, um Getty zu reizen. Er wollte schon wieder gehen, als einer der Geschäftspartner in sein Ohr flüsterte, daß er im Privatbüro noch etwas aufbewahre, was ihn interessieren könne. Getty wurde beinahe verstohlen in einen Raum mit einem riesigen Safe geleitet. Die Tür wurde hinter ihm verschlossen, ehe der Safe geöffnet wurde. Dann wurde ein kleines Möbelstück, das mit einem weißen Tuch verhüllt war, vor ihm aufgestellt.

Gettys kaltes, maskenhaft wirkendes Gesicht zeigte keine Spur von Überraschung oder Erregung, als die Umhüllung entfernt wurde. Vor ihm stand ein wunderschöner grüner Louis-XV.-Lacktisch mit einer Tischplatte aus Sevrès-Porzellan, identisch mit dem Tisch, den er im Louvre gesehen und viele Male bewundert hatte. Bis zu diesem Augenblick war ihm die Existenz eines Gegenstücks völlig unbekannt gewesen. Getty untersuchte den Tisch sorgfältig. Er schien echt zu sein und war mit »B. v. R. B.« signiert, den Initialen eines Handwerkers aus dem 18. Jahrhundert, der in der ganzen Welt als größter Kunsttischler galt und dessen voller Name damals noch unbekannt war.

Als Getty nach der Herkunft des Stückes fragte, weigerte sich der Händler, den Vorbesitzer zu nennen, gab jedoch recht deutlich zu verstehen, daß es von einem Mitglied der britischen Königsfamilie stammte. Der Tisch, so sagte er, war vermutlich ursprünglich im Besitz der Madame Dubarry und ein Geschenk von König Louis XV. Getty schätzte, daß der Tisch mindestens 45 000 Dollar wert war, und hüstelte nicht gerade überzeugend, um sein Frohlocken zu verbergen, als der Händler 15 000 Dollar verlangte. Er war sofort bereit, den Tisch zu kaufen, vorausgesetzt, sein Freund Mitchell Samuels bezeichnete ihn als echt. Auf einen Anruf hin kam Samuels sofort in die Galerie und bestätigte Gettys Auffassung. »Das ist wahrscheinlich das bedeutendste französische Möbelstück in den Vereinigten Staaten«, flüsterte er in Gettys Ohr. »Wenn ich diesen wunderschönen kleinen Tisch eine Minute vor dir gesehen hätte, wäre ich der zukünftige Besitzer und nicht du.«

Nichts in der Welt liebte Getty mehr, als ein »Schnäppchen« für seine Kunstsammlung zu entdecken, und er kehrte in einer ungewöhnlich glücklichen Gemütsverfassung nach Los Angeles zurück, um die Fäden seines Lebens mit Teddy und Timmy wiederaufzunehmen. Der Lacktisch wurde zwischen den anderen Schätzen auf seiner Ranch aufgestellt, aber Getty wohnte im Strandhaus bei Teddy. Sie weigerte sich immer noch, sich auf der Ranch zu Hause zu fühlen. »Diese außergewöhnliche, bezaubernde Elfe kann auch unmöglich sein«, schrieb er in sein Tagebuch.

Mehrere Monate lang schafften sie es, so etwas wie ein »normales« häusliches Leben zu führen, oder jedenfalls so normal, wie eine Beziehung zwischen einer frustrierten 35jährigen Opernsängerin und einem besessenen 58jährigen Tycoon eben nur sein kann. Getty entspannte sich in dieser Zeit dermaßen, daß er sogar für 178 Dollar einen 25 Stunden umfassenden Kurs in Arthur Murrays Tanzschule belegte. »Ich tanze gut, könnte mich aber noch verbessern«, erklärte er in seinem Tagebuch. »Und ich kann den Samba und Jitterbug nicht. Ich führe auch nicht gut und mache einige unorthodoxe Schritte. Ich habe ein gutes Gefühl für Rhythmus und Körperbewegung, sagt jedenfalls der Lehrer.«

Er besuchte mit Teddy einige ihrer bevorzugten Lokale – das Coconut Grove im Los Angeles-Biltmore, das Brown Derby und das Mocambo, einen regelmäßigen Treffpunkt der Filmstars. Wenn sie zum Abendessen ausgingen, dann gewöhnlich ins Beachcombers – berühmt für seine hawaiianischen Spezialitäten –, wo sie ihr Mahl mit der Spezialität des Hauses, einem »Coffee Grog«, abrundeten.

Getty versuchte auch, sich seinem kleinen Sohn mehr zu widmen. Timmy, damals dreieinhalb Jahre alt, war zu einem niedlichen kleinen Jungen herangewachsen. Obwohl er zart und häufig krank war, blieb er immer fröhlich, und selbst wenn er krank im Bett lag, totenbleich und mit tiefen Schatten unter den Augen, schaffte er es immer noch, seinen Vater anzulächeln. Und er vergaß niemals, seine Mutter und seinen Vater in sein Gebet einzuschließen, das er jeden Abend kniend vor seinem Bett sprach.

Im Februar 1950 besuchte Teddy mit Paul die Ölfelder in Texas und schloß dabei ein eigenes Geschäft ab. Sie befanden sich auf der Straße von Amarillo in Richtung Neumexiko, als ihr Cadillac in der Nähe der kleinen Stadt Hereford eine Panne hatte. Während der Wagen repariert wurde, warteten Paul und Teddy in einem Restaurant und gerieten mit einigen Einheimischen in ein Gespräch, in dem diese die Qualität des städtischen Trinkwassers rühmten, das so rein sei, daß die Leute im ganzen Kreis niemals ihre Zähne verlören. »Nur Zahnärzte gehen hier pleite«, versicherte der Besitzer des Restaurants. »Man gräbt drei Fuß tief und findet Wasser.« Teddy probierte das Wasser und bestätigte, daß es den frischen, klaren Geschmack einer natürlichen Quelle hatte.

Bevor sie in ihrem Cadillac wieder auf der Straße waren, brachte sie die Idee zur Sprache, das Wasser abzufüllen und zu verkaufen. Paul erklärte sich bereit, das Geld zur Verfügung zu stellen – natürlich nur gegen eine prozentuale Gewinnbeteiligung –, wollte aber andererseits selbst nichts damit zu tun haben. »Öl und Wasser lassen sich nicht mischen«, sagte er mit einem kleinen Lächeln. Teddy kaufte der Santa Fe Railroad in der Nähe von Hereford 50 Hektar Land ab und gründete dann das »kleinste mit Wasser handelnde Unternehmen der Vereinigten Staaten«. Als »Theodora's Tap« eingetragen, wurde es einmal in der Zeitschrift »Time« erwähnt, war aber trotz seiner angeblichen Beliebtheit bei den Filmstars Hollywoods kein durchschlagender Erfolg.

Nach der Rückkehr aus Texas litt Getty, seinem Tagebuch zufolge, an einem langwierigen Anfall von Hypochondrie. Nicht weniger als drei Ärzte wurden am 27. März in das Strandhaus zitiert. »Nach einem scharfen Schmerz im Muskel über meiner linken Niere ging ich eine halbe Stunde lang mit großen Schmerzen auf und ab. Die Ärzte L. A. Scola und Adams kamen nach 45 Minuten. Eine solche Attacke hatte ich noch nie. Dr. Gorfain erklärte, daß die Prostata in Ordnung sei. Keine Steine oder Nierenschädigung. Ungenügende Harnabsonderung. Er sagte, daß es in zehn Prozent der Fälle häufiger auftreten könnte. Regelmäßige Untersuchungen.«

Dr. Gorfain war drei Wochen später wieder da und verschrieb eine Diät mit mehr Flüssigkeit. »Dr. Gorfain nahm an, daß aufgrund von zu wenig zugeführter Flüssigkeit ein Stein entstanden ist. In den letzten Monaten habe ich bis zum Mittag nichts getrunken.«

Eine Woche darauf wurden die Dienste Dr. Aremons, eines Fußspezialisten, in Anspruch genommen. »Er behandelte meinen linken Zehennagel. Muß ihn jeden zweiten Tag mit Jod bepinseln und alle vier bis sechs Wochen abschleifen lassen.«

Im Mai erschien ein fünfter Arzt auf der Bildfläche. »10. Mai: Fuhr wegen einer Untersuchung im strömenden Regen zu Dr. Ward. Blutdruck 126/86, Herz gut, Prostata normal.«

Im Juli wurden ein sechster und siebter Arzt zu Rate gezogen. »24. Juli: Lähmende Schmerzen im unteren Rückenbereich. Konnte kaum die Treppen hochgehen. Dr. Oscar Hug empfahl vier Wochen lang heiße Schlamm-bäder.«

»25. Juli: Im Krankenhaus. Dr. Prago sagte, alles sei in Ordnung, bis auf den fünften Lendenwirbel, der sklerotisiert ist. Ich glaube, daß die gestrige Lähmung auf meine energischen Versuche am Donnerstag, Freitag und Samstag zurückzuführen ist, den Boden ohne Beugung der Knie mit den Händen zu berühren. Ich schaffte es mit einiger Mühe, hatte es aber seit zehn oder fünfzehn Jahren nicht mehr versucht.«

Sechs Tage später erschien der achte Arzt. »Dr. Trautmann spritzte eine Krampfader in meinem linken Bein weg.«

Zu dieser Zeit war Getty bereits wieder in Europa. In Anbetracht seines Vorlebens als Ehemann und Vater konnte es nicht überraschen, daß er der Freuden des Familienlebens schon bald wieder überdrüssig geworden war und das Bedürfnis empfunden hatte, wieder einmal zu fliehen.

Er zog mehrere Monate ziellos durch Europa, ließ in Paris ein Porträt von sich anfertigen, gewann tausend Francs im Spielkasino von Trouville, lernte eine »attraktive Zweiundzwanzigjährige« namens Pamela Connink kennen, die ihn mit der Aussage amüsierte: »US-Mädchen sind eigennützig und schwierig, englische Mädchen sind unmoralisch und französische Mädchen selbstlos und romantisch.« In Wien beeindruckte ihn die Vitalität einer Elsie Wittouck, die, obgleich schon 55jährig, als »schönste Frau der Stadt galt«. Anschließend reiste er mit einer Freundin namens Irmgard durch die Schweiz.

»1. August 1950: Trank innerhalb von zwei Stunden einen Liter Milch. Fuhr mit Irmgard in die Berge. Zwei Schweizer Alpinisten rieten uns, nicht zu Fuß bis zum Gipfel zu gehen, und sie kehrte mit ihnen um. Sehr steiler, steiniger Abstieg. Riesige Bäume blockierten die Stellen, über denen in den vergangenen zwei oder drei Tagen Gewitter niedergegangen waren. In der Ferne sah man ein Gewitter aufziehen, und nach einer sehr anstrengenden Stunde war ich froh, im Tal zu sein. Am Abend im Casino, aber ich fühlte mich ganz steif.«

Bevor Getty wieder in die Heimat aufbrach, verabredete er sich in London noch mit seinem »engen Freund«, dem Herzog von Argyll, zum Dinner im White's. Der Herzog steckte damals bereits tief in einer Romanze mit Mrs. Sweeny. Er war permanent knapp bei Kasse, hauptsächlich, weil er seinen uralten Ahnensitz, Inverary Castle, unterhalten mußte. Er erwähnte beiläufig beim Kaffee, daß er vorhabe, einen Tisch aus dem 18. Jahrhundert zu verkaufen, den er geerbt hatte. Getty hatte keine große Lust, nach Schottland zu fahren, und erkundigte sich am nächsten Tag bei einem Händler aus seinem Bekanntenkreis, ob der Herzog irgendwelche Möbel von Wert besitze. Als ihm versichert wurde, daß dies nicht der Fall sei, vergaß er die Angelegenheit schnell.

Später erfuhr Getty, daß sein »befreundeter« Händler sofort nach diesem Gespräch zum Inverary Castle gefahren war und feststellte, daß das Möbelstück, welches der Duke verkaufen wollte, ein außergewöhnlich seltener Doppeltisch war, signiert von B. v. R. B. und wahrscheinlich für die Zwillingstöchter Louis' XV. angefertigt. Getty war außer sich über diesen schmutzigen Trick. Obwohl er später einem Händler in New York den Tisch abkaufen konnte, war er über den Kaufpreis verärgert und bedauerte es schmerzlich, daß er die Gelegenheit versäumt hatte, ihn zu kaufen, bevor der Herzog »sich seines Wertes bewußt wurde«. Er hatte absolut keine Gewissensbisse zuzugeben, daß er den Tisch seinem »engen« Freund, dem Herzog, weit unter seinem wahren Wert abgekauft hätte, und erzählte diesen Vorfall Sammlern gerne als eine zur Vorsicht mahnende Geschichte. Man könnte sie auch als Warnung bezüglich des Wesens von J. Paul Gettys Auffassung von »Freundschaft« betrachten.

Im Mai 1951 gewann Getty endlich die »klare zahlenmäßige Kontrolle« über die Tide Water Associated Oil; ein stiller Triumph für seine Beharrlichkeit und Geduld. Trotz des erbittert geführten Kampfes um die Kontrolle der Gesellschaft in den dreißiger Jahren blieb Gettys Sieg eine kaum beachtete Angelegenheit, die faktisch ohne Echo in der Presse blieb. »Man muß zu warten verstehen« war sein einziger überlieferter Kommentar auf die Frage, wie er diesen Coup geschafft habe.

Tatsächlich war die Schlacht um Tide Water in den dreißiger Jahren geführt und gewonnen worden. Seit Jahren hatte man es hingenommen, daß es nur noch eine Frage der Zeit war, bis Getty genug Aktien in der Hand hätte, um die Kontrolle zu übernehmen. Seine »klare zahlenmäßige Kontrolle« fiel ihm durch ein außergewöhnliches Labyrinth von Aktiengesellschaften zu: Direkt hielt er nur 14 Prozent der Tide-Water-Aktien, besaß aber 42 Prozent der Mission Development Corporation (die 47 Prozent von Tide Water besaß) und 47 Prozent der Mission Corporation (welche 10 Prozent der Mission Development und 3,5 Prozent der Tide Water hielt).

Getty hatte detaillierte Pläne für die schnelle Expansion seiner nunmehr integrierten und eigenständigen Ölgesellschaft vorbereitet, aber seine Investitionen im Nahen Osten hinderten ihn an der Ausführung. Solange kein Öl in der Neutralen Zone gefunden wurde, blieb die Zukunft des Getty-Ölunternehmens unsicher. »Um die Wahrheit zu sagen, ich besaß absolut keine Sicherheit, daß sie jemals Öl finden würden. Unter diesen Umständen mußte jeder von mir ins Auge gefaßte Plan sehr flexibel und wohlüberlegt sein«, erklärte er dazu.

So wie die Dinge im Frühsommer 1951 standen, sah er deshalb keinen Grund, seine übliche Reise nach Europa nicht zu machen. Im Juni fuhr er von New York ab, mit dem Plan, seinen Urlaub in London zu beginnen, um das »Festival of Britain« zu erleben. Als er sich über die Reling eines Überseedampfers lehnte und beobachtete, wie die Skyline von Manhattan am Horizont verschwand, hatte er keine Ahnung, daß er niemals wieder einen Fuß auf amerikanischen Boden setzen würde.

Den Rest seines Lebens schwor sich Getty beständig, in die Vereinigten Staaten zurückzukehren. Schon 1952 schrieb er am Weihnachtstag in sein Tagebuch: »Dies ist mein letztes Weihnachtsfest in der Fremde. Ich bin entschlossen, noch vor der kommenden Ferienzeit in die Vereinigten Staaten zurückzukehren.«

Vierzehn Jahre später begann er sich Sorgen zu machen, daß er vielleicht vor seiner Rückkehr in die Heimat sterben könnte, und verschickte am 11. Mai 1966 gleichlautende Briefe an sechs gute Freunde.

»Ich würde es sehr schätzen, wenn Du mir einen Gefallen erweisen könntest. Wie Du weißt, bin ich Kalifornier. Ich möchte in mein Haus in Santa Monica zurückkehren, wenn meine Arbeit beendet ist und ich in den Ruhestand trete. Falls mir irgend etwas zustoßen sollte, wie zum Beispiel ein Schlaganfall, und ich nicht sprechen oder schreiben kann, veranlasse bitte alles, damit ich ohne große Verzögerung in mein Haus in Kalifornien komme, weil ich nicht in einem fremden Land sterben möchte.

Mit den besten Wünschen

J. Paul Getty«

Aber Getty kehrte niemals nach Kalifornien zurück, obwohl er unzählige Male sogar schon den Reisetermin festgesetzt hatte. Er buchte häufig eine Erster-Klasse-Passage auf einem Schiff, das in Southampton ablegte, aber er trat die Fahrt niemals an. In einem Fall waren seine Koffer schon gepackt, in seinem Cadillac verstaut, und auch der Chauffeur stand schon bereit, ihn zum Schiff zu fahren. Aber in allerletzter Minute erkundigte sich Getty telefonisch nach dem Wetterbericht und entschied, daß die Überquerung zu stürmisch sein werde.

Noch nicht einmal die Aussicht, das prächtige Museum zu sehen, das er auf dem Grundstück des Ranchhauses in den frühen siebziger Jahren bauen ließ, brachte ihn dazu, die Rückreise über den Atlantik anzutreten, und er starb im selbstgewählten Exil.

Daß Getty nie vorhatte, den Rest seines Lebens in Europa zu verbringen, ist völlig klar. Seine Europareise im Sommer 1951 sollte eine Reise wie jede andere sein und begann auch wie jede andere Reise. In London wohnte er wieder im Ritz und nahm die übliche Doppelrolle eines kulturhungrigen amerikanischen Touristen und eines schwerreichen Kunstsammlers ein. Er trottete unermüdlich durch alle Pavillons des »Festival of Britain«, nahm an der Eröffnung der Royal Academy teil, besuchte Museen und Herrenhäuser und stöberte bei den Gemälde- und Antiquitätenhändlern in der Bond Street. Bei Spink's erfuhr er, daß die Familie Lansdowne eventuell bereit sei, sich für 10 000 Pfund von einer marmornen Herakles-Statue zu trennen, die entweder aus dem ersten Jahrhundert vor Christus oder aus dem ersten Jahrhundert nach Christus stammte. Getty bot 6000 Pfund an. »Ich bezweifle stark, ob Ihr Angebot angenommen wird«, sagte der Verkäufer bei Spink's indigniert. Es wurde.

Von London aus reiste Getty dann nach Paris, wo er einige aus Eiche geschnitzte, grau und gold bemalte Paneele aus dem 18. Jahrhundert für sein Ranchhaus kaufte. Die Kosten inklusive Fracht nach Malibu und ihre Montage beliefen sich auf etwas mehr als 100 000 Dollar. Es erschien ihm keineswegs abwegig, das Ranchhaus mit einer solch eklektischen Sammlung von Schätzen vollzustopfen:

»Für mich leben alle meine Kunstwerke. Sie sind eine Verkörperung desjenigen, der sie schuf – ein Spiegel der Hoffnungen, Träume und auch Enttäuschungen ihres Schöpfers. Sie haben ein ereignisreiches Leben hinter sich – verwöhnt von der Aristokratie und geplündert von der Revolution; leidenschaftlich umworben und kaltblütig im Stich gelassen. Sie wurden in Salons verehrt und in Dachkammern gedemütigt. So viele Welten in ihrem Leben – und doch alle vergänglich! Was sie für Geschichten erzählen könnten, auf was sie geblickt haben müssen! Ihre Welten sind seit langem untergegangen, dennoch leben sie weiter – und meistens so schön wie eh und je.«

Nach mehreren Wochen Aufenthalt in Paris fuhr Getty nach München und verbrachte einige Zeit – mit dem Baedeker in der Hand – mit der Besichtigung der Schlösser, die König Ludwig II. von Bayern erbauen ließ. Von München aus fuhr er zu den Festspielen nach Bayreuth und Salzburg. Im Oktober sah man ihn in Rom, wo er eine Bronzebüste von sich anfertigen ließ; im November war er in Athen und kletterte über die großen umgestürzten Steine rund um die Akropolis.

Im November hätte er unter normalen Umständen seine Rückreise in die Vereinigten Staaten vorbereitet. Dieses Mal jedoch verschob er die

Entscheidung und kehrte nach Paris in seine bescheidene Zwei-Zimmer-Suite im Hotel Ritz zurück. Er schrieb Teddy, daß er seiner Meinung nach »vor Ort« bleiben müsse, um den europäischen Markt nutzen zu können, wenn in der Neutralen Zone die Ölförderung begänne. Danach gab es immer wieder eine Vielzahl von Gründen, weshalb er in Europa bleiben mußte.

In den fünfziger Jahren fristete Getty ein seltsam einsames Nomadenleben in anonymen Hotelzimmern. Er reiste regelmäßig zwischen London und Paris hin und her und fuhr in seinem Cadillac Tausende von Kilometern durch Europa, wobei er auch Städte besuchte, die nicht zu seinem Geschäftsprogramm gehörten oder von seiner Marotte diktiert wurden. Überall nahm er seine Akten und Quacksalberpräparate in einem riesigen Schiffskoffer mit, dazu einige ramponierte Koffer und eine große Anzahl von Pappkartons, die von Schnüren zusammengehalten wurden.

Getty war in dieser Zeit vollkommen zufrieden: Die Hotels versorgten ihn mit fast allem, was er brauchte – Bett, Telefon, Essen, Postadresse, Wäscherei und Zimmerservice. Der einzige andere Service, den er außerdem regelmäßig brauchte, war Sex, und den konnte er sich vollkommen ausreichend auf eigene Faust verschaffen. Trotz seines vorgerückten Alters war Gettys sexueller Appetit ungeschmälert. Er rühmte sich noch, als er schon sechzig war, fünf verschiedene Frauen an einem einzigen Tag gehabt zu haben. Er hatte überall in Europa viele Freundinnen, von denen einige bereits bei American Express ihre regelmäßigen monatlichen Schecks einlösten – als kleine Aufmerksamkeit des sinnlichen alten Millionärs für geleistete Dienste. »Ich habe eine Verabredung«, sagte er einmal zu dem Schriftsteller Bela von Block, »mit einer jungen Dame, die eine absolute Meisterin in der Kunst des oralen Geschlechtsverkehrs ist. Sie hat eine Freundin. Haben Sie Lust, vorbeizukommen?«

Offensichtlich hielt Getty selbst seinen Lebensstil in keiner Weise für bizarr oder exzentrisch, und wenn es einmal Zeiten gab, in denen er unter Heimweh litt, dann war es das Heimweh nach seinem Heimat*land*, nicht nach seinem Heim. Er ließ regelmäßig Antiquitäten und Gemälde in sein Ranchhaus in Malibu verschiffen, zusammen mit Anweisungen über den Aufstellplatz, aber er besaß kein besonderes Interesse, sich selbst davon zu überzeugen, wie sie dort aussahen, obwohl er einmal darum bat, ihm Fotos von dem französischen Paneel zu schicken, das im Gobelin-Zimmer und im Louis-XVI.-Zimmer angebracht worden war.

Die einzige Erinnerung an sein Familienleben, die er mit sich herumtrug, war ein faltbarer Bilderrahmen aus braunem Leder mit vier Fotos, den er vorzugsweise auf seinem Nachttisch aufstellte. Das erste Foto zeigte einen grauhaarigen Herrn in einem Karoanzug, der aufgrund der Ähnlichkeit kein anderer als Gettys Vater sein konnte. Im nächsten Rahmen steckte ein Bild seiner Mutter im hochgeschlossenen Kleid, mit streng nach hinten gekämmtem und mit einer Spange auf dem Kopf festgestecktem Haar. Neben ihr ein kleines Mädchen mit einer Schleife im Haar – Gettys Schwester Gertrude Lois, die vor seiner Geburt gestorben war. Das letzte Bild zeigte Getty selbst im Alter von acht Jahren, einen pausbäckigen kleinen Jungen in einem spitzenverzierten Kittel mit Stehkragen. Keines der vier Gesichter, die aus dem Sepiadruck starrten, lächelte.

Gettys ausgedehnte Europareisen vor dem Krieg hatten ihm zu seiner Befriedigung bewiesen, daß er seine Geschäfte perfekt von einem Hotelzimmer aus lenken konnte. Mit Hilfe einer Legion loyaler »Concierges«, die dafür sorgten, daß seine Post nachgesandt wurde, gewöhnte er sich an eine tägliche Routine, die zu seinem ziemlich individuellen Geschäftsstil paßte. Als Langschläfer, der selten vor zehn Uhr aufstand, gehörte es zu seiner Angewohnheit, die führenden nationalen Zeitungen des Landes zu lesen, in dem er sich gerade aufhielt, um sowohl seine Sprachkenntnisse zu üben als auch zu erfahren, was sich in der Welt abspielte. Eilbriefe und Telegramme wurden jeden Morgen von einem Kurier in einem braunen Handkoffer auf sein Zimmer gebracht. Wenn er sich fast durch den Inhalt dieses Koffers durchgearbeitet hatte, kam regelmäßig seine übrige Post in einem Paket an. Er bearbeitete auch sie, Umschlag für Umschlag, und legte die Briefe beiseite, die einen Telefonanruf während des Tages erforderten. Wenn ein Brief schriftlich beantwortet werden mußte, kritzelte er einfach eine Notiz an den Rand und adressierte den Umschlag um. Die wenigen, meistens sehr wenigen Briefe, die er behalten wollte, wurden im Schiffskoffer »abgelegt«, der Rest wurde ohne viel Aufhebens weggeworfen.

Gettys Telefon klingelte gewöhnlich zum erstenmal gegen elf Uhr, und er konnte leicht sechs oder sieben Stunden an jedem Arbeitstag am Telefon verbringen, während in der Hotellobby häufig Besucher auf ihn warteten. »Zwölfstündige Arbeitstage waren alles andere als ungewöhnlich«, sagte er, »und viele erstreckten sich auf über vierzehn und mehr Stunden. Fluten von Fernschreiben, Telegrammen, schriftlichen Gutachten und alle möglichen Briefe strömten ständig aus allen, wie es schien, nur denkbaren Winkeln des Globus herein. Dann gab es die Anrufe, Ortsgespräche, internationale, überseeische – und es warteten Angestellte der Getty-Gesellschaften, Ingenieure, Wirtschaftsprüfer, Anwälte und andere Geschäftsleute, mit denen man persönlich sprechen mußte.«

Wegen der unterschiedlichen Zeitzonen konnte Getty vor fünf Uhr nachmittags keine Geschäftsanrufe zur Westküste der Vereinigten Staaten tätigen, deshalb war der frühe Abend eine besonders hektische Zeit. Wenn er abends nicht ausging, saß er gerne in aller Ruhe in seinem Zimmer, las Wirtschaftsberichte und Zeitungen und nippte dabei bis ein Uhr oder zwei Uhr nachts an einer Coca-Cola mit Rum.

Essen bedeutete Getty wenig, und seine Eßgewohnheiten waren exzentrisch. Wenn er nicht gerade fastete, bereitete er sich gerne selbst sein Mittagessen aus Obst und Kleie zu, vermischte alle Zutaten mit Milch und gab noch all das dazu, was gerade an quacksalberischen Nahrungsmitteln populär war. Getreu dem Rat seiner Mutter kaute er jeden Bissen dreißigmal. Abends wärmte er sich häufig auf einer Kochplatte in seinem Zimmer eine Schüssel mit Haferschleim auf, um die Verdauung seiner Vitaminpillen und des Schwefels zu unterstützen, den er in dem Glauben verschlang, daß dann sein Haar nicht grauer werde.

Der Schriftsteller Ralph Hewins war 1958 bei einem Besuch in Paris sehr erstaunt, wie viele Pillen und Tropfen Getty mit sich herumschleppte.

»Wir wühlten in seinem Flur in Kartons, die als Ablagesystem dienten, weil wir nach einem Dokument suchten, und wir gruben eine Sammlung seiner Allheilmittel aus: Medikamente, Augenwasser, Datteln, Kronsbeeren, Stärkemittel, Getreidekörner, Schokoladenbonbons, Gerstenzucker, Ahornsirup und andere ›nährende‹ oder ›kräftigende‹ Substanzen. Darunter auch Flaschen mit süßem Rum für seine Coca-Cola und Scotch und Ginger-Ale, Fotografien, Karten, Bücher, Kunstzeitschriften und ein Paar Turnschuhe.«

Gettys Arbeitstag endete stets mit einem rührenden kleinen Ritual. Bevor er zu Bett ging, liebte er es, einen Zettel mit dem Tagessaldo, aufgeteilt in »Einnahmen« und »Ausgaben«, aufzustellen. Unter »Einnahmen« schrieb er die neuesten Zahlen aus seinem verwirrenden Netzwerk von Gesellschaften, die meistens in die Tausende, wenn nicht Millionen gingen. Unter »Ausgaben« kritzelte er: »Zeitung – 10 Centimes; Busfahrschein – 5 Centimes; Mittagessen im Ambassador – jemand anders bezahlte; Haarschnitt – 25 Centimes; Trinkgeld – 2 Centimes.« Auf diese Weise beruhigt und von seiner Solvenz überzeugt, konnte Getty glücklich einschlafen.

Ganz selten bekannte sich Getty, wie zum Beispiel am 12. April 1952 in Rom, in seinem Tagebuch zu Momenten des Selbstzweifels. »Ich weiß nicht, warum ich immer noch im Berufsleben stehe. Vermutlich Macht der Gewohnheit. Ich wäre viel besser dran, wenn ich verkaufte und mich auf steuerfreie Obligationen verlegte.« Einige Monate später befand er sich an der Côte d'Azur: »André Dubonnet ist ein guter Freund und Gesellschafter. Mittagessen in seiner Villa. Sie ist ein Traum, modern, luxuriös, direkt oberhalb des Meeres. Ich muß versuchen, meine Dinge hier zu erledigen, damit ich zurückkehren kann, um noch einmal mein eigenes Haus zu genießen.«

Doch das war weiter nichts als Augenwischerei. In Wirklichkeit war Getty entschlossen, in Europa zu bleiben, was sich klar im Sommer 1952 zeigte. Jede Woche versuchte er regelmäßig, mit dem kleinen Timmy zu telefonieren, wobei er den pathetischen Versuch unternahm, seine Vaterpflichten über eine knisternde transatlantische Telefonverbindung zu erfüllen. Aber im Sommer 1952 wurde sein vergötterter Timmy schwerkrank: Ein Tumor war auf dem Sehnerv entdeckt worden. Teddy, schier wahnsinnig vor Kummer, rief ihn an und erzählte, daß sie den Jungen nach New York gebracht hatte, wo ihn der beste Neurochirurg Amerikas operieren sollte.

Getty rief nun jeden Tag an, weinte häufig und ausgiebig, betete für die Gesundung des Jungen – aber blieb in Europa, er verteidigte sich damit, daß dringende Geschäfte es ihm »unmöglich« machten abzureisen. Er hätte sich sicherlich ein paar Tage frei nehmen und einen Flug über den Atlantik buchen können, aber noch nicht einmal der schlechte Zustand seines Lieblingssohnes konnte ihn dazu bewegen, seine Angst vor dem Fliegen zu überwinden.

Der Junge erholte sich zwar von der Operation, aber seine Sehkraft blieb schwer beeinträchtigt. Als er endlich wieder mit seinem Vater sprechen konnte, sagte Timmy, daß er für ihn gebetet habe. Getty brach zusammen und konnte mehrere Stunden nicht sprechen. Seine dringenden Geschäfte hielten Getty allerdings nicht davon ab, viel Zeit und Energie auf langwierige Verhandlungen zu verschwenden, um drei der berüchtigten »Elgin Marbles« zu kaufen, Stücke aus der Akropolis, die Lord Elgin zu Beginn des 19. Jahrhunderts aus Griechenland geholt hatte. Der größte Teil der Sammlung befand sich im Britischen Museum, aber Getty hatte den Tip bekommen, daß die Familie Elgin sich eventuell von einigen immer noch in ihrem Besitz befindlichen Stücken trennen wollte. Er kaufte schließlich für eine geheimgehaltene Summe zwei Steinreliefs aus dem vierten Jahrhundert vor Christus und eine kleine Frauenfigur aus Marmor, die aus dem frühen fünften Jahrhundert vor Christus stammte. »Überflüssig zu sagen«, betonte er, »daß langwierige und heikle Verhandlungen zu führen waren, Ausfuhrgenehmigungen eingeholt und viele andere Dinge erledigt werden mußten, bevor die drei kostbaren Stücke mir gehörten. Dies war einer meiner größten Triumphe als Sammler.«

Von seinem Erfolg angespornt, wandte er sich sogar an Professor Bernard Ashmole, den Direktor der Abteilung für griechische und römische Altertümer im Britischen Museum, und fragte ihn, wieviel der Parthenon-Fries kosten würde. »Mehr Geld, als Sie haben, Mr. Getty«, lautete die enttäuschende Antwort des Professors.

Im November 1952 erneuerte Getty seine Bekanntschaft mit einem anderen, weitaus berühmteren Exulanten – dem Herzog von Windsor.

Sie hatten sich zum erstenmal 1921 als Studenten in Oxford getroffen, und Getty war über alle Maßen stolz darauf, den ehemaligen König von England beim Vornamen anzureden, was er voll Stolz in seinem Tagebuch schilderte.

»1. November 1952: Dinner in Dorothy Spreckels entzückender Wohnung in der Rue Murillo Nr. 12. Dorothy, groß, blond, schlank, sah äußerst attraktiv aus, aber alle Augen ruhten auf dem Herzog und der Herzogin von Windsor. Sie beten sich gegenseitig an. Noch in hundert Jahren wird die Menschheit über dieses faszinierende Paar und ihre ideale Ehe reden und lesen, wenn die meisten anderen gefeierten Persönlichkeiten von heute längst vergessen sein werden.«

»6. November 1952: Dinner beim Herzog und der Herzogin von Windsor. David sieht außergewöhnlich gut aus und ist ganz der alte. Wallis ist die perfekte Gastgeberin – aber sie ist schließlich in allen Dingen eine Perfektionistin.«

»15. Dezember 1952: Ich wurde heute sechzig und bin in offensichtlich guter gesundheitlicher Verfassung. Ich bin traurig, die Fünfziger hinter mir zu haben.«

Im März 1953 erhielt Getty das Telegramm, auf das er mehr als drei Jahre gewartet hatte: Endlich hatte man Öl in der Neutralen Zone gefunden. Mit dem sechsten Bohrloch in der Zone, genannt Wafra Nr. 4, war man auf Öl gestoßen, und zwar im »ersten Burgan-Sand« in einer Tiefe von 1158 Metern. Die Quelle lieferte 2500 Barrel pro Tag. Getty schätzte, daß seine Gesamtinvestition in das Pokerspiel in der Neutralen Zone bisher annähernd 30 Millionen Dollar betrug.

Obwohl er es öffentlich nie zugab, war er beinahe an dem Punkt angelangt gewesen, die Konzession aufzugeben und sich einzugestehen, daß er das gewagteste Spiel seines Lebens verloren hatte. »Wenn dieses sechste Bohrloch ein trockenes Loch gewesen wäre«, erklärte sein engster Mitarbeiter Norris Bramlett, »hätte sich Mr. Getty zurückgezogen und die

Investition abgeschrieben. Bei diesem Bohrloch ging es um die Frage ›Sieg oder Untergang‹. Die ganze Sache war frustrierend für ihn, denn wenn man von Anfang an dort gebohrt hätte, wo er es wollte, wäre man schon 1950 auf Öl gestoßen.«

Die Qualität des Rohöls, das von Wafra Nr. 4 gefördert wurde, war enttäuschend; es war Schweröl mit einem hohen Schwefelgehalt, was eine besondere Raffinierung verlangte. Aber Getty hoffte dennoch, daß der Anfang zur Entwicklung eines großen Ölfeldes in diesem Gebiet gemacht war. Im Juni ermutigte ihn die Tatsache, daß ein weiteres Bohrloch im äußersten Südwesten der Zone fertiggestellt worden war und man auf Öl gestoßen war, wenn auch in geringem Umfang.

Getty war sehr erleichtert, wenigstens etwas von seinem Geld zurück-zubekommen, blieb aber der festen Überzeugung, daß die gesamten Vor-kommen in der Zone noch realisiert werden müßten und daß sein Partner, das Aminoil-Syndikat, es nicht schaffte, die Konzession richtig auszuschöpfen. Da Aminoil ständig seine Kontaktversuche ignorierte, beschloß Getty, selbst in die Neutrale Zone zu fahren, um sich durchzuset-zen. Zur Vorbereitung kaufte er einen »Lerne-Arabisch-Sprachkurs« auf Schallplatten. Und als Weihnachten 1953 näherrückte, konnte man erleben, wie Paul in seinem Zimmer im Pariser Ritz saß, den Schallplatten lauschte und laut arabische Sätze nachsprach. Falls Paul Getty mit den Arabern verhandeln sollte, dann in ihrer eigenen Sprache.

Am 18. Februar 1954 fuhr Getty von Paris aus im Orientexpreß nach Istanbul, wo er seinen Cadillac übernahm. Obwohl er 61 Jahre alt war, schreckte ihn keineswegs die Aussicht, strapaziöse 3000 Kilometer durch die Türkei, Syrien, den Irak und Kuwait nach Mina Saud in der Neutralen Zone zu fahren, wo sich das Basislager der Aminoil/Pacific Western befand. Er teilte die Reise in »bequeme Etappen« ein, da er die Landschaft genießen und an Plätzen von historischem Interesse anhalten wollte. Auf der letzten Route nach Kuwait fuhr er neben der transarabischen Pipeline, die ein praktischer Wegweiser durch die Wüste war.

Als er am 2. März in Mina Saud ankam, gab es keine Zeit zum Ausruhen, denn das Protokoll verlangte, saudiarabischen Regierungsstel-len sofort einen Besuch in Riad abzustatten – 500 Kilometer weiter durch die Wüste. Als er mit seinem staubbedeckten Cadillac in Riad ankam, stellte Getty befriedigt fest, daß der Ölboom bereits Früchte trug: Die ehemals kleine Oase mit Behausungen aus Lehmziegeln im Zentrum der Wüste hatte sich in eine moderne Stadt mit gepflasterten Straßen, Hotels, Kran-kenhäusern und Schulen verwandelt.

An seinem zweiten Tag in der Stadt wurde er zu einer Audienz beim Halbbruder des Königs, Kronprinz Feisal, gebeten.

»Der Empfang, den man mir bereitete, überstieg alle meine Erwartungen. Eine Ehrengarde eskortierte mich in den Hof des Palastes. Dreißig der Gefolgsleute Feisals, jeder mit einem Falken auf dem Arm, reihten sich dort zu einer Begrüßung auf. Prinz Feisals persönlicher Willkommensgruß war herzlich und überaus huldvoll. Wir unterhielten uns fast eine Stunde. Zweifellos besaß er schon damals einen scharfen Verstand und große Weisheit – und diese Eigenschaften sollten ihn in späteren Jahren zu einem herausragenden Führer seines Volkes machen.«

Am nächsten Abend nahm Getty an einem Bankett für 60 Gäste teil, das König Saud gab, der seinem Vater Ibn Saud im Jahr zuvor auf den Thron gefolgt war. Zwischen Getty und dem König saß der türkische Botschafter. Getty bemühte sich tapfer, mit dem König arabisch zu sprechen.

Aber der König unterbrach abrupt Gettys höfliche Konversationsversuche und fragte: »Wain zait, wain fluss?« (Wo ist das Öl, wo ist das Geld?)

Getty erklärte ausführlich, daß er hohe Erwartungen hege, in der Neutralen Zone Öl in großen Mengen zu finden, und daß das Geld bald in den saudischen Staatshaushalt fließen werde. Er nannte Zahlen und erklärte detailliert, wie seiner Meinung nach die Konzession am besten zum gegenseitigen Nutzen ausgewertet werden könnte.

Endlich lächelte der König und sagte: »Sie wissen natürlich, was Ihr Präsident Roosevelt meinem Vater gesagt hat?«

Getty nickte und zitierte F. D. R.s weit und breit bekannte Bemerkung: »Ich bin im wesentlichen Geschäftsmann, und als Geschäftsmann bin ich an Saudi-Arabien interessiert.«

Der König nickte Getty an und sagte: »*Sie* sind ein Geschäftsmann.« Getty betrachtete diese Worte als ein großes Kompliment.

Wieder in Mina Saud, kurbelte Getty die Bohrarbeiten an, besichtigte alle Quellen, prüfte alles, übte beißende Kritik an der laxen Arbeit der Aminoil und spornte die Arbeitsmoral seiner eigenen Leute an. Er bestimmte die Standorte, wo weitere Bohrungen durchgeführt werden sollten, und warnte die Leute von Aminoil, daß er auf eigene Faust bohren werde, wenn sie seinen Rat übergingen.

»Selbst die Medusenquallen schienen ihm aus dem Weg zu gehen, wenn er im Golf schwamm«, erzählte ein Arbeiter der Aminoil. »Soviel ich weiß, war er der einzige Mann, der jeden Tag dort badete und nicht einmal gestochen wurde. Die Medusenquallen trauten sich nicht – Getty hätte sofort zurückgestochen.«

Während sich Getty in der Neutralen Zone aufhielt, gaben die Pacific Western und Aminoil für König Saud und den Scheich von Kuwait einen Empfang an Bord des alten Landungsschiffes, das der Aminoil immer noch als Hauptquartier diente. Das war einer der wenigen Anlässe, bei denen sich der König von Saudi-Arabien und der Scheich von Kuwait jemals trafen. Es war geplant, beiden Herrschern einen aktuellen Überblick über den Fortschritt der Exploration und die Möglichkeiten einer zukünftigen Ausbeutung der Mineralölschätze in der Neutralen Zone zu verschaffen. Teppiche wurden auf dem Deck des Schiffes ausgelegt und Karten darauf ausgebreitet. Mit einem Stock in der Hand begann Getty – auf arabisch –, die Geologie des Landes zu erklären, wo die Bohrungen gegenwärtig stattfanden und wo zukünftig mehr Öl gefunden werden könnte. Lange Zeit beugten sich der König und der Scheich, auf Hände und Knie gestützt, über die Karten. »Sehen Sie«, sagte König Saud zum Scheich, als Getty fertig war, »er kann uns sogar auf arabisch erklären, wo das Öl ist.«

13. »Ich halte nichts davon, meinen Konkurrenten einen Vorsprung zu geben«

In der Neutralen Zone konnte die Fördermenge von 7559 Barrel im Jahre 1953 auf 2 977 094 Barrel im Jahre 1954 gesteigert werden. Da Getty jetzt die Gewißheit besaß, daß sich eines der größten Glücksspiele seiner beruflichen Laufbahn auszahlte, setzte er ein eindrucksvolles Investitions- und Expansionsprogramm in Bewegung. Ohne Hilfe begann er, ein Geschäftsimperium von außerordentlicher Ausdehnung und Komplexität aufzubauen, das sich über die halbe Welt erstreckte.

In Wilmington, Delaware, planierten Bulldozer ein 2000 Hektar großes Gelände am Ufer des Delaware, wo eine 200 Millionen Dollar teure Raffinerie für die Tide Water gebaut wurde. Sie sollte die größte und modernste Raffinerie der Welt werden und das hochschweflige Schweröl verarbeiten, das in der Neutralen Zone gefördert wurde. Bagger hoben einen tiefen und fünf Kilometer langen Schiffskanal für die Tanker aus, die bald den Fluß hinaufkommen sollten.

An der Westküste wurde die Tide-Water-Raffinerie in Avon, in der Nähe von San Francisco, umfassend modernisiert – ein 60 Millionen teures Projekt, zu dem die Errichtung des größten Röhrenofens der Welt gehörte, der täglich 42 000 Barrel verarbeitete.

Auf den großen Schiffswerften von Saint-Nazaire in Frankreich, an der Mündung der Loire, wurde ein riesiger neuer Tanker auf Kiel gelegt, der erste einer Flotte, die Ende des Jahrzehnts ausgeliefert werden sollte, um das Rohöl aus der Neutralen Zone vom Persischen Golf nach Wilmington verschiffen zu können. In der Neutralen Zone legten arabische Arbeiter Pipelines durch die Wüste, um die Ölfelder mit den in Mina Saud am Persischen Golf gebauten Vorratstanks zu verbinden. Auch hier war eine Raffinerie im Bau. Eine Unterwasser-Pipeline wurde zu den im tiefen Wasser gelegenen Ankerplätzen vor der Küste gelegt, wo die Tanker ihre Fracht aufnehmen konnten. Mina Saud, einst eine elende kleine Ansammlung von Fertigteilhütten, beherbergte nun Hunderte von Ölarbeitern in vollklimatisierten Wohnwagen, die aus den Vereinigten Staaten herbeigeschafft worden waren und natürlich aus der Spartan-Fabrik in Tulsa, Oklahoma, stammten.

In Mexiko wurde eine Asphaltstraße durch den Urwald gebaut, der den Revolcadero-Strand abschirmte, dort sollten die Fundamente für Gettys zweites Luxushotel, das Pierre Marques, errichtet werden.

In Los Angeles, Tulsa und New York zeichneten Architekten Pläne für die Wolkenkratzerbüros, die die Tausende von Beschäftigten aufnehmen sollten, die nun für J. Paul Getty arbeiteten.

Tidewater (die ihren Namen kürzte und ungefähr um diese Zeit das »Associated« strich) verkaufte ihre Vertriebsorganisation für die Mittelstaaten, wo sie mit Skelly Oil konkurrierte, die ebenfalls Getty gehörte, setzte jedoch 120 Millionen Dollar ein, um ihre 2000 Veedol-Tankstellen an beiden Küsten zu verdoppeln. Getty hatte die Wahl aller Direktoren der Tidewater 1953 dirigiert und trieb das Unternehmen zur internationalen Expansion. Es kaufte einen 49prozentigen Anteil an einer Raffinerie, die der Mitsubishi Corporation in Kawasaki, vor den Toren Tokios, gehörte, und einen Anteil an dem Konsortium, das die Ölindustrie in Persien lenkte. Probebohrungen fanden auch in so fernen Ländern wie der Türkei, Pakistan, Südamerika und Kanada statt.

Während sich all dies abspielte, »engagierte« sich Getty für die junge Frau eines englischen Freundes – ganz seinem gern geäußerten Satz entsprechend: »Sex ist die Triebfeder des Mannes.«

Penelope Kitson war 29 Jahre alt, Mutter von drei kleinen Kindern und Ehefrau eines reichen, aus guter Familie stammenden Landbesitzers aus Cornwall, als sie das erstemal Paul Getty traf. Ihr Ehemann, ein enger Freund des Außenministers Sir Anthony Eden, lud Getty zu einem Wochenende ein, als dieser in Cornwall nach Gemälden suchte.

Getty war sofort von Robert Kitsons Frau bezaubert. Sie war sehr groß und schlank, auffallend schön, intelligent, unterhaltsam und der Inbegriff einer Engländerin aus gutem Hause. Penelopes Ehe war nicht glücklich, und noch vor Ablauf des Jahres trennte sie sich von ihrem Mann und zog mit ihren Kindern nach London. Dort wohnte sie in einer eleganten Villa in Kensington, wo sie Getty häufig gastlich aufnahm.

Ihre sich anbahnende Beziehung wurde im Juni 1955 etwas kompliziert, als Teddy mit dem neunjährigen Timmy in Paris ankam, um ihre Ehe noch einmal zu kitten. Getty, der weder seine Frau noch sein Kind seit vier Jahren gesehen hatte, schien über ihre Anwesenheit erfreut zu sein. Sie zogen zu ihm in seine Suite Nr. 801 im George V, wo er nun lieber wohnte als im Ritz, und spielten glückliche Familie auf Urlaubsreise. Getty und sein Sohn wurden unter dem Eiffelturm fotografiert: Timmy, sommersprossig, mit weißem Hemd und Sportjacke, blickte durch seine dicken Brillengläser, die er seit seiner Operation tragen mußte, bewundernd zu seinem Vater auf; Getty starrte auf den Jungen herunter, die Lippen zu einer Grimasse verzogen, die er wohl für ein zärtliches Lächeln hielt.

Nach zwei Wochen Paris zogen sie ins Londoner Hotel Ritz, wo Getty sie zu Spink's, dem Kunsthändler, mitnahm. Rudolph Forrer, Spink's Experte für griechisch-römische Altertümer, kannte Getty gut und schenkte Timmy einen goldenen Sovereign. Der Junge war begeistert, aber sein Vater zeigte nicht das geringste Fünkchen von Freude und blieb völlig teilnahmslos. »Man hätte erwarten können«, sagte Forrer, »daß er irgendeine menschliche Gefühlsäußerung zeigte, aber er war augenscheinlich ungerührt.«

Erst wenige Tage vor ihrer geplanten Abreise begann Teddy, über die Zukunft zu sprechen, was sie bis dahin taktvoll vermieden hatte. Sie äußerte vorsichtig, wie schön es wäre, wenn Paul mit ihnen in die Vereinigten Staaten zurückkehrte. Er überhörte alle ihre Hinweise. In ihrer letzten gemeinsamen Nacht, wieder in Paris, und nachdem Timmy ins Bett gebracht worden war, flehte Teddy Getty an, »zurückzukommen und ein gemeinsames Nest für uns zu bauen«. Getty lehnte rundweg ab und nannte dieselben abgegriffenen Ausflüchte: Das Geschäft ließe es zur Zeit nicht zu, Europa zu verlassen. Er würde sicherlich eines Tages zurückkehren, aber erst, wenn seine Arbeit abgeschlossen sei. Wenn Teddy so gerne mit ihm zusammensein wollte, warum käme sie dann nicht mit dem Jungen nach Europa? Teddy schüttelte den Kopf. Sie sei Amerikanerin und Timmy Amerikaner; sie wolle, daß er in seinem eigenen Land aufwachse und nicht in Europa hin und her geschoben werde.

»Timmy soll in Amerika aufwachsen«, sagte sie, »und ich möchte auch in die Vereinigten Staaten zurück und dort leben. Komm mit uns nach Hause.«

»Heißt das entweder – oder?« fragte Getty. »Ich fürchte, ja, Paul«, antwortete Teddy traurig und fing an, ihre Koffer zu packen. Am 3. Januar 1956 reichte die fünfte Mrs. Getty in den Vereinigten Staaten die Scheidung ein. Die Weigerung ihres Ehemannes, aus Europa zurückzukommen, führte sie als Beweis an, daß ihre Ehe keinen Bestand mehr habe. Getty war weder überrascht, noch focht er die Klage an; in Wirklichkeit war er ziemlich stolz, daß seine fünfte Ehe so lange gehalten hatte – ein wahrer Marathon im Vergleich zu seinen ersten vier Versuchen.

Bis zu seinem Tode lamentierte er gerne über sein Versagen als Ehemann und schwor, daß er mit Vergnügen all seine Millionen gegen eine einzige glückliche Ehe eingetauscht hätte. Niemand, der ihn kannte, glaubte ihm.

»Paul liebte seine Arbeit wirklich«, sagte Teddy, »deshalb gab er auch nichts Wichtiges auf, wenn er sie an die erste Stelle setzte. Als ich mich einmal beklagte, immer an zweiter Stelle zu rangieren, versuchte er mich zu trösten, indem er sagte: ›Wenn ich an Öl denke, denke ich nicht an Mädchen.‹«

Penelope Kitson war nicht unzufrieden, daß Teddy aus dem Wege war, obwohl sie selbst nicht den Ehrgeiz besaß, eine weitere Mrs. Getty zu werden. Sie kannte Paul gut genug, um zu wissen, daß er »vollkommen amoralisch« war, wie sie einer Freundin gestand.

»Es wäre sehr schwierig gewesen, eine glückliche Ehe mit ihm zu führen«, sagte sie, »weil er ständig mit anderen Frauen unterwegs gewesen wäre. Bei Frauen war er ein schrecklicher Einfaltspinsel und sehr anfällig für Schmeicheleien. Das war sein großer Schwachpunkt. Die meisten Frauen, die er kannte, wollten für sich alles rausholen, aber das sah er nie.«

Penelopes Einfluß auf Getty war zweifellos wohltuend und setzte zum richtigen Zeitpunkt ein. Sie war für ihn eine anregende und passende weibliche Gesellschaft in einem Abschnitt seines Lebens, der allmählich immer mehr von einer entschiedenen Vorliebe für »unpassende« Frauen geprägt war. Sie konnte auch Druck auf Getty ausüben, sich anzupassen, als sein Lebensstil selbst seinen Freunden allmählich etwas zu »outré« vorkam.

Völlig ohne jeden Anflug eines Familienlebens oder auch nur Häuslichkeit, besessen von seiner Arbeit und in Hotels wohnend, waren bei Getty bereits einige Anzeichen dafür vorhanden, daß er den quälenden Weg seines Millionärskollegen Howard Hughes einschlagen könnte. In puncto Geld wurde er besonders schwierig und war von dem dringenden Bedürfnis besessen, nicht einen Cent mehr als notwendig auszugeben. Schon seit langem hatten seine Freunde darüber gescherzt, wie »vorsichtig« er mit Geld umginge, aber sein Verhalten grenzte nun allmählich ans Absurde, so zum Beispiel, als er drei Freunde zu Cruft's Hundeschau in London mitnahm. Sie kamen zehn Minuten vor fünf an und entdeckten an der Eingangstür die Mitteilung, daß der Eintritt nach fünf Uhr nur noch die Hälfte betrage – statt fünf Shilling nur zwei Shilling, ein Sixpence. »Laßt uns noch ein paar Minuten um den Block gehen«, meinte daraufhin Getty und ging mit seinen verdutzten Freunden wieder auf die Straße zurück.

Penelope, Getty nannte sie »Pen«, hatte Verständnis für viele der kleinen Schwächen Gettys. Sie begriff, was ihm die Arbeit bedeutete, und beklagte sich selten, wenn ihr gesellschaftliches Leben dadurch beeinträchtigt wurde. Viele Male war sie bereits zum Ausgehen gekleidet und mußte dann den Abend mit Stricken verbringen, während sie darauf wartete, daß er mit seinen Telefonaten fertig wurde. Es machte ihr auch nichts aus, seine

Socken zu waschen, weil sie wußte, daß er sie ungern in die Wäscherei gab, da das Waschmittel bei ihm einen Hautausschlag verursachte. All dies und noch mehr erduldete sie ohne Klagen. Aber sie war auch eine Frau von großer Charakterfestigkeit und ließ sich von Getty nicht tyrannisieren. Sie ließ es absolut nicht zu, daß er sich wie ein exzentrischer alter Geizkragen aufführte oder gewisse segensreiche Normen des guten Benehmens aufgab.

Eines Abends, als sie auf einer großen Party im Londoner »Dorchester« erwartet wurden, rief Getty an und fragte, warum sie einen Privatwagen gemietet hätte. Das sei unnötig, kostete mindestens fünf Pfund, und es gäbe keinen Grund, weshalb sie nicht im Taxi dorthin fahren könnten. Penelope war wütend. Sie antwortete bissig, daß sie absolut nicht die Absicht habe, in einem Taxi zu einer Party zu fahren, zu der alle anderen in einem Bentley oder Rolls vorfuhren. Wenn sie sich keinen Mietwagen leisten könnten, dann käme sie nicht mit. Damit legte sie den Hörer auf. Getty traf eine halbe Stunde später bei ihr ein, verlegen auf dem Rücksitz einer Limousine sitzend, die von einem Chauffeur gesteuert wurde.

Penelope drängte Paul ebenso dazu, seinen Pflichten als Vater nachzukommen. Sein Sohn Eugene Paul wollte im Januar 1956 in San Francisco ein Mädchen heiraten, das er an der Universität kennengelernt hatte. Getty schützte Desinteresse vor und dachte noch nicht einmal daran, ein Geschenk zu schicken, bis Penelope, aufrichtig entsetzt über seine Interesselosigkeit, darauf bestand.

Paul junior, der 23 Jahre alt wurde, erwartete nicht, daß sein Vater bei der Hochzeit aufkreuzte, und hatte, um die Wahrheit zu sagen, auch nicht den Wunsch danach. Getty senior war nicht mehr als ein alternder Fremder, an den er »ab und zu« mal schrieb und von dem er zu besonderen Anlässen einen flüchtig hingekritzelten Brief bekam. Paul schickte seinem Vater einen Ausschnitt aus der »San Francisco Chronicle«, der aus der Verlobungszeit des vorangegangenen Sommers stammte:

»Richter George B. Harris und seine Ehefrau gaben im Roten Saal des Bohemian Club eine Cocktailparty, um ihren Freunden den Verlobten ihrer Tochter, Mr. E. Paul Getty, vorzustellen. Die Verlobte ist Studentin im letzten Studienjahr am Dominican College in San Rafael und Absolventin des ›Convent of the Sacred Heart‹.« Falls der alte Mann überhaupt von diesen günstigen Aussagen über seine zukünftige Schwiegertochter beeindruckt war, behielt er es für sich. Der einzige andere Getty, der an Pauls Hochzeit teilnahm, war sein jüngerer Bruder Gordon.

Zu Beginn des Jahres 1956 erfuhr Mrs. Kitsons Dasein im Leben Gettys eine spärliche Rechtfertigung: Beeindruckt von dem, was er für ihr besonderes Talent als Innenarchitektin hielt, engagierte er sie zur Auswahl der Farbenzusammenstellung in den Kabinen der Öltanker, die er bauen ließ – ein Detail, das er bislang gerne den Schiffsbauern überlassen hatte. »Es gibt keinen Grund«, erklärte er leicht unsicher, »weshalb ein Tanker weniger attraktiv ausgestattet sein soll als eine Wohnung oder ein Büro. Ich beauftrage daher Mrs. Penelope Kitson, die Innenausstattung der Schlafräume, Messen und Erholungsräume an Bord der Tanker beratend mitzugestalten.«

Vermutlich begleitete Mrs. Kitson ihn aus »Forschungsinteresse« 1956 auch auf seiner zweiten Reise in die Neutrale Zone. Anstatt den Zug bis Istanbul zu nehmen, wie er es beim erstenmal getan hatte, beschloß Getty jetzt, die gesamte Strecke ab Paris im Auto zurückzulegen. Der geduldige Norris Bramlett wurde aus Los Angeles herbeizitiert, um als »Haushofmeister« zu fungieren, Getty lud darüber hinaus einen alten Freund aus Vorkriegszeiten, Melville Forrester, jedermann als »Jack« bekannt, zum Mitkommen ein.

Forrester war eine schillernde Persönlichkeit aus New York, er hatte seine Laufbahn als Tänzer mit Maurice Chevalier in Paris begonnen und sich dann der Filmproduktion zugewandt. Während des Krieges war er als Geheimagent angeworben worden, und danach wurde er in Paris ein schwerreicher Geschäftsmann. Er war so offen und extrovertiert, wie Getty scheu und introvertiert war, aber beide wurden irgendwie enge Freunde. Forrester besaß ein paar Aktien von Getty Oil und pflegte seinen Freund zu veralbern, indem er ihn aus verschiedenen Teilen der Welt anrief und wissen wollte, wie viele Stunden Getty an diesem Tag gearbeitet hätte.

Die vier – Getty, Penelope, Bramlett und Forrester – fuhren Anfang April 1956 in Gettys Cadillac von Paris los. Penelope wechselte sich mit den Männern am Steuer ab, und sie kamen Ende des Monats nach einer 6000 Kilometer langen Reise durch Westeuropa, die Balkanstaaten und den Nahen Osten in Mina Saud an.

Getty wurde ohne große Gefühlsäußerung von seinem Sohn Ronnie begrüßt, einem großen jungen Mann mit frühzeitig schütterem Haar und einem kleinen Schnauzbart, der ihn älter wirken ließ. Nach seinem Abschluß an der University of Southern California im Jahre 1953 war Ronnie in der Marketingabteilung der Tide Water leitender Angestellter geworden und erledigte nun – im Alter von 27 Jahren – die ihm aufgetragene Arbeit in der Neutralen Zone, genauso wie es sein älterer Halbbruder George getan hatte. Obwohl sie sich seit mehr als fünf Jahren nicht mehr gesehen hatten, wußten sich Vater und Sohn wenig zu sagen: Ronnie besaß fast ebensoviel Scheu vor seinem Vater wie George und war dazu noch beträchtlich weniger ansehnlich. Getty gab bald zu verstehen, daß er die Gesellschaft seiner eigenen Kameraden vorzog, und Ronnie durfte sich trollen.

Während sich »Pen« damit beschäftigte, die Inneneinrichtung von Gettys klimatisierten Bungalows am Persischen Golf zu organisieren, verbrachte Getty die ersten beiden Wochen mit Norris Bramlett draußen auf dem Ölfeld. »Ich zwang Norris dazu, als eine Art Stenograph und treuer Knecht in einem zu dienen«, sagte Getty, »schob ihm Block und Füller in die Hand und nahm ihn überall mit hin, diktierte ihm Memos, Anweisungen, Vorschläge und Ideen.« Begleitet von Bill Scott, dem Oberaufseher über das Bohrgelände, und Wally Smith, dem Bohrmeister, fuhr er durch die eintönige Wüste von Quelle zu Quelle. Auf jedem Bohrplatz hielt Getty an, um mit den arabischen und amerikanischen Arbeitern zu sprechen, stellte ihnen endlose Fragen und inspizierte überaus genau jeden Bohrturm. Jede Einzelheit überprüfte er: Als er entdeckte, daß es sechs Cents kostete, eine Toilette mit Süßwasser zu spülen, wollte er sofort wissen, warum man kein Meerwasser benutzte. Dagegen sprach nichts, außer daß noch niemand darüber nachgedacht hatte. Von da an wurde jede Toilette in der Neutralen Zone mit Wasser aus dem Persischen Golf gespült.

Obwohl er inzwischen 63 Jahre alt war, schien Getty nie zu ermüden und sogar gegen die brennende Hitze immun zu sein, selbst am Mittag. Er setzte nie einen Hut auf und trug einen leichten grauen Anzug mit Krawatte – jeden Tag. Trotzdem war ihm bewußt, wie hart die Arbeit auf einem Bohrturm war. »Ich war zutiefst beeindruckt von den Schwierigkeiten und Härten, denen die Arbeiter ausgesetzt waren«, erklärte er. Auf einem Bohrturm in der südwestlichen Ecke der Zone fragte er einen Arbeiter, ob es irgend etwas gäbe, was er sich besonders wünsche.

»Zum Teufel, ja«, antwortete der Mann, »Sie könnten Schwung in die Sache bringen, indem sie uns Sears, Roebuck und die Rockettes rüberschicken und sich von dort unten hocharbeiten.« Er lachte und fügte dann hinzu: »Ernsthaft, Boß, wir wollen, was Sie wollen – mehr Öl.«

Getty war ziemlich gerührt. »Seine Antwort bewies«, sagte er später, »daß die Arbeiter auf den Ölfeldern überall gleich sind, ob nun in Oklahoma oder Arabien. Sie waren 1956 ebenso vom Ölfieber gepackt wie 1906.«

Tatsächlich hatte 1956 kein Ölmann in der Neutralen Zone irgendeinen Grund, sich darüber zu beklagen, daß nicht genügend Öl aus der Wüste

hochgepumpt wurde. Nach den nervenaufreibenden Jahren der Anfangs-
zeit erwies sich die Zone inzwischen als ein phänomenal reiches Ölfeld.
1955 schnellte die Produktion auf 4753 741 Barrel, und zur Zeit von Gettys
Besuch belief sie sich auf ungefähr 25 000 Barrel pro Tag. Zu den ersten
Funden auf dem Wafra-Feld kam die Entdeckung von Öl im eozänen
Kalkstein in einer vergleichsweise geringen Tiefe von etwa 360 Metern. Ein
Jahr später wurde ein weiteres sehr viel tiefer gelegenes Öllager in einer
Kalksteinschicht namens »New Ratawi« in einer Tiefe von rund 2100
Metern entdeckt. Vorsichtige Schätzungen der Ölreserven in der Neutra-
len Zone beliefen sich auf 13 Milliarden Barrel.

»Ständige Explorationen und Bohrarbeiten«, sagte Getty, »bewiesen,
daß die Neutrale Zone einem enormen Schichtkuchen glich, mit zahlreichen riesigen Erdöllagern, die zwischen Gesteinsschichten und Erde in
verschiedenen Tiefen unter der Erdoberfläche lagen.«

Am Freitag, dem 1. Juni, nahm sich Getty einen freien Tag und verbrachte den Morgen in einem Liegestuhl vor seinem Bungalow und
plauderte mit Pen, Forrester und Bramlett. Alle hatten Badeanzüge an.
Gegen Mittag bemerkten sie, daß ein großes Schiff draußen im Golf den
Kurs geändert hatte und direkt auf Mina Saud zuhielt. Da Passagierschiffe
niemals am Lager anlegten, rätselten sie über das Schiff, bis Forrester
plötzlich aufsprang und sagte: »Heiliger Strohsack! Das ist König Sauds
Yacht!«

Sie beobachteten, wie das Schiff vor der Küste ankerte, Davits schwenkten aus, und ein Beiboot wurde zu Wasser gelassen. Da ihnen klar wurde,
daß sie Besuch bekamen, eilten sie in den Bungalow und zogen sich hastig
angemessenere Kleidungsstücke an. Danach stellten sie sich am Wasser
auf, als das Beiboot näher kam. Der unverwechselbar gekleidete König
Saud stand in der Mitte des Bootes und blickte durch dicke, dunkle
Brillengläser Richtung Strand. Als das Beiboot sanft auf den Strand glitt,
betrat der König eine provisorische Anlegestelle und begrüßte die Warten-
den auf arabisch. Getty, dem siedendheiß einfiel, daß er sich am Morgen
nicht rasiert hatte, stellte ihm zuerst Mrs. Kitson vor, die formvollendet
knickste, dann Forrester und Bramlett, die sich beide steif verneigten. Ein
Beamter des königlichen Haushaltes erklärte, daß der König den örtlichen
Emir besuchen wolle, aber sehr erfreut sei, wenn sie ihm bei einem
festlichen Abendessen auf der Yacht Gesellschaft leisteten.

Getty antwortete, daß sie sich geehrt fühlten. Als aber am Abend der
Zeitpunkt nahte, in Aminoils kleinem Motorboot zur Yacht zu fahren,
war die leichte Brise, die den ganzen Tag über geweht hatte, beträchtlich

steifer geworden, und das Meer war wild bewegt. Beim Anblick des stampfenden und rollenden Motorbootes weigerte sich Getty plötzlich zu fahren. Es folgte eine absurde Strandszene, als die vier – die drei Männer in grauen Anzügen und gestärkten weißen Hemden und Penelope in einem dunkelblauen Cocktailkleid und Diamantohrringen – darüber stritten, ob es gefährlich oder ungefährlich sei, sich hinauszuwagen, sowie über die diplomatischen Konsequenzen, wenn sie sich nicht sehen ließen. Penelope beendete den Streit, indem sie ihr Kleid raffte und zum Motorboot watete. »Um Himmels willen, Paul, komm endlich«, rief sie. Getty folgte sehr zögernd und hielt sich ängstlich am Bootsrand fest, während sich das Boot mühsam zur königlichen Yacht hinauskämpfte. Erst einmal an Bord, verbesserte sich dann aber seine Stimmung enorm, und er sollte sich an den Abend mit einiger Freude erinnern:

»Es erinnerte ein wenig an ein Märchen aus ›Tausendundeiner Nacht‹. Selbst die Gangway, die an der Yacht vertäut war, war mit dicken, unbezahlbaren Orientbrücken ausgelegt. Im Speisesalon befanden sich weit mehr als hundert Gäste. Das Dinner, ein Gang nach dem anderen, wurde auf feinstem Porzellan serviert, jeder Teller war mit dem saudischen Emblem, einem Schwert und einer Palme, verziert. Eine ansehnliche Armee von Gefolgsleuten war auf allen Seiten des Speisesalons postiert, bereit, dem König und seinen Gästen aufzuwarten. Das Fest, das von der Farbenpracht und Grandiosität gekennzeichnet war, die dem Hofe eines orientalischen Potentaten geziemen, dauerte annähernd drei Stunden.«

Die königliche Yacht legte am nächsten Tag ab, und Getty kehrte an die Arbeit zurück. Er bereitete einen weiteren Anstieg der Förderleistung vor. Weitere Anlagen und Pipelines wurden bestellt, verbesserte Wohn- und Versorgungsbedingungen für die Arbeiter angeordnet und Schritte eingeleitet, um den Bau der Raffinerie in Mina Saud zu beschleunigen.

Anfang August, nach viermonatigem Aufenthalt in der Zone, luden Getty und seine Freunde ihr Gepäck in den Cadillac und brachen zu der langen Rückreise nach Paris auf. Mrs. Kitson, deren Anwesenheit die Arbeiter ausgiebigst zu Rippenstößen und Augenzwinkern verleitet hatte, nahm viele Souvenirs mit nach Hause. Dazu gehörte auch eine Fotografie, auf der sie einen arabischen Kopfschmuck und Shorts trägt, unsicher auf dem Höcker eines Kamels thront und von barfüßigen Beduinen umgeben ist, die mit martialischen Posen Eindruck zu machen versuchen.

Gettys Hoffnungen auf eine expandierende Produktion im Nahen Osten und auf eine Vermarktung des Öls in Europa erlitten kurz nach seiner Rückkehr nach Paris einen unerwarteten Dämpfer. Im Oktober

1957 waren britische und französische Luftlandetruppen vereint in Ägypten eingedrungen, um die Kontrolle über den Suezkanal zurückzugewinnen, der von Ägyptens gerade gewähltem Präsidenten, Oberst Gamal Abdel Nasser, nationalisiert worden war. Diese Unternehmung erwies sich als verhängnisvoll. Die Ägypter versenkten prompt einige Schiffe, um den Kanal zu blockieren, und durchtrennten damit die Versorgungsader, über die Europa den Hauptanteil seines Öls erhielt.

Öltanker machten zwei Drittel des Transportverkehrs durch den Suezkanal aus. Jetzt mußten alle Tanker das Kap der Guten Hoffnung umschiffen, was die Route um Tausende von Kilometern verlängerte. Die Auswirkungen der Suezkrise auf die Ölindustrie waren verheerend: Die Transportkosten pro Barrel Öl aus Nahost verdreifachten sich, die Ladekapazität der Tankerflotten, die von Nahost aus operierten, verringerte sich um zwei Drittel, weil die neue Route so viel mehr Zeit beanspruchte. Die Schließung des Suezkanals konfrontierte die Industrie mit der Tatsache, daß es nicht genug Tanker in der Welt gab, um alles Erdöl aus diesem Raum zu verschiffen.

Getty war allerdings in einer besseren Situation als viele andere, da er schon eine eigene Tankerflotte besaß und ihm daher die steil anziehenden Chartertarife weniger anhaben konnten. Der erste seiner 46 500-Tonnen-Tanker, die »SS Veedol«, war im Dezember 1955 vom Stapel gelaufen. Zu dieser Zeit war der Bau von neun Tankern zu Discountpreisen auf französischen und japanischen Werften weit fortgeschritten, und 16 weitere Tanker waren in Auftrag gegeben worden. Als die Suezkrise ausbrach, fuhren sieben Tanker unter der Tidewater-Flagge über die Meere, aber Getty war dennoch gezwungen, vorübergehend die Produktion in der Neutralen Zone zu drosseln und den Bau zusätzlicher Lagertanks in Auftrag zu geben, um mit dem Überfluß fertig zu werden – insbesondere, da zwei neue Quellen auf dem Ölfeld von Wafra mit mehr als 4000 Barrel pro Tag angezapft worden waren, was die Gesamtfördermenge auf rund 50 000 Barrel pro Tag steigerte.

Noch größere Schiffe – die »George F. Getty« und die »Minnehoma Getty«, jedes mit 53 000 Tonnen – liefen Anfang 1957 in Saint-Nazaire in Frankreich vom Stapel und entschärften das Problem. Getty sprach in typisch weiser Voraussicht bereits über den Bau des ersten Supertankers mit 130 000 Tonnen. »Meine Konkurrenten sind mit kleinen Tankern belastet«, äußerte er im März 1957 gegenüber der Zeitschrift »Time«. »Ich bin entschlossen, ihre Flotten durch den Bau einer neuen Superflotte zu niedrigen Kosten obsolet zu machen. Wer die billigsten Transportmöglichkeiten besitzt, ist im Vorteil. Ich halte nichts davon, meinen Konkurrenten einen Vorsprung zu geben.«

Getty war sehr stolz auf die Tankerflotte der Tidewater und verfolgte jedes Stadium des Schiffbauprogramms mit größtem Interesse und seiner üblichen Aufmerksamkeit für das Detail, bis hin zu der Anzahl von Farbschichten auf den Schiffsschotts. Insbesondere erfreute ihn die Einrichtung der Kabinen. »Mrs. Kitson erreichte auf geschickte Weise eine fast unmerklich weibliche Note«, berichtete er, »ohne in irgendeiner Weise die im wesentlichen maskuline Ausstrahlung zu beeinträchtigen, die jedes Überseeschiff mit einer rein männlichen Besatzung besitzen muß. Offiziere und Mannschaften lobten übereinstimmend die gemütliche und ansprechende Atmosphäre, die an Bord der Schiffe herrscht.«

Als Beweis seiner Dankbarkeit durfte Penelope zwei der Tanker beim Stapellauf in Frankreich taufen; Feierlichkeiten, die sie mit ihrer gewohnten Selbstsicherheit erledigte, während sich die versammelten Würdenträger sicher fragten, wer sie wohl sei, und über ihre genauere Beziehung zum Eigentümer spekulierten. In Reederkreisen war es nicht üblich, daß die Dame, die die Farben für die Schiffseinrichtung ausgewählt hatte, mit der Ehre belohnt wurde, während des Stapellaufs eine Flasche Champagner am Schiffsbug zerschellen zu lassen.

Getty verbrachte nach der Jungfernfahrt immerhin drei Tage an Bord der »George F. Getty«, um ihre Qualität zu überprüfen, während er sonst immer recht gleichgültig gegenüber den Dingen war, die er rund um die Welt besaß. Das vier Millionen Dollar teure Hotel Pierre Marques am Revolcadero-Strand in Mexiko öffnete 1956 und war sofort ein Glückstreffer, da es zum Verhandlungsort des ersten offiziellen Treffens zwischen Präsident Eisenhower und dem mexikanischen Präsidenten Adolfo López Mateos ausersehen wurde. Sein Besitzer warf einen kurzen Blick auf die Fotos, die nach der Einweihung gemacht worden waren, machte sich danach jedoch nur Sorgen um die Bilanzen des Hotels.

Da Bramlett Getty geraten hatte, sein Haus der Öffentlichkeit zugänglich zu machen, um eine Steuererleichterung wegen Gemeinnützigkeit in Anspruch nehmen zu können, waren 1953 fünf der Räume im Ranchhaus in Malibu in ein Museum verwandelt worden. Das J.-Paul-Getty-Museum war am Mittwoch- und Samstagnachmittag für das Publikum geöffnet. Es zog selten Besucher an, trotz der Schätze, die sich dort befanden, zu denen Rubens' »Tod der Dido«, das Gainsborough-Porträt des Thomas Christie, ein Tizian und ein Tintoretto, Sammlungen von Louis-XV.- und Louis-XVI.-Möbeln und die Boucher-Gobelins gehörten. Anfang 1957 wurde noch eine Galerie an das Haus angebaut, die die wachsende Zahl der griechisch-römischen Altertümer aufnahm, die Getty aus Europa schickte. Er sah sein eigenes Haus niemals und zeigte auch kein besonderes Verlangen, es zu sehen.

Im Mai 1957 wurde die neue Raffinerie in Wilmington, Delaware, mit großem Trara und der auffälligen Abwesenheit des Großaktionärs eingeweiht. Als »Raffinerie der Zukunft« von dem maßgeblichen »Oil and Gas Journal« begrüßt, verfügte die Raffinerie über die größte Fließstaubkrackanlage der Welt, die 102 000 Barrel pro Tag verarbeitete. Die eigentlichen Raffinierungsanlagen erstreckten sich auf einer geraden Linie mehr als eineinhalb Kilometer entlang dem Delaware-Ufer, und die gesamte Anlage war, soweit es bei einer Raffinerie möglich ist, »automatisiert« – ein neuer Begriff für viele Menschen.

Getty, mit seiner Vorliebe für Kopfrechnen, zitierte gerne die Baustatistik. Das Planieren des Baugeländes hieß, 2 294 000 Kubikmeter Erde zu bewegen; 11,5 Millionen Kubikmeter Sand wurden für den Kanal ausgebaggert, der fünf Kilometer lang und 121 Meter breit war; 10 000 Güterwaggonladungen und 75 000 Lastwagenladungen mit Versorgungs- und Ausrüstungsgegenständen wurden auf das Baugelände geliefert; und einmal standen 9000 Bauarbeiter auf der Lohnliste ...

»Ich glaube, daß meine neue Generation von Raffinerien andere Ölgesellschaften dazu zwingen wird, ihre zu verschrotten«, erklärte Getty, »da eine zusammengestoppelte Ausrüstung mit einer in jeder Hinsicht modernen Anlage nicht konkurrieren kann.« Die Inbetriebnahme der Wilmington-Raffinerie beeindruckte jedenfalls die Wertpapierbörse, ebenso wie Gettys Politik, seine Gewinne zwecks Expansion zu reinvestieren. Eine einzige Aktie der Getty Oil – ursprünglich 1916 als Aktiengesellschaft eingetragen, als Vater und Sohn das erstemal ihre Partnerschaft formalisierten, und 1956 mit der Pacific Western zusammengeschlossen – kostete 1932 drei Dollar und war 1957 152 Dollar wert. Die Skelly-Oil-Aktie, die mit 26 Dollar notiert wurde, als Getty 1937 das Unternehmen übernahm, war auf 231 Dollar geklettert, und die Tidewater-Aktie hatte sich in den sechs Jahren, in denen Getty die Kontrolle ausübte, im Wert vervierfacht.

Aber nur zwei Monate nach Inbetriebnahme der Wilmington-Raffinerie steckte Getty wieder in einer schwierigen Situation. Als er die Förderleistung in der Neutralen Zone ankurbelte und 200 Millionen Dollar in eine Raffinerie in Amerika investierte, die den Ausstoß verarbeiten sollte, hatte er darauf gesetzt, daß ausländisches Öl in vorhersehbarer Zukunft in den Vereinigten Staaten frei vermarktet werden könnte. Aber seine Spekulation war falsch. Im Juli 1957 kündete Präsident Eisenhower die Einführung »freiwilliger« Quoten an, um den Import ausländischen Rohöls zu beschränken. Das wirkte sich potentiell verheerend auf Gettys großen Plan aus. Er war damals mit 65 Ölquellen der größte Einzelproduzent im Nahen Osten – aber ohne Raffineriekapazität war alles Rohöl, das aus dem weißen Sand der Neutralen Zone sprudelte, faktisch wertlos. »Es gab Leute, die prophezeiten, daß die Getty-Gesellschaften bald in den Fluten ihres überschüssigen Öls ertrinken würden«, sagte Getty.

Doch diese Prophezeiungen waren, wie gewöhnlich, falsch. Getty handhabe das Quotensystem zunächst flexibel. Die Importrate der Wilmington-Raffinerie war auf täglich 34 200 Barrel festgesetzt worden, was noch nicht einmal der Hälfte des Inputs entsprach, der für eine effiziente Arbeit erforderlich war. Getty mißachtete jedoch fröhlich die Auflagen und behielt einen Rohölimport von durchschnittlich 64 000 Barrel täglich bei, womit er seine Quote fast verdoppelte. Das verschaffte ihm die Feindschaft seiner Konkurrenten und jener Ölgesellschaften, die den Beschränkungen Folge leisteten. Es kümmerte Getty nicht im geringsten. Er war glücklich, daß der Rest der Industrie linientreu blieb, da dies die Importe unter der Gesamtquote hielt und die US-Regierung keine Handhabe gegen die Tidewater hatte – sie konnte wohl kaum bindende Quoten für eine einzelne Gesellschaft vorschreiben.

Trotzdem wußte Getty, daß er mit diesem Trick wahrscheinlich nur etwas Zeit gewann und daß die Regierung sich bald gezwungen sehen könnte, energisch durchzugreifen. In Vorwegnahme dieses unangenehmen Tages leitete er eine dringende Suche – von seiner Suite im Londoner Ritz aus – nach weiteren Raffinierungsmöglichkeiten rund um die Welt ein. In Telegrammen in die Neutrale Zone wurden Anweisungen gegeben, den Bau der Raffinerie in Mina Saud zu beschleunigen. Stundenlange Telefongespräche mit Japan führten zur Verdoppelung der Kapazität in der Tidewater-Mitsubishi-Raffinerie in Kawasaki, die zusagte, bis zu 10 000 Barrel pro Tag aus der Neutralen Zone abzunehmen. Er streckte seine Fühler auch zur bundesdeutschen Regierung aus und lockte mit dem Angebot, eine neue Raffinerie zu bauen, erhielt aber eine Abfuhr. Danach versuchte er es in Dänemark, wohin er diesmal seinen alten Freund Jack Forrester als Emissär schickte. Forrester kam gut voran. Sehr schnell wurde eine Vereinbarung über den Bau einer 40 000 Barrel pro Tag verarbeitenden Raffinerie in Kalundborg, hundert Kilometer westlich von Kopenhagen, erzielt.

Zwischenzeitlich hatte Getty erfahren, daß eine Ölgesellschaft in Italien, die Golfo Industria Petrolifere, in der Klemme steckte. Golfo hatte kurz zuvor in Gaeta, an der Küste zwischen Neapel und Rom, ein Depot für 1,3 Millionen Barrel und eine Raffinerie gebaut, aber die Raffinerie stand wegen finanzieller Schwierigkeiten praktisch still. »Ich erfuhr, daß eine maßgebliche Beteiligung zu einem weit unter dem Neuwert der Anlage liegenden Preis erworben werden konnte«, sagte Getty, »und ich begann unverzüglich mit Verhandlungen.«

Während Getty auf diese Weise beschäftigt war, trat ein völlig unerwartetes Ereignis ein, das sein Leben total verändern sollte. Im Oktober 1957 veröffentlichte die Zeitschrift »Fortune« die Namen der reichsten Männer Amerikas. Ganz oben auf der Liste, noch über den Hunts aus Dallas, den Rockefellers, den Mellons und den Fords, stand ein Name, den viele Leute noch nie gehört hatten – J. Paul Getty.

14. »Eine Milliarde Dollar ist auch nicht mehr das, was es mal war«

Bis zum Oktober 1957 hatte sich Getty einer relativen Unbekanntheit erfreut. Zwar war er in den dreißiger Jahren während der Schlacht um die Tide Water und während der Kriegsjahre wegen des Skandals um Joan Barry kurz in den Zeitungen aufgetaucht, und auch jede Ehescheidung hatte eine kurze Meldung nach sich gezogen, war aber wie die gelegentlichen Erwähnungen in einem Handelsblatt oder in der Finanzpresse schnell wieder vergessen worden, so daß er außerhalb der Ölbranche faktisch unbekannt geblieben war. Das war ein Zustand, der ihm immer vortrefflich in den Kram gepaßt hatte.

Das Magazin »Fortune« änderte das alles. Es gab nicht nur ein weitverbreitetes Erstaunen darüber, daß ein ehemals unbekannter Unternehmer plötzlich »reicher sein konnte als Rockefeller«, sondern »Fortunes« Bewertung von Gettys Reichtum enthüllte auch, daß er noch *viel* reicher war. Das Magazin erklärte ihn zum zweifachen Milliardär mit Aktien im Werte von 1 138 600 000 Dollar und kontrollierenden Gesellschaften mit Aktiva im Werte von 1 271 900 000 Dollar. Sein privates Vermögen wurde auf 700 Millionen bis eine Milliarde Dollar geschätzt.

Getty wußte nichts von dem »Fortune«-Artikel, bis der Empfangsraum des Hotel Ritz eines Nachmittags voller Journalisten war, die alle lauthals ein Interview mit dem »reichsten Amerikaner« forderten. Das Magazin war noch nicht an den Zeitungsständen erschienen, aber Vorausexemplare waren an Zeitungen und Rundfunkanstalten gegangen. Es dauerte nicht lange, bis man herausfand, daß der reichste Amerikaner in europäischen Hotels lebte und sich im Moment im Ritz in London aufhielt.

»Mein ganzes Leben lang hatte ich das Rampenlicht gemieden, oder, um genauer zu sein, das Rampenlicht hatte mich gemieden. Obwohl ich kaum das Leben eines Einsiedlers führte und keine bewußten Anstrengungen unternahm, um der Presse auszuweichen, war es mir erfolgreich gelungen, mir einen sehr hohen und angenehm ruhigen Grad persönlicher Anonymität zu erhalten. Ich konnte immer Premieren, Partys oder Nachtclubs besuchen, ohne viel von der Presse beachtet zu werden. Reporter und Fotografen, die über Festlichkeiten berichteten, machten um mich auf der Suche nach interessanterem Wild im allgemeinen einen Bogen; soviel ich weiß, hielten sie mich für einen Kellner. Mein Name erschien nicht in den Klatschspalten, und ein Foto von mir zierte allerhöchstens, wenn überhaupt, die Seiten so prosaischer Publikationen wie das ›Oil and Gas Journal‹.

Dieser erfreuliche und friedliche Zustand nahm ein Ende, als ich, ohne mein Wissen, zum ›reichsten Amerikaner‹ ernannt wurde. Zu meinem allergrößten Unbehagen wurde ich über Nacht eine Kuriosität, eine Art Finanz-Freak.« Getty war allerdings nicht ganz so publicityscheu, wie er vorgab. Tatsächlich sprach er ziemlich gerne mit den Reportern und las auch jedes Wort, das über ihn geschrieben wurde. Im großen und ganzen kam er recht ungeschoren aus seiner ersten großen Begegnung mit der Weltpresse hervor. Obwohl er wiederholt gebeten wurde, »genau« sein Vermögen anzugeben – ein eifriger Nachrichtenjäger wollte sogar wissen, wie lange er brauche, um sein Geld zu zählen –, blieb er unerschütterlich höflich und erklärte geduldig, daß die Schwankungen an der Börse es ihm unmöglich machten, seinen Reichtum mit einiger Genauigkeit anzugeben. Er gab zu, daß er notfalls immer in der Lage sei, eine Milliarde aufzubringen, fügte aber hastig hinzu: »Bedenken Sie, eine Milliarde Dollar ist auch nicht mehr das, was es mal war.«

Die meisten Reporter zeigten sich von seiner ruhigen, überlegten Art, seinen altmodischen Höflichkeitsfloskeln und der Breite seines Wissens, insbesondere was Geschichte betraf, sehr beeindruckt. »Die beherrschte, objektive Art und Weise, mit der Mr. Getty über sich selbst und seine Laufbahn spricht, ist bemerkenswert«, schrieb die Londoner »Sunday Times«. »Sie wirkt sympathisch aufgrund eines Auftretens, das sich aus Bescheidenheit, Schüchternheit und einer Höflichkeit zusammensetzt, die einen leicht altmodischen und sehr amerikanischen Charme besitzt. Charme liegt auch in der Art, wie Mr. Getty im Gespräch eine Ernsthaftigkeit zeigt, die umfassend gebildet und sehr kultiviert ist.«

Weniger seriösen Zeitungen dagegen verschafften Gettys Lebensstil, seine Einstellung zum Geld und seine Verschrobenheiten, wie zum Beispiel seine Angewohnheit, auf wichtige Briefe vorsichtshalber die doppelte Anzahl der erforderlichen Briefmarken zu kleben, ein hervorragendes Klischee. Quadratmeterweise widmete man sich auf Zeitungspapier der Beschreibung des reichsten Amerikaners, der in einer einsamen Hotelsuite sitzt, sein riesiges Imperium deichselt und in von Schnüren zusammengehaltenen Pappkartons nach Geschäftspapieren wühlt. Es war zu erwarten, daß sich leichte »Verschönerungen« in die Berichterstattung einschlichen: Seine bescheidene Hotelsuite wurde zum Beispiel bald zum Einzelzimmer, und das Einzelzimmer wurde schließlich zum billigsten Zimmer. Der reichste Amerikaner wurde rasch »der reichste Mann der Welt«.

Reporter, die »Geizkragen-Geschichten« über Getty nachjagten, stießen auf eine Goldgrube. Sie brauchten nicht lange, um den Vorfall bei der Hundeausstellung auszugraben – als er mit seinen Gästen die Zeit abwartete, bis der Eintrittspreis nur noch die Hälfte betrug –, und eine Exfreundin wurde überredet, die Geschichte zum besten zu geben, als Getty sie spätabends zum Essen ausführte und sie bat, vor dem Restaurant zu warten, bis das Orchester zu Ende gespielt hatte, damit er keinen Extraaufschlag für die Musik bezahlen mußte. Es kam heraus, daß er gerne Bindfadenstücke sammelte und »entzückt« sei, wenn er genug gesammelt hatte, um ein Paket damit zu verschnüren. Während eines Abendessens mit einer befreundeten Dame im Pavillon d'Armenonville in Paris soll er diese Dame an dem Maître d'hôtel mit der Warnung vorbeigedrängt haben: »Sprich nicht mit diesem Mann, nur das kleinste Wort, und er erwartet ein Trinkgeld.«

Nicht alle Anekdoten entsprachen der Wahrheit. Es wurde zum Beispiel erzählt, daß er einmal eine Gruppe von 16 Freunden, zu denen auch Elsa Maxwell gehörte, zu einem Dinner im Maxim in Paris einlud und sich dann weigerte, die Rechnung über 145 000 Francs zu begleichen. Tatsächlich war er nur einer der Gäste gewesen, aber der Gastgeber hatte den Maître d'hôtel angewiesen, »die Rechnung an Mr. Getty zu schicken«. »Ich weigerte mich zu zahlen«, erzählte Getty, »weil ich nicht die Angewohnheit habe, mich übers Ohr hauen zu lassen.«

Das Image Gettys als »Scrooge« – ein Gegenstück zu Charles Dickens' berühmtem Geizhals Ebenezer Scrooge – wurde merkwürdigerweise durch jedes Foto gesteigert, das von ihm gemacht wurde. Sobald sich eine Kamera auf ihn richtete, zogen sich seine Mundwinkel nach unten, und er blickte so finster, als ob er *absichtlich* versuchte, wie ein alter Geizkragen auszusehen. »Mr. Getty war nicht sehr fotogen«, sagte Norris Bramlett, »aber das war kaum seine Schuld. Er konnte lächeln, aber nicht vor einer Kamera.« Sein kummervoller Gesichtsausdruck, die drei tiefen, zusammenlaufenden Falten über seiner Nase, seine kleinen Augen, seine dünnen Lippen und sein spitzes Kinn verschafften ihm unleugbar das Aussehen eines Griesgrams. »Er kann einem Bohrloch eine Gänsehaut verschaffen«, war der Kommentar der »Herald Tribune«.

In einer phantasievollen Titelgeschichte mit der Überschrift »Der Do-it-yourself-Tycoon« behauptete »Time«, Getty habe als junger Mann einmal versucht, seiner Mutter eine Quelle auf Signal Hill in Kalifornien zu verkaufen, die eigentlich zu einem angrenzenden Pachtgrundstück gehörte. Von einem Freund vor dem Kauf gewarnt, soll die alte Dame geantwortet haben: »Du willst mir klarmachen, daß Paul ein Schwindler ist. Aber er ist schrecklich smart, nicht wahr?« In diesem Artikel wurde auch noch behauptet, daß er sich in einer Londoner Klinik das Gesicht liften ließ und seine Haare färbe.

Von diesen Behauptungen war nichts wahr, aber Getty kümmerte das nicht besonders. Insgeheim amüsierte es ihn, als »Kauz« dargestellt zu werden, und er bequemte sich nur selten dazu, wenigstens die unverschämtesten Lügen zu dementieren, obwohl ihn einmal eine Zeitschrift sehr wütend machte, als sie behauptete, er trüge Pullover mit durchgescheuerten Ellbogen. »Ich habe seit meinem elften Lebensjahr keine langärmeligen Pullover mehr getragen«, schimpfte er bei Freunden.

Was Getty allerdings wirklich lästig fand, war nicht die Publicity an sich, sondern die erstaunlichen Folgen, die nicht lange auf sich warten ließen und weit unangenehmer waren. Eine Woche nach dem »Fortune«-Artikel wurde er von Bettelbriefen förmlich überschwemmt.

Diese Briefe kamen – unterschiedlich adressiert – aus aller Welt, einer nur einfach mit »Schloß Getty, Arabien«, fanden jedoch unweigerlich ihren Weg ins Ritz in London, dank der ehernen Gesetze, die dafür Sorge tragen, daß internationale Postdienste unnütze Briefe mit besonderer Sorgfalt und besonderem Einfallsreichtum behandeln.

Diese Briefflut entsetzte und faszinierte Getty gleichermaßen. »Ich werde niemals aufhören, mich über die Unwissenheit der Leute in wirtschaftlicher Hinsicht zu wundern«, stellte er fest. »Sie scheinen zu glauben, daß die Millionen in meinem Zimmer herumliegen und sie mir nur ein paar Zeilen schreiben müßten, damit ich ihnen dann einige Geldbündel zuschicke.«

Obwohl er keinerlei Absichten hatte, seinen »Briefpartnern« gefällig zu sein, konnte er kaum widerstehen, ihre Briefe zu lesen, von denen einige eine atemberaubende Kühnheit bewiesen. Ein Bankier bekannte sich in seinem Brief dazu, 100 000 Dollar unterschlagen zu haben, und flehte Getty an, den Schaden zu beheben, ehe er auffiel. Ein Erfinder, der einen »Todesstrahl« zu entwickeln hoffte, bat um eine Million Dollar, ebenso wie eine Lehrerin an einer High School im Mittelwesten, die einfach »Gutes tun wollte«. Ein Afrikaner bat bescheiden um 50 Dollar für den Kauf einer Frau, während ein ehrgeiziger Unternehmer sich um 200 Millionen Dollar bemühte, um einen Kanal durch Nicaragua bauen zu können, der sich mit dem Panamakanal messen sollte. Eine Dame aus Brüssel bat um 20 000 Dollar, um ihrem Sohn ein Flugzeug zu kaufen, und ein Arzt in Honolulu bat dringend um 75 000 Dollar für eine Safari und bot an, seine Trophäen Getty zu schenken. »Sie können sie in Ihrer Wohnung ausstellen«, schrieb er, »und Ihren Freunden erzählen, Sie hätten sie selbst erlegt. Meine Gegenleistung ist das Versprechen, daß ich niemals Ihr Geheimnis verraten werde.«

Viele Leute gaben ehrlich zu, daß sie das Geld gar nicht nötig hatten, aber einfach mal schreiben wollten, »weil er doch so viel hätte«. Es war Getty ein Rätsel, wie irgend jemand annehmen könnte, er sei so naiv, auf Briefe wie den folgenden zu antworten:

»Lieber Mr. Getty,

ich bin 35 Jahre alt, verheiratet, keine Kinder. Ich habe eine ziemlich gute Stellung, verdiene etwas über 9000 Dollar im Jahr. Aber es ist die Hölle, mit 35 Jahren, in der Blüte des Lebens, zu arbeiten. Das ist die Zeit, in der ein Mann und eine Frau sich amüsieren sollten.

Nach so vielen Scheidungen werden Sie das wahrscheinlich eher einsehen als die meisten anderen Menschen. Deshalb bin ich so sicher, daß Sie meine Bitte wohlwollend aufnehmen. Für Ihre Maßstäbe ist es wirklich nicht viel – nicht einmal eine Portokasse. Ich möchte zwei Jahre Urlaub nehmen und in aller Muße mit meiner Frau um die Welt reisen. Wir haben uns alles von einem Reisebüro ausrechnen lassen. Wir können es bequem mit 70 000 Dollar schaffen. Wenn Sie uns das Geld schicken, machen Sie zwei Menschen sehr glücklich und Ihnen gegenüber dankbar . . .«

Recht viele Briefe enthielten auch Heiratsanträge, die Getty meistens viel Spaß machten.

»Lieber Paul Getty,

Sie sollten nicht allein und als Junggeselle leben – nicht in Ihrem Alter und mit Ihrem Geld. Ich bin erst 23 Jahre alt, blond, gesund und kräftig. Ich könnte mich um Sie kümmern. Für 100 000 Dollar wäre ich bereit, Sie zu heiraten, zahlbar am Tage der Hochzeit, plus 100 000 Dollar für jedes Ihrer weiteren Lebensjahre. Wir können über die Klauseln Ihres Testaments reden, wenn Sie mir das Erster-Klasse-Ticket nach England geschickt haben. Ich füge einige offenherzige Nacktfotos bei, damit Sie sehen, was Sie bekommen werden . . .«

Nicht alle jungen Damen schrieben auf eigene Faust; viele hatten Mütter, die sie vorstellten, wie diese hoffnungsvolle Mutter aus Pennsylvanien:

»Lieber Mr. Getty,

in einem Zeitungsartikel, den ich kürzlich las, stand, daß sie fünfmal verheiratet waren und geschieden wurden. Sie sollten sich selbst eine weitere Chance geben und das halbe Dutzend vollmachen. Im nächsten Monat wird meine Tochter 18 Jahre alt. Sie hat bereits drei Schönheitswettbewerbe gewonnen und ist eine fabelhafte Tänzerin. Ich könnte mir vorstellen, daß sie Ihnen eine sehr gute und sexy Frau wäre. Ich denke, daß monatlich 10 000 Dollar für sie und monatlich 5000 Dollar für mich eine gerechte Sache wären . . . «

Getty errechnete, daß durchschnittlich jede Postsendung Anfragen nach rund 100 000 Dollar enthielt. Er antwortete ein einziges Mal auf einen Bettelbrief und verbrannte sich sofort die Finger. Eine Nonne in Australien bat für ein Kinderhilfswerk um eine Spende, und er schickte, ohne wohl an die Folgen zu denken, einen Scheck über gerade zehn Dollar. Der Nonne wurden sofort hundert Dollar für den Scheck als Souvenir angeboten; ein Lokalreporter griff die Geschichte auf, und sie ging bald wie ein Blitz um die Welt, ein unwiderstehlicher Leckerbissen für alle Zeitungen: Der reichste Mann der Welt hatte gerade mal zehn Dollar übrig!

Getty war nach dieser Geschichte klar, daß er der Lächerlichkeit oder Verleumdung niemals entkommen könnte, egal, was er tat. Tatsächlich spendete er jedes Jahr ansehnliche Beträge an bestimmte, von ihm bevorzugte, gemeinnützige Einrichtungen – zu ihnen gehörten der »World Wildlife Fund« und das »American Hospital« in Paris –, aber er sorgte dafür, daß seine Spenden geheim blieben, aus Angst, mit weiteren Bitten von anderen Organisationen oder Institutionen, die ihm weniger sympathisch waren, belästigt zu werden. »Wenn ich davon überzeugt wäre«, sagte er, »daß ich durch das Verschenken meines Vermögens einen wirklichen Beitrag zur Lösung der Armut in der Welt leisten könnte, würde ich sofort 99,5 Prozent weggeben. Aber eine kritische Abwägung der Situation überzeugt mich, daß dies nicht der Fall ist. Die beste Form der Wohltätigkeit, die ich kenne, besteht in der Kunst, ihr als Arbeitgeber zu begegnen.«

Er behauptete – nicht ganz wahrheitsgemäß –, daß er jedes Jahr »eine Million Dollar oder mehr« für wohltätige Zwecke spendete. Die »Time« machte die Gegenrechnung auf, daß der »einzig bekannte Fall, in dem Getty jemals seine Geldbeutelschnüre lockerte«, der war, als er einen Teil seiner Kunstsammlung dem Los-Angeles-County-Museum schenkte. Selbst diese Geste stand im Zwielicht: Es ging fälschlicherweise das Gerücht um, daß er einige Steuervorteile erhalten habe.

»Ein zum Milliardär abgestempelter Mann kann überhaupt nicht gewinnen«, erklärte Getty. »Wenn er großzügig spendet, wird ihm vorgeworfen, ein Verschwender zu sein oder zu versuchen, Eindruck zu schinden, indem er mit Geld um sich wirft. Wenn er zurückgezogen und ohne Protzerei lebt, wird er als Geizkragen kritisiert. Selbst die einfache, alltägliche Angelegenheit mit dem Trinkgeld kann zu einem größeren Problem werden. Gebe ich ein gutes Trinkgeld, wird irgend jemand sicherlich sagen, daß ich angebe. Wenn ich kein überreichliches Trinkgeld gebe, wird derselbe Irgendjemand der erste sein, der spottet, ich sei ein Pfennigfuchser. Man sollte von mir nicht erwarten, daß ich mehr Trinkgeld gebe als der Durchschnittsmensch. Es ist taktlos und unbedacht, zuviel Trinkgeld zu geben – es macht die Dinge nur schwierig und peinlich für die Leute, die nicht so reich sind.«

In einem vergleichsweise seltenen Moment von echter Einsicht fügte er hinzu: »Geld ist eine wunderbar nützliche Sache, aber je mehr man besitzt, desto verwickelter und komplizierter werden der Umgang mit den Menschen und die Beziehungen zu ihnen.«

Die Legionen von Journalisten, die sich um Gettys Suite im Ritz scharten, um ihn zu fragen, wie reich er eigentlich sei, unternahmen kaum den Versuch, das Labyrinth seiner Unternehmen zu durchleuchten. In der Zwischenzeit versuchte Getty nach wie vor verzweifelt, mehr Raffinerien ausfindig zu machen, die die Ölmengen aus der Neutralen Zone verarbeiten konnten, und er bewegte sich ebenfalls behutsam, Schritt für Schritt, auf eine endgültige wirtschaftliche Gestaltung seiner Ölgesellschaften hin.

Der Plan, Tidewater, Skelly und Getty Oil zu fusionieren, erforderte von ihm das Kunststück eines trickreichen Balanceakts mit Aktien, um die Kontrolle über die einzelnen Gesellschaften zu behalten und gleichzeitig Wallstreet im dunkeln tappen zu lassen. Wenn die Anleger Wind von seinem nächsten Schritt bekämen, könnten sie den Aktienpreis, den er zum Kauf benötigte, hochtreiben und den ganzen Plan gefährden. Denn er ging damit das Risiko ein, die Kontrolle über eine Gesellschaft zu verlieren, wenn er zuviel von ihren Aktien im Tausch gegen die Aktien einer anderen Gesellschaft hergeben mußte.

Getty bemühte sich deshalb, alle Fragen der Reporter nach seinen Fusionsplänen zu umgehen, und er wich auch höflich den Fragen nach einer eher persönlichen Angelegenheit aus, die ihm damals große Sorgen bereitete: der gesundheitliche Zustand seines jüngsten Sohnes Timmy.

Nachdem Timmy im Sommer 1955 mit seiner Mutter in die Vereinigten Staaten zurückgekehrt war, besuchte der Junge die Daycroft Private School in Norwalk, Connecticut. Er lebte sich gut ein und erwies sich als außergewöhnlich intelligent, mit einer natürlichen Begabung für Musik – zur großen Freude seiner Mutter – und einer leidenschaftlichen Begeisterung für Baseball. Getty hielt den Kontakt zu dem Jungen immer noch durch wöchentliche Anrufe über den Atlantik aufrecht; ein Zustand, an den Timmy sich vollkommen gewöhnt hatte. Sie erörterten stets in herzzerreißender Ausführlichkeit, was sie zusammen beim nächsten Wiedersehen unternehmen wollten. Timmy schien sich bis zum Juli 1957 völlig gesund und glücklich zu fühlen, als der Tumor hinter seinen Augen wieder zu wuchern begann. Er wurde zu einer zweiten Operation nach New York gefahren. Als er sich genügend erholt hatte, um schreiben zu können, schickte er seinem Vater ein aufmunterndes, kleines Gedicht, das er im Krankenhaus geschrieben hatte.

»Gott schützt mich während der Nacht,
Gott wird mir helfen, jeden Kampf zu bestehen,
Ich weiß, daß Gott immer da ist,
Ich weiß, daß ich mich bei Gott nicht fürchten muß,
Gott wird sich mir jeden Tag zeigen,
Wenn ich auf seinen Wegen wandle.«

Getty war zutiefst gerührt, als er Timmys Gedicht auf der anderen Seite des Atlantiks in seinem Hotelzimmer las. Er faltete das Blatt sorgfältig zusammen und steckte es in seine Brieftasche, aus der er es in den kommenden Jahren häufig herausnahm, um seine Worte noch einmal zu lesen und aufs neue zu weinen.

Teddy zog ins Hotel Pierre, um in der Nähe ihres Sohnes zu sein, und verbrachte jeden Tag im Krankenhaus. Timmy war nach der Operation sehr geschwächt, aber stets fröhlich. Es stellte sich bald heraus, daß der Tumor nicht völlig entfernt worden war und daß er sich einer weiteren Operation unterziehen mußte. Er nahm die Nachricht mit äußerster Tapferkeit auf, wobei er mehr über den Kummer, den er seiner Mutter bereitete, traurig war als über die Qual eines weiteren Eingriffs.

Timmy mußte sich vor Ablauf des Jahres noch einer dritten Operation unterziehen, die seine Sehkraft noch weiter schwächte. Als die Chirurgen sich befriedigt darüber äußerten, daß die letzten Spuren des Tumors endlich beseitigt wären, war Timmy fast blind. Getty verfolgte die Ereignisse von seiner Suite im Ritz aus, quälte sich, nicht bei seinem Sohn zu sein, dachte jedoch nie darüber nach, sich die Zeit zu nehmen und in die Vereinigten Staaten zu fahren. Teddy rief ihn jeden Tag an, um ihn auf dem laufenden zu halten, verschwendete jedoch keinen Atemzug mehr auf die Bitte, er möge doch zurückkommen.

Während sich Getty zweifellos Sorgen über Timmy machte, tröstete ihn vielleicht ein wenig die Tatsache, daß inzwischen all seine anderen Söhne im Unternehmen arbeiteten. George war damals 33 Jahre alt und stolzer Vater von drei kleinen Töchtern: Anne, sechs Jahre; Claire, vier Jahre, und Caroline, zwei Jahre. Er war ein kräftiger, gutaussehender

Mann mit einigen charakteristischen Gesichtszügen seines Vaters und einem fröhlichen Wesen. Nach dem unglücklichen Zwischenfall in der Neutralen Zone, wo er gegen die saudischen Alkoholgesetze verstoßen hatte, war er gezwungen worden, eine beträchtliche Zeitspanne in der »Wildnis« zu verbringen, bis er das Vertrauen seines Vaters wiedergewonnen hatte. Nach seiner reuevollen Fronarbeit in der Öde der Geschäftszentrale der Pacific Western in Midland, Texas, wurde er nach Tulsa, Oklahoma, zur Spartan Aircraft Company geschickt, die sich schon seit langem auf die Herstellung von Wohnwagen verlegt hatte.

Da George Princeton vorzeitig verlassen hatte, um ein »Ölmann« zu werden, war er wohl kaum begeistert, sich in einer Fabrik wiederzufinden, die Wohnwagen herstellte. Er fügte sich jedoch und erwies sich als respektable Führungskraft und als würdiger Nachfolger seines Großvaters. Er wurde zum Vizepräsidenten von Spartan befördert und zum Präsidenten der Minnehoma Financial Company und der Minnehoma Insurance Company ernannt – jenen Tochtergesellschaften, die sein Vater gegründet hatte, um den Verkauf der Wohnwagen anzukurbeln.

Beide Gesellschaften florierten unter Georges Leitung, und im Juli 1955 zog er mit seiner Familie nach Los Angeles zurück, um die Stellung eines Vizepräsidenten der Geschäftsleitung der Pacific Western einzunehmen. Kaum ein Jahr später ging er als Direktor und Vizepräsident der Tidewater Oil Company nach New York.

Nach einem langsamen Start war dies ein bemerkenswerter Aufstieg in den Rängen des Getty-Imperiums, aber George dementierte energisch jeden Vorwurf von Günstlingswirtschaft. »Mr. Getty ist der smarteste Geschäftsmann, den ich kenne! Er würde nie jemanden befördern, nur weil er sein Sohn ist. Bei ihm zählt nur Leistung.«

1957 reiste George wiederholt nach Europa, um mit seinem Vater geschäftliche Angelegenheiten zu besprechen – er war mit der Fusionierung von Tidewater und Skelly beauftragt worden –, dennoch gab es zwischen ihnen wenig Herzlichkeit. Für George war der Vater immer »Mr. Getty«, was in mancher Hinsicht verständlich war, denn sie kannten sich ja kaum; George schätzte, daß er seit seinem ersten Lebensjahr nicht mehr als sechs Wochen mit seinem Vater zusammengewesen war. Getty war trotzdem insgeheim stolz auf George F. Getty II. und betrachtete seinen ältesten Sohn stets als seinen natürlichen Nachfolger. »Der Gedanke des Erstgeburtsrechts ist tief verwurzelt«, erklärte er.

Getty war der Auffassung, daß sich George als fähiger Geschäftsmann erwiesen hatte, und in Gettys Augen war nichts im Leben wichtiger, als ein guter Geschäftsmann zu sein. Bei Ronnie, seinem zweiten Sohn, war er sich da weniger sicher. Ronald war 28 Jahre alt und immer noch Junggeselle. Nachdem er seine Zeit in der Neutralen Zone abgeleistet hatte, wurde er zum Vizepräsidenten der Tidewater mit der Verantwortung für den Marketing-Bereich ernannt, eine Aufgabe, die er recht zufriedenstellend erfüllte, aber mit offenkundig wenig Freude. Getty war gezwungen, seine beiden Söhne voneinander zu trennen, da Ronnie seinen Halbbruder George ebenso haßte wie dieser ihn. Schon als Heranwachsende waren sie sich fremd geblieben, doch als sie erst einmal auf der Gehaltsliste ihres Vaters standen, hatten sie ausgiebig Gelegenheit zu entdecken, wie sehr sie sich gegenseitig haßten; eine Feindschaft, über die sie Getty auf dem laufenden hielten, indem sie Haßbriefe austauschten – mit Kopie an den Vater.

Da sie nun beide Vizepräsidenten derselben Firma waren, versuchte Getty, Zerwürfnisse dadurch zu vermeiden, daß er Ronnie nach Hamburg schickte, wo er die Veedol Petroleum International übernahm, Tidewaters europäische Marketing-Tochtergesellschaft. Ronnie sprach fließend deutsch und schien deshalb die ideale Wahl für diesen Posten zu sein, aber er wurde ein außergewöhnlicher Mißerfolg. Er war noch nicht lange bei Veedol, als er an seinen Vater schrieb und dringend darum bat, etwas Sonderurlaub nehmen zu dürfen, da er so viele »Überstunden« machen müsse. Getty war wütend. »Ich schrieb zurück und machte ihm klar«, sagte der alte Mann, »daß Führungskräfte keine Überstundenzuschläge bekommen und er schließlich eine Führungskraft sei.«

Ronnies jüngere Halbbrüder Paul und Gordon waren im Sommer 1957 nach London geflogen, um mit ihrem Vater über ihren beruflichen Werdegang zu sprechen. Beide hatten ihn seit sechs Jahren nicht mehr gesehen; ihre Begegnung im Ritz war eine beklemmende kleine Szene von ausgeprägter Förmlichkeit. Wie sie vorausgesehen hatten, schlug Getty ihnen vor, in das Familienunternehmen einzutreten. Beide stimmten schüchtern seinem klugen Rat zu und kehrten schnellstens nach Kalifornien zurück, wo sie Management-Trainees in der Getty Oil Company wurden, obwohl beide nicht gerade aus dem Holz traditioneller Ölmänner geschnitzt waren.

Paul war 25 Jahre alt, hätte aber ebensogut noch als Teenager durchgehen können. Er war ein ernster junger Mann, ruhig, schüchtern, schrecklich mager und sah mit seiner Hornbrille eher wie ein Gelehrter aus. Er hatte an der San Francisco University Englisch als Hauptfach studiert und bewahrte sich ein anhaltendes Interesse für Literatur, insbesondere für die

»dekadente« Richtung von Wilde und Beardsley. Seine junge Frau Gail, eine vorzügliche Wasserballspielerin an der Universität, war außergewöhnlich hübsch, aber fast ebenso weltfremd wie ihr Ehemann. Im November 1956 wurde ihr erstes Kind geboren, ein Junge, der in der Saint Dominic Church in San Francisco auf den Namen J. Paul Getty getauft wurde.

Gordon war 15 Monate jünger als sein Bruder Paul und besaß keine besseren Voraussetzungen für das Ölgeschäft. Groß, blondgelockt und selten freundlich lächelnd, gehörte seine Leidenschaft der Musik. Sein glühendster Wunsch war es, Opernsänger und Komponist zu werden. Gordon wußte so wenig über die Geschäfte seines Vaters, daß er wie das übrige Amerika ziemlich erstaunt war, als J. Paul Getty zum reichsten Amerikaner ernannt wurde. »In der Schule«, so Gordon, »hielt ich ihn niemals für reicher als irgendeinen der anderen Väter. Die anderen Kinder in der Klasse wußten, daß die Gettys einen reichen Daddy haben, aber es gab auch immer einen Joe oder Frank, dessen Daddy *wirklich* reich war. Der Artikel in der ›Fortune‹ kam vollkommen überraschend.«

Nachdem Getty aufgrund seines Reichtums plötzlich berühmt und wegen seiner Knauserigkeit berüchtigt war, bemerkte Gordon, daß seine liebste Comicfigur, Scrooge McDuck, allmählich Eigenschaften zeigte, die ihn seltsamerweise an seinen Vater erinnerten. »Scrooge McDuck war Donald Ducks reicher Onkel«, erklärte er. »Ich konnte mich seinetwegen vor Lachen auf dem Boden wälzen. Vater war immer knauserig mit dem Geld, und als er berühmt wurde, da bin ich mir sicher, sorgte der Mann, der Scrooge McDuck erfand, dafür, daß die Ente meinen Vater nachahmte.« Gordon fand Scrooge McDuck als Karikatur seines Vaters allerdings komischer als seinen Vater selbst.

Paul und Gordon begannen ihre Laufbahn als Management-Trainees und pumpten für 400 Dollar im Monat Benzin auf einer Tankstelle, die, getrennt durch die Bucht, genau gegenüber ihrem Wohnhaus in San Francisco lag. Nach drei Wochen wurden sie als Arbeiter in die Avon-Raffinerie geschickt, danach wurden sie nacheinander Magazinverwalter, Büroangestellte und Verkäufer und durchliefen damit dasselbe Intensivprogramm, das alle Trainees durchmachen mußten.

Im März 1958, als sie mit ihrer Grundausbildung fertig waren, flogen sie nach Paris, um eine Weile bei ihrem Vater zu sein. »Es sollte teilweise Urlaub, teilweise Arbeit sein«, erklärte Gordon. »Jeden Tag verbrachten wir ein paar Stunden bei ihm, nahmen an Konferenzen teil, beschäftigten uns mit der Korrespondenz und lernten allgemein das Metier kennen.«

Getty hauste in seiner gewohnten Suite im George V, verlangte aber von Gordon und Paul sowie dessen Frau und Sohn, ein paar Häuserblocks entfernt in einem billigeren Hotel zu wohnen.

Getty sah zum erstenmal seine Schwiegertochter Gail und seinen Enkel Paul III. und war von beiden sehr angetan. Gail war jung und besaß eine gute Figur, was genügte, um sich sofort der Sympathie Gettys zu erfreuen. Völlig unerwartet war jedoch, daß der alte Mann plötzlich ein vernarrter Großvater wurde. Das Baby Paul war, wie Getty notierte, »ein aufgeweckter, rothaariger kleiner Racker, der eine bemerkenswerte Art hat, seinen Großvater um den Finger zu wickeln«.

Getty lud alle zur Weltausstellung nach Brüssel ein und erstaunte jedermann, weil er häufig mit dem Baby auf seinem Schoß schmuste. Eines Nachmittags saß Baby Paul im Hotel ohne Windeln auf den Knien seines Großvaters. Es passierte das Unvermeidliche: Ein dunkler Fleck erschien auf Gettys Hosenbeinen. Paul und Gail starrten erschrocken darauf und fragten sich, was passieren werde. Getty nahm das Baby plötzlich hoch und betrachtete seine Hose. Vorübergehend fiel ihm die Kinnlade runter, und dann brach er in ein schallendes Gelächter aus, als ob ihm die komischste Sache der Welt passiert sei.

Im Mai reiste Gordon in die Neutrale Zone. Ursprünglich sollte auch Paul mitfahren, aber Getty änderte seine Meinung und beschloß, Paul nach Italien zu schicken, wo er die Übernahmeverhandlungen mit der Golfo unterstützen sollte. Der Wunsch, seinen Enkel um sich zu haben, mag eine gewisse Rolle bei dieser Entscheidung gespielt haben. Paul und Gail waren sicherlich froh über den Umzug nach Italien, und sie mieteten sich ein kleines Appartement im Haus Piazza Duse 1 in Mailand, wo sich die Verwaltungszentrale der Golfo befand. Im Juni fragte Paul seinen Vater schüchtern um die Erlaubnis, seinen Namen Eugene in Jean umwandeln zu dürfen, um damit Jean Paul Getty junior zu werden. Getty war gerührt und natürlich einverstanden.

Um diese Zeit erfuhr Getty aus New York die gute Nachricht, daß Timmy sich so weit erholt hatte, daß er in ein Rehabilitationszentrum überwechseln konnte. Nach nahezu einjähriger Bettlägerigkeit war er allerdings noch sehr schwach und konnte nicht ohne Hilfe gehen, aber Teddy war zuversichtlich, daß der Junge bald wieder zu Kräften kommen werde. Getty telefonierte mit Timmy und fragte, was er sich zu seinem zwölften Geburtstag wünschte. »Ich möchte deine Liebe, Daddy«, piepste sein dünnes Stimmchen über die Leitung, »und ich möchte dich sehen, Daddy.«

Getty war im Juli in Rom, um die Übernahme der Golfo zu erörtern. Am Monatsende stieg er im Hotel Francia-Europa in Mailand ab, um ein paar Tage bei seinem Enkel verbringen zu können.

»1. August 1958: In der Piazza Duse 1, um Pauls und Gails Appartement und meine Lieben zu sehen. Ich sah den schlafenden kleinen Paul in seinem Kinderbettchen, er lag auf dem Bauch. Paul kam um acht Uhr aus dem Büro. Ich bin stolz auf meine kleine Familie. Die Mailänder Zeitungen sind voll von Geschichten über die unerträgliche Hitze der letzten Tage, aber obwohl ihr Appartement keine Klimaanlage hat, waren Paul und Gail fröhlich und klagten nicht.«

Am selben Tag rief der behandelnde Arzt Timmys, Dr. Hoen, aus New York an und empfahl eine kosmetische Operation zur Entfernung der Narben, die bei den Operationen entstanden waren, sowie die Korrektur einer eingesunkenen Knochenstelle auf der Stirn des Jungen. Timmy habe sich gut erholt, teilte er mit. Der Druck in seinem Gehirn sei normal, er könne bereits im Zimmer mit Hilfe einer Krücke herumgehen. Aber der Junge ärgere sich über die Narben und lege beständig eine Hand auf die Stirn. Der Doktor hielt es deshalb für eine gute Idee, alle Spuren der Operation zu entfernen, bevor Timmy nach Hause zurückkehren dürfe.

Getty fragte, ob irgendein Risiko bestehe, und erhielt die Auskunft, daß es nur geringfügig sei. Der Junge müsse nur noch ein paar weitere Tage im Krankenhaus verbringen. Dann kam Teddy an den Apparat und erklärte, daß sie einer Meinung mit dem Arzt sei. Aber Getty hatte Vorahnungen und verweigerte zunächst seine Einwilligung. Erst als Timmy den Hörer nahm und seinen Vater anflehte, der Operation zuzustimmen, gab Getty zögernd seine Erlaubnis. Noch zwei Tage später, als er nach Lugano zu einer Reihe von Treffen mit Vertretern eines Schweizer Konsortiums reiste, das eine maßgebliche Beteiligung an der Golfo-Raffinerie in Gaeta besaß, hatte er böse Vorahnungen.

Am Donnerstag, dem 14. August, wurde Timmy in New York operiert. Teddy rief Getty an und erzählte, daß sich der Junge gut erholt habe, munter und fröhlich sei und sich darauf freue, nach Hause zu kommen und Tippy, seine schwarzweiße Schäferhundmischung, wiederzusehen. Getty war sehr erleichtert.

Um drei Uhr nachts am Sonntag, dem 17. August, klingelte das Telefon in Gettys Suite im Hotel Splendide in Lugano. Es war Teddy. Timmy hatte einen Rückfall erlitten und war schwer krank. »Ich bin bestürzt«, schrieb Getty in sein Tagebuch. »Sprach ein Gebet. Konnte nicht schlafen. Arbeite an Berichten und Briefen, um mich abzulenken.«

Um vier Uhr am nächsten Morgen, während eines Gewitters, rief Teddy wieder an, vor Kummer fast nur stammelnd. Timmys Herz hatte versagt. Er war tot.

»Montag, 18. August: Mein Liebling Timmy starb vor zwei Stunden, mein bester und tapferster Sohn, ein wahrhaft edler Mensch. Worte sind überflüssig. Ich klage mich an, daß ich Dr. Hoen die Einwilligung zur Operation gab. Ich hätte jede weitere Operation untersagen sollen, aber Dr. Hoen versicherte mir, daß keine Gefahr bei der Operation bestehe. Ich zögerte immer noch, gab jedoch schließlich meine Erlaubnis. Wenn man mir nicht versichert hätte, daß die Operation leicht sei, wäre ich nach NY gefahren, da die Operation ja auch nicht dringend war. Arme Teddy! Wie tapfer sie ist! Mein Liebling Timmy, die Welt ist nach deinem Tod ärmer, und ich bin trostlos.«

»Dienstag, 19. August: Kann nur an Timmy denken.«

»Mittwoch, 20. August: Sprach nach dem Abendessen mit Mr. und Mrs. Lund aus London und ihrer hübschen Tochter Robina. Sie ist eine vorzügliche Pianistin ... Timmy, es fällt mir schwer, angesichts deines Todes tapfer zu bleiben. Mein geliebter Junge.«

»Donnerstag, 21. August: Es ist heute kalt, ein Hauch von Herbst. Zerriß alte Briefe und Geschäftsunterlagen. Ich kann kein schweres Gepäck tragen.«

»Freitag, 22. August: Rohölbedarf 1958: UK 724; Deutschland 410; Japan 360; Italien 340. Las gerade wieder ein rührendes Gedicht, das mein Timmy schrieb ...«

Timmy wurde auf dem Forest Lawn Memorial Park in Los Angeles beigesetzt, nicht weit von seinen Großeltern Sarah und George Getty. Sein Vater nahm an der Beerdigung nicht teil.

Getty vergrub sich in Arbeit, dem seiner Meinung nach einzigen Linderungsmittel gegen Kummer. Aber er zog ein wenig Trost aus der Anwesenheit von Baby Paul, der in der italienischen Sonne Sommersprossen wie Timmy bekam.

»Mittwoch, 27. August: Im Taxi mit Paul zu seinem Appartement. Zum Mittagessen. Baby Paul kam in den Flur gerannt, uns zu begrüßen. Er war überaus fröhlich und niedlich. Er kann noch nicht sprechen. Gail hatte ein nettes Mittagessen vorbereitet. Zurück ins Hotel, arbeitete mit June (June Cassell, seine Sekretärin). Paul und Farbach kamen zu mir wegen der Besprechung morgen. Madelle rief an; der Rubens kostet 130 000 Dollar. Hilde kam 5.30; Abendessen mit ihr. Nahm 500 mg Terramycin am Mittag; 250 mg um 18 Uhr, 250 mg um 24 Uhr. GOC-Förderkapazität in der NZ scheint jetzt im Engpaß zu sein bei gegenwärtiger Tagesfördermenge der Wafra-Quellen, die GOC gehören. Aminoil nimmt ¾ vom Burgan, das Ratawi ist von Aminoil auf 16 000 BD gekürzt; das Eozän bringt 26 000 BD, GOC schafft 45 000 BD, das Terminal kann 100 000 BD weiterleiten oder doppelte gegenwärtige Produktion. Wenn die 16. fertig ist und eine 2. Seelinie fertig ist, wird die Kapazität 200 000 BD oder die 4fache gegenwärtige GOC-Feldfördermenge sein. Das Burgan scheint ein MER von 45 000 zu haben oder 22 500 BD für GOC. Das macht erforderlich, daß GOC 178 500 BD vom Eozän und Ratawi bekommt. Gegenwärtige Nachfrage nach GOC-NZ-Rohöl inkl. Heizöl beträgt 50 000 BD nach Del, 10 000 BD nach Avon. Nächstes Jahr schätzungsweise 45 000 BD nach Del, 30 000 BD nach Avon, 8 000 BD an MOC. Gesamtmenge wird 75 000 BD an TW, 40 000 BD an MOC, 35 000 an Gaeta plus, sagen wir, 15 000 BD Produktabsatz von MS an den Handel. TW hat genügend Tankerkapazität, um bis 1963 voraussichtlich alles zu befördern, daher keine neuen Tankeraufträge vor 1962. Die Tankerindustrie braucht einen dreijährigen Aufschub für neue Tankeraufträge, 1958, 59, 60, und wird ihn wahrscheinlich bekommen. Diese dreijährige Schonzeit plus Stornierungen und Umsteigen auf Erzfrachter und Trockengutfrachter wird wahrscheinlich 1964 den Gewinn kappen, wenn Unternehmer wieder Tanker ordern. Steuern nächstes Jahr vielleicht um 10 bis 20 Prozent höher als dieses Jahr, oder sagen wir PG US USMC – 55 Prozent.«

Timmy wurde ein letztes Mal am Mittwoch, dem 3. September, in Gettys Tagebuch erwähnt. »Rechnung für Beerdigung von Liebling Timmy. Ein trauriger Tag. Schickte Telegramm in die Zone, daß Aminoil 50% vom Eozän für 50% vom Burgan bekommen soll und 10 Cents pro Barrel für Transport...«

Ende 1958 hatte Getty die Übernahme von Golfo vollzogen, die Geschäftsstelle nach Rom, näher zur Raffinerie in Gaeta, verlegt und den Namen der Gesellschaft in Getty Oil Italiana umgeändert. Er wußte, daß Paul und Gail sich freuen würden, in Rom zu leben, und er redete sich ein, daß Paul in der Lage war, größere Verantwortung zu übernehmen.

»Ich überlasse dich jetzt hier dir selbst«, erklärte er Paul. »Glaubst du, mit allem fertig zu werden?«

»Ich werde mein Bestes versuchen«, antwortete Paul.

Getty war zufrieden und kehrte nach London zurück. Er ließ seinen 27jährigen Sohn nach nur zwei Jahren im Ölgeschäft als Generalmanager von Getty Oil Italiana zurück. Als Paul und Gail in Rom ankamen, entdeckten sie, daß der berühmte Filmregisseur Federico Fellini in der Via Veneto den Film »La Dolce Vita« drehte.

Konnte ein junges, naives amerikanisches Ehepaar, das sich in der Welt nicht auskannte und zum erstenmal in Europa war, einen besseren Platz finden, um ein Heim zu gründen? Oder einen schlimmeren?

Pauls Bruder Gordon hatte indessen Tausende von Meilen weiter in der Neutralen Zone keine schöne Zeit. Er hatte es geschafft, verhaftet zu werden.

Bei seiner Ankunft mußte Gordon die überraschende Entdeckung machen, daß die Neutrale Zone nicht länger die wilde, romantische Wüste war, die er erwartet hatte. »Es erinnerte eher an einen Vorort von New York«, sagte er, »außer daß es kein Fernsehen gab.« Der Hafen von Mina Saud war jetzt eine Siedlung von klimatisierten Betonwürfeln mit einem Swimmingpool, einem Sportplatz und einem Golfplatz mit wunderbar grünem Rasen, der aus dem Wüstensand sproß. Im Wafra-Ölfeld, dreißig Meilen landeinwärts, waren die Bedingungen ein wenig primitiver, aber die Ausdehnung der Spartan-Wohnwagen gab dem Ort ein eher amerikanisches als arabisches Aussehen. Gordon war ziemlich enttäuscht.

Die erste Aufgabe, mit der ihn sein Vater beauftragt hatte, war eine Angelegenheit, die sehr viel Fingerspitzengefühl und ein tiefes Verständnis für die Araber und Arabien voraussetzte. Gordon besaß beides nicht. Getty war der Meinung, daß der örtliche Emir, der von König Saud als Regent eingesetzt worden war, um die saudischen Interessen in der Neutralen Zone zu wahren, der Getty Oil Company Geld schuldete. Es handelte sich um eine belanglose Geschichte, nur ein paar kleine, unbezahlte Rechnungen, aber Getty haßte ausstehende Gelder und wies Gordon an, auf einer Bezahlung zu bestehen.

Gordon, der seinem Vater ganz offensichtlich gefallen wollte, sah keine Schwierigkeiten voraus. Er traf eine Verabredung mit dem Emir und präsentierte ihm freundlich die Rechnungen. Der Emir war ebenfalls freundlich, ließ aber über einen Dolmetscher erklären, daß es sich hier um einen Irrtum handeln müßte, er schuldete Getty Oil nichts. Die ihm in Rechnung gestellten Posten seien eindeutig Gefälligkeiten gewesen, und er habe sie als solche angenommen. Gordon entschuldigte sich errötend und verschwand.

Er meldete diese Auskunft seinem Vater nach London und erhielt als Antwort ein kurzes Telegramm, aus dem hervorging, daß Getty noch immer die Begleichung der Rechnungen erwartete. Gordon ging wieder zum Emir, wobei er diesmal eine fühlbar unfreundlichere Aufnahme fand und dieselbe Geschichte hörte. Der Emir konnte wahrscheinlich gar nicht begreifen, weshalb der junge Amerikaner seine Mitteilung nicht kapierte – das Geld, das Getty Oil forderte, war sein ihm zustehendes Bakschisch, das er als Gegenleistung für seine Kooperation erwartete. Überall in Saudi-Arabien wurden Geschäfte auf diese Weise abgeschlossen, und ihn beleidigten die hartnäckigen Forderungen des jungen Getty, daß er auf sein Bakschisch verzichten sollte.

Als erfahrenere Hasen mit mehr Wissen über den Nahen Osten Gordon erklärten, was sich abspielte, wollte er die Angelegenheit fallenlassen, aber sein Vater wollte davon nichts wissen. Er bestand aus Prinzip darauf, daß Gordon weiterhin auf einer Bezahlung der Rechnungen bestehen sollte. Es dauerte nicht lange, und Gordon war beim Emir extrem unbeliebt.

In jenem Sommer fuhr ein arabischer Fahrer, der für die Getty Oil Company arbeitete, mit seinem Lastwagen gegen eine Pipeline und richtete beträchtlichen Schaden an. Er floh sofort und wurde nie wiedergesehen. Unfälle dieser Art waren nicht selten, und unter normalen Umständen hätte dieser auch nicht das Interesse der saudischen Behörden geweckt. Aber das Wohlwollen, das der Emir früher der Getty Oil Company entgegengebracht hatte, existierte nicht mehr, und so bestand der Emir darauf, daß der direkte Vorgesetzte des Fahrers für den Unfall bestraft werden sollte. Das war unter der harten saudiarabischen Justiz vollkommen gesetzmäßig.

Gordon war schockiert, obwohl ihm einige der anderen Ölmänner erzählten, daß es noch schlimmer kommen könnte: Wenn ein Fahrer einen Fußgänger in Saudi-Arabien überfuhr und tötete, hatten die Verwandten des Getöteten nicht nur das Recht, das Leben des Fahrers als Vergeltung zu fordern, sondern konnten auch den Scharfrichter wählen und über die Art der Hinrichtung entscheiden.

Entsetzt über die Brutalität des saudischen Rechts, befand sich Gordon nun in einem moralischen Dilemma. Er konnte kaum die Bestrafung eines seiner Männer für eine Tat dulden, die er nicht begangen hatte. Andererseits mußte der Ratschlag, sofort abzureisen, mit großer Wahrscheinlichkeit zu einer weiteren Verhaftung führen – nämlich zu Gordons Verhaftung. Er hatte allmählich auch den unangenehmen Verdacht, daß dies das Ziel des Emirs sein könnte. Als der junge Mann, den der Emir verhaften lassen wollte – ein junger Engländer, der seit einigen Jahren in der Neutralen Zone arbeitete –, Gordon fragte, ob er bleiben und die Suppe auslöffeln oder nach Kuwait fahren und den ersten Heimflug nehmen sollte, antwortete Gordon schließlich, daß er kein Polizist sei: Er könne ihm weder befehlen zu bleiben noch ihn von einer Abreise zurückhalten. Der Engländer fuhr in der Nacht noch weg.

Am nächsten Tag wurde der glücklose Gordon verhaftet und angeklagt, einem Gefangenen zur Flucht verholfen zu haben. Weil er ein Getty war und daher eine Person von einigem Ansehen, wurde er allerdings nicht ins Gefängnis geworfen, sondern im Haus des Gouverneurs in Damman, der Hauptstadt der Ostprovinz Saudi-Arabiens, festgehalten.

Eine Woche später fand die Gerichtsverhandlung statt, die ausschließlich in arabischer Sprache geführt wurde, und Gordon verstand nicht ein Wort von dem, was gesagt wurde. Aber zum Schluß konnte er sich mühsam zusammenreimen, daß man ihn für schuldig befunden und zu einer Woche Hausarrest verurteilt hatte. »Das war gar nicht so übel, weil ich Zeit hatte, mich wieder mit meiner Lektüre zu beschäftigen«, sagte er.

Getty war mehr als nur beunruhigt, als die Nachricht von Gordons Arrest über mehrere Etappen in London ankam. Er schob sofort seinem Sohn den ärgerlichen Zwischenfall in die Schuhe und ordnete an, daß Gordon unmittelbar nach seiner Entlassung die Neutrale Zone verlassen sollte.

Gordon flog nach London und erlebte ein frostiges Wiedersehen mit seinem Vater. »Vater war *ziemlich* verständnisvoll«, sagte er, »aber ich glaube, daß er das Gefühl hatte, ich hätte auf irgendeine verdammte Art und Weise die Dinge pfiffiger handhaben können.« Wenn er irgendwelche Zweifel an seiner Analyse hatte, wurden sie beseitigt, als er knapp und bündig nach Tulsa, Oklahoma, mit der Anweisung abkommandiert wurde, das Wohnwagengeschäft zu erlernen. Einige Monate später schrieb der Chef der Spartan an Getty und drohte mit seiner Kündigung: »Ich kann einfach nicht mit Gordon zusammenarbeiten«, erklärte er.

Nicht lange danach kam Gordon zu der Erkenntnis, daß er vielleicht doch nicht das Zeug zum Geschäftsmann hatte, und verließ das Unternehmen, um am Konservatorium in San Francisco Musik zu studieren. Obwohl er sich zögernd eingestand, daß er für einen Opernsänger keine ausreichende Stimme besaß, hoffte er immer noch, wenigstens als Komponist eine Karriere in der Musik machen zu können. »Vater stellte sich meinem Entschluß überhaupt nicht in den Weg«, sagte Gordon. »Ich glaube, er war vielleicht sogar erleichtert.«

Im Sommer 1959 lebte Getty bereits seit einem guten Jahrzehnt in Hotelzimmern. Auch im Alter von 66 Jahren dachte er noch nicht an

Rückzug, obwohl er sich manchmal für den Gedanken erwärmte, seßhaft zu werden und sich irgendwo in Europa einen festen Wohnsitz zu verschaffen. Er hatte so etwas wie ein großes Landhaus in der Nähe einer europäischen Hauptstadt im Auge, einen Ort, der ihm ein bequemes und ständiges Heim böte und gleichzeitig groß genug wäre, um als Unternehmenszentrale zu fungieren.

Frankreich war seine erste Wahl. Er war überzeugter Frankophile, bewunderte Paris und die Pariserinnen und war kurz zuvor in Anerkennung der von ihm geschaffenen Arbeitsplätze – er ließ viele seiner Tanker auf französischen Werften bauen – zum Ritter der Ehrenlegion ernannt worden. Ein Schloß, nicht allzuweit von Paris entfernt, hielt er für sehr erstrebenswert. Aber die politischen Unruhen von 1958 und die Wahl von Charles de Gaulle zum Präsidenten ließen ihn zu der Überzeugung kommen, daß Frankreich keine so gute Idee war. Er konnte sich nicht vorstellen, daß ausländische Geschäftsleute unter dem herrschsüchtigen de Gaulle besonders willkommen waren, und begann sich nach etwas anderem umzusehen.

Im Juni 1959, während er im Ritz in London wohnte, wurde er zu einer Dinnerparty bei dem Herzog und der Herzogin von Sutherland nach Sutton Place eingeladen, ihrem Landsitz in der Nähe von Guildford in Surrey, ungefähr dreißig Meilen außerhalb Londons. Sutton Place ist ein herrliches altes Herrenhaus mit 72 Räumen und gilt als schönstes Beispiel der Tudor-Architektur. »Geordie« Sutherland hatte das Anwesen 1917 für 120000 Pfund gekauft, empfand jedoch die Unterhaltungskosten als zunehmende Belastung der Familienfinanzen. Während des Dinners gab er Getty zu verstehen, daß er das Anwesen gerne verkaufen und irgendwo ein kleineres suchen würde.

Es vergingen einige Tage, bis es Getty klar wurde, daß Sutton Place genau die Art von Grundbesitz war, nach der er suchte. Das Anwesen war gewiß groß genug, befand sich recht nahe bei London und konnte einen perfekten Hintergrund für den Großteil seiner Kunstsammlung abgeben. Die seltsame Übereinstimmung der Namen – Gettys erste Wohnung in New York war das Penthouse am Sutton Place – ließ es irgendwie als noch reizvolleres Kaufobjekt erscheinen. Getty bat Dudley Delevigne, einen bekannten Grundstücksmakler und guten Bekannten von Mrs. Kitson, diskrete Nachforschungen anzustellen, welchen Preis der Herzog für Sutton Place erwartete. Der Herzog war, wie durchsickerte, extrem knapp bei Kasse und sehr an einem Verkauf interessiert. Delevigne berichtete dies und sagte, daß Getty wahrscheinlich den gesamten Besitz, das

Haus und den fast 25 Hektar großen Park, für weniger als 65 000 Pfund erwerben könnte. Der Preis war so niedrig, weil die meisten Käufer vor den riesigen Unterhaltungskosten für ein Haus dieser Größe zurückschreckten, erklärte der Makler.

Getty fackelte niemals lange, besonders dann nicht, wenn er fürchtete, ein vorteilhaftes Geschäft zu versäumen. Er wies Delevigne an, mit dem Herzog von Sutherland in Verhandlungen einzusteigen und zum frühestmöglichen Zeitpunkt Sutton Place zu kaufen. Er verpflichtete eine junge, frischgebackene Anwältin, die Transaktion zu überwachen und eine Gesellschaft zur Verwaltung des Anwesens zu gründen. Es war Robina Lund, die »äußerst hübsche Tochter« von Mr. und Mrs. Lund, die er ein Jahr zuvor im Hotel Splendide in Lugano kennengelernt hatte. Noch vor Ablauf des Jahres wurde das schönste Tudor-Haus Großbritanniens Gettys Unternehmenslabyrinth einverleibt. Sogleich begannen ausgedehnte Renovierungs- und Umbauarbeiten unter der Leitung von Mrs. Kitson, der wenig Konkurrenz um dieses Amt entgegentrat.

Am 29. Juni 1960 schrieb Getty in sein Tagebuch: »Verließ heute meine Suite 611–612 im Ritz zum letztenmal. Von jetzt an wird meine Adresse Sutton Place heißen – aber für wie lange? Ich hoffe, all die noch zu erledigenden geschäftlichen Kleinigkeiten zumindest innerhalb des nächsten Jahres geordnet zu haben. Ich sehne mich danach, wieder in die Wellen am Strand von Malibu zu tauchen.«

15. »Guter, altmodischer, vulgärer Spaß«

Sutton Place wurde zwischen 1521 und 1530 für Sir Richard Weston erbaut, einen Günstling am Hofe König Heinrichs VIII., und war das bedeutendste der großen Tudor-Häuser, nachdem Kardinal Wolsey 1514 mit dem Bau von Hampton Court begonnen hatte.

Sir Richard, der als Abgesandter des Königs in Frankreich gedient und ihn 1520 zu dem Treffen mit Franz I. begleitet hatte, war anscheinend sehr vom italienischen Architekturstil, der damals auf dem europäischen Kontinent beliebt war, beeinflußt – ein Einfluß, der in der besonderen Anmut und Eleganz von Sutton Place sowie in dem ausgiebigen Gebrauch reliefverzierter Terrakottakacheln zur Verzierung des Mauerwerks zum Ausdruck kam. Den Räumen des vermutlich ersten Herrensitzes, der ohne Befestigungsanlagen gebaut worden war, gaben die großen, mit Mittel- und Längspfosten versehenen Fenster aus bemaltem Glas eine Luftigkeit und Helligkeit, die für die damalige Periode ganz unüblich war.

Heinrich VIII., der damals gerade versuchte, sich der ersten seiner sechs Ehefrauen zu entledigen, war mit seiner Geliebten Anne Boleyn ein häufiger Gast auf Sutton Place. Sie spielten gerne Tennis mit Sir Richards Sohn Francis. Die Spiele wurden offenbar nach Heinrichs Hochzeit mit Anne außerhalb des Hofes fortgesetzt, denn 1536 wurde Anne u. a. wegen Ehebruchs mit Francis Weston in den Tower von London gesperrt. Francis wurde für schuldig befunden, ein Geliebter der Königin gewesen zu sein, und im Alter von 22 Jahren auf dem Tower Hill geköpft. Anne Boleyn folgte ihm einige Tage später auf den Richtblock. Ihr Geist aber, so wurde erzählt, kehrte zurück, um die widerhallenden Räume von Sutton Place heimzusuchen, wo sie sich angeblich mit ihrem Liebhaber traf.

1542 ging der Herrensitz auf Sir Richards Enkel Henry über, der eine Cousine von Anne Boleyns Tochter, Königin Elisabeth I., heiratete. Auch noch nach der Suprematsakte blieben die Westons treue Anhänger der römisch-katholischen Kirche und verschwanden faktisch aus dem öffentlichen Leben, obwohl Henrys Sohn, der zweite Sir Richard Weston, ein bekannter Agronom war: Er führte die Theorie vom Fruchtwechsel ein und unternahm ausgedehnte landwirtschaftliche Versuche auf dem Land rund um Sutton Place.

Der Landsitz blieb bis zum Ende des 19. Jahrhunderts im Besitz der Familie Weston und wurde dann von dem Zeitungsmagnaten Alfred Harmsworth, dem ersten Viscount Northcliffe, gepachtet. Er ließ einen Golfplatz mit neun Löchern auf dem Grundstück anlegen. 1918 erlitt

Northcliffe einen Nervenzusammenbruch. Sutton Place wurde von dem fünften Duke of Sutherland erworben, dem Nachkommen einer alten schottischen Familie, die ihren Titel bis in das 13. Jahrhundert zurückverfolgen kann. Der Landsitz blieb fast vierzig Jahre im Besitz des Herzogs, bis die Unterhaltskosten hinderlich wurden.

Als Getty Sutton Place kaufte, sah es im wesentlichen immer noch so aus, wie Sir Richard Weston es vor mehr als 400 Jahren bauen ließ, abgesehen von der Umwandlung einiger Räume in Badezimmer, dem Einbau einer veralteten Zentralheizung und eines Kohlenherdes in der Küche. Die Mehrzahl der herrlichen, mit Wappen bemalten Fenstergläser war noch vorhanden, auch die steinernen Kamine mit dem Granatapfel-Emblem der ersten Frau Heinrichs VIII., die zur Entstehungszeit des Hauses noch in Gunst war. Das Eichenpaneel war original erhalten, obwohl es während der Jahrhunderte unter unzähligen Lackschichten verschwunden war, außerdem gab es noch eine beträchtliche Anzahl von Möbeln, die schon in einer Inventarliste von 1542 erwähnt worden waren. Sir Richard hätte an der sich über zwei Geschosse erstreckenden Großen Halle mit ihren Spielmannsgalerien an beiden Enden oder an der Langen Galerie im oberen Stockwerk, die früher an regnerischen Tagen für flotte Verdauungsspaziergänge benutzt worden war, nur wenig Veränderungen feststellen können.

Der Herzog von Sutherland hatte als Eigentümer nur wenig Veränderungen durchführen lassen, und die Sutton Place Property Company, die von Getty zur Verwaltung des Anwesens gegründet worden war, begann mit einem großangelegten Renovierungs- und Modernisierungsprogramm. Alle veralteten Bäderausstattungen wurden herausgerissen und ersetzt, die Küche wurde vollkommen geräumt und mit den neuesten amerikanischen Geräten ausgestattet, viele Decken wurden tiefer gezogen, ein neues Ölzentralheizungssystem wurde eingebaut, das gesamte Eichenpaneel wurde abgebeizt, um das Originalholz zum Vorschein zu bringen, und das gesamte Haus wurde vom Keller bis zum Dach, alle 72 Räume, neu gestrichen. Getty hatte beschlossen, seine Kunstsammlung in Kalifornien nicht zu plündern, um Sutton Place auszustatten. Er kaufte dem Herzog von Sutherland einige Möbel, Gemälde und Wandteppiche ab, die sich bereits im Haus befanden, und begann dann mit einer wahren Kauforgie. Er kaufte Gainsboroughs »Portrait of Anne« für 104 000 Dollar, für 532 000 Dollar einen weiteren Rembrandt, »Der Heilige Bartholomäus«, und schrieb dann schuldbewußt in sein Tagebuch: »Ich sollte aufhören, Gemälde zu kaufen. Ich habe genug in sie investiert.« Doch sein Entschluß hielt nicht lange vor: In den folgenden Monaten erwarb er einen Canaletto, zwei Renoirs, einen Corot, zwei Degas, einen Bonnard und »Diana und ihre Nymphen brechen zur Jagd auf« von Rubens.

Er kaufte zwei vollständige Sammlungen von Gold- und Silbertellern, die meisten von Paul Lamerie; mehr als ein Dutzend flämische Wandteppiche und Orientbrücken, unzählige Eichenmöbel aus dem 17. und 18. Jahrhundert und aus der Sammlung William Randolph Hearsts aus dem Saint Donat's Castle in Wales zwei riesige Tudor-Tische für den Speisesaal auf Sutton Place.

Penelope Kitson kaufte auch ein: Hunderte Quadratmeter Teppiche und Vorhänge, Samttapeten für die Bibliothek, zwei Flügel für die Lange Galerie, Hunderte von Handtüchern und Tischdecken, 128 Bettgarnituren und 250 Kissenbezüge . . . Es gab außerdem, wie Getty sagte, »einen ganzen Textilladen« voll von kleineren Artikeln zu kaufen.

Die Sutton Place Property Company übernahm bis auf einige familientreue Menschen, die mit dem Herzog und der Herzogin umzogen, alles Personal, das bereits auf dem Anwesen beschäftigt war. Es gab ungefähr 35 Hausangestellte; zu ihnen gehörten der Gutsverwalter, ein Wildhüter, fünf Gärtner, zwei Förster, acht Wachmänner, ein Chauffeur, ein Koch und ein Hilfskoch, eine Haushälterin und zwei Helferinnen, zwei Sekretärinnen, ein »Arbeiter für alles«, ein Lakai und ein Butler. Die beiden wichtigsten Angestellten waren Francis Bullimore, ein gebieterisch auftretender Butler, der geradewegs aus den Büchern von P. G. Wodehouse gestiegen sein könnte, und Albert Thurgood, der Gutsverwalter. »Wir waren nicht allzu traurig über Mr. Gettys Kauf«, sagte Thurgood. »Die Angestellten wußten, daß das Haus dem Herzog zuviel wurde, und sie hatten alle Angst, arbeitslos zu werden, falls der Besitz aufgelöst werden sollte. Sie wußten zwar alle, daß Mr. Getty den Ruf besaß, geizig zu sein, aber sie waren froh, daß sie alle ihre Stellung behielten.«

Während die Renovierungsarbeiten auf Sutton Place in vollem Gange waren, wohnte Getty noch in seiner Suite im Ritz. Er besuchte das Anwesen jedoch häufig, um die Fortschritte zu überprüfen. Gewöhnlich nahm er von London aus den Zug, weil er schneller und billiger als das Auto war – der Fahrpreis für die zweite Klasse betrug von Waterloo nach Woking, der nächstgelegenen Station, nur sieben Shilling und einen Sixpence. Richings, der Chauffeur, kam zum Zug und fuhr Getty zum Landsitz. Getty ging gerne im Haus umher und beobachtete die Arbeiter, und er war wirklich aufgeregt, als ein Priesterversteck hinter dem Paneel in der Langen Galerie und der Original-Brotofen mit Speckhaken hinter dem

Kamin im Salon entdeckt wurden. Wenig später saß er in der Bibliothek und blätterte in Nachschlagewerken, um herauszufinden, was früher auf einem Tudor-Herd gekocht worden war.

Die Nachricht, daß der »reichste Mann der Welt« – als der Getty nun fast überall galt – vorhatte, sich in England in einem Tudor-Herrensitz niederzulassen, bewirkte natürlich große Aufmerksamkeit in den Medien. Seine Freunde fingen unweigerlich an zu fragen, eher im Scherz als ernsthaft, wann die »Einstandsparty« denn stattfinden werde. Getty hatte seit Jahren keine Party gegeben, aber je mehr er darüber nachdachte, desto besser fand er die Idee, insbesondere da sie steuerabzugsfähig war. Die Sutton Place Property Company verwaltete den Besitz als ein »Begegnungszentrum« für die Getty-Interessengemeinschaft. Ein Einstandsfest entsprach der offiziellen Einweihung einer körperschaftlichen Einrichtung.

Anfang April 1960 beschloß der 67jährige Milliardär, daß es eine große Einstandsparty geben werde, nicht nur eine bescheidene Versammlung von ein paar Freunden, sondern eine einmalige Party mit Gästen aus aller Welt, an die man sich sein Leben lang erinnern würde. Getty war der Meinung, daß diese Party zudem eine ausgezeichnete Reklamewirkung haben könnte. Er wollte Spitzenführungskräfte aus allen Getty-Gesellschaften einladen, Spitzenleute aus anderen Industriekreisen, führende Politiker und Personen von gesellschaftlichem Einfluß. Die Arbeiten am Haus sollten zwischen dem 30. April und dem 15. Mai beendet sein. Deshalb kalkulierte Getty eine Sicherheitsspanne für Verzögerungen ein, zückte sein Notizbuch und machte um Donnerstag, den 30. Juni, einen Kringel.

Die Gästeliste enthielt, als sie endlich aufgesetzt war, nicht weniger als 1200 Namen. Im Mai wurden gedruckte Einladungskarten verschickt, aber schon nach ein paar Tagen fing Getty an, den ganzen Plan zu verwünschen. Es schien Tausende von Menschen zu geben, die glaubten, auch eingeladen werden zu müssen, und Sutton Place wurde von Telefonanrufen und Briefen, in denen um eine Einladung gebeten wurde, geradezu überschwemmt; viele kamen von »Freunden«, an die er sich nicht erinnern konnte. Noch schwieriger war es, mit den Leuten umzugehen, die eingeladen waren und mit der Frage anriefen, ob sie Freunde mitbringen könnten, einige wollten sogar einen Stapel Blanko-Einladungen.

Getty nahm wahrscheinlich zu Recht an, daß nur wenige die Frechheit besessen hätten, einen anderen Gastgeber mit solchen Bitten zu belästigen. Manchmal fragte er sich, ob dies nicht einfach auf die Tatsache zurückzuführen war, daß er Amerikaner war und die Leute daher glaubten, ihn anders behandeln zu können. Er kam jedoch zu dem Schluß, daß es wahrscheinlich wegen seines ungewollten Rufs als »reichster Mann der Welt« geschah. Die Unmengen von Bettelbriefen, die immer noch fortwährend ankamen, hatten schon beträchtlich seine durch Vorurteile getrübte Einstellung zur Menschheit verschlechtert, aber das unwürdige Gerangel um die Einladungen zu seiner Party bestätigte noch seine Vorurteile. Er war kaum überrascht noch besonders verärgert, als die Zeitungen berichteten, daß es einen schwunghaften Schwarzhandel für Einladungen gab, mit »Singles« bis zu 100 Pfund und »Doubles« für mehr als 250 Pfund.

Viel wichtiger war jedoch die Frage, ob die Bauarbeiten rechtzeitig fertig werden würden.

»Ich hatte allmählich enervierende Visionen von Partygästen, die mit ihren Köpfen gegen Leitern und Gerüste stoßen und über Farbeimer stolpern. Mrs. Kitson stand ebenfalls am Rande der Panik. Trotz ihrer größten Bemühungen, daß die Baufirmen ihre Zusagen einhielten, waren bestimmte Arbeiten nicht termingerecht fertig geworden, und viele Posten, die sie bestellt hatte, wurden nicht rechtzeitig geliefert. Als der Partytag näher rückte, war ein Großteil der Wände noch nicht gestrichen, und in weiten Teilen des Hauses herrschte ein Durcheinander von aufgestapeltem Bauholz, Rohren und Werkzeugen.«

Getty konnte nicht vor dem 29. Juni in sein Haus einziehen. Zu diesem Zeitpunkt waren die Renovierungsarbeiten allerdings noch längst nicht abgeschlossen, der Großteil des Personals lief sich die Hacken ab, um die restlichen Baugerüste abzudecken, Stehleitern, Werkzeuge und Planen von der Bildfläche verschwinden zu lassen, die rückwärtigen, ungestrichenen Schlafräume abzuschließen und die Lücken zwischen den Möbeln mit großen Blumenarrangements zu füllen.

Gettys alter Freund Jack Forrester, der zur Übernachtung eingeladen worden war, kam früh aus Paris an und trug einen schicken Vicuña-Mantel, den Getty sehr bewunderte.

»Warum probierst du ihn nicht mal an, Paul?« fragte Forrester. Getty zog ihn über seinen Anzug, streichelte das Material und sagte: »Er ist wunderschön. Wie teuer?«

»Rund 1500 Dollar«, antwortete Forrester fröhlich.

Auf Gettys Gesicht erschien der Ausdruck äußersten Entsetzens. »Ich könnte mir niemals so etwas leisten«, murmelte er und wand sich aus dem Mantel, als ob er plötzlich vergiftet sei.

Am Morgen des großen Tages schrieb Getty in sein Tagebuch: »Jeder arbeitet wie verrückt, um die Party vorzubereiten.« Das war keine Übertreibung. Lieferanten brachten Essen und Getränke in großen Kastenwagen herbei, im Haus und auf dem Grundstück wimmelte es von Arbeitern. Eine Tanzfläche wurde neben dem Schwimmbad im ummauerten Teil des Gartens angelegt, Scheinwerfer und Fackeln wurden angebracht, Pflöcke für die Schirmdächer in den Rasen gerammt und ein Gerüst für das Feuerwerk in einiger Entfernung vom Haus errichtet. Die drei Orchester, die den Gästen aufspielen sollten, kamen am Nachmittag an, auch der »orientalische« Wahrsager, der in seinem weihrauchgeschwängerten Zelt den Gästen die Karten legen sollte. Eine Kuh, die in der Milchbar angebunden werden sollte, kaute an einem Ballen Stroh und starrte aus glänzenden, verständnislosen Augen auf die Aktivitäten.

Die wichtigsten Ehrengäste, ungefähr hundert, waren auf 20.30 Uhr zum Dinner geladen; die übrigen sollten erst nach 22 Uhr kommen. Um 20 Uhr stellte Getty plötzlich fest, daß er kein Frackhemd zu seinem Frack besaß. Der durch nichts zu erschütternde Bullimore meisterte jedoch auch diese Krise perfekt. Er bot seinem Herrn eines seiner eigenen, gestärkten Frackhemden an. Es hing an Getty wie ein glockenförmiges Zelt, aber Bullimore steckte in aller Ruhe im Rücken mit Stecknadeln Biesen ab, um das Hemd zu straffen, das normalerweise seinen eigenen stattlichen Umfang bedeckte. Dergestalt ausstaffiert ging Getty ein paar Minuten vor 20.30 Uhr nach unten, um seine Gäste zu begrüßen.

Das Dinner – Kaviar, Consommé, Kalbsbraten und Walderdbeeren, alles auf goldenen und silbernen Tellern serviert – war ein voller Erfolg. Fünfzig Personen saßen um den großen Tisch im Speisesaal, ungefähr dieselbe Anzahl war an runden Tischen im Salon untergebracht. Getty saß am Kopf des Tisches im Speisesaal, zur Rechten die Frau des venezolanischen Botschafters, zur Linken Mary, Herzogin von Roxburgh. Mutig bemühte er sich um höfliche Konversation, während er jeden Bissen dreißigmal kaute. Aus dem Aufgebot der schwitzenden Kellner rutschte einer mit einer Schüssel Eiscreme aus und bekleckerte sich zur enormen Erheiterung der Tafelrunde, aber ansonsten gab es keine Zwischenfälle. Draußen war das eine ganz andere Sache.

Als der Kaffee serviert wurde, trudelten die anderen Gäste ein, und es entwickelte sich ein Chaos. Aus Sicherheitsgründen waren die Gäste gebeten worden, Sutton Place durch die Tore zu betreten, die an der A 3, der Hauptstraße London-Guildford, lagen. Sehr schnell entwickelte sich jedoch ein riesiger Verkehrsstau. Angesichts einer fünf Kilometer langen Autoschlange, die sich auf der A 3 staute, begannen die Dorfpolizisten, die zur Aufrechterhaltung von Sicherheit und Ordnung abkommandiert worden waren, die Autos durch die Tore hindurchzuwinken, ohne sich um eine Überprüfung der Einladungskarten zu kümmern.

Die »Türstürmer« konnten ihr Glück kaum fassen. Keiner aus Londons Partygängerkreisen hatte sich einen solchen Fez entgehen lassen wollen, und keiner hatte sich von einer fehlenden Eintrittskarte abhalten lassen, insbesondere da der Gastgeber nur irgendein reicher Amerikaner war. Mit sechs oder sieben erwartungsvollen Nachtschwärmern vollgestopfte Autos begehrten im Vertrauen auf eine einzige Einladungskarte Einlaß; viele andere kamen hinein, indem sie einfach Einladungskarten zu anderen Partys zückten. Und jene Paare, die sich mühsam im Kofferraum der Autos versteckt hatten, waren bei ihrer Befreiung richtig enttäuscht, als sie erfuhren, daß es gar keinen Anlaß zur Aufregung gegeben hatte. Rund um das Anwesen herum krochen junge Herren in Dinner-Jacketts und junge Damen in Ballkleidern durch Hecken oder kletterten über Mauern und schlenderten dann über den Rasen, als kämen sie von einem kleinen Spaziergang im Park zurück. Überall konnte man Türstürmer hören, die sich dazu beglückwünschten, sich eingeschlichen zu haben. »Gut gemacht. Jack ist hier.« »Prima gemacht, Fiona, hast es auch geschafft.« »George ist auch drin, der gute alte Junge, nun sind wir alle da.«

In der Großen Halle stand Getty in seinem stecknadelverzierten Frackhemd an der Spitze eines Empfangskomitees und schüttelte jedem der ankommenden Gäste höflich die Hand. Um 22.30 Uhr hatte er diesen Posten eingenommen, und dort stand er noch um Mitternacht, als Haus und Park bereits mit mehr als 2000 Menschen überfüllt waren und immer noch Wagen durch die Tore fuhren.

Einige von Gettys besten Freunden hatten schon lange vor dem eigentlichen Feuerwerk ein Feuerwerk erwartet, da Getty natürlich eine Auswahl seiner Mätressen eingeladen hatte, von denen sich viele noch niemals gesehen hatten. Daß sie sich nicht ausstehen konnten, wurde ganz klar, als Mrs. Kitson über die große Treppe hinunterkam, in einem Abendkleid, das sie sich zu diesem Anlaß von einem Pariser Couturier hatte anfertigen lassen. Auf halber Treppe bemerkte sie inmitten der Menge eine Frau in genau dem gleichen Kleid. Eine andere Freundin Gettys, Ethel Le Vane, die Penelope haßte, konnte es sich nicht verkneifen, mit einem aufgeregten »Très bon!« in die Hände zu klatschen.

Mrs. Kitson jedoch demonstrierte, was es heißt, eine wohlerzogene Engländerin zu sein. Ohne einen Moment zu zögern, ohne ein Wort, drehte sie sich einfach um und ging die Stufen wieder hoch. Zehn Minuten später erschien sie in einem anderen wunderschönen Kleid, einer aufregenden Création aus Pfauenfedern. Inzwischen ging das delikate Gerücht um, daß der Zwischenfall nicht nur ein reiner Zufall war, sondern bewußt eingefädelt worden war, um Penelope zu demütigen. Es hieß, daß Mary Tessier, eine russische Freundin Gettys, die in Frankreich lebte, herausgefunden hatte, wo Penelope sich ihr Kleid anfertigen ließ, und für die Herstellung einer Kopie sorgte. Sie hatte es dann einer Frau mit einem bekannt zweifelhaften Ruf geliehen und für sie eine Einladung ergattert, die sie ihr mit der strikten Auflage gab, in der Nähe der Treppe zu stehen, wenn Penelope erschien.

Niemand übernahm jemals die Verantwortung für die Planung dieses Streichs, aber man konnte bemerken, daß Penelope und Mary Tessier, die schon vor der Party nicht gerade Busenfreundinnen gewesen waren, danach wirklich erbitterte Feindinnen waren. Und Mary Tessier lebte nicht nur in Frankreich, sie kannte auch die meisten der führenden Modeschöpfer.

Getty bemerkte dieses kleine Drama nicht. Nachdem er sich vom Empfangskomitee zurückgezogen hatte, ging er zwischen den Gästen hin und her und fand es sehr unangenehm, daß sein Haus mit ihm völlig unbekannten Menschen überfüllt war, die alle ihren schrecklichen Durst mit seinem Champagner stillten. Seine Anwesenheit flößte so wenig Achtung ein, daß es ihm zunächst nicht gelang, die Gäste, die sich auf der Treppe herumlümmelten, dazu zu bewegen, ihm Platz zu machen, als er zur Langen Galerie hinaufgehen wollte, um mit Robina Lund zu tanzen. »Später schaffte ich es«, sagte er, »und hatte Spaß am Tanzen. Dann ging ich zum Swimmingpool, um mich an der fröhlichen Szene dort zu erfreuen.«

Auf einer Party, die von den Nachkommen der britischen Oberschicht besucht wird, ist es von vornherein sicher, daß – falls ein Swimmingpool in Reichweite ist – jemand in voller Bekleidung hineingestoßen werden muß. Es traf einen Fotografen von der Fleet Street, David Steen, einen von zehn Fotografen und dreißig Reportern, die eingeladen worden waren, damit sie über das Ereignis in der Weltpresse berichten konnten. Während Steen dicht am Swimmingpool Aufnahmen machte, versetzten ihm ein paar Flegel einen heftigen Stoß, und er fiel rücklings samt umgehängten Kameras und Blitzlichtgerät ins Wasser. Alle außer Steen lachten. Er dagegen hatte vorübergehend Angst, daß das Wasser in seinem starken Blitzlichtgerät einen Kurzschluß auslösen und ihn ein Stromschlag töten könnte – später, als Steen drohte, gegen die Verantwortlichen gerichtlich vorzugehen, wurde er bedroht und von einer Bande von Rohlingen übel zusammengeschlagen, die ihm aufgelauert hatten.

In den frühen Morgenstunden wurde noch ein Hummer-Buffet für die zechenden 2500 bis 3000 Menschen serviert, von denen weniger als die Hälfte überhaupt eingeladen worden waren. Sie fielen wie Halbverhungerte über das Essen her; aus Angst, es könnte nicht reichen, häuften sie sich die Teller voll, schaufelten löffelweise Belugakaviar in sich hinein und wandten sich dann auch noch hastig den Erdbeeren mit Schlagsahne zu.

Getty war zu sehr Gentleman, um seine Verärgerung über das Verhalten einiger »Gäste« zu zeigen. Er hätte auch nicht viel dagegen unternehmen können, außer diejenigen hinauszuwerfen, die sich besonders danebenbenahmen.

Es war auch schwierig, wenn nicht sogar unmöglich, die Party relativ früh zu beenden: Es gab einfach zu viele Leute, die sich auf seine Kosten amüsieren wollten. Resigniert kam Getty zu der Einsicht, daß diese Party eben ihren Lauf nehmen müsse und entweder wegen Übermüdung, Langeweile oder nach Entkorkung der letzten Champagnerflasche zu Ende gehen werde, ganz gleich, was auch immer zuerst eintrete.

Entschlossen, bis zum Ende durchzuhalten, tanzte Getty in der Langen Galerie mit Pen zur Musik eines müden 14köpfigen Orchesters und eines Schlagersängers, der vom stundenlangen Singen heiser war, bis um sechs Uhr morgens das Dämmerlicht durch die bunten Fenstergläser hereindrang. Getty ging bald darauf zu Bett. Die letzten Nachtschwärmer verschwanden um zehn Uhr morgens – bestimmt hatten sie sich noch vorher ihre Zigarettendosen gefüllt.

Das Extrapersonal, das eingestellt worden war, um nach der Party aufzuräumen, wollte am Mittag kaum seinen Augen trauen. Ein Paar elektrisch betriebener Torflügel hing nutzlos in den Angeln, weil Gäste sie gewaltsam geöffnet hatten. Der gepflegte Rasen, der das Haus umgeben hatte, war in einen Morast verwandelt worden, der von Flaschen, Gläsern, abgebrannten Feuerwerkskörpern, Zigarettenkippen, zerbrochenen Tellern und Eßbestecken übersät war. Eine Nymphenstatue im Vorhof hielt eine leere Champagnerflasche in der einen und einen Feuerwerkskörper in der anderen Hand; ihr in der Nähe stehendes Gegenstück prangte mit einem roten Hut, der über ein Auge gezogen worden war.

Im Haus sah es noch schlimmer aus. Um ihre Wertschätzung zu bekunden, hatten die Gäste Eiscreme auf antike Wandteppiche geschmiert, die neuen Samttapeten aufgeschlitzt, Zigaretten auf den französischen Möbeln aus dem 18. Jahrhundert brennend liegenlassen oder auf den

Perserteppichen ausgetreten, überall Getränke verschüttet und sich auch mit einer großen Zahl von Souvenirs versorgt, zu denen ein Paar von Paul Lameries Zuckerstreudosen im Wert von 14 000 Pfund gehörten. »Der Anblick des angerichteten Schadens brach einem das Herz«, sagte Robina Lund.

Getty sollte nie wieder eine solche Party geben. Wenn es einen Trost für ihn gab, dann die Tatsache, daß das Fest größtenteils positiv von der Presse erwähnt wurde. »Bei weitem der herrlichste Abend seit dem Krieg«, schrieb William Hickey, der Klatschspaltenkolumnist des »Daily Express«, und bezeichnete die Party als »guten, altmodischen, vulgären Spaß«. »Time« berichtete, daß Getty, der »Prototyp eines knauserigen Milliardärs, ganz gehörig mit Geld um sich warf«, und der Bericht im Magazin »Queen« erwähnte unter der Titelüberschrift »Die Schlacht von Gettysburg 1960« eine »erstaunliche Anzahl nicht eingeladener langhaariger Gäste«. Ein eingeladener Reporter schätzte, daß sich die Partykosten vermutlich in dem Bereich von 30 000 Dollar bewegten, errechnete aber auch unbarmherzig, daß die Profite des Getty-Imperiums das private Vermögen des Gastgebers allein während der zehn Stunden des Festes um etwa 67 000 Pfund vermehrt hatten.

Nur wenige Zeitungen zeigten sich von dem homerischen Speisen- und Getränkeverzehr der Gäste nicht beeindruckt. Sie leerten 34 Flaschen Wodka, 39 Flaschen Gin, 54 Flaschen Brandy, 174 Flaschen Whisky und mehr als 1000 Flaschen Champagner und verschlangen fast 100 Pfund Belugakaviar, Hunderte von Hummern und einige Zentner Erdbeeren. »Gestern und heute waren die Zeitungen voller Berichte und Fotos von der Party«, schrieb Getty in sein Tagebuch. »Die Presse ist in ihren Artikeln und Kommentaren sehr schmeichelhaft.«

Vor der Abreise der Gäste, die in Sutton Place übernachtet hatten, ereignete sich noch ein Streich, der der einen oder anderen Geliebten Gettys zugeschrieben wurde. Getty hatte dafür gesorgt, daß die Dame, der er seine Gunst bezeugen wollte, eine Suite neben dem Gastgeberschlafzimmer erhielt, aber nach der Party veränderte jemand die Zimmeraufteilung. Als Getty sich zur Nacht zurückzog, schlüpfte er durch die Verbindungstür in die benachbarte Suite und sah sich plötzlich gezwungen, seine Anwesenheit einer gereizten, ältlichen und extrem sittsamen Freundin der Familie erklären zu müssen.

Das war nur ein Vorgeschmack auf kommende Ereignisse.

Die aufgewühlten Leidenschaften der Tudor-Zeit, als Anne Boleyn heimlich ihren Geliebten auf Sutton Place traf, waren nichts im Vergleich zu der Eifersucht, Habgier und den Ränkespielen, die Gettys Zeit auf dem Landsitz kennzeichneten. Nahezu ein Jahrzehnt hatte er seine zahllosen Amouren in der Anonymität von Hotelzimmern gepflegt. Es war ganz unüblich, daß sich seine Freundinnen gegenseitig kennenlernten; häufig wußten sie nur sehr wenig von der Existenz der anderen, und die Harmonie der ausgedehnten Schürzenjagd des höflichen Milliardärs wurde selten gestört. Alles änderte sich aber, als er nach Sutton Place zog.

Getty konnte überhaupt nicht einsehen, weshalb er sich in seinem Privatleben anpassen sollte, nur weil er nicht mehr in Hotels lebte. Tatsächlich freute er sich sehr darauf, seinem erlesenen Kreis von Mätressen in der prächtigen Umgebung von Sutton Place Kavaliersdienste zu leisten, und er sprach Einladungen aus, ohne auch nur einen Gedanken darauf zu verschwenden, wie die Ankunft einer Dame auf die bereits anwesenden wirken könnte. Folglich wurde Sutton Place zum Schauplatz eines offenen Krieges zwischen den Damen am Hofe J. Paul Gettys, von denen sich viele törichterweise in der Rolle der Dame des Hauses fühlten. Innerhalb der alten roten Ziegelmauern intrigierten und kämpften sie, lauschten an Schlüssellöchern, schwärzten sich gegenseitig bei dem alten Mann an und rangelten um seine Gunst.

Es war nicht selten, daß drei oder vier Frauen gleichzeitig im Haus wohnten und um seine Zuneigung und Aufmerksamkeit kämpften. Das Personal gewöhnte sich in seiner phlegmatischen englischen Art recht gut an dieses Arrangement und ging dazu über, Mr. Gettys wechselnde weibliche Gesellschaft als »Harem« zu bezeichnen.

»Der Ort wurde zu einem Hexenhaus«, sagte Bela von Block, der lange Zeit auf Sutton Place wohnte, als er als Ghostwriter Gettys Autobiographie schrieb. »Man konnte manchmal hören, wie sich die Frauen anbrüllten. Ich habe noch nie solche Schimpfwörter gehört. Wenn Mr. Getty sich hinter geschlossener Tür aufhielt, konnte man sicher sein, daß jemand an der anderen Seite lauschte. In zwei Fällen öffnete er die Tür, und eine Frau fiel buchstäblich ins Zimmer. Ich erinnere mich an einen nachmittäglichen Spaziergang mit ihm im Park. Seine Damen liefen verstohlen hinter uns her – auf Zehenspitzen – und versuchten zu verstehen, über was wir redeten.«

Getty schien die glühenden Leidenschaften in seinem »Harem« nicht zu bemerken oder zog es vor, sie zu ignorieren. Meistens tat er so, als ob er die ständigen Sticheleien nicht hörte, aber wenn die Damen so aussahen, als ob sie kurz davor stehen würden, sich am Eßtisch die Augen auszukratzen, schob er einfach seinen Stuhl zurück, betupfte seinen Mund mit einer

Serviette und murmelte: »Entschuldigt mich, ich habe noch etwas Arbeit zu erledigen« und überließ sie sich selbst.

Von Block war überzeugt, daß der alte Mann Spaß an den ständigen Streitereien hatte. »Ich fragte ihn einmal, ob ihm Frauen Freude machen, die sich seinetwegen stritten. Er sagte etwas darüber, daß er Leute vorzöge, die miteinander auskommen, aber er konnte nicht aufhören zu grinsen. Ich glaube, er mochte es, ja, liebte es geradezu. Manchmal spielte er absichtlich eine Frau gegen die andere aus, nur um sie zu ärgern.«

Zu Gettys Ehre sei gesagt, daß er der augenblicklichen Mätresse – oder den Mätressen – nicht unbedingt eine Vorzugsbehandlung einräumte. Frauen, die nur Freundinnen und nichts weiter waren, Frauen, die gelegentlich sein Bett teilten, und Frauen, die einmal sein Bett geteilt hatten – alle wurden mit derselben Liebenswürdigkeit behandelt. Zum Beispiel war seine Affäre mit Mrs. Kitson längst beendet, aber sie blieb eine gute Freundin und behielt alle ihre Privilegien. Obwohl sie noch immer ihr Haus in London besaß, hatte ihr Getty den »Pavillon«, ein kleines Haus auf dem Grundstück, als Wochenendhäuschen zur Verfügung gestellt, und sie war sehr oft bei ihm auf Sutton Place. In Wahrheit war sie dankbar, daß sie nicht mehr im Wettstreit mit den anderen Frauen lag, und beobachtete die kämpfenden Damen mit der größtmöglichen Verachtung. »Die Frauen gingen sich gegenseitig andauernd an die Gurgel«, sagte sie, »und haßten mich mehr, als Sie sich vorstellen können. Ich hatte es schrecklich satt.«

Jene Frauen, die sich schwache Hoffnungen machten, die sechste Mrs. Getty zu werden, sollten enttäuscht werden, denn ein Wahrsager hatte dem Milliardär einst gesagt, daß er sterben werde, wenn er sich zum sechsten Male verheiratete. Getty war sehr abergläubisch, und diese Vorhersage war wirklich genug, um ihn abzuschrecken. Er hatte auch wenig Illusionen darüber, warum ihn so viele Frauen zum Altar schleppen wollten. »Vermutlich dachten alle«, pflegte er seinen Freunden zu sagen, »daß ich das keine dreißig Tage überleben könnte.«

In Interviews mit Journalisten erörterte Getty meistens bereitwillig seinen tollen Rekord als Ehemann und seine Einstellung zu Frauen: »Ich hatte nicht das Zeug zu einem Ehemann, weil ich so tief in meiner Arbeit steckte. Meine Ehefrauen fühlten sich in meinem Leben nicht genug ernst genommen. Eine Ehe benötigt viel persönliche Anteilnahme, und die konnte ich nie aufbringen. Zum Glück habe ich einen kleinen Kreis von Freundinnen, die mir Gesellschaft leisten. Ich kann mich am besten mit Frauen entspannen, und mit zunehmendem Alter lernte ich, Frauen immer mehr zu schätzen.«

Tatsächlich machte er einigen seiner Freundinnen, als er in den Siebzigern war, doch noch Heiratsanträge, aber er war sich wahrscheinlich ziemlich sicher, daß er abgewiesen werden würde. Er hielt zum Beispiel regelmäßig um die Hand seiner jungen Rechtsberaterin Robina Lund an und wurde genauso regelmäßig abgewiesen. Er war nicht im mindesten beleidigt: Sie blieben die besten Freunde. Robina hatte eine ungewöhnliche Beziehung zu dem alten Mann. Häufig schimpfte sie zärtlich mit ihm wie mit einem unartigen Schuljungen. Als er sie einmal bat, die ausgefransten Manschetten eines Hemdes zu wenden, weigerte sie sich indigniert und schleppte ihn am nächsten Tag zu einem Hemdenmacher. Sie schob ihn mit einer Warnung durch die Tür, die keine Widerrede duldete: »Ich werde mit dir nicht mehr essen, wenn du Hemden mit ausgefransten Manschetten trägst, also, geh rein und kauf ein paar neue!«

»Ich hatte überhaupt kein Interesse, zu seinem Harem zu gehören«, sagte Robina. »Was mich betraf, war er alt genug, um mein Großvater zu sein, und neben unserer geschäftsmäßigen Beziehung betrachtete ich ihn als eine Art älteren Verwandten, den ich sehr gerne mochte.«

Getty bat auch um die Hand der Baronesse Marianne von Alvensleben, einer attraktiven jungen Witwe, die er schon Anfang der fünfziger Jahre in Deutschland kennengelernt hatte. »Sutton Place war wie eine zweite Heimat für mich«, erzählte die Baronesse. »Paul sagte immer: Komm nach Sutton Place, wann immer du abgespannt bist, und bleib so lange, wie du möchtest. Ich war sehr glücklich dort, aber ich blieb nie lange, weil am Ende die Atmosphäre so schlimm wurde und ich nach Deutschland zurückwollte.«

Die Baronesse sah in Getty niemals mehr als einen guten Freund, und als er förmlich um ihre Hand anhielt, versuchte sie ihn mit dem Hinweis auf andere Männer in ihrem Leben abzuschrecken. »Das ist in Ordnung«, erwiderte Getty mürrisch, »ich werde auch meine Mätressen haben.«

Die allgegenwärtige Spannung zwischen den Hausgästen auf Sutton Place nahm mit der Ankunft von Mrs. Rosabella Burch noch spürbar zu. Mrs. Burch war eine aus Nicaragua stammende anmutige und lebhafte Witwe mit hellgrünen Augen. Gerade 29 Jahre alt und seit kurzem verwitwet, war sie von Claus von Bülow, einem dänischstämmigen Rechtsanwalt, der damals als persönlicher Assistent Gettys tätig war, zu einer Lunchparty eingeladen worden, die am 15. Dezember 1961 zur Feier von Gettys 69. Geburtstag stattfand. Von Bülow sollte später in den USA in einem Sensationsprozeß eine große Rolle spielen: Er wurde des versuchten Mordes an seiner reichen und prominenten Ehefrau Sunny angeklagt.

Rosabella erzählte später, daß sie Getty sofort anziehend fand, trotz des Altersunterschieds von vierzig Jahren. »Männer seines Alters verlieren gewöhnlich für das andere Geschlecht an Reiz, aber er hat etwas, das Frauen sehr stark anzieht. Es ist nicht das Geld, obwohl ich sicher bin, daß es dazugehört. Er hat eine Art physischer Ausstrahlung, die besonders anziehend wirkt.«

Getty war sehr von der jungen Witwe angetan und ignorierte während des Essens alle anderen. Als sich Rosabella verabschieden wollte, nahm er ihre Hand und sagte: »Warum müssen Sie gehen?« Sie blieben über Briefe und Telegramme in Kontakt. Im Sommer 1962 gab Mrs. Burch den Bitten Gettys nach und zog nach Sutton Place – zum Ärger der bereits dort wohnenden Damen, Mary Tessier und Lady Ursula d'Abo, die beide behaupteten, die einzig wahre Liebe im Leben Gettys zu sein.

Mrs. Kitson, die in den folgenden Jahren Zeugin vieler Zänkereien zwischen den drei Damen werden sollte, hatte für keine von ihnen viel übrig. »Eine war Alkoholikerin«, sagte sie, »eine war völlig gestört, und die andere war eine Schlampe.«

Madame Tessier, die frühere Ehefrau eines italienischen Hoteliers, lernte Getty 1958 in Paris kennen und wurde ein Jahr später seine Geliebte. Ihr Großvater war ein Vetter des russischen Zaren gewesen, eine Abstammung, auf die ihr heißes Temperament häufig zurückgeführt wurde. Sie war dafür bekannt, in gereizter Stimmung den nächstbesten Gegenstand zu ergreifen und ihn durch den Raum zu werfen: Bevorzugte Wurfgeschosse waren die gläsernen Aschenbecher auf Sutton Place. Selbst Getty, der viele Fehler seiner Mätressen tolerierte, verlor gelegentlich die Geduld mit Madame Tessier – besonders wenn sie getrunken hatte – und fauchte dann: »Das reicht, Mary. Ich denke, du solltest auf dein Zimmer gehen.«

Mary haßte Penelope mehr als jede andere, obwohl Penelopes Affäre mit Getty längst vorbei war. Mary haßte Penelopes Stimme und machte sich ständig über ihren Akzent der britischen Oberklasse lustig, vielleicht, weil sie Penelopes Einfluß auf Getty fürchtete. Immer wenn Getty nach London fuhr, um Penelope zu besuchen, war Mary außer sich. Lady Ursula d'Abo, eine Schwester des Herzogs von Rutland, haßte Penelope ebenfalls. »Ihr Kopf regiert ihr Herz – falls sie eins hat«, sagte sie. Lady Ursula, 44 Jahre alt, war groß, schlank, mit einem zarten Knochenbau und blauschwarzem Haar, das aus ihrem Gesicht gekämmt war und einen in der Mitte der Stirn spitz zulaufenden Haaransatz freigab. Nach altem Aberglauben bedeutet dies frühe Witwenschaft. Sie hatte sich während des Krieges zur Krankenschwester ausbilden lassen und hielt sich selbst für hervorragend qualifiziert, Hausherrin auf Sutton Place zu sein. Unglücklicherweise fiel es ihr von allen Damen des »Harems« am schwersten, den harten Konkurrenzkampf durchzustehen. Gettys Untreue und seine Entschlossenheit, auch noch andere Frauen ins Haus zu holen, quälten sie, und oft weinte und jammerte sie, schlug sich an die Brust und verkündete lautstark, daß sie, und nur sie allein, Getty *wirklich* liebe.

Rosabella rauschte in diese Brutstätte von Neid, Mißtrauen und Feindseligkeit und schaffte es schnell, jeden gegen sich aufzubringen – nur Getty nicht, der gerne mit seiner knöchernen Hand verstohlen ihr reizvolles Gesäß tätschelte, wenn sie an seinem Stuhl vorbeiging. Die allgemein übereinstimmende Meinung lautete, daß Rosabella »gewöhnlich« sei, ein Urteil, das sie fraglos durch lächerliche Allüren und affektiertes Gehabe noch verstärkte. Wenn Getty nicht zu einer Mahlzeit erschien, setzte Rosabella sich eilends auf seinen Stuhl und spielte die Rolle der großzügigen Hausherrin, während Bullimore an ihrer Seite stand und mit den Zähnen knirschte. Als ein Manager von Getty Oil, der Sutton Place besuchte, sie nach ihrem Namen fragte, schlug sie huldvoll vor, sie »Lady Burch« zu nennen.

»Gewöhnlich« war sie vielleicht, aber in den heftigen Kämpfen mit ihren wohlerzogenen Feindinnen konnte sie sich ausgezeichnet behaupten. Da Getty es gar nicht schätzte, wenn vor dem Haus Autos geparkt wurden, amüsierten sich die Damen oft damit, die Autos der anderen vor das Haus zu fahren und an gut sichtbarer Stelle zu parken – ein Manöver, in dem Rosabella überragend war. Als Lady Ursula zum Lunch in maßgeschneiderten Hosen erschien, ließ Rosabella einen flüchtigen Blick aus ihren grünen Augen über sie gleiten und fragte honigsüß: »Mal wieder am Auto gebastelt, Schätzchen?« Baronesse von Alvensleben erzählte, wie sie eines Abends alle vor dem Fernseher saßen, Rosabella hockte zu Gettys Füßen und Ursula auf einer Couch hinter Gettys Stuhl. Ursula fragte, ob jemand ihr eine Serviette reichen könne, woraufhin Rosabella von einem neben ihr stehenden Tisch eine Serviette nahm und sie ohne ein Wort gelangweilt über ihre Schulter warf.

Rosabellas Verhalten machte sie in den Augen von Gettys Freunden so auffallend, daß sie für sie zum Inbegriff all jener Frauen wurde, die in erstaunlicher Anzahl über das Bett in sein Leben traten und wieder verschwanden, sogar noch, als er schon gut über siebzig Jahre alt war. »Es gab zu den unterschiedlichsten Zeiten viele Rosabellas auf Sutton Place«, erklärte Baronesse von Alvensleben. »Während ich dort wohnte, sah ich ungefähr zwanzig kommen und gehen.«

Gettys enormer sexueller Appetit wurde niemals in der Presse erwähnt, vielleicht, weil es immer noch genug Variationen auf das beliebte Thema vom »Geizkragen-Milliardär« gab. Anfang 1961 wurde bekannt, daß der reichste Mann der Welt einen Münzfernsprecher in seinem Tudor-Herrensitz anbringen ließ, damit seine Gäste nicht das Gefühl haben müßten, seine »Großzügigkeit« über Gebühr zu beanspruchen, wenn sie mal telefonieren wollten!

Das war eine wunderschöne Geschichte, die rund um die Welt ging und allen Seufzer der Ungläubigkeit entlockte, die sie lasen. Ein Rudel von Fotografen kreuzte auf Sutton Place auf, schubste und drängelte sich, um ein Foto von dem Emailleschild »Öffentliches Telefon« zu machen, das die Post auf das Eichenpaneel geschraubt hatte. Dieses Telefon wurde ohne Zweifel der berühmteste Münzfernsprecher der Welt und machte erfolgreich alle Hoffnungen Gettys zunichte, eines Tages doch wieder in der gesellschaftlichen Anonymität zu verschwinden. Denn jetzt hatte er sich einen unvergeßlichen Zusatz zu seinem Titel als »reichster Mann der Welt« erworben. Im kollektiven Gedächtnis der Öffentlichkeit galt er für immer als »der reichste Mann der Welt, weißt du, derjenige, der ein Münztelefon in seinem Haus hatte«.

Getty war recht betroffen, daß er weit und breit in so bissiger Weise angegriffen und geschmäht wurde. Vergeblich versuchte er zu erklären, daß Sutton Place weder sein privates Eigentum sei noch daß er die Entscheidung getroffen habe, ein Münztelefon installieren zu lassen. Dieses Telefon hatte nämlich kaum etwas mit dem alten Mann zu tun. Die Direktoren der Sutton Place Property Company hatten entdeckt, daß Arbeiter und gelegentliche Besucher des Hauses, insbesondere Journalisten, in der ganzen Welt herumtelefonierten und stundenlang mit lange nicht gesehenen Verwandten in Australien, im Fernen Osten und in Südamerika Gespräche führten. Die Kosten für einen einzigen Anruf beliefen sich einmal auf 101 Pfund. Es handelte sich bei den Telefonbenutzern um dieselbe anomale Reaktion, unter der auch die Gäste beim Einstandsfest gelitten hatten – ein überwältigender Wunsch, Gettys Gastfreundschaft aus keinem anderen Grund als dem zu mißbrauchen, daß man ihn für den reichsten Mann der Welt hielt.

Alle Telefone, die jeder Hereingeschneite benutzen konnte, wurden deshalb durch Schlösser gesichert, und wenn Besucher anrufen wollten, wurden sie höflich zum Münzfernsprecher geleitet. Es war niemals beabsichtigt worden – obwohl man sich das so gerne vorstellte –, daß Gettys adlige und reiche Freunde gezwungen waren, Pennys in einen Münzapparat zu werfen, nur weil ihr Gastgeber zu geizig war, ihnen sein Telefon zu überlassen. Der Münzfernsprecher wurde schließlich entfernt, als alle Renovierungsarbeiten abgeschlossen und alle Sicherheitseinrichtungen in Betrieb waren.

Der Mythos überdauerte jedoch. Als Getty Sutton Place der Öffentlichkeit zugänglich machte – was er gelegentlich tat, um seiner Verantwortung als Besitzer eines historisch bedeutsamen Wohnhauses nachzukommen –, war er ziemlich betroffen zu erfahren, daß viele Besucher wenig oder gar kein Interesse an den herrlichen Gemälden und Antiquitäten besaßen. Statt dessen war die erste Frage, die sie dem Führer stellten: »Wo ist der Münzfernsprecher?«

Tatsächlich tat Getty aber auch nicht viel, um sein schlechtes Image loszuwerden. Im Juli 1961 stimmte er törichterweise zum erstenmal einem Fernsehinterview mit Richard Dimbleby zu, dem geachteten Moderator von BBCs »Panorama«. Getty war zuvor versichert worden, daß zumindest die Hälfte des Interviews sich mit seinen Unternehmen befassen sollte, aber Dimbleby ging dem alten Mann ohne Umschweife sofort an den Kragen – zuerst unterstrich er, wie reich Getty sei, und dann tischte er all die alten, angestaubten Geizhalsgeschichten auf, unter anderem, wie er bei der Hundeschau auf den halben Eintrittspreis gewartet hatte. Getty gab mit Pokerfacemiene zu, daß die Geschichten wahr seien, betonte aber auch, daß er bei diesen Gelegenheiten keinen Grund gesehen habe, mehr als nötig zu bezahlen.

»Weil Sie geizig sind?« hakte Dimbleby nach.

»Nein«, antwortete Getty bedächtig. »Ich habe die Dinge immer so betrachtet. Ich sehe keinen besonderen Sinn darin, Geld grundlos zu verschleudern.«

»Sind Sie der reichste Mann der Welt?«

»Ich erhebe keinen Anspruch darauf.«

»Sind Sie einer der reichsten Männer der Welt?«

»Ich weiß noch nicht einmal das genau. Ich kenne nicht alle Männer der Welt.«

Und so ging es weiter. Dimbleby feuerte seine schonungslosen Fragen zu Gettys enormem Reichtum ab und verstand es, ihn im Laufe der Zeit als personifizierten Scrooge hinzustellen. Nachdem Getty zugegeben hatte, daß er vielleicht ein Vermögen von 3000 Millionen Pfund besäße, bezogen auf die »Barrel Öl unter der Erdoberfläche«, nuschelte er anschließend: »Ich war mein ganzes Leben lang knapp bei Kasse.«

Später zeigte sich der alte Mann dennoch ziemlich zufrieden über das

Interview, weil er es geschafft hatte, dreimal »Veedol« zu erwähnen, obwohl er vorher gebeten worden war, keine Handelsnamen zu nennen, da Reklame bei BBC nicht erlaubt war.

In Wirklichkeit war das Interview eine Public-Relations-Katastrophe. Was die breite Masse des britischen Publikums auf ihren Fernsehschirmen sah, war ein freudloser, hagerer, gebeugter alter Mann mit ernstem Armsünderblick und Doppelkinn, der so aussah, als ob ihn sein Geld durch und durch unglücklich gemacht habe. Wenn Getty sich absichtlich vorgenommen hätte, Scrooge zu verkörpern, dann hätte er es nicht besser anstellen können. Unauslöschlich prägte sich das negative Image des Ölmilliardärs im Bewußtsein der Öffentlichkeit ein.

Nur Gettys engste Freunde wußten, daß es auch einen anderen, einen heiteren Paul Getty gab. Robina Lund konnte sich an Partygäste auf Sutton Place erinnern, die sich vor Lachen schüttelten über Gettys vernichtende Nachahmung einer Rede Hitlers vor der Nazijugend oder seine Parodie eines vollkommen betrunkenen Engländers der Oberschicht, die von einem schlaffen Händeschütteln gekrönt wurde. »Er hatte einen boshaften Sinn für Spaß auf Kosten anderer«, bestätigte Mrs. Kitson, »und er liebte Slapstick-Humor.«

Eines Tages wurde Bullimore von einem Lärm aufgeschreckt, der klang, als ob Indianer hinter der Türe des Arbeitszimmers ein Kriegsgeschrei angestimmt hätten. Er öffnete die Tür und sah seinen siebzigjährigen Herrn und Miss Lund auf einem neuen Sofa, das gerade geliefert worden war, auf und nieder hüpfen. »Alles in Ordnung, Bullimore«, sagte Getty unter Gelächter, »wir prüfen nur die Sprungfedern.« Ein paar Tage später waren zwei Gärtner nicht wenig überrascht, als ihr Herr über den Rasen vor dem Haus ging und jedesmal, wenn er stehenblieb, eine seltsame Pose einnahm. Er zeigte gerade seinen Freunden, wie einige Statuen auf dem Rasen aussehen könnten.

Kein Außenstehender hätte geglaubt und wollte vielleicht auch nicht glauben, daß Getty solcher Frivolitäten fähig war. Das einfache Volk tröstete der Glaube, daß er ständig unglücklich war und daß »man sich für Geld kein Glück kaufen kann«. Die Zeitungen zögerten, ihre Leser eines Besseren zu belehren. Getty blieb ein Gefangener seiner eigenen Karikatur, selbst wenn er sich für ein rein philanthropisches Werk engagierte. Als er anfing, für Waisenkinder Partys zu veranstalten, überredeten ihn die Fotografen dazu, einen Faschingshut aufzusetzen. Er sah wie ein unglücklicher alter Geizkragen mit einem albernen Hut aus, der irgendwie aufgrund eines schrecklichen Irrtums auf einer Kinderparty gelandet war.

Vielleicht war Getty an einer Rehabilitierung seines Rufes gar nicht interessiert, sicherlich war sie aber über die Medien auch gar nicht möglich, die lieber Negatives veröffentlichten. Als Gordon seinen Vater auf Sutton Place besuchte, verriet er taktlos, daß er für sein Zimmer hatte bezahlen müssen. Bei einer anderen Gelegenheit, als die entzückende Kaiserin Farah Diba eine Einladung zum Lunch annahm, ordnete Getty an, daß die goldenen Teller zu Ehren des Gastes aus dem Safe genommen werden sollten – und ließ Fleischpastete auf ihnen servieren. Besucher, die das große Haus im Winter kennenlernten, berichteten, daß es dort gewöhnlich ziemlich kalt war, weil Getty berechnet hatte, daß er 50 Pence pro Raum sparen konnte, wenn er statt der Zentralheizung kleine elektrische Heizlüfter laufen ließ. Im strengen Winter von 1962/63 wurde die Heiztemperatur so niedrig eingestellt, daß das gesamte Heizsystem einfror und wochenlang außer Betrieb war.

Jeder hatte seine eigene Lieblingsgeschichte von Sutton Place. Bela von Block berichtete gerne ein Erlebnis, wie Getty der Haushälterin Mrs. Richmond einen Vortrag über die Notwendigkeit von Sparsamkeit hielt, nachdem sie so überaus leichtsinnig gewesen war, sechs Portionen Apfelmus zu servieren, obwohl nur vier Gäste zum Lunch anwesend waren.

Ethel Le Vane erzählte, wie sie einmal Getty vorschlug, einige Seidenkrawatten an den Kunstkritiker Bernard Berenson zu senden, der bei den Nachforschungen für ein Buch über Kunstsammlungen geholfen hatte. Getty war zwar einverstanden, aber als er merkte, daß Miss Vane auf die Begleitkarte zu den Krawatten schrieb: »Für Bernard von Paul und Ethel«, forderte er sie auf, die Krawatten zur Hälfte selbst zu bezahlen. »Du bekommst ja auch die Hälfte des Dankes«, erklärte er ihr – eine vollkommen gerechte und logische Einstellung für Getty.

Obwohl die ganze Welt wußte, daß Getty, wie sein Sohn Gordon es ausdrückte, »jeden Dollar zweimal umdrehte«, hatte dies keine erkennbare Auswirkung auf den Umfang der Bettelbriefe, die Sutton Place erreichten. Getty wurde zum Zielobjekt eines jeden Speichelleckers, Schnorrers, Spinners, Schwindlers, Nassauers und einer jeden Männerausbeuterin; manchmal erhielt er von ihnen bis zu tausend Briefe pro Tag.

Schon lange hatte er keine Zeit oder Lust mehr, alle Briefe selbst zu lesen, aber er machte sich die Mühe, eine lange Standardantwort aufzusetzen, die in fünf Sprachen gedruckt wurde und erklären sollte, warum er nicht auf die Anfragen in den Bettelbriefen eingehen konnte. Unter den gegebenen Umständen war dieser Brief beinahe ein Musterbeispiel für Selbstbeherrschung und Menschenfreundlichkeit.

»Ich bitte um Verzeihung, daß ich Ihrem Brief nicht mehr Zeit und persönliche Anteilnahme widmen kann. Wie vermutlich die meisten Menschen, so freute auch ich mich früher stets bei dem Gedanken, Post zu bekommen. Ich empfand es als Unglück, wenn der Postbote keine Post brachte – aber das ist Jahre her.

In der internationalen Presse, im Radio und Fernsehen wurde mir viel Aufmerksamkeit zuteil, zum größten Teil in Verbindung mit der angeblichen Größe meines Reichtums. Die Öffentlichkeit scheint daraus voreilig den Schluß zu ziehen, daß mein Vermögen, oder zumindest der größte Teil, aus Bargeld besteht. Man nimmt sich nicht die Zeit für die Überlegung, daß mein Geld im Geschäft steckt, daß ich ein aktiver Geschäftsmann bin und daß es im allgemeinen so ist, daß aktive Firmen aufgrund ihrer Geschäftsbedingungen knapp bei Kasse sind und selbst die größten Unternehmen häufig Geld leihen müssen. Diese großen Unternehmen leihen nicht einfach Geld, um zu beweisen, daß sie es tun können, sondern weil sie dringend Bargeld benötigen. Ich möchte damit nicht andeuten, daß ich so knapp bei Kasse bin, daß ich meine persönlichen Rechnungen nicht mehr bezahlen oder mir kein neues Auto kaufen kann, wenn das alte langsam verschleißt. Ich meine damit nur, daß ich keine großen Bargeldsummen besitze, die mein Unternehmen nicht braucht.

Wie die meisten Menschen spende ich, meinen Mitteln entsprechend, reichlich an verschiedene, anerkannte wohltätige Stiftungen und gemeinnützige Projekte, für die ich mich besonders interessiere und die ich, im allgemeinen seit vielen Jahren, finanziere oder finanziell unterstütze. Wie die meisten aktiven Geschäftsleute bekomme ich jeden Tag viel Post, und ich muß durchschnittlich mehrere Stunden am Tag damit verbringen, sie zu lesen und zu beantworten. Wenn ich dies nicht täte, kümmerte ich mich nicht ernsthaft um meine Arbeit, von der so viele Menschen abhängen.

Zusätzlich zu meiner regulären Geschäftspost erreicht mich seit einiger Zeit eine gewaltige, fast überwältigende Briefflut aus der breiten Bevölkerung. Diese Post ist fast vollständig auf die unerwünschte Publicity zurückzuführen, die ich aufgrund der angeblichen Größe meines Reichtums genieße. Wie vermutlich die meisten Menschen habe ich nichts gegen eine vernünftige Publicity, aber ich liebe die Publicity nicht, die sich anscheinend vollkommen darauf beschränkt, wieviel Geld ich wohl haben könnte. Persönlich halte ich das für vulgär, langweilig und im allgemeinen auch für falsch. Es mag eine Menge Leute geben, die mehr Bargeld als ich besitzen.

Dennoch war und bin ich aufgrund dieser Publicity dem Problem ausgesetzt, wie ich den Abertausenden von Menschen aus 75 oder mehr

Ländern antworten kann, die mir insgesamt zwischen 50 und 1000 Briefe pro Tag schicken. Wie kann ich persönlich diese Briefflut bewältigen und hilfreich beantworten? Viele Briefe sind zwischen fünf und fünfzehn Seiten lang und in einer kaum leserlichen Handschrift geschrieben. Fast alle Schreiber möchten etwas – Geschenke, Darlehen, Spenden, finanzielle Unterstützung, Rat, persönliche Unterredungen, Kaufangebote, Arbeit, Investitionen – oder wollen ›Brieffreunde‹ werden. Wenn ich jeden Brief in durchschnittlich vier Minuten beantworten könnte, was sehr knapp wäre, schaffte ich trotzdem nur 15 Briefe in einer Stunde. Da ich aber wie die meisten Menschen meine eigene Arbeit erledigen muß, kann ich unmöglich mehr als nur einen winzigen Teil der Briefe beantworten, die ich erhalte. Ich bedaure dies; ich liebe Menschen, ich helfe gerne, wenn ich kann; ich versuche, mein Bestes zu tun.

Ein Freund, der aufgrund seines vermuteten Reichtums ebenfalls viel Publicity genoß, erhielt auch Tausende von Briefen, die alle um finanzielle Unterstützung, Rat und Arbeit baten oder irgend etwas zum Verkauf anboten. Er hat den Versuch aufgegeben, seine aus der breiten Öffentlichkeit kommende Post zu beantworten, und erzählte mir, daß alles ins Feuer geworfen wird. Es sei eine zu große Last, allen zu antworten. Dennoch bin ich der Meinung, daß die Briefschreiber eine höfliche Antwort verdienen, wenn es irgendwie möglich ist. Ich habe Sekretärinnen eingestellt, die meine Post aus der Bevölkerung lesen und nach besten Kräften beantworten. Ich bedaure es, daß ich Individuen nicht helfen kann. Ich bin mir sicher, daß sie so gut wie immer aufrichtig und ehrlich schreiben. Wenn es nur wenige Briefe wären, könnte ich etwas tun, aber da die Bitten zu Hunderten und Tausenden kommen, ist es mir ganz unmöglich, nachzuforschen und zu helfen, wenn der Fall es verdient. Kein Privatvermögen der Welt hätte unter solchen Umständen lange Bestand, und es erforderte eine ungeheure Organisation, das Geld für die kurze Zeit, für die es ausreichte, zu verwalten.

Nochmals bitte ich Sie um Verzeihung, daß ich nicht helfen kann. Ich wollte Sie nur von einigen der diesbezüglichen Gründe und Probleme in Kenntnis setzen.

J. Paul Getty«

Ende 1964 stellte Rosabella fest, daß sie schwanger war, ein Ereignis, das ungeheuer viel Klatsch in der Gesindestube auf Sutton Place auslöste, auch wenn Bullimore sein Mißfallen über dieses »Gerede« zum Ausdruck brachte. Es war eigentlich nicht so sehr Mrs. Burchs wachsender Bauchumfang, der das Interesse erregte, sondern die Tatsache, daß Mr. Getty im Dezember 72 Jahre alt wurde. Die häufig hinter Bullimores Rücken geäußerte Schlußfolgerung war, daß ganz eindeutig »noch immer Leben in dem alten Bock steckte«.

Für die Damen des Harems war es ein unglückliches Jahr gewesen. Zum einen hatte Getty zugestimmt, daß die 17jährige Tochter Mrs. Kitsons, Jessica, auf Sutton Place in die »Gesellschaft eingeführt« werden durfte, weshalb sie es sich gefallen lassen mußten, daß Penelope sich so ungezwungen im Haus bewegte, als gehöre es ihr, und außerdem noch die großzügige Gastgeberin während des Einführungsballes spielen durfte. Zum zweiten kam aus Kalifornien eine große und hübsche Amerikanerin zu Besuch, mit der Getty 20 Jahre früher eine leidenschaftliche Affäre gehabt hatte.

Mary Maginnes war damals 24 Jahre alt gewesen und hatte als Fahrkartenverkäuferin für die Santa-Fe-Eisenbahngesellschaft in Santa Monica gearbeitet, als sie Getty das erstemal 1946 traf. Er hatte angerufen, um eine Fahrkarte zu bestellen, und seinen Namen mit Paul Getty angegeben; sie hatte seinen Familiennamen nicht richtig verstanden und dachte, er sei ein Bekannter namens Paul, und gab ihm eine »kesse Antwort«. Bald darauf stand er vor dem Fahrkartenbüro. Er war extra vorbeigekommen, um zu sehen, wer dies kesse Mädchen war.

Mary war erst kurz zuvor nach Kalifornien gezogen und vermißte ihre Freunde im Osten. Als Getty sie zu einer Autofahrt einlud, nahm sie ohne Zögern an. Er zeigte ihr die gesamte Küste, erzählte ihr etwas von der Geschichte Kaliforniens, zeigte ihr, wo er seine Ranch umbauen ließ, und bezahlte ihr Abendessen in seinem liebsten Fischrestaurant am Pier von Santa Monica. Wenig später waren sie ein Liebespaar – zur größten Mißbilligung von Marys Mutter, in deren Augen der damals 53jährige Getty viel zu alt für ihre hübsche Tochter war. Als Getty 1951 die Vereinigten Staaten für immer verließ, bat er Mary, mit ihm nach Europa zu kommen, aber sie lehnte ab. Ihre Mutter lebte allein und war krank, und sie hielt es für ihre Pflicht, zu bleiben und für sie zu sorgen. »Außerdem«, sagte sie, »war Paul ein launischer Mann, und ich dachte, daß es genug andere Frauen gäbe, die zum ihm paßten. Ich hielt ihn nicht gerade für den häuslichen Typ.« Mary heiratete nie, aber Getty blieb in Kontakt mit ihr, schickte ihr zu Weihnachten regelmäßig eine Karte und zum Geburtstag Blumen. Er freute sich, als sie 1964 seine Einladung nach Sutton Place annahm.

»Freude« war aber nicht gerade das Wort, um die Reaktion der dort bereits wohnenden Damen zu beschreiben, vor allem, weil sie spürten, daß

Miss Maginnes für Getty etwas Besonderes darstellte, nicht nur »eine andere Rosabella«. Wie üblich tat Getty so, als ob er all die Emotionen um sich herum nicht bemerkte, und machte kein Hehl daraus, wie sehr er sich über Marys Gesellschaft freute. »Sie ist eine durch und durch nette Person«, schrieb er in sein Tagebuch.

Kurz bevor Miss Maginnes wieder nach Kalifornien abreiste, reiste Rosabella auch ab – um Urlaub in der Schweiz zu machen, wie dem Personal erzählt wurde. Im »Urlaub« brachte Rosabella ihren Sohn zur Welt, den sie Paul Bernard nannte. Als sie schließlich nach Sutton Place zurückkehrte, mußte sie feststellen, daß Getty inzwischen in Sussex für eine Tschechoslowakin namens Ann Hladka ein Haus gekauft hatte. Mrs. Hladka hatte Getty vor Jahren kennengelernt, als sie als Reporterin für die staatliche Nachrichtenagentur in Prag gearbeitet hatte. Seitdem waren sie sporadisch in Kontakt geblieben. Kurz nach dem Einmarsch der Russen in die Tschechoslowakei floh Mrs. Hladka mit ihren beiden Söhnen nach England, kam am Victoria-Bahnhof an und kannte außer Getty niemanden in England. Sie rief ihn vom Bahnhof aus an und sagte: »Ich bin hier, was kann ich tun? Ich habe vier Pfund im Portemonnaie.« »Komm nach Sutton Place«, antwortete er, »ich werde für dich sorgen.«

Getty stellte Mrs. Hladka als Kunsthistorikerin ein, aber Sutton Place war kaum der geeignete Ort, zwei Jungen großzuziehen, und er bat deshalb Albert Thurgood, seinen Gutsverwalter, für sie ein einfaches Haus in nicht allzu großer Entfernung zu suchen.

Rosabella war natürlich beleidigt und außer sich, daß eine Neue – eine vollkommene Außenseiterin – hereinschneien und sofort ein Haus abstauben konnte. Rosabella wollte auch ein Haus haben. Sie brauchte nicht lange, um Getty davon zu überzeugen, daß sie für sich ein eigenes Haus brauchte, obwohl sie leicht verstimmt war, als er darauf bestand, daß es nicht mehr als 25 000 Pfund kosten sollte. Der arme Thurgood wurde wieder abkommandiert, den Kauf in Angriff zu nehmen und Mrs. Burch geeignete Objekte zu zeigen. »Es war sehr schwierig«, sagte Thurgood, »weil sie immer viel größere Häuser wollte, als ich ihr zeigte. Mr. Getty hatte mir gesagt, daß die oberste Grenze 25 000 Pfund seien, und Mrs. Burch wurde sehr wütend, wenn sie nicht das bekam, was sie wollte. Schließlich sagte ich ihr: ›Wenn Sie so weitermachen, werden Sie überhaupt kein Haus bekommen.‹ Mr. Getty sagte ihr dasselbe, und so begnügte sie sich schließlich mit einem Haus in Cranleigh für genau 25 000 Pfund.«

Getty schien sich weder von Rosabellas Forderungen noch von der

Geburt ihres Sohnes stören zu lassen, da er immer noch unendlich mehr an seinen Geschäften als an irgend etwas anderem interessiert war. Im Alter von 72 Jahren arbeitete er immer noch viele Stunden und hatte immer noch die alleinige Kontrolle über ein internationales Konglomerat, das aus fast einhundert Gesellschaften bestand. Er hatte zudem noch Zeit gefunden, eine Autobiographie, »My Life and Fortunes«, zu veröffentlichen, die er zum Ärger des »Harems« Robina Lund widmete. Das Buch war eine nüchterne, aufrichtige Beschreibung seiner beruflichen Karriere, die sehr selten das Minenfeld seines Privatlebens streifte.

Gegen Ende des Buches erwähnte er allerdings kurz und liebevoll seine Söhne und wie oft sie ihn auf Sutton Place besuchten. »Das ist für mich immer eine Quelle großer Freude und Befriedigung gewesen«, schrieb er. »Meine Söhne und ich lernten uns viel besser kennen, als das in den vorangegangenen Jahren möglich war. Ich habe meine Söhne immer geliebt; nun kann ich aufrichtig sagen, daß ich sie gut genug kenne, um sie als Männer zu mögen und zu respektieren.«

Diese Sätze wurden ironischerweise zu einer Zeit geschrieben, als der Mythos von der glücklichen Getty-Familie kurz davor stand, endgültig zu zerbrechen.

Teil IV
Die Familie
1965–1985

16. »Krankheiten, schlechte Nachrichten und Tod«

Im Sommer 1964 veröffentlichte ein Astrologe namens Peter Clark ein
»astrologisches Gutachten« über Paul Getty, das ungeheuer genau und
scharfsinnig war. Getty war erstaunt, als er es las, um so mehr, da er sich
sicher war, Mr. Clark noch nie begegnet zu sein. Normalerweise fürchtete
er sich vor Wahrsagern und Personen, die behaupteten, den sechsten Sinn
zu besitzen, aber diesmal kam er nicht umhin, von dem offensichtlichen
Scharfblick des Astrologen beeindruckt zu sein. »Es lockt mich, ihn zu
bitten, mir ein Gutachten über alle Beschäftigten des Unternehmens anzufertigen«, sagte er zu Robina Lund. »Ich denke, daß er die Leute sehr viel
exakter beurteilt als irgendein Psychologe.«

Aufgrund einer jener Zufälle, die so häufig in wichtigen Augenblicken
unseres Lebens dazu führen, daß sich die Wege der Menschen kreuzen,
lernte Robina wenige Wochen später Clark auf einer Wohltätigkeitsveran-
staltung in London kennen. Sie stellte sich als Gettys Rechtsberaterin vor,
lobte die Genauigkeit seines Artikels und fragte beiläufig, ob er irgend
etwas ausgelassen hätte.

Clark zögerte, bevor er antwortete. »Astrologen müssen sehr vorsichtig
sein, um die Leute nicht durch das, was sie schreiben, aus dem Gleichge-
wicht zu bringen«, räumte er schließlich ein, »und aus diesem Grunde ließ
ich eine Menge aus. Aber ich will Ihnen als seiner Anwältin, die ihn
vielleicht schützen kann, im Vertrauen sagen, daß ungefähr mit dem
nächsten Jahrzehnt eine sehr schwere Zeit für ihn beginnt. Ich erwähnte
das in meinem Artikel nicht, und Sie dürfen es ihm auch nicht sagen, denn
ich weiß, daß er sehr abergläubisch ist und fast neurotische Angst vor
Krankheiten, schlechten Nachrichten und dem Tod hat. Ich kann Ihnen
versichern, daß diese drei Dinge sein Leben sehr beeinträchtigen werden.«

Robina erzählte Getty nichts, denn sie wußte, daß er über Clarks Aussagen entsetzt gewesen wäre. Aber angesichts der sich in den folgenden zwölf Jahren entwickelnden Ereignisse dachte sie oft an die Worte des Astrologen.

Im fortgeschrittenen Alter von über siebzig Jahren hielt Getty immer noch die lächerliche Scharade vom Paterfamilias aufrecht und betrachtete sich selbst stets als Oberhaupt der Familie Getty, auch wenn es gar keine Familie in ihrer wahren Bedeutung gab und nie gegeben hatte. Fünf Ehefrauen und fünf Söhne, einer auf tragische Art gestorben, konnten nicht als Inbegriff einer glücklichen Familie gelten, besonders dann nicht, wenn sich die Familienmitglieder fremd geblieben waren. »Ich glaube nicht«, stellte Gordon hinsichtlich seiner Brüder fest, »daß wir jemals alle gemeinsam gleichzeitig in einem Raum gewesen sind.«

Gettys Ansichten von seiner Verantwortung als Vater waren extrem kurzsichtig, bestimmt dachte er nie daran, daß er auf irgendeine Weise verpflichtet war, seine kostbare Zeit seinen Söhnen zu widmen, als diese aufwuchsen. George wurde als Einzelkind von seiner Mutter in Los Angeles großgezogen und erhielt gelegentlich Besuch von einem Mann, von dem er wußte, daß er sein Vater war, aber bei dem er darauf bestand, ihn »Mr. Getty« zu nennen. Ronnie ging bis zu seinem neunten Lebensjahr in der Schweiz zur Schule, er sah seinen Vater sehr selten und seine Halbbrüder sogar noch seltener, abgesehen von den wenigen Gelegenheiten, bei denen er zum düsteren Haus am South Kingsley Drive gefahren wurde, um die behinderte alte Dame zu besuchen, die seine Großmutter sein sollte.

Paul und Gordon hatten ein recht inniges Verhältnis, aber nur untereinander. Ihre Mutter heiratete noch dreimal, und sie sahen mehr von ihrer Großmutter mütterlicherseits als von jedem anderen, wenn sie von ihren verschiedenen Militärakademien nach Hause kamen. Pauls bleibende Erinnerung an seinen Vater war, daß er ihm im Alter von zwölf Jahren einen ausführlichen Brief geschrieben hatte, den er mit der Verbesserung aller orthographischen Fehler zurückbekam.

Gettys Söhne hatten anscheinend nur Platz in seinem Tagebuch, nicht in seinem Leben. Und trotz all der liebevollen Notizen, die er für sich über George, Ronnie, »Pabby«, »Gordo« und Klein Timmy niederschrieb, konnten alle Söhne bezüglich ihres Platzes in der Prioritätenliste ihres Vaters keine Illusionen haben. Getty liebte das Ölgeschäft, Kunst, Geld, Frauen und Sex: fünf Passionen, die immer Vorrang vor fünf unglücklichen Söhnen hatten, selbst in Krisenzeiten. Der so hoch gehaltene Timmy wurde zu Grabe getragen, ohne daß sein häufigstes Gebet – seinen Vater wiederzusehen – in Erfüllung gegangen war, weil seinem Vater das Geschäft wichtiger gewesen war, als im Krankenhaus am Bett seines leidenden Sohnes zu wachen.

Selbst nachdem Getty zum reichsten Mann Amerikas ernannt worden war, bedeutete es für George, Ronald, Paul und Gordon keinen großen Gewinn, ein Getty zu sein oder einen solchen Mann zum Vater zu haben. Tatsächlich konnten die Söhne des reichsten Mannes der Welt mit einigem Recht behaupten, daß der sagenhafte Reichtum ihres Vaters ihnen höchst wenig Freude gebracht hatte.

1965 war George 41 Jahre alt und Präsident der Tidewater Oil Company. Er war ein Überflieger, der Lieblingssohn seines Vaters und sein natürlicher Nachfolger. Aber er fand das Problem, im Schatten seines Vaters zu stehen, fast unerträglich. Seine Ehe war in Gefahr, er trank zuviel und litt unter Depressionen. Eines Abends, während eines Besuchs auf Sutton Place, wandte er sich an die Baronesse von Alvensleben und bekannte: »Wissen Sie, Marianne, mein Leben ist eine Katastrophe!« Sie war sich nicht sicher, was er meinte, wußte aber, daß er mit keinem einzigen Problem zu seinem Vater gehen konnte. »Paul war nicht am Privatleben seiner Söhne interessiert«, erklärte sie. »Sie hätten es ihm nie gesagt, wenn sie unglücklich gewesen wären.«

Anfang 1965 gerieten George und sein Vater öffentlich wegen der zukünftigen Entwicklung des Unternehmens aneinander. Getty wollte Tidewaters Vertriebsorganisation an der Westküste verkaufen, zu der die Avon-Raffinerie, fünf Tanker und 4000 Tankstellen gehörten, um die langfristigen Verpflichtungen der Gesellschaft zu reduzieren und eine baldige Fusion mit Getty Oil zu erleichtern. George widersetzte sich diesem Plan und wies darauf hin, daß sich die Tidewater durch den Verkauf der Vertriebsorganisation faktisch jede Chance verscherzte, wieder auf dem kalifornischen Benzinmarkt Fuß fassen zu können.

Getty gehörte noch nicht einmal zur Geschäftsleitung, und George hätte als Präsident keine Schwierigkeiten gehabt, die Pläne seines Vaters zu durchkreuzen. Aber Getty hatte seit Jahren auf die Konzernbildung seiner Unternehmen hingearbeitet und wollte es zweifellos nicht dulden, daß ihm sein Sohn im Wege stand. Getty Oil war praktisch schuldenfrei, während Tidewater aufgrund seines Expansionsprogramms 330 Millionen Dollar Schulden hatte. Zwar war Tidewater problemlos in der Lage, eine derartige Schuldenlast zu tragen, aber eine Fusion mit Getty Oil war ohne ihre vorherige Reduzierung tatsächlich nicht durchführbar.

Im Juni 1965 wurde George zu Gesprächen mit seinem Vater nach Sutton Place zitiert. Seit Monaten gingen in der Ölbranche Gerüchte über den Streit der beiden Männer um, und es gab viele Spekulationen, wie er ausgehen würde. Für George war es – endlich – eine Gelegenheit zu zeigen, daß er sein eigener Herr war und Tidewater ihm und nicht seinem Vater unterstand.

Sie setzten sich im Arbeitszimmer von Sutton Place zusammen und blieben stundenlang hinter geschlossenen Türen. Getty hatte immer gerne so getan, als ob er sich nicht in die Belange der Tidewater einmische und sein Sohn der Boß sei. »Ich gab ihm weiter nichts als Ratschläge«, sagte Getty. »Es war Georges Angelegenheit, die endgültigen Entscheidungen zu treffen. Obwohl wir uns gewöhnlich persönlich gegenübersaßen, zögerte er niemals, mit der Sprache herauszurücken und seinen Standpunkt zu vertreten, wenn er mit mir nicht übereinstimmte oder Ansichten hatte, die von meinen abwichen. Sehr oft setzten sich seine Logik und seine Argumente durch.«

Aber in der heiklen Frage, ob man Tidewaters westliche Vertriebsorganisation verkaufen sollte, oder nicht, setzten sich Georges Argumente eindeutig nicht durch. 1966 wurde verkündet, daß die Organisation an Phillips Petroleum verkauft worden war. George wußte jetzt, daß er niemals die Demütigung loswerden konnte, nur »Paul Gettys Sohn« zu sein – solange sein Vater lebte. Im September 1967 wurde George die Aufgabe übertragen, die Fusion von Getty Oil und Tidewater zu organisieren, und er wurde zum Vizepräsidenten der Geschäftsleitung und zum Chief Operating Officer der zusammengeschlossenen Gesellschaft befördert. Aber die Titel waren bedeutungslos, solange der alte Mann in seinem Tudor-Haus in England saß und die Fäden in der Hand hielt – und jeder in der Ölbranche dies wußte.

Im selben Jahr, als seinem Stolz dieser Schlag versetzt wurde, ging auch seine Ehe nach 17 Jahren in die Brüche. Die drei Töchter, die 15jährige Anne, die 13jährige Claire und die 11jährige Caroline, blieben bei ihrer Mutter. George hoffte zunächst, daß es keine Scheidung, sondern nur eine geregelte Trennung geben werde – er und Gloria waren Katholiken –, aber es sollte nicht sein. Im Januar 1968 setzte Gloria »wegen seelischer Grausamkeit« die Scheidung durch, sie klagte, daß ihr Ehemann »sehr reserviert, gleichgültig und abweisend« gewesen sei.

Gettys Meinungsverschiedenheiten mit seinem ältesten Sohn dämpften allerdings keineswegs seine hohe Meinung von George, den er immer noch für einen Geschäftsmann der Spitzenklasse und würdigen Nachfolger hielt; eine Meinung, die weit und breit geteilt wurde. George wurde überall geachtet und bewundert, sowohl in der Ölbranche als auch von den Freunden seines Vaters. Nicht so sein Halbbruder Ronnie, der arrogant, eingebildet und fast überall unbeliebt war. »Er hatte etwas an sich«, sagte George Money, Direktor der Tidewater in England, »das jeden abstieß. Die Leute fürchteten sich, ihre Stelle zu verlieren, wenn sie mit ihm in Konflikt gerieten. Das nachsichtigste Urteil über Ronald lautete, er sei ›schwierig‹, das am wenigsten nachsichtige, er sei ein wirklicher Schweinehund.«

Selbst Getty zeigte deutlich, daß er für seinen zweiten Sohn wenig übrig hatte. Der alte Mann machte sich ein boshaftes Vergnügen daraus, Ronnie warten zu lassen, wann immer dieser Sutton Place besuchte, um Geschäftsangelegenheiten zu besprechen, und er erzählte jedem, der es hören wollte, daß Ronnie als Geschäftsmann ein »hoffnungsloser Fall« sei.

Getty gab Ronnie mehr oder weniger auf, als dieser als Präsident der Veedol Petroleum International in Frankreich unter der Anklage verhaftet wurde, »in unzulässiger Weise« Angestellte einer anderen Gesellschaft, der Labo-Industrie, für die Veedol-France »abgeworben« zu haben. Es galt in Frankreich sowohl als strafrechtliches wie zivilrechtliches Vergehen, wenn ein Unternehmen einem anderen Unternehmen Führungskräfte abspenstig machte. Getty war wütend, daß Ronnie bewußt französische Gesetze gebrochen haben sollte und damit Veedols Aktivitäten in Frankreich aufs Spiel gesetzt hatte. Es bereitete ihm weit weniger Sorgen, daß sein Sohn im Gefängnis landen könnte. Schließlich wurde Ronald von einem Pariser Gericht für schuldig befunden und erhielt zwei zur Bewährung ausgesetzte Haftstrafen von je drei Monaten.

Kurz nach diesem Debakel entschloß sich Ronald im Alter von 34 Jahren zur Heirat. Seine Braut war Karin Seibel, eine 21jährige Sprachenstudentin. Getty wurde im Oktober 1964 zur Hochzeit nach Lübeck eingeladen, behauptete aber, wegen »Magengrippe« nicht kommen zu können. Er war auch erbost über Ronnies Plan, als Flitterwochen eine dreimonatige Kreuzfahrt rund um die Welt zu unternehmen. Getty betrachtete bei keinem seiner leitenden Angestellten einen dreimonatigen Urlaub als wohlverdient oder angemessen, am allerwenigsten bei einem mit dem Namen Getty.

In den kommenden Jahren zeigte Ronald immer weniger Interesse am Familienunternehmen und beschloß 1967, Hamburg zu verlassen und nach Los Angeles zu ziehen, um sich als Filmproduzent in Hollywood selbständig zu machen. Er teilte seinem Vater diesen Entschluß während eines heftigen, kleinen Wortwechsels auf Sutton Place mit. Als Getty sarkastisch fragte, welche Qualifikationen Ronald zu besitzen glaubte, um Filmproduzent werden zu können, antwortete Ronald hochtrabend, daß er bereits Leute mit dem notwendigen »Know-how« eingestellt habe. »Ah ja«, sagte der alte Mann bedächtig, »du hast also das Geld und sie das Know-how?« Ronald nickte. »Hmm«, grunzte sein Vater, »na gut, ich zweifle nicht daran, daß sie bald das Know-how *und* das Geld haben werden.«

Gordon, der immer noch Musik am Konservatorium in San Francisco studierte, war während dieser Zeit ein wesentlich willkommenerer Gast auf Sutton Place, bis er sich plötzlich darauf verlegte, seinen Vater zu verklagen.

Jeder wußte, wann Gordon auf Sutton Place weilte, weil er jeden Tag stundenlang mit voller Kraft Stimmleitern sang oder auf einem der Steinway-Flügel in der Langen Galerie übte. Eines Abends gab er ein kleines Konzert mit eigenen Kompositionen, das sein Vater mit angemessenem Wohlwollen durchstand. Getty hatte sich vollkommen damit abgefunden, daß Gordon niemals ein Ölmann sein würde, und war einverstanden, daß er seinen, wie er es nannte, »künstlerischen und geistigen Neigungen« folgte, obwohl Gordon den kaufmännischen Bereich noch nicht völlig aufgegeben hatte: In seiner Freizeit schrieb er ein Buch über Wirtschaftstheorien. Er zeigte seinem Vater stolz einige Kapitel. Getty las sie und bekannte in seinem Tagebuch, daß er kein Wort verstanden habe.

Die Beziehungen zwischen Gordon und seinem Vater verschlechterten sich erst, als Gordon ein bißchen mehr Geld aus dem Sarah C. Getty Trust haben wollte. Dies war nicht einmal eine unverschämte Forderung, die der Sohn des reichsten Mannes der Welt stellte. Im Gegensatz zu seinen Brüdern war er nämlich kein Gehaltsempfänger, und für einen Getty hatte er ein jämmerliches Einkommen. Während er immer noch jeden Cent umdrehen mußte, war ihm bewußt, daß das Vermögen der Stiftung, die zur Unterstützung *aller* Gettys eingerichtet worden war, auf erstaunliche 300 Millionen Dollar angewachsen war.

Als er und sein Bruder Paul noch Jungen waren, hatte jeder im Jahr rund 15 000 Dollar aus der Stiftung bezogen – als kleine Aufmerksamkeit ihres Vaters, der der Hauptnutznießer war. Dieses Einkommen war aber Mitte der fünfziger Jahre für eine Weile versiegt, als Getty in seiner Eigenschaft als Treuhänder beschlossen hatte, daß die Stiftung nicht länger Dividenden ausschütten, sondern nur noch Kapital ansammeln sollte. Gettys Beweggründe waren vollkommen egoistisch – er wollte keine riesigen Steuersummen auf die Dividenden zahlen, obwohl er diese Summen bestimmt nicht brauchte. 1960 nahm die Stiftung jedoch ihre Zahlungen an George, Paul und Gordon mit jeweils rund 50000 Dollar pro Jahr wieder auf.

Bereits 1962 hatte Gordon seinen Vater gefragt, ob die Stiftung ihm nicht etwas mehr Geld geben könnte, aber der alte Mann reagierte so wütend auf die Frage, daß er es sich nicht mehr traute, darauf zurückzukommen. In einem Brief versuchte er, seinen Vater davon zu überzeugen, daß er seine Autorität nicht in Frage stellen wollte: »Wenn ein Ackergaul und das Pony eines Cowboys gezwungen werden, jeweils die Arbeit des anderen zu machen, dann könnte jedes faul, unentschlossen und labil erscheinen. Artgemäß eingesetzt jedoch, eroberten sie gemeinsam den Westen. Du bist das Pony, Vater, und es scheint mir, daß ich es auch bin, obgleich unendlich weniger erfahren. Das ist ein großer Unterschied zu einem bockenden Wildpferd.«

Im Dezember 1964 heiratete Gordon Ann Gilbert, eine hinreißend schöne und ehrgeizige junge Frau von 23 Jahren, die auf einer Pfirsich-Farm im San Joaquin Valley geboren und aufgewachsen war. Getty wurde nach dem Ereignis per Telegramm davon unterrichtet. »Zum Teufel, er war Tausende von Meilen entfernt«, erklärte Gordon. »Zum Teufel, ich war 31 Jahre alt – ich mußte nicht um seinen Segen bitten.« Ann, die bis zur Hochzeit Kleider verkaufte, wurde einige Verantwortung für die Ereignisse zugeschrieben, die später folgten; ganz bestimmt konnte ihr Ehrgeiz nach einem Lebensstil, der zu einem Getty paßte, niemals bezweifelt werden. Als verheirateter Mann sogar noch knapper bei Kasse als zuvor, bat Gordon seinen alten Schulfreund und Anwalt Bill Newsom, die kurze Satzung des Sarah C. Getty Trust danach durchzukämmen, ob er irgendeinen gesetzlichen Anspruch auf das Einkommen habe. Newsons Ansicht nach gab es eine gute Chance, glaubhaft nachzuweisen, daß die Stiftung gesetzlich verpflichtet sei, jährlich eine Dividende an ihre Nutznießer auszuzahlen. Im Juni 1966 reichte Gordon beim Superior Court in San Francisco eine sogenannte »freundliche« Klage gegen seinen Vater ein und forderte 7,4 Millionen Dollar an unausgeschütteten Dividenden nach. Anschließend schrieb er nach Sutton Place und versicherte seinem Vater, daß der Prozeß nicht sein »Vertrauen in Dich als Treuhänder oder meine Liebe zu Dir als Vater« berühren werde. »Ich glaube, Vater war dennoch ein wenig verärgert«, gab Gordon zu.

Getty war nicht verärgert. Er kochte vor Wut. Von Reportern nach seiner Meinung über die Klage befragt, ließ er eine Erklärung veröffentlichen, die besagte, daß »er der Entscheidung des Gerichts mit Interesse entgegensehe«. Aber unter Ausschluß der Öffentlichkeit tobte und raste er, schrieb nach San Francisco, daß Gordon nicht länger auf Sutton Place willkommen sei, und wies seine Anwälte sofort an, die Klage anzufechten. »Paul war völlig außer Rand und Band«, sagte Robina Lund. »Er schimpfte immer wieder: ›Wenn er Geld braucht, warum geht er dann nicht zu einer Bank, wie jeder andere auch?‹«

Die Stimmung des alten Mannes verbesserte sich auch nicht angesichts der Nachrichten aus Rom, daß Gordons Bruder Paul »ausgeflippt« und ein langhaariger Hippie geworden war, der knallbunte Samthosen und Blumenhemden dem grauen Kammgarnanzug vorzog, der sich für einen Boß der Getty Oil Italiana schickte. Dank der unermüdlichen Arbeit von Roms »paparazzi«, die Paul überallhin folgten, war sein Vater bestens unterrichtet, was sich abspielte. Es stand in Dutzenden von geschmacklosen Zeitschriften, die Fotos »vom Sohn und Namensträger des reichsten Mannes der Welt« in einer Vielfalt farbenprächtiger Aufmachungen und in sogar noch farbenprächtigerer Begleitung veröffentlichten.

Als Paul und Gail 1958 mit ihrem zweijährigen Sohn in Rom angekommen waren, waren sie zunächst nur eine weitere ausgewanderte Familie, die bei einer amerikanischen Gesellschaft arbeitete. Gail bekam noch drei Kinder – Aileen, Mark und Ariadne. Wenn sie nicht gerade Gettys gewesen wären und an einem anderen Ort gelebt hätten, wären sie vielleicht eine nette junge Familie geblieben. Aber J. Paul Getty II. besaß nicht das geringste Interesse an Getty Oil Italiana. Er liebte Partys, Bücher, Musik und Literatur und haßte das Ölgeschäft. In den sechziger Jahren gab es in Rom Unmengen von Partys, und diese herrliche, dekadente Stadt zog sie unweigerlich in ihren leichtsinnigen Bann. Sie nahmen jedes Angebot wahr – Highlife und Lowlife, Alkohol und Drogen – und fuhren in ihrem Rolls-Royce durch die Stadt – davon überzeugt, immer beim »letzten Schrei« dabeisein zu müssen. 1965 ging ihre Ehe in die Brüche: Gail lebte mit einem zweitklassigen amerikanischen Filmschauspieler namens Lang Jeffries zusammen, und Paul wurde der ständige Begleiter einer exotischen holländischen Schauspielerin namens Talitha Pol. Als Teil des Scheidungsvertrages hatte Paul zugestimmt, 15 Prozent seines Nettoeinkommens an einen Treuhänderfonds zu zahlen, der für die vier Kinder eingerichtet wurde. Im August 1966 heiratete Gail Jeffries in einer kurzen Zeremonie im Rathaus von Rom und zog wenig später mit ihren Kindern und ihrem Ehemann nach Los Angeles.

Paul blieb in Rom, verrückt nach der betörenden Talitha. Die in Bali geborene Stiefenkelin des Malers Augustus John war 25 Jahre alt, groß und schlank, mit langen rotbraunen Haaren und strahlendschwarzen Augen.

Im Sommer 1965 war sie auf eine Party gegangen, weil sie hoffte, Rudolf Nurejew anzutreffen, aber er kreuzte nicht auf, und sie kam statt dessen mit einem dunkelhaarigen, recht einfühlsamen jungen Amerikaner mit dem Namen Paul Getty ins Gespräch. Im Dezember 1966 heirateten sie in demselben mit rotem Damast ausgestatteten Raum in Roms Rathaus, in dem Gail fünf Monate zuvor getraut worden war. Talitha trug ein mit weißem Nerz verziertes Mini-Kapuzenkleid aus weißem Samt; Paul prunkte mit einer leuchtenden »psychedelischen« Krawatte.

Einen Monat später überließ Paul seinem Sekretär die Geschäfte der Getty Oil Italiana und zog mit Talitha in einen aus dem 19. Jahrhundert stammenden Maurenpalast innerhalb der alten Mauern von Marrakesch, wo sie mit Drogen experimentierten und ein gastfreies Haus für die Berühmtheiten der »swingenden Sechziger« führten – Maler, Freaks, Schriftsteller und Rockgruppen wie die Rolling Stones. Daß sie sich der Schickeria angeschlossen hatten, wurde von der Zeitschrift »Vogue«, der allerhöchsten Autorität, bestätigt, für die sie sich in hinreißenden Kaftans von Patrick Lichfield, einem Vetter der Königin von England, fotografieren ließen.

Das Haus war, wie »Vogue« staunend berichtete, »ein Bühnenbild für die Lebensweise der Gettys – ein großzügiges, phantastisches, fröhliches Leben, gleichzeitig empfindsam und schwelgerisch. Mit einem kleinen Laufburschen, der für sie feilscht und schleppt, durchstreift Mrs. Getty die Märkte der Stadt Marrakesch und bringt Wonnen für das Haus und die Tafel mit. Im günstigsten Fall findet sie auch Unterhalter – Tänzer, Akrobaten, Geschichtenerzähler, Wahrsager und Zauberer. Ein Tag, der mit einem Picknick, gekrönt von einer riesigen Zwiebeltorte, auf einem großen, flachen Felsen dicht an einem Wasserfall im Atlasgebirge beginnt, endet vielleicht mit einem Dinner für junge marokkanische und europäische Freunde bei Kerzenlicht und zwischen Rosen, um die sich Minze windet. Während ›Salome‹ im Hintergrund ertönt, bezaubern Schlangenbeschwörer und tanzen ›Teejungen‹, die auf ihren Füßen Schalen mit Pfefferminztee und brennenden Kerzen balancieren.«

In seinem Arbeitszimmer blätterte Pauls Vater mit einem noch schmerzlicheren Gesichtsausdruck als üblich langsam die glänzenden Seiten der »Vogue« um. Er betrachtete den dort beschriebenen Lebensstil nicht gerade als völlig nichtswürdig, aber als Angriff auf alle Werte, die er hochhielt: Arbeitsmoral, Loyalität, Sparsamkeit und Verantwortungsgefühl. Er hatte auch wenig Zweifel, daß sein leicht zu beeindruckender Sohn vom »Dolce vita« korrumpiert worden war. Sehr viel früher hatte der alte Mann schon in seinem Tagebuch notiert, daß Paul als Geschäftsmann nicht gerade »die Welt entflammt«, und er erkannte, daß es wenig Sinn hatte zu hoffen, daß Paul nach Italien zurückkehren und die Zügel bei Getty Oil Italiana wieder in die Hand nehmen werde. Er ordnete an, die ganze Gesellschaft mitsamt der Raffinerie zu verkaufen.

Paul und Talitha wurden der Vergnügungsjagd in Marrakesch bald überdrüssig und schwammen auf der Hippiewelle rund durch den Osten mit; sie trieben ziellos durch Indonesien, Bali und Thailand, immer auf der Suche nach dem Sinn des Lebens, und häuften eine große Sammlung von Folklorekleidung an. Anfang 1968 stellte Talitha fest, daß sie schwanger war, und sie kehrten nach Rom zurück, wo sie in einer riesigen Dachwohnung an der schicken Piazza d'Aracoeli Tür an Tür mit Carlo Ponti wohnten. Wieder zogen sie das Interesse der »paparazzi« auf sich und wurden selbst beim Shopping fotografiert, vielleicht, weil der Sohn des reichsten Mannes der Welt nun Perlenkettchen, einen Bart, eine Sonnenbrille und »eine Handtasche trug«, ein unübliches, ja schimpfliches Requisit in den Augen der damaligen Männer.

Im Juli brachte Talitha einen Sohn zur Welt, den sie Tara Gabriel Galaxy Gramaphone Getty nannten und damit für Spott in allen Klatschspalten sorgten. Unter der Überschrift »Reiches Kind mit albernen Namen« im »San Francisco Chronicle« erklärte Talitha, daß jeder Name eine bestimmte Bedeutung habe – Gramaphone wurde zum Beispiel gewählt, weil der Junge zweifellos »Musik lieben werde«.

Die Ankunft von Tara hinderte sie in keiner Weise daran, am vibrierenden gesellschaftlichen Leben teilzunehmen, und sie stürzten sich wieder in eine Runde extravaganter Orgien mit Roms wilder und oberflächlicher Schickeria. So sorgte nun Talithas Vorliebe für durchsichtige Kleider, damals der letzte Schrei, dafür, daß ihr Erscheinen auf jeder Party von einem wahren Blitzlichtgewitter begleitet wurde, nachdem Pauls Handtasche keine Aufmerksamkeit mehr erregte. Eine Weile waren sie glücklich. Sie teilten sich ihre Zeit zwischen ihrer Wohnung in Rom und der »Posta Vecchia«, einer Villa mit 55 Zimmern an der Küste bei Palo, 20 Meilen nördlich von Rom. Pauls Vater hatte sie einige Jahre zuvor von Prinz Ladislao Odescalchi gekauft. Doch Ende der sechziger Jahre fielen sie diesem swingenden Jahrzehnt zum Opfer: Paul und Talitha wurden heroinsüchtig.

Ronald Gettys Umzug nach Los Angeles im Jahre 1967, um in der Filmindustrie eine Karriere zu starten, sorgte für recht großen Aufruhr, wenn auch nicht ganz von der Sorte, die er sich erhofft hatte. Schon bald nach seiner Ankunft stritten sich Ronnie und seine Mutter vor Gericht über das Wohnrecht in einem Haus am South Beverly Glen Boulevard in Westwood: Jeder wollte den anderen rauswerfen.

Fini, Gettys dritte Frau und Ronnies Mutter, war inzwischen 57 Jahre alt und wohnte am South Beverly Glen Boulevard, seit sie kurz vor dem Zweiten Weltkrieg nach Kalifornien gezogen war. Getty hatte das Haus auf den Namen Ronnies gekauft, aber mit der offenkundigen Absicht, ihr für den Rest ihres Lebens ein Heim zu verschaffen. In den 14 Jahren, in denen Ronnie im Ausland für seinen Vater gearbeitet hatte, hatte Fini das Haus allein bewohnt, vollkommen zufrieden, und nahm ihren Sohn regelmäßig auf, wann immer er nach Los Angeles kam. Aber als Ronald für immer mit seiner jungen Frau und ihrem Sohn Christopher Ronald und der kleinen Stefanie Marie einzog, begann Fini, sich an ihrer Anwesenheit zu stoßen.

Im September reichte Fini beim Superior Court in Los Angeles eine Klage ein, um das Haus alleine bewohnen zu können. Sie behauptete, ihr Ehemann habe ihr ein lebenslängliches Wohnrecht auf dem Besitz eingeräumt, sie habe sich seit vielen Jahren daran gewöhnt, dort alleine zu leben, und sei nun seit der Hochzeit ihres Sohnes dazu nicht mehr in der Lage.

Ronnie erklärte öffentlich, »betrübt zu sein, daß seine Mutter Familieninterna an die Öffentlichkeit zerrte«, aber er entschloß sich dennoch dazu, die Klage anzufechten. Vor Gericht behauptete sein Anwalt, die Klage habe Ronald dazu gezwungen, zwischen seiner Mutter und seiner eigenen Familie zu wählen, und er sei »über die Klage seiner Mutter erstaunt«. Denn er und seine Mutter hätten das Haus ohne Zwischenfälle viele Jahre gemeinsam bewohnt, sie habe es aber nach seiner Heirat im Jahre 1964 nicht geschafft, das Haus mit seiner Familie »unter ruhigen Bedingungen« zu teilen.

Der Streitfall wurde vor Gericht durch einen Vergleich beigelegt, ohne Zweifel zur Enttäuschung der Lokalpresse. Ronald verschwand danach mehrere Monate lang aus der Öffentlichkeit und wollte anscheinend das Kunststück schaffen, sich in der Filmbranche zum Unikum zu machen, indem er sich möglichst wenig profilierte.

Erst im Sommer 1969 tauchte er wieder auf einer Cocktailparty im »The Bistro« in Beverly Hills auf, wo er in die »Filmindustrie eingeführt« wurde. Hollywoods Reporter, die eingeladen worden waren, zeigten sich im allgemeinen beeindruckt – von seiner Körpergröße (1,93 m), seinem vernünftigen, geschäftsmäßigen Auftreten, seiner Ähnlichkeit mit einem Bankmanager und vor allem von der Tatsache, daß sein Vater ein Milliar-

där war. Da kein Reporter zu eindringlich nach Einzelheiten seiner beruflichen Laufbahn forschte, wurde Ronald als Teil eines bedeutsamen Trends
in Richtung eines Engagements führender Industrie- und Finanzkreise in
der Filmbranche dargestellt.

»Ich bin an jedem Geschäft, das Geld bringt, interessiert«, erzählte
Ronnie der »Los Angeles Time«, »und mit Filmen kann man Geld
machen. Ich werde mich sehr für die kreative Seite einsetzen; seit vielen
Jahren bin ich ein eifriger Kinogänger. So viele Filme wurden durch eine
schlechte Besetzung ruiniert, weil so viele Stars nur aufgestellt wurden,
weil sie unter Vertrag standen oder irgend jemandes Freund waren. Man
sollte keine Schauspieler zu Freunden haben, und ich kenne tatsächlich
keinen einzigen. Man muß eiskalt sein – die richtige Person am richtigen
Platz zum richtigen Preis.«

Ronnie gründete in Zusammenarbeit mit dem erfahrenen Produzenten
Leon Fromkess und dem Geschäftsmann Richard McDonald die Gesellschaft »GMF Production« mit Sitz am Sunset Boulevard Nr. 8730. Sein
Halbbruder George hatte ihn schriftlich davor gewarnt, irgendeinen Namen zu verwenden, der mit Getty Oil in Beziehung stand, und Ronnie
hatte geantwortet, daß er seine Gesellschaft nennen könne, wie er wolle;
ein typischer, kühler Briefwechsel zwischen den beiden Brüdern.

Trotz seiner schneidigen Reden entpuppte sich Ronnie nicht als ein
zweiter Cecil B. De Mille. GMFs erste Produktion war ein bescheidener
»Frau-in-Gefahr«-Thriller mit dem Titel »Flare up«, der in Autokinos lief
und eigentlich nur bemerkenswert war, weil er Raquel Welch die Chance
gab zu beweisen, daß sie spielen konnte. Darauf folgten »Zeppelin«, ein
kostspieliger Ausstattungsfilm über die Luftfahrt mit Michael York und
Elke Sommer, sowie »Sheila«, eine wenig bemerkenswerte Liebesge-
schichte zwischen einem weißen Highschool-Schüler und einem schwarzen Mädchen. Danach verlief die Karriere des Ronald Getty, Filmproduzent, langsam im Sande.

Gordons Karriere als Sänger und Komponist war nicht erfolgreicher,
ebensowenig wie sein Abenteuer als Kläger vor Gericht. Im August 1970
wies der Richter Charles S. Peery vom Superior Court Gordons Klage auf
einen größeren Anteil aus dem Sarah C. Getty Trust ab, weil er befand, daß
eine solche Ausschüttung nicht den »Intentionen der Stifterin«, Gordons
Großmutter, entsprach. Gettys Anwalt hatte erfolgreich vorgetragen, daß
Sarah Getty nie ein Interesse daran gehabt habe, ihren Enkeln ein Einkommen zu verschaffen, sondern ausschließlich das Unternehmen schützen
wollte. Über den Wunsch der alten Dame, daß ihre Enkelkinder sich ihren

Lebensunterhalt selbst verdienen sollten, wurde viel gesagt. Nach dem Urteil des Richters schickte George einen triumphierenden Brief an Gordon und wies warnend darauf hin, daß er »entdecken werde, was mit Leuten passiert, die gegen J. Paul Getty vorgehen und verlieren«.

Tatsächlich stellte Gordon schnell seine Differenzen mit seinem Vater ein. Noch bevor die Klage entschieden war, flog seine Frau Ann zu ihrem neuen Schwiegervater nach Sutton Place und ebnete den Weg für eine Versöhnung. Da sie jung, attraktiv und äußerst charmant war, mußte sie mit Sicherheit Gefallen finden, und sie schaffte es, daß der alte Mann ihr im Nu aus der Hand fraß. »Sein ganzes Leben lang«, sagte Robina Lund, »konnte Paul kaum nein bei einer Frau oder ja bei einem Mann sagen.«

Dank Anns Vermittlung änderte sich Gettys Meinung über die Klage wie durch ein Wunder. Jetzt handelte es sich nicht mehr um den Versuch seines moralisch heruntergekommenen Sohnes, mehr Geld aus ihm herauszupressen, sondern um eine Angelegenheit edler Prinzipien – was es dem alten Mann ermöglichte, sein Gesicht zu wahren und Respekt vor Gordons Bereitschaft zu zeigen, für das zu kämpfen, was er für sein Recht hielt. »Die Klage markierte eine wirkliche Verbesserung ihrer Beziehung«, sagte Bill Newsom, Gordons Freund und Anwalt. »Getty war beeindruckt von Gordons Standhaftigkeit und hielt seinen Sohn allmählich für einen ziemlich harten Burschen, der mit seinen Rechten nicht spaßen läßt wie jemand, der rumsitzt und Gedichte liest.«

Gordon folgte Ann nach Sutton Place zu einem »freimütigen Gespräch« mit seinem Vater. Getty gab unter vier Augen zu, daß Gordon nicht fair behandelt worden sei, und bewilligte ihm ein höheres Einkommen aus der Stiftung. Außerdem bot er an, ihn ins Unternehmen aufzunehmen. »Ich wurde eine Art ›Feuerwehrmann‹«, sagte Gordon stolz. »Vater schickte mich überall dorthin, wo es ›brannte‹. Ich wollte mich nicht als Führungskraft in der Linie abstrampeln, aber mit der Rolle als Berater war ich sehr zufrieden und trug an verschiedenen Problemherden mein Scherflein zur Lösung bei.« Der erste Auftrag Gordons bestand darin, einen Bericht über die Möglichkeiten abzugeben, wie das Hotel Pierre in New York kostengünstiger geführt werden könnte. Er entdeckte, daß die Klimaanlagen auch für Wärme sorgen konnten, und schlug vor, das Zentralheizungssystem abzuschaffen.

Es mag Momente gegeben haben, in denen Getty leichte Zweifel an den Fähigkeiten seines neuen »Feuerwehrmannes« hegte. Während eines Mittagessens auf Sutton Place verkündete Gordon einmal, daß er vorhabe, sich einen Amphibienjeep zu kaufen. »Wie schnell wird er wohl auf dem

Wasser sein?« fragte er die Anwesenden. »Hundert Meilen pro Stunde?«
Am Kopfende des Tisches erstickte Getty fast über seinem Teller. Als ein
Gast freundlich meinte, daß hundert Meilen pro Stunde vielleicht ein
kleines bißchen zu viel seien, antwortete Gordon hitzig: »O nein, er wird
hundert Meilen pro Stunde *leicht* schaffen.«

Gordons älterer Bruder Paul machte keinen Anlauf zu einer ähnlichen
Versöhnung mit seinem Vater. Getty machte klar, daß er Pauls Lebensstil
grundsätzlich mißbilligte. Ihn erregten zutiefst die Gerüchte, daß sein Sohn
in Drogenprobleme verwickelt sei. Als sie sich das letztemal während
eines Kurzbesuches Gettys in Rom gesehen hatten, hatte Paul ganz deutlich gemacht, daß er nicht die Absicht hatte, ins Geschäftsleben zurückzukehren. »Zum Geschäftsmann braucht man nichts«, fauchte er seinen
Vater an, »jeder kann das machen.« Keine Bosheit hätte Getty tiefer
verletzen können: Er wurde aschfahl und weigerte sich eine Stunde lang,
mit irgend jemandem zu sprechen.

Nach diesem Zwischenfall gab Getty sich alle Mühe, so zu tun, als
existierte Paul nicht. Er wollte ihn nie wieder sehen oder mit ihm sprechen,
und Pauls Name durfte in seiner Gegenwart nicht mehr erwähnt werden.
Paul kümmerte das nicht, er hatte genug eigene Sorgen. Was wie ein Idyll
mit Talitha angefangen hatte, war zu einem harten Existenzkampf von
einem Rausch zum nächsten geworden. Talitha spritzte Heroin, Paul
schnüffelte es, aber beide hatten den gefürchteten Affen im Nacken und
mußten immer größere Nachschubmengen bei den Drogenhändlern aus
der Unterwelt anschreiben lassen. Beide tranken auch übermäßig viel.

Nach außen waren sie allerdings immer noch ein glückliches Paar, das
den »Ton in der Szene angab«; sie lebten in vollen Zügen und auf dem
wildesten Niveau, das Rom zu bieten hatte. Aber Talitha litt unter schrecklichen Depressionen, es gab Streit zwischen ihnen, der immer heftiger
wurde, und sie begannen immer häufiger getrennt voneinander zu leben.
Im Februar 1971 verließ Talitha Rom mit dem zweijährigen Tara, um einige
Zeit ohne Paul in London zu leben. Sie telefonierten aber häufig miteinander und versuchten tastend herauszufinden, ob sie zusammen oder getrennt leben wollten. Paul liebte sie nach wie vor, sah für sie als Paar aber
wenig Zukunft und wies im Mai seine Rechtsanwälte an, das Scheidungsverfahren einzuleiten.

Am Samstag, dem 10. Juli, flog Talitha alleine nach Rom, um über eine
Versöhnung zu sprechen. Sie traf Paul in ihrer gemeinsamen Wohnung an
der Piazza d'Aracoeli, wo sie einst so glücklich gewesen waren. Paul
wußte nicht, ob er eine Versöhnung wollte oder nicht, und sie begannen zu

streiten, wobei ihre heftigen Wortwechsel noch von Alkohol und Drogen geschürt wurden. Talitha fiel am Sonntag um drei Uhr morgens benommen und müde ins Bett. Paul stolperte in der Küche herum, weil er sich etwas zu essen machen wollte, und folgte ihr eine halbe Stunde später ins Bett.

Er wachte mittags auf und wunderte sich, daß Talitha immer noch fest schlief. Erst als er sie wecken wollte, merkte er, daß etwas nicht stimmte. Talitha schlief nicht, sie lag im Koma. Paul rief seinen Arzt, Professor Franzo Silvestri, an, der innerhalb weniger Minuten in der Wohnung war. Nach einer kurzen Untersuchung erklärte der Arzt, daß sich Talitha in einem kritischen Zustand befände und sofort ins Krankenhaus müßte. Er nahm an, sie habe einen Herzanfall gehabt.

Ein Krankenwagen, der mit jaulender Sirene durch die engen Gassen Roms raste, brachte Talitha zur Klinik Villa del Rosario, wo mit einer Herzmassage versucht wurde, sie wiederzubeleben. Doch sie starb am Abend, ohne das Bewußtsein wiedererlangt zu haben.

Paul war wie am Boden zerstört und wurde von schweren Schuldgefühlen geplagt. Er glaubte inbrünstig, daß er sie hätte retten können, wenn er sich nicht selbst mit Drogen völlig außer Gefecht gesetzt hätte.

Die Ärzte in der Klinik gaben als Todesursache auf dem Totenschein eine »Vergiftung aufgrund von Barbituraten und Alkohol« an. Aber Paul erfuhr bald von Dr. Bruno Farina, Roms stellvertretendem Staatsanwalt, daß eine Obduktion durchgeführt werden sollte. Er wußte, was dann ans Tageslicht kommen müßte – daß Talitha an einer Überdosis Heroin starb. Er wußte auch, daß er von der Polizei wenig Sympathie zu erwarten hatte, wenn man erst einmal – was sicherlich geschehen werde – herausgefunden hätte, daß auch er ein Junkie war.

Paul floh in Panik. Zwei Tage nach einem Verhör durch den stellvertretenden Staatsanwalt fuhr er zu Roms Flughafen Fiumicino und nahm den nächsten Flug nach London. Viele Monate lebte er in der Angst, daß die italienischen Behörden seine Auslieferung beantragten: Er hörte, daß die italienische Polizei »Jagd auf ihn machte« und ihn wegen fahrlässiger Tötung belangen wollte.

Paul verfiel nach Talithas Tod zusehends. Von Reue- und Schuldgefühlen geplagt, wollte er nur Talitha; sie wurde die große Liebe, die verlorene Liebe seines Lebens. Er kaufte eine an der Themse gelegene düstere Villa am Cheyne Walk in Chelsea und verschanzte sich darin mit Talithas Geist. Er sah niemanden, außer ein paar »Freunden«, die ihn mit Drogen versorgten. Er ließ den Garten mit Talithas Lieblingsblumen bepflanzen und fügte seinem Testament eine Klausel an, daß er neben ihrem Grab in Holland beerdigt werden wollte.

Im März 1972 ergab eine gerichtliche Untersuchung, daß Talitha an einer starken Überdosis Heroin gestorben war. Der Richter, der die Untersuchung über die Todesursache leitete, appellierte an Paul, zurückzukommen. »Im Interesse aller Beteiligten wäre es ein wertvoller Beitrag, wenn er freiwillig hier erschiene und uns in jeglicher Hinsicht unterstützte.«

Doch Paul blieb hinter den geschlossenen Fensterläden seines Hauses am Cheyne Walk und überließ Tara Gabriel Galaxy Gramaphone der Obhut seiner Großeltern mütterlicherseits in Südfrankreich.

Auf Sutton Place hatte Getty die Nachricht von Pauls Unglück mit zusammengepreßten Lippen aufgenommen. Er wollte nicht hineingezogen werden, wollte seinen Sohn nicht sehen. Als er hörte, daß Paul vorhatte, sich in London niederzulassen, gab er dem Personal von Sutton Place die Anweisung, seinen Sohn unter keinen Umständen auf das Grundstück zu lassen.

In seinem 79. Lebensjahr war Getty allmählich mager, schwach und etwas zittrig geworden, da er unter den Anfängen der Parkinsonschen Krankheit litt. Er arbeitete immer noch jeden Tag, aber er unterlag zunehmend den Ängsten und Phobien, die ihn sein ganzes Leben lang verfolgt hatten. Insbesondere war er besessen von der Sorge um seine persönliche Sicherheit; Sutton Place war in eine Festung mit Alarmanlagen verwandelt worden, Wächter und Kampfhunde liefen überall im Park herum. Den Besuchern, die den Sicherheitskordon rund um das Gelände durchbrachen, wurde geraten, sich den Hunden nicht zu nähern: »Vorsicht. Abstand halten. Diese Hunde sind darauf abgerichtet, jeden Fremden als Feind zu behandeln.«

Wenn Getty seinen regelmäßigen halbstündigen Spaziergang zur Mittagszeit machte, bestand er darauf, daß ihm ein bewaffneter Wächter folgte. Wann immer er den Landsitz verließ, folgte seinem Cadillac ein zweiter Wagen, in dem zwei bewaffnete Leibwächter und ein Schäferhund saßen. Abends wurden alle Tore um 22 Uhr geschlossen, der Rasen wurde von Scheinwerfern erleuchtet, und Wächter patrouillierten mit Hunden um das Gebäude. Sechs Schlösser waren an der Schlafzimmertür des alten Mannes angebracht, alle Fenster waren verbarrikadiert, und neben seinem Bett befand sich eine ausgeklügelte Alarmanlage, die direkt mit der Polizeistation in Guildford verbunden war. Ein Wächter mit Hund saß die ganze Nacht über im Flur vor seinem Zimmer.

Obwohl er abends zunehmend ungern ausging, konnte ihn seine Freundin Margaret, Duchess of Argyll, überreden, sich am 15. Dezember 1972 in der Orchid-Suite des Hotels Dorchester anläßlich einer Party sehen zu lassen, die sie zur Feier seines 80. Geburtstages organisiert hatte. Die Herzogin, die beharrlich an diesem Titel festhielt, obwohl sie schon seit Jahren von dem Herzog geschieden war, hatte hundert Gäste – unter ihnen Exkönig Umberto von Italien, die Annenbergs und die Bunker Hunts – zum Dinner eingeladen und weitere zweihundert Freunde zum anschließenden Tanz. Präsident Richard Nixon, der bald über Watergate stolpern sollte, wünschte Getty telefonisch alles Gute zum Geburtstag, und seine Tochter Tricia kreuzte später am Abend auf und erklärte den Reportern, daß sie schon in der Downing Street Nr. 10 mit dem Premierminister diniert habe, aber auch an dieser Party teilnehmen wollte, da »ich Mr. Getty kennenlernte, als ich mit meinem Daddy in seinem Haus wohnte«. Tricia stellte sich artig für ein Foto mit dem alten Mann in Positur und stellte sich taub, als einer der Fotografen lauthals einen Kollegen fragte: »Wer ist diese Biene? Der alte Knacker liebt sie zweifellos jung, was?«

Die Herzogin, gekleidet in ein silbernes Organzakleid von Harald aus der Curzon Street, hatte das Orchester angewiesen, nur Musik aus der Vorkriegszeit mit einem Tempo zu spielen, das unmöglich die Verfassung eines Achtzigjährigen überanstrengen konnte, und Getty, der ein Dinnerjackett trug, das einige Nummern zu groß schien, trug zur Unterhaltung bei, indem er mit Tricia und der Herzogin über die Tanzfläche schlurfte. Um Mitternacht wurde ein riesiger Kuchen mit 80 Kerzen hereingefahren, und das Orchester stimmte Cole Porters »You're the top« an, zu dem besondere Verse – »Du bist Spitze, du bist J. Paul Getty« – geschrieben worden waren. Ein Vers verursachte großes Gelächter:

»Du bist Spitze, du bist wie Jack Benny,
Du bist Spitze, vergeudest keinen Penny,
Ich habe einen Blankoscheck,
den ich gern kassieren möcht',
Und wenn du freundlichst
Hier unten unterschreibst,
Bist du Spitze ...«

Der Herzog von Bedford brachte einen eleganten Toast aus, wobei er die Hoffnung ausdrückte, daß sich Mr. Getty noch seines hundertsten Geburtstages erfreuen könnte, und schelmisch den Wunsch hinzufügte, daß »die vielen reizenden und geistreichen Damen um ihn herum noch geistreicher und reizender werden«.

Gordon und Ann Getty, die zu diesem Fest aus San Francisco gekommen waren, lächelten dabei strahlend. Aber weder George, Ronald noch Paul nahmen an der Feier zum 89. Geburtstag ihres Vaters teil.

Im Frühjahr 1973 kamen Gordon Gerüchte zu Ohren, daß George sich seltsam auffällig verhielt. George hatte 1971 wieder geheiratet und war nach Bel Air in ein großes schloßähnliches Haus mit einem herrlichen Blick auf Los Angeles gezogen. Die neue Mrs. George F. Getty war eine vermögende 39jährige Witwe.

Ihr erster Ehemann, ein Geschäftsmann und Millionär, war bei einem schrecklichen Unglück ums Leben gekommen, als während eines Unwetters ein Erdrutsch ihr am Berg gelegenes Haus verschüttet hatte.

Gordon besuchte Los Angeles selten, aber er besaß viele Freunde dort, und einige kannten auch George und nahmen häufig an Partys in seinem Haus teil. Sie begannen schreckliche Geschichten über »Szenen« zu erzählen, in die George verwickelt war. Es wurde gesagt, daß er Amphetamine zur Gewichtsreduzierung und auch Schlafmittel einnahm, um besser schlafen zu können. Diese Tabletten, manchmal noch in Kombination mit Alkohol, schienen sein unberechenbares Verhalten auszulösen. Als Jacqueline, Georges Frau, eines Abends einen alten Schulfreund zu einer Party eingeladen hatte, richtete George eine Waffe auf ihn. An einem anderen Abend schoß er hinter dem Haus in die Büsche und versuchte dann, ein Röhrchen Schlaftabletten zu schlucken.

»Ich dachte ernsthaft daran, es meinem Vater zu erzählen«, sagte Gordon, »aber entschloß mich, es nicht zu tun. Ich war verdammt knapp davor, aber ich wollte nicht wie eine Klatschbase erscheinen, die versucht, George zugrunde zu richten.«

Am Abend des 6. Juni 1973 war Getty zu einer Dinnerparty im Haus der Herzogin von Argyll in Mayfair eingeladen. Er war gerade angekommen, als er einen Anruf aus Los Angeles erhielt. Es war Stuart Evey, ein Vizepräsident von Getty Oil, der Getty mitteilte, George sei schwer gestürzt und liege bewußtlos im Krankenhaus. Evey schien nicht mehr zu wissen, deshalb bat Getty ihn, am Ball zu bleiben und ihn wieder anzurufen, wenn er weitere Nachrichten habe. Laut Aussage der Herzogin nahm Getty an der Dinnerparty teil, als sei nichts geschehen.

Um 23 Uhr rief Evey wieder an. »Sie müssen sich jetzt zusammenreißen, Mr. Getty«, sagte er. »George starb vor ein paar Minuten . . .«

Vor Kummer wie betäubt wurde Getty nach Sutton Place gefahren, wo er noch stundenlang aufblieb und Löcher in die Luft starrte. Am nächsten Tag erfuhr er, daß eine Autopsie als Todesursache eine Überdosis Schlaftabletten mit Alkohol ergeben hatte, und es wurde gesagt, daß George Selbstmord begangen hatte. Getty konnte nicht, wollte es nicht glauben.

Es gab vieles, was er an der ganzen tragischen Geschichte nicht verstand. Es sah so aus, als sei George während einer nächtlichen Grillparty am Swimmingpool umgekippt. Eine Weile schien er in Ordnung zu sein, aber dann verlor er das Bewußtsein und wurde von Stuart Evey ins Krankenhaus gefahren. Aus irgendeinem Grund aber fuhr Evey nicht zum nächstliegenden Krankenhaus, sondern statt dessen zum Queen of Angels Hospital an der Peripherie Hollywoods, vorbei an den sehr viel besseren Krankenhäusern wie der Universitätsklinik und Cedars Sinai. George, der immer noch bewußtlos war, wurde um 2.40 Uhr eingeliefert – unter falschem Namen als George Davis, angeblich, um eine »Rufschädigung« zu vermeiden. Im Krankenhaus entdeckte man, daß er Wunden auf der Brust und am linken Bein hatte, die vielleicht von einer Grillgabel verursacht worden waren.

Am 9. Juni schrieb Getty in sein Tagebuch: »Georges Beerdigung fand um 10 Uhr morgens – 6 Uhr abends englische Zeit – statt. Um 6 Uhr ging ich zur Kapelle und sprach ein Gebet für meinen liebsten Sohn.«

Gerüchte über das, was wirklich während der Party passiert war, machten bald im Unternehmen die Runde. Eine beliebte Geschichte lautete, daß es unter Alkoholeinfluß einen Streit gegeben habe und ein weiblicher Gast nach einer Grillgabel gegriffen und sie absichtlich in Georges Brust gestoßen habe. Es wurde behauptet, der alte Mann habe viel Geld ausgegeben, um die Wahrheit zu vertuschen und den »Namen der Familie zu schützen«.

Im August entschied jedoch der amtliche Leichenbeschauer, daß Georges Tod »wahrscheinlich auf Selbstmord zurückzuführen war«, obwohl der Blutalkoholspiegel nicht besonders hoch und die Barbituratspuren, die man in seinem Körper fand, ebenfalls nicht übermäßig hoch waren. Die Wunde in der Brust reichte nicht bis zur Bauchdecke und konnte nicht zu seinem Tod geführt haben.

Getty weigerte sich, das Urteil zu akzeptieren, und bat Norris Bramlett, eigene Nachforschungen anzustellen. Nach »ausgedehnten Nachforschungen« erzählte Bramlett dem alten Mann, was er hören wollte – ein unglücklicher Unfall hatte Georges Tod verursacht.

»Eine Frage wird mich immer quälen«, sagte er später. »Ich weiß, daß leider nur allzu viele Geschäftsleute und Führungskräfte auf ein paar abendliche Drinks angewiesen sind – als Mittel, die während der Arbeit entstandenen Spannungszustände abzubauen. Ist es möglich, daß diese Nervenanspannung bei George besonders stark war, weil er zu sehr danach strebte, dem Vorbild seines Großvaters und meinem eigenen zu entsprechen?«

Der alte Mann sollte nicht lange über diese Frage nachdenken können. Im Juli erfuhr er, daß sein Enkel J. Paul Getty III. gekidnappt worden war.

17. »Laß nicht zu, daß ich getötet werde«

Am 17. Juli 1973, einige Tage, nachdem der 16jährige Paul Getty offensichtlich in Rom verschwunden war, kam per Eilboten ein Brief in der Wohnung auf der Via della Scala an, die er mit seiner 24jährigen deutschen Freundin Martine und ihrer Zwillingsschwester bewohnte. Der Brief war an Gail, Pauls Mutter, adressiert und in Pauls großer kindlicher Handschrift geschrieben.

»Liebe Mummy,

seit Montag bin ich in den Händen von Kidnappern. Laß nicht zu, daß ich getötet werde. Organisiere alles so, daß die Polizei sich nicht einmischt. Du darfst die ganze Sache absolut nicht als Scherz auffassen.

Versuche, mit den Kidnappern genauso Kontakt aufzunehmen, wie sie es Dir sagen.

Laß die Polizei nichts von den Verhandlungen wissen, wenn Du nicht willst, daß man mich tötet.

Ich will leben und wieder frei sein. Regle die Sache so, daß die Polizei nicht erfährt, daß ich an diese Adresse geschrieben habe.

Gib meine Entführung nicht öffentlich bekannt.

Zahle, ich bitte Dich, zahle, so schnell Du kannst, wenn Du mich heil wiederhaben willst.

Das ist alles, was Du wissen mußt. Es ist sehr gefährlich für mich, wenn Du Zeit vertrödelst.

Ich liebe Dich

Paul«

Pauls Freundin Martine wußte sofort, daß der Brief kein Scherz war. Seit mehreren Wochen hatte sie das Gefühl gehabt, beobachtet zu werden; es schien immer zwei oder drei Männer zu geben, die draußen vor ihrer Wohnung herumlungerten. Als sie Paul die Männer zeigte, wurde er sehr wütend und warf etwas durch das geöffnete Fenster auf sie. Aber die Männer gingen nicht weg, wichen nur etwas in den Schatten zurück. Martine teilte den Vorfall der Polizei mit, aber man zuckte nur mit den Schultern und meinte, nichts tun zu können.

Einige Tage vor Pauls Verschwinden war versucht worden, Martine und ihre Schwester Jutta zu kidnappen. »Wir hatten zusammen ein Fernsehskript geschrieben, und wir sollten es zu einem bestimmten Büro bringen, wo es jemand lesen wollte. Als wir dort ankamen, wurden wir plötzlich eingesperrt. Wir hatten schreckliche Angst. Ich war felsenfest überzeugt, daß man uns töten wollte. Wir wurden die ganze Nacht festgehalten, am nächsten Tag packten sie uns in einen Wagen und fuhren uns irgendwohin. Aber der Wagen blieb in einem Verkehrsstau stecken, und ich schaffte es, die Tür zu öffnen, und wir rannten davon.«

Es war also nicht überraschend, daß Martine Pauls Brief sehr ernst nahm. Sie kannte Paul auch gut genug, um zu wissen, daß er niemals einen solchen Streich ausgeheckt haben könnte. »Er war einfach nicht fähig zu so etwas«, sagte sie, »er hätte viel zuviel Angst gehabt.«

Martine rannte mit dem Brief zu Gails Wohnung auf der Via dei Monti Parioli, aber Pauls Mutter war nicht da. Deshalb ging Martine mit dem Brief zur Polizei. Dort wußte man alles über Paul Getty, den Enkel des reichsten Mannes der Welt; die italienischen Zeitungen nannten ihn den »goldenen Hippie«. Eine vorgetäuschte Entführung zu inszenieren, das war genau das verrückte Ding, das er drehen konnte, um ein bißchen Geld von seinem Großvater zu bekommen. Jeder wußte, daß er kein Geld hatte. Meistens konnte man ihn mit all den anderen im Sommer in Rom versammelten Hippies sehen, die auf der Spanischen Treppe herumlungerten und versuchten, an die Touristen ein paar Schmuckstücke zu verkaufen. Martine hatte schon große Angst bekommen, als Pauls Brief ankam. Aber sie bekam noch mehr Angst bei dem Gedanken, daß die Polizei nicht recht glaubte, daß er entführt worden war.

Der »aufgeweckte, rothaarige kleine Racker«, der seinen Großvater 1957 so bezaubert hatte, war 1973 zu einem bemerkenswerten und recht unorthodoxen Teenager herangewachsen. Paul war fast 1,83 Meter groß, von sehr schlanker Statur und einer leicht androgynen Erscheinung, mit einem sommersprossigen Gesicht, hellblauen Augen und einer zotteligen, langen Mähne aus rotgelocktem Haar.

Er war darüber hinaus ein entwurzelter, verstörter und höchst anstrengender junger Mann. Seine Probleme rührten aus dem Trauma der Ehescheidung seiner Eltern und aus dem Verlust seines idealisierten Vaters. Als Paul II. mit Talitha weggegangen war, war sein Sohn erst neun Jahre alt und unendlich verletzt, daß sein Vater seine Existenz zu vergessen schien. Von diesem Moment an begann Paul III., sich schlecht zu benehmen.

Gail und ihr neuer Ehemann Lang Jeffries ließen sich in Brentwood nieder, einem schicken Vorort von Los Angeles. Jeffries tat sein Bestes, zu seinen Stiefkindern eine gute Beziehung aufzubauen, aber Paul war ein untauglicher Kandidat – gewöhnlich mürrisch und schwierig. Er stichelte hinter Jeffries Rücken und erzählte seinem jüngeren Bruder Mark und seinen beiden Schwestern Aileen und Ariadne, daß Jeffries nur »Gladiator-Rollen« spielte. An seiner High School gewann Paul keine Freunde, weil er ständig ungünstige Vergleiche zwischen Amerika und Italien zog; wenn er von einem Lehrer gerügt wurde, steckte er als Antwort zwei Finger in den Hals und erbrach sich über dem Tisch.

Nach nur einem Jahr trennten sich Gail und Jeffries wieder. Gail kehrte mit ihrer störrischen Brut im Schlepptau nach Rom zurück. Paul durfte seinem Vater und Talitha in ihrem exotischen Schlupfwinkel in Marokko einen seltenen Besuch abstatten und war begeistert, daß Mick Jagger dort wohnte: Er verbrachte die ganze Zeit damit, schweigend Mick Jagger mit seiner neuen Miniaturkamera zu fotografieren.

Wieder in Italien, schien Paul beweisen zu wollen, daß keine Schule ihn bändigen konnte. Er schwänzte die Unterrichtsstunden, die ihn nicht interessierten, und störte jene, zu deren Teilnahme er sich herabließ. Wenn die Lehrer ihre Geduld mit ihm verloren, was häufig geschah, beschimpfte Paul sie: »Ich bezahle Sie, damit Sie mich unterrichten, warum brüllen Sie mich an?« Als ein Lehrer ihn einmal mit einem Lineal schlug, nahm Paul ein anderes Lineal und schlug mit aller Kraft zurück.

Nachdem er von sieben Schulen geflogen war, schickte ihn die verzweifelte Gail in ein Internat, das nach den spartanischen Richtlinien einer englischen Public School geführt wurde und den Ruf genoß, für Disziplin zu sorgen. Paul haßte das Internat und schrieb seiner Mutter, daß er sich wie in der Armee fühlen. Eines Abends setzte er aus Langeweile eine Tafel mit seinem Zippo-Feuerzeug in Brand. Als sich das Klassenzimmer mit Rauch füllte, machte er wie zufällig einen Lehrer ausfindig und sagte unschuldig: »Riechen Sie auch Rauch? Ich glaube, irgend etwas brennt.« Nachdem das Feuer unter Kontrolle war, verhörten die Lehrer Paul vier Stunden lang. Jedesmal, wenn sie versuchten, ihn dazu zu bringen, seine Tat zuzugeben, schrie er angriffslustig: »Ich hab's verdammt noch mal nicht getan.« Aber am Schluß langweilte ihn das Spiel, und er sagte: »Na gut, was soll der Scheiß, ich war's.« Am nächsten Tag war er wieder bei seiner Mutter und seinen Geschwistern zu Hause.

Paul war damals 14 Jahre alt, und seine Mutter gab den Kampf um seine Erziehung auf, obwohl er offensichtlich intelligent und sehr kreativ war – er zeichnete, malte und fotografierte gerne. Gail beschloß, daß man ihn ohne die Belastung der formalen Schulbildung dazu ermutigen müsse, seine künstlerischen Talente auf die ihm eigene Weise zu entwickeln. Dieses Arrangement paßte Paul vorzüglich, denn es bedeutete im Endeffekt, daß er tun konnte, was er wollte, und er wollte eben auf der Piazza Navona herumlungern, mit seinen von Sternen übersäten Hosen und dem »Grateful-Dead«-T-Shirt, zusammen mit den Hippies, die in der Sonne rund um den Bernini-Brunnen faulenzten und endlos über die alternative Gesellschaft diskutierten. Schon vor seinem 15. Geburtstag hatte Paul bereits viele Freuden dieser sagenhaften Gesellschaft genossen, hauptsächlich Drogen, Kokain und »freie Liebe« beziehungsweise »junge Hühnchen abschleppen«, wie er es bevorzugt nannte. Entschlossen, sein jugendliches Alter zu verbergen, versuchte er immer, wie ein wesentlich Älterer aufzutreten: Er wollte hip, cool, lässig und »sophisticated« sein. Auch wenn er es vielleicht nicht immer schaffte, verstand er im großen und ganzen glänzend das Handwerk, seine Ängste und inneren Unsicherheiten zu überspielen.

Im Zuge seiner wilden Jagd nach Abenteuern kaufte er sich ein Motorrad und eine Lederjacke und ging dazu über, durch die überfüllten, engen Straßen rund um den Vatikan zu knattern. Er jauchzte angesichts der Gefahr und Geschwindigkeit, baute mehr Unfälle, als er sich erinnern konnte, entkam aber jedesmal unverletzt. Einmal verlor er in einer Unterführung die Kontrolle und überschlug sich achtmal mit seinem Motorrad, wobei fast das gesamte Leder von seiner Jacke abschrammte. Er raffte sich ohne einen einzigen Kratzer auf und ging weg.

Nachts traf man ihn häufig betrunken in dem einen oder anderen Café rund um die Piazza Navona oder in den Diskotheken, wo sich die Reichen und Halbseidenen mit ihren Groupies versammelten. Weil er Paul Getty hieß, besaß er einen besonderen Sammlerwert, der ihm im Nu Zugang zu den prominenten Kreisen verschaffte. Er konnte auf Partys mit Leuten wie Andy Warhol, Jack Nicholson und Roman Polanski gesehen werden. Er erhielt sogar winzige kleine Rollen in Italo-Western und bezeichnete sich selbst als Schauspieler.

Im Sommer 1972 zog Paul mit zwei Freunden, einem Maler namens Marcello Crisi und dem jungen Engländer Philip Woollam, in eine kleine Atelierwohnung auf der Vicoli de Canale.

»Gail widersetzte sich seinem Auszug nicht«, erzählte Woollam, »sie hielt es für eine gute Idee, wenn er auf eigenen Beinen stände. Ich arbeitete ein bißchen als Übersetzer, und Marcello versuchte, sich seinen Lebensunterhalt als Maler zu verdienen. Paul fing auch an zu malen und versuchte, seine Bilder mit Marcello auf der Spanischen Treppe zu verkaufen. Manchmal erhielten sie gegen ein Bild in einem Restaurant eine warme Mahlzeit. Paul wollte immer unabhängig sein, redete aber viel über seinen Vater. Er wollte ein inniges Verhältnis zu seinem Vater und war unglücklich, daß es nicht möglich war. Manchmal dachte ich, daß er seinen Vater übertreffen und sich einen Namen machen wollte, damit sein Vater ihn beachtete.«

Im Januar 1973 wurde Paul bei einer Demonstration der Kommunisten verhaftet und angeklagt, einen Molotowcocktail gegen die Kaserne der Carabinieri geschleudert zu haben. Tatsächlich war er nur ein Zuschauer gewesen. Die Demonstranten marschierten an seiner Wohnung auf der Vicoli de Canale vorbei, und er ging mit einer Tasse Tee in der Hand nach draußen, um ihren Vorbeimarsch zu betrachten. Als er Polizisten in Kampfanzügen sah, war er zunächst unbesorgt, da er nichts getan hatte, aber bevor er richtig merken konnte, was passierte, schlugen sie mit Gummiknüppeln auf ihn ein und stießen ihn in einen Polizeiwagen, der voller Demonstranten war und sie zum größten Gefängnis Roms brachte. Aus Angst, von den anderen Demonstranten geschlagen zu werden, wenn er seine Unschuld beteuerte, erzählte er ihnen, daß er eine Polizeistation in die Luft gejagt hätte, und genoß folgerichtig ein beträchtliches Ansehen. Zwei Tage später ließ man die Anklage gegen ihn fallen, und er wurde entlassen.

Pauls Arrest sorgte für Schlagzeilen, während seine Entlassung kaum erwähnt wurde. Der Zwischenfall wurde natürlich auch von seinem Großvater in England mißbilligend zur Kenntnis genommen. Kurz darauf erreichte auch noch die Nachricht von einer weiteren Freveltat »Jung Pauls« Sutton Place – er hatte sich nackt für ein Porno-Magazin fotografieren lassen. Er tat es wegen des Geldes und zum Spaß; sein Großvater konnte darüber nicht lachen. Zu dieser Zeit lernte Paul Martine Zacher kennen. Die fast acht Jahre ältere Martine war eine hübsche, unkonventionelle und ernsthafte junge Frau, die als Schauspielerin in einer alternativen Theatergruppe arbeitete. Sie fühlte sich sofort zu dem wilden jungen Amerikaner hingezogen, und nur wenige Wochen nach ihrer ersten Begegnung wohnten sie zusammen. Wenn irgend jemand über diese geschiedene 24jährige Frau mit einem zwölf Monate alten Töchterchen seine Nase rümpfte, weil sie mit einem 16jährigen Jungen zusammenlebte, dann kümmerte das Martine bestimmt nicht.

»In gewisser Hinsicht war Paul ziemlich unreif, aber im großen und ganzen war er viel weiter als die meisten Menschen seines Alters. Er führte ein ziemlich lockeres Leben, hatte eine Menge durchgemacht und besaß zynische Ansichten über das Leben. Wir hatten viele gemeinsame Interessen, und wir machten viel zusammen – malen, schreiben, fotografieren. Wir hatten eine große Clique von Freunden, und wir pflegten uns alle abends auf der Piazza Navona zu treffen. Das war ein großer Umschlagplatz für Drogen, hauptsächlich für Kokain, und wir steckten mittendrin. Das war allgemein so sehr bekannt, daß es lächerlich wäre, es zu leugnen.

Wir hielten uns nie für Hippies, aber damals war jeder auf einem Alternativtrip.

Ich schauspielerte, und Paul verdiente sich jeden Tag Geld durch Bilder oder alberne Fotos. Er lebte von fast nichts. Er dachte immer, daß ihm nichts passieren könnte, daß irgend jemand immer für ihn bürgen, für ihn sorgen werde. Er hatte so etwas wie ein schizophrenes Verhältnis zu der Tatsache, ein Getty zu sein. Er wußte, wer er war, fühlte sich aber minderwertig, weil er die eine Sache nie hatte, die er angeblich haben sollte, nämlich Geld.

Er sprach oft von seinem Vater und war sehr traurig, daß sie nicht miteinander redeten. Darüber war er zutiefst betroffen.«

Paul ließ diesen Schmerz niemals nach außen dringen. Wenn die Leute ihn nach seiner Beziehung zu seinem Vater fragten, was sie oft taten, hatte er eine sarkastische Antwort parat: »Wir haben eine perfekte Kommunikation«, sagte er gerne, »wir reden niemals. Auf diese Weise streiten wir uns auch nie.«

Am Nachmittag des 9. Juli rief Paul Martine von einem Café auf der Piazza Navona aus an und bat sie, sofort zu ihm zu kommen, weil er ihr etwas Wichtiges zu sagen habe. Sie eilte in das Café, wo er sie erwartete, und sie fragte, ob sie ihn heiraten wollte. Sie freute sich, war glücklich und sagte ja. »Wir wußten damals«, sagte sie, »daß wir zusammensein wollten.« Paul war an jenem Abend mit Marcello und Philip zum Essen verabredet, aber Martine wollte nicht mitkommen. Sie umarmte ihn und ging in ihre gemeinsame Wohnung zurück. Fünf Monate lang sollte sie ihn nicht mehr sehen.

Paul ging danach ins Kino und dann zu seinen Freunden zum Abendessen. Philip Woollam fand, daß er wie immer wirkte, und bemerkte nichts Ungewöhnliches an diesem Abend. Nach dem Essen ging Paul alleine in eine Diskothek, lungerte eine Weile mit dem »Warhol-Haufen« herum und ging gegen Mitternacht zur Piazza Navona, inzwischen war er durch reichlich Coke mit Bacardi schon etwas unsicher auf den Beinen. Weil er keinen seiner Freunde in den üblichen Lokalen antraf, ging er um die Ecke zu einem Nachtclub namens »Treetops«, wo er auf eine ehemalige Freundin stieß, die Go-go-Tänzerin Danielle Devret. Total betrunken, vielleicht hatte er auch vergessen, daß er sich gerade erst verlobt hatte, bat er Danielle nach einer Stunde, mit ihm nach Gaeta zu fahren, einem hundert Kilometer südlich von Rom gelegenen Ferienort an der Küste. Danielle lehnte lachend ab und sagte, daß sie am nächsten Tag mit einem Freund in die Ferien nach Portugal führe. Paul wurde beleidigend und begann zu schimpfen, schrie sie an, sie sollte »sich verpissen«. Sie schaffte es, ihn aus dem Club zu bugsieren, und er torkelte, immer noch brüllend, die Straße hinunter.

Um drei Uhr morgens stand er an einem Zeitungsstand in der Via di Mascerone, kaufte ein Mickymausheft und setzte dann seinen Heimweg fort. Auf der Piazza Farnese hielt plötzlich ein großer weißer Wagen neben ihm, und drei Männer sprangen heraus. Paul sah sie aus verschwommenen Augen an und erblickte einen Pistolenknauf, der dann auf seinen Kopf krachte. »Oh, bitte«, wimmerte er, »was habe ich euch getan?« Er wurde noch zweimal geschlagen und dann auf den Rücksitz des Autos gezerrt, das mit quietschenden Reifen davonfuhr. Paul vermutete zunächst, er sollte Prügel bekommen, weil er irgend jemandes Hühnchen abgeschleppt hatte, aber er war zu betrunken und benommen, um sich länger mit diesem Gedanken zu beschäftigen. Dann wurde ein Wattebausch mit Äther auf sein Gesicht gedrückt, und er hatte das Gefühl zu fallen, ehe er das Bewußtsein verlor.

Als er zu sich kam, stellte er fest, daß er sich noch immer auf dem Rücksitz eines schnellfahrenden Autos befand, aber er konnte nichts sehen, da ein dickes Tuch über seine Augen gebunden worden war. Seine Arm- und Fußgelenke waren ebenfalls fest zusammengeschnürt, und er fühlte, wie ihm Blut aus einer Kopfwunde den Nacken hinunterlief. Er fürchtete sich sehr. Eine barsche Stimme fragte ihn auf italienisch: »Wo sind deine Papiere?« Er antwortete, daß er keine habe.

»Wie heißt du?«

»Paul Getty.«

»In Ordnung. Wenn du etwas brauchst, frage danach. Ist die Antwort ja, wird einmal geklopft, ist sie nein, wird zweimal geklopft. Vergiß es nicht, denn niemand wird mehr sprechen.«

Paul fühlte sich dadurch seltsamerweise getröstet, denn wenn sie bereit waren, mit ihm zu kommunizieren, wollten sie ihn wahrscheinlich nicht töten.

Obwohl er einen Kater und auch die Orientierung verloren hatte, schätzte er, daß sie ungefähr sechs Stunden lang fuhren. Als der Wagen schließlich anhielt, hoben ihn zwei Männer heraus. Paul hatte das Gefühl, daß sie irgendwo hoch oben sein müßten, und fürchtete einen schrecklichen Augenblick lang, daß sie ihn über eine Klippe stoßen würden. Aber statt dessen legten sie ihn auf eine Decke, die auf der Erde lag. Es war sehr heiß, und er konnte einen warmen Luftzug auf seinen Wangen spüren; er vermutete, irgendwo in Süditalien zu sein.

Nach ungefähr einer Stunde wurden ihm die Fuß- und Armfesseln abgenommen, aber die Binde blieb über seinen Augen. Er konnte die ganze Zeit über Leute hören, geflüsterte Wortfetzen, eine zuschlagende Autotür in der Ferne. Es vergingen ein paar Stunden, dann wurde er gebeten aufzustehen. Eine Hand faßte fest um seinen Arm, und er wurde über unebenen Boden, manchmal stolpernd, zu einem anderen Ort, nicht mehr als hundert Meter weiter, geführt, wo er sich wieder hinlegen mußte. Das passierte drei- oder viermal.

Er mußte fragen, wenn er urinieren wollte, und durfte nicht selbst seine Hosen runterlassen oder hochziehen. Einer von denen, die ihn gefangen hatten, war nervös, denn Paul konnte feststellen, daß die Hände, die seine Hose aufmachten, eindeutig zitterten.

Paul nahm an, daß seine Augen mindestens fünf Tage, vielleicht auch länger, verbunden waren. Er erhielt jeden Tag eine warme Nudelmahlzeit, häufig Kaffee und eine Flasche Cognac, den er so schnell austrank, daß ihm der Schädel brummte.

Etwa am sechsten Tag wurde er wieder in einen Wagen gesetzt. Sie fuhren ungefähr eine Stunde. Als sie anhielten, wurde er herausgezerrt und einen steilen Abhang hinuntergeführt, wo er das Rauschen eines Wasserfalls hören konnte. Er wurde nach vorn gebeugt, damit er trinken konnte, und dann wurde die Binde, die mit einem Klebestreifen an seinem Kopf befestigt worden war, mit einem Ruck abgerissen. Er schrie auf, als das Band von seiner Haut riß, und jemand grunzte: »Tu ihm nicht weh!«

Es war dunkel; Paul blickte sich um und sah fünf Männer in der Dunkelheit, die alle Wollmasken trugen, die ihre Gesichter bedeckten. Einer von ihnen sagte: »Hör zu, Junge, du wirst hier eine Zeitlang bleiben. Mach keine Dummheiten. Du kannst um alles mögliche bitten, wir werden versuchen, es für dich zu bekommen. Gib uns nicht die Schuld. Wir sind bezahlte Leute.« Paul nickte. Er wurde in eine kleine Hütte mit einem Wellblechdach gebracht, und man zeigte ihm, wo er nachts liegen konnte.

Am nächsten Tag kam einer der Männer mit Papier und Schreibfeder in die Hütte und diktierte Paul den Brief, den er an seine Mutter schreiben mußte, um ihr seine Entführung mitzuteilen.

Martine machte sich keine besonderen Sorgen, als Paul in der ersten Nacht nicht nach Hause kam. Er blieb oft die ganze Nacht weg, platzte bei Philip herein oder schlief manchmal bei seiner Mutter. Aber als sie auch den ganzen nächsten Tag über nichts von ihm hörte und er auch in der Nacht nicht auftauchte, machte sie sich Sorgen und begann, ihre Freunde anzurufen, um herauszufinden, wo er steckte. Viele machten sich lustig über sie und meinten, Paul müsse kalte Füße bekommen und weggelaufen sein, weil sie in die Heirat eingewilligt hatte. Anfänglich war das noch komisch, aber als die Tage ohne ein einziges Lebenszeichen von Paul vergingen, war sie ernstlich in Sorge, besonders als sie feststellte, daß die Männer, die sonst draußen vor ihrem Haus herumlungerten, verschwunden waren. Als der Brief ankam, war sie fast schon darauf vorbereitet.

Vor Ankunft des Briefes war auch Gail zunächst nicht besonders besorgt über das Verschwinden ihres Sohnes gewesen. So wie er lebte, hielt sie es für sehr leicht möglich, daß er mit irgendeinem Mädchen abgehauen war, obwohl es sie ärgerte, daß er sich nicht die Mühe gemacht hatte, sie anzurufen und ihr zu sagen, wo er steckte. Nachdem sie den Brief gelesen hatte, konnte sie keinen klaren Gedanken fassen. Am nächsten Morgen klingelte das Telefon in ihrer Wohnung. Als sie den Hörer abnahm, sagte eine barsche, durch ein Tuch gedämpfte Stimme, daß Paul entführt worden sei und sie weitere Instruktionen abwarten solle.

Inzwischen hatte es sich herumgesprochen, daß Paul Gettys Enkel entführt worden war, und eine Horde von Reportern und Fotografen lagerte vor Gails Haustür. Obwohl sie noch immer die Hoffnung hatte, daß es sich nur um einen Streich handelte, entschloß sie sich, auf Nummer Sicher zu gehen. Sie rief die Reporter herein und ließ sie wissen, daß sie bereit sei, ein Lösegeld für die Freilassung ihres Sohnes zu zahlen. »Ich hoffe auf einen Beweis, daß mein Sohn wohlauf ist«, sagte sie. »Ich hoffe, daß alles so schnell wie möglich vorbei ist. Wir wissen nicht, wie die nächste Kontaktaufnahme aussehen wird. Wichtig ist, die Entführer davon zu überzeugen, daß wir verhandlungswillig sind.«

In England spürten die Reporter sehr schnell Pauls Vater am Cheyne Walk in Chelsea auf, aber er ging weder an die Tür noch ans Telefon.

Auf Sutton Place weigerte sich Getty ebenfalls, Anrufe von Reportern entgegenzunehmen, und ermahnte das Personal, keine Reporter auf das Grundstück zu lassen. Noch immer über Georges Tod trauernd, bat er Robina Lund, eine kurze Erklärung auf alle Fragen abzugeben:

»Obwohl ich meinen Enkel selten sehe und ich ihn nicht besonders gut kenne, liebe ich ihn dennoch. Jedoch halte ich nichts davon, Entführer zu bezahlen. Ich habe vierzehn weitere Enkelkinder, und wenn ich jetzt einen Penny bezahle, habe ich vierzehn entführte Enkelkinder.«

Die Nachricht, daß der reichste Mann der Welt nicht bereit war, auch nur »einen Penny« für die Freilassung seines entführten Enkels zu zahlen, machte in der ganzen Welt Schlagzeilen und rechtfertigte die Aufwärmung der zahlreichen Geschichten über seinen legendären Geiz. Die meisten

Zeitungen bezweifelten allerdings zunächst die Echtheit der Entführung; es gab keinen Mangel an Gruselmaterial über die degenerierte Lebensweise des verschwundenen Jungen. Keines der eher obszönen Sensationsblättchen versäumte es, darauf hinzuweisen, daß der 16jährige Paul mit »einem schönen Zwillingspärchen zusammenlebte«, und überließ es den Lesern, ihre eigenen lüsternen Schlußfolgerungen aus dieser schockierenden Tatsache zu ziehen.

Durch Gerüchte und Anzüglichkeiten untermauert, gewann die Theorie, es handle sich nur um einen Streich an der reichen Familie, in den folgenden Wochen noch an Glaubwürdigkeit und behinderte zweifellos die Suche nach Paul: Von Polizisten, die nicht glaubten, daß der Junge wirklich entführt worden war, konnte man kaum erwarten, daß sie gründliche Nachforschungen über sein Verschwinden anstellten.

Jeder Hippie auf der Piazza Navona hatte eine Theorie, wohin Paul gegangen war, und keiner war abgeneigt, mit Vertretern der Presse zu sprechen. Reporter, die hofften, sich einen Namen zu machen, investierten außergewöhnlich viel Zeit und Energie, um zu beweisen, daß »der Junge es selbst gemacht hatte«, obwohl eine Entführung in Italien kein seltenes Verbrechen war – es gab zwischen 1960 und 1973 mehr als 320 bekannte Entführungen, und wahrscheinlich noch einmal so viele, die nicht öffentlich bekannt wurden. Italienische Zeitungen stellten sogar die Vermutung auf, daß Pauls attraktive Mutter an der Verschwörung beteiligt war, und zitierten als Beweis die Tatsache, daß sie mit ihrer Miete in Verzug war. Um die Theorie noch weiter zu untermauern, gab die Polizei bekannt, Martine habe in einem Verhör zugegeben, daß Paul ihr mehrere Wochen vor seinem Verschwinden erzählt habe, die einzige Methode, an »dickes Geld« heranzukommen, sei, seine Entführung vorzutäuschen.

Das war eine glatte Lüge. Paul hatte gegenüber Martine nie eine Entführung erwähnt, und Martine war außer sich vor Angst. »Ich geriet richtig in Panik«, sagte sie. »Ich fürchtete, daß ihm etwas Schreckliches zustoßen könnte, weil niemand die Sache ernst genug nahm. Wir wurden jeden Tag von der Presse belästigt, und die Dinge wuchsen uns über den Kopf.«

Pauls Großvater war von Anfang an mißtrauisch. An dem Tag, an dem er erfuhr, daß Paul entführt worden war, ging er mit Norris Bramlett im Park von Sutton Place spazieren, blieb plötzlich stehen und sagte: »Du glaubst nicht, daß der Junge und seine Mutter das ausgekocht haben, um mir Geld abzuluchsen, nicht wahr?« Bramlett murmelte nur, wie schrecklich es sei, wenn Mitglieder der Familie zu solchen Methoden griffen. »Du hast recht«, sagte der alte Mann ruhig und ging schweigend weiter.

Die britischen Zeitungen vergrößerten Gettys Mißtrauen noch, indem sie routinemäßig die »Kidnapper« in Anführungszeichen setzten, um die Wahrscheinlichkeit anzudeuten, daß sie gar nicht existierten. Weil Getty selbst herausfinden wollte, was dem Jungen zugestoßen war, schickte er Fletcher Chase nach Rom, einen ehemaligen CIA-Agenten, der bei Getty Oil angestellt war. Er sollte eine vertrauliche Untersuchung darüber anstellen, ob Paul wirklich entführt worden war oder nicht. Der Bericht, den Chase ablieferte, bestätigte noch den Verdacht des alten Mannes. In ihm wurde zitiert, daß Paul häufig Scherze darüber gemacht habe, seine eigene Entführung zu inszenieren, um dem alten Mann Geld abzupressen. Es hieß auch, daß er bei Drogenhändlern mit 20 000 Dollar in der Kreide stand. Als besonders vernichtender Beweis wurde die Tatsache angeführt, daß ein ehemals bei Getty Oil Italiana angestellter Chauffeur schwor, er hätte Paul in Trastevere, einem Stadtteil von Rom, noch *nach* der Entführung gesehen, und behauptete, der Junge sei davongelaufen, als er merkte, daß man ihn erkannt hatte. Chase erwähnte auch, daß der Film »Travels With My Aunt«, der damals in Rom lief, eine vorgetäuschte Entführung zeigte und daß Paul ihn dreimal gesehen habe.

Selbst die Tatsache, daß zwischen den Entführern und Gails Anwalt Giovanni Jacavoni laufend Kontakt bestand, erschütterte nicht die weitverbreitete Annahme, daß Paul Getty sein Verschwinden selbst in die Wege geleitet hatte. Jacavoni, ein geachteter Anwalt in Rom, hatte die Verhandlungen mit den Kidnappern nach dem zweiten Anruf bei Gail übernommen. Am 25. Juli erhielt Jacavoni einen Brief, der in Taranto, einer Industriestadt im Südosten Italiens, abgestempelt worden war. In ihm wurde das Lösegeld für Paul auf die erschreckend hohe Summe von zehn Milliarden Lire festgesetzt – rund 17 Millionen Dollar.

Am nächsten Tag erhielt Jacavoni einen Anruf.

»Haben Sie ihn bekommen?« fragte eine Stimme.

»Wovon sprechen Sie?«

»Den Brief.«

»Ja, ich bekam ihn.«

»Wir wollen in sehr kleinen Banknoten bezahlt werden. Sie erfahren später, wo der Austausch stattfindet. Entweder werden wir bezahlt, oder Paul ist tot. Lassen Sie es uns über Rundfunk oder Fernsehen wissen, ob Sie mit den Bedingungen einverstanden sind.«

An diesem Abend berief Jacavoni eine Pressekonferenz ein und erklärte, daß das geforderte Lösegeld unsinnig hoch sei und die Kidnapper weniger fordern sollten. Vier Tage später kam ein weiterer Anruf.

»Was meinen Sie damit, Sie können nicht so viel bezahlen? Wollen Sie den Jungen irgendwo tot auffinden?«

»So viel Geld gibt es in der ganzen Welt nicht.«

»Wieviel können Sie bezahlen?«

»Das meiste, was Kidnapper in Italien jemals bekamen, waren 300 Millionen Lire.«

»Das ist ein Witz. So hoch sind schon unsere Auslagen.«

»Ich werde mit der Mutter des Jungen sprechen, aber ich weiß, daß sie überhaupt kein Geld hat.«

»Sagen Sie ihr, sie soll es aus London holen.«

Eine Woche später schienen die Kidnapper mit 300 Millionen Lire einverstanden zu sein. Jacavoni jedoch bot ihnen nur ungefähr ein Fünftel dieser Summe an – 100000 Dollar. Drei Wochen vergingen, und die Forderung ging wieder hinauf, diesmal auf drei Milliarden Lire. Jacavoni bot wieder 100000 Dollar an. »Für einhunderttausend Dollar«, sagte die ärgerliche Stimme drohend am Telefon, »schicken wir Ihnen ein Foto von dem Jungen, auf dem ihm ein Bein oder ein Arm fehlt.«

Die italienische Polizei wertete die schwankenden Forderungen als weiteren Beweis dafür, daß die Entführung nur ein Streich war. Kein selbstbewußter Entführer forderte zuerst 10 Milliarden Lire, dann 300 Millionen, dann drei Milliarden. Das ergäbe keinen Sinn, sagten sie. Selbst Jacavoni überkamen allmählich Zweifel.

»Ich habe ernsthafte Schwierigkeiten«, teilte er der »New York Times« in seinem drolligen Englisch mit, »was die Echtheit der Entführung betrifft. Und seine Mutter hat wahrscheinlich auch Zweifel.« Während einer überfüllten Pressekonferenz erklärte er einige Tage später: »Es kann nicht ausgeschlossen werden, daß Paul die Entführung entweder als Witz oder um an Geld zu kommen oder aus Publicitygründen inszenierte.«

Ende August kam Bill Newsom, der Anwalt, der sowohl mit Paul als auch mit Gordon Getty zur Schule gegangen war und zudem ein alter Freund von Gail war, aus San Francisco in Rom an, um als Unterhändler zwischen der Familie und den Entführern zu fungieren. Er ging überall herum und erzählte jedem, der es hören wollte, daß die Vermutung »absurd« sei, der Junge oder seine Mutter wären in die Inszenierung eines solchen Verbrechens verwickelt. »Niemand wollte das hören«, mußte er feststellen.

Während Newson versuchte, die italienischen Behörden zu überzeugen, daß die Entführung echt sei, wurde Paul an einen Pfahl unter einem behelfsmäßigen Schutzdach hoch oben in den gestrüppreichen Bergen von

Kalabrien angekettet, der zerklüfteten und dünnbesiedelten Region an der »Stiefelspitze« Italiens. Seine Kette war drei Meter lang, gerade lang genug für ihn, um den Felsen zu erreichen, in den er jeden Tag eine Kerbe ritzte. Ende August waren zwanzig Kerben im Felsen.

Paul wurde Tag und Nacht von wechselnden Gruppen bewaffneter Männer bewacht, die billige, geckenhafte Anzüge, abgelaufene Schuhe, durchlöcherte Socken und die ganze Zeit über Masken trugen. Er erhielt eine Mahlzeit am Tag, gewöhnlich Würstchen aus der Dose, und wurde zweimal in der Woche zu einem schnellfließenden, kalten Fluß in der Nähe gebracht, damit er sich waschen konnte. Seine einzige Unterhaltung war ein kleines Transistorradio, das sie ihm gegeben hatten und aus dem er die Meldungen über seine Entführung hörte. Angekettet wie ein Hund und ohne Vorstellung davon, wo er sich befand, hörte Paul, wie die Leute in Rom in Interviews erklärten, daß er ihrer festen Überzeugung nach überhaupt nicht entführt worden sei.

Als die Kerben auf dem Felsen sich vervielfachten, spürte Paul, daß er die Herrschaft über sich selbst verlor. Er starrte stundenlang auf sein Spiegelbild in einem Löffel und schnitt Grimassen, um einen menschlichen Gesichtsausdruck zu sehen. Wenn seine Hände schmutzig waren, leckte er sie sauber wie eine Katze, die ihre Pfoten leckt. Er begann, abgebissene Stückchen seiner Fingernägel in einer Streichholzschachtel zu sammeln, hortete und zählte sie, als wären sie ein Schatz.

Eines Tages hörte er in den Nachrichten, daß man den verkohlten Leichnam Paul Gettys in einem Graben außerhalb Roms gefunden habe. In Rom hörte Martine dieselben Nachrichten und fiel beinahe in Ohnmacht. »Das war einer der schrecklichsten Momente«, sagte sie, »ein Moment totaler Panik. Wie konnte man jemanden so lange verstecken; ich glaubte allmählich selbst, daß er tot sein müßte.«

Als fünfzig Kerben im Felsen waren, befürchteten die Aufpasser, daß Polizisten in der Nähe sein könnten. Paul wurden wieder die Augen verbunden, und er mußte sechs Stunden lang zu einem höhergelegenen Ort in den Bergen marschieren. Eine Woche lang wurde er von einem Platz zum nächsten gebracht, bis sie schließlich an einer kleinen Höhle von ungefähr einem Meter Breite und 1,85 Meter Länge ankamen. Dort schlief er auf einer Schaumgummimatratze und begann, zu Glücksbringern auserkorene Felsen in einem sinnlosen Ritual zu berühren, das ihn fast wahnsinnig machte, weil er fürchtete, er könnte die richtigen Stellen nicht in der richtigen Reihenfolge berühren.

Kurz nach Ankunft in der Höhle begannen seine Aufpasser, damit zu drohen, ihm einen Finger abzuschneiden, wenn sein Großvater nicht bald das Lösegeld zahlte. »Wir werden ihm jeden Monat ein Stück schicken«, drohte einer bösartig, »bis er bezahlt. Wir werden dich ein ganzes Jahr lang in kleine Stücke schneiden.«

Paul war entsetzt und fürchtete sich wie noch nie in seinem Leben. Er konnte nicht aufhören, auf seine Hände zu starren und sich zu fragen, welchen Finger sie zuerst abschneiden würden, wie sie es tun würden, wie sehr es schmerzen würde, wie seine Hand ohne einen Finger aussehen würde.

Mitte Oktober kamen morgens zwei Männer in die Höhle, die seine Haare schneiden wollten. Er mußte sich auf einen Holzklotz setzen, und einer von ihnen schnitt sein langes Haar ab, sehr kurz an den Seiten und im Nacken, dann reinigte er die freigelegte Haut mit Alkohol. Als sie fertig waren, erklärten sie Paul, er sähe sehr gut aus, und schickten ihn wieder ins Bett.

Paul kroch auf seine Matratze, betastete seinen geschorenen Kopf und fragte sich, was das zu bedeuten habe. Plötzlich, in einem Moment schrecklicher Angst, wurde es ihm klar. Sie würden ihm nicht einen Finger abschneiden – sie würden ihm ein Ohr abschneiden. Und sie würden es bald tun, ehe seine Kopfhaut wieder schmutzig werden konnte.

Sie kamen eine halbe Stunde später, sieben oder acht Männer. Ein Mann gab ihm ein großes Steak zu essen, aber er konnte es kaum runterwürgen. Dann befahlen sie ihm, die Augenbinde anzulegen, ließen ihn auf dem Holzklotz Platz nehmen und steckten ihm ein Taschentuch in den Mund, auf das er beißen sollte. Sie hielten seine Beine, seine Arme und seinen Kopf fest, umklammerten den ganzen Körper, so daß er nicht einen Muskel bewegen konnte. Er spürte, wie einer von ihnen sein Ohr seitlich wegzog, dann gab es einen intensiven, alles verdrängenden Schmerz, als das Rasiermesser durch die Haut glitt. Paul biß das zusammengeballte Taschentuch in seinem Mund geradewegs durch.

Am 21. Oktober erhielt Gail in ihrer Wohnung in Rom telefonisch die knappe Mitteilung von den Entführern, daß man Paul ein Ohr abgeschnitten habe und es per Eilboten zu ihr schicken werde. Sie fiel fast in Ohnmacht; die Vorstellung war so schrecklich, daß sie kaum glauben konnte, daß irgend jemand zu solch einer Tat fähig sei.

Anfang Oktober hatte Jacavoni bemerkt, daß die Entführer bei ihren Anrufen eine merklich drohendere Haltung einnahmen, so daß er sich fragte, ob er es mit verschiedenen Leuten zu tun hatte. Sie redeten davon, den Jungen zu verstümmeln, wenn das Lösegeld nicht sofort bezahlt werde. Aber die Polizei, die sowohl Gails als auch Jacavonis Telefon angezapft hatte, beachtete diese Drohung nicht, da sie immer noch davon ausging, daß die Entführung eine abgekartete Sache war.

Gail war mit ihren Nerven am Ende. Als jedoch nach fünf Tagen noch nichts in der Post war, begann sie zu hoffen, daß es sich um einen makabren Scherz gehandelt habe. Zehn Tage vergingen, immer noch nichts. Am 7. November riefen die Kidnapper an und fragten, ob sie inzwischen das Ohr bekommen habe. Als sie verneinte, schnauzte eine Stimme am anderen Ende: »Hören Sie auf, uns zum Narren zu halten.« Immer noch hoffte sie, daß es nicht wahr sei. »Als fünfzehn Tage vergangen waren und noch immer keine Nachricht gekommen war«, sagte sie, »hatte ich mich fast dazu durchgerungen zu glauben, daß es nur ein Scherz war.«

Sie hatte vergessen, daß es im Süden einen Poststreik gab. Am 10. November wurde ein Eilpäckchen, das bereits zwanzig Tage zuvor in Neapel abgestempelt worden war, in den Räumen des »Il Messaggero«, einer der größten Tageszeitungen Roms, abgegeben. Eine Sekretärin fiel in Ohnmacht, als sie es öffnete. In dem Päckchen, in einem Plastikbeutel versiegelt, befand sich ein abgetrenntes Ohr mit einem Büschel blutverkrusteter Haare und einer maschinenschriftlichen Notiz: »Wir sind die Entführer von Paul Getty. Wir halten unser Versprechen und schicken das Ohr. Prüfen Sie jetzt, ob es Paul gehört. Wenn das Lösegeld nicht innerhalb von zehn Tagen gezahlt wird, schicken wir das andere Ohr. Und dann weitere Teile seines Körpers.«

Ein Reporter rief sofort Jacavoni an, der mit Gail schnellstens zum Gebäude des »Il Messaggero« im Zentrum Roms kam. Im Schockzustand nahm Gail vorsichtig das halbverweste Ohr hoch und bestätigte unter Tränen, daß es Pauls Ohr war. Man konnte noch die Sommersprossen auf der Haut erkennen. Das Gesicht ihres Sohnes sei von Sommersprossen übersät, sagte sie, und das Ohrläppchen entspräche genau ihrem eigenen.

Martine war währenddessen in München zu Besuch bei ihrer Familie. Sie saß gerade auf einer Bank auf dem Münchner Bahnhof und wartete auf einen Freund, als ihr Blick auf die Titelseite einer Tageszeitung fiel, die ein ihr gegenübersitzender Mann las. Ein grausiges Foto, das ein abgetrenntes Ohr in einer Plastiktüte zeigte, nahm fast die gesamte Titelseite ein. Sie erkannte den Namen »Getty« in der Überschrift. Ihr wurde speiübel. »Ich konnte es gar nicht richtig begreifen, es war so grausam«, sagte sie. »Ich dachte, wenn jetzt nicht ganz schnell etwas geschieht, wird er sicher getötet.«

343

Am 15. November bestätigte Professor Silvio Merli, Italiens führender Gerichtsmediziner, daß das Ohr von einem lebenden Menschen abgetrennt worden sei und daß »Vergleiche darauf hinweisen, daß es Paul Getty gehörte«. Am nächsten Tag riefen die Kidnapper beim »Il Messaggero« an und teilten einem Reporter mit, er werde »etwas Interessantes« an einer bestimmten Stelle auf einer Straße außerhalb Roms finden. Es handelte sich um einen Umschlag mit Polaroidaufnahmen von Paul, der mit schmerzerfüllten Augen in die Kamera starrte. Sein rechtes Ohr fehlte. In dem Umschlag befand sich die Mitteilung, daß man als nächstes seinen Fuß abtrennen werde. Sein 17. Geburtstag war gerade zwölf Tage vorbei.

Die Entführer taten ihr Bestes, Pauls Kopf zu verbinden, aber die Wunde blutete drei Tage lang heftig. Er hoffte immer, daß der Schmerz am nächsten Tag nicht mehr ganz so schlimm sein werde, aber das war nicht der Fall. Zehn Tage lag er bewegungsunfähig auf seiner Matratze in der Höhle und mußte sich häufig erbrechen. Er verlor die Kontrolle über seine Blase und konnte es nicht verhindern, daß er in die Hosen machte. Jemand kam jeden Tag vorbei und gab ihm eine Spritze. Sie sollte die Schmerzen lindern, aber das stimmte nicht.

Nach einer Weile schienen sich die Entführer Sorgen zu machen, weil er sich nicht bewegte. Sie zogen ihn hoch und ließen ihn langsam um die Höhle laufen. »Dein Körper stirbt«, sagten sie ihm, »du mußt dich bewegen.« Als sie ihn herumzerrten, erwartete Paul, daß ihm das Herz zum Halse herausschlagen würde, weil der Schmerz so intensiv war. Er ließ kein einziges Wort über ihre Tat fallen, aus Angst, daß ihm noch etwas Schlimmeres zustoßen könnte.

Eines Tages kamen die Entführer zu ihm und teilten ihm mit, sie brächten ihn an einen anderen Ort, näher an der Straße, weil er bald nach Hause gehen könnte. Sie fuhren ihn zu einem anderen Versteck, aber drei Tage später war er wieder in der alten Höhle. Am nächsten Tag entfernten sie seinen blutdurchtränkten Verband und fotografierten ihn. Dann brachten sie ihn zu einer riesigen Scheune, wo er in einem dafür hergerichteten Hohlraum mitten in einem Heuhaufen versteckt wurde.

Aus seinem Transistorradio erfuhr er, daß die Aufnahmen, die man von ihm gemacht hatte, auf allen Titelseiten der italienischen Zeitungen erschienen waren. Zu jener Zeit war endlich der schlimmste Schmerz abgeklungen, und er konnte darüber nachdenken, was geschehen war, und sich fragen, warum sein Großvater, mit all seinem Geld, das Lösegeld nicht bezahlt hatte, bevor sie ihm das Ohr abtrennten. Er überlegte, ob er jemals wieder Sonnenbrillen tragen könnte; er liebte Sonnenbrillen.

Der knorpelige, verweste Inhalt des Päckchens an den »Il Messaggero« überzeugte verspätet eine zweifelnde Welt, daß Paul Getty wirklich in Todesgefahr schwebte. Die italienische Polizei gab widerwillig zu, daß sie die Entführung nicht länger als Streich betrachtete, eine Entscheidung, zu der sich auch Pauls Großvater, ebenfalls und vergleichbar widerwillig, durchrang.

»Es gab anfangs sicherlich den starken Verdacht, daß es sich nicht um eine echte Entführung handelte«, sagte Norris Bramlett. »Wir nahmen an, daß der Junge wahrscheinlich hereingelegt wurde und daß diejenigen, die darin verwickelt waren, ihn an richtige Kidnapper weitergaben. Erst als das Ohr des Jungen abgetrennt worden war, wurde klar, daß er sich in brutalen Händen befand und daß schnell Vorkehrungen getroffen werden mußten, das Lösegeld zu zahlen.«

Getty war nun gezwungen, direkt mit dem Vater des Jungen, J. Paul Getty II., zu verhandeln, den er sich im allgemeinen vom Leibe hielt. Seit Jahren sprachen sie zum erstenmal wieder miteinander, und ihre Begegnung war von eisiger Förmlichkeit. Beide waren der Meinung, daß ein Lösegeld gezahlt werden müßte. Getty bestand darauf, daß sein Sohn es bezahlen sollte, denn es sei ganz ungewiß, was die Entführer fordern würden, wenn sie spürten, daß der »reichste Mann der Welt« schließlich doch bereit sei, ein Lösegeld zu zahlen.

Es wurde beschlossen, ein Lösegeld in Höhe von einer Million Dollar anzubieten. Da Paul II. auch nicht annähernd so viel Geld hatte, willigte sein Vater ein, ihm 850000 Dollar zu vier Prozent zu leihen, unter der Bedingung, daß die Summe vollständig über eine jährliche 7,5prozentige Kürzung des Einkommens zurückgezahlt werde, das Paul II. aus dem Sarah C. Getty Trust erhielt. Robina Lund setzte den Vertrag zwischen Vater und Sohn auf: »Ich, Jean Paul Getty junior, verspreche Jean Paul Getty I. (im folgenden ›Mr. Getty‹), den erhaltenen Betrag von 850000 Dollar, der in meinem Namen von Mr. Getty in Verbindung mit dem Loskauf und der sicheren Rückkehr meines Sohnes, Jean Paul Getty III., gezahlt wurde, auf folgende Weise zurückzuzahlen...«

Am 17. November gaben die Anwälte, die für J. Paul Getty II. tätig waren, in London eine Erklärung ab: »Mr. Getty hat den Entführern ein Lösegeld angeboten. Der Betrag stellt das Maximum dar, das der Vater für die Rückkehr des Jungen aufbringen kann. Auf Anraten jener, die mit solchen Fällen vertraut sind, hat er gefordert, daß der Junge simultan zur Geldübergabe freigelassen werden soll, da dies die einzige Methode ist, die Sicherheit des Jungen zu gewährleisten.«

Auf Sutton Place bestand Getty nach wie vor darauf, daß er kein Lösegeld zahlen werde. »Mein Standpunkt hat sich nicht geändert. Ich muß an die Sicherheit und das Wohlergehen aller meiner Enkel und an den Rest der Familie denken. Was meinem Enkel Paul zustieß, ist herzzerreißend, und ich bete, daß er gesund zurückkommt. Aber ich weiß, daß eine Verwicklung meiner Person in irgendeine Lösegeldforderung die Dinge nur noch verschlechtern würde. Das ist eine einsame Entscheidung, aber ich weiß, daß es eine richtige ist.«

In Rom richtete Gail einen zornigen offenen Brief an die Entführer und flehte sie an, das Lösegeld zu akzeptieren und ihren Sohn freizulassen.

»Wir haben ausführlich genug miteinander gesprochen, Sie und ich. Ich habe immer Ihre Überraschung gespürt, daß der Großvater und der Vater sich nicht für das Leben von Paul junior eingesetzt haben. Sie haben mir nicht geglaubt. Und dennoch ist es wahr. Ich habe beim Großvater und beim Vater Fürsprache eingelegt. Der Großvater blieb hart, aber der Vater willigte ein, ein Lösegeld von einer Million Dollar zu zahlen – mehr als das kann er Ihnen nicht geben. Ich flehe Sie an – nehmen Sie das Geld, das Ihnen angeboten wurde. Es wird Ihnen binnen weniger Stunden zu Ihren Bedingungen übergeben. In diesem entscheidenden Augenblick meines Lebens als Mutter, für die einzig und allein das Leben ihres Sohnes zählt, empfinde ich nur Mitleid. Mitleid mit meinem kleinen, einsamen Paul, dessen liebenswürdiges Gesicht verstümmelt wurde. Mitleid mit Ihnen, weil Sie nicht wissen, was gut im Leben ist.«

Der Brief war mit »Gail Harris, Mutter von Paul Getty III.« unterzeichnet.

Am 1. Dezember kam Fletcher Chase in Rom an, diesmal mit der Vollmacht von Getty, eine Million Dollar in kleinen Banknoten bei einer italienischen Bank abzuheben.

Eines Nachts spähte Paul aus seinem Versteck im Heuhaufen hinaus und sah im flackernden Schein von Kerzen die Scheunenwände. Offenkundig feierten seine Häscher, tranken Wein, klopften sich gegenseitig auf die Schultern und tanzten zur Musik aus einem krächzenden Radio. Paul betete, daß dies die Zahlung des Lösegelds bedeutete.

An den folgenden Tagen waren sie viel freundlicher zu ihm. Sie gaben ihm besseres Essen, so viel zu trinken, wie er wollte, und ließen ihn Turnübungen machen. Am 14. Dezember, an einem Freitagnachmittag, wurde Paul erzählt, daß sie das Geld kassiert hätten und er freigelassen werde. Er bekam einen Pullover und eine Augenbinde, dann wurde er aus der Scheune geholt und bei strömendem Regen zu einem Auto geführt. Er schätzte, daß sie zwischen vier und fünf Stunden fuhren, ehe der Wagen auf der Straße hielt. Sie halfen ihm vom Rücksitz, weil er immer noch die Augenbinde trug, und befahlen ihm, sich hinzusetzen und zu warten. »Beweg dich nicht«, drohte eine Stimme, »denn hinter dir ist jemand. Wir werden deine Mutter anrufen. Ciao.«

»Good bye«, antwortete Paul. Er hörte zuschlagende Autotüren und startende Motoren, dann gab es mit Ausnahme des trommelnden Regens kein Geräusch mehr. Er nahm vorsichtig die Binde ab und blickte sich um. Es war dunkel, es war niemand da. Aus Angst, seine Kidnapper könnten ihre Meinung ändern und zurückkommen, begann er, die Straße entlangzugehen. Er hoffte, jemanden anhalten zu können. Er bot mit seinen Turnschuhen, ohne Socken, den ausgebeulten grauen Hosen und dem Pullover, dem schlecht ausgeführten Verband um den Kopf und den vom Regen angeklebten Haaren absolut keinen vertrauenerweckenden Anblick im Scheinwerferlicht der vorbeifahrenden Autos, und niemand hielt an.

Schließlich erreichte er eine Tankstelle und bat darum, das Telefon benützen zu dürfen. »Kein Telefon«, antwortete der Tankwart und musterte Paul mißtrauisch von oben bis unten. »Gehen Sie weg!«

Er trottete also weiter die Straße entlang und versuchte erfolglos, ein Auto anzuhalten. Dem Erschöpfungszustand nahe, stellte er sich gegen fünf Uhr morgens unter das Schutzdach einer Tankstelle, die geschlossen war. Ein Lastwagen, der einige Minuten später vorbeikam, verminderte das Tempo, als Paul auf die Straße trat.

Der Fahrer kurbelte sein Fenster herunter und hörte, wie dieser wild aussehende Junge mit ausländischem Akzent etwas von einer Entführung schrie, aber er dachte, er wäre ein Straßenräuber, und fuhr weiter. Erst als er schon ein Stück weiter war, kam ihm in den Sinn, daß der Junge Paul Getty sein könnte. Er beschloß, ein paar Kilometer weiter in Lagonegro bei der Polizei anzuhalten und zu berichten, was er gesehen hatte.

Nicht lange danach sah Paul, wie die Blaulichter mehrerer Polizeiwagen näher kamen. Sie bremsten quietschend an der Stelle, wo er, zitternd vor Kälte und durchnäßt bis auf die Haut, stand. »Ich bin Paul Getty«, sagte er erschöpft, als die Polizisten wie Komparsen aus einem Räuber-und-Gendarm-Film aus ihren Wagen sprangen. »Geben Sie mir bitte eine Zigarette. Sehen Sie, sie haben mir mein Ohr abgeschnitten.«

Auf der Polizeistation in Lagonegro bekam Paul Milchkaffee und Kuchen, den er wie ein Wolf verschlang. Dann brachte jemand einen Teller Spaghetti. Immer mehr Polizisten strömten in den Raum, wo er saß. Dann kamen Offiziere der Carabinieri und versuchten, ihn zu verhören, sie stellten eine Frage nach der anderen. Paul brach in Tränen aus, schluchzte, daß er nicht wisse, wo er gewesen sei oder wer ihn gefangengehalten habe; er habe nicht ein einziges Gesicht seiner Entführer gesehen.

Kurz nach Tagesanbruch kam seine Mutter mit Fletcher Chase und Dr. Ferdinando Masone, dem Chef des Überfallkommandos in Rom. Zwischen den Carabinieri und der Polizei, die Paul nach Rom holen wollte, entwickelte sich ein heftiges Wortgefecht. Die Carabinieri weigerten sich, Paul vor Beendigung des Verhörs gehen zu lassen. Dr. Masone bestand darauf, daß der Zustand des Jungen kein Verhör zuließe. Während sich alle stritten, kamen immer mehr Fotografen in die Polizeistation und versuchten, durch das Fenster oder jedesmal, wenn die Tür geöffnet wurde, Fotos zu machen. Paul hing inmitten des Tohuwabohus fast betäubt in den Armen seiner weinenden Mutter. Der großgewachsene, grauhaarige und resolut auftretende Fletcher Chase hielt schließlich den obersten Offizier der Carabinieri am Schlafittchen fest und sagte in drohendem Ton: »Lassen Sie den Jungen *sofort* gehen, oder ich kann Ihnen versichern, daß Sie ernste Schwierigkeiten bekommen.«

Mit Chases Trenchcoat über den Schultern wurde Paul durch den hysterischen Mob von Fotografen und Reportern der Weg zu einem Polizeiauto gebahnt.

Während der fünfstündigen Fahrt auf der Autostrada nach Rom folgten ihnen 30 bis 40 Wagen der Presse. Jedesmal, wenn sie anhalten mußten, um die Straßengebühren zu bezahlen, sprangen Fotografen heraus und umzingelten das Auto, schlugen gegen die Fenster und forderten Paul auf, ihnen zu zeigen, wo das Ohr abgeschnitten worden war.

Im Polizeihauptquartier in Rom gab es ein noch schlimmeres, vollständig verrücktes Chaos. Die Fotografen kletterten übereinander hinweg und brüllten Paul an, in diese oder jene Richtung zu blicken, während die Reporter ihre Fragen abfeuerten. Die Polizei versuchte, Paul in einen Aufzug zu bugsieren, aber hinter ihm strömten so viele Presseleute nach, daß die Türen nicht schließen konnten.

Nach zwanzig Minuten gab Dr. Masone jeden Versuch auf, Paul zu verhören, und er wurde mitsamt seiner Mutter durch eine Hintertüre geschmuggelt und in eine Privatklinik gefahren, wo er sich ausruhen und von seiner Qual erholen sollte. In London gab sein Vater vor Reportern eine kurze Erklärung ab: »Ich habe vor, den Rest meiner Energie darauf zu verwenden, den Italienern zu zeigen, was das Wort ›Vendetta‹ bedeutet. Ich denke, daß diejenigen, die mit der Entführung zu tun hatten, gut daran tun, immer mit einem offenen Auge zu schlafen.«

Auf Sutton Place erklärte ein Sprecher im Namen des alten Mannes, daß die Freilassung des Jungen das »schönste Geschenk« zu seinem 81. Geburtstag gewesen sei.

Einige Zeit später versuchte Paul, seinen Großvater anzurufen, um sich für die Unterstützung zu bedanken, die zu seiner Freilassung geführt hatte. Marianne von Alvensleben war am Apparat auf Sutton Place: »Es ist der junge Paul aus Rom«, teilte sie Getty mit, »möchtest du mit ihm sprechen?«

Getty blickte nicht von seinen Papieren auf. »Nein«, sagte er.

18. »Ein Wüstling, ein Geizkragen, ein Schürzenjäger«

Gettys monatelange Weigerung, ein Lösegeld zur Freilassung seines Enkels zu zahlen, machte ihn zur Zielscheibe eines Sperrfeuers feindseliger Angriffe in der Öffentlichkeit. »Mr. Getty war kein Mann, der viel von seinen Gefühlen zeigte«, stellte Norris Bramlett fest, »aber ich glaube, daß er sehr unter der feindseligen Berichterstattung der Presse litt.«

Pauls Freundin Martine besaß kein Verständnis für die mißliche Lage des alten Mannes. »Ich würde alles geben, jeden Pfennig, wenn mein Kind entführt wäre«, sagte sie. »Geld hätte keine Bedeutung für mich.«

Dieser Standpunkt wurde allgemein geteilt, insbesondere nachdem Paul sein Ohr verloren hatte. Aber was die Leute besonders aufbrachte – vor allem diejenigen Medien, die sich gerne auf Verbrechen stürzen –, war die Tatsache, daß sich Getty geweigert hatte, »einen Penny« für das Lösegeld zu zahlen, während er gleichzeitig spektakuläre Summen in seine Kunstsammlung und in den Bau eines merkwürdigen Museums in Kalifornien steckte. Hier war der reichste Mann der Welt, der Millionen von Dollars in Kunstwerken anlegte, während sein Enkel in Italien wegen eines Lösegelds gefangengehalten wurde.

An einem einzigen Vormittag gab Getty damals in London sechs Millionen Dollar bei Christie's aus; eine Million für eine Ölskizze von Negerköpfen, die Rubens gemalt haben sollte; eine zweite Million für zwei Gemälde von François Boucher und vier Millionen für Tizians »Tod des Aktäon«. Als bekannt wurde, daß der Tizian nach Kalifornien gebracht werden sollte, gab es in England einen Aufschrei der Empörung, Getty wurde die Ausfuhrgenehmigung verweigert. Die britische Regierung versuchte, das Geld aufzubringen, damit die National Gallery das Bild erwerben konnte. Getty war beleidigt und beklagte sich bitterlich, daß er gezwungen wurde, das Bild für ein Jahr zinslos der National Gallery zur Verfügung zu stellen. »Bei sechs Prozent Zinsen«, nörgelte er, »betrug mein Verlust mehr als 100 000 Dollar.«

Jung Pauls Verlust war ein Ohr, und das hätte leicht vermieden werden können. Das neue J.-Paul-Getty-Museum, das auf dem Gelände der Ranch in Malibu für 17 Millionen Dollar gebaut worden war, wurde im Januar 1974 eröffnet – genau vier Wochen nach der Freilassung J. Paul Gettys III. Er wurde zur Einweihung nicht eingeladen.

Getty hatte sein Ranchhaus seit mehr als zwanzig Jahren nicht mehr gesehen, und er hatte niemals den Museumsflügel gesehen, der 1957 für die griechisch-römischen Altertümer angebaut worden war. Aber er wußte von Fotos und Berichten, die nach Sutton Place geschickt wurden, daß seine Sammlung über den vorhandenen Platz schnell hinauswuchs. Deshalb hatte er 1968 beschlossen, ein neues Museum bauen zu lassen, nicht nur als Schaukasten für seine Schätze, sondern auch als überdauerndes Monument der Gettys. Kompromißlos gegen moderne Architektur eingestellt – »Ich weigere mich, Geld für einen dieser Betonbunker oder für gewisse goldgetönte Glas-und-Chrom-Monstrositäten auszugeben« –, war Gettys erste Idee, ein Ebenbild von Sutton Place errichten zu lassen, das Kaliforniens erstes und letztes Tudor-Haus geworden wäre.

Dann aber dachte er, daß etwas im römischen Stil ein noch passenderer Rahmen sein könnte, und übertrug die Problemlösung den Architekten in Los Angeles, die normalerweise Bürogebäude für Getty Oil konstruierten. Da sich diese Entscheidung nicht als fruchtbar erwies, dachte Getty als nächstes an eine erstaunliche Mischung: ein Gebäude, das von außen wie eine römische Villa und innen wie Sutton Place aussehen sollte. Zum Glück erwiesen sich die Konstruktionsprobleme als unüberwindlich.

Getty hatte einen Londoner Architekten namens Stephen Garrett als Berater beschäftigt; Garrett war es, der erfolglos gegen den Wunsch des alten Mannes gekämpft hatte, Tudor-Fenster in eine römische Villa einzubauen. Eines Abends im November 1968 zitierte Getty jedoch Garrett erneut nach Sutton Place und verkündete ihm, daß er bezüglich des neuen Museums eine Entscheidung gefällt hätte. Er wollte eine Replik der Villa dei Papyri bauen lassen.

»Ich hatte nie von ihr gehört«, sagte Garrett. »Ich mußte ein Buch suchen und nachschlagen.«

Die Villa dei Papyri stand im ersten Jahrhundert an den Hängen des Vesuvs. Von dort aus konnte man in Richtung Süden über die Bucht von Neapel hinweg auf Herculaneum blicken. Die Villa war wahrscheinlich der Wohnsitz von Lucius Calpurnius Piso gewesen, dem Schwiegervater Julius Caesars und Patron des epikureischen Philosophen Philodemus, der in der Villa lehrte. Als der Vesuv im Jahre 79 n. Chr. ausbrach, verschwand das Haus unter den Lavamassen, die den Hang hinunterströmten. Tonnenweise unter Vulkangestein begraben, blieb die Existenz der Villa bis Mitte des 18. Jahrhunderts unbekannt. Dann wurde sie von den Archäologen entdeckt, die in Herculaneum forschten. Karl Weber, ein Schweizer Ingenieur, erkundete 1750 die Villa, indem er einen 18 Meter langen Schacht in das Gestein grub und dann waagerechte Tunnel unter der

Erdoberfläche anlegte. Er förderte eine herrliche Sammlung von Bronze- und Marmorskulpturen sowie eine große Bibliothek von Papyrusrollen ans Tageslicht, die der Villa ihren Namen gaben. Einige Jahre später füllten sich die Tunnel mit giftigen Vulkangasen, und die Forschungsarbeiten wurden aufgegeben; die Tunnel brachen schließlich ein, die Villa wurde niemals ausgegraben.

Die Geschichte der Römer hatte Getty stets fasziniert: Er konnte alle römischen Kaiser aufzählen, Pliniusreden und vollständige Kapitel aus Caesars »Gallischem Krieg« rezitieren. Er hatte 1913 das Gelände von Herculaneum besichtigt und ausgiebig die Entdeckung und Erforschung der Villa dei Papyri in Büchern nachvollzogen. Obwohl das Projekt in erster Linie eine wertvolle Fundgrube des Bourbonenkönigs von Neapel war, machte sich Weber die Mühe, einen detaillierten Plan der Villa und ihres Parks anzufertigen. Die Tatsache, daß es diesen Plan gab, brachte Getty auf die Idee, die Villa originalgetreu im 20. Jahrhundert wieder- auferstehen zu lassen.

Garrett teilte die Begeisterung des alten Mannes nicht und bat ihn inständig, die Idee wieder fallenzulassen. »Es war einfach lächerlich«, erzählte er. »Da saß dieser seltsame alte Mann im ländlichen Sussex und plante, in Malibu, an der Grenze zu Hollywood, eine römische Villa nachbauen zu lassen, die nie jemand gesehen hatte und die 18 Meter unter der Erde Italiens begraben lag. Ich schrieb einen langen Bericht und riet ihm dringend davon ab, weil ich an das hohe Risiko dachte, daß man sich sowohl über das Gebäude als auch über ihn lustig machen würde. Ich wollte nicht, daß es soweit käme, denn ich hatte ihn sehr liebgewonnen. Er war sehr viel interessanter, als die Leute glauben wollten, es war falsch, ihn mit normalen Maßstäben zu messen. Wenn man ihn nachts allein in diesem riesigen Haus erlebte, wie er einen Bohrbericht las, hätte man ihn für einen einsamen, unglücklichen alten Mann halten können. Aber man muß begreifen, daß er recht glücklich war – er *genoß* es, Bohrberichte zu lesen.«

Was Getty Garrett nicht erzählte, war die Tatsache, daß die Wiederer- richtung der Villa dei Papyri Teil eines wohldurchdachten, romantischen und geheimen Phantasiegebildes war, das mit seinem Glauben zusammen- hing, die Reinkarnation des Kaisers Hadrian sein zu können.

Einzig Gettys allerbeste Freunde wußten von dieser Seite seines Cha- rakters. Für die Außenwelt war er ein nüchterner, knauseriger Geschäfts- mann. Aber hinter dieser harten Fassade verbarg sich ein von irrationalen Ängsten besessener Mann, der zu den wildesten Auswüchsen der Phantasie neigte, Angst vor Geistern hatte und zutiefst abergläubisch war. Für diejenigen, die Getty sehr gut kannten, war es überhaupt nicht überraschend, daß er an Reinkarnation glaubte oder annahm, möglicherweise ein zweiter Hadrian zu sein.

Von allen römischen Kaisern bewunderte Getty Hadrian am allermeisten, dessen literarischer und architektonischer Geschmack tonangebend für die kulturellen Aktivitäten seines Zeitalters war. Als Getty als junger Mann begann, Hadrians Leben und seine Zeit zu studieren, erlebte er wiederholt »déjà-vus«, die er sowohl rätselhaft als auch aufregend fand. »Es war so, als ob ich schon alles über ihn wüßte«, erzählte er Robina Lund, »und ich begriff die Gründe seiner Entscheidungen.«

Der alte Mann glaubte, daß er über den Besitz des Lansdowne-Herakles eine direkte Beziehung zu dem großen Kaiser hergestellt habe. Diese Marmorstatue war 1790 in Tivoli, in der Nähe von Hadrians Villa, ausgegraben worden. Getty dachte sich eine phantastische Geschichte über den Herakles aus: Er war nach der Plünderung Korinths nach Rom gebracht, dann von Lucius Calpurnius Piso für die Villa dei Papyri gekauft worden und war schließlich in Hadrians Villa gelandet, wo »sich der Staub von Jahrhunderten auf ihm niederließ«. Nach ihrer Entdeckung im Jahre 1790 wurde die Statue einem englischen Aristokraten verkauft, dem Marquis of Lansdowne, ehe sie schließlich, getrieben von einem unwiderstehlichen Schicksalsruf, »der Sonne westwärts in die Neue Welt folgte«.

Getty glaubte, daß er mit dem Nachbau der Villa dei Papyri seine Phantasien von einer Reise durch die Zeit zum Leben erwecken und die Erwartungen des großen Geistes erfüllen würde, der in ihm wiedergeboren war. »Hadrian liebte Dinge großen Ausmaßes«, erklärte er Robina Lund. »Wie ich erfreute er sich an palastartigen Gebäuden mit schönen Bildern, Gold- und Silbertellern und ›objets d'arts‹.«

Trotz seiner Zweifel übernahm Garrett die Leitung des Projekts. Der Bau des römischen Villa-Museums begann im Dezember 1970, als Bulldozer auf das Grundstück rumpelten, um die Grube für die riesige Tiefgarage auszuheben, die vielleicht der widernatürlichste Teil des gesamten Unternehmens war. Abgesehen von der Tiefgarage bemühte man sich emsig, eine originalgetreue Ausgabe der Villa dei Papyri zu errichten, auch wenn man der Tatsache Rechnung tragen mußte, daß das Museum moderne Büroräume, Waschräume, ein Restaurant und Aufzüge brauchte, um die Tiefgarage mit den anderen Stockwerken zu verbinden.

Römische Baumeister hatten sich natürlich nicht mit kalifornischen Sicherheitsauflagen herumärgern müssen. Das lange, von Kolonnaden und bemalten Loggias umgebene Wasserbecken an der Frontseite der originalen Villa dei Papyri war 3,65 Meter tief, die Version von Los Angeles durfte nicht tiefer als 46 Zentimeter sein, weil sonst zwei Rettungsschwimmer an jedem Ende hätten sitzen müssen. Dennoch wurde der Museumsgarten mit einer Unzahl von Bäumen, Blumen, Sträuchern und Kräutern bepflanzt, die auch schon die Römer gekannt hatten; Bronzeabgüsse der von Karl Weber im Originalpark entdeckten Statuen wurden angefertigt, und die Trompe-l'œil-Wandgemälde entlang der Gartenmauern basierten auf Fresken, die in Herculaneum entdeckt worden waren.

Die Villa selbst, ein zweistöckiges, weißes, stuckverziertes Haus um einen von Kolonnaden gesäumten Innenhof, enthielt 38 Säulenhallen. Im Erdgeschoß waren alle Räume mit ihren eingelegten Marmorwänden und -fußböden und ihren grün, purpur und gelb gestrichenen geschnitzten Holzdecken im römischen Stil gehalten. Es gab ein Atrium, eine mit Säulen versehene Basilika und einen Rundtempel für die Heraklesstatue. Im oberen Stockwerk waren die Säulengänge so geplant worden, daß sie Gettys Sammlung von Gemälden und dekorativen Artefakten aufnehmen konnten.

Getty verfolgte die Baufortschritte mit Hilfe von Farbfotos, Filmen und genauen Berichten, die ihm jede Woche nach Sutton Place geschickt wurden. Er hatte ein maßstabsgetreues Modell anfertigen lassen und betrachtete es viele Stunden lang, in Gedanken versunken, aber er machte niemals irgendwelche ernsthaften Pläne, sein neues Museum persönlich in Augenschein zu nehmen. Er sprach zwar ständig von einer Rückkehr nach Kalifornien, »sobald meine Arbeit in Europa erledigt ist«, aber er sprach schon so lange davon, daß niemand ihm mehr glaubte. Als sich das Museum der Fertigstellung näherte, drückte Getty ziemlich rührend die Hoffnung aus, daß es so »schön ist, wie ich es mir vorstelle«.

Der Gründer des neuen J.-Paul-Getty-Museums erschien während der Einweihungszeremonie im Januar 1974 nur in einem Film, der den versammelten Gästen gezeigt wurde und in dem er klar zum Ausdruck brachte, daß eine Reise durch die Zeit wichtig für eine angemessene Würdigung des Museums sei: »Der ideale Besucher sollte sich um zweitausend Jahre zurückversetzen und römische Freunde heraufbeschwören, die in der Villa lebten.«

Die schlimmsten Befürchtungen Garretts wurden durch die Reaktionen der Kritiker bestätigt, die das neue Museum mit einem Hohn überzogen, der noch giftiger war, als Garrett erwartet hatte. Das Phantasieprodukt des alten Mannes wurde als »vulgär« abgetan und unweigerlich mit Disneyland oder einer Filmkulisse von Cecil B. De Mille verglichen. Die »New York Times« schrieb, daß es »überladen wirke wie ein Bel-Air-Salon«, während die »Los Angeles Times« stichelte, »Walt Disney würde vor Neid grün werden«, und der »Economist« erklärte, daß Kunstkenner sich noch nicht entschließen könnten, das Museum »bloß unpassend oder wirklich lächerlich« zu finden. Die Mosaikfußböden wurden als »protzig«, die Wandmalereien als »Ramsch«, der Entwurf als »nicht authentisch« und die Idee als »neureich« bezeichnet.

»Ich glaube, den alten Mann verletzte das Gespött sehr«, sagte Garrett.

In seinem großen, kalten und einsamen Haus mit seinen abgetretenen Teppichen, den herumlungernden Kampfhunden und den schweigsamen Dienstboten arbeitete Getty immer noch jeden Tag; immer noch nominell ein weltweites Konglomerat von nahezu 200 Gesellschaften mit 12 000 Beschäftigten und jährlichen Gewinnen in Höhe von 142 Millionen Dollar kontrollierend – aber die Dynamik und Spannkraft waren verschwunden. Jetzt, mit 82 Jahren, überließ er immer mehr Entscheidungen seinen Führungskräften und wünschte nur noch, bei größeren Geschäftsangelegenheiten gefragt zu werden, zum Beispiel, als Getty Oil 41 Millionen Dollar für einen 23,5prozentigen Anteil an zwei Explorationsgebieten in der Nordsee investierte oder als die Gesellschaft einen 35prozentigen Anteil an einer Goldmine in Australien erwarb, wo kurz zuvor riesige Uranvorkommen entdeckt worden waren.

Robina Lund nahm an, daß der Tod seines Sohnes George, der den alten Mann völlig aus der Bahn warf, den Anfang seines Verfalls markierte. »Er gab die Hoffnung von einem weiterbestehenden Familienunternehmen auf und verlor auch das Interesse daran«, sagte sie. »Sein Gedächtnis und sein Urteilsvermögen ließen nach; er besaß nicht mehr dieselbe Entscheidungskraft. Er pflegte zu sagen: ›Tun Sie, was Sie für richtig halten.‹«

Wenn Getty nach dem Tode Georges gefragt wurde, wer das Unternehmen übernehmen werde, sprach er gewöhnlich von der Hoffnung, daß ihn seine beiden anderen Söhne »repräsentierten«. Jean Paul Getty II. wurde nie wieder erwähnt.

In Wirklichkeit aber hatte Getty diese Hoffnung nicht. Gordon war auch bei Aufbietung aller Phantasie kein Geschäftsmann, und Ronalds Bemühungen in diese Richtung hatten außerordentlich wenig Eindruck auf seinen Vater gemacht.

Gelegentlich erhielten Ronnie und Gordon mit der Post von ihrem Vater einen ausgeschnittenen Zeitungsartikel über irgendeinen jungen Mann, der einen sensationellen Geschäftserfolg aufzuweisen hatte. Der alte Mann mußte nichts hinzufügen.

Obwohl Getty es niemals zugegeben hätte, bereitete ihm die Entfremdung von Paul beträchtlichen Kummer. Während der kurzen Zeit, die sie zusammen in Italien verbracht hatten, war ihm Paul sehr ans Herz gewachsen, aber es war ein Gefühl, das angesichts von Pauls Lebensstil, nachdem er mit Talitha abgehauen war, unmöglich anhalten konnte. Es hätte möglicherweise einige Zeit nach Pauls Umzug nach London eine Annäherung geben können, wenn Paul es nicht geschafft hätte, seinen Vater doch wieder zu ärgern. Paul fing an, antiquarische Bücher zu sammeln, versäumte es aber häufig, sie zu bezahlen. Weil er Getty hieß, schickten die Händler, die ihr Geld haben wollten, die Rechnungen nach Sutton Place. Das machte den alten Mann wütend.

Allmählich nahm Gettys Alltag auf Sutton Place eine starre Form an. Er pflegte bis zum späten Morgen im Bett zu liegen, einen leichten »Brunch« zu knabbern und die Zeitungen zu lesen, ehe er in sein Arbeitszimmer im Erdgeschoß hinunterging. Mittags machte er, eingehüllt in einen Schal und einen schweren Mantel, einen kurzen Spaziergang, beschattet von einem Leibwächter. Er hatte eine eigenartig schwerfällige Gehweise, die das Personal gern nachahmte; sie sagten, er gehe wie ein Yeti. Den Nachmittag über arbeitete er und verbrachte die meisten Abende in einem kleinen überheizten Raum neben dem Arbeitszimmer vor dem Fernseher – er liebte Westernfilme und alte Filme mit Dick und Doof.

Mit Hilfe von regelmäßigen H-3-Verjüngungsspritzen erhielt er sich seine sexuelle Potenz. Es gab noch immer »Freundinnen« in der Wohnung. Die notorische Promiskuität des Hausherrn schien auch anderen die Freiheit zu verschaffen, seinem Beispiel zu folgen, und es gab unter dem Personal viel Klatsch und Tratsch über unschickliche Szenen auf Sutton Place, als Getty älter wurde und weniger Interesse für seine Umwelt zeigte. Von Block öffnete eines Tages eine Tür zum Flur und sah, wie der Sohn einer der Mätressen Gettys mit einer Sekretärin, an der Wand lehnend, den Geschlechtsverkehr ausübte. Ein anderes Mal entdeckte Bullimore Raymonde, ein Zimmermädchen mit dem Spitznamen »Schwarze Perle«, in einem Badezimmer in flagranti mit Norris Bramlett. Als der empörte Bullimore Bramlett protestierend darauf hinwies, daß Raymonde Dienst habe, gab es ein Wortgefecht, das damit endete, daß Bramlett Bullimore einen Faustschlag versetzte und ihm zwei Rippen brach. Kurz darauf brach der Lakai John mit einem Herzanfall zusammen, und eine von Gettys Privatsekretärinnen kündigte wegen Bluthochdrucks.

Getty stellte sich blind gegenüber den meisten Dingen, die sich unter seinem Dach abspielten. Er hatte sein Interesse an Sutton Place verloren und bedauerte den Kauf. Trotz der ständigen Anwesenheit der Damen seines »Harems« fühlte er sich häufig einsam und in dem großen Haus unerwünscht. Sein ungeheurer Reichtum schuf eine Barriere, die ihn von normalen gesellschaftlichen Kontakten abschnitt. »Ein reicher Mann muß sich vergegenwärtigen, daß viele Leute mehr an seinem Geld als an allem anderen interessiert sind«, sagte er mit heruntergezogenen Mundwinkeln. »Das ist eine Erkenntnis, mit der ich zu leben gelernt habe.«

Obwohl ihm bewußt war, häufig von Speichelleckern und Schnorrern umgeben zu sein, fühlte er sich machtlos, dagegen etwas zu unternehmen. »Wenn ich es aufgäbe, alle die zu treffen, die mich ausgenutzt haben oder in irgendeiner Weise ihren Vorteil aus mir zogen«, gestand er einmal verdrießlich Robina Lund, »dann blieben nicht viele Freunde übrig. Und schließlich muß man ja jemanden haben, mit dem man reden kann.«

Empfindlich und mißtrauisch gegenüber dem »Ausgenutztwerden«, hatte er selbst keine Skrupel, andere zu manipulieren. Schamlos versprach er eine Erwähnung in seinem Testament oder drohte mit dem Ausschluß, um zu bekommen, was er wollte. Häufig versprach er Frauen, sie würden durch ihn reich oder »versorgt werden«, ohne die leiseste Absicht, sie zu Nutznießern seiner Hinterlassenschaft zu machen. Aber stieß er bei einer Person auf Widerstand, die er bereits in seinem Testament bedacht hatte, reagierte er häufig mit der Unterzeichnung eines Kodizills, das ihren Anteil an den Einkünften reduzierte oder sie ganz und gar enterbte. »Ich pflegte Paul zu sagen«, erzählte Robina Lund, »daß ich lieber nicht in seinem Testament stehen wollte, damit er nicht jedesmal, wenn wir uns streiten, sein Testament zur Sprache bringt.«

So bedrohte Getty auch Mrs. Kitson, seine älteste Freundin, mit Ausschluß, als sie Getty 1973 mitteilte, daß sie heiraten werde. Er war erzürnt über das, was er als ihren »Verrat« bezeichnete, und versuchte wochenlang, ihr die Heirat auszureden. Er warnte sie vor diesem »Fehler«, und wenn sie sich durchsetzen sollte, drohte er, werde sie keinen Penny aus seiner Erbmasse erhalten. Aber die charakterstarke Mrs. Kitson wollte sich nicht erpressen lassen und heiratete den Geschäftsmann Patrick de Laszlo und hinterließ Getty nur ihre Brut norwegischer Terrier-Schoßhündchen. Getty verbarg seine Genugtuung nicht, als die Ehe schnell wieder in die Brüche ging, erwies Penelope Kitson aber bald wieder seine Zuneigung.

Im November 1974 war Gettys Schüttellähmung so schlimm geworden, daß seine täglichen Eintragungen in das Tagebuch praktisch unleserlich wurden und er es aufgeben mußte, selbst zu schreiben. Die letzte Eintragung stammte vom Sonntag, dem 17. November, ein nicht zu entzifferndes Gekritzel von anderthalb Zeilen. Da Gettys Tagebuch nie viel mehr als ein Namensverzeichnis derjenigen war, die ihn besuchten oder die er besuchte, bzw. eine Notierung, um welche Uhrzeit er zu Bett ging, befürchtete er nicht, seine innersten Gefühle preiszugeben, und führte weiterhin ein Tagebuch, das er jetzt einer Sekretärin diktierte.

Seine Hände waren zwar zitterig, aber sein Geist war immer noch wach und rege, und er wollte unbedingt in Kontakt mit den Außenstellen seines Imperiums bleiben. Er war besonders zufrieden, als er zu Beginn des Jahres 1975 aus Los Angeles erfuhr, daß das Museum trotz der schlechten Kritiken ein großer Publikumserfolg war. Im ersten Jahr besuchten mehr als 360 000 Menschen die Nachbildung der Villa dei Papyri in Malibu, um seine Schätze zu bestaunen. Getty hatte das Museum mit einer Dotation in Höhe von 40 Millionen Dollar bedacht sowie einem Jahresbudget von zwei Millionen Dollar für die laufenden Betriebskosten. Das war eine wunderbar philanthropische Geste, aber er konnte es sich nicht verkneifen, die ihm entstandenen Kosten zu kalkulieren – er rechnete sehr genau aus, daß sich seine »persönlichen Barauslagen« auf rund drei Dollar pro Besucher beliefen, da keine Eintrittsgelder erhoben wurden.

Im April spendete er 50 000 Dollar für den World Wildlife Fund. Bei der Bekanntgabe dieser Spende erzählte er Reportern während der Pressekonferenz auf Sutton Place auch, daß er nicht vorhabe, noch einen weiteren Winter in England zu verbringen. Er habe in den vergangenen drei Wintern unter schweren Bronchitiserkrankungen gelitten, die kein »Zuckerschlecken« gewesen seien, sagte er. Es war die ständige Sorge der im Hause lebenden Damen, daß Getty eines Tages doch seinen häufig geäußerten Wunsch, nach Kalifornien zurückzukehren, in die Tat umsetzen und sie alle im Stich lassen würde. Um ihn abzuschrecken, machten sie es sich zur Aufgabe, daß ihm die Zeitungsmeldungen über die steigende Kriminalitätsrate in den Vereinigten Staaten nicht entgingen. Als von Block von einer Amerikareise zurückkam, ermutigte ihn eine der Damen allen Ernstes, dem alten Mann zu erzählen, wie gewalttätig es mittlerweile in Amerika zuginge. »Es wird also von mir erwartet«, fragte er sarkastisch, »daß ich ihn beunruhige? Soll ich ihm sagen, daß mich auf dem Weg zum Flughafen die Kugel einer Maschinenpistole nur um Haaresbreite verfehlte?« »Hm, das ist eine gute Idee«, meinte die Lady nach kurzer Überlegung.

In jenem Sommer erhielt Getty von fast allen Enkelkindern Besuch.

Gail ließ sich mit der 15jährigen Aileen, dem 14jährigen Mark und der 13jährigen Ariadne sehen. »Immer eine Freude, meine Enkelkinder zu sehen«, diktierte er für sein Tagebuch. »Mary Tessier kam auch zu Besuch.« Gails ältester Sohn Paul kam nicht zu Besuch, was vielleicht auch gut war, denn sein Großvater war kein Mann, der schnell verzieh; auch Tara Gabriel Galaxy Gramaphone kam nicht.

Georges erste Frau Gloria brachte ihre drei Töchter Anne, Claire und Caroline mit, die dabei halfen, während eines Tages der offenen Tür auf Sutton Place die Besucher herumzuführen, und sich mit ihrem Großvater für die Fotografen aufstellten. Gordon und Ann, die regelmäßig Gäste waren, kamen auch mit ihren vier Söhnen Peter, Andrew, John und William. Selbst Ronnie und seine Frau Karin kreuzten mit ihren Kindern Christopher, Stefanie, Cecile und Christina auf.

Obwohl selbst der fanatisch loyale Norris Bramlett zugab, daß »Mr. Getty keinen Familiensinn hatte«, gab dieser plötzliche und unerwartete Besucherstrom dem alten Mann Gelegenheit zu der Behauptung, daß die Gettys eine zusammengeschweißte Familie seien, und gratulierte sich herzlich zu ihrer Einigkeit. »Das war ein überaus ermutigender Sommer für Großvater J. Paul Getty«, bemerkte er.

Für die Damen des »Harems« war der Sommer weniger ermutigend, und die Spannungen und Eifersüchteleien, die auf Sutton Place stets grassierten, verschärften sich zweifellos, als der alte Mann immer schwächer wurde und es den interessierten Parteien dämmerte, daß er wahrscheinlich nicht mehr lange leben werde. Während der Abwesenheit von Penelope, die vorübergehend zur Strafe verbannt worden war, weil sie es ja gewagt hatte, gegen Gettys Willen zu heiraten, war Lady Ursula d'Abo an die erste Stelle gerückt. Noch immer schön mit ihren 58 Jahren, saß sie während des Abendessens zu seiner Rechten, nahm ihn zu Landausflügen in ihrem silberfarbenen Mercedes mit und beherbergte ihn über Nacht in ihrem Haus am Kensington Square, wenn er in London zu tun hatte.

Obwohl sie alles tat, um von der Presse verschont zu bleiben, indem sie auf die impertinenten Fragen der Reporter mit harmlosen Erklärungen aufwartete – »Ich bin nur eine von vielen Freundinnen Mr. Gettys« –, konnte sie es nicht verhindern, daß sie die Aufmerksamkeit des gefürchteten »National Inquirer« auf sich zog, der im Juni 1975 berichtete: »Getty hat sich mächtig verknallt – er hat das Herz einer britischen Aristokratin gewonnen, der Gräfin Ursula d'Abo ... Mit sanfter, zärtlicher Stimme sagte sie dem ›Inquirer‹: ›Ich liebe ihn sehr. Es ist alles sehr romantisch.‹« Das Nachrichtenmagazin, wenn man es als solches bezeichnen darf, schrieb, daß eine Hochzeit nicht ausgeschlossen werden könnte, und zitierte eine »unbekannte Quelle«, wonach »Paul von englischen Aristokratinnen fasziniert ist. Er scheint Spaß daran zu haben, daß ihm eine leibhaftige Gräfin das Essen kocht.«

Weder Getty noch die »leibhaftige Gräfin« waren besonders betroffen von diesem Unsinn, aber Rosabella Burch hatte Schaum vor dem Mund. Außer sich, daß ihre Hauptrivalin öffentlich zur Favoritin des alten Mannes erklärt wurde, gab Rosabella ihrerseits auf Sutton Place dem »Daily Express« ein Interview.

»Ich habe daran gedacht, ihn zu heiraten«, äußerte sie mit einfältigem Lächeln. »Vielleicht hat er auch daran gedacht. Wenn er mich fragte, würde ich ›Natürlich‹ sagen. Er ist so ein lieber und amüsanter Mann. Meine Rolle in Pauls Haushalt? Das ist einfach. Ich leiste ihm Gesellschaft und spiele die Gastgeberin, wenn er eine braucht. Ich wollte nie woanders leben, hier ist mein Zuhause.«

Rosabella war hoch erfreut, als die Zeitung herausstellte, daß »von all den auf Sutton Place anwesenden Damen Rosabella am nächsten dran ist, Getty vor den Altar zu bringen«. Sie war vielleicht weniger erfreut über den Kommentar eines Sprachrohrs Gettys, wahrscheinlich Norris Bramlett, der gewöhnlich in solchen Momenten einen kernigen Spruch parat hatte: »Mrs. Burch ist nur eine Freundin. Es gibt keine Romanze. Wenn Mr. Getty mit Golda Meir die Straße entlangginge, würde sie auch jemand fragen, ob sie die sechste Mrs. Getty wird.«

Neben den Kämpfen untereinander hatten die Damen von Sutton Place auch immer unter der Konkurrenz von Außenseiterinnen zu leiden, was zweifellos das Streßniveau erhöhte. Zza Zza Gabor, ganz blond, ganz Busen und Lippenstift, fegte einmal herein und verkündete allen, daß der »Schatz Paul« ihr das Erster-Klasse-Flugticket von Los Angeles bezahlt habe. »Er ist ein Traum«, erzählte sie vor ihrer Abreise den Reportern auf dem Londoner Flughafen. »Ich wäre gerne seine Gastgeberin, wenn er nach Kalifornien zurückkehrt. Ich betrachte mich nun als *sehr* gute Freundin von ihm. All die anderen Frauen waren eifersüchtig.«

An einem Abend im November 1975 verschärften sich die Spannungen dermaßen, daß Rosabella und Lady Ursula kurz vor einer Prügelei standen. Es war der Abend, an dem »Miss World« im Fernsehen gekürt werden sollte, was sich Getty ansehen wollte. Auf Sutton Place waren Bramlett, Bela von Block, seine Freundin Joan Zetka, Marianne von Alvensleben, Lady Ursula und Rosabella anwesend.

Bösartige Sticheleien begannen schon während des Abendessens, als

Getty Miss Zetka zu seiner Rechten und Baronesse von Alvensleben zu seiner Linken Platz nehmen ließ und damit Mrs. Burch und Lady Ursula auf geringer bewertete Sitzplätze am unteren Tischende verbannte. Nach dem Abendessen begaben sich alle ins Fernsehzimmer, um »Miss World« zu sehen. Getty, Bramlett und von Block saßen auf drei Sesseln vor dem Bildschirm und tauschten leicht ordinäre Bemerkungen über die Wettbewerberinnen aus, während die Damen hinter ihnen auf einem Sofa und zwei Armsesseln saßen und sich gegenseitig mißtrauisch beäugten.

»Beim Betrachten der Mädchen«, erinnerte sich von Block, »kam der alte Mann in Stimmung, und Ursula und Rosabella spürten das. Sie begannen sich auszutricksen, weil jede mit ihm nach oben ins Schlafzimmer wollte; sie holten sich Drinks an der Bar und keiften sich dann gegenseitig wie Marktweiber an. Das ging weit über eine bloße Beschimpfung hinaus und wurde zur echt weiblichen Raserei – noch ein paar Drinks, und sie hätten sich gegenseitig die Haare ausgerissen.«

Als die Sendung zu Ende war, ging Mrs. Burch – die, wie von Block sagte, »schneller auf den Beinen war« – zu Getty hinüber, lehnte sich über seinen Sessel und legte besitzergreifend die Arme um ihn, körperlich auf ihrem Recht bestehend. »Wenn ihr mich bitte entschuldigt, gute Nacht allerseits«, sagte der alte Mann und stand auf. »Komm mit, meine Liebe«, fügte er hinzu und tätschelte liebevoll Rosabellas Hintern.

Nach diesem Abgang stieß Ursula einen schrillen Wutschrei aus und begann mitleiderregend zu heulen. Sie bestand darauf, daß Bramlett und von Block aufblieben und mit ihr Wodka tranken. »Ich bin es, die Paul liebt«, jammerte sie, während die beiden Männer versuchten, jemand anderes zu finden, der sich um sie kümmerte. »Sie ist nichts weiter als eine kleine südamerikanische Nutte. Sie will nur sein Geld. Ich bin es, die Paul liebt...« Erst um drei Uhr morgens kam von Block ins Bett.

Einige Tage nach diesem Vorfall war Getty allein auf Sutton Place – eine Situation, die er haßte –, und das am Erntedankfest! Niemand vom Personal hatte daran gedacht, daß es ein amerikanischer Feiertag war, und deshalb vermißte er das traditionelle Essen mit gebratenem Truthahn und Kürbiskuchen. »Amerikanische Freunde, die in London wohnen«, bemerkte er, »hatten mich eingeladen, damit ich ein richtiges Essen zum Erntedankfest bekommen sollte. Ungern sah ich mich gezwungen, ihre Einladung aus demselben Grund abzulehnen, aus dem ich so viele Dinge in meinem Leben getan (oder nicht getan) habe. Das Geschäft zwang mich, an diesem Tag auf Sutton Place zu bleiben.«

Einige Tage nach seinem 83. Geburtstag veranstaltete Getty die sechzehnte jährliche Weihnachtsfeier für Waisenkinder in der Langen Galerie von Sutton Place. 48 Kinder aus dem »British Rail Southern Region Home« aus Woking waren zum Tee mit Fruchtsirup, Kuchen und Eis eingeladen worden. Mrs. Burchs Kinder, der zehnjährige Paul Bernard und die siebenjährige Carolina, waren aus ihrem Schweizer Internat gekommen und ebenfalls anwesend. Getty sah müde und blaß aus; eingewickelt in einen gestreiften Wollschal und mit gebeugtem Rücken, wirkte er in seinem grauen Anzug wie geschrumpft. Die Kinder sangen »Jingle Bells« für ihn, und er schaffte ein dünnes Lächeln.

An Weihnachten beklagte er sich über Rückenschmerzen, aber an Silvester hatte er sich offensichtlich wieder so weit erholt, daß er mit Mrs. Burch ins Bett gehen konnte, was sie am folgenden Tag verkündete. Aber mit Beginn des neuen Jahres verfiel der alte Mann zusehends. Am 22. Januar 1976 wurde er nach London gefahren, um an einer öffentlichen Versteigerung von Pachtgebieten vor der Nordseeküste teilzunehmen; es sollte sein letzter Ausflug sein.

Danach koppelte sich Getty entweder selbst von der Außenwelt ab oder wurde von den Leuten abgekoppelt, die ihn umgaben. Es gab zwei Versionen über das, was während der letzten Tage des alten Mannes in Sutton Place geschah. Freunde und Geliebte, denen der Kontakt mit Getty vor seinem Tode verweigert wurde, waren überzeugt, daß irgendein finsteres Komplott im Gange war. Diejenigen, die den Zutritt zu ihm kontrollierten, vor allem Bramlett und Mrs. Kitson, behaupteten, daß der alte Mann ganz einfach nicht durch eine Flut von Besuchern gestört werden wollte.

Anfang Februar wurde Gettys nicht im Telefonbuch geführte Privatnummer Guildford 667639 abgestellt. Für Außenstehende war dies ein beunruhigendes Zeichen. Fast sein gesamtes Arbeitsleben hindurch hatte Getty seine Geschäfte am Telefon abgewickelt. Sein Privattelefon war ein wichtiges Werkzeug, eine nabelartige Verbindung mit seinem Geschäftsimperium, seinen Freunden und der Welt außerhalb von Sutton Place. Viele Freunde wollten es kaum glauben, daß er diese Verbindung freiwillig aufgegeben hatte, wie krank er auch sein mochte.

Robina Lund gehörte zu diesen Zweiflern. Miss Lund hatte Sutton Place einige Monate lang nicht mehr besuchen können, weil ihre Eltern krank waren. Sie sah Getty zuletzt im Mai 1975 und hielt ihn für »ungeheuerlich vernachlässigt« – es dauerte eine Stunde, bis sie tiefsitzende Schmutzflecken von seinem Gesicht entfernt hatte. Überzeugt, daß er hoffnungslos krank war, versuchte sie ihn zu überreden, einen Arzt in

London aufzusuchen, aber er weigerte sich. Als sie versuchte, Penelope Kitsons Unterstützung zu gewinnen, zerstreute Mrs. Kitson ihre Befürchtungen und sagte, sie könne keinen Sinn darin erblicken, »seiner Hypochondrie Vorschub zu leisten«.

Betroffen, daß Guildford 66 76 39 nicht zu erreichen war, rief Miss Lund im Februar Barbara Wallace, Gettys Privatsekretärin, an, die erklärte, nichts von einer Aufgabe des Privattelefons zu wissen. Miss Lund sprach anschließend mit Bramlett, der ihr sagte, daß Getty mit niemandem sprechen wolle; er wäre nicht krank, nur »ein bißchen müde«. Sie rief rund einen Monat lang vier- oder fünfmal pro Woche an, ohne jemals Getty an den Apparat zu bekommen. Sie schrieb auch mehrere Briefe, erhielt aber keine Antwort. Besuchern von Sutton Place ging es nicht besser; ihnen wurde die Tür vor der Nase zugeschlagen.

Angesichts des sich bereits regenden Argwohns war der Zeitpunkt dessen, was dann geschah, ungeschickt gewählt, um es milde auszudrükken. Am 11. März unterzeichnete Getty ein letztes, das 21. Kodizill zu seinem Testament, das der Getty-Familie die Kontrolle über sein riesiges Vermögen wegnahm und sie professionellen Managern übertrug. Das war ein außergewöhnlicher Sinneswandel um 180 Grad. Sein ganzes Leben lang hatte Getty das Prinzip des Familienbesitzes hochgehalten; er rühmte sich gerne der »deutlichen zahlenmäßigen Kontrolle« der Familie über Getty Oil. Selbst in den Augenblicken größter Unstimmigkeiten mit seinen Söhnen hatte keines der vorherigen Kodizills jemals einen anderen als einen Getty zur Kontrolle des Getty-Vermögens vorgesehen.

Im März gab Getty seine täglichen Spaziergänge im Park auf und begann, die Mahlzeiten in seinem Arbeitszimmer einzunehmen. Am 10. April entschloß er sich zu einer Landpartie in seinem Cadillac. Er wurde in Mantel und Schal gehüllt und mit dem üblichen Gefolge der Damen, Helfer und Leibwächter zum Wagen gebracht. Der Cadillac, dem ein zweiter, mit Leibwächtern und Hunden vollgepackter Wagen folgte, fuhr langsam durch die Tore des Anwesens auf die A3. Am ersten Kreisverkehr, weniger als eine halbe Meile die Straße hinunter, wurde Getty unruhig und bestand darauf umzukehren: Die beiden Wagen wendeten und fuhren durch die Tore zurück, die sich automatisch hinter ihnen schlossen. Das war das letztemal, daß er Sutton Place verlassen hatte.

Einige Tage später erfuhr Getty von seinem Arzt Clive MacKenzie, daß er an Prostatakrebs leide. Er nahm die Nachricht offensichtlich gelassen auf. MacKenzie organisierte rund um die Uhr eine Pflege für den alten Mann, der sich aber als ziemlich jähzorniger Patient erwies. Als eine der

Schwestern, Monica Cazeley, Getty sagte, es sei Zeit für ein Bad, grantelte er, daß er kein Bad, sondern Norris haben wolle.

»Sie können Norris nicht haben, was immer das ist«, antwortete die Schwester barsch. »Sie müssen Ihr Bad haben, und wenn Sie so weitermachen, muß ich Mr. Bramlett holen.«

»Stellen Sie sich nicht so dumm an«, fauchte Getty. »Norris *ist* Bramlett. Norris Bramlett ist ein wunderbarer Mann. Auf ihn kann ich mich verlassen. Er ist der einzige, der nichts von mir will.« Der alte Mann unterbrach sich und fügte dann feindselig hinzu: »Und das ist mehr, als ich von einigen anderen sagen kann.«

Als sich Getty dem Tode näherte, wurde eine bizarre Prozession von Quacksalbern, Gesundbetern und Medizinmännern mit Zauberkästen nach Sutton Place geholt. Sein ganzes Leben lang war er ein Hypochonder gewesen, und nun war er bereit, alles auszuprobieren, um das Ende hinauszuzögern. Ein chinesischer Akupunkteur wurde aus Paris eingeflogen, ein Kurzwellenbestrahlungsgerät kam an, eine Masseuse zog ein, und Tom Smith, ein Indianer-Halbblut, der nach Gettys Meinung »heilende Hände« besaß, wurde aus Florida geholt.

Dr. MacKenzie tat alles, um mit der Konkurrenz fertig zu werden, genauso wie die Damen aus dem Gefolge Gettys, die, wie er sich beklagte, »brüllten, tobten und heulten«, wenn sie sich zu dem sterbenden Mann vorkämpfen wollten. Ein leitender Angestellter der Getty Oil, der zu dieser Zeit Sutton Place aufsuchte, berichtete später einem Kollegen, daß die Damen »sich mit spitzen, bösartigen Bemerkungen gegenseitig bearbeiteten«. Niemand konnte guten Gewissens Barbara Wallace widersprechen, die sich darüber beklagte, daß Sutton Place ein »hysterischer Hexenkessel« geworden sei. »Ich begreife nicht, was hier vor sich geht«, schrieb sie an Robina Lund. »Alles ist äußerst seltsam.«

Lady Ursula war überzeugt, sie könne Getty durch die Macht des Gebets retten, und wollte die Pflege alleinverantwortlich übernehmen. Als Dr. MacKenzie meinte, daß sie vielleicht zu wenig Erfahrung habe, erwiderte Lady Ursulas Sohn Henry: »Unsinn! Mutter pflegte während des Krieges Amerikaner.« Ursula bestand darauf, daß ein Aufzug eingebaut wurde, damit Getty im ersten Stock zu Bett gehen konnte, aber sobald er funktionierte, bat Getty darum, daß sein Bett in sein Arbeitszimmer im Erdgeschoß gebracht werden sollte, damit er ihn nicht benutzen mußte.

Als es ihr nicht gelang, die Pflege zu übernehmen, bot sie Paul an, ihm bei seiner Arbeit zu helfen, und erzählte dem alten Mann beiläufig, daß ihr Sohn Henry »einen ausgezeichneten Präsidenten der Getty Oil« abgeben würde. Einige Tage später wurden Lady Ursula und Henry im Arbeitszimmer überrascht, als sie Gettys private Finanzaufstellungen fotokopierten.

Schließlich wurde Lady Ursula so lästig, daß Norris und Tom Smith sie mit Gewalt aus Gettys Arbeitszimmer rauswerfen mußten; den Wächtern wurde befohlen, sie nicht wieder auf das Grundstück zu lassen. Unerschrocken kam sie dennoch am folgenden Tag wieder, schlich um das Haus herum und klopfte an das Fenster des Arbeitszimmers. »Sie redete so lange, bis sie durch das Tor gekommen war«, sagte Albert Thurgood, der Gutsverwalter, »und sie wurde wieder aufgefordert zu gehen.« Der alte Mann war durch das Gepolter an seinem Fenster so in Aufruhr, daß er darauf bestand, daß Bramlett und Smith die nächsten Tage in seinem Zimmer schliefen. Er hatte Alpträume von einer verborgenen Treppe irgendwo im Haus und schlief nur sehr unregelmäßig.

Im März und April durfte Rosabella Getty von der Arbeitszimmertür aus zuwinken, aber dann wurde auch sie von Sutton Place verbannt. Sie weinte und jammerte, daß Getty nur für sie lebe, und bestand auf einer Hochzeit, aber die Tore blieben ihr fest verschlossen.

Bramlett fing alle anderen Anrufer und Besucher ab, wiederholte stets und ständig in gleichbleibendem Ton, daß Mr. Getty »nicht zu sprechen« sei. Nur Penelope Kitson konnte sicher sein, regelmäßig den sterbenden Mann sehen zu können; sie verbrachte viele Stunden in seinem Arbeitszimmer und las mit lauter Stimme seine Lieblingsgeschichten von G. A. Henty vor, während er in Decken gehüllt in seinem geliebten Armsessel saß und an Cola mit Rum nippte. »Als es dem Ende entgegenging, war er sehr schwach«, sagte sie, »aber er klagte niemals. Er war klaren Geistes, stand aber schwer unter Medikamenten und schlief viel in seinem Sessel. Er wollte nie zu Bett gehen und sagte dann: ›Alle wollen mich nur im Bett sehen, damit ich sterben kann.‹«

Am 30. Mai kamen Ann und Gordon aus San Francisco. Beiden war klar, daß der alte Mann nur noch kurze Zeit zu leben hatte. »Er war sehr entkräftet«, sagte Gordon. »Er konnte nicht viel gehen und schlief die meiste Zeit. Aber sein Geist war klar, er wußte, wer er war, wo er war, und kannte die Tageszeit. Er konnte Fragen verstehen und sie beantworten.«

Da Gordon wußte, daß der alte Mann stets den Wunsch gehegt hatte, in den Vereinigten Staaten zu sterben, fragte er ihn: »Vater, willst du auf die Ranch zurück?« Getty nickte, aber als Gordon vorschlug, ein Flugzeug zu chartern, murmelte der alte Mann: »Nun ja, ich werde darüber nachdenken.«

Penelope Kitson hatte sich diese Antwort tausendmal anhören müssen und wußte, was sie bedeutete – er würde es niemals tun.

Am Mittwoch, dem 2. Juni, diktierte Getty seinen letzten Tagebucheintrag: »Schlief nachts gut. Mrs. Shaw (eine Masseuse) behandelte mich, ich ging nach der Morgenbehandlung achtmal die Länge des Arbeitszimmers ab. U. (Lady Ursula, die nach Sutton Place zurückkommen durfte, nachdem sie versprochen hatte, sich anständig zu benehmen) war hier. Pen hier.«

Inzwischen hatte Rosabella dem Magazin »Woman« ein Interview gegeben und offen (»zum erstenmal«, wie das Magazin vielversprechend anmerkte) über ihr Leben »mit dem reichsten Mann der Welt« und als »Hausherrin« von Sutton Place gesprochen. »Ich liebe ihn«, sagte sie. »Ich käme mir in der Welt verloren vor, wenn ihm etwas zustößt. Mein Leben wäre leer. Ich wüßte nicht ein noch aus. Ich mache mir immerzu Sorgen, daß er sich nicht wohl fühlt.«

Das Magazin erschien am Samstag, dem 5. Juni. Der Zeitpunkt war, gelinde gesagt, unpassend. Wenige Minuten nach Mitternacht, am 6. Juni 1976, starb J. Paul Getty in seinem Lieblingssessel im Arbeitszimmer von Sutton Place – zufällig war sein ältester Sohn George drei Jahre zuvor am gleichen Tag gestorben.

Gettys Leichnam wurde in der Großen Halle aufgebahrt, und Rosabella gehörte zu denjenigen, die ihm die letzte Ehre erweisen durften. Dramatisch schluchzend beugte sie sich über den Sarg, befestigte ein Kruzifix an Gettys Anzugrevers und legte eine Rose in seine Hände. Während sie anschließend kniend draußen vor der Tür blieb, entwickelte sich rund um den Sarg ein erbitterter Streit, ob Rosabellas Schmuck entfernt werden sollte, und wenn ja, wer die Tat ausführen sollte.

»Er war ein wirklicher Exzentriker«, sagte Penelope Kitson. »Nur ein Exzentriker konnte das erreichen, was er erreichte. Auf seine Weise war er ein Genie, aber ein sehr liederliches.«

Am 22. Juni wurde in der Amerikanischen Kirche in der North Audley Street in Mayfair ein Gedenkgottesdienst abgehalten. J. Paul Getty II. kreuzte verspätet in gelben Schuhen auf, mit Bianca Jagger am Arm. Die versammelten Trauergäste konnten sich nicht entscheiden, worüber sie mehr schockiert sein sollten. In seiner Gedenkrede konnte es sich der Duke of Bedford nicht verkneifen, auf die notorische Libido des Milliardärs einzugehen: »Seine Liebe zu schönen Frauen«, sagte der Herzog, »wie auch seine Wertschätzung aller schönen Dinge sollten sich durch sein ganzes Leben hindurchziehen und entwickeln.«

Unter den Würdigungen der Karriere und des Lebens Gettys gab es einen Wermutstropfen. Mark Goulden, den Getty in seiner Autobiographie als »den herausragenden englischen Publizisten« und »als guten und vertrauten Freund« bezeichnete, bewies, was für eine Sorte Freund er war, als er bekanntgab: »Ich bin einer der wenigen Leute, die die unglaublichsten Tatsachen über den verstorbenen Multimilliardär enthüllen könnten, dem keiner eine Träne nachweint. Er war ein Wüstling, ein Geizkragen, ein Schürzenjäger, dessen Privatleben unglaublich bizarr war. Er besiegte niemals seine Angst vor dem Tod und versuchte vergeblich, den Zerstörungen der Zeit mit häufigen Gesichtsoperationen Einhalt zu gebieten. Insgeheim verachtete er die Speichellecker, die ihn umgaben, insbesondere die Mitglieder seines ›Harems‹, und er war der festen Überzeugung, daß jeder, der ihm nahe kam, nur versuchte, sich rücksichtslos an seine Millionen zu machen. Das sagte er mir tatsächlich selbst. Ihm fehlten liebevolle Gefühle, dennoch sehnte er sich nach Liebe. Während seines ganzen erwachsenen Lebens entzog sich ihm die Liebe. Um geliebt zu werden, sagt Ovid, muß man selbst lieben können, aber der finstere, armselige, indifferente Getty war ganz und gar unliebenswürdig. Ich bezweifle, ob er auf der ganzen Welt fünf treue Freunde besaß, und frage mich, ob irgend jemand irgendwo eine Träne der echten Tränen vergoß, als er letzten Monat zwischen all seinen irdischen Habseligkeiten still seine Chronik der verschwendeten Zeit schloß.«

19. »Genug Geld, um die Gerichte ewig auf Trab zu halten«

Es war zu erwarten, daß das Testament des reichsten Mannes der Welt für ein gewisses Aufsehen sorgen würde. Getty enttäuschte diese Erwartungen nicht.

Das Testament wurde am 9. Juni 1976 in Los Angeles eröffnet und als rechtswirksam bestätigt. Zum Erstaunen aller, nicht zuletzt der Belegschaft des J.-Paul-Getty-Museums, vermachte Getty fast sein ganzes Vermögen – rund vier Millionen Aktien der Getty Oil, damals mit ungefähr 700 Millionen Dollar bewertet – dem Museum. Die imitierte römische Villa in Malibu, mit Ausblick auf den Pazifik, das Ziel so vieler Spötteleien, wurde plötzlich zum reichsten Museum der Welt und verfügte über weit mehr Kaufkraft als selbst das Metropolitan Museum of Art in New York.

Was die individuellen Nutznießer betraf, galt das Hauptinteresse den Kandidaten, die von den Zeitungen gerne als »Getty-Girls« bezeichnet wurden – ein rundes Dutzend, das von Hildegard Kuhn, dem Mädchen, das er während eines Tanzballs vor 50 Jahren in Berlin kennengelernt hatte, bis zu seiner langjährigen Freundin Penelope Kitson reichte. Nur eine seiner fünf Ehefrauen wurde bedacht – Teddy Lynch, Timmys Mutter.

Weniger im Blickpunkt der Öffentlichkeit stehend, aber auch nicht weniger zahlreich waren all die unzufriedenen Damen, denen eine Erwähnung im Testament versprochen worden war. Damit auch nicht eine in Versuchung geriet, Rechte geltend zu machen, enthielt das Testament des Milliardärs eine Klausel, die festlegte, daß jeder, der behauptete, seine Frau oder sein Kind zu sein, bei Aufrechterhaltung der Klage »zehn Dollar und nicht mehr« erhalten sollte.

Die 21 Kodizille des Testaments verschafften einen faszinierenden Einblick in Gettys Charakter, denn sie waren ein Barometer seiner launischen Gefühle und ein genaues Diagramm der Bewegungen seiner Freundinnen und Geliebten, die in seiner Gunst standen oder nicht mehr, sowie ein Logbuch der verschiedenen Vergehen seiner Söhne.

Das ursprüngliche Testament, das im September 1958 in Italien aufgesetzt worden war, war trotz seiner siebzehn Schreibmaschinenseiten ein recht klares Dokument. Er verfügte, daß seine Kleidung – das meiste war abgetragen, denn er haßte es, neue Sachen zu kaufen –, sein Schmuck und seine persönlichen Bankguthaben zwischen seinen vier Söhnen (Timmy war einen Monat zuvor gestorben) aufgeteilt werden sollten, was auch alle

Kunstobjekte betraf, die für eine Ausstellung im Museum nicht in Betracht kamen.

Zudem wurden George, Ronnie, Paul und Gordon insgesamt 34 000 Getty-Oil-Aktien vermacht. Auf den ersten Blick mag dies als knickerige Hinterlassenschaft eines Milliardärs erscheinen, der behauptete, alle seine Söhne innigst zu lieben (keiner war bis dahin in Ungnade gefallen), aber der sagenhaft reiche Sarah C. Getty Trust existierte auch noch, um Gettys direkte Nachkommen zu versorgen, und daher hatte der alte Mann keinen Anlaß, einzelne Vorkehrungen zu treffen. Von dem vermachten Aktienpaket sollte Ronnie 10 000 Stück, die anderen drei Söhne sollten je 8000 Stück erhalten. Ronald wurde vermutlich etwas mehr begünstigt, weil er kein unbeschränkter Nutznießer des Sarah C. Getty Trust war.

Getty traf darüber hinaus persönliche Verfügungen für seinen Vetter Hal Seymour, der 5000 Dollar erhielt; für Louise Getty Lynch, die, »in voller Erfüllung der Bedingungen unseres Scheidungsabkommens«, lebenslänglich 35 000 Dollar jährlich erhalten sollte; für seine Freundin Ethel Le Vane, die lebenslänglich 500 Dollar monatlich bekommen sollte; und für zwei alte Freundinnen aus Berlin, Margarete Feuersaenger (lebenslänglich 125 Dollar monatlich) und Hildegard Kuhn (lebenslänglich 75 Dollar monatlich).

Weil Getty Feuerbestattungen verabscheute, bestimmte er 50 000 Dollar zum Bau eines kleinen Marmormausoleums auf der Ranch, das »für mich und meine Söhne und deren Ehefrauen sein soll, falls sie es wünschen«, dort neben ihm zu liegen. Weitere 100 000 Dollar sollten angelegt werden, um das Mausoleum zu erhalten.

Der Rest seiner Erbmasse – sein persönliches Vermögen, all seine Immobilien und seine millionenschwere Kunstsammlung – wurde dem Museum vermacht. Mit diesem Schritt sollte vermieden werden, daß der Familie enorme Erbschaftssteuern aufgebürdet wurden. Das Unternehmen selbst aber sollte weiterhin von der Familie kontrolliert werden. Die Kontrolle über Getty Oil ging auf den Sarah C. Getty Trust über, der in Verbindung mit dem persönlichen Aktienanteil des alten Mannes von ungefähr 20 Prozent jetzt rund 62 Prozent des Aktienpakets hielt. Getty beabsichtigte, daß ihm seine vier Söhne als gemeinsame Treuhänder sowohl des Sarah C. Getty Trust als auch des Museums folgen sollten. Bei einer Schenkung seiner Getty-Oil-Anteile an ein Museum, das seine Söhne kontrollierten, vermied Getty nicht nur Steuerzahlungen, sondern stellte auch sicher, daß die Familie bei Getty Oil dominierend blieb. Das war schlau und sah 1958 auch so aus, als ob es funktionieren könnte. Wie hätte Getty vorhersehen können, daß sein ältester Sohn vor ihm sterben und er sich mit den anderen drei überwerfen würde?

Um jeden Streit über das Testament zu vermeiden, fügte Getty in einer Schlußklausel hinzu, daß jeder, der das Testament anfocht, automatisch jeglichen Anspruch verlor. Das war allerdings eine Verfügung, die sich als unwirksam herausstellen sollte.

Im ersten Kodizill, das am 18. Juni 1960 unterzeichnet wurde, gab Mrs. Kitson mit ansehnlichen 2500 Aktien ihr Debüt im Testament. Das war wenige Tage vor der Einstandsparty auf Sutton Place, zu der sie einen so wesentlichen Beitrag geleistet hatte. Mary Tessier, eine ehemalige Rivalin von Mrs. Kitson, wurde im zweiten Kodizill vom November 1960 mit tausend Aktien und monatlich 400 Dollar für ihre Freundschaft belohnt. Aber Penelope erhielt ebenfalls zusätzlich weitere 500 Dollar pro Monat, um ihre erste Stelle in der Hackordnung zu bestätigen.

Gordon Getty, der 1962 seinem Vater vorschlug, ihm doch ein bißchen mehr Geld aus dem Sarah C. Getty Trust zukommen zu lassen, wurde für diese Anmaßung im dritten Kodizill, das an seinem 29. Geburtstag im Dezember 1962 unterzeichnet wurde, dadurch bestraft, daß er als Testamentsvollstrecker gestrichen wurde. Gleichzeitig bedachte Getty drei Freundinnen aus Kalifornien, für die er vermutlich noch sehnsüchtige Gefühle empfand – Mary Maginnes, Gloria Bigelow und Belene Clifford, die Schwester seiner zweiten Frau Allene –, jede bekam 500 Öl-Aktien. Eine weitere deutsche Freundin, Karin Mannhardt aus Lübeck, wurde mit 200 Aktien bedacht; Gettys Rechtsberaterin Robina Lund wurden 1000 Aktien zugeteilt.

Gordon steckte bald in weiteren Schwierigkeiten, und im März 1963 unterzeichnete Getty ein fünftes Kodizill, das der fast vollständigen Vernichtung seines jüngsten Sohnes gewidmet war. Gordon sollte nichts mehr von den persönlichen Bankkonten und dem Schmuck seines Vaters erhalten, selbst die 8000 Aktien wurden ihm weggenommen. Statt dessen sollte er von seinem schwerreichen Vater »fünfhundert Dollar und weiter nichts« bekommen. George und Paul standen im Gegensatz dazu weit höher in ihres Vaters Gunst – ihre Aktienanteile wurden verdoppelt. George stieg damals in überzeugender Weise die Leiter im Unternehmen hoch, und in Italien war Paul noch nicht dem Bohèmeleben verfallen, das seinem Vater so viel Verdruß bereiten sollte. Ronalds Erbteil wurde nicht verändert.

Im September 1965 erhöhte das sechste Kodizill den Einsatz aller Damen. Ihrer Rangordnung gemäß fiel das Verhältnis sehr schroff aus: Es fing bei Hildegard Kuhns bescheidenen 100 Dollar pro Monat am Fußende der

Leiter an und hörte bei Mrs. Kitsons 1167 Dollar monatlich und 5000 Aktien an der Spitze auf.

Im Lichte späterer Ereignisse war das neunte Kodizill das wichtigste der ersten zwanzig Kodizille. Es wurde im November 1967 angefügt. Getty entschied sich hierin für ein permanentes Erbfolgesystem, um sicherzustellen, daß der Familie die Kontrolle über das Getty-Vermögen erhalten blieb. Eine »Testamentsstiftung« unter Kontrolle der Familienmitglieder sollte gegründet werden, um das Legat des Museums zu nutzen und zu verwalten. George, Ronald und Paul wurden zu Treuhändern ernannt, denen bei Tod oder Ruhestand der nächstälteste direkte Nachkomme von über 21 Jahren folgen sollte. Gleichzeitig wurde George als Gettys Nachfolger zum Treuhänder des Sarah C. Getty Trust ernannt. Gordon, der kurz zuvor gegen seinen Vater geklagt hatte, wurde nicht zum Treuhänder der »Testamentsstiftung« ernannt und darbte immer noch mit »fünfhundert Dollar und weiter nichts«. Im Februar 1969 beging Mrs. Kitson offenbar irgendein Unrecht, denn ihr Erbteil wurde auf nur 1000 Aktien und 100 Dollar monatlich gekürzt. Was auch immer sie angestellt hatte, es muß den alten Mann wirklich geärgert haben – ihr Erbe wurde effektiv um mehr als eine Million Dollar auf weniger als 100 000 Dollar gekürzt. Sie fiel jedoch nur kurz in Ungnade, denn ihre 7500 Aktien und 1167 Dollar monatlich wurden im nächsten Monat wieder eingesetzt.

Baronesse Marianne von Alvensleben tauchte im März 1971 im 13. Kodizill mit 1000 Dollar monatlich auf. Ein paar Angestellte auf Sutton Place – vor allem der unentbehrliche Bullimore, der Lakai John, der Chauffeur Lee und die Köchin Kathrine – wurden ebenfalls bedacht, zum großen Teil auf Mrs. Kitsons Betreiben, die monatelang Druck auf Getty ausgeübt hatte, treue Mitglieder des Personals in seinem Testament zu erwähnen. Getty, der sich nichts aus »noblesse oblige« machte, hatte sich zuerst mit dem Hinweis widersetzt, daß sie schließlich Angestellte des Unternehmens Getty Oil seien und als solche angemessen entlohnt wurden. Aber schließlich wurde er angesichts des ständigen Drängens von Mrs. Kitson mürbe und willigte in sechs beziehungsweise drei Monatsgehälter für 14 Mitglieder des Personals von Sutton Place ein.

Weniger als drei Wochen nach Talitha Gettys Tod an einer Überdosis Heroin folgte Paul Getty II. seinem Bruder in die Wüste. Im 14. Kodizill vom 29. Juli 1971 wurde er als Testamentsvollstrecker und Treuhänder der »Testamentsstiftung« entmachtet, sein Erbteil an den persönlichen Bankkonten des Vaters wurde gestrichen, und er wurde wie Gordon mit »fünfhundert Dollar und weiter nichts« bedacht.

Zwei Jahre später, als George starb, blieb nur Ronald als Testaments-vollstrecker und Treuhänder der »Testamentsstiftung« übrig. Obwohl Gordon, was das persönliche Vermögen betraf, noch nicht wieder im Testament eingesetzt worden war, war er wieder mit seinem Vater im Gespräch und wurde dazu auserkoren, seinem verstorbenen Halbbruder George als designierter Treuhänder des Sarah C. Getty Trust zu folgen. Getty plante, daß Gordon zusammen mit der Security Pacific National Bank und C. Lansing Hays, einem New Yorker Anwalt, der ein enger Freund des alten Mannes war und dessen Kanzlei seit vielen Jahren für Getty Oil arbeitete, ein Treuhänder sein sollte. Als Mrs. Kitson 1973 gegen Gettys Willen heiratete, klopfte er ihr auf die Finger, indem er ihr Erbe von 7500 Aktien auf 5000 Aktien kürzte, obwohl er sie niemals, wie er ihr gedroht hatte, völlig vom Testament ausschloß. Tatsächlich zeigte er ihr den Entwurf zu einem Kodizill, das ihr Erbe aufhob, aber er konnte sich offensichtlich nicht dazu durchringen, es auch zu unterzeichnen.

Die Erzrivalinnen Lady Ursula d'Abo und Mrs. Rosabella Burch tauch-ten gemeinsam im 17. Kodizill vom Oktober 1973 auf. Lady Ursula wurden 1000 Getty-Oil-Aktien vermacht, und Rosabella bekam 500 Ak-tien, eine ziemlich kleinliche Summe für eine Dame, die sich selbst zu der Hausherrin von Sutton Place, *der* Liebe in Gettys Leben und zur Hauptan-wärterin auf den Titel der sechsten Mrs. Getty ernannt hatte. Glücklicher-weise kannte keine der Damen ihr wild hin und her schwankendes Erbteil im Testament des alten Mannes oder die unterschiedlichen Summen, die sie ihm wert waren, denn andernfalls wäre die Atmosphäre auf Sutton Place noch gespannter gewesen als normalerweise schon üblich.

Im selben Kodizill wurden Robina Lunds übriggebliebene 1000 Aktien gestrichen. Miss Lunds Verbrechen hatte darin bestanden, daß sie Getty – ein wenig zu taktlos – verkündete, daß sie sich nicht mit all seinen Mätressen in seinem Testament in einen Topf werfen ließe: Sie sei keine Mätresse, sei nie eine gewesen und habe auch nicht die Absicht, eine zu werden. Getty fand das nicht komisch.

Das 19. Kodizill vom Januar 1975 markierte Gordons triumphale Wie-dereinsetzung als Testamentsvollstrecker und Treuhänder der »Testa-mentsstiftung«, womit er aus der letzten Position der Söhne Gettys auf die erste Position rückte und damit unbestritten als liebster von allen drei noch lebenden Söhnen Gettys galt. Sein Bruder Paul war noch immer »Persona non grata«, weswegen er »fünfhundert Dollar und weiter nichts« erhalten sollte, was nichts weiter als eine genau kalkulierte Ohrfeige des reichsten Mannes der Welt war. Ronnie war ebenfalls Testamentsvollstrecker und testamentarischer Treuhänder, aber er war immer noch vom Sarah C. Getty Trust, der Quelle des Familienvermögens, ausgeschlossen.

Im 20. Kodizill vom August 1975, dem letzten, das der alte Mann in eindeutig gesunder geistiger und körperlicher Verfassung unterzeichnete, wurden die endgültigen Verfügungen für die Damen geregelt. Teddy Lynch, deren Dotation von Kodizill zu Kodizill unverändert geblieben war, sollte lebenslänglich 35 000 Dollar jährlich erhalten. Mrs. Kitson erhielt 5000 Aktien und ein lebenslängliches Einkommen von 1167 Dollar im Monat. Für Mary Tessier gab es 2500 Aktien und 750 Dollar monatlich. Gloria Bigelow und Mary Maginnes erhielten jeweils 625 Aktien und 400 Dollar monatlich. Belene Clifford erhielt ebenfalls 625 Aktien, aber nur 300 Dollar monatlich, und Karin Mannhardt erhielt 250 Aktien und 200 Dollar monatlich.

Monatliche Zuwendungen ohne Aktien gingen an Marianne von Alvensleben (1000 Dollar), Robina Lund (209 Dollar) und Hildegard Kuhn (100 Dollar). Lady Ursula d'Abo und Rosabella Burch erhielten nur Aktien – 1000 für Lady Ursula, 500 für Rosabella. Zum Kurs von 1976 war Rosabellas Erbe rund 87 500 Dollar wert.

Gettys gesundheitlicher Zustand zu dem Zeitpunkt, als er das 21. Kodizill im März 1976 unterzeichnete, sollte Gegenstand erbitterter Auseinandersetzungen werden. Diejenigen, die damals von Sutton Place ferngehalten wurden, neigten zu der Annahme, daß das Kodizill der Beweis für ein übles Komplott sei, den sterbenden Mann zu manipulieren, der so geschwächt war, daß er nicht mehr wußte, was er tat. »Insider« sahen darin nicht mehr als einen Kunstgriff, den Zugriff des Museums auf sein Legat reibungsloser zu gestalten.

Was auch immer die Wahrheit sein mag, das 21. Kodizill veränderte grundlegend die Zielrichtung des Testaments. Falls Gettys Geist bei der Unterzeichnung klar war, weist das 21. Kodizill darauf hin, daß er zuletzt die Unmöglichkeit seiner dynastischen Träume einsah, denn er widerrief die Verfügungen des neunten Kodizills, das die Kontrolle der Familie über das Getty-Vermögen sichergestellt hatte. Mit dem 21. Kodizill wurde die Idee von der »Testamentsstiftung« wieder aufgegeben, und die Kontrolle des Museumsvermögens wurde direkt einem Ausschuß von sechs Museumstreuhändern übergeben, von denen nur zwei – Ronnie und Gordon – Gettys waren. Die anderen vier Mitglieder des Treuhänderausschusses waren Norris Bramlett, Harold Berg, Vizepräsident der Getty Oil, Stuart Peeler, ein leitender Angestellter der Santa Fe International Oil Company und Sohn eines Seniorchefs in der persönlichen Kanzlei des alten Mannes, und Frederico Zeri, ein ehemaliger Direktor der Galerie Spada in Rom, der Getty bei Gemäldekäufen seit 1963 beraten hatte. Da sie zahlenmäßig im Treuhänderausschuß unterlegen waren, verloren die Gettys angesichts der Verfügungen des 21. Kodizills nicht nur die Kontrolle über das Museum, sondern partiell auch die Kontrolle über Getty Oil.

Eine Fußnote des 21. Kodizills war für J. Paul Getty II. und seinen Sohn Paul Getty III. der endgültige Schlag ins Gesicht. Der alte Mann verfügte, daß beide niemals Treuhänder des Museums werden dürften.

Norris Bramlett bestand darauf, daß es keine obskuren Motive für das 21. Kodizill gab und daß Getty sich vollkommen im klaren gewesen sei, was er tat, als er unterschrieb. »Das 21. Kodizill diente im wesentlichen dem Plan«, sagte er, »die Leitung des Museums zu erleichtern. Der ursprüngliche Plan, wonach Mr. Gettys direkte Nachkommen sich ablösen sollten, hätte bedeutet, daß nach fünfzig Jahren nur noch alte Menschen das Museum leiteten und ihnen, wenn sie sterben sollten, noch ältere Leute folgten. Ich empfahl, daß Manager das Museum verantwortlich leiten sollten, und Mr. Getty akzeptierte diesen Vorschlag.«

Das war eine vollkommen einleuchtende Erklärung. Dennoch blieben eine Menge Fragen unbeantwortet. Erstens: Warum hatte Getty mit seinem hervorragend analytischen Verstand nicht an das Überaltern der durch Erbfolge festgesetzten Treuhänder gedacht, bevor er das neunte Kodizill unterzeichnete? Zweitens: Mit zunehmendem Alter beurteilte Getty Alter und Erfahrung eher als entscheidenden Vorteil und nicht als Grund für einen Rückzug. Was bewegte ihn dazu, im Alter von 83 Jahren seine Meinung zu ändern? Drittens: Das 21. Kodizill händigte die Kontrolle über sein Vermögen professionellen Managern aus, einer Spezies, von der Getty nie eine hohe Meinung gehabt hatte: »Einige meiner leitenden Angestellten wissen nicht, daß man reingeht, wenn es regnet«, pflegte er mit heruntergezogenen Mundwinkeln zu grollen und dabei den Kopf zu schütteln. Warum entschloß er sich plötzlich dazu, sein riesiges Vermögen ebendiesen Managern zu überlassen, die er zuvor verachtet hatte? Viertens: Obwohl Gettys Beziehungen zu seinen Söhnen zweifellos unterkühlt waren, waren sie 1976 nicht schlechter als in den anderen Jahren; ganz bestimmt tat keiner von ihnen irgend etwas, das ihn plötzlich an der Idee des Erstgeburtsrechts zweifeln ließ. Warum gab er ein Prinzip auf, an das er sich ein ganzes Leben lang geklammert hatte?

Es gab bei der ganzen Angelegenheit noch eine weitere Merkwürdigkeit. Getty achtete sorgfältig darauf, kleine Erbverfügungen an Mitglieder des Personals, die entweder aus seinen Diensten ausgeschieden oder gestorben waren, zu streichen. Mindestens vier Personen, die er in seinem Testament bedacht hatte, waren nicht mehr auf Sutton Place, als er das 21. Kodizill unterzeichnete; er hatte keinen von ihnen übersehen und alle gestrichen. Penibel hatte er in seinem Tagebuch darüber hinaus alle bereits unterzeichneten Kodizille vermerkt. Obwohl er im März 1976 nicht mehr selbst schreiben konnte, diktierte er einer Sekretärin immer noch ein Tagesprotokoll. Der Eintrag von 11. März erwähnt mit keinem Wort die Unterzeichnung eines Kodizills!

Eine unmittelbare Auswirkung von Gettys Tod war die Freisetzung einer Geldflut aus dem Sarah C. Getty Trust an die nächste Generation. Zu seinen Lebzeiten war Getty der einzige Nutznießer gewesen und hatte relativ bescheidene Summen an seine Söhne und deren Kinder verteilt. Keiner der jüngeren Gettys konnte zu Lebzeiten des alten Mannes behaupten, besonders reich zu sein; es war einfach nicht Gettys Art, an seine Familie Geld zu verteilen, auch wenn das jährliche Einkommen der Stiftung aus der 42prozentigen Beteiligung an Getty Oil in die Millionen ging.

In dem Moment jedoch, als ihr Vater starb, wurden J. Paul Getty II. und sein Bruder Gordon über Nacht Millionäre, denn beide hatten sofort Anspruch auf je ein Drittel des Trust-Einkommens – ungefähr elf Millionen Dollar jährlich; diese Summe konnte, je nach den Schwankungen an der Börse, um eine Million höher oder niedriger ausfallen. Das letzte Drittel ging zu gleichen Teilen an die drei Töchter des verstorbenen George F. Getty II.

Plötzlich in Geld schwimmend, war die Familie Getty überzeugt, daß es viele alte Rechnungen und viele bereitwillige, um nicht zu sagen ungeduldig wartende Anwälte gab, die ihnen helfen könnten, diese Rechnungen zu begleichen.

Die älteste Tochter von George – die 24jährige Anne – war die erste, die etwas von ihrem neuen Reichtum in einen Rechtsstreit investierte. Im November 1976 reichte Anne beim Superior Court in Los Angeles eine Klage ein, die das Testament ihres Großvaters anfocht und eine Aufhebung des 21. Kodizills anstrebte.

Diese Klage, die als erste Runde des langwierigen Kampfes um die Kontrolle des Getty-Vermögens gesehen werden muß, barg Explosivstoff für das J.-Paul-Getty-Museum und die Getty Oil Company. Gleichzeitig entsprach sie der Entdeckung einer Goldgrube für Anwälte in aller Welt, denn auch die Anwälte verdienten gut an dem Testament. Der hohe

Streitwert verschaffte ihnen insgesamt 13 224 851 Dollar Honorar, das sich drei Kanzleien teilten. »Die Gettys haben genug Geld, um die Gerichte ewig auf Trab zu halten«, stellte William Newsom fest, ein langjähriger Freund der Familie und Richter am Appellationsgericht in San Francisco. »Heerscharen von Anwälten werden von nun an ihre Söhne wegen der Gettys auf die Universität zum Jurastudium schicken. Es ist verrückt.«

Auf den ersten Blick erschien Anne als untypische Klägerin. Ruhig und ausgesprochen schüchtern lebte sie in einem kleinen Landhäuschen, dessen Farbe abblätterte, am Strand von Corona del Mar, einem Ferienort für Segler südlich von Los Angeles. Sie war, wie ihre beiden jüngeren Schwestern, eine begeisterte Umweltschützerin, die außer der mäßigen Betreibung des Surfsports und der Beobachtung von Walen nur wenig andere Interessen besaß. Aber alle drei Töchter von George – von der Familie kollektiv als »die Georgettes« bezeichnet – pochten verbissen auf ihr Recht und waren besitzgierig, denn in ihren Adern floß kräftig das Blut ihres Großvaters. Sie sahen sich selbst im hohen Maße als die Getty-Girls von Getty-Oil, der Gesellschaft, die ihr Großvater zu einem Imperium ausgebaut hatte und die ihr Vater erben sollte. Es war ein Erbe, das sie nicht verschwendet sehen wollten.

Annes jüngere Schwester Claire hatte Sutton Place unerwartet drei Monate vor dem Tod ihres Großvaters besucht. Sein Zustand schockierte sie, und sie erzählte Anne später, daß er ihrer Meinung nach nicht begriff, was vor sich ging. Diese Tatsache veranlaßte Anne – im Namen der Familie –, in den Kampf zu ziehen, um das 21. Kodizill streichen zu lassen. Sie erklärte, daß Norris Bramlett und C. Lansing Hays mit dem Ziel konspiriert hätten, ihren Großvater gegen die Interessen der Familie zu beeinflussen, und zwar zu einer Zeit, als er zu krank war, um zu wissen, was er tat, und daß sie das 21. Kodizill ausgeheckt hätten, um selbst Einfluß auf die geschäftlichen Vorgänge der Getty Oil zu erhalten. Ihr Großvater, legte Anne dar, hätte niemals unterschrieben, wenn er bei klarem Verstand gewesen wäre.

Der Antrag machte geltend, daß Bramlett »den Erblasser von seinen ständigen und gewohnten Freunden, Gesellschafterinnen und Bekannten fernhielt, die für seine emotionalen Bedürfnisse Sorge trugen, seine Marotten mitmachten, dem Verstorbenen Aufmerksamkeiten und Schmeicheleien boten, und daß er (Bramlett) durch sein Eingreifen und seine Taten eine Situation schuf, in welcher der Verstorbene sich auf besagten Beklagten hinsichtlich seiner täglichen Bedürfnisse verließ«.

Ein herzzerreißendes Bild von Gettys letzten Todesstunden wurde gezeichnet. Es wurde gesagt, daß er an Krebs, Paralyse, Parkinsonscher Krankheit und einer chronischen Störung des Zentralnervensystems litt, was zu »begrenzter Bewegungsfähigkeit, Schwerfälligkeit, Schwäche, Tremor, Muskelkrämpfen, Vergeßlichkeit, Hör- und Sehstörungen, Wahnvorstellungen und Ängsten führte ... Die körperlichen und geistigen Fähigkeiten des Verstorbenen waren so beeinträchtigt, daß er von jenen, zu denen er Vertrauen besaß, leicht beeinflußt werden konnte.«

Bramlett wies die Anschuldigungen scharf zurück, mußte sie aber niemals vor Gericht anfechten, weil Miss Gettys Klage von Anfang an zum Scheitern verurteilt war. Das Testamentsrecht in Kalifornien schreibt vor, daß Personen aus finanziellem Interesse ein Testament anfechten können. Anne Getty hatte kein solches Interesse, sie wurde tatsächlich auf keiner der 23 Seiten des Testaments erwähnt. Da ihre finanzielle Lage vom Ausgang der Klage unberührt blieb, wurde ihre Klage im Dezember 1976 abgelehnt. Sie legte sowohl beim kalifornischen Appellationsgericht als auch beim Supreme Court von Kalifornien Berufung ein, jedoch ohne Erfolg.

»Anne war schlecht beraten«, meinte Gordon Getty. »Sie gewann die Überzeugung, daß es irgendein übles Komplott gab, Vater zu manipulieren. Das war einfach nicht wahr. Ich glaube, daß einige seiner Freundinnen Spaß daran hatten, andere Freundinnen fernzuhalten, aber das war auf die Freundinnen beschränkt. Es gab bestimmt keine Konspiration, und keiner außer Anne behauptete jemals, daß der Geisteszustand meines Vaters fraglich war. Als ich kurz vor seinem Tod auf Sutton Place war, konnte er vollkommen einem Thema folgen und war selbst damals noch in der Lage, ein Dokument zu unterschreiben.«

Während Miss Anne Getty damit beschäftigt war, das Testament anzufechten, klagte die reizende Mrs. Rosabella Burch in Los Angeles, um einen etwas größeren Anteil aus der Erbmasse zu erhalten. Sie machte geltend, daß ihr Getty nicht nur versprochen habe, sie bis an ihr Lebensende zu unterstützen, sondern auch zugestimmt habe, für die Erziehung ihrer beiden Kinder aufzukommen. Statt der ihr testamentarisch vermachten 500 Aktien wollte sie die sechsfache Anzahl zuzüglich einer lebenslänglichen Zahlung von 1000 Dollar monatlich. Das hielt sie für angemessener. Als der Prozeß wenig günstig für sie zu laufen schien, ließ sie sich auf einen außergerichtlichen Vergleich über rund 150 000 Dollar ein. In dieser Summe waren 75 000 Dollar für ihren Sohn Bernard und 100 Dollar für ihre Tochter Carolina enthalten. Die Anwälte gaben keine Auskunft, weshalb Carolina so wenig erhielt, aber es gab trotzdem keinen Mangel an Klatsch.

Rosabella verkündete danach ihren Plan, ein sensationelles Buch über das zu schreiben, was sich auf Sutton Place abgespielt hatte, und versprach, viele Leute zu desavouieren.

»Vielleicht werden gewisse Personen, die Angst vor meinem Wissen haben, mich aufzuhalten versuchen, aber ich bin entschlossen, die Wahrheit zu sagen. Ich werde alle Seiten des Lebens auf Sutton Place aufdecken – die Intrigen, die Traurigkeit, die Kämpfe zwischen den Mitgliedern seines Personals und zwischen den anderen Frauen, die um seine Gunst buhlten. Manchmal war es wie Krieg. Ich saß stundenlang bei ihm, erzählte ihm Geschichten, um ihn zu amüsieren. Seine Augen funkelten dann, denn er liebte meine Gesellschaft sehr.« Mrs. Burchs Buch erschien nie, aber auch Mrs. Burch nicht mehr. Der Garten ihres kleinen Hauses in der Nähe von Sutton Place wucherte zu, und die Nachbarn waren der Meinung, daß sie nach Südamerika zurückgegangen war.

Außer Anne waren bald auch andere Gettys damit beschäftigt, Klagen einzureichen. Gail Getty verklagte ihren ehemaligen Ehemann J. Paul Getty, weil er dem Treuhandfonds zugunsten ihrer Kinder, der zur Zeit ihrer Scheidung eingerichtet worden war, 160 000 Dollar schuldete. Gordon Getty reichte beim Superior Court in San Francisco eine Klage ein und machte geltend, daß ihn sein Vater 1966 unzulässigerweise »rach- und vergeltungssüchtig« als Treuhänder des Museums abgesetzt habe.

Als nächstes erschien der »Filmproduzent« Ronald Getty vor Gericht, dessen Abwesenheit am Sterbebett seines Vaters und beim Gedenkgottesdienst in London und Los Angeles nicht unbemerkt geblieben war. Ronald verklagte das J.-Paul-Getty-Museum auf dem Zivilweg auf 28 522 041 Dollar. Er gab an, daß aus »alten Dokumenten«, die sich unter den persönlichen Unterlagen seines Vaters befanden, hervorginge, daß seine Großmutter 1940 vorgehabt habe, den Sarah C. Getty Trust aufzulösen und einen neuen zu gründen, in dem Ronnie als Nutznießer seinen Brüdern gleichgestellt werden sollte. Die Dokumente bewiesen, daß sein Vater Sarah von einer Veränderung abgeraten hatte, indem er ihr versprach, für Ronnie besondere Vorkehrungen in seinem Testament zu treffen. Da der alte Mann dies versäumt hatte, klagte Ronnie aus der Erbmasse des Museums die Summe ein, die er erhalten hätte, wenn Getty sein Versprechen gehalten hätte.

Ronalds Verfahren erregte das Interesse der amerikanischen Steuerbehörde, die nach jeder Gelegenheit suchte, auf Gettys Vermögen Steuern zu erheben. Die Steuerbehörde machte geltend, daß die Klage es unmöglich mache, genau anzugeben, wieviel das Museum erhielte. Daher könnte die

Zuwendung nicht als gemeinnützig angesehen werdcn, da solche Zuwendungen laut Gesetz eine genaue Berechnung zulassen müßten. Wenn es aber keine gemeinnützige Zuwendung sei, müßten eindeutig Steuern bezahlt werden – die Steuerbehörde knallte eine Rechnung über 28 631 523 Dollar und 81 Cents auf den Tisch.

Nach anfänglicher Panik erreichten die Anwälte der drei Parteien eine Vereinbarung. Das Museum schloß mit Ronald einen Vergleich über zehn Millionen Dollar und erklärte sich bereit, an die Steuerbehörde 45 Prozent dieser Summe als Erfüllung ihrer Forderung zu zahlen.

Von seinem Erfolg ermutigt, verklagte Ronald daraufhin seine Halbbrüder und seine drei Nichten, um sie zu zwingen, ihn in den Sarah C. Getty Trust aufzunehmen. Im Gerichtssaal des Superior Court von Los Angeles hielt man die Luft an, als das Ausmaß der Ungleichbehandlung der Söhne zur Sprache kam. Während Paul und Gordon jeweils mehr als elf Millionen Dollar jährlich aus dem Trust bezogen, war Ronalds Anteil, wie hervorgehoben wurde, auf 3000 Dollar pro Jahr festgesetzt worden.

In jeder anderen Familie, aber nicht bei den Gettys, hätte man es wahrscheinlich als vollkommen berechtigt empfunden, daß Ronald seine Brüder Paul und Gordon sowie die Georgettes bat, ihren ansehnlichen Reichtum mit ihm zu teilen, indem sie ein Viertel aller Gelder, die sie aus dem Trust bezogen, an Ronnie weiterleiteten und ihn damit zu einem gleichberechtigten Nutznießer machten. Aber weder Paul noch Gordon, noch die Georgettes zeigten die leiseste Neigung, auf Ronalds Bitte einzugehen. Ihre Einstellung, die sich diskret hinter der juristischen Fachsprache in den anwachsenden Aktenstapeln des Superior Court in Los Angeles verbarg, war die, daß Ronnies Situation eben sein Pech sei und nichts mit ihnen zu tun habe.

Noch einmal stützte sich Ronnies Klage auf die rechtliche Bedeutung von Sarahs Absichten, soweit sie sich ermitteln ließen. Das Gericht erfuhr, daß sich seine Großmutter bei ihrer anfänglichen Entscheidung, Ronald effektiv aus dem Trust auszuschließen, von rein egalitären Motiven leiten ließ. Sie hatte nichts gegen Ronnie, es ging einfach darum, daß er einmal viel zu erben hatte. Als der Trust 1934 konzipiert wurde, ging man davon aus, daß Ronnie wahrscheinlich ein beträchtliches Vermögen von seinem Großvater mütterlicherseits, Dr. Otto Helmle, erben werde, der ein wohlhabender Industrieller war. Da ihre anderen Enkel keine ähnlich reichen Verwandten mütterlicherseits besaßen, kam man überein, daß Ronnie außer einer nominellen Zuwendung nichts aus dem Trust erhalten sollte.

Aber die Lage der Helmles veränderte sich dramatisch mit dem Aufstieg

Hitlers in Deutschland. Dr. Helmle war ein unverblümter Kritiker der Nazis und ging den Weg all dieser beherzten Männer: 1937 wurde sein Vermögen von der deutschen Regierung beschlagnahmt, und er wurde in ein KZ geschickt. Getty behauptete, nicht zu wissen, was Dr. Helmle widerfuhr – seltsam, wenn man seine zahlreichen Deutschlandreisen in den dreißiger Jahren bedenkt –, aber Sarah, damals schon über 80 Jahre alt, begann zu befürchten, daß für Ronnie keine Vorkehrungen für den Fall beständen, daß er nicht das Vermögen der Helmles erbte. Getty redete ihr diese Sorgen aus und versprach, daß Ronnie den gleichen Anteil aus dem Trust erhalten werde wie seine Brüder. Dennoch vermachte die alte Dame Ronnie in ihrem Testament Getty-Oil-Aktien im Wert von 200 000 Dollar, weil sie den guten Absichten ihres Sohnes vielleicht doch nicht völlig traute.

Nach dem Krieg, als Dr. Helmles Versuche scheiterten, sein Eigentum zurückzuerlangen oder eine Entschädigung zu bekommen, versicherte Getty ständig Ronnie und seiner Mutter Fini, daß er Vorkehrungen treffen werde, den Jungen in den Trust aufzunehmen. Er tat es niemals, und Ronald Getty entdeckte die schreckliche Wahrheit erst nach dem Tode seines Vaters.

Die Folgen von Gettys Versäumnis, sein Versprechen einzuhalten, waren, daß die Beklagten des Verfahrens, wie ein Affidavit begründete, »unbillig begünstigt wurden, weil sie ein Drittel mehr aus der Familienstiftung erhielten, als ihnen zusteht . . . ein Viertel aller Gelder, die besagte Beklagte erhielten oder noch erhalten, gehören rechtmäßig dem Kläger, und besagte Beklagte haben daran kein anderes oder besseres Recht«.

Doch dieser Beweisführung mochten sich die Richter nicht anschließen. Nachdem Ronalds Fall jahrelang die Gerichte beschäftigt hatte, wurde er schließlich im Januar 1984 abgewiesen, und dies zu einer Zeit, als sich seine 3000 Dollar noch lächerlicher gegenüber dem Einkommen der anderen Nutznießer ausnahmen – Paul und Gordon erhielten damals jeder mehr als 120 Millionen Dollar im Jahr.

Der Richter sympathisierte mit Ronald, entschied aber, daß niemals ein vollstreckbares Leistungsversprechen abgegeben wurde, seinen Anteil anzugleichen. Es gäbe auch keinen Beweis, daß Getty seine Mutter unrichtig vertreten hätte. Auf jeden Fall stand der Klage das Verjährungsgesetz entgegen, da Ronnie und seine Mutter viele Gelegenheiten gehabt hätten, auf Wiederherstellung des Gleichgewichts zu klagen, während der alte Mann noch lebte.

Gordon zeigte ebenfalls Mitgefühl: »Ich denke, daß mein Vater uns vier hätte gleichstellen müssen«, sagte er. »Es ist mir ein Rätsel, warum Ronnie nie berücksichtigt wurde. Ich wäre persönlich sehr glücklich gewesen, ihn in den Trust aufzunehmen, aber es war aus steuerlichen Gründen enorm kompliziert. Es ist nicht so, daß er *bedürftig* ist. Meine Großmutter strebte danach, die Angelegenheit über ihr Testament in Ordnung zu bringen, indem sie ihm einige Getty-Oil-Aktien vermachte. Wenn er sie behalten hätte, wären sie heute 50 Millionen Dollar wert, darüber hinaus gab es noch die steuerfreie Zuwendung von zehn Millionen Dollar, die er vom Museum erhielt. Diese Summen sind so hoch, daß Ronnies Forderung mehr mit Prinzipien zu tun hat als mit einem handgreiflichen Nutzen. Ich sehe ihn kaum noch; seit einem Jahr habe ich ihn nicht mehr zu Gesicht bekommen. Als letztes hörte ich, daß er in Immobilien makelt.«

Im J.-Paul-Getty-Museum in Malibu verursachte das Geld des Gründers reichlich andere Sorgen. Aus Angst vor dem Tod und nicht bereit, an seine eigene Sterblichkeit erinnert zu werden, hatte Getty der Belegschaft des Museums nie mitgeteilt, daß sie so etwas wie einen unerwarteten Lottogewinn nach seinem Tode erhalten werde. Tatsächlich gab Getty 1972 zu verstehen, daß keine weiteren Geldzuwendungen kommen würden. Daher waren die Museumsleute sowohl vollkommen verblüfft als auch total unvorbereitet, als das Testament verlesen wurde, und sie erfuhren, daß »das Getty« das reichste Museum der Welt geworden war.

Als das Erbe verteilt wurde, hatten hohe Zinsraten, eine Kapitalteilung und steil anziehende Aktienkurse die Dotation des Museums von 700 Millionen Dollar auf schwindelerregende 1,26 Milliarden Dollar ansteigen lassen. Die amerikanischen Bundessteuergesetze fordern von solchen Institutionen, daß sie einen gewissen Prozentsatz ihres Vermögens jährlich ausgeben, und im Falle des Getty-Museums hieß das, jedes Jahr für fast 54 Millionen Dollar einzukaufen.

Die Neuigkeit ließ die Alarmglocken in der Kunstwelt läuten, und es gab ängstliche Spekulationen, daß das Monster-Scheckbuch des »Getty« die Preise in die Höhe treiben und auf dem Markt ein Chaos verursachen werde. Die Erbschaft bedeutete, daß ein kleines, eher exzentrisches Provinzmuseum plötzlich in der Lage war, jeden denkbaren Konkurrenten zu überbieten, falls die wenigen noch in Privatbesitz befindlichen Meisterwerke in vorhersehbarer Zukunft auf den Markt kämen. Das »Muß« des Getty, wöchentlich mehr als eine Million auszugeben, wurde in prägnanter Weise dem Anschaffungsfonds der angesehenen National Gallery in London gegenübergestellt, der sich auf weniger als sechs Millionen Dollar pro Jahr belief.

Die Kustoden des »Getty« taten ihr Bestes, den Argwohn zu zerstreuen, daß das Museum die Kunstschätze Europas plündern werde, aber sie waren nicht in der Lage, die Überzeugung zu zerstreuen, daß es sich um ein Museum mit zuviel Geld handelte. Im kostbaren Milieu der Spitzenauktionsräume von London und New York sprachen Händler und Sammler düster von Preisen, die künstlich durch das überhöht wurden, was als »Getty-Faktor« bezeichnet wurde.

Die ersten großen Ankäufe des Museums trugen nicht dazu bei, die Kunstwelt davon zu überzeugen, daß die Befürchtungen ungerechtfertigt waren. 1977 bezahlte es 3,9 Millionen Dollar für eine lebensgroße Bronzestatue eines jungen Athleten, die aus dem vierten Jahrhundert vor Christus stammt und als einzig noch existierendes Werk des Lysippus gilt, dem Hofbildhauer Alexander des Großen. Dieses atemberaubend schöne Stück, das bald »die Getty-Bronze« hieß, verwickelte das Museum in einen internationalen Kunstskandal.

Die Statue, die 1964, völlig von Muscheln verkrustet, auf dem Meeresboden in der Nähe des italienischen Hafens Fano entdeckt worden war, gelangte in den Besitz eines Antiquitätenhändlers, der sie bei einem Dorfgeistlichen versteckte, während Verhandlungen mit möglichen Käufern in Europa stattfanden. Die Polizei durchsuchte nach einem Hinweis auf einen archäologischen Schatz, der aus dem Land geschmuggelt werden sollte, auch das Haus des Geistlichen. Sie kam zu spät, die Bronze war weg. Sie verschwand einige Jahre, tauchte dann in Südamerika auf, wo sie von »Artemis«, einem in Luxemburg ansässigen Kunstkonsortium, gekauft wurde.

Als herauskam, daß das J.-Paul-Getty-Museum die Bronze gekauft hatte, war die Empörung in Italien groß. Das Museum wurde beschuldigt, einen illegal außer Landes gebrachten Schatz gekauft zu haben. Fraglos nährte diese Erregung noch die Furcht, daß das »Getty« mit seinem Potential den europäischen Kunstmarkt plündern könnte. Befürchtungen, die noch gesteigert wurden, als das Museum 1979 einen Auktionsrekord aufstellte: Es kaufte für zwei Millionen Dollar einen Louis-XV.-Eckschrank, den Nicolas Pineau entworfen und Jacques Dubois angefertigt hatte. Eine Flut rekordbrechender Gebote folgte bald – 3,2 Millionen Dollar für eine Marmorstatue von Giovanni da Bologna; vier Millionen Dollar für einen Goya; zwei Millionen Dollar für zwei silberne Louis-XV.-Suppenterrinen; 2,7 Millionen Dollar für ein Spätrenaissancewerk von Dosso Dossi; drei Millionen Dollar für einen Gauguin; 5,5 Millionen Dollar für zwei Gobelins . . .

»Der Weltkunstmarkt wird niemals mehr derselbe sein«, erklärte der »Economist«. »Obwohl das Getty-Museum verspricht, seinen Reichtum verantwortlich einzusetzen, bleibt die Tatsache bestehen, daß es, wenn es wirklich etwas kaufen will, noch nicht einmal vom mächtigen Metropolitan Museum of Art in New York, das über einen Anschaffungsfonds von nur einem Sechstel verfügt, überboten werden kann. Kunstkenner schaudert es.«

Der alte Mann wäre entsetzt gewesen, als »Getty-Faktor« in Erinnerung zu bleiben, ein Epithet, das mit Habsucht und obszönem Reichtum gleichgesetzt wurde. »Ich denke nicht, daß es in irgendeiner Weise ruhmvoll ist, als alter Geldsack in Erinnerung zu bleiben«, hatte er einst gesagt. »Ich vermute, daß ich als Geschäftsmann eine Fußnote der Geschichte sein werde, aber ich möchte lieber als Kunstsammler, nicht als Geschäftsmann, in Erinnerung bleiben.«

Während die borniette Getty-Familie sich um das Testament balgte und die Kunstwelt sich den Bedingungen des »Getty-Faktors« beugte, lag der verstorbene Milliardär noch tiefgekühlt auf dem Forest Lawn Memorial Park in Glendale. Sein Leichnam war innerhalb einer Woche nach seinem Tod auf Sutton Place nach Los Angeles geflogen worden, aber als der Sarg in Kalifornien ankam, stellte man fest, daß niemand die notwendige Erlaubnis eingeholt hatte, daß Getty – seinem Wunsch entsprechend – auf dem Grundstück der Ranch beerdigt werden konnte. Nahezu drei Jahre bürokratischer Rangelei vergingen, bevor er im Marmormausoleum hinter dem Museum beigesetzt werden konnte, zusammen mit George und Timmy, die von anderen Friedhöfen in Los Angeles umgebettet wurden.

So ging zumindest einer der inständigsten Wünsche Gettys in Erfüllung. Er war nach Kalifornien zurückgekehrt.

20. »Nicht alle Gettys sind daran interessiert, Milliardäre zu werden«

Im Gegensatz zu seinem Großvater machte sich Paul Getty III. nichts aus Geld. Als der Inhalt des Testaments in London bekanntgegeben wurde, war Paul in London und erzählte Reportern, daß es ihm »völlig schnuppe sei«, nichts geerbt zu haben. »Nicht alle Gettys sind daran interessiert, Milliardäre zu werden«, sagte er.

Seine Aussichten, Milliardär zu werden, sahen auch absolut nicht vielversprechend aus. Er hatte sich selbst disqualifiziert, einen Anteil aus dem Treuhandfonds zu bekommen, der bei der Scheidung seiner Eltern eingerichtet worden war, als er mit erst 17 Jahren seine Freundin Martine heiratete – laut Satzung des Fonds verwirkte jedes Kind, das vor seinem 22. Lebensjahr heiratete, seinen Anteil. Einige Monate später ernannte ein Gericht in Los Angeles seinen Großvater mütterlicherseits aufgrund seiner Unfähigkeit, mit Geld umgehen zu können, zu seinem »Finanz-Vormund«. Nein, Paul Getty III. schien es nicht vorbestimmt zu sein, ein Milliardär zu werden.

Paul entkam den Schrecken der Entführung im Dezember 1973 mit schweren Traumata, noch gestörter als zuvor und mit völlig zerrütteten Nerven. Von wahnhaften Angstvorstellungen verfolgt, sah er überall Kidnapper, und der kleinste Zwischenfall – real oder eingebildet – verstärkte seine Angst. Im Restaurant zappelte er nervös hin und her, wenn jemand zu lange an einer Stelle stand oder zu häufig zu ihm hinübersah. Plötzliche Geräusche, manchmal nicht mehr als das Klingeln eines Telefons oder ein Klopfen an der Tür, erschreckten ihn. Ein Fremder, der ihm auf der Straße entgegentrat und nach dem richtigen Weg fragte, verursachte ihm Schweißausbrüche. Und während er einst bei hohen Geschwindigkeiten jauchzte, machten sie ihm nun angst; er bat Taxifahrer ständig, langsamer zu fahren.

Die Nächte waren noch schlimmer. »Er hatte Angst, ins Bett zu gehen«, sagte Martine, »und er hatte ganz schreckliche Alpträume. Er pflegte zu schreien und sich im Bett herumzuwälzen. Er fing an, viel zu trinken, nur damit er schlafen konnte. Ich erinnere mich, daß wir abends zusammensaßen, während er ein Bier nach dem anderen trank. Er war nicht wie ein Alkoholiker, er wollte nur schlafen können.«

Was Martine und Pauls Mutter Gail am meisten Sorgen bereitete, war seine absolute Weigerung, über seine Erlebnisse zu sprechen. Beide Frauen waren der Meinung, daß es aus therapeutischen Gründen besser sei, wenn er die ganze entsetzliche Geschichte durch Erzählen verarbeiten könnte, statt sich abzukapseln. Wenn Gail ihn sanft drängte, ihr etwas zu erzählen, zuckte er mit den Schultern und schüttelte verzweifelt den Kopf. »Wozu?« sagte er immer. »Wozu soll das, verdammt noch mal, gut sein?« Er fragte nicht ein einziges Mal, warum es so lange gedauert hatte, bis das Lösegeld gezahlt wurde.

Paul hatte zwei Wochen in einer Privatklinik in Rom verbracht, dann nahm ihn seine Mutter zur Erholung in den österreichischen Skiort Igls bei Innsbruck mit. Sein Bruder Mark, seine Schwestern Aileen und Ariadne sowie Martine und ein oder zwei Freunde Pauls aus Rom waren auch dabei. Gail wollte, daß ihr Sohn sich in dieser Zeit entspannte, Kraft sammelte und zu vergessen versuchte.

Während sie den Schnee und die Berge genossen, behauptete der Oberst der Carabinieri in Lagonegro, wo Paul zuerst nach seiner Freilassung verhört worden war, neue Beweise gefunden zu haben, daß es »zwei Entführungen« gegeben habe. In einem Bericht für den Staatsanwalt zog der Oberst die alten Behauptungen wieder hervor, daß Paul »mehr als einmal« nach seinem Verschwinden in Trastevere gesehen worden sei. Der Bericht kam zu der Schlußfolgerung, daß die erste Entführung eine Finte war, wahrscheinlich von Paul selbst organisiert. Als es mißlang, ein Lösegeld zu erpressen, übernahmen echte Kidnapper auf irgendeine Weise das Werk.

Paul erfuhr von dieser Entwicklung aus einer italienischen Zeitung. Er las schweigend die Geschichte, stieß dann die Zeitung ärgerlich weg und weigerte sich, den Artikel mit seinen Verwandten oder Freunden zu besprechen – nicht einmal mit Martine. Die Theorie von den »zwei Entführungen« sollte ihn jahrelang verfolgen, denn effektiv bedeutete sie, daß er niemals von einem heimlichen Einverständnis mit dem Verbrechen entlastet werden konnte. Selbst als die italienische Polizei schließlich Verhaftungen vornahm und eine Anzahl der Kidnapper für viele Jahre im Gefängnis landete, blieb ein Fragezeichen bezüglich Pauls Verwicklung bestehen.

Nach zwei Monaten in den Alpen, wo sie fast täglich Ski gelaufen waren, kehrten alle wieder nach Rom zurück. Paul und Martine zogen in ein kleines, anonymes Hotel, da er nicht in ihre alte Wohnung in der Via della Scala wollte – sie war zu nahe der Stelle, wo er entführt worden war. »Wir lebten sehr zurückgezogen«, sagte Martine. »Wir gingen so gut wie nie aus.«

Die durch die Entführung entstandenen Neurosen Pauls wurden in keiner Weise von der zunehmenden Aufmerksamkeit gebessert, die er auf sich zog. Sein Fall war so etwas wie eine »Cause célèbre« geworden. Er sah sich mit einer Flut von Fanpost konfrontiert – einige Briefe waren einfach an »Paul Getty, den goldenen Hippie«, gerichtet, ein Titel, der nun auf makabre Weise unpassend erschien. Überall in der Stadt wurde er zu seinem beträchtlichen Unbehagen erkannt. Die Mädchen umzingelten ihn, als wäre er ein Rockstar, sie belästigten ihn mit Autogrammwünschen, und keine konnte der Versuchung widerstehen, kurz einen Blick auf den Ohrstummel unter seinen langen, ungekämmten Haaren zu werfen. Das weltweite Aufsehen hatte die Entführung und ihre Folgen in einen makabren Rummel verwandelt – auf der Piazza Navona, wo Paul mit seinen Hippie-Freunden herumzulungern pflegte, verkauften Zigeuner als Anstecker »Paul-Getty-Ohren« aus Plastik.

Im Mai 1974 stellte Martine fest, daß sie schwanger war, und sie dachten ein zweites Mal daran zu heiraten. Paul war noch immer siebzehn und wußte, daß er eine Erbschaft von etwas mehr als einer Million Dollar aufgäbe, wenn er vor seinem 22. Lebensjahr heiratete. Doch er zögerte nicht einen Augenblick. Es sah so aus, als ob das Geld der Familie nur Unglück gebracht hatte; er liebte Martine und wollte sie heiraten – warum also sollte er fünf Jahre warten?

Sie wollten in aller Stille in der Toskana heiraten, wo Gail in der kleinen Stadt Sovicille bei Siena ein Haus gemietet hatte. Das Datum wurde auf den 12. August festgelegt. Im letzten Moment gab es jedoch noch ein Problem, weil man Pauls Geburtsurkunde nicht fand, deshalb mußte die Trauung um einen Monat verschoben werden. Dieser unglückliche Umstand rief die Weltpresse auf den Plan, und am am Donnerstag, dem 12. September, ihrem Hochzeitstag, waren mehr als 120 Reporter und Fotografen in Sovicille, um von dem Ereignis zu berichten. Schaulustige wurden busweise herangekarrt.

Als Martine und Paul zur Trauungszeremonie am Rathaus ankamen, konnten sie aufgrund der Menschenmenge nicht einmal in das Gebäude kommen. Überall waren Fotografen – einige waren sogar auf Bäume geklettert und lehnten sich unermüdlich knipsend aus den Zweigen. Schwitzende und mit unnützen Maschinenpistolen bewaffnete Carabinieri kämpften erfolglos um die Aufrechterhaltung der Ordnung, während sich die Braut in einem schwarzen Kleid und der Bräutigam in einem baumwollenen Mao-Anzug und weißen Turnschuhen durch die lärmende Menge schoben, gefolgt von Gail, ihren drei anderen Kindern, Martines Zwillingsschwester Jutta und zwei Freunden, die Trauzeugen sein sollten.

Endlich im Rathaus, immer noch umgeben von sich balgenden Fotografen, bat Gail den Bürgermeister Roberto Coverti flehentlich, die Presse auszuschließen; sie alle wünschten eine »vollkommen privat gehaltene« Zeremonie, sagte sie. Aber der Bürgermeister, der das ungewohnte Rampenlicht sehr genoß, bestand darauf, daß das Rathaus ein öffentliches Gebäude sei und er kein Recht habe, die Öffentlichkeit auszuschließen. Nervös beobachtete Martine Paul, der, wie sie spürte, immer verkrampfter wurde.

Angesichts der Unnachgiebigkeit des Bürgermeisters, nichts gegen die Anwesenheit der ungeladenen Medienvertreter zu unternehmen, drängelte sich die kleine, traurig wirkende Hochzeitsgesellschaft durch die rempelnde Masse in den Raum, wo die Zeremonie stattfinden sollte. Paul stand finster blickend da, mit den Händen in den Hosentaschen, und nuschelte seine Antworten so leise, daß der Bürgermeister die Trauzeugen fragte: »Haben Sie das verstanden?« Als sie zu Frau und Mann erklärt waren, begannen die Fotografen, Paul schreiend aufzufordern, die Braut zu küssen, aber er schüttelte den Kopf und hielt sich krampfhaft an Martines Arm fest.

»Ich hatte es mir so ganz anders vorgestellt«, sagte Martine. »Wir wollten nicht dieses ganze Aufsehen, und wir hofften, daß wir bei einer Hochzeit in einer kleinen Stadt unter uns bleiben könnten. Der Tag wurde von all den Fotografen verdorben; die Menschenmenge machte Paul äußerst unglücklich und nervös.«

Sie verließen Sovicille nach der Hochzeit, so schnell sie konnten, und reisten für zwei Wochen nach München, Martines Heimatstadt. Beide wußten nicht genau, was sie mit ihrem Leben anfangen sollten, obwohl sie oft darüber diskutiert hatten, Drehbücher oder Musiktexte zu schreiben.

Martine dachte, daß sie beide vermutlich Arbeit als Schauspieler finden könnten, und sie träumten davon, ihr eigenes Drehbuch zu schreiben, Regie zu führen und als Schauspieler aufzutreten. Sollte das nicht klappen, könnten sie vielleicht Fotografen oder Maler werden. Beide waren kreativ und voller Hoffnungen und Ideen, obwohl Paul immer noch schreckliche Alpträume hatte und immer noch heftig trank.

Gegen Ende 1974 beschlossen sie schließlich, nach Los Angeles zu ziehen und zu versuchen, im Filmgeschäft unterzukommen. Sie mieteten ein kleines Haus am Strand von Malibu, und Paul schrieb sich zum Kunststudium an der nahegelegenen Pepperdine University ein. Er besuchte häufig das in der Nähe gelegene Museum seines Großvaters, wo er bei den Kustoden bald sehr beliebt war, weil es ihnen Spaß machte, daß ein

Getty ein so lebhaftes Interesse zeigte. Am 24. Januar 1975 brachte Martine einen Sohn zur Welt, den sie Paul Balthazar Getty nannten. »Paul war sehr glücklich über das Baby«, sagte sie. »Nachträglich gesehen, war das Baby mit all dem Drumherum eine Weile gut für ihn.«

Eine Weile schien es, als ob sie die Chance hätten, einfach ein weiteres junges Paar mit zwei Kindern zu sein, als ob Paul seine Dämonen endlich überwunden hätte. Aber sie hatten bald wieder Probleme – vor allem mit Geld. Sie lebten von 1000 Dollar, die ihnen Pauls Mutter monatlich gab, aber Paul besaß nicht den leisesten Schimmer, wie man eine Familie über die Runden bringt. Weil er ein Getty war, bekam er in Geschäften unbegrenzt Kredit. Er schien unfähig zu sein, eine Anhäufung von Schulden zu vermeiden. Gail fragte ihren Vater, einen Richter in San Francisco, was sie unternehmen könnte, und sie kamen überein, eine gerichtliche Verfügung zur Überwachung der Finanzen Pauls zu erwirken.

Im April ernannte ein Gericht in Los Angeles Richter George B. Harris zu Pauls »Finanz-Vormund«. Gails Anwalt trug dem Gericht vor, daß Paul in finanzieller Hinsicht leicht zu betrügen sei und wie ein 13jähriger Junge nicht viel davon verstehe, wie man ein Scheckbuch führt oder Geld bei einer Bank einzahlt. »Es gibt leider zu viele Leute, die ihn bereitwillig übervorteilen«, fügte er hinzu. »Er kann in einen Laden gehen, und wenn er ihnen erst einmal klargemacht hat, wer er ist, kann er mit allen möglichen Sachen wieder herausgehen.«

Die Tatsache, daß der Enkel des reichsten Mannes der Welt nicht in der Lage war, seine eigenen bescheidenen Geldmittel in den Griff zu bekommen, interessierte natürlich die Zeitungen sowohl in den Vereinigten Staaten als auch in Europa. Paul tat so, als ob ihn der ganze Rummel nicht störe, und machte weiter wie bisher. Drei Monate später wurde er unter der lächerlichen Anklage des schweren Diebstahls verhaftet.

Als er eines Nachts in seinem klapprigen Volkswagen nach Hause gefahren war, war er in einer Kurve ins Schleudern geraten und gegen eine Leitplanke geprallt. Er hatte den Wagen stehenlassen und hatte sich schon dazu durchgerungen, per Anhalter weiterzukommen, als er einen Lastwagen sah, der, mit den Schlüsseln im Zündschloß, in der Auffahrt eines Hauses stand. Er beschloß, ihn zu »borgen«, um nach Hause zu kommen, und ihn am nächsten Tag zurückzubringen. Kaum eine Meile weiter wurde er von einem Polizeiauto mit jaulenden Sirenen überholt. Er rollte an den Straßenrand und erwartete das Schlimmste, erhielt zu seiner Erleichterung aber nur einen Strafzettel wegen Geschwindigkeitsüberschreitung.

Er sollte jedoch nicht so viel Glück haben, wie er sich vorgestellt hatte. Der Lastwagen, den er sich so lässig geborgt hatte, gehörte dem Sohn eines ortsansässigen Richters. Der Wagen wurde am nächsten Tag frühmorgens als gestohlen gemeldet, und die Spur führte aufgrund des Strafzettels zu Paul. Er wurde später an jenem Tag in seiner Wohnung verhaftet. Nach viel Gerangel der Anwälte wurde die Anklage wegen schweren Diebstahls zwar fallengelassen, aber Paul wurde des Verstoßes für schuldig befunden, einen Unfall nicht gemeldet zu haben. Er erhielt eine Geldstrafe von 150 Dollar und eine Bewährungsfrist von zwei Jahren.

Martine machte sich über solche Pannen nicht sehr viel Sorgen, denn sie sah noch größere Steine im Wege liegen. »Paul hatte mit dem Studium angefangen und versuchte wirklich ernsthaft, Arbeit als Schauspieler zu finden. Aber eine Menge Leute in Los Angeles waren an Paul interessiert, und er fing an, alleine auszugehen, während ich zu Hause bei den Kindern blieb. Ich weiß nicht genau, wen er traf, aber ich weiß, daß er wieder in Drogengeschichten verwickelt wurde.«

Martine empfand eine tiefe Abneigung gegen Los Angeles, als sie beobachtete, wie Paul hilflos die Herrschaft über sich selbst verlor. Es schien ihr, als ob es in den Filmkreisen eine Unzahl von Leuten gab, die nicht nur bereit, sondern sogar darauf erpicht waren, Paul aus der Bahn zu werfen. Die Auswahl an Drogen, die er bekommen konnte, schien unbegrenzt zu sein, und ganz sicher hatte er keine Hemmungen, leichtfertig mit ihnen zu experimentieren. Es war beinahe unausweichlich, daß er schnell wieder an der Nadel hängen würde. Knapp zwölf Monate nach ihrer Ankunft in Kalifornien war Paul heroinsüchtig.

Martine, die versuchte, als Fotografin Arbeit zu finden und gleichzeitig die Kinder zu versorgen, tat ihr Bestes, um Paul ein stabiles Familienleben zu sichern, er aber flatterte in ihr Leben und wieder heraus und verschwand zum Schluß manchmal wochenlang. Er blieb telefonisch zwar immer mit Martine in Kontakt, aber sie hatte häufig keine Ahnung, wo er sich gerade aufhielt. Im Sommer 1976 schlug Paul vor, daß sie Los Angeles verlassen und eine Weile in London leben sollten. Martine ging sehr gerne weg, weil sie hoffte, daß es Paul leichter fallen würde, abseits der heimtückischen Versuchungen LAs in London zur Ruhe zu kommen.

Sie flogen mit den Kindern nach England und fanden eine kleine Wohnung in Notting Hill Gate. Ein paar Tage später erfuhr Paul aus den Zeitungen, daß sein Großvater gestorben war. Zu Martines Kummer wurden sie von Reportern aufgespürt. Sie mußte über eine Mauer an der Rückseite ihrer Wohnung klettern, wenn sie ausgehen wollte, um die

Scharen der Nachrichtenjäger zu umgehen, die draußen vor der Eingangstüre lauerten.

Sechs Tage nach dem Gedenkgottesdienst für J. Paul Getty I. in der Amerikanischen Kirche in Mayfair entdeckte ein auf Nachtpatrouille gehender Polizist im Musikpavillon des Hydeparks ein Paar, das mitten im oralen Geschlechtsverkehr war. Er verhaftete beide wegen »Erregung öffentlichen Ärgernisses«. Der junge Mann gab seinen Namen mit Paul Getty an. Am nächsten Morgen wurden Paul und das Mädchen, das er an demselben Abend auf einer Party kennengelernt hatte, vom Friedensrichter in der Bow Street zu je zehn Pfund Strafe verurteilt. Martine sah sich wieder gezwungen, ihre Wohnung über die Mauer zu betreten und zu verlassen.

Im Juli war Paul wieder in Amerika und wurde auf einer Party im Regine's in New York mit Liz Taylor, Shirley MacLaine, Halston, Diana Vreeland und Huntington Hartford fotografiert. Von New York aus trieb es ihn nach Los Angeles, wo er eine kleine Rolle in einem Avantgarde-Film von Wim Wenders erhielt.

Martine erklärte schließlich, daß sie Los Angeles nicht länger aushalten könnte und daß die Kinder eine bestimmte Stabilität brauchten: Sie könnten nicht ihr Leben lang hinter Paul herziehen, besonders da sie bald zur Schule kämen. Paul war zwar ihrer Meinung, glaubte aber, daß er mit einer Rolle in dem neuen Film von Wim Wenders endlich kurz vor dem Durchbruch stehe, und wollte deshalb in Los Angeles bleiben. Schließlich entschloß sich Martine, mit den Kindern nach San Francisco zu ziehen, eine Stadt, die ihr gefiel und die auch nah genug war, um in Kontakt zu bleiben. Es schien, als ob sie ein gewisses Maß an Frieden gefunden hätten: Martine fand in San Francisco eine Stelle als Lehrerin und schuf für sich und die Kinder ein nettes Heim. Paul kam häufig zu Besuch, und wenn er nicht nach San Francisco kommen konnte, flog sie manchmal am Wochenende zu ihm nach Los Angeles. Sie riefen sich beständig an, und Martine fühlte sich zu Recht bestätigt, daß alles am Ende noch in Ordnung kommen werde. »Ich dachte weiterhin«, sagte sie, »daß es eine Chance gibt, eine gute Chance.«

Paul blieb jedoch chronisch instabil, schwankte zwischen himmelhoch jauchzend und zu Tode betrübt. Manchmal schien er entschlossen zu sein, seine Probleme zu bewältigen, die Vergangenheit hinter sich zu lassen, eine Karriere zu machen und seine Beziehung zu Martine und den Kindern wieder zu festigen. Auf der Suche nach einer Heilung von seiner Drogen- und Trunksucht war er häufiger Gast in Krankenhäusern und Anstalten.

Als letztes Mittel, seine Ehe zu retten, begab er sich sogar mit Martine in Psychotherapie.

Freunde, die während dieser Zeit die sonnige Seite Pauls erlebten, empfanden ihn als charmant, witzig, sehr klug und interessiert an allem, was um ihn herum vor sich ging. Bill Newsom, Pauls Patenonkel, erinnerte sich daran, wie er eines Tages mit ihm einen Ausflug machte und seinem eigenen Sohn einimpfte, nicht die Entführung zu erwähnen. »Wir saßen alle im Auto«, erzählte er, »und ich merkte voller Unruhe, daß mein Sohn auf Pauls Kopf starrte, um herauszufinden, wo sein Ohr abgetrennt worden war. Schließlich sagte er: ›Paul, wieviel Ohren hast du?‹ Paul fiel vor Lachen fast aus dem Auto. ›Ich hatte mal zwei‹, sagte er, ›aber jetzt habe ich nur eins.‹ Es war wunderbar, ihn so lachen zu hören.«

Aber es gab auch düstere Zeiten, wenn es so aussah, als ob Paul entschlossen sei, sich selbst zu zerstören. Er mißhandelte seinen Körper mit einem Übermaß an Drogen und Alkohol, mit denen er seinen periodisch auftretenden Ängsten, Selbstzweifeln und melancholischen Zuständen entkommen wollte, für die er immer noch so anfällig war. Der exzessive Alkoholkonsum, der seiner Meinung nach notwendig war, um überhaupt einschlafen zu können, eskalierte bis zu einem Liter Whiskey täglich. Was Drogen betraf, so probierte er alles in jeder nur möglichen Zusammensetzung von Vergessenheit schenkenden Mixturen aus.

Anfang 1978 formte Dr. Paul Burt Brent, ein Schönheitschirurg am Stanford University Medical Center in San Francisco, aus dem flexiblen Knorpel zweier Rippen Pauls ein neues Ohr. Zwei Operationen waren erforderlich, um die Knorpelmasse zu entfernen und sie dann am vorgesehenen Ort zu transplantieren. Die Operation wurde sowohl in kosmetischer als auch psychologischer Hinsicht als Erfolg bezeichnet.

Nicht lange danach erhielt Paul eine wesentlich größere Rolle – ironischerweise als junger Alkoholiker – in einem weiteren Film von Wim Wenders mit dem Titel »Der Stand der Dinge«. Paul bewunderte Wenders außerordentlich und war begeistert von der Rolle. Aber Martine machte sich jedesmal mehr Sorgen, wenn sie ihn sah. »Er hatte im Ausland gefilmt, in Portugal, und er sah krank aus, als er wiederkam. Er hatte Probleme mit seiner Leber und seinen Nieren, und ich spürte, daß er in einer sehr elenden Verfassung war. Er besuchte uns in San Francisco, und wir waren eine Weile zusammen und arbeiteten jeden Tag an einem Drehbuch. In dieser Zeit trank er ein bißchen, nahm aber kein Heroin. Er versuchte, mit Methadon davon wegzukommen, aber er sah schlecht aus. Ich machte mir große Sorgen.«

Einige Tage nach Pauls Rückkehr nach Los Angeles rief seine Mutter bei Martine an und teilte ihr die schockierende Nachricht mit, daß Paul einen Schlaganfall erlitten habe. Es sei sehr ernst, sagte sie, Martine solle sofort kommen.

Paul teilte sich damals in Westwood, Los Angeles, ein Haus mit einer Italienerin, Emmanuella Stuzzhi, und einem jungen Engländer. Am Nachmittag des 5. April 1981 war Paul zu Bett gegangen, nachdem er darüber geklagt hatte, sich unwohl zu fühlen. Am frühen Abend stand er wieder auf, fühlte sich aber immer noch nicht besonders gut und legte sich auf ein Sofa im Wohnzimmer.

Die beiden Mitbewohner beachteten ihn eine ganze Weile kaum. Es war überhaupt nicht unüblich, daß Paul wegen Alkohol oder Drogen oder einer Kombination aus beiden umkippte. Es vergingen mehrere Stunden, ehe Emmanuella versuchte, ihn zu wecken. Sie rüttelte sanft an seiner Schulter, berührte dann seine Wange. Als er nicht reagierte, schüttelte sie ihn mit wachsender Angst immer heftiger an beiden Schultern. Mittlerweile in Panik, gab sie ihm wiederholt Ohrfeigen und schrie: »Wach auf, Paul! Wach auf!«

Aber Paul rührte sich nicht, und Emmanuella telefonierte endlich nach Hilfe. Innerhalb weniger Minuten wurde der leblos wirkende Körper Paul Gettys auf einer Trage hinausgebracht und in einen Krankenwagen geschoben, der mit aufjaulender Sirene durch die nächtlichen Straßen Los Angeles' zum Cedars Sinai Medical Center raste.

Vom Center aus rief man Gail an, die damals nicht weit entfernt in Brentwood lebte. Sie kam kurz darauf im Auto an und wartete ängstlich, während die Ärzte ihren Sohn untersuchten. Sie konnten zuerst nur sagen, daß er einen schweren Schlaganfall erlitten habe und im Koma liege. In welchem Ausmaß sein Gehirn zerstört worden war, konnte niemand sagen.

Gail rief Martine an, die hastig Vorkehrungen für die Betreuung ihrer Kinder traf und dann den nächsten Flug nach San Francisco nahm. Zusammen wachten die beiden Frauen an Pauls Bett, warteten und beteten für ihn, daß er das Bewußtsein wiedererlange.

Am folgenden Tag kam auch Bill Newsom aus San Francisco an, um die Ereignisse zu rekonstruieren, die zu Pauls plötzlichem Anfall geführt hatten: Die Ärzte wollten wissen, welche Drogen er kurz vor dem Koma genommen haben könnte. Er befragte Emmanuella ausführlich und sprach mit allen Freunden Pauls, die er ausfindig machen konnte. Alle waren der Meinung, daß Paul wahrscheinlich nicht mehr als Methadon und Beruhigungsmittel genommen und in den vergangenen Wochen noch nicht einmal viel getrunken habe.

Pauls jüngerer Bruder Mark, damals 21 Jahre alt und Student in Oxford, flog nach Hause, um Paul mit seinen Schwestern Aileen und Ariadne zu besuchen. Sie redeten stundenlang in der Hoffnung auf ihn ein, ihre Stimmen könnten eine Reaktion hervorrufen, und sie brachten Kassetten von seinen Lieblingsschallplatten mit.

Paul lag sechs Wochen lang im Koma. Als er das Bewußtsein wiedererlangte, wurde das schreckliche Ausmaß der Schädigung schließlich offenkundig. Er war blind, unfähig zu sprechen und gelähmt. »Alles war verschwunden«, sagte Bill Newsom, »nur sein Verstand nicht.« Er war 24 Jahre alt.

Keiner der Ärzte hatte die Hoffnung, daß Paul sich jemals wieder genügend erholen könnte, um ein normales Leben zu führen, aber Gail, die nicht wußte, woher sie ihren Mut nahm, weigerte sich, die düstere Prognose zu akzeptieren. Sie war der festen Überzeugung, daß sich Pauls Zustand bessern werde, und beschloß, die beste Behandlung der Welt für ihren Sohn zu finden. Sie kümmerte sich nicht um die Kosten: Ihr Sohn war Paul Getty, und die Gettys hatten so viel Geld, daß sie nicht wußten, was sie damit anfangen konnten.

Dann passierte das Unglaubliche: Pauls Vater teilte seiner ehemaligen Frau mit, daß er nicht gewillt sei, die Arztrechnungen für seinen Sohn zu begleichen.

Die schäbige Villa am Cheyne Walk, wo Paul Getty II. seit dem Tode von Talitha als Einsiedler hauste, hatte einmal dem Maler und Dichter Dante Gabriel Rossetti gehört. Seine Frau war dort 1862 an einer Überdosis Laudanum gestorben, und der melancholische Rossetti hatte um sie hinter den verschlossenen Fensterläden des Cheyne Walk Nr. 16 getrauert. Nach Rossettis Tod im Jahre 1882 war sein Freund Algernon Swinburne, der Dichter und Kritiker, in das Haus eingezogen und hatte einen Kollaps erlitten, der auf Alkohol und Masochismus zurückzuführen war.

Zusammen mit den Geistern von Rossetti und Swinburne teilte sich Getty das Haus außerdem noch mit einem einzigen Diener und einer Sekretärin namens Mrs. Joan Gadsdon. »Er war hochintelligent und geistreich«, erzählte Mrs. Gadsdon. »Er versuchte, mich aus den üblen Angelegenheiten herauszuhalten, wollte nicht, daß ich darin verwickelt wurde, aber ich wußte, daß die Pusher das Problem waren: All die netten Leute verschwanden nach und nach, und er hat nicht viele Freunde. Er erwähnte Talitha niemals, aber überall in der Wohnung waren Fotos von ihr.«

Angesichts des wohlhabenden Standards des Cheyne Walk – eine der besten Adressen in Chelsea – wirkte Pauls Haus schäbig und vernachlässigt. Hinter den Eisengittern blätterte die weiße Farbe der Fenster ab, und die braune Eingangstür war rissig. Im Gegensatz dazu war allerdings der Garten vor und hinter dem Haus sorgfältig gepflegt. Während des ganzen Jahres wurde er immer wieder neu bepflanzt, damit Talithas Lieblingsblumen stets blühten.

Der sehr mager und blaß aussehende Paul Getty II. setzte nur selten seine Füße über die Türschwelle des Cheyne Walk Nr. 16, es sei denn manchmal nachts, wenn er das Haus gegen ein Uhr in seinem roten Mercedes zu verlassen pflegte und kurz vor der Morgendämmerung zurückkehrte. Es hieß, daß er fast den ganzen Tag in Kataloge über antiquarische Bücher vertieft war, Sahnekaramelbonbons lutschte und sich über seine Phlebitis ärgerte, die seine Beine schmerzhaft anschwellen ließ. Zu den wenigen regelmäßigen Besuchern gehörte sein Arzt, der jeden Morgen von einem Chauffeur in seinem Bentley vorgefahren wurde und rund eine halbe Stunde lang blieb.

Ein engmaschiges Kamerasystem überwachte die Vorder- und Rückfront des Hauses. Es sollte seine antiquarische Buchsammlung schützen, die wahrscheinlich die wertvollste Privatsammlung der Welt ist und den Ruf genießt, eines der ältesten Exemplare des Korans zu enthalten. Paul Getty II. war kein Dilettant, sein Wissen über Bücher aus dem 17. und 18. Jahrhundert, insbesondere über edel ausgeführte Bucheinbände, war profund: Er konnte jedes einzelne der in die Hunderte gehenden Bücher aus den Regalen nehmen und genau seine Herkunft beschreiben.

Seine Sammlung wurde nach dem Tode seines Vaters im Jahre 1976, als er ein Nutznießer des Sarah C. Getty Trust wurde, rasch größer. Aber er kaufte nicht nur Bücher, sondern fing darüber hinaus auch an, beträchtliche Spenden an wohltätige Einrichtungen oder aufgrund dringender Appelle zu verteilen, und wurde ein Hauptwohltäter der »National Film Archive«. Er spendete blindlings, häufig durch irgendwelche Sendungen im Fernsehen veranlaßt. Im Juni 1978, nachdem er in den Fernsehnachrichten eine Reportage über die Kämpfe in Eritrea gesehen hatte, rief er »Independent Television News« an und bot dem Krankenhaus, das in der Sendung gezeigt worden war, eine Spende über 7500 Pfund an. Nicht lange danach reagierte er auf einen Aufruf der BBC, fünf gestrandete Robbenbabys ins Meer zurückzubringen; einige Tage später unterschrieb er einen Scheck in namhafter Höhe für die medizinische Versorgung in Polen.

Einer der Gründe, weshalb er so gerne Getty-Geld weggab, war der, daß er seinem toten Vater damit eins auswischen wollte.

Der alte Mann hätte niemals gebilligt, daß das Einkommen aus dem Sarah C. Getty Trust, der das Familienvermögen für die Gettys erhalten sollte, nach rechts und links an jede Sache vergeudet wurde, an der sein Sohn Gefallen fand, während er vor dem Fernseher saß, weißen Rum trank und Heroin schnüffelte. Das sichere Wissen um die Mißbilligung seines Vaters machte für Paul Getty II. das Spenden noch vergnüglicher.

Aber seine Großzügigkeit hörte bei seinem eigenen Sohn plötzlich auf. Nach der Entführung bezeichnete Getty ihn verächtlich als das »ohrlose Wunder«. Er betrachtete ihn als hoffnungslosen Faulenzer, der überall, wo er ging, Schwierigkeiten verursachte. Als er im April 1981 von Pauls Schlaganfall hörte, äußerte er sich zwar besorgt, machte jedoch keine Anstalten, den schwerkranken jungen Mann zu besuchen.

Anfänglich willigte er zwar noch brummig ein, die Arztrechnungen zu bezahlen, aber sie kamen im Cheyne Walk allmählich in großen Mengen und mit immer höheren Rechnungsbeträgen an. Getty und Gail stritten sich häufig am Telefon. Ihre Beziehung war immer heikel gewesen, und sie konnten selten an irgendeinem Punkt übereinstimmen, aber nun stritten sie sich ernsthaft. Er beschuldigte sie, sich von ihren Schuldgefühlen, den Sohn nicht richtig erzogen zu haben, befreien zu wollen, und behauptete, daß die amerikanischen Ärzte seiner Meinung nach versuchten, »Gemüse« zu retten – er wäre nicht bereit, sein Geld für »Gemüse« auszugeben. Er werde angebrachte und notwendige Rechnungen bezahlen, aber nicht die Rechnungen ganzer Heerscharen von Ärzten. Je mehr Getty über die Angelegenheit nachdachte, desto mehr gewann er die Überzeugung, ausgebeutet zu werden, und um so weniger war er geneigt, zu bezahlen.

Während sich dieser Konflikt zuspitzte, erfuhr Getty, daß die hübsche Jessica Kitson, »Pens« Tochter und Patenkind Pauls I., an einer Überdosis Heroin gestorben und tot auf dem Küchenfußboden eines kleinen Hauses im heruntergekommenen Shepherd's Bush gefunden worden war, neben ihr auf einem Sofa ihr schlafender kleiner Sohn Wolf. Sie war nur 31 Jahre alt geworden. Das war ein scheußliches Ende für eine junge Frau, die im Alter von 17 Jahren Debütantin des Jahres gewesen war und deren Ball als Höhepunkt der Saison gegolten hatte. Eine gerichtliche Untersuchung schloß Fremdverschulden aus und gab als Todesursache eine Heroin- und Alkoholvergiftung an.

Im November 1981 war es Gail leid, ihren Exehemann dazu zu bringen,

Pauls Arztrechnungen zu begleichen, und reichte beim Superior Court in Los Angeles eine Klage ein, die sich darauf bezog, daß Getty »es unterlassen und sich geweigert habe«, für die Pflege seines »rechtsunfähigen erwachsenen Kindes, das blind und gelähmt ist und nicht artikuliert sprechen kann«, aufzukommen. Sie forderte 25 000 Dollar monatlich zur Begleichung der Rechnungen für die »regelmäßige Hilfe der Ärzte verschiedener Fachgebiete, einschließlich der Neurologie, Psychiatrie und Inneren Medizin ... und die regelmäßigen Dienstleistungen qualifizierter Sprach-, Bewegungs- und Beschäftigungstherapeuten«.

Der Prozeß war eine Sensation: Selbst der Familie Getty erschien es kaum faßbar, daß sich ein so reicher Mann wie Paul Getty weigern konnte, für eine Behandlung aufzukommen, welche die einzige schwache Hoffnung auf Verbesserung des erschütternden Zustandes seines Sohnes darstellte. Zum erstenmal erfuhr die Welt von der Tragödie, die dem jungen Paul, dem »goldenen Hippie«, widerfahren war, und die meisten Zeitungen kamen im Lichte der Vergangenheit des jungen Mannes zu der Schlußfolgerung, daß der Schlaganfall nach »einer Nacht mit Alkohol- und Drogenmißbrauch« eintrat.

Pauls 22jährige Schwester Aileen, die einige Erfahrungen mit den Medien gesammelt hatte, nachdem sie nur einen Monat zuvor Michael Wilding, Elizabeth Taylors Sohn, geheiratet hatte, verteidigte ihren Bruder: »Die Zeitungen stellen es so dar, als ob er eine wilde Nacht mit illegalem Drogenkonsum verbracht hätte«, sagte sie. »Die Leute nahmen einfach aufgrund seiner Vergangenheit an, daß dies so sein müsse. Es war überhaupt nicht so. Er war zwei Wochen krank gewesen, ehe er den Schlaganfall erlitt, und nahm in dieser Zeit nur vom Arzt verschriebene Medikamente. Er hatte seit acht Tagen keinen Alkohol im Blut.«

Aileens Protest half wenig. Auch eine weitere Unwahrheit wurde überall in den Zeitungsarchiven verwahrt: Der Junge, von dem weithin in den Medien angenommen wurde, er habe seine eigene Entführung in die Wege geleitet, wurde nun gleichermaßen verdächtigt, sein eigenes schreckliches Schicksal herbeigeführt zu haben.

Pauls Bruder und seine beiden Schwestern flehten ihren Vater an, Gails Klage nicht anzufechten. Bill Newsom versuchte ebenfalls, seinen Einfluß geltend zu machen und seinen alten Schulfreund zu einem Gesinnungswandel zu bringen; selbst die eigenen Anwälte rieten Getty, die Klage vor Gericht nicht anzufechten – alle ohne Erfolg.

Getty wies seine Anwälte zunächst an, ihn dagegen zu verteidigen, daß er unter Strafandrohung vor dem Gericht in Los Angeles erscheinen sollte.

Er behauptete, aufgrund von »Kreislaufproblemen« nicht reisefähig zu sein, und vertrat den Standpunkt, daß die Klage abgewiesen werden müßte, weil er britischer Staatsbürger sei und daher nicht der kalifornischen Gerichtsbarkeit unterliege.

»Mit diesem Antrag«, erklärte Ed Stadum, der Anwalt, der Paul und seine Mutter vor Gericht vertrat, »versucht einer der reichsten Männer der Welt, die Klage seines blinden, gelähmten Sohnes auf Unterstützung über verfahrenstechnische und nichtige Einwände zu Fall zu bringen. Es scheint fast unfaßbar, daß ein Mann mit solchen Möglichkeiten auch nur eine Minute zögert, in medizinischer Hinsicht alles nur mögliche zu tun.«

Bei einem Verhandlungstermin am 30. November in Los Angeles verwarf Richter Bruce Geernaert die von Gettys Anwälten vorgetragenen Argumente und richtete einen scharfen Tadel an die Adresse ihres Mandanten. »Mr. Getty sollte sich schämen«, sagte der Richter. »Er gibt weit mehr für Gerichtskosten aus, statt für seine moralische Pflicht aufzukommen. Es ist beschämend, daß er das Geld für diese juristischen Turnübungen ausgibt, dafür sind unsere Gerichte nicht zuständig.«

In London schickte Getty eine Erklärung an die »Times«, den einzigen Kommentar, den er jemals zu dieser Affäre abgab. »Jeder, der glaubt, ich sei angesichts der Tragödie meines Sohnes nicht betroffen oder sogar willens, ihn zu einer öffentlichen Last werden zu lassen, kennt mich einfach nicht. Ich habe es niemals unterlassen, meinen Verpflichtungen gegenüber meinen Kindern gemäß den gesetzlich geregelten Vereinbarungen oder meiner väterlichen Verantwortung, wie ich sie sehe, nachzukommen.«

Diese Erklärung genügte Bill Newsom, seinem Klassenkameraden auf der Saint Ignatius High School und Trauzeuge bei seiner Hochzeit mit Gail sowie Patenonkel von Paul, nicht.

»Das Gerichtsverfahren war lachhaft, vollkommen grotesk. Was in Getty vor sich ging, weiß ich absolut nicht. Ich sagte ihm am Telefon, daß mich sein Verhalten abstieße.

Seine Haltung war verachtenswert, und ich konnte sie nur einer gewissen emotionalen Verarmung zuschreiben, die sich im Laufe der Jahre ergeben hatte. Meine Deutung der Situation war die, daß Paul irgendwie annahm, man wolle ihn ausnutzen; vielleicht glaubte er, daß die Geldbeträge überhöht waren. Aber die Beträge waren, gemessen an seinem Einkommen, relativ unbedeutend, wahrscheinlich weniger als ein Prozent. Er hatte Bücher in seiner Bibliothek, die mehr, viel mehr kosteten als die jahrelange Pflege seines Sohnes.

Die Tragödie des jungen Paul war, daß er eine höllische Zeit hinter sich hatte, das Trauma der Entführung und den seelischen Schaden zu verarbeiten, der ihm in seiner Kindheit während der Scheidung zugefügt worden war. Sein Vater verbrachte nie viel Zeit mit ihm, und wenn ein zehnjähriger Junge, der seinen Vater liebt, ihn niemals sieht, dann verletzt das. Paul war nie viel mit seinem eigenen Vater zusammen, und manchmal frage ich mich, ob Paul seinem Sohn unbewußt das zufügte, was ihm sein eigener Vater zugefügt hatte.«

Als Gettys Einspruch, nicht unter die kalifornische Gerichtsbarkeit zu fallen, verworfen wurde, versuchten seine Anwälte zu beweisen, daß er für die Unterstützung seines Sohnes nicht herangezogen werden könnte, da sein Sohn erwachsen sei. Das klappte auch nicht, und daraufhin schlugen seine Anwälte eine andere Richtung ein: Sie verlangten eine medizinische Untersuchung durch Gutachter ihrer Wahl.

»Faktisch stellte Paul damit den Zustand seines Sohnes in Frage«, erklärte Newsom mit Abscheu. »Er wollte aus England Ärzte schicken, um herauszufinden, ob sie weniger gravierende Behinderungen entdecken könnten, während sein Sohn blind und gelähmt war. Jede vernünftige Person hätte gesagt, daß es da nichts mehr zu diskutieren gibt. Den Jungen als verkrüppelt zu beschreiben wäre eine Untertreibung gewesen. Er war so stark behindert, wie man es nur sein kann – und dennoch lebte er.«

Während die juristische Rangelei weiterging, bezahlte Pauls Onkel Gordon, ohne zu klagen, alle Arztrechnungen und kümmerte sich darum, daß Martine und die Kinder in San Francisco versorgt wurden.

Im Hause seiner Mutter in Brentwood arbeiteten die Therapeuten mit Paul bis zu zwölf Stunden am Tag, sechs Tage in der Woche. Eine Schwester war rund um die Uhr im Dienst, um ihn zu füttern, anzuziehen und zu waschen. Gewöhnlich wurde er zweimal am Tag zum beheizten Schwimmbecken getragen, wo er Übungen durchführte, die – auf viel Liebe und Geduld basierend – Leben und Bewegung in seinen gefühllosen Körper zurückbringen sollten. Von seiner Mutter ermutigt, arbeitete Paul an seinen Übungen mit außergewöhnlicher Hingabe und Entschlossenheit, und wenn er darüber nachdachte, was ihm zugestoßen war, zeigte er es selten. Wenn er nicht gerade mit den therapeutischen Übungen beschäftigt war, saß er im Garten in seinem Rollstuhl, fühlte die Wärme der kalifornischen Sonne durch seinen Baumwollpyjama, hörte Kassetten mit Rockmusik oder mit Romanen, die für Blinde aufgenommen werden.

Obwohl seine Stimmung gewöhnlich gut war, waren einige Tage zweifellos besser als andere. Manchmal konnte er große Schatten und verschwommene Farben durch den dunklen Vorhang seiner Blindheit wahrnehmen. Er versuchte verzweifelt, sich zu artikulieren, und konnte manchmal fast verständliche Worte formulieren. Nach sechs Monaten gelang es den Schwestern, ihn auf die Beine zu stellen, obwohl seine Glieder noch immer grotesk verdreht waren; dennoch begann Gail zu hoffen, daß er eines Tages vielleicht an Krücken wieder gehen und vielleicht auch etwas sehen könnte.

Paul liebte es, an den Strand gebracht zu werden und den Wellen zu lauschen. An seinem 25. Geburtstag nahm ihn die ganze Familie in sein italienisches Lieblingsrestaurant mit. Als ihm die Speisekarte vorgelesen wurde, konnte er mit einem gurgelnden Geräusch zu verstehen geben, welches Gericht er essen wollte.

Die meisten Wochenenden verbrachte sein Bruder Mark, damals 22 Jahre alt und Absolvent der Politologie an der University of California, stundenlang an der Seite von Paul, las ihm vor oder tat so, als ob er mit ihm ringen würde. Aileen, die in Santa Barbara mit ihrem neuen Ehemann ein Textilgeschäft führte, rief jeden Tag an, und die 20jährige Ariadne, eine Studentin am Bennington College in Vermont, verbrachte ihre gesamten Ferien in Brentwood, um bei Paul zu sein.

Martine blieb unerschütterlich treu, besuchte ihn, sooft sie sich eine Reise von San Francisco leisten konnte, wo sie zwar ihre Lehrerstelle aufgeben mußte, aber eine Halbtagsstelle in einem Buchladen gefunden hatte. Die Kinder, die zehnjährige Anna und der sechsjährige Paul Balthazar, riefen Paul regelmäßig an. Der kleine Paul Balthazar Getty war wirklich zu jung, um zu begreifen, was seinem Vater zugestoßen war, aber er plapperte fröhlich in den Telefonhörer und gab, so gut er konnte, Pauls gurgelnden und im großen und ganzen unverständlichen Antworten einen Sinn.

»Paul konnte verstehen, was die Kinder ihm erzählten«, sagte Martine. »Sie riefen ihn oft an, und wir versuchten, ihn auch so oft wie möglich zu besuchen. Man konnte unmöglich sagen, ob sich sein Zustand jemals bessern würde. Wir konnten nur hoffen.«

Im Februar 1983, nach fast 18monatiger, enorm kostspieliger Prozeßführung, stimmte J. Paul Getty II. endlich einem Vergleich zu, der eine »umfassende und angemessene« Unterstützung seines Sohnes darstellte. »Es war eindeutig das eklatanteste Beispiel väterlichen Versagens in der Geschichte«, sagte Ed Stadum nach dem Vergleich. »Wie konnte ein so reicher Mann wie Paul Getty seinem Sohn den Rücken zukehren? Er brauchte doch nur sein Scheckbuch zu zücken.«

21. »Ein Fluch auf der Familie«

J. Paul Getty I. pflegte nach dem tragischen Verlust seines Sohnes George düster zu murmeln, daß man ihn niemals mehr als guten Geschäftsmann betrachten werde. »Ein guter Geschäftsmann bereitet immer einen Nachfolger vor, aber es gibt niemanden, der in meine Fußstapfen tritt.« Das war richtig. Es gab niemanden, der ihn ersetzte, und Getty Oil verharrte einige Jahre nach seinem Tod im Frühjahr 1976 in einem vernachlässigten Zustand. Es war, als ob das Leben aus dem Unternehmen verschwunden wäre, ebenso wie es in dem müden, alten und krebsverseuchten Körper des Greises langsam erloschen war.

Schon während der über zwanzig Jahre, in denen Getty aus der anachronistischen Tudor-Herrlichkeit in Sutton Place die Getty Oil gelenkt hatte, schien er an einer weiteren Expansion nicht mehr interessiert gewesen zu sein – sein letzter bedeutender Erwerb war 1951 Tidewater –, und Harold E. Berg, der neue Präsident, verfolgte dieselbe Politik. Berg, ein erfahrener Ölmann aus Kansas, der 1937 bei Tidewater angefangen hatte und zu den engsten Vertrauten Gettys gehörte, war entschlossen, den Stil des alten Mannes fortzuführen, was vorsichtiges und standhaftes Management betraf. Bis 1979 machte Getty Oil Jahr für Jahr passable, aber unspektakuläre Gewinne, als die Freigabe der Rohölpreise plötzlich die Umsätze um 83 Prozent von 604,4 Millionen Dollar auf 5,2 Milliarden Dollar in die Höhe trieb.

Im Sommer 1980, als Berg in den Ruhestand ging, hatte Getty Oil mehr als eine Milliarde Dollar in ihren Safes angesammelt und war das Ziel beträchtlicher Kritik aus der Wallstreet bezüglich ihrer konservativen Geschäftspolitik geworden. Bergs Nachfolger, zugleich der erste Präsident, der nicht aus der eigentlichen Ölbranche kam, war Sidney R. Petersen, ein bebrillter, adretter Finanz- und Organisationsplaner, der 25 Jahre zuvor, direkt von der Wirtschaftsfachschule kommend, in das Unternehmen eingetreten war. Petersen war ein ehrgeiziger und aggressiver Geschäftsmann und stieg sofort in ein großangelegtes Expansions- und Diversifikationsprogramm ein, wobei er tief in den Barmittelfonds für Anschaffungen griff.

Innerhalb eines Jahres nach Petersens Antritt als Präsident kaufte Getty Oil 15 küstennahe Pachtgebiete vor Texas und Louisiana für 267 Millionen Dollar, erwarb die Reserve Oil and Gas Company für 631 Millionen Dollar und stieg dann auf Anraten einer Studie über Investitionsmöglichkeiten, die von Petersen in Auftrag gegeben worden war, in den Versicherungs-

und Kommunikationssektor ein. Die erste bedeutende Diversifikation außerhalb des Rohstoffsektors war für 570 Millionen Dollar der Erwerb der ERC Corporation, einer Versicherungsgesellschaft mit Sitz in Kansas City, gefolgt von einem Zehn-Millionen-Angebot für ein Kabelfernsehnetz für Sportsendungen – die Entertainment and Sports Programming Network Inc. Kurz darauf schloß sich Getty Oil mit vier großen Hollywoodstudios zu einem gemeinsamen Unternehmen zusammen, um ein vom Empfänger bezahltes Sendernetz namens »Premiere« zu gründen, das Fernsehfilme ausstrahlte.

Petersen behauptete, daß das Unternehmen nicht weit vom Kurs abwiche, den J. Paul Getty gesteckt hatte, obwohl Getty niemals eine solche Diversifikation gebilligt hätte. »Ich kaufe nur meine eigenen Aktien«, sagte er 1967. »Ich weiß, daß das einem Prinzip des guten Kaufmanns, diversifizieren zu müssen, zuwiderläuft – daß man nicht 80 Prozent von einem Unternehmen besitzen soll, sondern ein Prozent von 80 Unternehmen. Aber ich habe immer noch lieber 80 Prozent von einer Gesellschaft.«

Bei der raschen Expansion Getty Oils unter Petersen blieben die Aktien im beträchtlichen Maße unterbewertet, sie wurden für rund ein Drittel der Aktivawerte des Unternehmens gehandelt. Als die Testamentsvollstrecker des J.-Paul-Getty-Museums 25 Prozent der Getty-Oil-Aktien des Museums verkauften, um Steuergesetze zu erfüllen, empfahlen einige Unternehmensberater dem Unternehmen, die Aktien des Museums zu erwerben, um den Aktienkurs in die Höhe zu treiben, aber man entschloß sich statt dessen, das Expansionsprogramm voranzutreiben.

J. Paul Getty I. hatte immer gehofft, daß jeder, der ihm als Kopf des Unternehmens folgte, auch nach Sutton Place ziehen werde, aber weder Berg noch Petersen hatten Lust, von Los Angeles aufs Land nach England zu ziehen, obwohl es mehr als eine Million Dollar jährlich kostete, den Landsitz zu unterhalten.

1981 verkaufte Getty Oil für 17 Millionen Dollar Sutton Place an einen anderen amerikanischen Millionär, den 50jährigen Kunstsammler Stanley J. Seeger junior, der ein Vermögen an Familienbeteiligungen in der Öl-, Holz-, Eisenbahn- und Immobilienbranche im amerikanischen Südwesten geerbt hatte.

Keiner der Gettys war daran interessiert gewesen, Sutton Place zu kaufen; tatsächlich zeigte auch keiner von ihnen viel Interesse an Getty Oil. Nach dem Tode des alten Mannes waren die Direktoren mehr als fünf Jahre in der Lage, das Unternehmen ohne jegliche Einmischung irgendeines Nachkommen des Gründers zu führen. Aber 1982 erschien ein großer Mann mit Lockenkopf immer häufiger in den Räumen des Verwaltungsrats, dem häufig nachgesagt wurde, »in einer anderen Welt zu leben«. Keiner hätte weniger willkommen sein können, denn sein Name war Gordon Getty.

Im Alter von 49 Jahren war Gordon ein zerzauster, schüchterner und zurückhaltender Mann. Er sang gelegentlich in der Marin Opera Company und gab dabei fröhlich zu, daß er der »komischste Sänger der Welt« sei. Als Komponist ernster Musik sehnte er sich jedoch immer noch nach Anerkennung und hegte insgeheim den Wunschtraum, daß man sich eines Tages an J. Paul Getty nicht als Ölmilliardär, sondern als Vater des Komponisten Gordon Getty erinnern würde.

Obwohl er seine erste Komposition (ein Chorstück, das er in der Neutralen Zone schrieb) bereits Anfang der sechziger Jahre aufgeführt hatte, entzog sich ihm der Erfolg. »Ich hatte ungefähr zwanzig Kritiken«, sagte er, wenn er auf das Resultat seiner musikalischen Karriere mit seiner üblichen liebenswürdigen Offenheit zurückblickte. »Einige waren gut, etwas über fünfzehn waren unangenehm, und zwei waren Stinkbomben.« Er war ein großzügiger Wohltäter des San Francisco Symphony Orchestra und der San Francisco Opera, die häufig seine eigenen Kompositionen uraufführte. 1982 arbeitete er an einem komplizierten und ehrgeizigen Liederzyklus zu den Gedichten Emily Dickinsons.

Gordon gab bereitwillig zu, daß sein Ruf, geistesabwesend und weltfremd zu sein, verdient war. »Ich bin ein etwas zerstreuter Mensch«, bekannte er, »vermutlich vergesse ich häufiger als andere Leute, wo ich mein Auto geparkt habe.« Einmal fuhr er zu einem Restaurant, um einige Hamburger zum Mittagessen zu holen, vergaß, daß er seinen eigenen Wagen mitgebracht hatte, und wartete eine Stunde lang als Anhalter darauf, mitgenommen zu werden, wobei er glücklich Schubertlieder summte und die Hamburger kaute.

Nicht alle Multimillionäre würden zum Mittagessen Hamburger essen, aber damals strebte Gordon in keiner Weise nach einem Lebensstil, der seinen Finanzen entsprach. »Der Dichter sagt: Ein Versbuch unter dem Baum, ein Laib Brot, ein Krug Wein und du. Na ja, anstelle von Brot hätte ich lieber etwas Besseres, aber andererseits denke ich, daß der Ausspruch sehr auf mich zutrifft.«

Er hatte nicht das geringste Interesse an den traditionellen Attributen großen Reichtums – Yachten, Hubschrauber, Diamanten, schnelle Autos und Inseln in der Karibik. Statt dessen mußte er seinen Wagen, einen bescheidenen Buick Electra, vor seinem Haus auf der Straße parken, weil er keine Garage hatte; er spielte gerne Tischtennis und Fußball und verbrachte einen Teil der Sommerferien in einem angemieteten Haus am Lake Tahoe.

Gordon kümmerte sich sehr um seine Söhne Bill, John, Andrew und Peter, die zwischen 13 und 18 Jahre alt waren und Privatschulen in Neuengland besuchten. Und er war begeistert, als Peter, sein Ältester, einen nationalen Wettbewerb für junge Dramatiker gewann: »Sein Stück wurde auf der Bühne des Square Theater in New York aufgeführt, und er bekam sehr gute Kritiken, sogar von *Clive Barnes!*«

Neben der Musik interessierte er sich auch für die Anthropologie; er war ein hart arbeitender Präsident der Leakey Foundation, die die Ursprünge des Menschen erforscht, sowie Präsident des Jane Goodall Institute, das nach der ersten Forscherin benannt worden war, die die Schimpansen in der Wildnis studiert hatte. In beiden Institutionen leckte er auch mal, wenn es nötig war, an Briefumschlägen und klebte sie zu. Er und seine Frau spendeten großzügig für wohltätige Einrichtungen und besonders bevorzugte Projekte, zu denen verschiedene politische Wahlkampffonds gehörten – Ann war Republikanerin, Gordon Demokrat.

Die Gettys wohnten in San Francisco in dem schicken Viertel Pacific Heights in einer neoklassizistischen Villa, die während der dreißiger Jahre von dem in San Francisco ansässigen Architekten Willis Polk entworfen worden war, »ein Name, mit dem man in gewissen Kreisen Eindruck schinden kann«, erklärte Gordon.

Ein New Yorker Innenausstatter war verantwortlich für das verschwenderische Rokoko-Interieur mit seinen vergoldeten Antiquitäten und Kristall-Lüstern. An der Tür wurden die Besucher gewöhnlich von dem gebieterisch auftretenden Bullimore, dem ehemaligen Butler auf Sutton Place, oder dem Lakai John begrüßt, die beide nach dem Tode von Gordons Vater zu Gettys Hauspersonal in San Francisco gestoßen waren.

Während Gordon das ruhige Leben vorzog, gehörte seine Frau Ann zu den führenden Gastgeberinnen San Franciscos. Ihr Foto erschien auf dem Titelbild von »Town and Country«, ihr Name war ein fester Bestandteil der Liste der bestangezogenen Frauen – gerüchteweise hieß es, daß sie die größte Privatkundin bei Saks auf der Fifth Avenue war –, und sie fuhr durch San Franciscos Berg- und Talstraßen mit einem Porsche-Turbo. Der Wagen war Gegenstand einer Familienanekdote: Als ein Freund sie fragte, was Gordon von ihm halte, antwortete sie giftig: »Ich glaube nicht, daß er ihn schon bemerkt hat.«

Gertenschlank, elegant und schön, galt Ann allgemein als treibende

Kraft Gordons. Sie vergnügte sich im gesellschaftlichen Treiben von San Francisco und New York, wo sie eine Wohnung auf der Fifth Avenue hatten. Gordon war vollkommen glücklich dabei, wenn Ann Eindruck machte. Er war nicht im geringsten gekränkt, als er einmal recht ungepflegt in Manhattans schickem Restaurant »Le Cirque« auftauchte und unerkannt zu einem hinteren Tisch an der Küche geführt wurde, während Ann am besten Tisch des Hauses auf ihn wartete.

In San Francisco gab Ann oft Dinnerpartys bei Kerzenlicht für 120 Personen. Sie hatte für solche Zwecke sogar den offenen Hof ihres Hauses mit einem Glasdach versehen lassen. Die Gästeliste war gewöhnlich mit prominenten Namen überladen – Prinzessin Margaret, Plácido Domingo, Rudolf Nurejew und Prinz Saud al Feisal von Saudi-Arabien hatten alle schon bei den Gettys diniert. Anns Partys wurden ausnahmslos als »fabelhaft« bezeichnet und unermüdlich in den Klatschspalten erwähnt.

Es war jedoch nicht ungewöhnlich, daß Gordon sich in sein schalldichtes Musikzimmer, mit Blick auf die Bucht, zurückzog und Schallplatten hörte, während Ann emsig die Glitzerwelt bewirtete. Nur wenn sich Sänger oder Musiker unter den Gästen befanden, war Gordons Anwesenheit garantiert. Die Gettys gaben gewöhnlich nach der Premiere einer Neuinszenierung eine Party für die Akteure der San Francisco Opera. Manchmal konnte man Gordon dann zum Singen überreden, was er mit einer schwachen, unsicheren Baritonstimme tat, wobei er seine Augen konzentriert schloß und die Hände zusammenpreßte, wenn er die problematischen Töne erreichte.

Obwohl er nie behauptete, »viel« Stimme zu haben – »Es ist ein Glück, daß Gordon Getty seinen Lebensunterhalt nicht durch Singen verdienen muß«, bemerkte ein Kritiker säuerlich, nachdem Gordon mit der Marin Opera aufgetreten war –, liebte er die Gesellschaft von Sängern, und er war immer bereit, sein Haus für Proben zur Verfügung zu stellen.

Bis zum Frühjahr 1982 kümmerte sich Gordon nicht allzuviel um Getty Oil. Seine Musik, seine Pflichten als Treuhänder des J.-Paul-Getty-Museums und seine anderen Interessen hielten ihn genug auf Trab. Er war auch ein Treuhänder des Sarah C. Getty Trust, aber er überließ die Geschäfte weitgehend seinem Mittreuhänder C. Lansing Hays, einem New Yorker Anwalt, der ein enger Freund seines Vaters gewesen war. Paul Getty I. hatte auch eine Bank zum körperschaftlichen Mittreuhänder ernannt, aber die Bank hatte schließlich ihre Dienste aufgekündigt, weil sie – vorausschauend – befürchtete, in Gerichtsverfahren verwickelt zu werden.

Im Mai 1982 starb Hays, und Gordon wurde alleiniger Verantwortlicher für eines der größten Familienvermögen der Welt. »Als einziger Treuhänder«, sagte er, »wurde mir bewußt, daß ich von nun an bestimmter als früher auftreten mußte, um die Interessen der Stiftung zu wahren.« Da die Stiftung 40,2 Prozent von Getty Oil hielt, betrachtete es Gordon als seine persönliche Verantwortung, sich für das Management von Getty Oil zu interessieren.

Dieser legitime und anscheinend harmlose Vorsatz sollte jedoch einem Stich in ein Wespennest gleichkommen und stellte in puncto Neid, Bösartigkeit und aktienrechtlicher Machenschaften jede andere Seifenoper, inklusive »Dallas« und »Dynasty«, in den Schatten.

Für die Direktoren von Getty Oil war es eine sehr böse Überraschung, als sich Gordon Getty nicht nur aktiv für die Geschäfte des Unternehmens zu interessieren begann, sondern auch penetrante Fragen zu ihren glanzlosen Leistungen stellte. Unter Petersens Präsidentschaft waren Getty Oils Nettoeinnahmen 1982 bei einem Umsatz von 12,3 Milliarden Dollar auf 691 Millionen Dollar gefallen, im Vergleich zu den Nettoeinnahmen von 856 Millionen Dollar bei einem Umsatz von 13,2 Milliarden Dollar im Jahr zuvor. Das Unternehmen hatte ebenfalls eine dürftige Bilanz bezüglich neuer Ölfunde – dem Schlüssel zukünftiger Rentabilität – vorzuweisen und hatte, ohne einen Cent Gewinn, 100 Millionen Dollar in die Entertainment and Sports Network gesteckt. Gordon lehnte Diversifikationen energisch ab. »Ich war immer der Meinung, daß das Unternehmen dem Ölgeschäft treu bleiben sollte«, sagte er. »Alle Diversifikation war für die Katz. Aber mich beunruhigte hauptsächlich, daß die Aktivawerte des Unternehmens um das fast Dreifache über der Börsennotierung lagen. Wiederholt wies ich hartnäckig auf die dringende Notwendigkeit hin, das Unternehmen umzustrukturieren, um den Aktienkurs anzuheben.«

Gordons Vorschläge wurden sehr übelgenommen, vielleicht mit einiger Berechtigung. Weder sah Gordon wie ein Geschäftsmann aus, noch handelte oder redete er wie einer, und er wurde weit und breit als ziemlich exzentrisch betrachtet. Obwohl er gerne sein Ansehen als Berater und »Feuerwehrmann« zu Lebzeiten seines Vaters geltend machte, waren die Einzelheiten seiner Geschäftskarriere nur allzugut bekannt und konnten ihm keinen Respekt verschaffen. Dennoch konnte er als einziger Treuhänder des Sarah C. Getty Trust nicht ignoriert werden.

Die Direktoren von Getty Oil nahmen zunächst eine durch und durch herablassende Haltung gegenüber Gordon ein, indem sie gelangweilt seinen verrückten Ideen lauschten und so taten, als ob sie ihm als wichtigem

Aktienbesitzer seinen Willen ließen, ehe sie mit ihrem ernsten Geschäft, Getty Oil zu führen, weitermachten. Gordon tat sich aber auch selbst keinen Gefallen, wenn er die Meinungen anderer Geschäftsleute kritiklos propagierte und begeistert fast jeden Vorschlag aufgriff. So favorisierte er in der einen Woche das Abstoßen der Vermögenswerte des Unternehmens an Royalty Trusts, und in der nächsten Woche hielt er eine »Körperschaftsauflösung« für die ideale Lösung. Die Direktoren gaben vor, nicht zu begreifen, was Gordon wollte, und gaben damit indirekt zu verstehen, daß sie vermuteten, Gordon wisse auch selbst nicht, was er wollte.

Schon bald war Gordon das Opfer bösartigen Tratsches, der in jenen Bars und Clubs von Los Angeles und San Francisco zirkulierte, wo sich Geschäftsleute trafen. Es hieß, daß Sid Petersen nach Verwaltungsratssitzungen häufig Gordon helfen müsse, seinen Wagen zu finden – nicht nur weil er vergessen hatte, wo er ihn geparkt hatte, sondern weil er nicht einmal das Fabrikat und die Farbe mehr wußte. Diese Geschichte rief oft ein Grinsen hervor, ebenso wie die Zeitungsente, daß er häufig während der Verwaltungsratssitzungen die Augen schloß, um im Geiste Opernpartituren durchzugehen. Die übereinstimmende Meinung lautete, daß es Gordon viel zu spät versuche, nach einem Leben voller Verhöhnung seitens seiner Familie als Geschäftsmann ernst genommen zu werden.

Aufgrund seiner fröhlichen Art ganz ahnungslos, was hinter seinem Rücken getuschelt wurde, brachte Gordon weiterhin seine Ideen vor, und Petersen, den alle anderen Direktoren unterstützten, fuhr fort, sie abzulehnen. Keinem von ihnen schien es deutlich unangenehm zu sein, so leicht die Ansichten eines Mannes zu verwerfen, der immerhin 40 Prozent des Unternehmens kontrollierte: Gordon wurde weitgehend als ein harmloses Ärgernis betrachtet, und weil sein persönliches Verhalten im allgemeinen liebenswürdig und unbekümmert war, war es leicht, ihn zu unterschätzen; man vergaß leicht, daß er Getty hieß.

Enttäuscht über sein offensichtliches Versagen, mit seinen Direktoren irgendeinen Fortschritt zu erzielen, erörterte Gordon schließlich seine Probleme mit seinem alten Schulkumpel Bill Newsom. »Ich bin überzeugt, daß der Getty-Verwaltungsrat versuchte, Gordon zu vernichten. Sie wollten nicht, daß dieser Bursche mit der stark künstlerischen Ader auf ihr Terrain übergriff und einige gute Ideen zur Sprache brachte. Ich sagte ihm wiederholt voraus, daß Petersen ihm an die Gurgel gehen werde und er besser etwas dagegen unternehmen sollte. Aber er wollte es nicht glauben.«

Die Beziehung zwischen Gordon und Petersen verschlechterte sich erst nach einem Zwischenfall mit Mark Getty, Gordons Neffen. Während seiner Studienzeit in Oxford hatte Mark sich für ein Projekt engagiert, das den Bau einer Replik des Globe Theatre in London vorsah, und er bat Gordon um eine Spende von Getty Oil. Gordon empfahl Mark, Petersen zu besuchen, und gab ihm ein höfliches Empfehlungsschreiben mit. Er war sehr aufgebracht, als er später erfuhr, daß Petersen sehr unhöflich zu Mark gewesen war und ihn angefaucht hatte: »Was wollen Sie? Ich bin beschäftigt!« Mark erzählte seinem Onkel, daß er dabei das Gefühl gehabt habe, Petersen habe ihn sehr bewußt demütigen wollen.

Im Januar 1983 war der Verwaltungsrat es langsam leid, Gordon bei immer denselben Themen zuhören zu müssen, und während einer hitzigen Sitzung im Hotel Bonaventure in Los Angeles beschuldigte Petersen ihn, die kontinuierliche Arbeit des Unternehmens zu »stören« und interne Informationen an Außenstehende durchsickern zu lassen. Gordon widersprach diesen Beschuldigungen entrüstet.

Während die Spannungen im Sitzungssaal zunahmen, drängte Gordon unaufhörlich auf eine Reorganisierung des Unternehmens, forderte die Beendigung der Diversifikationsstrategie und größere Anstrengungen, die Ölreserven des Unternehmens zu vergrößern. Er favorisierte lautstark einen Rückkauf von Aktien als beste Alternative – ein Kurs, der von den anderen Direktoren rigoros bekämpft wurde, da er unweigerlich dazu geführt hätte, dem Sarah C. Getty Trust die Aktienmehrheit zu verschaffen, was nun das allerletzte war, was sie wollten.

Gordon bestritt, daß er das Mittel des Rückkaufs nur deshalb guthieß, weil er die Kontrolle über Getty Oil gewinnen wollte, und behauptete, nur zum Besten des Unternehmens handeln zu wollen. Dennoch reizte ihn zunehmend die Vorstellung, das Unternehmen zu führen. »Das Management war besorgt, daß ich die Führung übernehmen könnte«, sagte er, »und im gewissen Sinne tat ich es – nicht, indem ich jeden Tag ins Büro ging und die täglichen Probleme löste, wie es mein Vater zu seiner Zeit getan hatte, aber ich war in der Lage, Schiedsrichter zu sein.«

Die einzige Konzession, die der Verwaltungsrat Gordon machte, bestand darin, die Anlageberater Goldman, Sachs & Company aufzufordern, eine Alternative für das Unternehmen zu untersuchen – und das auch nur, nachdem Gordon seine Absicht erklärt hatte, Goldman, Sachs & Company auf eigene Rechnung zu verpflichten. Petersen war der Meinung, daß der Verwaltungsrat gleich das Schild »Zu verkaufen« aushängen könne, wenn ein Aktienbesitzer, der 40 Prozent hält, nach New York renne, um einen Anlageberater einzustellen.

Goldman, Sachs & Company legten ihren Bericht im Juli vor und unterstützten zu Gordons unverhohlener Freude den Plan eines Aktienrückkaufs. Gordon glaubte schon, gewonnen zu haben, aber der Verwaltungsrat weigerte sich immer noch zu handeln. Schließlich bot Petersen Gordon einen Kuhhandel an: Das Unternehmen werde den Plan eines Aktienkaufs billigen, falls Gordon zustimmte, den Trust auf 40 Prozent der stimmberechtigten Aktien zu begrenzen, auch wenn sein Aktienpaket tatsächlich auf 51 Prozent anwachsen werde. Gordon, der immer noch in die Vorstellung verliebt war, die Kontrolle zu übernehmen, lehnte den Vorschlag erbittert ab.

Ungefähr zu dieser Zeit betrat eine dritte Person den Ring – Harold Williams, ein ehemaliger Präsident der Staatlichen Kommission zur Überwachung des Wertpapier- und Wechselhandels. In weiten Kreisen als Geschäftsmann geachtet, war Williams 1981 zum Präsidenten des J.-Paul-Getty-Museums ernannt worden und hatte seitdem die Schlacht im Verwaltungsrat der Getty Oil mit steigender Besorgnis verfolgt. Der Museums-Trust besaß 11,8 Prozent der Getty-Oil-Aktien und war damit das Zünglein an der Waage, eine über dem Nennwert liegende Position, die Williams unbedingt erhalten wollte.

Da er von der Vorstellung nicht begeistert war, in einem von Gordon Getty kontrollierten Unternehmen zum Kleinaktionär zu werden, und befürchtete, daß eine Umstrukturierung des Unternehmens die Position des Museums gefährden könnte, verpflichtete Williams den New Yorker Anwalt Martin Lipton, die Interessen des Museums zu vertreten. Lipton, ein erfahrener Spezialist für Fusionen und Aufkäufe, sollte bei den bevorstehenden Ereignissen eine zentrale Rolle spielen.

Im September stand Gordon im Magazin »Forbes« an der Spitze der jährlichen Liste der vierhundert reichsten Amerikaner, was ihn und seine Mutter, das ehemalige Filmsternchen Ann Rork, sehr ärgerte. Gordons Mutter hatte noch dreimal nach der Scheidung von Getty geheiratet und sich schließlich in Palm Beach, Florida, niedergelassen. Hier äußerte sie nur eine einzige Meinung: »Ich finde die ›Forbes‹-Liste ganz einfach abscheulich. Warum schießt man sich auf den armen, alten Gordon ein?« Der Grund war einfach: Die Liste richtete sich danach, wieviel Geld einzelne Personen kontrollierten, und Gordon erbte den Titel seines Vaters als reichster Mann Amerikas, weil er den Sarah C. Getty Trust kontrollierte, der damals mit rund 2,2 Milliarden Dollar bewertet wurde.

Gegen Ende September erwarteten Petersen und seine Kollegen, daß Gordon und das Museum ihre Kräfte zusammenlegen würden, um Getty

Oil zu übernehmen. Sie erfuhren, daß Gordon dem Museum ein »Angebot« machen wollte, das es »nicht zurückweisen könnte«, und sie beschlossen, daß die Zeit reif sei, Gordon zu »neutralisieren«. Mehrere Monate lang hatten Anwälte auf Anweisung des Managements von Getty Oil heimlich Möglichkeiten erkundet, ihn entweder aus seiner Position als alleiniger Treuhänder des Sarah C. Getty Trust zu verdrängen oder seine Macht durch die Ernennung eines Mittreuhänders zu beschneiden. Gordon wußte natürlich nichts davon.

Obwohl Gordon zu dieser Zeit gerade in London an einer Sitzung der Museumstreuhänder teilnahm, berief Petersen eine Sondersitzung des Verwaltungsrats ein, die am Sonntag, dem 2. Oktober, in Philadelphia nach einer Ankündigungsfrist von nur 24 Stunden stattfinden sollte. Alle Mitglieder des Verwaltungsrats wurden telefonisch benachrichtigt, nur Gordon nicht, dem erst am Samstagnachmittag ein Telegramm in seine Wohnung in San Francisco geschickt wurde. Als sich der Verwaltungsrat am Sonntag in einer Hotelsuite in Philadelphia versammelte, wurde Gordons Abwesenheit im Protokoll vermerkt und der Vorschlag gemacht, zusätzlich 9 Millionen Getty-Oil-Aktien an die Belegschaftsmitglieder im Rahmen eines Vermögensbildungsprogrammes auszugeben, womit sich insgesamt der Prozentsatz der Aktien des Sarah C. Getty Trust und des Museums auf weniger als 50 Prozent herunterdrücken ließ.

Der Verwaltungsrat bewilligte einstimmig die Sonderaktienausgabe und wandte sich dann der Diskussion zu, was man mit Gordon anfangen sollte.

Barton Winokur, ein Anwalt aus Philadelphia, der für die Getty Oil tätig war, berichtete der Versammlung, daß man »Kontakte« zu zahlreichen Getty-Erben aufgenommen habe. Man wollte sie dazu bringen, auf gerichtlichem Wege die Ernennung eines Mittreuhänders durchzusetzen, da Gordons Einmischung in die Belange des Unternehmens nicht zum Besten der Stiftung sei. Zu den »kontaktierten« Personen gehörte auch Claire Getty, eine von Georges Töchtern, die einen sechs Jahre alten unehelichen Sohn namens Beau Maurizio George Getty-Mazzota hatte. Die Anwälte hatten unter anderen ihn als geeigneten Kandidaten für die Klageerhebung auserkoren, aber Claire war dagegen gewesen.

Winokur teilte mit, daß J. Paul Getty II., Gordons Bruder, einer Klage im Namen seines 15jährigen Sohnes Tara Gabriel Galaxy Gramaphone Getty zugestimmt habe. Stets hilfreich, hatte das Unternehmen den ausgezeichneten Anwalt Seth Hufstedler aus Los Angeles herangezogen, der als Taras Vormund vor Gericht fungieren sollte. Eine andere Kanzlei, Gibson,

Dunn & Crutcher, war ursprünglich in Erwägung gezogen worden, wollte aber nicht in einen Prozeß mit so merkwürdigen Hintergründen hineingezogen werden.

Der Verwaltungsrat stimmte der Unterstützung einer Klage zu und war einverstanden, daß Getty Oil die Klage selbst einreichen sollte, falls Tara oder irgendein anderes Enkelkind Gettys dies nicht tun werde. Noch am selben Abend flogen Petersen und Winokur nach London und hofften, noch in letzter Minute mit Gordon eine Vereinbarung treffen zu können. Sie wußten genau, daß die Bewilligung der Aktienausgabe für ihn der Fehdehandschuh war, und sie hatten ein großes Interesse daran, keine Einzelheiten des Streits im Verwaltungsrat nach außen dringen zu lassen – im Jargon der Wallstreet würde das Getty Oil »ins Spiel« bringen und sie gegenüber Außenseitern, die eine Übernahme versuchen könnten, verwundbar machen.

Am Montag, dem 3. Oktober, tagten alle Hauptbeteiligten, zu denen sich die Anwälte in ständig steigender Anzahl gesellten, in verschiedenen Hotelzimmern Londons hinter verschlossenen Türen. Bei Petersen waren Winokur, Herbert Galant, ein New Yorker Anwalt, der als besonderer Berater angeheuert worden war, und Geoffrey Boisi, Chef der Fusionierungs- und Aufkaufabteilung bei Goldman, Sachs & Company, die noch immer im Dienste der Getty Oil standen. Bei Harold Williams befanden sich Martin Lipton und Patricia Vlahakis, eine Kollegin, die eiligst angeflogen kam, um bei den Verhandlungen zu helfen. Bei Gordon waren Charles Cohler und Thomas Woodhouse von Lasky, Haas, Cohler & Munter, Gordons eigenen Anwälten in San Francisco.

Trotz dieser eindrucksvollen Ansammlung von juristischen Talenten wurde an diesem Tage nichts erreicht. Gordons Hoffnung, zu einer Vereinbarung mit dem Museum zu kommen, um die Kontrolle von Getty Oil zu übernehmen, erfüllte sich nicht. Er schlug vor, die Kräfte zu vereinigen, den Verwaltungsrat zu entlassen und den Plan des Aktienrückkaufs zu forcieren. Williams kanzelte ihn rundweg ab. Aber trotz dieses vereitelten Machtspiels hatte Gordon keine Lust, sich demütig zu ergeben und sich mit Sid Petersen zusammenzusetzen, den er als seinen Hauptfeind betrachtete. »Ich wollte verhandeln«, sagte Gordon, »aber es schien, daß immer mehr Forderungen kamen, je mehr ich zustimmte.« Die Gespräche gingen bis in die späte Montagnacht in Gordons Suite im Claridge's weiter, wobei die Stimmung aller immer gereizter wurde.

Am nächsten Tag hatte der einfallsreiche Lipton eine neue Idee. Er schlug ein dreiseitiges »Stillhalteabkommen« vor, damit sich die Gemüter abkühlen und die kämpfenden Parteien ihre Differenzen lösen konnten. Er schlug vor, daß alle Feindseligkeiten achtzehn Monate lang ruhen, in dieser Zeit keine Veränderungen an der Aktiensituation des Unternehmens vorgenommen und die Verhandlungen fortgesetzt werden sollten, um eine konstruktive und gemeinsame Strategie für die Zukunft von Getty Oil zu formulieren. Petersen und seine Leute standen der Idee positiv gegenüber, Gordon war zwar zurückhaltend, erklärte sich aber bereit, darüber nachzudenken. Lipton lieferte den handschriftlichen Entwurf zu einem Stillhalteabkommen an die Anwälte aller Parteien und beließ es dabei.

Zwei Wochen später versammelten sich alle Parteien wieder, diesmal in den Büroräumen von Lasky, Haas, Cohler & Munter in San Francisco. Petersen und seine Anwälte wurden in einen Raum gebracht, Gordon und seine Leute in einen anderen. Lipton pendelte zwischen ihnen hin und her und versuchte, sie dazu zu bringen, das Stillhalteabkommen zu unterzeichnen. Im Laufe der Zeit schaffte er es, eine ganze Menge seiner Amtsbrüder gegen sich aufzubringen. »Er hielt sich selbst für einen gottverdammten Henry Kissinger«, sagte einer.

Liptons zweiseitiger handschriftlicher Entwurf war von Petersens Anwälten zu einem enggetippten 16seitigen Vertrag ausgeweitet worden. Gordon weigerte sich hartnäckig, über ihn zu diskutieren, er wollte nur den handschriftlichen Entwurf unterzeichnen und sonst nichts. Er wollte auch, daß das Abkommen nur zwölf Monate Geltungsdauer statt der achtzehn haben sollte, die Lipton anfänglich vorgeschlagen hatte. Lipton erzielte schließlich von der Gegenseite die Zusicherung, daß Paul vier Direktoren seiner Wahl für den Verwaltungsrat von Getty Oil ernennen konnte, und mit dieser Konzession, welche die bittere Pille versüßen sollte, unterzeichnete Gordon endlich den Entwurf, der zwölf Monate gültig sein sollte. Lipton nahm ihn mit zu Petersen und präsentierte ihn als »Friß-oder-stirb-Angebot«. Petersen unterschrieb.

Die Ankündigung eines Stillhalteabkommens bei Getty Oil besänftigte allerdings keineswegs die Befürchtungen der anderen Familienmitglieder hinsichtlich dessen, was Gordon tun oder nicht tun würde. Insbesondere die Georgettes hatten wenig Vertrauen in die kaufmännischen Fähigkeiten ihres Onkels und waren außerordentlich unglücklich, daß er der alleinige Treuhänder des Familienvermögens und ihres Geldes war. 1983 waren Anne und Claire beide mit ehemaligen Freiwilligen des Peace Corps verheiratet. Anne, die zwei Kinder hatte, lebte in Seattle, und Claire in Connecticut, wo ihr Mann in Yale studierte. Die jüngste der Georgettes, Caroline, lebte in einer kleinen Stadt südlich von San Francisco. Alle drei

lebten ruhig und zurückhaltend und trotz ihres großen Reichtums darauf
bedacht, ein einfaches Leben zu führen.

Im Oktober trafen sich die Georgettes mit ihrem Onkel in San Francisco, um herauszubekommen, was geschehen würde. Nachdem er ausführlich erklärt hatte, weshalb es seiner Meinung nach notwendig sei, die
»Wertlücke« zu schließen und den Kurs der Getty-Oil-Aktien in die Höhe
zu treiben, stellte eine der jungen Frauen eine zweckdienliche Frage, die
ihnen allen an erster Stelle durch den Kopf ging. »Wenn der Trust schon so
viel Geld hat«, fragte sie, »warum versuchen wir dann, noch mehr zu
bekommen?«

Gordon war verblüfft. »Eine sehr interessante philosophische Frage«,
sagte er nach einer Weile. Das Beste, was ihm als Antwort einfiel, war die
Behauptung, daß es seine »Treuhänderpflicht« sei, das Vermögen des
Trusts zu vermehren. Die Georgettes reisten nicht gerade überzeugt ab.
Der alte Mann hätte sich im Grabe umgedreht, wenn er erfahren hätte, daß
seine Enkel die Moral der Vermögensanhäufung in Frage stellten!

Paul II. brachte ebenfalls seine Sorgen über das zur Sprache, was bei
Getty Oil geschah. Als Brüder waren sich Gordon und Paul immer recht
vertraut gewesen, obwohl Pauls Drogensucht ihre Beziehung belastete.
»Ich kam mit ihm so gut aus, wie man eben mit einem Drogensüchtigen
auskommt«, sagte Gordon. »Ich hielt den Kontakt zu ihm durch Briefe
aufrecht, weil er keine festgelegte Tageseinteilung hatte und man nie
wußte, wie sein Zustand gerade war, wenn man ihn telefonisch erreichen
wollte. Er ist sehr geistreich, und wir haben eine Menge ähnlicher Interessen.«

Zu Gordons Überraschung rief Paul eines Tages an und versuchte, ihn
dazu zu überreden, einen Mittreuhänder zu akzeptieren. Im Verlauf des
Gesprächs brach Paul in Tränen aus. »Ich weiß nicht, ob er wirklich
kapierte, was geschah«, sagte Gordon. »Er dachte einfach, wenn so viele
erfahrene Männer im Unternehmen gegen mich waren, dann müßte ich
mich irren.«

Paul stieß sofort mit einem Drohbrief nach: »Es war Vaters klar erkennbare Absicht, daß es einen körperschaftlichen Mittreuhänder geben sollte . . . Ich will Dich nicht bedrohen oder auch nur den Anschein erwecken,
aber ich fürchte, daß gerichtliche Auseinandersetzungen unausweichlich
sein werden, wenn Du nicht schnell mit einem weiteren Treuhänder
einverstanden bist, und der Gedanke macht mich traurig, daß auch ich
hineingezogen werde.«

Am Freitagmorgen, dem 11. November, versammelte sich der Verwaltungsrat der Getty Oil in Houston, um das Stillhalteabkommen förmlich zu ratifizieren. Nach einer kurzen Vorbesprechung wurde Gordon gebeten, den Raum für kurze Zeit zu verlassen, während die anderen Direktoren über das Abkommen abstimmen sollten; es wurde erklärt, daß sie sich gerne in seiner Abwesenheit beratschlagen wollten. Gordon hielt das für ziemlich seltsam, zuckte jedoch mit den Schultern und schob seinen Stuhl zurück.

Als er zur Tür hinausging, wurden Winokur und Galant durch eine andere Tür hereingeführt. Während Gordon sich draußen die Beine in den Bauch stand und sich vorstellte, daß der Verwaltungsrat die Einzelheiten des Waffenstillstands besprach, erklärten Winokur und Galant ihren Standpunkt, daß das Stillhalteabkommen das Unternehmen nicht davon abhalten könnte, sich der Klage gegen Gordon anzuschließen, die am folgenden Montag eingereicht werden sollte. Ein solches Verfahren, so ihr Rat, würde den Bestimmungen des Abkommens nicht zuwiderlaufen. Man bedankte sich höflich bei den beiden Anwälten, die dann hinausgeleitet wurden. Der Verwaltungsrat billigte einen Antrag, die Klage zu unterstützen. Gordon wurde wieder in den Raum gerufen und erfuhr einzig, daß der Verwaltungsrat dem Abkommen zugestimmt hätte.

Am Montag, dem 14. November, reichte Seth Hufstedler als Vormund vor Gericht für Tara Gabriel Galaxy Gramaphone Getty beim Superior Court in Los Angeles den Antrag ein, die Bank of America zum körperschaftlichen Treuhänder des Sarah C. Getty Trust zu ernennen. Am nächsten Tag reichte die Getty Oil Company einen Antrag auf Vermittlung ein, da sie einen »unparteiischen« Mittreuhänder zu ernennen versuche, der das Unternehmen und seine Aktionäre vor den »Dummheiten des Treuhänders« schützen sollte.

Sowohl Gordon Getty als auch Harold Williams waren völlig überrumpelt und schockiert über den Schritt des Unternehmens. »Die Tatsache, daß sie es hinter meinem Rücken angezettelt hatten«, sagte Gordon, »während sie vorgaben, ehrlich zu verhandeln, schockierte alle.«

Martin Lipton, der Mann, der weitgehend dafür verantwortlich war, daß das Stillhalteabkommen unterzeichnet wurde, fühlte sich »aufs äußerste betrogen«. Er rief Galant an und herrschte ihn an: »Sie haben mich reingelegt!« Galant war von Liptons Reaktion überrascht. »Wenn sich jemand hereingelegt fühlen muß, Marty«, antwortete Galant gelassen, »dann Gordon!«

Am Montag, dem 21. November, verlangten fünf Direktoren der Getty Oil eine Sondersitzung des Verwaltungsrats. Es waren Gordon Getty,

Harold Williams und drei von Gordon ernannte – Laurence Tisch, Präsident der Loews Corporation; Alfred Taubman, ein millionenschwerer Industrieller und Inhaber von Sotheby Parke Bernet; und Graham Allison, Dekan der Kennedy School of Government an der Harvard University. Alle drei waren gute Freunde von Ann – sie hatte ihrem Ehemann dabei geholfen, die neuen Direktoren auszusuchen.

Petersen verweigerte die Einberufung einer Sitzung mit Hinweis auf die bevorstehenden Feiertage – es war Erntedankfest in jener Woche. Am Freitag berichtete die »New York Times« von »heftigen Spekulationen« der Wallstreet über ein mögliches Auseinanderbrechen oder eine Übernahme des Unternehmens; die Notierungen für Getty-Oil-Aktien stiegen angesichts dieser Erwartungen rasch in die Höhe.

Inmitten dieses streitlustigen Tumults und byzantinischer Fehden ließ Ann Getty vierzig Freunde von San Francisco nach New York fliegen, wo sie auf weitere 160 Gäste stießen, die im Dendera-Tempel des Metropolitan Museum Gordons fünfzigsten Geburtstag feierten. Isaac Stern spielte Violine, und Luciano Pavarotti sang »Happy Birthday«. Ann bezahlte die Anreise und die Hotelrechnungen für alle Gäste, rund 65000 Dollar. Einige Tage später wurde Gordons Liederzyklus zu den Gedichten von Emily Dickinson in der Alice Tully Hall in New York aufgeführt und erhielt die übliche Tracht Prügel von den Kritikern.

Anfang Dezember wurde klar, daß Petersen und seine Verbündeten in ihrem Bestreben, Gordon zu neutralisieren, einer fatalen Fehleinschätzung unterlegen waren, als sie mit der dauerhaften Unterstützung des Museums gerechnet hatten. Das doppelzüngige Verhalten des Unternehmens überzeugte Harold Williams davon, daß er nicht länger mit dem Verwaltungsrat zusammenarbeiten könnte; Liptons Rat war, daß Getty Oil sowohl gegen den Wortlaut als auch gegen den Geist des Stillhalteabkommens verstoßen habe und daß das Abkommen deshalb nicht länger als verbindlich angesehen werden müsse.

Am 5. Dezember erwiesen sich die Manöver des Verwaltungsrats als Bumerang, die Koalition, die er mit allen Mitteln verhindern wollte, ergab sich doch: Gordon und Harold schlossen sich zusammen und unterzeichneten eine »Handlungsgenehmigung für Großaktionäre« – ein praktisches Korporationsrecht in Delaware, das einer Mehrheit von Aktionären gestattet, die Statuten einer Gesellschaft zu verändern. Diese Handlungsgenehmigung ermöglichte es ihnen, die legale Kontrolle über Getty Oil zu übernehmen und die Rücknahme des Antrags auf Vermittlung im Treuhänderverfahren anzuordnen. »Wir waren der Meinung«, sagte Gordon,

»daß die Direktoren emotional so aufgeladen waren, daß wir uns nicht mehr darauf verlassen konnten, daß sie vernünftig handelten.«

Getty Oil veröffentlichte eine kurze Presseerklärung, in der festgehalten wurde, man sei angesichts dieses Schrittes »schockiert und alarmiert«. In der Wallstreet war es keine Frage mehr, ob Getty Oil »im Spiel« war, von Meinungsverschiedenheiten zerrissen und reif für die Übernahme.

Der erste hoffnungsfrohe Kunde war J. Hugh Liedtke, Präsident der in Houston ansässigen Pennzoil und zufällig ein alter Freund von Gordons Vater. Liedtke rief Gordon an und eröffnete ihm, daß sie seiner Meinung nach »zusammenarbeiten« könnten. Drei Tage nach Weihnachten bot Pennzoil 1,6 Milliarden Dollar für einen 20prozentigen Anteil an Getty Oil an, ein Angebot von hundert Dollar pro Aktie – zwanzig Dollar über dem Börsenkurs. Der Verwaltungsrat hielt den Preis jedoch für zu niedrig und lehnte das Angebot ab. Aber angesichts der nun grassierenden Gerüchte um eine Übernahme schlug Martin Lipton im Namen des Museums eine Alternativstrategie vor, die auf dem Pennzoil-Angebot aufbaute und die dem Verwaltungsrat kostbare Zeit verschaffen sollte, seine Probleme zu ordnen: Das Unternehmen sollte sich selbst ein Angebot für 20 Prozent seiner Aktien zu 110 Dollar pro Stück machen, damit entspräche man Gordons prinzipieller Forderung und machte den Trust zum Mehrheitsaktionär. Im Gegenzug sollte Gordon 90 Tage auf die Ausübung der Kontrolle verzichten, während das Unternehmen in dieser Zeit zu einem höheren Preis einen Käufer oder eine andere Lösung suchen könnte. Am Samstag, dem 31. Dezember, stimmten beide Seiten im Prinzip diesem Vorschlag zu.

Lipton war überzeugt, guten Grund zu haben, sich selbst zu beglückwünschen – bis zum nächsten Tag. Er gab am folgenden Abend eine Neujahrsparty in seiner Wohnung in New York, und unter den Gästen waren auch Laurence Tisch und Martin Siegel, Gordon Gettys Anlageberater von Kidder, Peabody & Co. Sie hatten einige erstaunliche Neuigkeiten für ihren Gastgeber. Gordon hatte seine Meinung über die Unterzeichnung des Abkommens über ein Selbst-Angebot geändert, weil er zu dem Schluß gekommen war, Sid Petersen nicht mehr trauen zu können. Liedtke und Gordon hatten sich zu früher Stunde an jenem Tag im Hotel Pierre getroffen – sie sahen sich zum erstenmal – und ein die Macht aus den Angeln hebendes Geschäft über den Aufkauf aller Aktien beschlossen, die sich in den Händen des Museums und der öffentlichen Hand befanden – zu 110 Dollar pro Aktie. Eine neue Getty Oil Company werde aus diesem Abkommen hervorgehen, von der Gordon vier Siebtel und der

Rest Pennzoil gehören sollte. Gordon sollte Vorsitzender des Verwaltungsrats und Liedtke Präsident der Geschäftsleitung sein. Sollten sie sich am Jahresende nicht über die Art und Weise der Führung des Unternehmens geeinigt haben, wollte man die Vermögenswerte auf zwei neue Gesellschaften aufteilen – eine im Besitz von Gordon, die andere im Besitz von Pennzoil.

Inzwischen war eine Sitzung des Getty-Verwaltungsrats bereits für 18 Uhr am 2. Januar im Hotel Inter-Continental in New York festgesetzt worden, um das Selbst-Angebot zu erörtern. Statt dessen aber präsentierten Gordon und Pennzoil – zum unverhüllten Zorn der meisten Direktoren, die sich von Gordon aufs Glatteis geführt fühlten – ihr neues Angebot. Eine laute, ungeordnete und feindselige Diskussion schloß sich an, wobei alle haßerfüllten Argumente gleichzeitig durch den Raum schwirrten. Harold Williams erklärte, daß das Museum »ein Verkäufer für 110 Dollar pro Aktie« sei, aber einige andere Direktoren, angeführt von Tisch, hielten den Preis noch immer für zu niedrig. Lipton und Siegel entfernten sich von der Sitzung, um mit den Anwälten der Pennzoil zu konferieren, die draußen auf dem Posten standen und versuchten, das Angebot zu »versüßen«, jedoch ohne Erfolg. Da das Museum einen Verkauf begünstigte, förderte Pennzoil die Idee, daß Williams das Geschäft durchsetzen sollte, indem er einfach eine weitere »Handlungsgenehmigung für Großaktionäre« mit Gordon unterzeichnete. Williams zögerte; er dachte, es sei unfair vom Museum, dem Verwaltungsrat seinen Willen aufzuzwingen. Die Sitzung wurde schließlich um zwei Uhr dreißig morgens abgebrochen, obwohl das Abkommen mit Pennzoil immer noch in der Schwebe hing.

Die Direktoren versammelten sich zwölf Stunden später erneut; zu diesem Zeitpunkt warteten die Anwälte von Pennzoil schon mit einem neuen Angebotspaket auf, das eine erhöhte Auszahlung aus dem geplanten Verkauf einer Getty-Versicherungsgesellschaft vorsah, was einen Aufschlag im Werte von 1,50 Dollar bedeutete, den sie einen »Bonbon« nannten. Um 18.30 Uhr hatte Pennzoil den Wert des »Bonbons« auf 2,50 Dollar angehoben, womit das Angebot insgesamt einen Wrt von 8,7 Milliarden Dollar erreichte. Schließlich stellte Williams den Antrag auf Annahme dieses Angebots; vierzehn stimmten dafür, und nur einer, Chauncey J. Medberry III., ein ehemaliger Präsident der Bank of America, stimmte dagegen.

Gordon Getty kehrte, nachdem er ein paar Hände geschüttelt hatte, in seine Suite im Hotel Pierre zurück, um bei einer Flasche Champagner zu feiern. Er hatte sein Ziel erreicht – er war Präsident seiner eigenen Ölgesellschaft. Er war überzeugt, daß sein Vater stolz auf ihn gewesen wäre.

Während Gordon zufrieden seinen Sieges-Champagner schlürfte, waren die Anwälte immer noch in einen verworrenen und hitzigen Streit verwikkelt, denn sie mußten nun alle Einzelheiten des Abkommens ordnen und festlegen. In diesem Stadium waren nicht weniger als 17 Anwälte und Bankiers tätig, und die meisten waren sehr ratlos, was die präzise Natur des Abkommens betraf, dem sie gerade zugestimmt hatten. Keiner wußte genau, wer wem was warum und wie bezahlen sollte. Ralph Copley, ein Syndikus von Getty Oil, der versucht hatte, während des Durcheinanders Protokoll zu führen, äußerte die Meinung, daß es allen unmöglich war, »genau zu erklären, was geschehen war«.

Um Mitternacht brannten auf der Park Avenue immer noch die Lichter in den Büroräumen von Paul, Weiss, Rifkind, Wharton & Garrison, der Kanzlei, die Pennzoil vertrat und in der sich alle Anwälte versammelt hatten. Einige Teilnehmer berichteten von einem totalen Chaos, von heiser vorgetragenen Argumenten und gelegentlichen Schimpfkanonaden, als die verschiedenen Parteien sich zu einigen versuchten, wie die Transaktion durchgeführt werden sollte.

Sie hätten sich ihren Stimmenaufwand sparen können. Der arme Gordon hatte kaum Zeit, seine frischgebackene unternehmerische Spitzenstellung in einer Aktiengesellschaft auszukosten, als ihn schlimme Nachrichten von der Westküste erreichten. Die Georgettes hatten beschlossen, daß ihnen die Vorgänge nicht paßten. Am Mittwoch, dem 4. Januar, um vier Uhr nachmittags, stellte Gordons Nichte Claire Getty bei einem Richter in Kalifornien erfolgreich den Antrag, eine einstweilige Verfügung auf Unterlassung weiterer Schritte im Pennzoil-Geschäft zu unterzeichnen, bis die Bedingungen für die Nutznießer des Sarah C. Getty Trust genau umrissen wären.

Es war der glühende Ehrgeiz der Georgettes, Getty Oil zu retten. Ironischerweise sorgte ihre Klage für den Verkauf des Unternehmens, denn der Fristaufschub erlaubte es einem neuen Kämpfer, in den Ring zu steigen.

Der 36jährige Bruce Wasserstein, ein leicht aufbrausender Co-Direktor des Aufkaufteams bei der First Boston Corporation, war in der Wallstreet als der »Fusions-Maestro« bekannt. Der Freund von Martin Lipton und Laurence Tisch hatte ein Informationsdossier über Getty Oil zusammengestellt und, geduldig eine Gelegenheit zum Eingreifen abwartend, das verworrene Drama im Sitzungssaal des Verwaltungsrats einige Monate lang verfolgt. Schon im Oktober hatte er Kontakt zu Texaco aufgenommen und seine Dienste angeboten, ein Geschäft zu vermitteln, wenn sich eine Gelegenheit dazu böte.

Die Gelegenheit ergab sich am Mittwoch, dem 4. Januar. Erstens gab Getty Oil unklugerweise eine Presseerklärung heraus, in der mitgeteilt wurde, daß das Geschäft mit Pennzoil »abhängig von der Ausfertigung einer klar umrissenen Vereinbarung« sei, was Wasserstein rasch als Möglichkeit einschätzte, daß das Geschäft auf schwachen Füßen stand. Dann reichte Claire Getty ihre Klage ein und gab ihm die Zeit, die er brauchte, um ein Angebot zu machen. Er rief John K. McKinley an, den Präsidenten der Texaco, und legte ihm dringend nahe, innerhalb von 24 Stunden handlungsbereit zu sein, und machte ihm klar, daß es eine »perfekt eingefädelte Sache für Texaco« sei. McKinley rief Petersen an und fragte, ob das Geschäft mit Pennzoil endgültig sei. Petersen verneinte: »Die fette Dame hat nicht gesungen.« – Das einzig sichere Zeichen, daß eine Oper zu Ende war; eine geistreiche Bemerkung, die Gordon gefallen hätte.

Wasserstein arbeitete die ganze Nacht hindurch in der Geschäftszentrale von Texaco in White Plains, New York, an seiner Strategie. Er wußte, daß Standard Oil of California und zumindest noch eine andere überseeische Ölgesellschaft auch ein Angebot abgeben wollten, und beschloß, daß der schnellste Weg zu Getty Oil darin bestand, das Museum »zu knacken«.

Am Donnerstagmorgen, dem 5. Januar, rief Wasserstein bei Lipton an und teilte ihm mit, daß ein besseres Angebot für Getty Oil »durch die Pipeline fließe«. Am Mittag bevollmächtigte die Geschäftsleitung von Texaco Wasserstein, Getty Oil pro Aktie 122,50 Dollar anzubieten. Gegen 19 Uhr befanden sich Wasserstein, McKinley und Texacos Anwälte in Liptons Büro in Manhattan, wo sie ihr Angebot unterbreiteten. Harold Williams, Präsident des Museums, feierte gerade mit seinen Kindern seinen 56. Geburtstag und hatte sämtliche Verhandlungen Lipton übertragen.

Lipton teilte mit, daß das Museum nur bei 125 Dollar pro Aktie ins Geschäft kommen wolle. McKinley sah eine Möglichkeit, wenn er Gordon dazu bringen könnte, noch in derselben Nacht eine Vereinbarung zu unterschreiben, ehe irgend jemand anderes zugriffe. Gegen Mitternacht befanden sich Wasserstein und McKinley zu einer geheimen Besprechung mit Gordon im Hotel Pierre und versuchten, ihn davon zu überzeugen, seine Träume von der Leitung des Unternehmens aufzugeben und lieber für 125 Dollar pro Aktie ein Verkäufer statt für 112,50 Dollar ein Käufer zu werden. Als Treuhänder des Sarah C. Getty Trust glaubte Gordon, daß er dieses Angebot nicht ablehnen dürfe, das das Vermögen des Trusts ungeheuer vergrößerte, und um drei Uhr morgens unterzeichnete er eine Vereinbarung über den Verkauf an Texaco.

»Es ging alles ziemlich schnell und geriet ein bißchen aus der Kontrolle«, gab Gordon zu. »Diese Übernahmeschlachten gehen schnell. Es ist erstaunlich, wie Dinosaurier von Unternehmen, die Jahre brauchen, um irgend jemanden zu entlassen, innerhalb eines Tages ein Unternehmen kaufen können, wenn sie es wollen. Ich hätte es vorgezogen, wenn das Unternehmen mit mir an der Spitze überlebt hätte, aber ein Verkauf zählte immer zu den annehmbaren Resultaten, obwohl er niemals meine vorrangige Alternative war.«

Als später am Morgen überraschend verkündet wurde, daß Texaco Getty Oil übernommen habe, reichte der vielleicht am wenigsten bekannte Zweig der Familie Getty eine Klage ein. Die vier Kinder des zurückgezogen lebenden Ronald Getty gingen mit ihrem eigenen Vormund vor Gericht und machten geltend, daß Onkel Gordon kein Recht hatte, die Aktien zu verkaufen, die sie eines Tages erben sollten. Ronald Getty war damals Präsident der Getty Financial Corporation, ein privates Investment-Unternehmen in Los Angeles, das hinter Don, der Beachcomber-Restaurantkette, stand. Er mied die Öffentlichkeit so erfolgreich, daß die Existenz seiner Kinder Christopher, Stefanie, Cecile und Christina für viele Beobachter der Gettys eine Überraschung war. Ihre Klage war so alarmierend, daß Texaco ihr Angebot auf 128 Dollar pro Aktie erhöhte, damit wurde das Geschäft bei insgesamt 10,1 Milliarden Dollar zur größten Übernahme aller Zeiten. Mit dieser Summe gab sich die Familie zufrieden.

Unter diesen durch und durch unglücklichen Umständen verschwand die Getty Oil Company im Schlund des Texaco-Giganten. Es war ein recht außergewöhnliches Unternehmen, das damals entstanden war, als George F. Getty 1903 in Bartlesville aus einem Zug stieg. Sein Sohn J. Paul Getty schuftete lange und opferte fünf Ehen und fünf Söhne auf dem Wege, Getty Oil zu einem Unternehmen auszubauen, das das nächste Jahrhundert noch sehen sollte. Ohne ihn überlebte es weniger als acht Jahre.

Die Gettys hörten natürlich nicht auf, sich gegenseitig zu verklagen. Tatsächlich enthielt das Kleingedruckte des Texaco-Abkommens eine auf Druck der Familie eingefügte Klausel, die es Gordon untersagte, ihre Zustimmung zum Verkauf des Unternehmens als Verteidigungsmittel in allen Gerichtsverfahren zu benutzen, die sie gegen ihn eventuell noch anstrengen würden.

Die Georgettes, die nicht im mindesten dankbar waren, daß die Übernahme ihr jährliches Einkommen auf ungefähr 40 Millionen Dollar erhöhte, verfolgten Onkel Gordon unermüdlich durch die Gerichte, in der Hoffnung, ihn als Treuhänder loszuwerden.

Als Gordon den unüberlegten Versuch unternahm, seine Frau zu seiner Nachfolgerin als Treuhänderin zu ernennen, falls er abgesetzt werden sollte, gerieten die Georgettes laut Aussage eines Anwalts »außer Rand und Band« und erhoben zusätzlich zu ihrer Klage Anspruch auf beträchtlichen Schadenersatz.

Tara Gabriel Galaxy Gramaphone Gettys Klage, Onkel Gordons Flügel durch Ernennung eines körperschaftlichen Mittreuhänders zu stutzen, schleppte sich durch den Superior Court von Los Angeles und bewirkte jedesmal beim Verlesen des Klägernamens ein Schmunzeln.

Ronnies Klage gegen seine Brüder, ihn in den Sarah C. Getty Trust aufzunehmen, ging vor das Berufungsgericht. Ihn spornte zweifellos die Tatsache an, daß der Wert des Trusts nun auf vier Milliarden Dollar angestiegen war. Gordons Einkommen schnellte nach der Übernahme auf ungefähr 150 Millionen Dollar jährlich. Das ließ Ronnies 3000 Dollar noch lächerlicher als früher erscheinen.

Im April 1984 reichten Anwälte im Namen des armen Paul Getty III. beim Superior Court in San Francisco eine Kunstfehlerklage ein und machten geltend, daß die Ärzte ihm fahrlässig Methadon verschrieben und damit ursächlich zu seinem Schlaganfall beigetragen hätten, der ihn blind, gelähmt und stumm gemacht hatte.

Im selben Monat demonstrierte Pauls Vater seine Gefühle für die Familie, als er in England 500 000 Dollar für eine Kampagne spendete, die die Ausfuhr eines aus dem 14. Jahrhundert stammenden Gemäldes des italienischen Meisters Duccio di Buoninsegna in die Vereinigten Staaten verhindern sollte. Das Bild war für 2,36 Millionen Dollar vom J.-Paul-Getty-Museum gekauft worden. Paul schmollte, weil er annahm, daß seine Kinder Partei für seinen Bruder ergriffen, und er warnte seinen Sohn Mark, der damals in New York den Beruf des Börsenmaklers lernte, daß er nicht erwarten sollte, seine Büchersammlung zu erben. »Das ist okay, Daddy«, sagte Mark. »Ich bin gerade dem Buchclub ›Buch des Monats‹ beigetreten.«

Diese Feindseligkeiten kümmerten Gordon nach dem 13. März 1985 nicht mehr, denn an diesem bedeutenden Mittwochabend erfüllte sich sein Herzenswunsch – *begeisterte* Kritiken für seine letzte Komposition »Plump Jack«, eine zwölf Minuten lange Kantate, inspiriert von den Reden Falstaffs in »Heinrich IV.«, gespielt vom Symphonie-Orchester San Francisco. Byron Belt, Kritiker der WNBC-TV, beschrieb Gordon als »willkommene Trumpfkarte des kulturellen Lebens in Amerika«. Gordon fragte sich, ob er gestorben und im Himmel aufgewacht sei.

Während sich die Gettys gegenseitig begeistert verklagten, ordnete ein Richter an, daß die Vermögensmasse des Sarah C. Getty Trust in Schatzbriefen angelegt werden sollte. Die Finanzgesetze untersagten es dem Käufer, mehr als 35 Prozent der Briefe zu erwerben, die auf jeder wöchentlichen Auktion verkauft wurden, und der Getty Trust war so riesengroß, daß es viele Wochen dauerte, um der Anweisung des Richters zu entsprechen. Aber diese Anweisung sollte sich als rentable Maßnahme erweisen: Als die Übertragung endlich abgeschlossen war, konnte der Trust alle 24 Stunden Zinsen in Höhe von einer Million Dollar einkassieren. Im Juni erreichten die zwei Dutzend Anwälte, welche die verschiedenen verfehdeten Parteien der Familie vertraten, eine Vereinbarung, nach der der Sarah C. Getty Trust in vier kleinere Trusts mit jeweils 750 Millionen Dollar aufgeteilt wurde. Alle 26 lebenden Erben J. Paul Gettys mußten den Vertrag unterschreiben, ein Ereignis, das von einem Anwalt mit »einem kunstvoll ausgearbeiteten Friedensvertrag zwischen kriegführenden Nationen« verglichen wurde.

»Das Geld ist die Wurzel der Probleme bei den Gettys«, sagte Richter William Newsom. »Es handelt sich um einen absurden, widernatürlichen Geldbetrag, genug, um sich zu fragen, ob irgend jemand auf der Welt so viel besitzen sollte. Er zieht alles in den Schmutz. Wenn man sich damit auseinandersetzt, was mit den Gettys geschah, dann ist die Schlußfolgerung nicht unsinnig, daß das Geld wie ein Fluch auf der Familie lag.«

Epilog

Der Mut Martines

Martine Getty sitzt in einem Café in San Francisco. Sie wollte mich nicht zu Hause treffen, weil, na ja, »es etwas schwierig ist«.

In ihrem zerknitterten Fliegeroverall und den Stiefeln ist sie eine sportliche Schönheit mit kastanienbraunen Locken, glänzenden braunen Augen, klarer Haut und sehr weißen Zähnen. Heute trägt sie einen hellroten Lippenstift, der sie jünger als ihre 35 Jahre wirken läßt.

Sie hat niemals zuvor über ihr Leben mit Paul gesprochen, und sie findet es nicht leicht. Ich frage sie, was sie empfand, als sie Paul das erstemal in Rom traf, und sie errötet, kichert und schüttelt den Kopf: »Ich glaube, das ist zu privat«, sagt sie.

Bei den Machenschaften der Familie Getty gibt es wenig, was das Herz erfreuen könnte: Die hingebungsvolle Art und Weise, mit der Martine sich um Paul kümmert, ist die rühmliche Ausnahme. Sie hat außer ihren zwei Kindern und ihrem so erschütternd kranken jungen Ehemann nichts in ihrem Leben, und sie vermißt auch nichts.

Kurz nach dem Schlaganfall wurde von Scheidung geredet. Außenstehende nahmen an, daß die junge Martine der Tatsache nicht ins Auge blicken könne, ihr Leben der Pflege eines hilflosen Krüppels zu opfern. Aber Martine wünschte niemals eine Scheidung, damals nicht, heute nicht.

Was geschah, war nur eine weitere bizarre Episode in der beklagenswerten Familienchronik: Eine von Pauls Krankenschwestern hatte »eine Zuneigung« zu ihm entwickelt. Eine Scheidung und eine Wiederheirat waren unter diesen Umständen mehr, als selbst die harte Schläge gewohnte Familie Getty verdauen konnte. Paul wurde in Martines offene Arme zurückgebracht.

Sie leben in einem Haus in San Francisco in der Nähe von Gordon, der häufig zu Besuch kommt. Paul muß immer noch rund um die Uhr von einer Pflegerin versorgt werden – er ist zu schwer für Martine, aber sie verbringt fast all ihre Zeit an seiner Seite.

»Im Moment konzentriere ich mich auf Paul«, sagt sie. »Ich glaube wirklich, daß er – wenn auch langsam – Fortschritte macht. Er hat einen engen Kontakt zu den Kindern. Sie waren immer um ihn herum, selbst als er im Krankenhaus war. Kinder haben eine sehr direkte Art, sich mitzuteilen, und sie verstehen, was er sagt. Sie scheinen nicht einmal über ihn entsetzt zu sein. Sie schmusen mit ihm im Bett, reden mit ihm die ganze Zeit, erzählen ihm, was sie gemacht haben. Jetzt haben sie ihn die ganze Zeit für sich, und sie sind glücklich darüber.«

Die Ärzte haben Martine gesagt, daß es wenig Hoffnung auf eine wirkliche Verbesserung von Pauls Zustand gibt. Er wird niemals wieder laufen, sehen oder sprechen können. Sie will das nicht akzeptieren.

Sie hat eine kleine Elektronikorgel gekauft, weil sie hofft, daß sie vielleicht gemeinsam komponieren und damit ihre Interessen wie früher verbinden können. Er kann noch nicht auf der Orgel spielen, weil seine Finger noch nicht bewegen kann, aber sie glaubt, daß er es eines Tages ein bißchen können wird.

»Es könnte eine gute Übung für später sein, wenn wir einige Kommunikationsgeräte haben, wissen Sie, solche Computersachen. Er hat vielem getrotzt und sich sehr verändert. Geistig ist er sehr wach und intuitiv. Er begreift alles und strahlt eine wunderbare Freundlichkeit aus. Die Leute sind gerne in seiner Gesellschaft. Freunde kommen ziemlich oft vorbei, und wir gehen ins Theater oder Kino oder fahren ihn in seinem Rollstuhl im Park spazieren. Wir hoffen, ein besonders ausgerüstetes Auto zu bekommen, damit wir den Rollstuhl unterbringen können. Er machte einige Depressionsphasen durch, wurde aber damit fertig. Im allgemeinen ist er guter Stimmung, recht guter.«

Ich frage sie, wie ihre eigene Stimmung sei, und sie scheint von der Frage überrascht zu sein. »Ich? Ich glaube, daß die einzige Sünde, die man begehen kann, darin besteht, aufzugeben. Ich meine, daß man immer kämpfen und hoffen muß. Selbst wenn man merkt, daß die Dinge nicht so recht vorankommen, muß man weiter hoffen. Ich hoffe, daß er irgendeinen Weg finden kann, sich zu verwirklichen und Sinn im Leben zu finden. Ich meine, wenn jemand körperlich so beeinträchtigt ist und nichts alleine machen kann, wirft das sehr tiefgehende, sehr wesentliche

Fragen darüber auf, was es mit dem Leben auf sich hat. Das trifft einen sehr tief, und es ist etwas, mit dem man kämpfen muß. Ich bin wirklich ziemlich optimistisch. Wir sind sogar recht glücklich. In gewisser Weise sind wir sogar glücklicher als früher. Wenigstens ist er zu Hause.«

Personenregister

André Kostolany

Kostolanys Börsen- seminar

Für Kapitalanleger und Spekulanten

ECON

304 Seiten und 16 Seiten Schwarzweißabbildungen,
gebunden

ECON Verlag, Postfach 92 29, 4000 Düsseldorf 1

James C. Abegglen
George Stalk jr.

KAISHA
Das Geheimnis des japanischen Erfolgs

ECON

352 Seiten, gebunden

ECON Verlag, Postfach 9229, 4000 Düsseldorf 1

Jacques Attali

SIEGMUND G. WARBURG

Das Leben eines großen Bankiers

ECON

496 Seiten, gebunden

ECON Verlag, Postfach 92 29, 4000 Düsseldorf 1

Heinz Commer

MANAGER KNIGGE

Stichworte für den Weg nach oben

256 Seiten, gebunden

ECON Verlag, Postfach 92 29, 4000 Düsseldorf 1

ECON

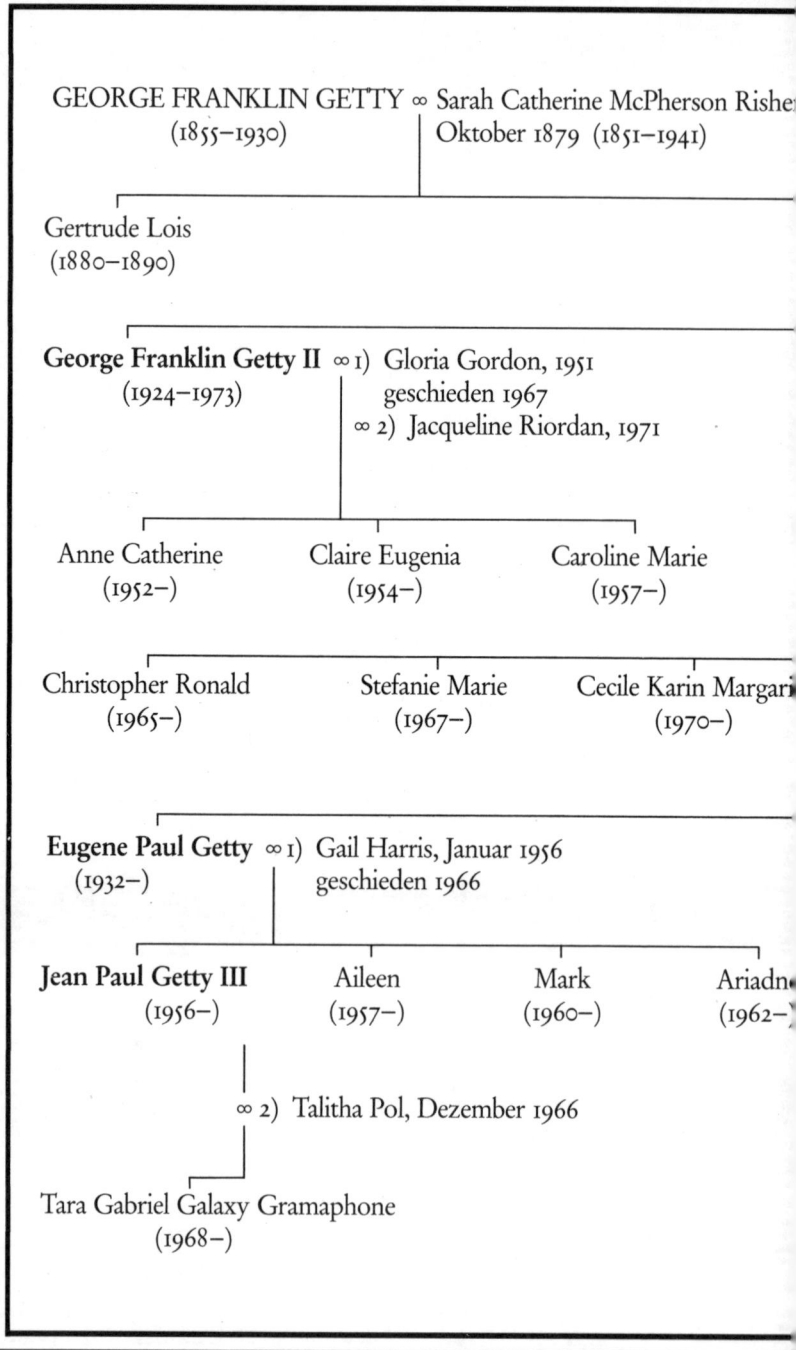

GEORGE FRANKLIN GETTY ∞ Sarah Catherine McPherson Rishe:
      (1855–1930) | Oktober 1879 (1851–1941)

Gertrude Lois
(1880–1890)

George Franklin Getty II ∞ 1) Gloria Gordon, 1951
    (1924–1973)   geschieden 1967
            ∞ 2) Jacqueline Riordan, 1971

Anne Catherine	Claire Eugenia	Caroline Marie
(1952–)	(1954–)	(1957–)

Christopher Ronald	Stefanie Marie	Cecile Karin Margari:
(1965–)	(1967–)	(1970–)

Eugene Paul Getty ∞ 1) Gail Harris, Januar 1956
   (1932–)   geschieden 1966

Jean Paul Getty III	Aileen	Mark	Ariadn
(1956–)	(1957–)	(1960–)	(1962–

∞ 2) Talitha Pol, Dezember 1966

Tara Gabriel Galaxy Gramaphone
(1968–)

Die Getty-Familie

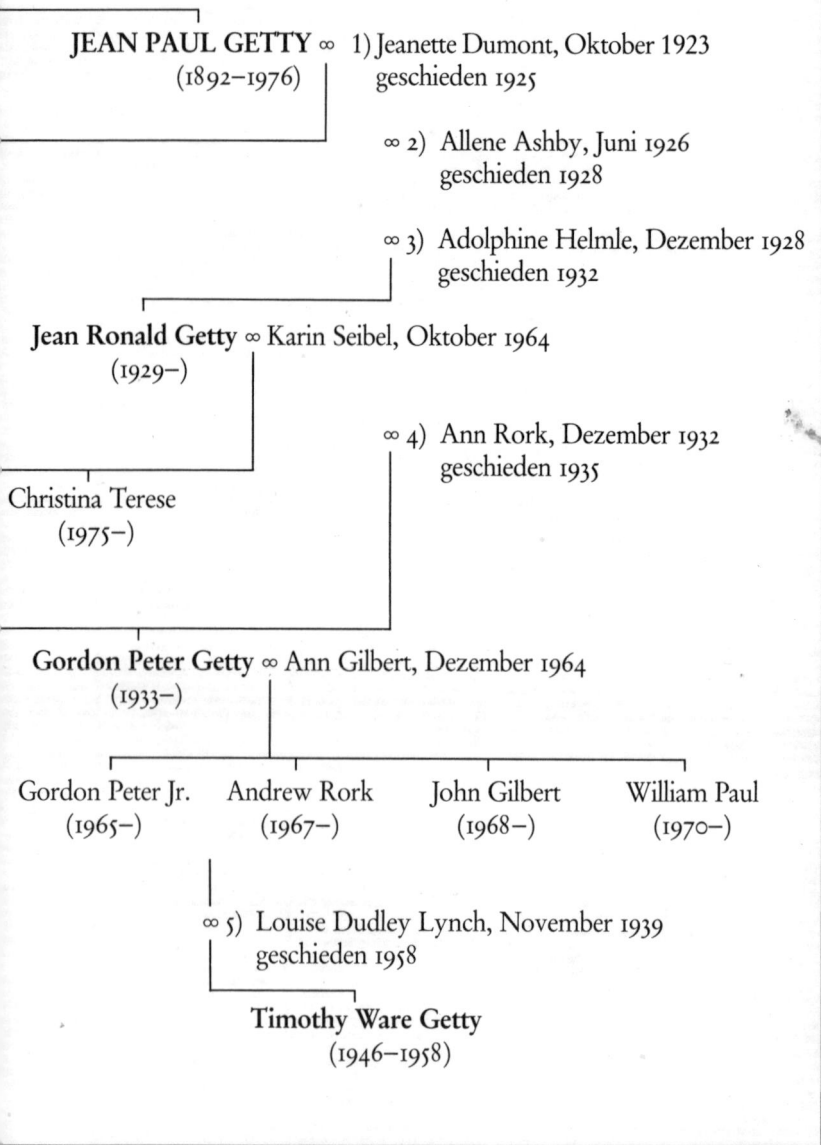

JEAN PAUL GETTY ∞ 1) Jeanette Dumont, Oktober 1923
(1892–1976)   geschieden 1925

∞ 2) Allene Ashby, Juni 1926
      geschieden 1928

∞ 3) Adolphine Helmle, Dezember 1928
      geschieden 1932

Jean Ronald Getty ∞ Karin Seibel, Oktober 1964
(1929–)

∞ 4) Ann Rork, Dezember 1932
      geschieden 1935

Christina Terese
(1975–)

Gordon Peter Getty ∞ Ann Gilbert, Dezember 1964
(1933–)

Gordon Peter Jr.   Andrew Rork   John Gilbert   William Paul
(1965–)   (1967–)   (1968–)   (1970–)

∞ 5) Louise Dudley Lynch, November 1939
      geschieden 1958

Timothy Ware Getty
(1946–1958)